Die Geschichte Europas im Mittelalter ist oft beschrieben worden. Generationen von Historikern, deren Blick vom Untergang der Merowinger bis zu den Kreuzzügen sich erweitert, haben die Entstehung, Blüte und allmähliche Auflösung des Frankenreiches nachgezeichnet. Der mächtigen Gestalt Karls des Großen ist bis heute eine bedeutende Anziehungskraft geblieben, und der Prozeß der langsamen Herausbildung selbständiger Staaten in West- und Nordeuropa kann gerade in unserer Zeit besondere Aufmerksamkeit beanspruchen.

Die gesicherten Ergebnisse einer traditionsreichen historischen Forschung finden in dem vorliegenden Buch ihren Niederschlag. Doch es unterscheidet sich von vielen herkömmlichen Darstellungen darin, daß es der politischen Geschichte ihre absolute Vorrangstellung nimmt und neben ihr die anderen Aspekte des historischen Lebens zur Geltung bringt. Hier wird die wirtschaftliche Entwicklung zwischen dem 8. und 11. Jahrhundert detailliert geschildert, wird die Bedeutung eines Handelsverkehrs veranschaulicht, der so weit auseinanderliegende Bereiche wie Arabien und Skandinavien schon damals miteinander verband. Großes Gewicht legt der Verfasser, Professor Jan Dhondt von der Universität Gent, den sozialen Phänomenen und Veränderungen bei: er beschreibt den Aufbau der Gesellschaft vom Sklaven bis zum Adeligen, die verschiedenen Formen von Gruppenbildung, die Entstehung eines eigenen Bewußtseins bei den Stadtbewohnern, die Verhältnisse bei bestimmten Berufsständen wie den Kaufleuten.

Die Entwicklung des Glaubens und die Klosterreform gehören ebenso in dieses Bild der historischen Wirklichkeit wie die Blüte des geistigen Lebens in der ›Karolingischen Renaissance‹ oder wie der Alltag des frühmittelalterlichen Menschen und sein täglicher Kampf um die materielle Existenz.

All diese Themen behandelt der Autor auf der Grundlage der jüngsten Forschung und zugleich in kritischer Auseinandersetzung mit ihr. Die Objektivität, die er in seiner Darstellung übt, bedeutet keineswegs den Verzicht auf eine eigene Stellungnahme, auf persönliches Engagement. Die Verve, mit der dieses Buch geschrieben ist, macht es bei aller wissenschaftlichen Zuverlässigkeit zu einer höchst fesselnden Lektüre.

Der Band ist in sich abgeschlossen und mit Abbildungen, Kartenskizzen, einer Zeittafel und einem Literaturverzeichnis ausgestattet. Ein Personen- und Sachregister erleichtert dem Leser die rasche Orientierung.

Die Geschichte Europas im Mittelalter findet ihre Fortsetzung in Band 11 der FISCHER WELTGESCHICHTE: ›Das Hochmittelalter‹.

DER VERFASSER DIESES BANDES

Jan Dhondt,

geb. 1915 in Gentbrugge bei Gent — gest. im August 1972 in Gent. Studium an der Universität Gent 1933—1938; Dr. phil. 1938. In den Jahren 1939—1941 Forschungstätigkeit am Fonds National de la Recherche Scientifique. Von 1942 bis 1944 Archivar am Hauptarchiv des Königreichs Belgien. Seit Oktober 1944 Professor an der Universität Gent. Jan Dhondt war von 1963 bis 1966 Rektor der Université Officielle des Kongo in Lubumbashi (ehemals Elisabethville). Professor Dhondts Forschungen galten zahlreichen Themen: den Anfängen der germanisch-romanischen Sprachgrenze, der Geschichte der Karolinger, derjenigen Frankreichs im 11. Jahrhundert, der Geschichte der Grafschaft Flandern vor dem 13. Jahrhundert, der Geschichte der Generalstaaten in den Niederlanden, der Wirtschafts- und Sozialgeschichte des 19. und 20. Jahrhunderts. Er publizierte folgende Arbeiten: ›Etudes sur la naissance des Principautés Territoriales en France (IXe—Xe siècles)‹ Brügge 1948; ›Gent‹, Antwerpen 1947; ›Les origines de la Flandre et de l'Artois‹, Arras 1944; ›Historische Opstellen‹, Antwerpen 1965, sowie ungefähr hundert Zeitschriftenartikel. Jan Dhondt ist Träger des Prix Gobert der Académie des Inscriptions et Belles Lettres Paris für die Jahre 1947 und 1948.

Fischer Weltgeschichte

Band 10

Das frühe Mittelalter

Herausgegeben
und verfaßt von
Jan Dhondt

Fischer Taschenbuch Verlag

Aus dem Französischen übersetzt von Wolfgang Hirsch, Aachen

Umschlagentwurf: Wolf D. Zimmermann
unter Verwendung des Fotos ›Karl der Große als heiliger König,
Straßburg 1190–1200; Glasfenster im Frauenhaus-Museum Straßburg‹
(Foto Albert Huck, Straßburg)
Harald und Ruth Bukor zeichneten die Abbildungen 1 und 6

Illustrierte Originalausgabe
des Fischer Taschenbuch Verlages
mit 12 Abbildungen
  1.–35. Tausend: November 1968
 36.–40. Tausend: September 1971
 41.–45. Tausend: Oktober 1972
 46.–50. Tausend: Februar 1974
 51.–55. Tausend: April 1975
 56.–60. Tausend: März 1976
 61.–65. Tausend: März 1977
 66.–70. Tausend: Mai 1978
 71.–75. Tausend: Oktober 1979
 76.–80. Tausend: Februar 1981

Wissenschaftliche Leitung: Jean Bollock, Paris

Fischer Taschenbuch Verlag GmbH, Frankfurt am Main
© Fischer Bücherei GmbH, Frankfurt am Main, 1968
Gesamtherstellung: Hanseatische Druckanstalt GmbH, Hamburg
Printed in Germany
980-ISBN-3-596-60010-3

Inhalt

Teil I

1. *Die Zeit des Ansturms fremder Völker* 9
   I. Die politischen Ordnungen 9 · a) Die Britischen Inseln 9 · b) Das fränkische Königreich. Der feste Kern 10 · c) Sachsen 11 · d) Friesland . Aquitanien. Die Basken und die Bretonen 13 · e) Bayern 13 · f) Die Avaren 14
   II. Das Karolingerreich beim Tode Karls 15 · a) Die Grenzen des Reiches im Westen 15 · b) Italien 15 · c) Die östlichen Teile des Karolingerreiches 16
   III. Zwei Jahrhunderte der Angst — Angegriffene und Angreifer 17 · a) Die arabische Gefahr 17 · b) Die Normannen 18 · c) Die Ungarn (Magyaren) 25

2. *Gesellschaftliches Bewußtsein und soziale Gliederung in der Karolingerzeit* 27
   I. Die Gliederung der Gesellschaft 27
   II. Die einzelnen Volksschichten 31 · a) Die Sklaven. Allgemeines 31 · b) Die wirtschaftliche Lage der Sklaven 31 · c) Die Kolonen. Die mansi 32 · d) Die freien Bauern 35 · e) Die Reichen 36
   III. Der Klerus im Karolingerreich 37 · a) Kirche und Staat 38 · b) Die Kirchenreform 38 · c) Hindernisse bei der Kirchenreform 39 · d) Der hohe Klerus 40 · e) Die Priester 41 · f) **Das** Mönchtum 43
   IV. Gruppen ohne örtliche Bindung 44

3. *Der Staat der Karolinger — Kräfte der Zerstörung und Widerstand der Herrschenden* 46
   I. Die Armen als Gegner des Staates 46 · II. Die Volksverschwörungen 49 · III. Die Vielheit der Stämme als Auflösungsfaktor 51 · IV. Die Grafenfamilien — eine Bedrohung des Staates 53 · V. Das Verwaltungsnetz. Die Vasallen 55 · VI. Die Kirche 59 · VII. Das Heer der Karolinger 60 · VIII. Schrift und Zahlen 64 · IX. Die Auflösung der Zentralgewalt 65 · X. Die Kirche als politische Macht 69 · XI. Der Sieg der Wirklichkeit 70 · XII. Ein Blick auf England 70

4. *Der Kampf um die Macht* 73

I. Karl der Große und Ludwig der Fromme 74 · II. Die Zerbröckelung des Karolingerstaates 76 · III. Die Entstehung neuer Königreiche 79 · IV. Die Päpste und die Könige des Karolingerhauses 82 · V. Die Päpste und die Fürsten Italiens 85 · VI. Entstehung und Entwicklung von Fürstentümern 87 · VII. Territorialfürsten als Könige 90

5. *Alltag und Technik* 98

I. Die Gruppe der Bauern 98 · a) Inmitten von Wäldern 99 · b) Dorf und Domäne. Der Landbau 100 · c) Der Wald als Wohltäter 101
II. Die Pflanzenwelt 102 · a) Getreide 102 · b) Kräuter und Wurzeln 104 · c) Früchte 106
III. Die Tierwelt 106 · a) Die Säugetiere 107 · b) Geflügel 108 · c) Fische 109 · d) Wilde Tiere 110
IV. Tag und Jahr 111 · a) Geräte für Feldarbeit und Handwerk 113 · b) Die Mühlen 115
V. Das geistige Leben 116 · a) Anarchie in der religiösen Verehrung 116 · b) Ketzereien und Unruhe im Volk 117
VI. Gemeinsames Trinken. Vereinigungen zur gegenseitigen Hilfe 118

6. *Die wirtschaftliche Entwicklung zwischen dem 8. und 10. Jahrhundert* 122

I. Italien 122 · a) Venedig 122 · b) Süditalien 127 · c) Vom Tiber bis zum Ebro 128
II. Byzanz als Wirtschaftszentrum 129
III. Von Byzanz nach Kiew 130
IV. Die Expansion der Schweden nach Süden 131
V. Die ›Russen‹ 132
VI. Von Kiew bis zur Ostsee 134
VII. Gegenstände des Handels 136
VIII. Von Schweden nach England 139
IX. Island, Grönland und Winland 143
X. Friesen und Angelsachsen 144
XI. Spanien 146
XII. England und Italien. Der Mancus 147
XIII. Verbrauchsgüter des frühen Mittelalters 152 · a) Der Wein 152 · b) Getreide 152 · c) Salz 154 · d) Textilien 155
XIV. Die Kaufleute 157
XV. Städte und Märkte 164
XVI. Das Geld 168

Teil II

7. *Die Kaiserzeit* 180
   I. Eine Änderung der Gesichtspunkte 181
   II. Die Welt der Skandinavier 183
   III. England 185
   IV. Slawen und Magyaren 187 · a) Millionen neuer Christen 189 · b) Reaktionen des Heidentums 192
   V. Die älteren Königreiche 193
   VI. Italien 196
   VII. Die Grundlagen des ottonischen Kaiserreiches 198 · a) Die Reichskirche 200 · b) Französische Fürstentümer und deutsche Herzogtümer 204 · c) Dynastie und Erbfolge 205
   VIII. Italien, das Kaiserreich und das Papsttum 206
   IX. Otto I. und das Kaisertum 208
   X. Otto II. — die Tragik eines Herrschers 210
   XI. Otto III. — Traum und Zusammenbruch 212
   XII. Heinrich II., der letzte Kaiser aus sächsischem Stamm 215
   XIII. Die Slawen und die Kaiser 217
   XIV. Italien nach dem Tode Ottos III. 219
   XV. Heinrich III. — Höhepunkt und Verfall 222
   XVI. Niedergang und Krise der kaiserlichen Macht 223

8. *Unfreie und Adelige* 225
   I. Vom Kastellan (Burghauptmann) bis zum Unfreien 225 · II. Der Adel 229 · III. Ursprung des Adels 231 · IV. Die regionale Verwurzelung des Adels 234

9. *Das religiöse Leben — Schwurverbände — Entwicklung solidarischer Gruppen* 235
   I. Ein entwürdigter Klerus 235 · II. Roma nobilis 236 · III. Die Kirchenreform 239 · IV. Kirchenreform oder Restauration. Gut funktionierende Gebetsmühlen 239 · V. Klosterreform und soziales Bedürfnis 240 · VI. Die Verbreitung der Klosterreformen 243 · VII. Die Kirchenreform und die Zeitströmungen 244 · VIII. Die Hinwendung der Massen zu Gott 245 · IX. Andere Gesichtspunkte der geistigen Revolution 250 · X. Der Gottesfriede 252 · XI. Stadtbewohner und Episkopat 258 · XII. Kommunen und Verschwörungen 260 · XIII. Ablehnung der bestehenden Verhältnisse 262 · XIV. Das Jahr 1000 263 · XV. Deutschland gerät in Rückstand 264

10. *Wirtschaft und Gesellschaft im 10. und frühen 11. Jahrhundert* 267

   I. Die Reichen bereichern sich noch mehr 267
   II. Abgaben und technischer Fortschritt 269
   III. Soziale Differenzierungen auf dem Lande 275
   IV. Die Handwerker 278
   V. Die letzten Hungersnöte 279
   VI. Von Venedig nach Venedig 279 · a) Das westliche Mittelmeer 279 · b) Rußland und die Ostseeländer 280 · c) Die Nordsee und Westeuropa 283
   VII. Der Aufstieg der Städte 285
   VIII. Die Entwicklung der Städte 288
   IX. Burh und Gorod 289
   X. Vergrößerung von kleinen Städten 292
   XI. Anfänge eines rechtlichen Status der Städte 296
   XII. Die Gilden 303
   XIII. Der Handel als Wesenselement der Städte 305
   XIV. Die Kaufleute 308
   XV. Die Waren 312
   XVI. Der Mangel an gutem Geld 317

11. *Das Geistesleben und die bildenden Künste* 318

   I. Meinungsverschiedenheiten und Meinungsgleichheit bei den Wissenschaftlern 318
   II. Kirche und Staat als Konsumenten geistiger Werte 322
   III. Mittellatein und Volkssprachen 324
   IV. Die anderen Mittel zur Vereinheitlichung 327
   V. Der Unterricht 328
   VI. Die Baukunst 331
   VII. Die Architektur unter den Ottonen 335
   VIII. Die Architektur in den südlichen Ländern 336
   IX. Bildende Künste anderer Art 339
   X. Die geistige Welt 342 · a) ›Hofschule‹ und ›Akademie‹ 342 · b) Das Programm der Karolinger 344 · c) Die Menschen 345 · d) Die Werke 347 · e) Parallelerscheinungen 350 · f) Das 11. Jahrhundert 352

Zeittafel 357

Anmerkungen 362

Literaturverzeichnis 378

Verzeichnis und Nachweis der Abbildungen 387

Register 388

> Dem Historiker bleibt nur der Versuch,
> sich nach und nach an die Wahrheit
> heranzutasten. Edouard Perroy

1. Die Zeit des Ansturms fremder Völker

Unser Buch handelt von einer Epoche, die sich von der Mitte des 8. Jahrhunderts bis zur Mitte des 11. Jahrhunderts und etwas darüber hinaus erstreckt. Es ist innerhalb der Geschichte Europas die Zeit, in der dieser Erdteil im Rahmen der gesamten Geschichte am wenigsten ins Gewicht fiel. Die Welt des Islam, das Imperium von Byzanz und das Chinesische Reich waren damals die Gebiete der Hochkulturen. Das Abendland, Auflösungsprodukt des kaum noch wiederzuerkennenden Römischen Reiches, mühte sich indessen darum, nicht den Horden anheimzufallen, die in aufeinanderfolgenden Wellen Westeuropa zu überschwemmen drohten.
Man kann innerhalb des Zeitraums, der hier behandelt wird, zwei große Abschnitte unterscheiden.. In dem ersten vollzieht sich der Vorstoß dieser Völker: eine Periode, die mit der Schlacht am Lech (unweit von Augsburg) im Jahre 955 schließt. Der zweite Abschnitt – er wird auch den zweiten Teil unserer Darstellung ausmachen – ist durch das Wiederaufleben Westeuropas gekennzeichnet.

Wir müssen vom kontinentalen Europa, dem Schwerpunkt der Entwicklung, sprechen, und gerade deshalb müssen wir daran erinnern, daß in Nordwesteuropa Völker, die im Lauf der Geschichte dann wiederholt und in sehr verschiedenem Grade mit den kontinentalen Völkern in Verbindung traten, damals noch weitgehend für sich lebten.

I. DIE POLITISCHEN ORDNUNGEN

a) Die Britischen Inseln

Werfen wir zunächst einen Blick auf Irland. Die Insel war eine kleine, unruhige Welt, die abseits von den großen geschichtlichen Strömungen lag. Die Iren waren zu jener Zeit außerstande, einen einheitlichen Staat zu bilden, und die Insel wurde durch die Normannen aus ihrer Isolation gerissen. Seit dem

Jahre 795 faßten die Norweger — die ›Finn-ghaill‹ oder weißen Heiden (blonden Fremden) — auf ihr Fuß. Im Jahre 851 kamen die Dänen — die ›Dubh-ghaill‹ oder schwarzen Heiden — nach Irland. Mehr oder weniger kraftvoll übten die Normannen ihre Herrschaft über Irland bis zu dem irischen Sieg bei Clontarf im Jahre 1014 und sogar noch kurze Zeit über dieses Datum hinweg aus.

England[1] zerfiel bekanntlich in kleine Königreiche, die um die Vorherrschaft kämpften. Aethelbald, ›König der Mercier und Südengländer‹, herrschte ziemlich friedlich während der Zeit von 716 bis 757. Sein Nachfolger Offa, der von 757 bis 798 regierte, war der berühmteste König von Mercia. Er gliederte seinem Königreich mehrere Gebiete an und machte es so mächtig, daß diesem Staat eine lange Dauer beschieden schien. Doch König Egbert von Wessex führte in den Jahren von 802 bis 839 seinen Staat zur Hegemonie.

b) Das fränkische Königreich. Der feste Kern[2]

Wir betrachten nunmehr das kontinentale Europa.
Von all den ›barbarischen‹ Königreichen, die sich im Laufe des 5. Jahrhunderts bis zum 6. Jahrhundert hin innerhalb der westlichen Territorien des römischen Kaiserreiches gebildet hatten, gab es im Jahre 751 nur noch ein einziges: den fränkischen Staat. Dieser besaß keineswegs automatisch die Vorherrschaft. In Italien war ein ganz anderes Königreich entstanden und hatte sich mächtig entwickelt: der Staat der Langobarden.[3] Die Könige dieses Staates — Aistulf (gest. 756) und danach Desiderius — verfolgten das Ziel, Italien unter ihrem Zepter zu einigen. Aber Pavia, die Hauptstadt des Langobardenreiches, wurde später — im Jahre 774 — nach langer Belagerung eingenommen, und noch im gleichen Jahre wurde Karl der Große ›König der Langobarden‹.

Man darf sich indessen die Herrschaft der Franken in Westeuropa nicht so vorstellen, daß das Abendland nunmehr in einem großen, strukturell gleichartigen und zusammenhängenden Imperium zusammengefaßt war, das durch gelassene Festigkeit seinen Völkern Sicherheit bot. In Wirklichkeit muß man eher an einen etwas lockeren Staatsorganismus denken, der zwar einen starken Kern besaß, aber zum Rande hin immer schwächer wurde. Jenseits der Grenzen dieses Staates drängten sich zudem Feinde, die ihn bedrohten.

Von der Loire bis zum Rhein erstreckte sich das Gebiet der *Francia*[4]: der schon früher von den Franken bevölkerte Raum, der aufgrund dieser fränkischen Herrschaft das Herz und den festen Kern des Staates bildete. Das Karolingerreich war in erster Linie ein fränkischer Staat, waren doch in ihm die Franken ein

Abb. 1: Das Reich Karls des Großen

bevorrechtetes und zugleich das am stärksten mit der Dynastie verbundene Volk. Die anderen Völker haben auf den Herrschaftsanspruch des Karolingerreiches sehr verschiedenartig reagiert.[5] Beispielsweise unterwarfen sich die Alamannen, deren Territorium im wesentlichen dem späteren Herzogtum Schwaben entspricht, der karolingischen Macht in solchem Maße, daß man sie als einen Bestandteil des festen Kerns des Karolingerreiches ansehen kann. Das gleiche kann man von Burgund sagen, dessen Gebiet sich nicht mit dem der gegenwärtigen französischen Bourgogne deckte, sondern bis zu den Alpen reichte und ein Territorium war, in dem die heutige Bourgogne nur den nordwestlichen Winkel bildet.

c) Sachsen

Obwohl dies paradox erscheint, muß man feststellen, daß auch Sachsen zu diesem festen Kern gehörte.

In der Zeit, von der wir sprechen, umfaßte Sachsen ganz Norddeutschland zwischen Ems, Nordsee, Elbe und Saale. Die Südgrenze des Gebietes entsprach einer Linie, die nördlich der Sieg begann, zu einem Punkt südlich des Zusammenflusses von Werra und Fulda führte und schließlich längs der unteren Unstrut verlief. Im Nordosten ging die Grenze Sachsens über die Elbe hinaus, war doch das Gebiet des gegenwärtigen Holstein ein Bestandteil des Landes.

Das mächtige und tapfere Volk der Sachsen setzte sich aus verschiedenen Stämmen zusammen: Westfalen, Ostfalen und Engern (ein Reitervolk, das sich an der Weser niedergelassen hatte). Im äußersten Norden des Landes gab es zwei autonome sächsische Gebiete: Wihmuodi und Nordalbingien. Die Sachsen, schon vor der Zeit Karls des Großen in einem lockeren und rechtlich verschwommenen Sinne den Franken tributpflichtig, empfanden sich als faktisch ganz unabhängig.

Karl der Große unternahm im Jahre 772 einen Feldzug gegen die Engern, um sie für einen ihrer Plünderungszüge hart zu strafen. Im Laufe dieses Feldzuges wurde die *Irminsul*, eine gewaltiger (nach altsächsischem Glauben das Himmelsgewölbe haltender, heiliger) Baumstamm, zerstört. Der erste Feldzug Karls gegen die Sachsen entwickelte sich aber immer mehr zu einem Eroberungszug, zu dessen Vollendung die Christianisierung erforderlich war. Indessen brach unter der Führung Widukinds, eines westfälischen Adligen, im Jahre 778 ein großer Aufstand aus. Die Franken trafen Vergeltungsmaßnahmen von äußerster Härte: 4500 Sachsen wurden an einem einzigen Tage enthauptet. Nach mehreren Feldzügen unterwarf sich Widukind und wurde im Jahre 785 getauft. Um seine Gewalt geltend zu machen, ging Karl geradezu terroristisch vor: Die Verweigerung der Taufe und sogar der Verstoß gegenüber den Vorschriften der Fastenzeit wurden mit dem Tode bestraft. Die Pflicht des Kirchenzehnten wurde eingeführt und von der fränkischen Kirche mit einer Strenge angewendet, zu der die materielle Gier erheblich beitrug. Doch dies war nicht dazu angetan, die Sachsen dem christlichen Glauben auch innerlich zu nähern. So ist es kein Wunder, daß ein neuer Sachsenaufstand losbrach. Vier Feldzüge gegen die Sachsen wurden jetzt erforderlich, um des Aufstandes Herr zu werden. Auch nach dem Erlaß eines Kapitulare (Satzung des Herrschers), des sogenannten *Capitulare Saxonicum*, durch das im Jahre 797 die Terrormaßnahmen gegen die Sachsen im wesentlichen rückgängig gemacht wurden, gab es — vornehmlich in Nordalbingien und in Wihmuodi — noch Widerstandsherde. Karl der Große rief nun die Slawen des östlich der Elbe liegenden Gebiets, die Abodriten, gegen die Sachsen zu Hilfe. Die Bewohner von Wihmuodi und Nordalbingien wurden massenhaft in entfernte Gegenden des Karolingerreiches deportiert. Karl gab Nordalbingien den Abodriten, und Wihmuodi wurde von Franken besiedelt. Sachsen mußte sich vor der Gewalt des fremden Herrschers beugen, und im Jahre 804 wurde endgültig Friede geschlossen. Überraschenderweise fügte sich Sachsen, nachdem es einmal unterworfen war, dem fränkischen Staat erstaunlich schnell ein. Der Kern dieses Imperiums bestand also aus der *Francia*, aus Burgund, aus dem alamannischen Gebiet und aus Sachsen. Für den Rest des Karolingerreiches sind die Probleme der Einfügung kompliziert, und man findet hier immer wieder neue Abstufungen.

d) Friesland. Aquitanien. Die Basken und die Bretonen

Wir sprechen zunächst kurz über Friesland, das damals im Westen bis zur Scheldemündung reichte. Wie so viele an den fränkischen Staat grenzende Territorien war auch Friesland schon im 7. Jahrhundert mehr oder weniger nachdrücklich der Macht der Merowinger unterworfen worden, aber es hatte seine Selbständigkeit immer wieder zurückerobert. Die Friesen hatten sich den Aufstand der Sachsen (die ihr Nachbarvolk waren) zunutze gemacht und sich wieder einmal gegen die Franken erhoben. Aber die Niederlage der Sachsen zog auch die ihre nach sich, und bei den Friesen erfolgte die — schon früher angebahnte — Bekehrung zum Christentum ebenfalls nach ihrer Unterwerfung unter die Gewalt des fränkischen Staates.
Wir wollen jetzt vom äußersten Norden des Karolingerreiches zu dessen südlichsten Gebieten übergehen. Südlich der Loire lag Aquitanien[6]. Das große südwestfranzösische Territorium war gründlich romanisiert. Aquitanien hat Jahrhunderte hindurch seine eigene Aristokratie behalten, die den festen Kern einer sehr selbständigen Macht bildete. In der zweiten Hälfte des 8. Jahrhunderts — insbesondere unter der Herrschaft Karls des Großen — hat der fränkische Staat energisch versucht, diesen nationalen politischen Kräften in Aquitanien das Wasser abzugraben. Man sandte einen nicht unbedeutenden Stab von fränkischen Beamten dorthin. Doch diese Maßnahme erwies sich als ungenügend. Aquitanien blieb auch während des größten Teils des 9. Jahrhunderts ein großer, nicht unterworfener Block, und die Gegner der fränkischen Staatsmacht konnten in diesem Territorium immer auf Anhänger rechnen.
Die Basken (Gascogner), ein über das Pyrenäengebiet verbreitetes Reitervolk, erkannten die fränkische Staatsgewalt höchstens formell an und blieben faktisch ihr eigener Herr. Nicht anders war es bei den Bretonen. Die Franken führten mehrere Feldzüge gegen sie durch, ohne durch militärische Maßnahmen viel bei ihnen ausrichten zu können.

e) Bayern[7]

Die Lage in Bayern wies ebenfalls Besonderheiten auf. Bayern war noch um das Jahr 751 ein ›Stammesherzogtum‹, das von einer einheimischen Dynastie regiert wurde und den Karolingern mehr oder weniger unterworfen war.

Unter dem Stammesherzog Tassilo III. kam es zu einer entscheidenden Krise der Beziehungen Bayerns zu der fränkischen Dynastie. Im Jahre 757 leistete Tassilo Pippin dem Kleinen, dem König der Franken, den Vasalleneid. »Er empfahl sich in die Vasallität, wobei er die Hand auf die heiligen Reliquien legte, leistete zahllose Eide und gelobte dem König Pippin und seinen Söhnen Karl und Karlmann die Treue« (*Annales regni Francorum* für das Jahr 757).

Etwas östlich von Bayern lebten die Avaren, Abkömmlinge der furchtbaren asiatischen Reiter, die in den vorangegangenen Jahrhunderten Europa mit Schrecken erfüllt hatten. Tassilo III. kam den Slowenen Kärntens, die durch die kleinwüchsigen, gelbhäutigen Avaren bedroht wurden, zu Hilfe. Er nahm Kärnten in Besitz, das dadurch ein Anhängsel Bayerns und das erste christianisierte Slawengebiet geworden ist. Doch Karl dem Großen war diese unabhängige Außenpolitik des Bayernherzogs verdächtig. Er forderte Tassilo ohne Umschweife auf, zu ihm — nach Worms — zu kommen und den Treueid zu erneuern, den er einst Pippin dem Kleinen geleistet hatte. Der Papst, ganz und gar den Franken zugetan, drohte Bayern indes mit dem Kirchenbann.

Doch Tassilo gab sein Spiel auch jetzt nicht auf. Er verband sich mit den Avaren und den Byzantinern, um gegen Karl den Großen zu kämpfen. Doch die Bayern fürchteten sich vor Karl und ließen den Herzog verhaften. Tassilo wurde im Jahre 794 zum Tode verurteilt. Zwar begnadigte Karl ihn, doch er empfing die Tonsur und verschwand hinter Klostermauern. Bayern wurde nunmehr unmittelbar der fränkischen Krone unterstellt.

f) Die Avaren

Wenn Karl sich gegenüber Bayern vorsichtig zeigte, so lag das daran, daß an den Grenzen dieses Gebietes das erwähnte, sehr gefürchtete Volk der Avaren[8] lebte, die die Länder am Mittellauf der Donau beherrschten. Auf der Seite des rechten Ufers hatten sie die Macht über ganz Pannonien (*Pannonia inferior* und *Pannonia superior*), Krain und die untere Steiermark; das links von der Donau gelegene Land bis zur Theiß war ebenfalls in den Händen dieses Reitervolkes.

Tatsächlich waren aber die Avaren weitaus schwächer, als es schien. Bürgerkriege hatten ihre Einheit zerstört, und sie waren dadurch zu einer kraftvollen Aktion nicht mehr fähig. Im Jahre 796 war die Macht der Avaren schon gebrochen, und in den Jahren danach wurde die Eroberung des Avarenreiches durch die Franken vollendet. Seine Gebiete, soweit sie rechts von der Donau lagen, wurden neu geordnet, während die links von der Donau gelegenen Territorien des Avarenreiches nicht von den Franken besetzt wurden. So wurden die Slowenen und Kroaten dem fränkischen Staat botmäßig, und sogleich begann von fränkischer Seite eine Kolonisation Kärntens und Pannoniens nördlich der Drau. Die Slawen wurden im allgemeinen in unbedeutende Talgebiete und in die Gebirgsgegenden zurückgedrängt. Die mit Milde durchgeführte Bekehrung zum Christentum bewirkte, daß sich der neue Glaube bei den Heiden in den einstigen Avarenländern schnell verbreitete.

II. DAS KAROLINGERREICH BEIM TODE KARLS

a) Die Grenzen des Reiches im Westen

Als Karl der Große im Jahre 814 starb, verliefen die Grenzen seines Reiches von der Elbmündung bis zu den Pyrenäen hin direkt am Meer entlang — mit zwei Unterbrechungen: Als faktisch autonome Länder blieben die Gascogne und die Bretagne ausgespart.
Die Pyrenäen trennten das Karolingerreich von der Welt des Islam. Auch hier gab es zwei Einsprengsel; denn nach der Eroberung Spaniens durch die Araber hatte sich eine verhältnismäßig kleine Anzahl von Westgoten in den äußersten Nordwesten der Halbinsel zurückgezogen und dort das kleine Königreich von Asturien und Galicien gegründet.
Der König dieses kleinen Staates, Alfons II. (der Keusche), hatte Karl dem Großen tiefe Ergebenheit gezeigt und ihm oft Geschenke gemacht. Im äußersten Nordosten Spaniens hatte sich unter Karl dem Großen die Spanische Mark gebildet, die bis zum Ebro reichte. Vom östlichen Ende der Pyrenäen an berührten die Grenzen des Karolingerreiches wiederum das Meer und folgten dem Küstenverlauf bis zu einem Gebietsteil, der etwas südlicher lag als Rom: bis zur Gegend von Terracina. Auch waren die Balearen, Korsika und Sardinien in Händen der Franken, obwohl diese Inseln oft von den Moslems angegriffen wurden.

b) Italien

In Italien war die Lage kompliziert. Der Norden war seit der Niederlage der Langobarden unbestreitbar von den Franken beherrscht. Nicht anders war es mit Rom und den anderen päpstlichen Territorien. Unmittelbar östlich von Rom lag das Gebiet von Spoleto, das zum Langobardenreich gehört hatte. Dort ließ Karl der Große für einige Zeit einen langobardischen Herzog weiterregieren.

Süditalien war — wenn man vom äußersten, zum Byzantinischen Reich gehörenden Süden der Halbinsel einmal absieht — politisch gesehen mit dem Herzogtum Benevent identisch. Dieses Herzogtum, ebenfalls ein Ableger des einstigen Langobardenreiches, besaß eine nationale Dynastie. Sie hielt sich dort und trieb eine Politik, die auf die Herrschaft über ganz Süditalien abzielte. Trotz dieser eigenwilligen Zielsetzung schonte Karl der Große die dort herrschende Dynastie und begnügte sich schließlich mit einer theoretischen Anerkennung seiner Oberherrschaft; denn die Byzantiner im äußersten Süden Italiens hatten nicht auf ihren Anspruch verzichtet, große Teile Italiens wieder dem Machtbereich des oströmischen Kaisers zuzuführen.
Der Rest Italiens war in den Händen Karls des Großen. Als einzige Ausnahme blieb Venedig nach langen Kämpfen byzantinisch.

c) Die östlichen Teile des Karolingerreiches

Die östlichen Grenzen des Karolingerreiches waren fließend.
Nach Unterwerfung der Sachsen reichte das Gebiet des Karolingerreiches im Osten bis zum Lauf der Elbe in seiner ganzen Länge. Östlich des Elbstromes aber begann die slawische Welt. Dort gab es die Abodriten (zwischen der unteren Elbe und der Ostsee von der Trave bis zur Warnow); weiter südöstlich in Mecklenburg saßen die Wilzen; die Linonen wohnten am rechten Elbufer zwischen der Havel und dem Eldefluß, und die Wohnsitze der Sorben lagen zwischen Elbe und Saale. In der Mitte zwischen Riesengebirge, Erzgebirge und Böhmerwald lebten die Tschechen und Slowaken, südlich der Donau, am linken Ufer der Enns, die Kärntner. Diese bewohnten Kärnten, die Steiermark und einen Teil Österreichs. Innerhalb der erwähnten Völkerschaften bildeten die Kärntner insofern eine Ausnahme, als ihr Gebiet, wie erwähnt, von den Bayern erobert worden war und sie, schon früh christianisiert, sich in nahezu jeder Hinsicht dem Karolingerreich einfügten und praktisch ganz zu ihm gehörten.
Die Slawen im Norden kamen mit den Franken nach Eingliederung des Sachsenlandes in Berührung. Wir haben schon erwähnt, daß die Abodriten bei dem Kampf mit den Sachsen auf die Seite der Franken getreten waren. Zur Belohnung durften sie Nordalbingien in Besitz nehmen. Die Zusammenarbeit dieser Slawen mit den Franken setzte sich fort. Abodriten waren es, die künftig die dänische Grenze bewachten und damit eine gefahrvolle Aufgabe übernahmen, wurde doch im Jahre 808 ihr Herzog, nachdem er den Dänen in die Hände gefallen war, kurzerhand gehängt. Zwischen ihren dänischen Gegnern und ihren Erbfeinden, den Wilzen, eingeklemmt, stützten sich die Abodriten auf die

Franken. Tatsächlich übte Karl der Große über sie eine Art Protektorat aus; doch versuchte er nicht, sie zum Christentum zu bekehren, was daraus ersichtlich ist, daß er sie nicht in sein Reich einbezog. Die Wilzen machten dem fränkischen Staat zwar mehr Schwierigkeiten als die Abodriten, erkannten jedoch schließlich die Übermacht der Franken an, ohne deshalb zum Christentum überzutreten. Auch ihre Gemeinschaft war eine Art von Pufferstaat gegen die Slawen, die weiter östlich lebten.
Eine wirkliche Gefahr für den fränkischen Staat bildeten dagegen zunächst die Sorben, die in größerer Anzahl an den Grenzen von Sachsen und Thüringen wohnten. Doch im Jahre 806 wurden sie matt gesetzt und verlängerten den großen slawischen Schutzriegel, der sich zwischen das Karolingerreich und die großen Slawenmassen in den weiter östlich liegenden Gebieten schob. Die Berührung zwischen den Tschechen (Böhmen) und den Franken kam spät zustande. Der Kontakt erfolgte, als der fränkische Staat seinem Gebiet die von den Avaren beherrschten Territorien eingliederte. Ein großer Feldzug der Franken im Jahre 805 führte zwar dazu, daß der Herzog der Tschechen im Kampf fiel, brachte aber keine entscheidenden Ergebnisse. Trotzdem haben die Tschechen wahrscheinlich eine nicht näher präzisierte Oberhoheit der Franken anerkannt, denn im Jahre 817 wurde Böhmen unter den Gebieten genannt, die einem Sohn Ludwigs des Frommen zuerkannt wurden.[9] Südlich von Böhmen lag Kärnten, das (auf dem Wege über Istrien) zu Italien überleitet und damit zu Grenzgebieten, von denen wir schon gesprochen haben.

III. ZWEI JAHRHUNDERTE DER ANGST — ANGEGRIFFENE UND ANGREIFER

a) Die arabische Gefahr

Bekanntlich setzte das 8. Jahrhundert mit einer tödlichen Bedrohung für die Christenheit ein. Die Araber eroberten Afrika, drangen in Spanien ein, gingen über die Pyrenäen und stießen in die Ebenen Galliens vor.[10] Im Jahre 732 drang ein arabisches Heer über Poitiers hinaus und bewegte sich auf Tours zu. Karl Martell und seine Soldaten erwarteten den Sturm »unbeweglich wie eine Mauerwand«. Der furchtbare Zusammenstoß wurde zu einer schweren Niederlage der Araber. Seitdem begannen ihre Heere zurückzufluten.
Zudem gelang Pippin dem Kleinen im Jahre 752 die Rückeroberung von Nîmes, Maguelonne und Béziers. Sieben Jahre danach wurde die arabische Garnison in Narbonne von der westgotischen Bevölkerung niedergemacht, und damit war ganz Septimanien (der Bogen zwischen den Pyrenäen und der südlichen Rhone) wieder frei.

In Spanien gewann der Kampf zwischen dem Kalifen aus dem Omaijadengeschlecht und den Anhängern der Abbasiden immer mehr Bedeutung. In dieser Situation begann Karl der Große im Frühling des Jahres 778 seinen Feldzug; doch die Truppen Karls waren in dem ihnen feindselig gesinnten Land isoliert und mußten schließlich zurückweichen. Das ist jener ungeordnete Rückzug, der durch das (in der Zeit der Kreuzzüge entstandene) französische Rolandslied unsterblich geworden ist. Die Franken waren damit auf ihren Ausgangspunkt zurückgeworfen, und alles mußte von neuem beginnen. Die ›Goten‹, die das bedrohte Gebiet bewohnten, beteiligten sich stark an den Kämpfen, und dabei zeichneten sich gotische Grafen wie Borel und Bera in höchstem Maße aus. Doch weder Huesca noch Tortosa konnten dem Islam endgültig entrissen werden. Immerhin hatten die Franken den Ebro erreicht, dessen Lauf seitdem zur Grenze zwischen dem fränkischen Machtbereich und dem arabischen Spanien wurde. Das zwischen den Pyrenäen und dem Ebro gelegene Gebiet, die Spanische Mark, wurde später zum Kern Kataloniens.[11]

b) Die Normannen

Mit Ausnahme der skandinavischen Geschichtsschreibung haben die westeuropäischen Historiker das Vordringen der Normannen (Wikinger) in besonders dunklen Farben geschildert. Das gleiche gilt von den arabischen Vorstößen nach Westen hin, die als ausschließlich negativ zu wertende Kriegshandlungen beschrieben worden sind. Dennoch steht fest, daß bei einer Prüfung des Kulturstandes der Araber und ihrer westeuropäischen Gegner sich der ersteren als die Kulturträger, die letzteren als die ›Barbaren‹ erweisen und daß die Ausdehnung der Macht des Moslems nur der Entfaltung einer weiter fortgeschrittenen Gesellschaft auf Kosten einer primitiveren Welt entsprach.
Trotz des schlechten Rufes der Wikinger gewahrt man in der ganzen Geschichte ihrer Vorstöße nichts, was auch nur annähernd an die Grausamkeit herankäme, mit der Karl der Große die 4500 Sachsen niedermetzeln ließ. Hinsichtlich der Räubereien, die die Normannen verübten, könnte man ebenfalls auf das Verhalten Karls des Großen hinweisen. Was ist denn die außenpolitische Geschichte dieses Herrschers anderes als die Ausplünderung der Nachbarvölker seines Reiches? Welches Recht hatte er auf den Avarenschatz, welche Befugnis, sich das Land der sächsischen Adligen anzueignen? Der schlechte Ruf, in dem die Normannen standen und noch stehen, muß somit auf etwas anderes zurückgehen als auf ihre Bluttaten und Plünderungszüge. In Wahrheit hat er wohl darin seinen Ursprung, daß sie Heiden waren und also von den damaligen Geschichtsschreibern

— sie waren ja fast immer Weltgeistliche oder Mönche — nur als Todfeinde angesehen werden konnten.
Tausend Jahre hindurch sind die westeuropäischen Historiker mechanisch den Spuren ihrer geistlichen Kollegen aus dem 9. Jahrhundert gefolgt, und zwar nicht nur deshalb, weil die karolingischen Annalen unsere Hauptquelle für die Ereignisse sind (die Normannen selber haben ja über das Geschehen keine schriftlichen Zeugnisse hinterlassen und sind daher geistig ohne Verteidiger geblieben); ein Grund für die lange Beeinflussung der modernen Historiker durch die früheren Beurteilungen der Normannen liegt vielmehr auch darin, daß unser Hirn nun einmal an bestimmte Gleichsetzungen gewöhnt ist. Zu diesen Gleichsetzungen gehört die Identifikation des heidnischen Elements mit dem der Wildheit und die Identifikation der Kultur, die die Schrift kennt, mit wirklicher Kultur überhaupt.
Die Folge war, daß man die Skandinavier, die Europa angriffen, stets durch eine Brille betrachtet hat, die keinen Weitblick ermöglichte. Man sah die Plünderungen und Beutezüge, die ja durchaus Wirklichkeit waren und die dennoch sekundär sind, wenn man das Ganze betrachten will: eine der großen Bewegungen während des Mittelalters, nämlich die Ausdehnung eines skandinavischen Herrschaftsbereiches bis nach Labrador, Sizilien und zum Schwarzen Meer.

Das Vordringen der Skandinavier — Die Gründe
Die Gründe, aus denen die Skandinavier in den letzten Jahren des 8. Jahrhunderts in Bewegung gerieten, bilden seit langem ein wissenschaftliches Problem.[12] Innerpolitische Kämpfe zu dem Zeitpunkt, in dem skandinavische Königreiche gegründet wurden, und die Auswanderung der in diesen Kämpfen besiegten Männer sind als Ursachen für die Vorstöße der Wikinger genannt worden. Auch eine Übervölkerung wurde oft für den entscheidenden Grund gehalten. Das Phänomen der Übervölkerung hat wahrscheinlich eine große Rolle gespielt. Tatsächlich war es bei den Normannen Brauch, daß die überschüssige Bevölkerung, soweit sie jung war, nach gewissen Zeiträumen immer wieder aus dem Lande ging. Die Übervölkerung, bei der verhältnismäßig viele Menschen zu ernähren waren, kam auch in einer — in Skandinavien früher als in Westeuropa zu beobachtenden — ›fortschrittlichen‹ Landwirtschaft zum Ausdruck: Die Verwendung des Pfluges mit Streichbrett und des Pferdes gaben dieser Landwirtschaft Auftrieb. Die innerpolitischen Kämpfe und die Übervölkerung können zusammengewirkt und die Vorstöße der Normannen nach Westen und Süden begünstigt haben. Berücksichtigt man dazu noch den (für das damalige Skandinavien typischen) hohen Stand der Schiffstechnik[13] und die Allgegenwart des Meeres in jenen nordischen Ländern, so wird begreif-

lich, daß Flotten und Heere der Wikinger ein Jahrhundert hindurch immer wieder auszogen, ganz Europa durchstreiften und bis nach Amerika und nach Asien gelangten.

Die Angriffswellen
Ein erster Vorstoß der Wikinger wurde im Jahre 787 gemeldet. Die angelsächsische Chronik, die den Zug erwähnt, beschreibt, wie die Schiffe an der Küste von Dorset gesichtet wurden.
In den nächsten Jahren wiederholte sich der Vorgang, bald aber vervielfachten sich die Angriffe. Anfangs plünderten die Wikinger vor allem die Klöster auf den England vorgelagerten Inseln: das Kloster Lindisfarne (auf Holy Island) im Jahre 793, das Kloster Jarrow ein Jahr später, das Kloster Rechreyn (in Irland) im Jahre 795 und schließlich das (auf einer Insel vor der westschottischen Küste gelegene) Kloster Iona im Jahre 806.
Es ist deutlich, daß England und Irland die ersten Ziele sein mußten. Schon bald danach wurde der Kontinent, der bisher verschont geblieben war, heimgesucht. Die Franken haben allerdings bis zu einem gewissen Grade die Angriffe der Normannen selber hervorgerufen. Diese Angriffe waren, wenigstens teilweise, die Folge der Eroberung Sachsens; denn das Vordringen der Franken, das diese bis zur dänischen Grenze vorstoßen ließ, fiel zeitlich mit einer starken Machtentfaltung Dänemarks zusammen. Einhard stellte in der *Vita Caroli* um das Jahr 830 – also schon in einem gewissen zeitlichen Abstand – die Dinge folgendermaßen dar: »Ihr [der Dänen] König Godefrid gab sich der vergeblichen Hoffnung hin, ganz Germanien seiner Macht zu unterwerfen. Sachsen und Friesland sah er als Gebiete an, die ihm in kurzer Zeit zufallen würden. Schon hatte er die Abodriten unterworfen [...] Er schmeichelte sich, daß er bald Aachen nehmen werde.« Tatsächlich wurde die auf Eingliederung Frieslands abzielende Politik der dänischen Herrscher im 9. Jahrhundert viele Jahrzehnte hindurch fortgesetzt und gipfelte schließlich in der Gründung eines echten normannischen Staates auf friesischem Gebiet.
Wenn man von Friesland absieht, beschränkte sich aber das Vordringen der Wikinger bis etwa zum Jahre 834 auf mehr oder weniger großzügig ins Werk gesetzte Raubzüge: man landete, plünderte und schiffte sich wieder ein. Um das Jahr 834 waren anscheinend die Flotten größer geworden. Der erste ernsthafte Versuch, ein Territorium für dauernd in Besitz zu nehmen, vollzog sich in Irland. In England konnte Egbert, der König von Wessex, die Eindringlinge noch in Schach halten. Doch seit dem Jahre 840 änderte sich die Lage. Ein Jahr später wurde London geplündert, und im Winter 850/851 ließen sich die Normannen auf der Insel Sheppey (an der Themsemündung) nieder; Canterbury und London wurden von neuem verheert. Auf dem euro-

päischen Kontinent war die Lage nicht besser; dort suchten die Normannen nicht nur die Küsten heim, sondern fuhren auch die Seine aufwärts und verwüsteten Rouen, sie fuhren die Loire aufwärts und plünderten Nantes, sie fuhren die Garonne aufwärts und belagerten Toulouse.
Es wäre eintönig, hier die Geschichte der Vorstöße der Normannen — vor allem ihre Taten auf dem Kontinent, wo sie am Anfang des 10. Jahrhunderts schließlich das Herzogtum der Normandie gründeten — im einzelnen zu beschreiben. In der Zeit zwischen den Jahren 840 und 911 zeigt diese Geschichte kaum mehr als Verheerungen von Städten und Plünderungen von Klöstern.

Schwächen des Karolingerreiches
Im großen und ganzen leisteten die Franken den Angriffen nur schwachen Widerstand. Dies läßt sich aus zwei Tatsachen schließen: zunächst daraus, daß sich die fränkischen Herrscher erstaunlich oft lieber zu Tributzahlungen als zum Abwehrkampf bequemten. Nur wenige Herrscher jener Zeit handelten anders. Zuweilen aber wurde den Normannen noch mehr zugestanden als Geldtribute. Man gab dem Normannenführer in manchen Fällen nämlich ein Gebiet des Karolingerreiches als Lehen, und er erhielt zur Abrundung der Gabe noch eine Prinzessin aus dem Königshause zur Gemahlin. Solche Vorgänge zeigen mehr als alles andere die Ohnmacht der Karolingerherrscher gegenüber den normannischen Angreifern.
England unterschied sich in dieser Hinsicht nicht vom europäischen Kontinent. Alfred der Große, der König von Wessex und Retter Englands, hat in Wirklichkeit sein Gebiet nur dadurch retten zu können, daß er den Normannen nach 878 mehr als die Hälfte der angelsächsischen Territorien überließ.
Dafür, daß die Franken ihre potentielle militärische Schlagkraft nicht voll ausnutzten, spricht auch die Neigung der Bauern, sich gegen die Eindringlinge zu erheben. Man findet Bauernerhebungen dieser Art in Friesland, in Flandern, im Moselgebiet und in dem Gebiet zwischen Seine und Loire. Dies zeigt, daß große Reserven an Mut und Widerstandsgeist vorhanden waren und daß man sich dieser Reserven nicht bedienen wollte.
Betrachtet man diese mutigen Versuche bäuerlicher Selbsthilfe näher, so stößt man auf befremdende Gesichtspunkte bei der fränkischen Oberschicht. Bei dem frühesten Versuch — dem der flandrischen Bauern im Jahre 820 — gewinnt man den deutlichen Eindruck, daß die Großen dem Normannenheer das Hab und Gut ihrer Leibeigenen bewußt preisgaben, während diese Bauern sich zusammenrotteten, um ihren Besitz zu verteidigen. Anläßlich eines verheerenden Vordringens der Normannen im Rheintal und im Moselgebiet griff das Volk im Jahre 882 zu den Waffen

und stürzte sich auf seine Henker; doch diesen fiel es nicht schwer, die mutigen, aber militärisch undisziplinierten Scharen niederzumetzeln.
Es gab aber Vorgänge, die noch seltsamer berühren. Als die Bauern — das *vulgus promiscuum*, wie die Quellen verächtlich sagen — zwischen Seine und Loire im Jahre 859 zur Verteidigung gegen die Normannen zu den Waffen griffen, wurden sie von fränkischen Kriegern niedergemacht.[14] Im allgemeinen hat man den Eindruck, daß die Verteidigung gegen die Normannen sogar nach der Meinung der Zeitgenossen viel weniger kraftvoll war, als sie hätte sein können. Man spürt auch, daß die Schwäche dieses Widerstandes (den das aus Reitern und also aus Angehörigen der begüterten Schicht bestehende Heer im Grunde genommen nicht wirklich wünschte) bei den Armen automatisch eine Verteidigungshaltung hervorrief, die den Keim einer sozialen Umwälzung enthielt; einer Umwälzung, die nicht zustande kam und bei der gesellschaftlichen Struktur jener Zeit auch nicht möglich war. Bekanntlich haben die Normanneneinfälle[15] und die Unfähigkeit der Karolinger zuletzt dahin geführt, daß sich die Franken von der Anhänglichkeit an die Dynastie lösten und sich eng an die jeweiligen lokalen oder regionalen Träger der Staatsgewalt anschlossen: genauer gesagt, an die lokalen Machthaber, da diese es waren, die den Normannen wirksamen Widerstand entgegensetzten. Wir werden über diese geschichtliche Entwicklung, aus der später die Territorialfürstentümer hervorgingen, noch sprechen.
Im Zusammenhang mit den Kämpfen gegen die Normannen muß daran erinnert werden, daß die wenigen Großen, die sich dabei tatsächlich auszeichneten, gerade durch die Seltenheit dieses Verhaltens einen Ruhm erwarben, der später zu realen Machtveränderungen führte.

Das Ende der Angriffe
Wie aber konnten bei der allgemeinen Passivität die Vorstöße der Normannen überhaupt ihr Ende finden? Um diese Frage zu beantworten, muß man sich mit vielerlei Faktoren — auch den militärischen — beschäftigen. Je mehr sich die Heere der Normannen vergrößerten, je seßhafter sie im Karolingerreich wurden, desto mehr mußten sich trotz aller Maßnahmen, die dies verhindern sollten, die Kräfte abschwächen, die die Angriffe anfangs unwiderstehlich gemacht hatten. Die außerordentliche Beweglichkeit, durch die das Vordringen der Normannen zunächst fast risikolos gewesen war, wurde geringer. Da die Normannen im offenen Kampf den Franken nicht überlegen waren, kam es ganz allmählich zu einem Gleichgewicht, und dies drückte sich darin aus, daß es nun auf beiden Seiten Siege und Niederlagen gab. Das war vor allem in den Jahren 879 bis 892 der

Fall: den Jahren, in denen es im Karolingerreich ein ständiges großes Normannenheer gab, das angegriffen werden konnte.
Den bedeutendsten Sieg, den die Franken über die Normannen errangen, trug der spätere deutsche König, Graf Arnulf von Kärnten, davon. Die Normannen hatten sich im Winter 891 zu Löwen verschanzt, als Arnulf die Franken und Alamannen zum Angriff aufrief. Arnulf führte seine Franken vor das befestigte Löwen, das auf der einen Seite durch die Dyle, auf der anderen Seite durch Sumpfgebiete geschützt war. Der Boden eignete sich nicht für die einzige den Franken vertraute Kampfweise: den Kampf zu Pferde. Arnulf befahl seinen Kriegern daher abzusitzen, und bald kam es zu einer furchtbaren Schlacht. Das Lager der Normannen zu Löwen wurde von den Franken genommen, und der Rest des Normannenheeres flüchtete in völliger Verwirrung. Dieser Sieg der Franken beendete zwar nicht, wie oft gesagt wird, die Angriffe der Normannen überhaupt, aber es war die letzte große Schlacht zwischen ihnen und den Franken.
Entscheidend aber für die Stabilisierung der Verhältnisse und die Beendigung der skandinavischen Vorstöße waren die beiden dauerhaftesten Erfolge der Wikinger: die Gründung eines dänischen Königreiches in England und die Gründung eines normannischen Staates in Frankreich.

Die Normannen in England
Wir haben bereits erwähnt, daß die Vorstöße der Normannen nach England vor der Mitte des 9. Jahrhunderts drückender wurden denn je. Furchtbar wurde die Lage im Jahre 870. Damals wurden der Erzbischof von York und der König von Deira verjagt. Edmund, der König von Ostanglien, war besiegt worden und wurde, da er dem Christentum treu bleiben wollte, enthauptet; die Bistümer seines Königreiches wurden beseitigt, und der Kult Odins wurde eingeführt. Ostanglien war ein dänisches Königreich geworden.
Auch Wessex, das mächtigste Königreich Englands, wurde von den Normannen angegriffen. (Mercia, das bereits tributpflichtig war, war um das Jahr 870 erobert worden und König Burgred nach Rom geflüchtet.) König Alfred von Wessex, den man bald den Großen nannte, erfocht nach mehreren Niederlagen im Jahre 878 bei Edington (Ethandun) einen entscheidenden Sieg. Durch diesen Sieg wurde England vor den Normannen insofern halbwegs gerettet, als Alfred mit dem Normannenführer, Herzog Guthrum, einen wenigstens nicht allzu ungünstigen Vertrag schließen konnte: Alfred erkannte die Normannenherrschaft über ganz England östlich einer Linie an, die bei der Themse (im Mündungsgebiet der Lea) begann, nach Bedford lief, sich auf der alten Römerstraße (Watling Street) fortsetzte und in Chester

endete. Alfred der Große schützte also Wessex, einen kleinen Teil von Mercia, Sussex und Kent: etwa ein Drittel Englands.
Der — halbe — Erfolg Alfreds des Großen ging auf militärische Reformen zurück, die unter seiner Regierung zustande gekommen waren. Das herkömmliche Aushebungssystem, das *fyrd*, hatte für die Wehr eine militärische Dienstpflicht von höchstens drei Monaten vorgesehen. Dadurch war das Land für den Rest des Jahres unverteidigt geblieben. Alfred der Große nun ließ nur die Hälfte des Kontingentes gleichzeitig im Heer dienen und sicherte sich dadurch eine Armee für einen längeren Zeitraum. Auch ließ Alfred seine Fußtruppen, nicht anders, als die Normannen dies taten, mit Pferden befördern. Der König hatte auch Verständnis für die Unerläßlichkeit einer Flotte. Im Gegensatz zu den Normannen, deren Schiffe keine Kampfschiffe waren und nur dem Transport der Krieger dienten, veranlaßte er den Bau echter Kriegsschiffe. Ungeachtet all dieser Fortschritte bildete, als Alfred der Große im Jahre 899 starb, ein erheblicher Teil Englands den Danelaw, einen skandinavischen Staat.
Noch einmal erschienen gegen Ende des 9. Jahrhunderts Normannenscharen auf dem Kontinent. Doch dies war die letzte Wikingerinvasion. Diese Wikinger zogen sich nach der Plünderung eines großen Gebietes immer weit nach auf das Territorium zurück, das man später die Normandie nannte und dessen bedeutendster Ort Rouen war. Der Normannenführer, der Rollo (Hrolf) genannt wurde, schloß im Jahre 911 mit König Karl dem Einfältigen den berühmten Vertrag von Saint-Clair an der Epte. Der König überließ nach diesem Vertrag Rollo die Normandie, und Rollo erkannte dafür Karl den Einfältigen als König von Frankreich an. Tatsächlich entspricht dieser Vertrag inhaltlich im großen und ganzen der Übereinkunft Alfreds des Großen mit dem Wikinger Guthrum, allerdings mit einigen bezeichnenden Abweichungen: Rollo erkannte die Oberherrschaft des Königs von Frankreich an, und das Territorium, das der Normanne erhielt, war ein ziemlich unbedeutender Bestandteil Frankreichs. Die Wikinger haben, soweit sie in beiden Gebieten heimisch geworden waren, keine Raubzüge mehr unternommen. Dies war der entscheidende Faktor, der den Rückgang der Verheerungen Westeuropas durch die Skandinavier förderte.
Im allgemeinen hatten die Normannen vor allem den Westen des Karolingerreiches heimgesucht: das Gebiet zwischen den Pyrenäen und dem Rhein. Friesland war, wie gesagt, ein Sonderfall; Sachsen hat natürlich ebenfalls gelitten, aber viel weniger als Westeuropa. Italien war vieles erspart geblieben; doch wenn die Normannen dieses Land einigermaßen geschont haben, so haben die Araber es um so mehr verwüstet.
Wir meinen damit nicht jene Araber, die in Spanien saßen, sondern diejenigen, die aus dem Emirat von Kairuan kamen und

Tunesien beherrschten. Seit dem Jahre 827 versuchten sie, Sizilien zu erobern. Sie setzten sich zudem im Jahre 900 in der Provence fest (in La Garde-Fraînet unweit von Saint-Tropez) und unternahmen von dort aus ihre Raubzüge in das Rhonegebiet. Erst im Jahre 972 bemächtigte sich Kaiser Otto I. (der Große) dieses Räubernestes und befreite dadurch die Provence von der Bedrohung durch den Islam.

c) Die Ungarn (Magyaren)

Seit dem Anfang des 9. Jahrhunderts gab es in Mähren und in der Slowakei einen Adel, der in solide gebauten schloßartigen Gebäuden wohnte und den aus Bayern gekommenen Missionaren günstig gesinnt war. Man hat dort Reste von etwa zehn aus Stein erbauten Kirchen gefunden, und es steht fest, daß im Laufe des 9. Jahrhunderts mehrere nicht unbedeutende mährische Städte entstanden sind.

Ein mächtiger Adliger namens Moimir hat Mähren um die Mitte des 9. Jahrhunderts geeinigt.[16] Sein Sohn und Nachfolger Rastislaw (846—869) wurde jedoch gegenüber den Franken mißtrauisch und wandte sich Byzanz zu, das ihm Cyrillus (Kyrillos) und Methodius, zwei aus Thessaloniche (Saloniki) stammende Männer, als Missionare sandte. Die beiden, die Brüder waren, schufen die Grundlage für eine slawische Kirche in Mähren. Swatopluk, seit dem Jahre 870 Nachfolger Rastislaws, nutzte die Schwäche des Karolingerreiches und dehnte seine Macht auf die slawischen Gebiete Böhmens, Pannoniens und wohl auch Südpolens aus; aber nach dem Tode Swatopluks im Jahre 904 ging das Großmährische Reich durch innere Kämpfe, vor allem jedoch durch den Vorstoß der Ungarn[17] zugrunde.

Dieses asiatische Volk wurde durch große Völkerbewegungen, die Asien erschütterten, nach Westen getrieben. Die Ungarn, von dem ebenfalls aus Asien stammenden Volk der Petschenegen in Reichweite gefolgt, überschritten im Jahre 895 die Karpaten. Das Großmährische Reich wurde von ihnen vernichtet, und die Bewohner gerieten zwischen den Jahren 905 und 906 unter das magyarische Joch. Seit dem Jahre 899 drangen die Ungarn in Italien vor und plünderten die Lombardei. Sachsen wurde im Jahre 906 heimgesucht. Jedes Jahr stießen die Ungarn in großen Raubzügen weiter nach Deutschland vor.

Anscheinend stimmt das Urteil der zeitgenössischen Chronisten, nach deren Aussage die einfallenden Ungarn unvergleichlich schrecklicher gehaust haben als die Normannen und Araber. Bei den Skandinaviern und Moslems gab es keine Untaten, die denen zu vergleichen sind, von welchen der Annalist von Fulda für das Jahr 894 spricht: Die Ungarn töteten alle Männer sowie alle bejahrten Frauen und führten die jungen Mädchen und Frauen

Sachsens fort wie Vieh, um ihre Gelüste an ihnen zu befriedigen. Sie zerstörten auch ganz Pannonien, und dort kam es im Jahre 906 zu dem bekannten Vorgang, bei dem die Magyaren die Frauen nackt und mit den Haaren aneinandergebunden wegführten. Man hat den Eindruck, daß diese Angriffswelle von einem gänzlich barbarischen Volk ausging, das, in eine ihm völlig fremde Welt vorgedrungen, dort seinen niedrigsten Instinkten freien Lauf ließ.
Die militärische Stoßkraft der Ungarn lag in ihrer äußerst schnellen Kavallerie. Westeuropa war lange außerstande, zu einer wirksamen Abwehr gegenüber dieser Reiterei zu gelangen; man konnte dies um so weniger, als Arnulf von Kärnten, anstatt den mährischen Pufferstaat zu stützen, aus Abneigung gegen die Slawen dort den Bürgerkrieg schürte und alles dazu tat, das Großmährische Reich zu vernichten. Die Deutschen mußten diese unkluge Politik teuer bezahlen, denn die Ungarn rieben im Jahre 907 ein deutsches Heer auf, und einer zweiten deutschen Armee ging es drei Jahre später nicht besser; schließlich hatten die Deutschen — unter Heinrich I. — seit dem Jahre 926 den Magyaren Tribut zu entrichten.
Im Jahre 933 fühlte sich König Heinrich I. stark genug, den Kampf von neuem zu beginnen. Er erfocht damals gegen die Ungarn an der Unstrut in Thüringen einen Sieg. Zwar stießen die Ungarn im Jahre 954 noch einmal vor und gelangten bis nach Nordfrankreich, aber als sie ein Jahr danach abermals vordrangen, endete dies Unternehmen mit ihrer endgültigen Niederlage durch Otto I., der sie in der Entscheidungsschlacht am Lech vom 10. August 955 schlug. Damals näherten sich acht deutsche Heereseinheiten auf verschiedenen Wegen dem Feind: Drei davon bestanden aus bayrischen Truppen, eine aus Truppen des Frankenlandes (nördlich von Schwaben und Bayern), die fünfte Gruppe war aus sächsischen, vom deutschen König Otto I. persönlich befehligten Truppen zusammengesetzt, die sechste und siebente aus schwäbischen und die achte aus böhmischen Truppen. Die Ungarn gingen improvisatorisch gegen diese Heereseinheiten vor und errangen einen Anfangserfolg; dann aber griffen die Deutschen an und vernichteten das feindliche Heer. Damit hörte eine Gefahr auf, die Europa ein halbes Jahrhundert hindurch bedroht hatte. Zur gleichen Zeit endeten auch die Invasionen der übrigen angreifenden Völker. Eine auf uralte, wahrscheinlich sogar auf vorgeschichtliche Völkerbewegungen zurückgehende Epoche hatte am Lech ihren Abschluß gefunden. Nach dieser Schlacht gab es zwar noch marschierende Heere, aber es gab keine Völker mehr, die ihre Sitze nach Europa verlegten.

2. Gesellschaftliches Bewußtsein und soziale Gliederung in der Karolingerzeit

I. DIE GLIEDERUNG DER GESELLSCHAFT

In einer agrarischen Gesellschaft wie der der Karolingerzeit hatten die ›Großen‹ alle Vorteile auf ihrer Seite. Während die reichen Landbesitzer eine Kaste bildeten, die aus wenigen, ihrer gesellschaftlichen Zusammengehörigkeit bewußten Menschen bestand, waren die ›Kleinen‹ ganz auf ihr Stück Land beschränkt. Der ›Kleine‹ war außerstande, die Domäne, zu der er gehörte, zu verlassen, und er war zudem mit größeren Gemeinschaften — beispielsweise den Stammesgemeinschaften, von denen noch zu sprechen ist — eng verbunden. Dies alles waren Faktoren, die die Menschen der unteren Schichten voneinander trennten, während die ›Großen‹ die stammesmäßigen Besonderheiten bereits überwunden, zum mindesten aber rational überbrückt hatten und unter solchen trennenden Eigentümlichkeiten nicht litten.

Hinsichtlich der Gesellschaft des Karolingerreiches muß zudem noch ein anderer Faktor berücksichtigt werden: Neben dem rein materiellen Gegensatz zwischen Armen und Reichen gab es noch einen juristischen Gegensatz – den zwischen Freien und Unfreien.[1] Die Schwierigkeit wäre unbedeutend, wenn beide Gegensätze zusammengefallen wären. Doch gerade dies war nicht der Fall. Natürlich gab es Reiche, die frei und zudem noch adelig waren, so wie es umgekehrt Sklaven gab, die arm und sogar elend lebten. Doch es gab auch zahlreiche Zwischenstufen, die das Bild für uns vieldeutig machen. Die ›armen Freien‹[2] bildeten fast eine soziale Schicht. Sie hatten nur einen Bauernhof, den sie allein bewirtschafteten, und der Unterschied zwischen ihnen und einem zu wirtschaftlicher Nutzung eines Grundstücks eingesetzten Sklaven war, wenigstens hinsichtlich der Lebensumstände, kaum erkennbar.

Diese Faktoren schwächten das kollektive Bewußtsein jeder der beiden Gruppen füreinander ab. Die paar hundert Grafenfamilien, deren Eigentum Hunderte von Bauernhöfen umfaßte,[3] haben sich zweifellos als besondere Gesellschaftsschicht empfunden. Auch die ›Mittleren‹, von denen die Kapitularien sprechen — Eigentümer von etwa hundert bis zweihundert Bauernhöfen oder einfache ›Vasallen des Königs‹, die fünfzig oder dreißig Bauernhöfe als Eigentum besaßen —, hingen mit der Gruppe der Reichsten durch das Bewußtsein ihrer gleichen gesellschaftlichen Bedeutung eng zusammen. Sogar der nur durchschnittlich begüterte Vasall, dem ein Dutzend Bauernhöfe gehörten und der deshalb in der schweren (gepanzerten) Kavallerie dienen durfte, unter-

Abb. 2: Der Reiche und der Arme. Darstellung aus dem Codex Aureus des Escorial (Evangeliar Kaiser Heinrichs III.; entstanden um 1039)

schied sich schon sehr deutlich von den einfachen Freien, die, keineswegs arm, aber weniger wohlhabend, den militärischen Dienst beim Fußvolk leisten mußten, weil ihr Eigentum nur aus fünf Bauernhöfen bestand.

Außerhalb dieser Gruppen verwischten sich die Unterschiede nach unten hin immer stärker, zumal da es Freie gab, die fünf, vier, drei oder zwei Bauernhöfe besaßen. Andere Freie hatten nur einen oder gar nur einen halben Hof; andere wieder hatten überhaupt kein Landeigentum, sondern besaßen nur bewegliche Sachen im Werte von sechs Pfund (Silber) bis herab zu einem oder einem halben Pfund.
Dies alles läuft auf das Ergebnis hinaus, daß die materiellen Lebensverhältnisse von Freien und Sklaven keinen scharf umrissenen Unterschied aufwiesen. Alles spricht vielmehr dafür, daß die Zugehörigkeit eines Menschen zur Kategorie der Freien oder der Sklaven schwer festzustellen war, wenn nicht deutliche Beweismittel seine Stellung klären konnten. Die Kapitularien wimmeln förmlich von Vorschriften, aus denen man schließen kann, daß die ärmeren Freien und die gutgestellten Sklaven Gruppen waren, die unter gleichartigen Lebensumständen nebeneinander existierten und rein faktisch voneinander kaum zu trennen waren.

Es ist nicht verwunderlich, daß wir über die Empfindungen der ›Großen‹ besser unterrichtet sind als über die der ›Kleinen‹. Die letzteren konnten nicht schreiben und hatten keine literarischen Wortführer. Der Seelenzustand der einfachen Menschen jener Zeit läßt sich also nur aus ihrem Verhalten bei einzelnen Anlässen erschließen; aber die tatsächliche Lage wird von einem anderen Blickpunkt aus etwas deutlicher.
Ein Ludwig dem Frommen zugeschriebenes Kapitulare, das fragmentarisch erhalten geblieben ist, zeigt ziemlich klar, wie diejenigen, die die Gesetze formulierten, die Sklaven einschätzten. Der betreffende Satz, der auf eine in zahlreichen Kapitularien enthaltene Anordnung zurückgriff, schrieb vor, daß die niedrigsten Elemente der Gesellschaft bei den Gerichten nichts zu suchen hätten und dort weder als Zeugen noch als Kläger erscheinen dürften. Die Urkunde spricht hierbei von »gemeinen und schändlichen Leuten« und zählt sie dann auf: »Possenreißer, Wahrsager, Dirnenkinder, Dirnen, *Sklaven* und Verbrecher«. Bemerkenswert ist, daß die Sklaven sogar bei der Aufzählung der Rechtlosen fast als letzte Gruppe rangieren!
Eine Stelle bei Nithard zeigt ebenfalls, daß der Adel in der Karolingerzeit den Status der Unfreiheit für untrennbar von niedriger Gesinnung hielt. Dieser aristokratische Geschichtsschreiber, der außereheliche Sohn Bertas, einer Tochter Karls des Großen, sagt im Zusammenhang mit seiner moralischen Verurteilung einiger großer Herren, die während der Kämpfe zwischen den Söhnen Ludwigs des Frommen aufgrund von Geschenken die Partei gewechselt hatten: »Wie gemeine Sklaven

waren sie ihrem gegebenen Wort untreu.« Die Treue zu dem, was man versprochen hat, hatte aber in der irrationalen Rangordnung, die damals für die geistigen Werte galt, eine alles überragende Bedeutung. Es ist also sehr kennzeichnend, daß man sich bei einem Hinweis auf das Fehlen des höchsten Wertes auf das Verhalten des Sklaven bezog.

Liest man aber die zeitgenössische Biographie, die der Trierer Landbischof Thegan über Ludwig den Frommen geschrieben hat, so stößt man auf ein höchst überraschendes Phänomen. Thegan sprach nicht nur geringschätzig vom »gemeinen Mann«, sondern protestierte auch scharf gegen die niedriggeborenen Emporkömmlinge. Er warf ihnen vor, die den alten Adel zukommenden Funktionen an sich gerissen zu haben. Thegan meinte damit die Bischöfe, die früher Sklaven gewesen waren, und erwähnte an einer anderen Stelle Sklaven, die, zu Beratern des Kaisers geworden, die Aristokraten »bedrückten«. Thegan war aber nicht der einzige, der sich über solche Vorgänge entrüstete. Adrevald, der während der Regierungszeit Karls des Kahlen schrieb, stellte ähnliche Vorgänge aus der Zeit Karls des Großen dar: Bestimmte Ereignisse während des Kampfes gegen die Sachsen und dazu die Verschwörung Pippins des Buckligen (eines außerehelichen Sohnes Karls des Großen) zerstörten das Vertrauen des Kaisers zum fränkischen Adel. Er ›überließ‹ insofern Sklaven die Regierung des Staates, als er einige zu Grafen machte.[4]

Es gab also im höchsten Bereich der damaligen Gesellschaft innerpolitische Kämpfe zwischen der alten Aristokratie und jenen Emporkömmlingen, die sich zum gleichen Rang wie der alte Adel hochgearbeitet hatten.

Die sozialen Gegensätze beschränkten sich nicht auf die höchsten Ränge der damaligen Gesellschaft. Wir müssen hier wohl noch ein sehr interessantes Ereignis aus der Zeit der Karolinger erwähnen: den sächsischen Stellingaaufstand, über den wir durch den Geschichtsschreiber Nithard unterrichtet sind, wenn der Name ›Stellinga‹ auch bisher nicht erklärt werden konnte. Im Jahre 842, zu einem Zeitpunkt also, an dem die Kämpfe zwischen den Söhnen Kaiser Ludwigs des Frommen auf ihrem Höhepunkt angelangt waren, trifft man auf dieses erstaunliche Phänomen. Damals entfesselte Lothar I., der älteste Sohn Ludwigs des Frommen, in Sachsen bewußt einen echten Klassenkampf. Er stachelte die Sklaven (*laeti*) und die Freien (*frilingi*) auf, sich gegen die Adligen (*edhilingi*) zu erheben, die seinem Bruder, Ludwig dem Deutschen, offensichtlich treu waren. Diese erstaunliche Revolte wurde selbstverständlich im Blut erstickt.

II. DIE EINZELNEN VOLKSSCHICHTEN

a) Die Sklaven. Allgemeines

Die Gesellschaft des Karolingerreiches beruhte als Fortsetzung der antiken Gesellschaft auf der Sklaverei und war in Europa die letzte Gesellschaftsform, die sich auf diese Institution gründete. Die Sklaverei war in der Karolingerzeit zwar etwas abgemildert und hatte vor allem die Tendenz, sich abzuschwächen und in die Leibeigenschaft überzugehen, die spätere Form der Unfreiheit; doch die Texte der Karolingerzeit sprechen ganz eindeutig von Sklaven.[5] Man konnte die Sklaven verkaufen und konnte — das ist unbestreitbar — den Sklaven auch getrennt von seiner Ehefrau veräußern.

Der Sklave galt rechtlich als ›Sache‹. Er gehörte, wenn er von seinem Herrn zur Nutzung eines von der Domäne abhängigen Bauernhofes oder eines ähnlichen Besitzes eingesetzt war, als unbewegliche Sache zu diesem Besitz und konnte nur mit ihm zusammen veräußert werden. Im übrigen galt er als bewegliche Sache. Der Sklave wurde, und in der Karolingerzeit war das der weitaus häufigste Fall, schon als Sklave geboren. Doch gab es damals auch zahlreiche Fälle, in denen ein freier Mensch in Sklaverei geriet. Dies konnte leicht geschehen; der Freie konnte sich beispielsweise aus Hunger selbst in die Sklaverei begeben. Ein Kapitulare aus Verberie berichtet zu der Zeit, in der Karl der Große zu regieren begann, von einem Freien, der sich selbst als Sklaven verkaufte, um seine Frau vom Hungertode zu retten.

b) Die wirtschaftliche Lage der Sklaven

Auf gewaltigen Domänen gab es große Sklavenscharen, die die Funktion von Landarbeitern hatten. Sie arbeiteten, ohne Nutzungsrechte zu besitzen, auf dem Grundeigentum ihres Herrn für den Gegenwert ihres Unterhaltes. Unter diesen Sklaven, die kein Nutzungsrecht besaßen, gab es vereinzelte, die begünstigt waren: begünstigt in dem Sinne, daß sie, statt Landarbeit zu verrichten, im Hause ihres Herrn dienten. Der Vorteil für sie bestand darin, daß sie im persönlichen Kontakt mit ihrem reichen und oft sehr mächtigen Herrn dessen Gunst gewinnen konnten und von ihm diese oder jene Funktion zugewiesen erhielten. Manche dienten in der Familie ihres Herrn und stiegen dann nicht selten gesellschaftlich und materiell zu einflußreichem Rang empor.

Neben diesen beiden Gruppen gab es eine dritte: die *servi casati*, Sklaven, die von ihrem Herrn beauftragt waren, einen von der Domäne abhängigen Bauernhof, auf dem sie angesiedelt waren,

für ihn zu nutzen. Sie mußten zwar lange auf dem Stück Land, das ihrem Herrn gehörte, arbeiten, hatten aber im faktischen Besitz des betreffenden *mansus* selbstverständlich die Aussicht, wirtschaftlich und sozial aufzusteigen.
Nicht alle Sklaven waren zur Landarbeit oder zur Leistung von Diensten im Hause ihres Herrn gezwungen. Das Edikt von Pîtres sah in seinem zwanzigsten Artikel Strafen für Leute vor, die sich beim Verkauf des von ihnen erworbenen Weins oder Getreides anderer als der korrekten Maße bedienten. Das Edikt setzte für diese Betrüger verschiedene Strafen fest, je nachdem, ob der Täter ein »liber homo« oder ein »colonus vel servus« war.
Natürlich waren die, die kauften und verkauften, Händler. Obwohl das Wort *servus* nicht eindeutig ist, da es zuerst den Sklaven und später den Leibeigenen bezeichnete, gibt es keinen Grund, diesem Wort in dem Edikt (das zwischen *servus* und *colonus* unterscheidet) eine andere Bedeutung als die des Sklaven zu unterstellen. Wir ersehen hieraus, daß Sklaven Handel treiben durften. Die Handwerker (insbesondere die ›Schmiede‹, zu denen alle Metallbearbeiter gerechnet wurden) auf den großen Domänen stellten einen Typus des qualifizierten Sklaven dar.
Die wirtschaftliche Lage der Sklaven war also in der Karolingerzeit von Fall zu Fall ganz verschieden. Am schlechtesten ging es jenen Sklaven — sie bildeten die übergroße Mehrheit —, die, vor allem östlich des Rheins, die Ländereien der großen Domänenherren bearbeiteten. Diese Sklaven, die ein leidvolles Leben führten, waren die großen *Menschenherden* der Güter. Es gab aber auch Sklaven, die Freien mit kleinem Landbesitz gehörten.
Die Frage, ob es in der Karolingerzeit viele Sklaven gab, ist oft gestellt worden. Früher hatten die Historiker die Neigung, die Sklaverei als eine damals wenig verbreitete Institution darzustellen. Doch R. Boutruche und G. Duby, die besten Kenner der Agrargeschichte des 9. Jahrhunderts, sind zu der Auffassung gelangt, daß die Sklaverei damals in Deutschland, Italien und Katalonien außerordentlich oft anzutreffen war, während sie in Frankreich nicht so häufig vorkam und dort nur etwa ein Zehntel bis ein Fünftel der Gesamtbevölkerung den Status des Sklaven hatte.

c) Die Kolonen. Die *mansi*

Über den Sklaven stand die breite Masse der Bevölkerung, die Kolonen. Die Frage, ob sie Freie waren oder nicht, hat die Historiker seit langem bewegt. Wir wollen das Problem hier nicht von neuem näher behandeln und uns damit begnügen, in Übereinstimmung mit R. Boutruche darauf hinzuweisen, daß es zwischen dem Status der Freiheit und dem totaler Sklaverei eine unbestimmte Zwischenzone gab. Wir können mit Boutruche sagen, daß die Kolonen eine begrenzte Freiheit besaßen, die je nach dem Ort, an dem sie lebten, graduell verschieden war. Die Lebensumstände des Kolonen waren also in manchen Fällen denen des Sklaven, in wieder anderen Fällen denen des Freien angenähert.

Die Beschränkungen, die die Freiheit des Kolonen einengten, waren mannigfaltig. Er lebte auf einem Grundeigentum, das nicht ihm, sondern dem Domänenherrn gehörte, und er konnte ohne dessen Erlaubnis weder die Domäne verlassen noch seinen Besitz veräußern. Viele zahlten eine Kopfsteuer; die Eheschließung unterlag der Erlaubnis und Kontrolle des Domänenherrn; der Kolone konnte seinen Besitz nicht frei an seine Kinder vererben, und in vielen Fällen unterlag er denselben körperlichen Züchtigungen wie die Sklaven.

In einem Punkt aber unterschied sich der Kolone gänzlich von dem Sklaven: in seiner Beziehung zum Staat. Der Kolone galt als Bürger und mußte Militärdienst leisten. Er hatte Zugang zu den Gerichten und konnte dort Klage erheben oder als Zeuge auftreten. Ein anderer bedeutender Unterschied zum Status des Sklaven bestand darin, daß der Eigentümer ihn nicht, wie einen Sklaven, unbegrenzt mit Arbeit belasten konnte. Der Kolone brauchte für den Domänenherrn nur gewohnheitsrechtlich festgelegte und also begrenzte Leistungen zu verrichten.

In überwiegender Mehrzahl hatten die Kolonen einen *mansus* (Hufe, Hof), der von der Domäne abhängig war. Was aber war ein *mansus*? In mancher Hinsicht kann man ihn einfach als einen kleinen Bauernhof bezeichnen.

In der Karolingerzeit bestand ein Teil des Grundeigentums aus umfangreichen, im Eigentum eines Herrn stehenden Domänen.[6] Ob der Anteil der Domänen am gesamten Grundeigentum des Karolingerreiches groß war und welche Bedeutung die Domänen innerhalb des Ganzen wirklich hatten, ist schwer festzustellen, zumal da diese Bedeutung in den einzelnen Regionen des Reiches sehr unterschiedlich war. Die lokalen Verhältnisse auf den großen Domänen waren oft verschieden. Manchmal war eine Domäne ein flächenmäßig zusammenhängendes Ganzes, in dem die *mansi* nebeneinander und neben dem Hause des Domänenherrn lagen. Aber zuweilen war ein Teil der *mansi* über ein großes Gebiet verstreut.

Doch man kann trotz aller Verschiedenheiten grundsätzlich drei Bestandteile der Domäne unterscheiden: die *terra indominicata* (das Land des Domänenherrn, auch ›Herrenland‹ genannt), ferner die *mansi* (die Höfe der Kolonen) und schließlich die großen, zu gemeinsamer Nutzung bestimmten Flächen, zu denen die Wiesen und vor allem die Wälder gehörten.[7] Die Struktur der großen Domänen diente dazu, ihrem Eigentümer die unentbehrlichen Arbeitskräfte zur Nutzung des Herrenlandes (der *terra indominicata*) bleibend zu sichern. Diese Arbeitskräfte waren üblicherweise zum Teil eine Sklavenherde, zum andern Teil die Besitzer der *mansi*, das heißt Kolonen. Die Kolonen nutzten also als Pächter die *mansi*, arbeiteten aber außerdem auch auf dem Herrenland.

Man kann die Frage stellen, aus welchem Grunde die Eigentümer der Domänen diese komplizierte Lösung gewählt und nicht eine Bewirtschaftung nur durch Sklaven vorgezogen haben. Der Grund ist, wie G. Duby festgestellt hat, darin zu erblicken, daß die landwirtschaftlichen Arbeiten saisonbedingt waren. Es gab regelmäßig Perioden größerer Arbeitshäufung (während der Zeit der Aussaaten und der Ernten), aber diese Perioden waren von toten Zeiten unterbrochen. Hätten die Domänenherren nur Sklaven verwendet, so wären sie genötigt gewesen, diese Sklaven das ganze Jahr hindurch zu unterhalten, obwohl sie nur während bestimmter Zeiten für die Landarbeit notwendig waren. Durch Verteilung der Arbeit einerseits unter die Sklaven und andererseits unter die Kolonen, die ja aufgrund der Erträge ihrer *mansi* selbst für sich sorgten, brauchte der Eigentümer der Domäne das ganze Jahr hindurch nur ein Minimum von Arbeitern zu ernähren. Die Kolonen ergänzten während der Zeit der Aussaaten und der Ernten die Sklavenarbeit ohne weiteres mit ihrer Arbeitskraft.

Die Leistungen des Kolonen für den Eigentümer waren verschiedenartig, und man kann sie in mehrere Kategorien einteilen. Einmal war mit der Zuteilung eines *mansus* die Pflicht des Kolonen verbunden, diesen *mansus* (der Eigentum des Domänenherrn blieb) landwirtschaftlich zu kultivieren. Zum andern mußte der Kolone eine festgelegte Anzahl von Tagen innerhalb der Woche oder innerhalb bestimmter Jahreszeiten auf dem Herrenlande (*terra indominicata*) arbeiten. Die Besitzer der *mansi* mußten diese Tätigkeit also während eines vorbestimmten Teiles der Woche oder des Jahres neben den Sklaven auf der *terra indominicata* verrichten. Die Dauer der Arbeit, zu der die Kolonen verpflichtet waren, war unterschiedlich und belief sich in manchen Fällen auf einen Tag pro Woche, in anderen Fällen auf zwei Wochen im Jahr oder auf sonstige größere oder kleinere Zeiträume.

Bei der dritten Gruppe von Leistungen handelte es sich um die Erfüllung einer bestimmten Aufgabe oder mehrerer festgelegter Aufgaben: Instandsetzung von Hecken oder Einzäunungen zu vorausbestimmten Zeiten; das Einfahren der Ernte während einer ebenfalls festgesetzten Anzahl von Tagen; handwerkliche Tätigkeit in der zur Domäne gehörigen Werkstatt (*gynezäe*) — eine Arbeit, die hauptsächlich Frauen oblag. Der Inhaber des *mansus* hatte seinem Herrn gegenüber also oft andere Pflichten als die Leistung von Landarbeit. In manchen Fällen mußte er

dem Herrn der Domäne einen gewissen Teil seiner Produktion überlassen, beispielsweise Eier, Kapaunen, ein bestimmtes Quantum Speck, aber auch Gewebe, Faßreifen und Brennholz. In vielen Fällen bezahlte der Besitzer des *mansus* dem Domänenherrn, der Eigentümer des *mansus* blieb, auch Geldbeträge — als Kopfzins oder auch als Ablösung der dem Besitzer des *mansus* obliegenden Leistungen, seien diese nun die Abgabe von Produkten oder die Bereitstellung von Arbeitskraft.
Andererseits muß betont werden, daß der Besitzer des *mansus* gewohnheitsrechtlich dazu befugt war, die Wälder und Viehweiden zu benutzen. Der Wald hatte für das Leben des Kolonen sehr große Bedeutung, da er dort sein Heizmaterial, sein Baumaterial und Früchte (beispielsweise Beeren) sowie die Eicheln fand, von denen sich die in den Wald getriebenen Schweine nährten.
Zusammenfassend kann man also sagen, daß der Kolone in den meisten Fällen einen Bauernhof (*mansus*) besaß und nutzte und daß er dafür den Domänenherrn, den Eigentümer des Bodens, in Form von Leistungen (Arbeit oder Naturalabgaben) bezahlte. Die wirtschaftliche Existenz des Kolonen war durch Gewohnheitsrecht geregelt, und dieses Gewohnheitsrecht legte auch die Höhe dessen fest, was das Kolone dem Domänenherrn schuldete.

d) Die freien Bauern

Über den Kolonen stand die Schicht der freien Bauern, die Eigentümer ihres Bodens oder kleine Vasallen (mit Lehen) waren. Sie waren die *franci*, die in den Kapitularien oft erwähnt werden.
Auf den ersten Blick könnte man denken, daß diese Schicht das feste Rückgrat der karolingischen Gesellschaft gebildet hätte. Doch muß man, obwohl diese Gruppe der freien Eigentümer weniger genau bekannt ist als jede andere Gesellschaftsschicht der damaligen Zeit, sagen, daß der erste Eindruck trügt. Die freien Bauern waren wahrscheinlich nicht die zentrale Gesellschaftsschicht des Karolingerreiches, sondern eine soziale Gruppe, die wirtschaftlich nicht mehr voll lebensfähig und im Abnehmen begriffen war. Immer wieder sprechen die zeitgenössischen Quellen von den ›armen Freien‹. Die Kapitularien sagen aus, daß jeder Freie, der Eigentümer von drei bis fünf *mansi* war, Militärdienst leisten und seine Ausrüstung selber bezahlen mußte. Da ein solcher Eigentümer eine der wesentlichsten Bürgerpflichten zu erfüllen hatte, darf man daraus schließen, daß das Eigentum von drei bis fünf *mansi*, das heißt an dreißig bis sechzig Hektar Land, dem Vermögen des ›durchschnittlichen‹ freien Mannes entsprach.
Dennoch waren viele Freie weit weniger begütert, und der Aus-

druck ›arme Freie‹ bezog sich zweifellos auf diese Leute. Die Kapitularien setzten fest, was die Freien, die weniger als drei *mansi* als Eigentum hatten, hinsichtlich des Militärdienstes tun sollten: Sie sollten sich zu zweien, zu dreien oder zu noch mehreren zusammenschließen, um einen von sich auf gemeinsame Kosten auszurüsten und in den Krieg zu schicken. In dem gleichen Kapitulare, das diese Regelung festsetzte — es handelt sich um das in Corteolona erlassene *Capitulare Olonnense mundaneum* aus dem Jahre 825 —, wurde ausdrücklich gesagt, daß es damals ziemlich arme Freie gab, denen nicht einmal die Beteiligung an solchen gemeinsamen Kosten für die militärische Ausrüstung eines Mannes möglich gewesen wäre.

Die Lage der freien Bauern war erstaunlich schlecht. Sie läßt sich aber daraus erklären, daß das Verwaltungssystem der Karolingerzeit im Ergebnis auf eine Verelendung dieser Gruppe zugunsten der Großen hinauslief.

In sehr vielen Kapitularien wurde während der ganzen Zeit der Karolingerherrschaft versucht, den Zwang zu beseitigen, den staatliche Amtsträger auf die ›armen Freien‹ ausübten, um sie zur Abtretung oder zum Verkauf ihres Besitzes an sie zu veranlassen. Dieser Zwang, der zur Verarmung führte, wurde oft auf indirekte Weise angewandt. So erhob man von den Freien Abgaben, die keine gesetzliche Grundlage hatten, indem man eine ›gewohnheitsrechtliche‹ Pflicht durch willkürliche Erhöhung der Abgaben härter machte. Häufig wählte der Vertreter des Staates aber eine andere Methode, um den freien Bauern so arm zu machen, daß er, mürbe geworden oder verschuldet, sein Eigentum an ihn veräußerte. Man zwang einen solchen Freien, öfter zum Heer zu gehen, als das Gesetz vorschrieb, oder verurteilte ihn zur Zahlung von Bußen, wenn er nicht bei den Gerichtssitzungen der Landgemeinde erschien — Sitzungen, die von den staatlichen Amtsträgern absichtlich häufig anberaumt wurden.

e) Die Reichen

Es waren natürlich die Grafen, Bischöfe, Äbte und andere Beauftragte der Zentralgewalt, die mittels ihrer vom Staat legitimierten Autorität dazu imstande waren, die einfachen Freien auf die dargestellte Weise zu bedrücken. Diese Leute bildeten innerhalb der Gruppe der Freien eine Gesellschaftsschicht, die sich von den anderen Gruppen durch ihren gewaltigen Reichtum abhob. Manche Kapitularien offenbaren uns diesen Reichtum deutlich. Ein Graf besaß gewöhnlich Ländereien von grob gerechnet 4000 Hektar.

Ein im Jahre 805 zu Thionville erlassenes Kapitulare schrieb vor, daß jeder Mann, der zwölf *mansi* besaß, für den Dienst im

Heer ein ›Panzerkleid mit Schuppen‹ (*broigne*) besitzen müsse. Die Reiter in solchen Panzern waren niemand anderes als die voll ausgerüsteten Krieger im Heer. Da aber der Vorzug, zu den Schwerbewaffneten zu zählen, damals zweifellos ein Merkmal der Menschen war, die zur höchsten Gesellschaftsschicht gehörten, darf man daraus bestimmte Folgerungen ziehen. Man kann sagen, daß das Eigentum an zwölf *mansi* in der Karolingerzeit das Vermögensminimum gewesen ist, ohne dessen Besitz man nicht zu der obersten Gesellschaftsschicht rechnete. Die Größe des *mansus* war, je nach der Region, in der er lag, verschieden, doch unterschritt sie nur selten zehn Hektar. Anscheinend war also ein Eigentum von etwas mehr als hundert Hektar Land das Minimum für die Zugehörigkeit zur höchsten Gesellschaftsschicht.

Die Eigentümer von mehreren hundert oder mehreren tausend Hektar Land bildeten somit die höchste Schicht, eine Gruppe, die innerhalb der gesellschaftlichen Rangordnung der Karolingerzeit unmittelbar hinter der Dynastie stand. Vor allem sind diese mächtigen Männer durch ihre ›edle Abkunft‹ gekennzeichnet. Faktisch besaß, allerdings ganz allgemein gesagt, die Geburtsaristokratie ein Monopol auf die hohen Ämter in den Grafschaften und am Hof.[8] Diese Aristokratie hatte aufgrund ihres Reichtums und dank den Vasallen, die sie mit ihren umfangreichen Mitteln besolden konnte, auch die tatsächliche Gewalt in ihren Händen. Die miteinander kämpfenden Fürsten suchten deshalb die Unterstützung des mächtigen Adels zu erlangen und waren bestrebt, seine Hilfe zu erkaufen. Im 9. Jahrhundert wuchs der Reichtum dieser Aristokratie noch stark an; denn in den Kämpfen der Fürsten um die Erbfolge und um die Verteilung der Erbmasse waren die Mitglieder der Dynastie auf die Unterstützung des Geburtsadels angewiesen und belohnten ihn entsprechend.

Neben diesen Hauptschichten der damaligen Gesellschaft gab es, mehr oder weniger mit ihnen zusammenhängend, weitere Gruppen, über die wir noch etwas sagen müssen. Zunächst sprechen wir vom Klerus.

III. DER KLERUS IM KAROLINGERREICH

Wir dürfen hier vor allem nicht vergessen, daß die fränkische Kirche eine lange Verfallszeit gekannt hatte. Seit dem letzten Jahrzehnt des 7. Jahrhunderts war ihr eine mächtige Entwicklung gefolgt, die, durch Ausbreitung des Christentums und durch Kirchenreformen gekennzeichnet, eng mit dem Missionar Willibrord, dem ersten Erzbischof von Utrecht, und vor allem mit Bonifatius verbunden ist. Dies alles fand seinen Niederschlag in der Geschichte.

a) Kirche und Staat

Die Tatsache, daß die fränkische Kirche dem Monarchen unterworfen war, erklärt sich daraus, daß er, ein mächtiger Herrscher über Westeuropa, sich für verpflichtet hielt, den christlichen Glauben zu verteidigen und zu fördern. Es ist für den Historiker nahezu unmöglich, bei der Betrachtung der Karolingerzeit eine scharfe Trennungslinie zwischen kirchlichen und weltlichen Fakten zu ziehen. Wenn ein Herrscher aus dem Karolingerhaus seine Macht auf ein Land, das er erobert hatte, ausdehnte, ließ er das dort wohnhafte Volk sofort zum Christentum bekehren.

b) Die Kirchenreform[9]

Die Obergewalt des Fürsten über die Kirche, deren religiöse Entscheidungsmacht auf höchster Ebene nahezu identisch mit dem Willen des Herrschers wurde, kam in der Kirchenreform des Bonifatius zum Ausdruck. Diese Kirchenreform erfolgte auf Beschluß des Fürsten, was aus den Synoden hervorgeht.
Das Ziel all dieser Synoden war die Kirchenreform, womit die Aufrichtung der kirchlichen Hierarchie und somit der rangmäßig von oben nach unten durchgreifenden Aufsicht über die Vertreter und Institutionen der Kirchengemeinschaft gemeint war. Dies setzte voraus, daß man dem Kirchenrecht und den nach seinen Normen zuständigen Institutionen bei den Geistlichen und den Laien Achtung und Gehorsam verschaffen mußte; zu den religiösen Vorschriften, deren Beachtung und Durchführung man mit der Kirchenreform sichern wollte, gehörten das Zölibat der Priester, die Unauflöslichkeit und Heiligkeit der Ehe sowie der Kampf gegen Überbleibsel aus der Zeit des Heidentums.
Der erste Aufschwung, der in einer Folge großer Synoden zum Ausdruck kam, erlahmte aber im Jahre 747. Seitdem hingen die Fortschritte auf religiösem Gebiet mehr von dem Eifer einzelner Bischöfe und Erzbischöfe als von einer Gesamtaktivität ab und entwickelten sich darum ungleichmäßig.
Wir wollen nur wenige Bereiche erwähnen, auf denen Reformen durchgeführt wurden. Da ist zunächst die Annahme und Einführung einer einheitlichen römischen Liturgie. Karl der Große bat um das Jahr 785 Papst Hadrian I., ihm den authentischen Text des *Sacramentarium Gregorianum* zu senden. Dieser Text, von Alkuin ergänzt und herausgegeben, bildet die Grundlage des noch jetzt gültigen Meßbuches, des *Missale Romanum*.[10]
Willibrord (gest. 739), der erste Erzbischof von Utrecht, sowie Bonifatius und zahlreiche andere große Kirchenmänner des 8. Jahrhunderts waren Angelsachsen, und von England ging auch eine andere Reform der kirchlichen Institutionen aus. Diese

Reform bezog sich auf das Sündenbekenntnis.[11] Während seit den Zeiten der Urkirche die Sünder öffentlich Buße tun mußten und für ihr weiteres Leben gewissen Verpflichtungen bleibend unterworfen blieben, wurde jetzt anstelle dieses Systems eine andere Methode eingeführt. Es wurde hierbei vom Priester eine private, nicht vor der Öffentlichkeit zu leistende Buße vorgeschrieben und Absolution erteilt, ohne daß der Sünder für dauernd weitere Verpflichtungen eingehen mußte.
Die im 8. Jahrhundert erweiterten Reformen erstreckten sich natürlich auch auf den Klerus und äußerten sich in dem Versuch, den Mönchen ausnahmslos ein Leben nach der Benediktinerregel zur Pflicht zu machen. Im gleichen Sinne wurde eine Reform der Weltgeistlichen oder, genauer gesagt, eine Reform für die nicht zu einem Orden gehörenden Priester im Umkreis einer Kathedrale geplant. Diese Reform zielte darauf ab, auch die Weltgeistlichen auf lokaler Ebene in einem gleichsam mönchischen Leben mit Refektorium und Schlafsaal zu vereinen.
Bischof Chrodegang von Metz formulierte um das Jahr 760 für die Geistlichen seiner Stadt in Anlehnung an die Benediktinerregel[12] eine Lebensnorm, deren Verbreitung im fränkischen Staat dann durch Karl den Großen stark gefördert wurde. Doch nur ein Teil aller dieser Reformversuche führte zu bedeutenderen Erfolgen.

c) Hindernisse bei der Kirchenreform

Dem Gelingen der Kirchenreform wirkten unterschiedliche Gründe entgegen. Einerseits war die Kirche so reich, daß ihre hohen Ämter auf die mächtigen Herren im Karolingerreich eine unwiderstehliche Anziehungskraft ausübten. Diese großen Herren waren stets in Versuchung, sich der Kirchengüter und der hohen Funktionen in der Kirche zu bemächtigen, und bei dieser Neigung spielte der Glaube eine äußerst untergeordnete Rolle. So kam es dahin, daß viele Bistümer schlecht verwaltet und zahlreiche Abteien total vernachlässigt waren.
Außerdem muß man noch zwei voneinander ganz verschiedenen Faktoren Rechnung tragen, die dem Erfolg der Kirchenreform entgegenstanden: Der erste war das heidnische Element, das unter einem dünnen Firnis von Christentum hindurchschimmerte und keineswegs ausgeschaltet war. Man darf nicht außer acht lassen, daß der größte Teil des fränkischen Staatsgebietes von Menschen bewohnt wurde, die noch nicht lange Christen waren und deren Bekehrung in manchen Fällen mit Gewalt durchgesetzt worden war. Das wäre kein Hindernis gewesen, wenn es einen hervorragenden Pfarrklerus gegeben hätte; doch die Dorfgeistlichen standen auf einem sehr niedrigen Bildungsniveau, und ihnen fehlten gegenüber dem weiterlebenden heid-

nischen Denken daher die geistigen Waffen. Der andere Faktor, der den Erfolg der Kirchenreformen erschwerte, war die enge Verflechtung der Kirche mit der Staatsgewalt. Diese untrennbare Verbindung veranlaßte auch solche Priester, die es mit dem geistlichen Amt ernst meinten, dazu, einen großen Teil der Zeit, die sie sonst ganz diesem Amte geweiht hätten, ihrer Tätigkeit als staatliche Amtsträger zu widmen.

d) Der hohe Klerus

Daß die Kirche ungeheure Reichtümer besaß, zeigte sich beispielsweise an den Verhandlungen auf der Synode, die im Jahre 816 in Aachen tagte. Die Kirchen wurden dort in drei Gruppen eingeteilt: Zur ersten Gruppe gehörten Kirchen, deren Eigentum sich auf dreitausend bis achttausend *mansi* belief, die zweite Gruppe bestand aus Kirchen mit einem Eigentum von tausend bis zweitausend *mansi*, und die dritte war die der ›kleinen‹ Kirchen, die zweihundert bis dreihundert *mansi* besaßen. Wenn man der Einfachheit halber den *mansus* auf nur zehn Hektar Flächeninhalt bemißt — eine Bemessung, die hinter der Wirklichkeit zurückbleibt —, so ergibt sich, daß manche Kirchen ein Eingentum von achtzigtausend Hektar in Kultur gebrachten Landes hatten.
Doch man ist nicht ungestraft so reich. Der Preis, den die Kirche für ihre Reichtümer zahlte, war zweifacher Art; zunächst bestand er konkret darin, daß die weltliche Gewalt in manchen Notfällen auf einen erheblichen Teil des Kirchenvermögens zurückgriff. Der zweite Nachteil war geistiger Art und lag darin, daß die hohen Kirchenämter den sehr reichen Männern vorbehalten blieben, die Bischöfe, also Pfründenbesitzer, wurden — ganz in der gleichen Weise, wie man in ihren Kreisen Graf werden konnte. Dies schließt zwar nicht aus, daß es hervorragende Bischöfe gegeben hat, doch im Durchschnitt war es mit dem geistigen Niveau der hohen kirchlichen Würdenträger in der Karolingerzeit nicht allzuweit her.[13] Alkuin hat in seiner brieflichen Ermahnung eines Bischofs die Hauptpflichten dieses hohen Amtes erläutert. Er schrieb, daß der Träger eines solchen Amtes in erster Linie auf die Gebete der Gläubigen für den Bischof und seine Freunde sehen, in zweiter Linie sich ehrenhaft verhalten, in dritter Linie Aufwand in der Kleidung vermeiden und in vierter Linie bei Festmählern mäßig bleiben müsse. Danach ermahnte Alkuin den Bischof noch, Gottesfurcht, Demut, Wahrhaftigkeit und Erbarmen, Freigebigkeit gegen die Armen und Zuvorkommenheit gegen Freunde zu zeigen. Schließlich wird in dem Schreiben Alkuins gefordert, daß der Bischof unbestechlich bleiben und daß sein Betragen vorbildlich sein solle.
In einem anderen Brief Alkuins wird auch die Pflicht des Bi-

schofs, zu predigen und das Evangelium zu lesen, erwähnt. Dennoch findet man in all diesen Ermahnungen nicht eine Spur von leidenschaftlicher Religiosität und keine über ziemlich nüchterne Erwägungen hinausgehende Auffassung von den Aufgaben des Bischofs.
Die Bischöfe, die ja aus der Aristokratie hervorgingen, lebten auch als hohe Geistliche nicht viel anders als jene Großen, die Laien waren. Sie erteilten ihren Vasallen Befehle, gingen auf die Jagd, fochten Fehden aus. So heißt es denn auch in einer Quelle: »Überall in Aquitanien war der Klerus stärker in Waffenübungen und im Bogenschießen als in der Ausübung der Gottesdienste gemäß der Liturgie.«
Jene Bischöfe, die noch zu Lebzeiten von Bonifatius ausgebildet worden waren, hatten sich eine gewisse Unabhängigkeit vom Staate zu bewahren vermocht, doch diese Generation starb um das Jahr 780 aus. Seitdem erhielten nur Leute, die vom Herrscher dazu bestimmt und ihm also nahezu bedingungslos ergeben waren, die Bischofswürde. Zwar waren einzelne Bischöfe, wie Erzbischof Ebo von Reims und Erzbischof Arno von Salzburg, unfreier Abkunft, doch handelte es sich hier um seltene Ausnahmen, und fast immer entstammten die Bischöfe der Aristokratie; daraus erklärt sich, daß der Episkopat, als unter Kaiser Ludwig dem Frommen die Karolingermacht schwächer zu werden begann, nach dem höchsten Rang im Staate strebte. Diese Tendenz zeigte sich nach dem Tode Karls des Großen sowohl im Westen als auch im Osten des fränkischen Staates. Als Vasallen des Königs und Staatsbeamte lebten die Bischöfe oft am Hofe des Herrschers. Paulinus, ein Patriarch von Aquileja, schrieb von den Bischöfen: »Sie waren räuberisch und angriffslustig und förderten blutige Verbrechen oder stifteten dazu an.«
Wenn auch die Mehrheit der Bischöfe diesem Bild nicht entsprach, ist es doch kaum zweifelhaft, daß die meisten ihre kirchliche Gewalt dazu benutzten, das eigene Vermögen sowie das ihrer Familien und Freunde zu vermehren. Vor allem aber bestand ihr Ziel darin, ihre weltliche Macht auszudehnen. Manches Bistum war am Anfang des 10. Jahrhunderts schon zu einem weltlichen Fürstentum geworden, das von einem Bischof regiert wurde. So ist es nicht verwunderlich, daß das geistliche Element im Leben der Bischöfe häufig verkümmerte oder an Tiefe verlor und daß ihre theologischen Auffassungen oberflächlich wurden. Sogar die Grundlagen der christlichen Religion waren ihnen oft nur unvollständig bekannt.

e) Die Priester

In noch höherem Maße gilt dies alles für die einfachen Priester.[14] Wenn es unter ihnen auch zweifellos einige gab, die ihr geistliches Amt empfangen hatten, ohne dafür einem großen Herrn verpflichtet zu sein, und die also nur unter der offiziellen Aufsicht des zuständigen Bischofs standen, so war die Lage im allgemeinen doch anders. Die übergroße Mehrheit der Geistlichen bestand aus Unfreien, denen ihr Herr die Pfarrei nicht anders zugewiesen hatte als einem Kolonen den *mansus*. Eine solche Pfarrkirche war ja nur ein Zubehör zum Wohnsitz des Grundherrn und bedeutete nicht viel mehr als eine Mühle oder als Ställe für die Pferde. Der betreffende Geistliche hing also sehr stark von dem Grundherrn ab. Erzbischof Agobard von Lyon bezeugt, daß kein sozialer Stand sich in so heikler Lage befand wie der der Priester. Wegen eines Wortes oder einer Weigerung konnte der Grundherr den Geistlichen ohne weiteres entlassen. Man erzählte sich, daß ein beliebiger Grundherr einfach zum Bischof gehen und zu ihm sagen konnte: »Ich habe da einen Sklaven, der eine Art von Schreiber ist, und wünsche, daß er für mich zum Priester geweiht werde.« Natürlich wurde der Sklave, den man zum Priester machte, nicht nach seinem Einverständnis gefragt. Karl der Große stellte dem Klerus in einem Kapitulare, das er im Jahre 811 ausfertigen ließ, die seltsame Frage: »Wo hat Christus oder einer seiner Apostel verkündet, daß die Gemeinschaften der Kanoniker oder der Mönche aus Leuten bestehen sollen, die von ihrem Beruf nichts wissen wollen und zur niedrigen Gesellschaftsschicht gehörten?«

Ein weiteres Kapitulare Karls des Großen zählte das Minimum dessen auf, was ein Priester kennen müsse: das Apostolische Glaubensbekenntnis; das Vaterunser; das *Sacramentarium Gregorianum*; den Ritus der Exorzismen (Teufelsaustreibungen); das Poenitentiale (Bußbuch); den Kalender; den ›römischen Gesang‹ (die Liturgie nach römischem Muster). Ferner rechnet das Kapitulare zu dem Minimalwissen des Priesters noch die Fähigkeit, die Evangelien zu verstehen, die Kenntnis der Homilien für die Sonntage und Festtage und die Vertrautheit mit dem Pastorale (*Liber regulae pastoralis*) Papst Gregors des Großen; schließlich wurden noch Kenntnis des Breviers und des *Sacramentarium Gelasianum* sowie die Fähigkeit verlangt, Urkunden auszustellen und Briefe zu schreiben. Die beiden zuletzt genannten Forderungen waren bedeutsam. Anscheinend war der Pfarrer innerhalb des Domänenbereiches oder der Dorfgemeinschaft der einzige Mensch, der schreiben konnte, doch selbst unter den Pfarrern gab es viele, die dazu nicht imstande waren.

Wovon lebten die Priester? Der einfache Geistliche hatte neben den Erträgen aus dem ihm vom Grundherrn zugewiesenen *mansus* noch eine andere Art von Einkommen, und zwar aus dem Kirchenzehnten, den die Pfarrkinder ihm schuldeten. Man darf freilich nicht außer acht lassen, daß das Produkt des Kirchenzehnten nicht immer in die Hände des Pfarrers gelangte, sondern oft vom Bischof beansprucht wurde. Der Pfarrer, der auf diese Weise der Armut preisgegeben war, mußte andere Einnahmequellen suchen. In vielen Fällen übernahmen die Geistlichen daher ein Amt bei einer Domänenverwaltung; doch kam es auch nicht selten vor, daß sie Wucherer oder Pfandleiher wurden. In einem zeitgenössischen Text finden wir die Worte: »Viele Geistliche arbeiteten Tag und Nacht, um durch Wucher in den Besitz von Land, Sklaven, Wein und Korn zu gelangen.«

f) Das Mönchtum

In der Karolingerzeit wurden große Anstrengungen unternommen, dem gesamten Mönchtum einheitlich die Benediktinerregel aufzuerlegen, die wieder in hellerem Glanz erstrahlte, seitdem, um das Jahr 720, das Kloster Monte Cassino zu neuer religiöser Blüte gelangt war.[15] Die Schwierigkeit einer Klosterreform lag darin, daß die Trennung des Mönches von seiner Familie und seine Abwendung von den Angelegenheiten dieser Welt sich nur mit erheblicher Mühe durchsetzen ließen.

Aber es gab auch Probleme entgegengesetzter Art. Menschen, die aus einem tiefen inneren Drang, einer geistigen Unruhe die Welt hinter sich gelassen hatten, wollten sich deshalb noch nicht lebendig in einem Kloster begraben. Viele dieser unruhigen Frommen waren echte Vaganten Gottes und konnten die dauernde Seßhaftigkeit in einer Abtei nicht ertragen. Sie nutzten dann selbst die geringfügigste Veranlassung aus, um sich unter einem Vorwand zu entfernen. Bot sich kein Vorwand, so entflohen manche einfach aus dem Kloster. Man wundert sich bisweilen, wieviel Raum das Problem der wandernden Mönche oder Geistlichen in den Kapitularien einnimmt.

Dies alles erschwerte die Verbreitung der Benediktinerregel bei den Mönchen. Schon Pippin der Kleine hatte verordnet, daß jeder, der die Tonsur empfangen, aber sein Vermögen behalten hatte und nicht unter bischöflicher Kontrolle oder in einem Kloster lebte, unter Androhung des Kirchenbanns in ein Kloster oder ein Domstift eintreten müsse. In der Zeit Karls des Großen aber wurde diese Vorschrift seines Vaters keineswegs allgemein befolgt.

Damals gab es überall noch Menschen geistlichen Standes, die weder von einem Bischof noch von einem Abt kontrolliert wurden, und viele von ihnen wanderten von Ort zu Ort. Diese Unruhe hatte ihren Grund jedoch nicht immer in einer Abneigung gegen die Seßhaftigkeit, sondern ging manchmal auf die wirtschaftlichen Verhältnisse zurück. Der Eintritt in manche Abteien, beispielsweise in die von Corbie (in der Picardie) oder in die von Fulda, war hauptsächlich Adligen oder sehr reichen Leuten vorbehalten. Doch andere Abteien hatten ausschließlich Insassen aus der ärmsten Gesellschaftsschicht und waren auch selber arm. Wenn nun die Mittel unzureichend waren, blieb den Mönchen nichts anderes übrig als die Ausübung einer gewinnbringenden Tätigkeit. Dieser Umstand führte oft dazu, daß ein Mönch im Auftrag eines Großen oder eines Machthabers Reisen unternahm.

Andere Mönche wiederum waren wider Willen Ordensleute geworden.

So mancher Grundherr, der aus Eitelkeit eine Abtei gestiftet hatte und keine Menschen fand, die dort für sein Seelenheil beteten, verfiel auf ein einfaches Mittel, die Leute für die Abtei mit möglichst wenig Kosten herbeizuschaffen. Er zwang kurzerhand einige seiner Sklaven, die Tonsur zu nehmen. Außerdem herrschte während der Karolingerzeit der weitverbreitete Brauch, Geiseln und sogar Verbrecher in ein Kloster zu verbannen, und es ist begreiflich, daß all diese unfreiwilligen Mönche die erste sich bietende Gelegenheit benutzten, um ihrer Haft zu entfliehen.

Zwar wurde mit der Errichtung einer geistlichen Hierarchie ein Anfang gemacht, zwar haben die Reformen von Männern wie Chrodegang (dem Bischof von Metz) und dem Abt Benedikt von Aniane die Stellung des Klerus in den städtischen Bischofssitzen gehoben, aber auf dem Lande boten die Geistlichen, arm und vom Grundherrn tyrannisiert, durchweg ein trauriges Bild. Noch schlimmer war, daß die Klöster nicht einfach die Zufluchtsorte für Menschen waren, die sich nur dem Gedanken an Gott hingeben wollten. Man erkennt diesen Wunsch jedenfalls manchmal gerade bei jenen ruhelos umherirrenden Mönchen und Klerikern, die wegen ihrer Unruhe von der weltlichen Gewalt bekämpft und oft definitiv in ein Kloster gesperrt wurden.

IV. GRUPPEN OHNE ÖRTLICHE BINDUNG

Es gab also eine große Gruppe unstet von Ort zu Ort ziehender Kleriker, und diese Gruppe von Vaganten verschmolz mit anderen Leuten, die umhergetrieben wurden: mit den geflüchteten Unfreien, die in den Kapitularien oft erwähnt werden. Zusammen bildeten all diese Menschen eine im Elend lebende gefährliche Masse; sie waren die »Schelme und Galgenvögel, die gesetzlos unser Land durchqueren«, wie eine zeitgenössische Quelle sagt, Bettler und Räuber, die »in diesem Lande umherirren«. Ein andermal heißt es: »Diebstähle und Missetaten begehend, flohen sie von einer Grafschaft zur anderen.« Ferner müssen die Leute erwähnt werden, die »nackt mit einer Eisenkette gehen und unter dem Vorwand, daß sie Buße tun, anständige Leute betrügen«.

Die Gesellschaft fürchtete sich vor dieser beunruhigenden Masse, und die Kapitularien setzten für alle, die solche Leute bei sich aufnahmen, schwere Strafen fest und befahlen, daß man die Vaganten festnehmen, verhören und an ihren Heimatort zurücksenden solle.

Natürlich haben die Angriffe der Normannen dadurch, daß sie ganze Bevölkerungen aufjagten und zur Flucht zwangen, die von den Vaganten ausgehende Gefahr noch vermehrt. Die Kapitularien beklagten denn auch, daß ortsfremde Bettler durch die Lande wanderten. Man hat schließlich sogar versucht, die durch die Angst vor den Normannen verursachte Flucht in gewisse Bahnen zu lenken. Ein Kapitulare schrieb beispielsweise vor, daß Sklaven und Kolonen, die aus Furcht vor den Normannen nicht gewagt hatten, auf ihren Domänen zu bleiben, in der Zeit der Aussaat dorthin zurückkehren mußten, dann wieder ihre Zufluchtsorte aufsuchen durften und sich schließlich, während der Zeit der Ernte oder der Weinlese, wiederum auf die Domänen zu begeben hatten. Danach jedoch konnten sie erneut in ihre Zufluchtstätten zurückkehren.

Zusammenfassend kann man somit sagen, daß sich die Gesellschaft der Karolingerzeit über einer buchstäblich beweglichen Grundlage aufbaute.[16] Für diese Gesellschaft war charakteristisch, daß der Status der zur breiten Masse gehörenden Menschen im Einzelfall nicht eindeutig zu ermitteln war und daß die Verarmung der Freien zunahm. Das einzig Beständige in dieser Gesellschaft war die Anhäufung des Grundbesitzes bei einer begrenzten Anzahl von großen Familien. Sie wurden in den folgenden Jahrhunderten denn auch die Träger der Macht und der Staatsgewalt.

3. Der Staat der Karolinger — Kräfte der Zerstörung und Widerstand der Herrschenden

Jedes aus Menschen bestehende Kollektiv, dessen Rahmen ein Staat, eine Volkseinheit, eine Nation oder ein Vaterland ist, setzt sich aus vielfältigen Elementen zusammen, die in ihren Bestrebungen, aber auch in ihren Mitteln, sich durchzusetzen, verschieden sind. Diese Verschiedenheit ist hierarchisch geordnet; an der Spitze der Rangordnung befindet sich der stärkste Faktor: das Element, dessen Bestrebungen und Interessen den gemeinsamen Aktionen der Gesellschaft mehr als jedes andere das Gepräge geben.

In der Gesellschaft des Karolingerreiches war dieses mächtige Element selbstverständlich die Dynastie, deren Kraft auf unermeßlichem Reichtum, militärischer und polizeilicher Gewalt, auf einem Verwaltungsapparat, auf der Verbindung mit der Kirche und auf anderen noch zu behandelnden Faktoren beruhte. Die Dynastie war die bestimmende, Machtmittel einsetzende Zentralgewalt, die sich gegen die auseinanderstrebenden Kräfte wandte. Sie mußte die sehr unterschiedlichen Elemente zu entmachten suchen, die durch ihr bloßes Dasein oder durch Handlungen das kollektive Verhalten in einem vom Herrscher nicht gewollten Sinne beeinflussen beziehungsweise die staatliche Gesellschaft selber umformen und manchmal sogar zerstückeln wollten. Wir werden diese den Zielen und Vorstellungen der Dynastie entgegenstehenden Kräfte nacheinander betrachten.

I. DIE ARMEN ALS GEGNER DES STAATES

Es wird leider kaum möglich sein, die Empfindungen und den verhaltenen Groll der breiten Volksschichten, zu denen wir in unserem Zusammenhang nicht nur die Unfreien (Sklaven, Leibeigene und Kolonen), sondern auch die armen Freien zählen müssen, in Einzelheiten darzustellen. Die Unzufriedenheit und Ungeduld des einfachen Volkes traten in seinem Verhalten deutlich zutage. Dies ergibt sich beispielsweise aus einem Kapitulare, das Karl der Große im Jahre 810, also in der letzten Zeit seiner Herrschaft, erließ.[1] Tatsächlich war dieses Kapitulare nichts anderes als ein lang ausgesponnener Tadel für das Volk, das sich nach Ansicht des Herrschers in jeder Hinsicht schlecht verhielt. Die in dem Kapitulare formulierten Klagen bezogen sich auf die sehr große Anzahl von Morden, auf die übermäßig

verbreitete Trunksucht, auf die Mitleidlosigkeit, auf die häufige Flucht aus Wohnsitz und Arbeitsstätte sowie auf das zunehmende Banditentum und die Desertionen im Heer. Der Text wandte sich dann mit einem erstaunlichen Satz an das Volk (*vulgaris populus*), an den ›gemeinen Mann‹, der direkt gemahnt wurde, den Befehlen des Herrschers unverzüglich zu gehorchen. Schon die Formulierung dieser Forderung deutet darauf hin, daß Karls Geduld gegenüber einer offensichtlich im Volk verbreiteten Unbotmäßigkeit erschöpft war.
Es ist wahrscheinlich, daß sich die Mahnung auf das immer mehr um sich greifende Fernbleiben vom Heeresdienst bezog. Es steht jedenfalls fest, daß die Pflicht, den Wehrdienst zu leisten, die Hauptquelle der weitverbreiteten Unzufriedenheit im Reiche Karls des Großen war. Dies hatte gute Gründe.
Dem Wehrdienst war grundsätzlich jeder Freie unterworfen. Auf dem Märzfeld, das schon bald zum Maifeld wurde, machte der Herrscher seine Pläne für die Mobilisierung und Konzentration von Truppen im Hinblick auf den bevorstehenden Feldzug bekannt. Die Krieger mußten sich danach in Marsch setzen, versehen mit einem Lebensmittelproviant für drei Monate sowie mit Kleidung, Waffen und sonstiger Ausrüstung für ein halbes Jahr. All dieses aber, womit der Wehrpflichtige ausgestattet sein mußte, hatte er auf eigene Kosten anzuschaffen, und dabei erhielt er keinen Sold. Hieraus läßt sich ohne weiteres erkennen, daß schon ein einziger Feldzug für den Wehrpflichtigen eine ziemlich drückende Last bedeutete. Bedenkt man aber weiter, daß Karl der Große kaum ein Jahr ohne einen neuen Feldzug vergehen ließ, so läßt sich ermessen, welche vernichtenden Auswirkungen der Wehrdienst unter diesem Herrscher für die Beteiligten nach sich zog. Für den Großgrundbesitzer war die Last erträglich, denn er ließ sich auf seinen Domänen durch Verwalter vertreten, die über die große Schar der Sklaven geboten. Ganz anders aber waren die Folgen des Heeresdienstes für den Kolonen und den kleinen Eigentümer. Ein solcher über wenige Mittel verfügender Mann, der Jahr für Jahr gezwungen wurde, seine Felder, auf denen er unentbehrlich war, in der zwischen Aussaat und Ernte liegenden Zeit zu verlassen, mußte früher oder später wirtschaftlich zugrunde gehen.
Da auf diese Weise der Heeresdienst zu einer fast unerträglichen Bürde geworden war, begriff die Zentralgewalt, daß man ihn mildern mußte. Die Kapitularien aus den letzten Lebensjahren Karls des Großen zeigen deutlich, daß nicht mehr die Gesamtheit der Freien zum Wehrdienst verpflichtet wurde, sondern nur diejenigen unter ihnen, die ein Minimum an Wohlstand besaßen. Als dieses Minimum wurden bald vier, bald fünf oder sechs Bauernhöfe angesehen. Die Freien mit einem noch geringeren Besitz taten sich zusammen und rüsteten dann einen aus der

betreffenden Gruppe für den Krieg aus. Wenn beispielsweise vier Bauernhöfe als das zum Kriegsdienst verpflichtende Minimum an Wohlstand galten, taten sich zwei Freie mit je zwei Bauernhöfen oder vier Freie mit je einem Bauernhof zusammen: Einer aus der Gruppe ging zum Heer, und die anderen verschafften ihm aus ihren Mitteln die erforderliche Ausrüstung an Lebensmitteln, Kleidung, Waffen.
Alles spricht jedoch dafür, daß diese Abmilderung der Wehrpflicht unzureichend war. Dem Text der Kapitularien können wir erstaunliche Methoden entnehmen, mit denen man dem Militärdienst zu entgehen versuchte. Die verständlichste war noch die, daß jemand in einen Mönchsorden eintrat, um dem gefürchteten Dienst fernbleiben zu können. Was aber jede Vorstellungskraft übersteigt, ist die Tatsache, daß manche Männer auf den Status der Freiheit verzichteten, um nicht Soldat werden zu müssen.
Diese Fälle beweisen überzeugend, daß die Militärverfassung des Karolingerreiches auf die Dauer untragbar war und daß insbesondere die Masse der unbegüterten Freien durch dieses System geschädigt wurde. Die aktiv oder passiv am Militärdienst Beteiligten wurden dabei noch durch neue Aspekte, die sich bei der Durchführung der Dienstpflicht in ihrer gemilderten Form ergaben, stark verbittert. Wir haben bereits darauf hingewiesen, daß bei den wenig Begüterten Gruppen gebildet wurden und daß nur *ein* Mitglied einer solchen Gruppe in den Krieg ging, während die anderen es auf ihre Kosten ausstatteten. Aber nicht nur in den Gruppen gab es Menschen, die vom Wehrdienst dispensiert waren. Auch eine kleine Anzahl von verwaltenden Amtsträgern war freigestellt.
Über all diese Dispensierungen vom Militärdienst aber hatte der Graf des betreffenden Territoriums zu entscheiden. Ihm war also die Macht gegeben, den einen in den Krieg zu schicken und den anderen vom Heeresdienst zu befreien.
Die damit verbundene Problematik findet in den Kapitularien immer wieder ihren Niederschlag. Die Befugnisse, die dem Grafen für die Freistellung vom Heeresdienst zustanden, gaben ihm ein gewaltiges Druckmittel in die Hände, das er dazu benutzen konnte, sein Vermögen zu vermehren. Wer zu ihm kam, um die Dispensierung von der Wehrpflicht zu erreichen, und seinen Wunsch durch wertvolle Geschenke zum Ausdruck brachte, war zum Erstaunen seiner Mitbürger wie durch ein Wunder vom Wehrdienst befreit. Dagegen wurden Leute, auf deren Besitz der Graf ein Auge geworfen hatte, von ihm als dem Vertreter des Herrschers Jahr auf Jahr erbarmungslos zum Heer geschickt. War dann ihr ererbtes Land, das nicht bearbeitet wurde, zugrunde gerichtet, mußten sie sich noch glücklich schätzen, wenn sie dem Grafen ihren Besitz für einen lächerlich niedrigen Preis verkaufen konnten.

Man kann sich also kaum darüber wundern, daß die wenig begüterten Freien — also ein Teil der Volksmasse — für das Herrschaftssystem der Karolinger nur Haß empfand.

II. DIE VOLKSVERSCHWÖRUNGEN[2]

Im Laufe des 9. Jahrhunderts wurde der Zorn des Volkes noch durch etwas anderes unaufhaltsam gesteigert. Das Volk gelangte zu der Überzeugung, daß die Großen, die ihren Reichtum in den Bürgerkriegen zwischen den Söhnen Ludwigs des Frommen durch Gewinne aus den — bezahlten — Hilfeleistungen für diese Fürsten fortwährend vermehrten, nichts unternahmen, um die Bevölkerung gegen die Normannen zu verteidigen. Wir haben diesen Punkt bereits behandelt und begnügen uns an dieser Stelle damit, daran zu erinnern, daß die einfachen Leute sich schließlich bewaffneten und auf eigene Faust mutig gegen die Normannen kämpften.[3]
Doch diese spontanen Erhebungen waren anscheinend nur die besondere Form eines allgemeineren Phänomens. Sie drückten die tiefe, überall verbreitete Unzufriedenheit aus.
In den Kapitularien findet man in vielen Formen Verbotsbestimmungen gegen Truste, Gilden und ›Verschwörungen‹ (zu denen beschworene Vereinigungen aller Art gehörten). Diese Verbotsbestimmungen richteten sich manchmal gegen die Bruderschaften, die sich dem Dienst an einem Heiligen widmeten, und gegen die zur gegenseitigen Hilfe geschaffenen Vereinigungen. Oft galten die Verbote aber einem besonderen Phänomen. Ein von Karl dem Kahlen im Jahre 857 zu Dijon ausgefertigtes Kapitulare enthüllt darüber manches; dieses Kapitulare macht es den kontrollierenden Sendboten des Herrschers (*missi dominici*) zur Pflicht, Maßnahmen gegen jene Bewohner des Königreiches zu ergreifen, die Raub, Einbrüche und Morde begehen, *Truste* (Vereinigungen zu gegenseitigen Hilfsverpflichtungen) *organisieren*, Schäden verursachen, ihr Vieh in anderen gehörenden geschlossenen (abgezäunten) Triften weiden lassen und die Ernten verheeren. Die *trustis* steht hier in einem Zusammenhang, der zunächst befremdend wirkt. Das Dunkel lichtet sich jedoch etwas, wenn man sich ein Kapitulare vergegenwärtigt, das Karlmann, ein Sohn Ludwig des Stammlers, als König der westlichen *Francia* (Frankreichs) in seinem Todesjahr (884) erließ. In diesem Kapitulare wurden die Behörden dazu angehalten, den »gemeinen Leuten« — *villani* sagt der Text wörtlich — die Zusammenrottung zu Gruppen zu verbieten, »die gewöhnlich Gilden genannt werden« und gegen diejenigen gerichtet sind, die diesen Leuten ihren Besitz genommen haben.
Dem Text ist deutlich zu entnehmen, daß es sich bei diesen zu-

sammengerotteten Gruppen um spontan sich bildende Verteidigungsorganisationen des einfachen Volkes (*vulgus*) gehandelt haben muß. Dies wirft auch Licht auf die Frage, was wohl ein Kapitulare aus dem Jahre 821 meinte, als es von Scharen sprach, die sich zu Mord, Brandstiftung und Plünderung verbunden hätten.[4] An dieser Stelle handelt es sich um Sklaven, und kurz danach findet sich ein Verbot für die Verschwörungen von Unfreien im Nordseegebiet, dem Nordwesten des Karolingerreiches. Schon aus dem Text, der dieser Stelle vorausgeht, kann man ersehen, daß es sich um eine sozial bedingte Bewegung, eine Erhebung der Armen gegen die Reichen, gehandelt hat. Daß solche Verschwörungen bestanden haben, ist auch aus einem Kapitulare Karls des Großen zu ersehen. Dort werden die Strafen für die an Verschwörungen Schuldigen festgesetzt: Die eigentlichen Missetäter erhalten gemäß diesen Bestimmungen die Todesstrafe, die Mithelfer müssen sich gegenseitig geißeln und einander den Vorderteil der Nase abschneiden. In Fällen, bei denen das Verbrechen nicht zur Ausführung kam, d. h. es beim Plan blieb, müssen sich die Verurteilten gegenseitig peitschen und danach einander kahlscheren.

Der Text des Kapitulare, das diese Strafen dekretiert, unterscheidet bei den Delinquenten zwischen Freien und Sklaven.

Die Härte der in dem Kapitulare festgesetzten Strafen muß als extrem betrachtet werden, wenn man bedenkt, daß das Recht der damaligen Gesellschaft auf dem Prinzip beruhte, daß man bei nahezu allen Delikten durch Zahlung von materiellen Bußen den eigentlichen Strafen entgehen konnte. Doch die Erfahrung lehrt, daß Kämpfe zwischen verschiedenen Klassen eines Volkes grausame Formen anzunehmen pflegen.

Man kann die Frage stellen, welchen Einfluß die Unzufriedenheit des Volkes auf die Schwächung des Karolingerreiches ausgeübt hat. Dieser Einfluß war, wenn man sich unmittelbar an das Konkrete, den Sinnesorganen Zugängliche geschichtlicher Vorgänge hält, nicht groß. Die Volkserhebungen wurden unterdrückt, die der Selbstverteidigung dienenden organisatorischen Zusammenschlüsse erfolgreich bekämpft; dennoch kann man in der zunehmenden Abneigung der unteren Schichten gegen den Staat einen Ausgangspunkt der großen Entwicklung erblicken, in deren Verlauf die breite Masse des Volkes sich der Karolingerdynastie entfremdete und sich ohne inneren oder äußeren Widerstand dem Machtbereich der Territorialfürsten einordnete. Andererseits muß man sich darüber im klaren sein, daß dieser Prozeß, bei dem die Bindung des Volkes an die Karolinger sich lockerte, für sich allein gewiß keine unmittelbar sichtbaren und tiefen Erschütterungen hätte hervorrufen können.

III. DIE VIELHEIT DER STÄMME ALS AUFLÖSUNGSFAKTOR[5]

Ein mächtiges Element, das der Einheit des Karolingerreiches noch weit abträglicher war, lag in der Verschiedenheit der Völker, die innerhalb der Reichsgrenzen lebten. Man hat auf diesen Faktor oft hingewiesen; auch wir müssen auf ihn eingehen.
Seit dem 6. Jahrhundert hatten die Franken ihre Herrschaft über ganz Gallien und über einen großen Teil Germaniens ausgedehnt; doch ihrer Gewalt über diese Gebiete fehlte das Merkmal der Dauer. Sie mußten die nichtfränkischen Völkerschaften immer wieder von neuem bezwingen und unterwerfen. Die letzten Feldzüge zur Niederringung feindlicher Bewegungen innerhalb des Fränkischen Reiches wurden von Karl Martell und Pippin dem Kleinen unternommen, und seit dem Regierungsantritt Karls des Großen kamen durch Eroberungen neue Völker unter fränkische Gewalt und lebten nunmehr innerhalb der Staatsgrenzen. Aber sogar eine dem Frankenreich seit langem einverleibte Region wie Aquitanien konnte noch unter Karl dem Kahlen nach dem Jahre 838 ihr Streben nach Unabhängigkeit aufrechterhalten. Das Gefühl nationaler Gemeinschaften für die eigene Art und für die enge Zusammengehörigkeit pflegt Niederlagen zu überleben.
Die Territorialfürstentümer bildeten sich nach der strukturellen und fast immer auch nach der volksmäßigen Einheit der betreffenden Gebiete. Im 9. Jahrhundert verfolgte Graf Boso, Herr über Südburgund und Schwager Karls des Kahlen, das Ziel, ganz Burgund unter seine Gewalt zu bringen. Richard der Gerechte (gest. 921), der die nördlich von Mâcon gelegenen Grafschaften von Burgund beherrschte und ein Bruder des Grafen Boso war, maßte sich den Titel ›Herzog von Burgund‹ an, ebenso wie mehrere Große im Nordwesten Frankreichs verkünden ließen, daß sie ›Herzöge von Aquitanien‹ seien. In den östlich vom Rhein gelegenen Gebieten zeichnete sich die Entwicklung noch deutlicher ab, da sich dort vier Herzogtümer auf unverkennbarer Volksgrundlage (Stammesherzogtümer) entwickelten.
Deutlich trat damals ein Unterschied zwischen den ›Germanen‹ und den westlichen Bewohnern des Karolingerreiches hervor. Es handelte sich dabei nicht um einen Gegensatz zwischen verschiedenen Rassen, zumal die Franken im Westen, das heißt westlich des Rheins, nach Art und Sitte germanisch geprägt waren. Der Gegensatz zwischen ihnen und dem östlich des Rheins seßhaften Volksschlag wurde jedoch stark empfunden. Der dem Namen nach unbekannte, wegen seines Interesses für die Gestirne als ›der Astronom‹ bezeichnete Hofgeistliche und Biograph Ludwigs des Frommen sagt einmal, daß der Kaiser, vom Mißtrauen gegen die ›Franken‹ erfüllt, sich den ›Germanen‹ zugewandt habe.
Die Karolinger konnten all die Völker und Stämme ihres Rei-

ches auf keine Weise zu einem homogenen Volk machen. Ein solcher Vorsatz wäre unerfüllbar geblieben.

Ein einheitlicher, der Dynastie zugewandter Patriotismus konnte sich außerhalb eines äußerst eng begrenzten Kreises — den Hof und den hohen Klerus oder vielmehr eine Gruppe innerhalb dieses Klerus umfassend — nicht entwickeln. Das zeigte sich deutlich an der Geschichte dieser Gruppe, die, streng herrschaftlich und unitarisch denkend, im Anfang der Regierung Ludwigs des Frommen zu seiner näheren Umgebung gehörte und ihn beeinflußte; denn diese zahlenmäßig kleine Schar von Anhängern eines imperialen Einheitsstaates zerfiel schließlich selber in einander fanatisch bekämpfende Parteien und Einzelpersonen.

Die Karolinger konnten der stammesmäßigen und volksmäßigen Verschiedenheit ihrer Untertanen kaum ein alle Teile bindendes Element geistiger Art entgegensetzen. Die Kultur, die für die Dynastie bestimmend war, hatte nur in vereinzelten Territorien einen höheren Stand als die der nichtfränkischen Bevölkerungsgruppen. Die Franken waren in manchen Reichsteilen — beispielsweise in Italien und Aquitanien, zwei Ländern mit weit stärkerer römischer Erbmasse, als sie der Kern des Fränkischen Reiches aufwies — den von ihnen beherrschten Völkern an Kultur sogar unterlegen. Aber selbst dort, wo die Franken ein kulturell schwächeres Volk unterworfen hatten, besaßen sie keine Organisation, die ihm ihre höhere Geistigkeit hätte übermitteln können. Sie waren hier ganz auf die Kirche angewiesen, und die Karolinger haben sich dieser ›Waffe‹ tatsächlich in größtem Ausmaße bedient. Die Franken haben die christliche Kirche in die von ihnen unterworfenen Gebiete verpflanzt und dort organisatorisch immer durch einen *fränkischen* Episkopat vertreten lassen.

Wie tief das Christentum die neu bekehrten Territorien durchdringen konnte, ist nicht leicht zu beurteilen. Doch läßt sich mit Sicherheit sagen, daß die Regionen, in denen die Bekehrung durchgeführt wurde, im allgemeinen nicht wieder vom Christentum abfielen, daß aber andererseits über diese Randzonen hinaus im 9. Jahrhundert keine dauerhaften Erfolge religiöser Art erzielt werden konnten.

Die Karolinger hatten neben der Kirche nur noch ein einziges Mittel zur Verfügung, um die einander fremden Bevölkerungen ihrer Territorien zusammenzuhalten: eine zumindest in ihren hohen Rängen fast ausschließlich von Franken getragene Verwaltung. Tatsächlich gehörten die Grafen und Markgrafen fast sämtlich dem fränkischen Stamme an. Doch es gab auch Ausnahmen, die vor allem die Alamannen betrafen: einen Stamm, der anscheinend bei der Ernennung der hohen Verwaltungsbeamten den Franken nahezu gleichgestellt wurde. Auch wurde aus taktischen Gründen bei politischen Annäherungen von Zeit zu Zeit an die Großen in den nichtfränkischen Gebieten, beispielsweise in Sachsen und vor allem in der Spanischen Mark (dem späteren Kerngebiet von Katalonien), appelliert, sich an der Verwaltung maßgebend zu beteiligen.[6] Die Erfahrungen, die man dabei machte, waren aber nicht günstig.

In anderen Fällen wiederum hat die Dynastie die partikularistischen Neigungen in den nichtfränkischen Gebieten dadurch zu schwächen versucht, daß sie zwar große Verwaltungszentren für eine Volkseinheit schuf, diese Zentren aber von einem Franken und sogar oft von einem Karolinger regieren ließ. Dies war beispielsweise beim Königreich Aquitanien, beim Königreich Italien und in Bayern der Fall.

IV. DIE GRAFENFAMILIEN — EINE BEDROHUNG DES STAATES

Bei der technischen und kulturellen Schwäche jener Zeit war es unmöglich, ein riesiges, innerlich uneinheitliches Reich lange zusammenzuhalten. Solange die militärische Überlegenheit der Karolinger sich stärker auswirkte als jede andere Kraft in dem von ihnen beherrschten Reiche, blieb das Imperium erhalten, doch die konkrete Macht der Dynastie löste sich auf, als die einzelnen Karolinger begannen, miteinander um die Vorherrschaft zu kämpfen. Dies führte zwangsläufig dazu, daß sich das Reich, entsprechend seinen Völkerschaften, spaltete. Diese Entwicklung wurde noch dadurch gefördert, daß diejenigen, deren Aufgabe es gewesen wäre, die partikularistischen Tendenzen zu bekämpfen, mehr Interesse an dem Sieg des Stammesprinzips als an der Aufrechterhaltung der fränkischen Vorherrschaft hatten. Wir meinen die Grafenfamilien und kommen damit zu dem neben der Unzufriedenheit der Massen und der partikularistischen Tendenz auftretenden dritten Faktor der Zersetzung. Die Grafengeschlechter haben am entschiedensten an der Auflösung des Karolingerreiches mitgewirkt. Die Gesellschaft des Karolingerreiches wurde in ihren höchsten Rängen durch zweihundert bis dreihundert ›Grafenfamilien‹ verkörpert, von denen jede reich war und über einen Grundbesitz von mehreren tausend Hektaren mit vielen Domänen verfügte. Diese mächtigen Großgrundbesitzer waren im allgemeinen — allerdings durchaus nicht immer — Franken und kamen insbesondere aus Austrasien, das heißt aus den zwischen Schelde und Rhein gelegenen Ländern.[7] Der Aufstieg der Karolinger selbst war das Ergebnis eines Sieges der vereinigten großen Landeigentümer Austrasiens gewesen.

Die Aristokratie war grundsätzlich gegen die Herrschaft eines Monarchen und strebte vielmehr nach der Errichtung einer aristokratischen Republik.[8] Zahllose Große wollten reicher und unabhängiger werden, und ihr Bemühen mußte sich daher auf den Sturz der mächtigen Monarchie richten. Gegen diese Bestrebungen, die unablässig wirksam wurden, traten die Monarchen auf. Natürlich lag ihnen daran, möglichst stark zu bleiben. Sie versuchten, eine Verwaltung zu schaffen und zu einem festen Bestand von staatlichen Amtsträgern zu gelangen, die den Herrscher selbst mit den fernsten Untertanen in Verbindung brachten. Gleichzeitig bemühte sich der Monarch jedoch, seinen Gegnern die Waffen aus den Händen zu nehmen, die großen Familien an den Thron zu binden und sie durch Gewährung von Reichtum und Würden an der bestehenden Ordnung zu interessieren. Dies aber bedeutete gleichzeitig, daß die Dynastie stets selbst riesige Landreserven zur Verfügung haben mußte, um die eigene Macht aufrechtzuerhalten und außerdem die Freundschaft der Großen durch Zuwendung von Grundbesitz zu erkaufen. Hierin finden wir die Erklärung dafür, daß die Monarchien im frühen Mittelalter erobernd und kriegerisch auftraten, denn außerhalb der Grenzen und selbst in weiter Entfernung von ihnen mußte der Monarch die Ländereien finden, ohne die die Dynastie ihre unentbehrliche Grundlage verlor.

Die gegen den Monarchen gerichteten Bewegungen nahmen drei geschichtlich aufeinanderfolgende Formen an. Zunächst gab es — und dies gehört allerdings nicht im strengen Sinne des Wortes zu den Aufständen der Aristokratie — mehrmals Erhebungen von Volksgruppen gegen das strenge Regime, das die Franken unter Karl Martell, Pippin dem Kleinen und während der Jugendzeit Karls des Großen ausübten. Diese Aufstände fielen in die Zeit, in der sich die Macht der Dynastie entwickelte; doch als sie sich unter Karl dem Großen weitgehend gefestigt hatte, änderte sich das Bild. Man gewahrt nunmehr Attentatspläne und Verschwörungen, deren Ziel die Ermordung oder zumindest die Entthronung des Herrschers war. Zwei solcher Verschwörungen gegen Karl den Großen sind bekannt: die des ostfränkischen Grafen Hardrad (785) und die von Pippin dem Buckligen, Karls außerehelichem, von seiner Geliebten Himiltruda geborenen Sohn, der im Jahre 792 seinen Vater ermorden lassen wollte. Eine direkte Aufsässigkeit gegen die Dynastie bedeuteten auch die in den Jahren 817/818 erfolgten militärischen Vorkehrungen, die Bernhard, ein Neffe Ludwigs des Frommen, gegen den Kaiser traf, um für immer König von Italien bleiben zu können, und die mit der Vernichtung des ungehorsamen Regenten endeten.

All diese gegen den Herrscher gerichteten Verschwörungen und Maßnahmen sind gewiß von einem nicht unerheblichen Teil der Aristokratie unterstützt worden. Doch konnten sie ohne großen Aufwand unterdrückt werden, was beweist, daß die Zentralgewalt im Reich damals noch sehr stark war, jedenfalls viel stärker als das Bündnis der Großen.

Aber die Verringerung der Macht des Karolingerhauses begann schon unter Ludwig dem Frommen, und das, was unter seiner Herrschaft schließlich geschah, zeigt den Rückgang dieser Macht deutlich an. Im April 830 brach gegen den Monarchen eine Art wirklicher Revolution aus, die nicht im Handumdrehen bezwungen werden konnte.[9] Sie dauerte mit kurzen Unterbrechungen bis zum Tode des Kaisers (840), dem sein letztes Lebensjahrzehnt eine fast ununterbrochene Folge von Niederlagen und Demütigungen gebracht hatte. Von der gewaltigen Übermacht, mit der der Kaiser im Jahre 819 noch seinen Neffen Bernhard matt gesetzt hatte, war nichts mehr übriggeblieben. Die Aristokratie war jetzt mindestens ebenso mächtig wie der Herrscher.

In der Zeit nach dem Tode Ludwigs des Frommen konnte der Träger der Krone den Grafenfamilien keine gleichwertige Macht mehr entgegensetzen. Zumindest in Frankreich war der Herrscher zum Bittsteller geworden, den fast nur noch seine zahlreichen Appelle und ähnliche Schritte vor dem Sturz bewahrten. Von wirklicher Treue zur Krone war keine Rede mehr. Die Großen wählten den Herrscher nur noch in zynischer Wahrnehmung ihrer materiellen Interessen, und der König war schließlich nicht einmal mehr mächtig genug, einen offensichtlichen Verrat zu verhindern oder zu unterdrücken.

V. DAS VERWALTUNGSNETZ. DIE VASALLEN

Eine geistige Grundlage der Autorität der Karolinger bildete der *bannus*, das Recht des Herrschers, zu befehlen und zu verbieten: ein Recht, dessen Verletzung hart geahndet wurde. Auf Ungehorsam gegenüber dem *bannus* stand die schwere Buße von sechzig Solidi oder drei Pfund (Silberwert).

Dies war die juristische Norm, doch das wahre Problem begann bei den realen Mitteln, die dem Monarchen zur Durchsetzung des *bannus* im einzelnen Fall zur Verfügung standen.

Wir erwähnen nur kurz die Verwaltungsfunktionen von Mitgliedern des Hofstaates, der, ebenso wie die Pfalz des Herrschers selbst, als *palatium* bezeichnet wurde. Neben diesem recht unwirksamen Organ von Vertrauten des Herrschers ist noch an die Versammlung *des Volkes*, das heißt der Großen, zu erinnern: eine Versammlung, vor der unter anderem die Kapitularien (Satzungen des Herrschers) verkündet wurden.[10] Ferner nennen wir die mehr als zweihundert Grafen, deren jeder einen Bezirk, die Grafschaft, verwaltete, sowie die *missi dominici* (Königsboten), die die Grafen an Ort und Stelle zu beaufsichtigen und die Durchführung der Kapitularien zu überwachen hatten.[11]

Das in der Karolingerzeit entwickelte System der Lehen und des Vasallentums gewährt uns einen sehr aufschlußreichen Einblick in Phänomene, die mit dem Regieren überhaupt zusammenhängen.

Eines der universalsten Phänomene menschlicher Gruppenbildung ist die Schar. Als Schar gruppieren sich Menschen um einen Führer und teilen sein gutes oder böses Schicksal, weil sie ihm vertrauen. Zu diesem Phänomen gehören die Gruppen, die sich im 20. Jahrhundert um militante politische Führer sammelten; aber auch die Gemeinschaften von Wegelagerern und Piraten in früheren Jahrhunderten rechnen dazu. Schließlich gehören dazu auch bestimmte Gruppenbildungen bei den Germanen, Slawen und Skandinaviern.[12]

Man hat die Motive, aus denen sich Scharen um einen Führer bilden, dahin gedeutet, daß die Getreuen in ihrem Oberhaupt einen Mann erblicken, der Aussichten hat, sehr hoch zu steigen, sobald er sich auf eine Gruppe von zuverlässigen Anhängern stützen kann. Dem entspricht der Hinweis darauf, daß diese Anhänger darauf hoffen, vom Aufstieg ihres Führers zu profitieren. Doch diese sehr primitive Form ist denen eigen, die den Rahmen der Gesellschaft sprengen wollen. Viel organischer verläuft dagegen die Bildung von Scharen um einen einzelnen, wenn sie sich *innerhalb der Gesellschaft* vollzieht. Hier wird anstelle eines Führers ein Mann, der in der existierenden Gesellschaftsordnung bereits über Macht verfügt, zum Mittelpunkt einer Schar von Getreuen. Meist handelt es sich dann um einen Fürsten oder um einen König.

Was sind in diesem Fall die Motive der beiden Parteien: des Mächtigen und der Schar? Meist sind sie einfacher und allgemeiner Natur. Der Mächtige hat Vertraute, eine Leibgarde und Leute nötig, die keinem anderen ergeben sind als ihm. Der Getreue wiederum sucht in dem Mächtigen zunächst einen Beschützer.

Etwas Derartiges ging während der Karolingerzeit innerhalb einer Gesellschaftsform vor sich, die kaum über ein wirkliches Beamtentum, kaum über eine wirksame Polizei verfügte. In dieser Gesellschaft, in der sich die Justiz nicht immer durchsetzen konnte und die Mächtigen aller Schattierung die Schwächeren fast ungehindert ausbeuteten, blieb den Bedrohten nur eine Lösung. Um allen Gefahren endgültig zu entgehen, sahen sie sich gezwungen, sich einem Mächtigen ihrer Wahl ›anheimzugeben‹ und ihm zu dienen, um dafür seinen Schutz zu erlangen. Höchstwahrscheinlich verband sich dieser Beweggrund ursprünglich noch mit einem anderen: Der Mächtige ernährte ›seinen Mann‹; er gab ihm also den Lebensunterhalt.

Wir müssen diese Beziehung jetzt näher betrachten. In Frankreich ›gab sich‹ der ›Mann‹ dem ›Mächtigen‹, der ihn dafür ernährte, das heißt ihm den Unterhalt gewährte. Die Dienste, die der Vasall dem *senior* (*seigneur*, Herrn) leisten mußte, konnten sehr unterschiedlich sein. Im Laufe des 8. Jahrhunderts veränderte sich die Institution des Vasallenverhältnisses in wesentlichen Zügen.¹³ Eine dieser Umformungen lag darin, daß die Vasallen ihrem Herrn in zunehmendem Maße Kriegsdienste leisteten. Eine weitere Änderung ergab sich daraus, daß der *senior* dem Vasallen nun nicht mehr von Tag zu Tag das zuwies, was für seinen Unterhalt erforderlich war, sondern ihm ein *beneficium* (Land auf der Basis der Leihe, später ›Lehen‹ genannt) zuwies, das heißt einen Landbesitz, von dessen Einkünften der Vasall leben konnte. Dieser Landbesitz sollte dem Vasallen nicht nur im engsten Sinne des Wortes den Unterhalt sichern, sondern ihm darüber hinaus die materiellen Grundlagen erhalten, die es ihm ermöglichten, Krieger (Soldat) zu sein. Eine dritte Änderung, die für die Absichten der Monarchen aus dem Karolingerhause charakteristisch war, bestand darin, daß man neben die Vasallen alten Stils — hier also Vasallen, die nur Dienste für einen Herrn leisteten — nunmehr eine neue Kategorie treten ließ, indem man alle Großen des Kaiserreiches zu Vasallen des Herrschers zu machen versuchte.

Diese Taktik verfolgte zwei leicht erkennbare Ziele. Das erste war die Herstellung einer persönlichen Bindung der Großen an den Herrscher. Wie wir bereits wissen, war die innerpolitische Geschichte des Kaiserreiches ein Kampf der Großen, die die Macht des Herrschers soweit wie irgend möglich schwächen wollten, mit dem Monarchen, der zur Aufrechterhaltung seiner Macht die verborgenen und schwer zu erkennenden Umsturzversuche der Aristokratie parieren mußte. Aber es gab eine Möglichkeit, sich zu einigen, und sie bestand darin, die Aristokratie zu besolden. Dies war das zweite Ziel, das die Herrscher verfolgten, als sie die Großen zu ihren Vasallen machten.

Es wurde nun erreicht, daß die Aristokraten dem Herrscher den Vasalleneid leisteten. Der betreffende Große wurde somit für den Monarchen ›sein Mann‹, der als Vasall in ein enges persönliches, durch Wortlaut und Bedeutung des Eides zudem religiös sanktioniertes Verhältnis zu ihm getreten war. Doch der Herrscher mußte den Großen, wenn er ihn zur Leistung des Vasalleneides bewegen wollte, reichlich mit *beneficia* (Domänen) und Würden (Funktionen, die nicht nur Ehre, sondern auch materiellen Gewinn brachten) belohnen.

Für den Herrscher wurde, wenn ein Großer sein Vasall wurde, mehr erzielt als nur eine enge zweiseitige Bindung. Das Vasallentum war, wie wir bereits ausgeführt haben, nicht etwa nur ein Verhältnis zwischen Monarch und Untertan, sondern ein allgemeines Prinzip. Die Großen hatten ihre eigene Gefolgschaft von Vasallen, die im Lauf der soeben angedeuteten Entwick-

lung indirekt zu Vasallen (nämlich zu Untervasallen) des Herrschers wurden.
Wenn die Entwicklung des Vasallentums dabei stehengeblieben wäre, würden wir dieses Phänomen nicht unter den im ganzen Karolingerreich verbreiteten Institutionen aufgezählt haben, von denen hier die Rede ist. Die Vasallität nahm aber einen sehr starken Umfang an. Anfänglich haben die Herrscher mit der Anwendung dieses Prinzips wohl nur das Ziel verfolgt, die Großen an sich zu binden. Doch je weiter das 9. Jahrhundert fortschritt, desto bemerkenswerter wurden die Erscheinungsformen des Vasallentums. Zunächst nahm damals die Zahl der Vasallen zu. Viele Freie ›empfahlen‹ sich den Großen im Sinne der *commendatio*, sie wurden also ihre Vasallen, um materielle Vorteile (Zuwachs an Landbesitz durch ein *beneficium*) zu erhalten oder einen Beschützer gegen die erwähnte Willkür der Beamten zu gewinnen oder auch aufgrund einer Nötigung durch den Großen selber, dem sie sich ›anheimgaben‹. Dazu aber kam, daß nun die Herrscher selber die Freien systematisch dazu antrieben, sich in die Vasallenschaft der Großen des Karolingerreiches zu begeben.
Man hat allen Grund, nach den Motiven zu fragen, die die Monarchen zu diesem Verhalten bewogen haben können. Auf den ersten Blick läßt sich nicht erkennen, weshalb ein Monarch von sich aus eine Entwicklung hätte fördern sollen, durch die Freie, die bisher unmittelbar von ihm abhingen, zu seinen bloß mittelbaren Untertanen wurden, denn die von ihm begünstigte Vasallität bedeutete ja die Einschiebung eines mächtigen Zwischengliedes, bei dem der Große der wirkliche Souverän des zu seinem Vasallen gewordenen Freien wurde.
Man muß wohl in der Förderung der Vasallität durch die Monarchen den Ausdruck einer bei den Karolingern auftauchenden, im Laufe ihrer Herrschaft immer stärkeren Einfluß gewinnenden Auffassung der Macht erblicken. Es handelte sich um jenes Phänomen, das man als einen Willen zur Dezentralisierung bezeichnen könnte. Im wesentlichen ging dieser Wille dahin, einem Menschen am Orte selbst die Verantwortung für die lokale Ordnung zu übertragen. Das deutlichste Beispiel für ein solches Streben war die Institution der Immunität.[14] Sie hat sich, älter als das Reich der Karolinger, unter ihrer Herrschaft stark verbreitet und weiterentwickelt. Eine Domäne, der Immunität gewährt war, durfte von dem staatlichen Beamten (im allgemeinen also dem Grafen) nicht betreten werden, was darauf hinauslief, daß diese Domänen und ihre Bewohner von den staatlichen Hoheitsrechten der Besteuerung, des Militärdienstes oder der Rechtspflege nicht berührt wurden. Der Herr, dem die Immunität verliehen wurde, im allgemeinen ein Bischof oder ein Abt, trug die Verantwortung für die Ordnung allein. Das System der

Immunität wurde unter Karl dem Großen dadurch vervollkommnet, daß er dem Besitzer (Begünstigten) der Immunität — worunter man nicht nur dieses Recht, sondern oft auch die Domäne selbst, für die es galt, verstand — die Pflicht auferlegte, einen bevollmächtigten Sachwalter zu ernennen. Dieser wurde mit der genauen Wahrnehmung aller der Aufgaben beauftragt, die dem Grafen kraft des betreffenden Immunitätsrechtes entzogen waren.

Der aus der Förderung der Immunität ersichtliche Wille zur Dezentralisierung trat auf dem Gebiet, das Immunität besaß, auch noch in anderer Beziehung zutage. Beispielsweise war der Herr von Unfreien für deren Verhalten juristisch verantwortlich. Beging ein Sklave einen Diebstahl, mußte sein Herr die Buße bezahlen. Taten sich die Sklaven einer Domäne zu einer Gilde zusammen, so hatte der Domänenherr dieser Vereinigung ein Ende zu setzen. In beiden Fällen wurden dem Besitzer der Immunität Verhütungsaufgaben zuerteilt, die normalerweise den Amtsträgern des Staates oblagen.

Diese Tendenz spielte aber wohl auch für die Förderung des Eintritts der Freien in ein Vasallenverhältnis eine Rolle. Auch hier wurde der Staat ja von einer Aufgabe befreit und dadurch entlastet: Die Pflicht zur Beaufsichtigung des Freien ging, wenn er Vasall wurde, von den Staatsorganen auf den Privatmann über, der nun über seine Dienste gebot.

Doch die Beziehung zwischen Thron und Volk war durch die Institutionen, die in der Linie der Dezentralisierung lagen, keineswegs abgebrochen. Die Freien im Karolingerreich waren selbst dann, wenn sie Vasallen geworden waren, durch einen persönlichen Treueid an den Herrscher gebunden.[15]

Diese Institution des persönlichen Eides ging zweifellos auf Zeiten zurück, die vor der Epoche der Karolinger lagen. Doch gewann diese Eidesleistung eine offensichtlich große Bedeutung, seit ein Komplott der Mächtigen Karl dem Großen beinahe den Untergang gebracht hatte. Seit diesem Zeitpunkt legte die kaiserliche Gewalt starken Nachdruck darauf, daß alle freien Untertanen den Treueid leisteten.

VI. DIE KIRCHE

Neben dem über das Reich gespannten Netz der Verwaltung und der Institutionen gab es als weiteres, überall verbreitetes Element noch die Kirche. Die Kirche trug auch während der Karolingerzeit religiöse und spirituelle Wesenszüge, aber sie hatte zugleich einen stark wirtschaftlichen Einschlag und war außerdem ein unentbehrliches Element im Getriebe der Staatsverwaltung.[16] Die Bischöfe und Äbte spielten im Karolingerreich eine Rolle, die der Funktion der Grafen nicht unähnlich war. Sie nahmen aktiven Anteil an den Versammlungen, in denen die Gesetze besprochen und verkündet wurden, und oft hatte der hohe Klerus auf diesen Versammlungen sogar ein Übergewicht.

Auch die *missi dominici* wurden sehr häufig der Geistlichkeit entnommen. Den auf sozial viel tieferer Stufe stehenden Pfarrgeistlichen war ebenfalls eine Aufgabe innerhalb des Staates zuerteilt; sie sollten die Verbrecher überwachen und mit kirchlichen Strafen im Zaum halten. Den Pfarrern oblag ferner die Pflicht, die Störer der öffentlichen Ordnung auf einer Liste zu verzeichnen.

Vielleicht ist es angebracht, an dieser Stelle ein anderes Element geistiger Art zu erwähnen, mit dessen Hilfe die Karolinger ihre Macht gefestigt hatten. Seit Pippin der Kleine nach seiner Krönung im Jahre 751 vom Papst gesalbt worden war,[17] empfingen alle Karolinger, die an die Regierung gelangten, die Salbung, die dann, wenn sie nicht durch den Papst selbst erfolgen konnte, von einem Geistlichen hohen Ranges vorgenommen wurde. Dadurch erhielt dieses emporgekommene Geschlecht eine fast priesterliche Weihe, ja einen Einschlag von Magie, und beides machte zwangsläufig tiefen Eindruck auf die einfachen Untertanen dieser mächtigen Herrscher.

All dies zeigt, daß die Unterordnung der Untertanen unter den Fürsten auf eine Fülle von Faktoren zurückging, die, in gleicher Richtung wirkend, sich gegenseitig ergänzten und verstärkten. Natürlich konnten die Herrscher, wenn kein anderes Mittel fruchtete, auch die materielle Macht der Dynastie einsetzen. Diese Macht verkörperte sich, wenn der Monarch zur *ultima ratio regum* seine Zuflucht nehmen mußte, im Heer, dem Machtinstrument der Könige.

VII. DAS HEER DER KAROLINGER

Die Karolinger hatten bestimmte Einkünfte, die unabhängig von ihrem Grundbesitz waren; diese Einkünfte stammten aus den in ihrem Reich verhängten Bußen und Konfiskationen, aus Zöllen (im wesentlichen Binnenzöllen, die an Verkehrsknotenpunkten, vor allem an Flußübergängen, Brücken usw., erhoben wurden), aus Abgaben für am Markt verkaufte Waren (Marktgelder, die man oft den Zöllen zurechnete), aus *de facto* obligatorischen Geschenken sowie aus Kriegsbeute und aus Tributen. Andere Einkünfte ergaben sich aus dem Grundbesitz. Die Karolinger besaßen riesige Ländereien, die über ihr ganzes Reich verstreuten Domänen.[18] Die ältesten dieser Domänen waren natürlich diejenigen, die das Geschlecht schon in der Merowingerzeit inne-

gehabt hatte. Die große Vermehrung des karolingischen Grundbesitzes erfolgte erst, als Karl Martell dazu überging, über den Landbesitz der Abteien unter dem Vorwand zu verfügen, daß dies zur Beschaffung von Mitteln für den Kampf gegen den Islam erforderlich sei. Karl Martell verteilte diese Ländereien als *beneficia*, das heißt auf der Grundlage der Landleihe mit widerruflichem Nießbrauchrecht, an diejenigen, die ihm Dienste erwiesen. Er handelte also anders als die Merowingerkönige, die Dienste mit Eigentumsübertragungen von Land belohnt hatten.
Karl Martell und sein Sohn, Pippin der Kleine, der im Jahre 751 König wurde, haben sich durch diese Verleihung von *beneficia*, die der Kirche gehört hatten, eine erhebliche Anzahl von Vasallen geschaffen. Diese bildeten die großen Scharen der *vassi dominici*: Krieger, die dem Herrscher in persönlicher Treue verbunden waren und es ihm erlaubten, die Großen im Zaum zu halten.
Doch die Bedürfnisse der Herrscher an Landbesitz wuchsen im Laufe der Jahre zwangsläufig immer mehr. Der Monarch mußte, um einen mächtigen Mann zum Vasallen zu gewinnen, ihm *beneficia* von entsprechender Bedeutung anbieten. Hinzu kam, daß schon Karl der Große durch Verschwörungen gezwungen war, die Zahl seiner persönlichen Vasallen zu erhöhen. Überdies war dieser Herrscher auch durch die Ausdehnung des Karolingerreiches in höherem Grade als seine Vorgänger darauf angewiesen, für die Verwaltung Leute zu bekommen, auf die er sich verlassen konnte. Er mußte auch für umfangreiche Landreserven sorgen, um bei äußerster Gefahr wie etwa bei einem Aufstand der Großen nicht ohne Mittel zu sein.
Die benötigten Landreserven, mit denen man sich die Großen gefügig machen und Vasallen gewinnen konnte, waren wiederum nur dadurch zu beschaffen, daß der fränkische Staat Nachbargebiete eroberte und deren Aristokratie den Grund und Boden nahm. Man beschritt denn auch diesen Weg, der eine Erklärung für die endlosen Kriege Karls des Großen gibt, welcher zuerst gegen Aquitanien zu Felde zog (769) und nach seinem Sieg die dortige Aristokratie enteignete.

Doch kommen wir nun zum Heer der Karolinger.[19]
Am Anfang des 8. Jahrhunderts und sogar noch in der Schlacht, in der Karl Martell bei Poitiers gegen die Araber siegte (732), bestand das fränkische Heer im wesentlichen aus Fußsoldaten. Seit der Mitte des 8. Jahrhunderts aber verwandelte es sich in eine Armee von Reitern. Dies war eine Umwälzung, deren Bedeutung weit über das Gebiet einer rein militärischen Reform hinausging.
Die große außermilitärische Bedeutung, die die Umwandlung

der Truppen in ein Reiterheer gewann, hing damit zusammen, daß die Ausrüstung eines berittenen Kriegers mehr kostete als die eines Fußsoldaten. Wahrscheinlich setzte sich die große Masse des Heeres unter den Karolingern seit der Mitte des 8. Jahrhunderts aus auf gemeinsame Kosten von einer kleinen Gruppe von Freien ausgerüsteten Einzelpersonen zusammen, die ebenfalls Freie waren. Sie bildeten die leichte Kavallerie, und ihre Ausrüstung bestand aus einem Pferd, einem Schild, einer Lanze, einem Schwert und einem ›Halbschwert‹, das heißt einer Art von Dolch. Manchmal führten sie noch einen Bogen und zwölf Pfeile mit sich.

Aber im Heer gab es neben dieser leichten Kavallerie auch noch die schwerbewaffneten Reiter. Der Hauptunterschied bestand darin, daß diese schweren Reiter einen Panzer trugen, das heißt eine Kleidung, die mit kleinen, schuppenförmig angeordneten Metallplatten besetzt war. Der schwerbewaffnete Reiter trug außerdem wohl noch einen kegelförmigen Helm ohne Visier und Beinschienen.

Diese gepanzerten Reiter waren im Heer nicht zahlreich. Die Ursache dafür ergibt sich ganz von selbst. Wenn schon die Ausrüstung eines leichtbewaffneten Kavalleristen teuer war, so kostete die des schwerbewaffneten Reiters schätzungsweise das Dreifache. Die von Notker Balbulus unter dem Namen ›Der Mönch von St. Gallen‹ verfaßten *Gesta Karoli* (XVII) bestätigen, daß es nicht viele gepanzerte Reiter gegeben hat; Notker Balbulus schildert dort die Belagerung Pavias durch Karl den Großen (773/774) und beschreibt die einander folgenden Truppenteile der leichten Kavallerie und schließlich Karl den Großen selbst, der, vom Helm bis zu den Beinschienen in Eisen gekleidet, von einer Truppe umgeben wurde, welche ähnlich gerüstet war. Die Frage der Ausrüstung dieses Heeres stellt dem Historiker interessante, aber auch heikle Probleme. Sie verbinden sich mit der noch dringenderen Frage, aus welchem Grunde in der Zeit Pippins des Kleinen (751—768) und Karls des Großen (768—814) sowohl gegen die Araber als auch gegen die Sachsen fast immer Siege erfochten wurden.

Man muß hierbei den persönlichen Faktor anscheinend ausschließen. Obwohl Karl der Große seine Heere selber anzuführen pflegte, hat er doch wohl nicht oft selbst mitgekämpft. Jedenfalls besteht die Möglichkeit, daß Karls Siege teilweise auf seine strategische Begabung zurückgehen. Sehr häufig läßt sich erkennen, daß seine Heere, in mehrere Kolonnen geteilt, sich auf einen offensichtlich vorher bestimmten Punkt hinbewegten, um den Gegner dort zu schlagen. Der Feind war dadurch, daß er aus mehreren Richtungen angegriffen wurde, im Nachteil.

Andererseits muß man die Siege der Franken aber wohl auch ihrer hervorragenden Ausrüstung zuschreiben. Zwei Elemente

machten diese Ausrüstung derjenigen aller Gegner sehr überlegen: der Panzer und das Schwert.
Der Panzer war eine Besonderheit und sogar ein Monopol des fränkischen Heeres. Dies geht daraus hervor, daß sehr viele Kapitularien Verbote enthalten, das Panzerhemd ins Ausland, insbesondere in die skandinavischen, slawischen und von Moslems bewohnten Länder, auszuführen. Die häufige Wiederholung dieser Verbote und die sorgfältigen an den Reichsgrenzen getroffenen Maßnahmen zur Verhütung dieses Exportes zeigen unverkennbar, daß im Auslande eine starke und andauernde Nachfrage nach fränkischen Panzerhemden bestand. Dem entspricht auch, daß die Normannen anläßlich ihrer Vorstöße nach Frankreich Panzerhemden zu kaufen versuchten.
Man kann aus alledem schließen, daß der Panzer der Franken ein bedeutender, vielleicht sogar entscheidender militärischer Faktor war. Die mit einem solchen Koller ausgestatteten Krieger waren fast unverwundbar.
Das zweite bedeutsame Element der Ausrüstung war das Schwert. Die Schwerter der Franken, oft mit Gold oder Silber eingelegt, wurden ihrer Vorzüge wegen nach Skandinavien, nach England und in die arabischen Länder exportiert. Auch hieraus kann man folgern, daß die Franken bei der Herstellung ihrer Kriegsgeräte eine beachtliche Fertigkeit besaßen.
Bedeutende, die Geschichte der Technik betreffende Fragen gelten der Einführung des Steigbügels, des Sattels und des Hufeisens.[20] Man stelle sich nur einmal einen Reiter vor, der ohne Steigbügel ein Pferd besteigt, das anstelle eines Sattels eine Decke trägt! Nehmen wir ferner an, daß dieser Reiter gegen einen anderen Reiter oder einen Infanteristen kämpfen muß. Bewaffnet mit einer Lanze oder mit einem Schwert oder mit einem Beil, wird unser Reiter außerstande sein, die Lanze zum Tiefstoß zu senken und den Gegner anzugreifen; denn er würde bei einem Zusammenprall mangels der Stützen, die Sattel und Steigbügel bieten, von seinem Tier geworfen werden. Zudem kann er gegen seinen Feind auch keinen kräftigen Schwertstreich führen, da er ja vor allem darauf bedacht sein muß, sein Gleichgewicht auf dem Pferde nicht zu verlieren. Es ist ihm also fast unmöglich, den Gegner hart zu treffen.
Wir stellen uns den gleichen Reiter nunmehr auf einem Pferd mit Sattel und Steigbügeln vor. Alle Manöver, die dem Kavalleristen ohne diese beiden Errungenschaften nahezu verwehrt waren, sind nunmehr einfach durchzuführen. Aus dem Reiter, dessen kriegerische Leistung auf das Schießen mit Pfeil und Bogen beschränkt war, ist jetzt ein offensiv auftretender furchtbarer Krieger geworden, der, falls er außerdem noch ein Panzerhemd trägt, zum wahren König der Schlachtfelder werden mußte.
Eine Änderung von ähnlicher Tragweite spielte sich höchst-

wahrscheinlich im Laufe des 8. Jahrhunderts ab, nachdem sich das Heer der Franken aus einer Truppe von Infanteristen in eine Reiterarmee verwandelt hatte.

Das Datum der Einführung von Sattel und Steigbügel in Westeuropa ist nicht genau feststellbar, wenn es auch sicher ist, daß diese Reform spätestens in der zweiten Hälfte des 9. Jahrhunderts durchgeführt wurde. Diese technische Umwälzung auf dem Gebiet der Reitkunst hilft uns, eine Reihe von für die Epoche grundlegenden Phänomenen zu verstehen: die Veränderung der fränkischen Armee um die Mitte des 8. Jahrhunderts, die Expansion des fränkischen Staates und die zugleich für die militärische Institution wie für die sozialwirtschaftlichen Verhältnisse bedeutsame Wandlung, bei der die reichen Vasallen als Kämpfer zu Pferde der Hauptfaktor einer neuen gesellschaftlichen Ordnung wurden.

VIII. SCHRIFT UND ZAHLEN

Weitere — wenn auch noch unentwickelte — Instrumente der Macht waren damals die Schrift[21] und die stark begehrte Kenntnis der Zahlen. Karl der Große und nach ihm Ludwig der Fromme haben ihren Vertretern und Beamten befohlen, sich zu verschiedenen Gelegenheiten der Schrift zu bedienen. So mußten die Leute, die dem Herrscher den Treueid geleistet hatten, in einer geschriebenen Liste verzeichnet werden.

Die beiden Kaiser, die die Schrift so hochschätzten, haben sich auch leidenschaftlich um die Kenntnis des ›Wieviel‹ bemüht. Dies zeigte sich beispielsweise auf militärischem Gebiet. Ludwig der Fromme ordnete an, die Anzahl der mobilisierbaren Leute zu ermitteln, das heißt die Zahl der Männer in jeder Grafschaft, die reich genug waren, um ihre kriegsmäßige Ausrüstung aus eigenen Mitteln zu bezahlen. Karl der Große wiederum hat sich verzweifelt bemüht, die Summe seiner Güter zu fixieren. In einem gegen Ende seiner Regierungszeit erlassenen Kapitulare schrieb er den *missi dominici* vor, sorgfältig die *beneficia* aufzuschreiben, deren Nutznießung er vergeben hatte, damit »wir wissen, wieviel Güter wir in jedem Bezirk haben«.

Damit kommen wir zu der weiteren Feststellung, daß den Karolingern nicht nur die Anzahl ihrer Untertanen, sondern sogar die Anzahl der Menschen, die ihnen für den Krieg zur Verfügung standen, unbekannt war. Da statistische Aufzählungen und Archive fehlten, kannte die Dynastie auch nicht den Umfang ihrer Domänen, deren Gesamtheit ein unentwirrbares Durcheinander darstellte: Eigenbesitz an Domänen, aus militärischen Gründen zu Lehen gegebenes Grundeigentum, ausgeliehene Ländereien aus Kirchenbesitz, Wälder und ferner die Domänen, die den Großen zur Nutznießung auf Lebenszeit zugewiesen waren. All dies war nicht nur höchst verwickelt, sondern auch ohne Stetigkeit, da das vergebene Land, das ja Eigentum der Krone blieb, bei Widerruf der Gewährung oder beim Tode des Begünstigten dem Herrscher wieder uneingeschränkt zufiel.

Seltsamerweise ließen sich die Karolinger trotz der Unkenntnis hinsichtlich ihres Vermögens an Land nicht daran hindern, jede Einzelheit regeln zu wollen. Dieser Wunsch tritt beispielsweise in dem *Capitulare de villis* deutlich hervor, das Karl der Große um das Jahr 800 erließ.

Der darin liegende Widerspruch verliert vielleicht an Schärfe, wenn man sich die für die Karolingerzeit typische, von einem echten Fortschritt zeugende Sehnsucht vergegenwärtigt, die genauen quantitativen Größen zu kennen. Der Wunsch, diese Kenntnis zu besitzen, bedeutete allerdings noch nicht, daß man sie wirklich erhielt, aber man darf nicht außer acht lassen, daß die Karolingerzeit die Epoche der Pfründenregister und der *urbaria* (grundbuchartige Liegenschaftsverzeichnisse), das heißt der bis ins einzelne gehenden und, wie betont werden muß, zahlenmäßig dokumentierten Beschreibungen der Domänen war. In diesem Zusammenhang müssen wir vielleicht auch die erstaunlichen Vorbereitungsmaßnahmen für die Teilung des Karolingerreiches anläßlich des Vertrags von Verdun (843) betrachten. Diese Maßnahmen bestanden in einer langen, von einem beauftragten Ausschuß unternommenen Reise, auf der die Teilnehmer die *mansi* in jedem Reichsteil zählten, damit jeder der drei Söhne Ludwigs des Frommen einen gleichwertigen Anteil am Kaiserreich erhalte. In der zweiten Hälfte des 9. Jahrhunderts war die Anzahl der *mansi* übrigens genau bekannt, wurden doch die regionalen Tribute an die Normannen oft auf der Grundlage dieser Zahl erhoben.

Im großen und ganzen gewinnt man den Eindruck, daß die karolingische Renaissance eine gewisse Ausreifung des mathematischen Verständnisses zur Folge hatte. Ob Karl der Große von seinen Funktionären die Angaben bekam, die er verlangt hatte, ist zweifelhaft; aber im Laufe des 9. Jahrhunderts erhielt man anscheinend zum erstenmal die Kenntnis exakter Quantitäten.

Doch dies alles spielte sich erst in einer Zeit ab, in der die Macht der Karolinger schnell dahinschwand.

IX. DIE AUFLÖSUNG DER ZENTRALGEWALT

Man kann sich fragen, wie eine so gewaltige Einheit, die in allen ihren Elementen auf die Verstärkung der dynastischen Macht gerichtet war, in weniger als einem halben Jahrhundert ihre

Spannkraft verlieren und schwach werden konnte. Doch läßt sich diese Wendung ohne weiteres erklären.
Die Kraft eines Staates gründet sich einerseits auf materielle, andererseits auf psychologische und traditionelle Elemente. Diese Phänomene können, wenn sie zusammengehen, einander bedeutend stärken; aber die traditionellen und psychologischen Elemente können die materiellen Grundlagen auch überleben.
Die materielle Grundlage der Macht des Karolingerhauses war das Grundeigentum der Krone. Letzten Endes läuft eine Prüfung dieser Macht auf die harte Tatsache hinaus, daß diese Dynastie, sobald sie auf Widerstand in ihrem Reiche stieß, durch Verleihung von Grundbesitz die militärischen Kräfte zu gewinnen vermochte, die die aufständische Bewegung niederkämpfen konnten.
Man kann sagen, daß der Umfang des Domänenvermögens der Krone zwischen der Regierungszeit Karl Martells (714–741) und dem Todesjahr Karls des Großen (814) ständig und schnell wuchs, wurden doch die kirchlichen Ländereien dadurch, daß die Karolinger frei über sie verfügten, faktisch ein Bestandteil dieses Vermögens. Nach dem Tode Karls des Großen verminderte sich aber das königliche Domänenvermögen in einem erschreckenden Tempo, und wir kommen nun auf die Faktoren zurück, die diese negative Entwicklung förderten.[22]
Zunächst ist festzustellen, daß in der hier behandelten Geschichtsepoche ein Domäneneigentum, von dem bedeutende Teile dritten Personen — in diesem Fall den Vasallen — zu widerruflichem Nießbrauch überlassen wurden, zwangsläufig qualitativ und quantitativ an Wert verlieren mußte.
Der qualitative Wertverlust ergab sich daraus, daß der Vasall in dem Bewußtsein, nur zeitweiliger Besitzer des betreffenden Landeigentums der Krone zu sein, nur das Ziel hatte, aus dem Boden möglichst viel herauszuholen. Im allgemeinen erschöpfte der Vasall ohne jede Hemmung das Krongut, das er besaß, oder er eignete sich für seine ererbten Ländereien die landwirtschaftlichen Hilfsmittel an, die der ihm verliehenen Domäne des Herrschers hätten zugute kommen sollen (Wertprodukte der Sklavenarbeit, Dünger, Saaten usw.).
Die quantitativen Verluste an Kronländereien, die an Vasallen verliehen wurden, ergaben sich aus der Einstellung, die den Lehensbesitzern nun einmal gegenüber dem Staat eigen war. Noch heute herrscht in weiten Kreisen die unausgesprochene Meinung, daß der Betrug gegenüber dem Staat kein wirklicher Betrug sei. Ähnliches hat es in der Karolingerzeit, in der allen, die den Staat vertraten, die Nutznießung von Staatseigentum zugestanden war, gegeben. Kein Funktionär des Staates war daran interessiert, zwischen seinem persönlichen Eigentum an Land und den Ländereien, die die Krone ihm nur zum Nieß-

brauch überlassen hatte, einen scharfen Trennungsstrich zu ziehen. Niemand verhinderte die heimliche Aneignung von Hilfsmitteln (Sklaven, Geräten usw.), und dies führte zu einer ständigen Schrumpfung der landwirtschaftlich zu nutzenden Fläche auf den *beneficia*, die von der Krone verliehen worden waren, aber Krongut blieben.
Die Karolinger waren sich dieser Entwicklung genau bewußt, und die Kapitularien schrieben unablässig Maßnahmen vor, die verhüten sollten, daß die Domänen an Wert sowie an Umfang des fruchtbaren Bodens verloren. Doch dies alles führte kaum zu einem positiven Ergebnis, befanden sich doch unter den Schuldigen auch die Grafen, das heißt die Staatsbeamten, die jenen Kapitularien gerade zur Wirksamkeit verhelfen sollten.
Doch all die Einbußen, die die Krongüter bis zum Tode Karls des Großen erlitten, waren noch nichts gegen das, was sich in der Regierungszeit Ludwigs des Frommen (814—840) abspielte.
Dieser fromme und zugleich sinnliche Kaiser hatte den Wunsch, der Kirche die ihr von den Karolingern zu eigenem Nutzen entfremdeten Ländereien zurückzuerstatten. Aber er gab außerdem auch Domänen, die sein Vater in den von ihm eroberten Ländern den dortigen Aristokratengeschlechtern abgenommen hatte, an diese Familien zurück. Außerdem führte er die längst fallengelassene Gewohnheit wieder ein, den Vasallen nicht ein *beneficium*, das heißt Ländereien zum widerruflichen, also zeitweiligen Nießbrauch zu verleihen, sondern ihnen Land als volles Eigentum zu übergeben.
Doch der Niedergang nahm noch traurigere Formen an, als zuerst Ludwig und seine Söhne und schließlich deren Abkömmlinge sich gegenseitig überboten, um diejenigen, die ihnen bei ihren Kämpfen um die Herrschaft im Staat der Karolinger militärische Hilfe zu leisten gewillt waren, mit Domänen zu belohnen. Im Laufe dieser Machtkämpfe wurde das öffentliche Eigentum mit vollen Händen verteilt, und um das Jahr 880 war fast alles verschleudert. Etwa gleichzeitig wurden die *beneficia*, die ursprünglich nichts gewährten als einen Nießbrauch auf Zeit, in erbliches Eigentum der Besitzer verwandelt.
Wir müssen hierbei bedenken, daß das Grundeigentum, das der Krone verlorenging, zwangsläufig in die Hände der Feinde der Dynastie gelangte: in die Hände der Aristokratie. Man kann hieraus ohne weiteres schließen, daß innerhalb eines halben Jahrhunderts die Hauptmasse der Ländereien, auf deren Besitz die Macht der Karolinger beruht hatte, den großen Geschlechtern zufiel und deren Wirken verstärkte.
Mit dem Wegfall der militärischen Machtgrundlage, das heißt des Grundbesitzes der Dynastie, verlor diese auch auf anderen Gebieten ihre Einwirkungsmöglichkeiten. Wir müssen hier vor allem auf das Problem der Verwaltung eingehen. Beispiels-

weise war das Grafenamt von der Zentralgewalt mit weitgehenden Machtbefugnissen ausgestattet worden. Der als Beamter mit diesen großen Befugnissen innerhalb eines bestimmten Gebietes, der Grafschaft, ausgestattete Graf neigte unvermeidlich dazu, mehr aufgrund eigener Auffassungen und eigener Interessen zu regieren denn als Stellvertreter des Herrschers. Diese Tendenz trat bei den Grafen der Karolingerzeit um so mehr zutage, als die riesige Ausdehnung des Staatsgebietes und der niedrige technische Stand der Verkehrsmittel die lokale Unabhängigkeit auf Kosten der Zentralgewalt erleichterten.

Den Karolingern blieb diese Sachlage nicht verborgen, und die *missi dominici* hatten darum auch die fest umrissene Aufgabe, der Autonomie der Grafen Grenzen zu setzen. Darüber hinaus war es bei der Zentralverwaltung zur Regel geworden, einen Grafen, der einer Grafschaft zu lange vorstand, gelegentlich zu versetzen. Durch solche Versetzung sollte er daran gehindert werden, sich eine zu starke persönliche Macht aufzubauen. Eine besonders große Gefahr erblickte man in einer Erbfolge im Grafenamt und ließ nicht zu, daß ein Sohn nach dem Ableben seines Vaters dessen Amt in der gleichen Grafschaft bekleidete. Natürlich verfolgten die Grafen eine entgegengesetzte Tendenz. Sie benutzten und mißbrauchten, wie schon gesagt, ihre Macht, um ihr innerhalb der Grafschaft liegendes persönliches Landeigentum zu vermehren. Je länger sie sich in der Grafschaft hielten, desto reicher wurden sie. So mußte ein politischer Gegensatz zwischen dem Herrscher, der darauf bedacht war, die Grafen von Zeit zu Zeit zu versetzen, und den Grafen selbst entstehen.

Als die militärische Macht der Krone aber immer schneller absank, wurde es für die Karolinger und ihre Ratgeber zusehends schwerer, einen Grafen aus seinem alten Amtsbereich zu entfernen und ihm einen neuen zuzuweisen. In den letzten Jahren der Regierung Karls des Kahlen gab es eine wachsende Anzahl von Konflikten zwischen dem Herrscher und den Grafen. Karl der Kahle konnte sich häufig noch durchsetzen, aber der Fall einer siegreichen Anwendung militärischer Gewalt gegen einen Grafen bedeutete noch lange nicht, daß die Grafen, wie in der Zeit Karls des Großen, einem einfachen Befehl, die Grafschaft zu wechseln, nachkamen. Unerbittlich ging die Entwicklung dahin, daß die Karolinger von der Versetzung der Grafen absahen und die Grafen seitdem ihre Macht ungehindert festigen konnten. Sehr schnell kam es, zumindest in den westlich des Rheins gelegenen Gebieten des Karolingerreiches, dazu, daß die Söhne der Grafen deren Amtsnachfolger wurden, ohne daß der Monarch etwas dagegen unternahm. Seitdem war der Graf nicht mehr ein Vertreter des Herrschers, sondern ein immer unabhängiger werdender lokaler Machthaber mit öffentlicher Gewalt. Dieser Umschwung fiel in das letzte Viertel des 9. Jahrhunderts.

Genau die gleiche Entwicklung zeigte sich im Westen des Karolingerreiches bei den Vasallen des Herrschers. Anfänglich bestand das Wesen des Vasallenverhältnisses bekanntlich darin, daß der Vasall sich dem Monarchen ›anheimgab‹ oder, anders ausgedrückt, ›sein‹ Mann wurde. Als Getreuer des Monarchen war die Bewährung seiner Treue für ihn sogar die Hauptsache. Doch trat hier später eine Veränderung ein. Seit der Regierung Pippins des Kleinen war mit dem Eintritt in ein Vasallenverhältnis immer häufiger die Gewährung eines *beneficium*, das heißt des Nießbrauches an einer dem Herrscher gehörenden Domäne, verbunden. Hierdurch kam es zu einer Divergenz zwischen der Treuepflicht des Vasallen und seinem eigenen wirtschaftlichen Interesse. Dieses letztere zielte darauf ab, das *beneficium* immer mehr in unbeschränktes Eigentum zu überführen. Diese Entwicklung mußte aber zwangsläufig auch das Recht des Herrschers, das *beneficium* dem Vasallen wieder zu entziehen, zunehmend einschränken. Beispielsweise wurde auf dem Konzil von Coulaines im Jahre 843 beschlossen, daß der König ein *beneficium* nicht ohne ernsten Grund wieder an sich ziehen dürfe. Im westlichen Teil des Karolingerreiches entwickelte sich seitdem schnell eine Tendenz, aus der Verleihung des *beneficium* faktisch die Gewährung eines zu Lebzeiten des Begünstigten unwiderruflichen Rechtes zu machen, und sehr bald galt denn auch der gewährte Besitz als vererbbar.
Der König mußte diese Entwicklung aus denselben Gründen hinnehmen, aus denen er die Entwicklung des Grafenamtes zu einer erblichen Institution hatte dulden müssen. In den endlosen Kriegen zwischen den Söhnen Ludwigs des Frommen, dessen Enkel ebenfalls in dynastische Kämpfe verwickelt wurden, hatten die einander bekämpfenden Fürsten die militärische Unterstützung seitens ihrer Vasallen dringend nötig. So kam es von einer Konzession zur anderen, und dies bedeutete, daß die Treuepflicht für den Vasallen zur Nebensache wurde. Diese Auffassung verbreitete sich in einem solchen Maße, daß es seit dem Ende des 9. Jahrhunderts Leute gab, die, ganz im Widerspruch zu dem ursprünglichen, eine ausschließliche Bindung an *einen* Herrn bezweckenden Charakter des Vasallenverhältnisses, gleichzeitig mehreren Herren als Vasallen dienten und dafür von jedem ein Lehen empfingen.

X. DIE KIRCHE ALS POLITISCHE MACHT[23]

Die Kirchenreform wurde durch die Könige aus dem Karolingerhause ermöglicht. Dafür stellte sich die Kirche unerschütterlich in den Dienst ihrer Herrscherpolitik. Dies gilt insbesondere für die Zeit bis zur Thronbesteigung Ludwigs des Frommen.[24] Während der Regierungszeit dieses Karolingers, der — mit Unterbrechungen — von 814 bis 840 an der Spitze des Imperiums stand, kam es zu einer Herrschaft von Geistlichen, die die Hauptfunktion des Monarchen in der Verteidigung der Interessen der Kirche sahen. Der Episkopat trieb seit damals eine immer unabhängigere Politik.[25] Die hohe Geistlichkeit beriet über Reformen, die sowohl die Gesellschaft der Kleriker als auch die der Laien umgestalten sollten,[26] und mischte sich in die politischen Kämpfe ein. Doch letztlich war der Episkopat nicht imstande, sich aus eigener Kraft an die Stelle der Monarchie zu setzen, nicht einmal, diese zu retten.

XI. DER SIEG DER WIRKLICHKEIT

An die Stelle der Monarchie der Karolinger traten sehr mächtige, kühne und zugleich vom Glück begünstigte Herren, in deren Besitz sich Grafschaften, Abteien und Domänen befanden — riesige Vermögen, die oft erst im Verlaufe mehrerer Generationen erworben wurden.[27] Sie haben die Vasallen des Königs dahin gebracht, zu ihren Vasallen zu werden. Die Grafen, selbst Vasallen des Königs, haben dessen in ihrer Einflußzone gelegene Domänen ihrer Botmäßigkeit unterworfen. Nun waren sie im Begriff, nicht mehr im Namen und zugunsten des Herrschers zu regieren, sondern im eigenen Namen und zu ihrem eigenen Vorteil. So bildeten sich in zunehmendem Maße große, zusammenhängende territoriale Einheiten, innerhalb deren Grenzen dem König keinerlei Kontrollbefugnisse mehr eingeräumt wurden. Diese Auffassung fand um so leichter Verbreitung, als der Monarch seit der Wahl des Grafen Odo von Paris in Frankreich (888) und des Franken Konrad I. in Deutschland (911) nicht mehr dem ehrwürdigen Karolingerhause angehörte, sondern einer von diesen Territorialfürsten war.
Es bedurfte nur noch einer juristischen Normierung der tatsächlichen Lage. Sie zeichnete sich denn auch immer deutlicher ab. Der Territorialfürst brachte dem Monarchen seine Huldigung dar, doch diese bedeutete nur eine rein formelle Anerkennung des Herrschers, dem jedes Kontrollrecht innerhalb des Territorialfürstentums versagt blieb.

XII. EIN BLICK AUF ENGLAND

Das Machtverhältnis zwischen der Zentralgewalt und den ihr entgegengesetzten Kräften entwickelte sich in England ganz anders als im Fränkischen Reiche.[28] Diese Verschiedenheit rührt daher, daß das angelsächsische England zuerst aus vielen ein-

zelnen Königreichen bestand, wobei jeder König bestrebt war, sich die anderen Reiche anzueignen. Es hat also im angelsächsischen England einen traditionellen, von Anfang an hervortretenden Zug zur Konzentration gegeben. Dieses Stadium wiederum war im fränkischen Hoheitsbereich längst überwunden, da man dort schon seit der Regierungszeit Chlodwigs (482—511) ein festes, das heißt nicht zu absorbierendes Kerngebiet akzeptierte und diese Auffassung trotz aller Teilungen nicht aufgab.
In England war die Tendenz zur Einigung des Landes unter einer einzigen Königsherrschaft so stark, daß König Egbert von Wessex (802—839) sich von den Herrschern über Mercia und Northumbrien, den einzigen ihm nicht direkt unterworfenen Monarchen Englands, den Treueid leisten ließ und darüber hinaus der imperialen Idee starke Impulse verlieh. Ein späterer Herrscher, König Aethelstan (924—939), wurde in manchen Urkunden bereits als *Imperator regiminis Angliae* oder als *Basileus Albionis* bezeichnet.
Bei den Angelsachsen zeigt der organisatorische Aufbau der Staatsorgane, die Verbindungsglieder zwischen dem Monarchen und dem Volke waren, in Einzelheiten mancherlei Parallelen zu der Gliederung im Karolingerreich, doch das Kräfteverhältnis zwischen den Trägern der Macht nahm eine charakteristische, von dem Verlauf auf dem Kontinent stark abweichende Entwicklung. Der bedeutendste Faktor hierbei war, daß der landbesitzende Geburtsadel, den es vor allem in Kent gab, auf bisher unaufgeklärte Weise von der Schicht der *thanes* aufgesaugt wurde, einem dem Herrscher durch eine persönliche Bindung verpflichteten Dienstadel. Aber die Vereinigung von *beneficium* (Landlehen) und Vasallenverhältnis, jene schlaue, aber gefährliche Mischung, denen die ersten Karolinger ihren Aufstieg, die letzten aber ihren Sturz verdankten, wurde bei den Angelsachsen nicht zur Institution. So wurde die persönliche Treue des Landeigentümers nicht untergraben, wie dies auf dem Kontinent geschah. Darum konnten die angelsächsischen Könige, ohne eine Gefahr befürchten zu müssen, die Freien dazu ermutigen, zu Vasallen der Großen zu werden, die dem Monarchen weiterhin treu blieben.
Das Bündnis zwischen Kirche und Herrscher war bei den Angelsachsen nicht weniger eng als im Frankenreich. Der religiöse Charakter des angelsächsischen Königtums trat stark hervor. Auch ging bei den Angelsachsen von der gekrönten Dynastie ein geradezu magischer Glanz aus. Die Könige wurden von den *witan* (Großen des Laienstandes und der Kirche) aus den Mitgliedern der Dynastie gewählt, wobei der regierende König einen starken Einfluß auf die Wahl des Nachfolgers hatte.
Fast zum gleichen Zeitpunkt, an dem — im Jahre 751 — mit

Pippin dem Kleinen zum erstenmal ein fränkischer König gesalbt wurde, widerfuhr auch einem angelsächsischen Herrscher, König Offa von Mercia, zum erstenmal diese Weihe (757).
Kapitularien konnte es im angelsächsischen England nicht geben, da der König keine gesetzgebende Gewalt besaß und nur der Vollstrecker des Volksrechtes war. Es ist ein einzigartiges, außerhalb der angelsächsischen Welt unbekanntes geschichtliches Phänomen, daß das Recht dort zwischen dem 6. und 11. Jahrhundert in der Volkssprache aufgezeichnet wurde.
Die *witenagemot* (Versammlung der *witan*, doch der Ausdruck ist wahrscheinlich erst im 11. Jahrhundert entstanden) galt nicht als Volksvertretung, sondern als das Volk selber. In dieser recht spitzfindigen Unterscheidung drückt sich die Tatsache aus, daß es bei den Angelsachsen keine organisierte, zur Krone in ständiger Opposition stehende Macht gab, wie die Aristokratie im Fränkischen Reich sie darstellte. Doch wir müssen uns davor hüten, die innerpolitischen Verhältnisse im angelsächsischen England für eine Art von Idylle zu halten. Jedes staatliche Organ versucht, wenn die Umstände günstig erscheinen, seine Macht zu erweitern. Auch in England haben die Großen (*witan*) in den Zeiten, in denen die Monarchie schwach war, danach gestrebt, sich zu einer selbständigen Macht zusammenzuschließen.
Die Lokalverwaltung in den angelsächsischen Gebieten beruhte als königliche Verwaltung auf den befestigten Gutshöfen (*kynges tun, borough*) des Herrschers. Die Verwaltungsbezirke selbst schlossen sich an weit zurückliegende Gebietseinteilungen an, beispielsweise die *lathes* in Kent, die *rapes* in Sussex, die *scirs* in Northumberland. Im 8. Jahrhundert wurden diese alten Verwaltungsbezirke durch andere Bezirke, die *shires*, ersetzt, deren jeder von einem Grafen (*king's reeve*) im Auftrag des Königs regiert wurde. Die von Wessex ausgehende Einigungsbewegung führte dazu, daß die Mehrheit der angelsächsischen Königreiche, zunächst Sussex, Essex und Kent, zu einfachen *shires* des Königreiches Wessex wurden, das sich zum Zentrum der angelsächsischen Monarchie zu entwickeln begann.
Bei den Angelsachsen waren die zentrifugalen Kräfte, anders als auf dem Kontinent, schwach, während die Bewegung zum staatlichen Zusammenschluß machtmäßig und geistig stark war. Daraus erklärt sich, daß die furchtbaren Einfälle der Normannen vor dem Jahre 1066 nicht, wie auf dem Kontinent, zum Sturz der Dynastie führten. Das Volk in England begeisterte sich infolge des tatkräftigen Verhaltens und der starken Persönlichkeit Alfreds des Großen (871—899) für die Dynastie, und Auflösungserscheinungen sind gerade damals nur selten und schwach zutage getreten.

# 4. Der Kampf um die Macht [1]

Die erste Aufgabe, die sich den Karolingern beim Kampf um die Macht stellte, bestand darin, teils durch Nachgeben, teils durch unverkennbare Hinweise auf die Möglichkeit von Gewaltanwendung ein gewisses Gleichgewicht zwischen ihrer eigenen Herrschaft und der Macht der Großen zu erreichen. Für die Großen selbst stellte sich das gleiche Problem, wenn auch die Lösung für sie schwieriger war. Sie mußten die Grenze erkennen, bis zu der sie in Verfolgung ihrer auf persönliche Macht gerichteten Ziele gehen konnten. Jede Fehlrechnung war hier gefährlich; denn der Aufständische, der erfolglos blieb, wurde, wie in allen Geschichtsepochen, schwerer bestraft als der gemeine Verbrecher. Gewöhnliche Delikte wurden ja im fränkischen Recht verhältnismäßig milde geahndet. Wer eine solche Straftat begangen hatte, konnte sich in fast allen Fällen ›vergleichen‹, das heißt seine Verfehlung ›ablösen‹, indem er den festgelegten Preis dafür zahlte.
Doch der Aufstand und die Beteiligung an ihm waren Delikte, bei denen von solchem Loskauf keine Rede war. Jene hauptsächlich von Thüringern ausgegangene Verschwörung, die vom Grafen Hardrad angestiftet war und das Ziel verfolgte, Karl den Großen zu ermorden (785/786), wurde blutig geahndet: Ihre Mitglieder wurden geblendet. Die Verschwörer, die sich im Jahre 792 unter Führung Pippins des Buckligen, eines außerehelichen Sohnes Karls des Großen, ebenfalls gegen Karl wenden wollten, wurden enthauptet, aufgehängt oder geblendet. Nicht anders erging es denen, die sich in den Jahren 818/819 unter Führung Bernhards von Italien gegen Ludwig den Frommen, Bernhards Onkel, erhoben hatten. Ludwig, der im Französischen den Beinamen ›der Gutherzige‹ (*le débonnaire*) führt, erwies sich gegen die Aufrührer als gnadenlos.
Das ganze 9. Jahrhundert hindurch gab es Enthauptungen von Grafen, denen Verbrechen gegen die Herrscher vorgeworfen wurden. Daß aber das Gleichgewicht zwischen den Monarchen und der Aristokratie nicht einmal unter Karl dem Großen mühelos aufrechterhalten wurde, ersieht man aus den von uns erwähnten Komplotten und Verschwörungen.
Bei einer so komplizierten und schwierigen Lage konnte es leicht zu einer Katastrophe kommen, wenn die Staatsgewalt auf eine schwache Persönlichkeit überging. Diese Entwicklung ließ nicht auf sich warten, als Ludwig der Fromme im Jahre 814 die Nachfolge Karls des Großen antrat.

I. KARL DER GROSSE UND LUDWIG DER FROMME

In den zeitgenössischen Quellen ist das Leben Karls des Großen und Ludwigs des Frommen bis ins einzelne dargestellt. Karl der Große war riesig von Gestalt: Er maß fast sieben Fuß (etwa 1,92 Meter) und war dazu noch breit. Seine Nase war zu lang, sein Hals dick und sehr kurz. Karl war außerordentlich redselig, doch war seine Stimme verhältnismäßig dünn. Er war gierig im Essen, aber mäßig im Trinken und duldete in seiner Umgebung keine Trunkenheit. Seidene Kleidung, die damals bei der Oberschicht Mode wurde, verabscheute er und betrachtete sie als Luxus. Er selbst bevorzugte fast durchweg die einfache Kleidung der Franken: ein Hemd und ein Wams aus Leinen und darüber einen seidenen Rock. Er trug Hosen, und seine Beine und Füße waren mit Binden umwickelt. Im Winter schützte ihm ein aus dem Fell von Fischottern oder Ratten gefertigter Pelz Brust und Schultern. Karl hüllte sich in einen Mantel aus blauer Serge und trug an der Seite immer ein kurzes Schwert, dessen Griff von Gold oder Silber war. Auch sein Schulterriemen war vergoldet oder versilbert.

Neben dem Reiten und der Jagd bereitete ihm das Schwimmen große Freude. Er hielt sich deshalb in späteren Jahren mit Vorliebe in Aachen auf, und wenn er ins Wasser der Thermalquellen ging, badeten seine Söhne, die Großen seines Hofes und sogar seine Leibwächter gemeinsam mit ihm.

Fränkisch war seine Muttersprache, aber er sprach auch das Lateinische geläufig. Vor Gelehrten hatte er, der nahezu ungebildet und des Schreibens unkundig war, große Achtung.

Karl der Große schloß zahlreiche illegitime, das heißt kirchlich nicht gültige Ehen (Friedelehen). Er heiratete nacheinander eine Langobardin, eine Schwäbin, ein süddeutsches (fränkisches) Mädchen und eine Alamannin. Schließlich hatte er noch vier Konkubinen.

Aus seinen legitimen Ehen hatte Karl drei Söhne, von denen ihn nur einer überlebte, sowie viele Töchter. Dazu kamen noch zahlreiche Kinder, die ihm von seinen Mätressen geboren wurden.

Ludwig der Fromme[2] war breitschultrig wie sein Vater und hatte auch dessen lange Nase geerbt, aber er war von kleiner Gestalt, hatte lange Hände, dünne Beine und sehr große Füße.

Von Natur sehr abergläubisch, wurde er von Erdbeben, nächtlichen Geräuschen, Gewitterblitzen, Meteoren und Epidemien beeindruckt, als wären sie Wunderzeichen. Ludwig der Fromme lachte niemals. Er verabscheute die Lieder, die vom Volke gesungen wurden, während Karl der Große die germanischen Epen sogar hatte aufzeichnen lassen.

Man kann sich keinen größeren Gegensatz denken als den, der

zwischen der jovialen, lebenslustigen Art des Vaters und dem von Anfang an engen, fast puritanisch anmutenden Geiste des Sohnes bestand. Man hat den Eindruck, daß Ludwig der Fromme seinen Vater und dessen zahlreiche legitime und illegitime Familie verabscheute. Er verjagte, sobald er zur Regierung gekommen war, seine Schwestern vom Hofe, ließ die illegitimen Söhne Karls des Großen ins Gefängnis werfen; die Söhne eines seiner verstorbenen Brüder ließ er sogar blenden.
Ludwig der Fromme machte sich die Großen erstaunlich schnell zu Feinden. Er ersetzte, nachdem er fast alle Leute aus der Aachener Pfalz entfernt hatte, die leichtlebigen Frauen und die fröhlichen Tischgenossen aus der Umgebung seines Vaters durch äußerst strenge Geistliche. Diese Kleriker brachten ihn dazu, eine unitarische Auffassung vom Imperium zu verkünden und deren Durchführung zu versuchen.
Ludwig der Fromme fühlte sich als Kaiser und nur als Kaiser: als *Imperator augustus*. Das war auch ein Ausdruck für die Auffassung, nach der das Imperium selbst eine untrennbare Einheit war. Ludwig meinte, daß von einer Teilung keine Rede mehr sein könne. Er ließ seinen ältesten Sohn, Lothar I., im Jahre 817 zum Kaiser krönen, damit, wenn er selbst in noch ferner Zeit stürbe, das ganze Imperium an einen einzigen Menschen falle.
Ludwig der Fromme faßte manchmal fast unausführbare Pläne: Eine große Anzahl der Kronvasallen war von den Vorgängern des Kaisers mit Ländereien bedacht worden, die der Kirche gehörten; die Großen mußten nun einem Erlaß aus dem Jahre 819 entnehmen, daß der Kaiser prinzipiell die Rückgabe von Kirchengut beschlossen hatte.
Neben der Rückerstattung der Kirchengüter gab es noch andere Reformen, zu denen sich Ludwig der Fromme entschlossen hatte. Getrieben von dem in den ersten Monaten seiner Thronbesteigung stark hervortretenden Willen, alles anders und besser zu machen als sein Vater, gab er der von Karl dem Großen besiegten Aristokratie Frieslands und Sachsens ihre konfiszierten Ländereien zurück. Auch hob er das *fodrum* auf: das Recht der Großen, die auf Amtsreisen waren, sich von den Bewohnern der betreffenden Region beköstigen zu lassen. Das Land, das er den von ihm neu Begünstigten zuteilte, übergab er ihnen nicht als Lehen, sondern zu vollem Eigentum.
Kurz und gut: Ludwig der Fromme tat alles, was die fränkischen Großen gegen ihn einnehmen und das Staatsvermögen zerrütten mußte.
Der Kaiser, der sich fast jeden zum Feinde machte, erließ im Jahre 817 ein unitarisches Reichsgrundgesetz: eine Erbfolgeregelung, die alle seine Söhne mit Ausnahme des Ältesten und Erbberechtigten, Lothars I., später tief erregen mußte.

II. DIE ZERBRÖCKELUNG DES KAROLINGERSTAATES

Karl der Große, in Fragen der Liebe sehr frei, hätte doch einer Frau zuliebe niemals einen Krieg angefangen. Ludwig der Fromme, der sehr sittenstrenge Auffassungen hatte, spaltete die Welt der Christenheit um seiner jungen Gattin willen in feindliche Parteien. Ludwigs erste Gemahlin Irmingard war im Oktober 818 gestorben, und er beschloß, sich zum zweitenmal zu verheiraten. Man veranstaltete zu diesem Zwecke eine seltsame Art von Schönheitskonkurrenz, bei der alle Töchter aus der hohen Aristokratie dem Kaiser vorgeführt wurden, dessen Wahl schließlich auf Judith, die Tochter eines süddeutschen Grafen, fiel. Die zweite Heirat Ludwigs des Frommen fand schon vier Monate nach dem Tode Irmingards statt. Diese Ehe wurde zum Ausgangspunkt einer Krise, an der das Kaiserreich schließlich zugrunde ging.

Als Judith im Jahre 823 einen Sohn, Karl den Kahlen, gebar, verdüsterte sich die Zukunft. Judith war, wie alle Zeitgenossen berichten, sehr schön, doch ist es durchaus nicht unwahrscheinlich, daß sie ihren arglosen Gatten mit Bernhard von Septimanien betrog, dem Sohn eines vom Nimbus großer Taten umgebenen Mannes, der die Spanische Mark heldenhaft gegen die Mauren verteidigt hatte.

Bernhard von Septimanien, Gemahl der klugen, auch schriftstellerisch hervorgetretenen Dhuoda (die vielleicht eine Schwester Judiths war), hatte den Beinamen ›Naso‹ im Sinne von ›großer Nase‹. Ludwig der Fromme war diesem ehrgeizigen Manne nahezu hörig. Bernhard, der seit dem Jahre 829 dem Hofe des Kaisers zugehörte, unterstützte Judiths Pläne, dem von ihr geborenen Sohn, Karl dem Kahlen, einen möglichst großen Anteil an der Erbfolge zu sichern. Ludwig der Fromme dachte nicht daran, sich diesen Plänen zu widersetzen, obwohl er damit das unitarische Grundgesetz vom Jahre 817 preisgab.

Diese Entwicklung führte zur gewalttätigen Erhebung gegen den Kaiser. Im Jahre 830 brach überall im Reich ein Aufstand der Großen aus. Bernhard von Septimanien mußte fliehen, und man verhängte über seinen Bruder die Blendung. Judith aber mußte ins Kloster, freilich nicht endgültig. Der Kaiser hatte all dies hinzunehmen. Die Monarchie der Karolinger war für immer gedemütigt, die Macht der Großen deutlich geworden.

Im Jahre 833 — wie vorübergehend schon 830 — abgesetzt und zwei Jahre später wieder auf den Thron gelangt, verlor Ludwig der Fromme und mit ihm auch seine Dynastie zuletzt jedes Prestige. Einer seiner Söhne, Pippin von Aquitanien, starb schon vor ihm.[3] Nach dem Tode des alten Kaisers im Jahre 840 blieben noch drei Söhne übrig, die einander erbarmungslos bekämpften und dabei immer mehr Krongüter an ihre Helfer verteilten. Als sie schließlich, von den grausamen Vorgängen angewidert und militärisch erschöpft, kampfesmüde geworden waren, einigten sie sich über die Teilung des Kaiserreiches in dem berühmten Vertrag von Verdun, der im Jahre 843 geschlossen wurde.[4] Karl der Kahle[5] erhielt nach diesem Vertrag den Westen, das heißt das Reichsgebiet westlich der Linie Schelde–Maas–Rhone. Ludwig ›dem Deutschen‹ wurde der Osten zugeteilt, also die östlich des Rheins und nördlich der Alpen gelegenen Länder.[6] Lothar I. endlich behielt den Kaisertitel, und ihm wurde ein Staatsgebiet zugewiesen, das, von Friesland im Norden bis zur Grenze des päpstlichen Roms im Süden reichend, zwischen den Ländern seiner Brüder gelegen war.

Die Zerbröckelung des Karolingerreiches war nun nicht mehr rückgängig zu machen, aber sie war nicht einmal das bedeutsamste Phänomen. Einschneidender war die Tatsache, daß die Zentralgewalt nicht mehr bestand,[7] weil die Fürsten des Karolingerhauses im Kampf zu viele Versprechungen hatten machen müssen und zu viele Domänen und Lehen an die Großen und deren Vasallen verteilt hatten. Der Thron oder vielmehr die Throne der Karolinger waren nunmehr materiell nicht mehr ausreichend gesichert. Die Herrscher konnten nur noch unter Schwierigkeiten genügend Mittel zur Bezahlung von Hilfskräften aufbringen: von Hilfskräften, die vor allem imstande waren, die Macht des Monarchen über die Aristokratie zu sichern.

Diese Ohnmacht der letzten Karolinger zeigte sich schon im Jahre 843 auf der Synode von Coulaines[8], auf der Karl der Kahle sich verpflichten mußte, Lehen und Vermögen, die er seinen Vasallen gewährt hatte, nicht willkürlich wieder in Eigenbesitz zu überführen. Diese Formulierung seiner Verpflichtung, auf den ersten Blick ungefährlich erscheinend, bedeutete tatsächlich, nach ihrer feierlichen Proklamation durch den König selbst, daß sein Verfügungsrecht über die Lehen in Zukunft verfassungsgemäß begrenzt war.

Von den drei durch den Vertrag von Verdun geschaffenen Staaten zerbrach der Staat Lothars I. bald in Einzelteile. Wir halten uns bei den nacheinander erfolgenden Teilungen dieses riesigen Gebietes nicht auf. Als Lothars zuletzt überlebender Sohn — Ludwig II., der den Kaisertitel trug — im Jahre 875 starb, kam es zu einem Wettlauf um die Erlangung der Kaiserwürde, die schließlich Karl dem Kahlen zufiel. Er wurde am Weihnachtstage des Jahres 875, fünfundsiebzig Jahre nach Karl dem Großen, in Rom zum Kaiser gekrönt.

Doch sofort nach der Krönung mußte Karl der Kahle eiligst nach Frankreich zurückkehren; denn während seiner Abwesenheit hatte sich Ludwig der Deutsche mit der wilden, für alle Söhne Ludwigs des Frommen charakteristischen Gier nach den Ländern der Brüder sogleich auf Frankreich gestürzt. Schwere Folgen hatte der Angriff nicht, und Ludwig der Deutsche starb am 28. August 876. Karl der Kahle, begreiflicherweise nicht gerade traurig über den Todesfall, griff sofort die Territorien des Verstorbenen an und nahm zunächst Aachen und danach Köln. Dann freilich erlitt er durch den Sohn Ludwigs des Deutschen, den ostfränkischen König Ludwig den Jüngeren, bei Andernach eine furchtbare Niederlage (Oktober 876). Doch immer noch an dem Traum eines mächtigen Kaisertums hängend, plante Karl der Kahle, nach Italien zu ziehen.

Er gelangte nicht weit nach Süden; denn sehr bald nach seinem Aufbruch kam es in Frankreich zu einem furchtbaren Aufstand der Großen, denen der Augenblick günstig erschien, mit dem Rest der monarchischen Gewalt aufzuräumen. Der nicht mehr ernstgenommene König erlebte den Ablauf dieser Revolte nicht mehr. Kaum hatte er die Alpen auf dem Rückweg wieder überschritten, als er, von den meisten Gefolgsleuten verlassen, in einem abgelegenen Weiler der Maurienne (westlich vom Mont Cenis) verschied (877). Die Macht der karolingischen Dynastie hatte schon vor ihm zu bestehen aufgehört. Frankreich wurde von den Großen beherrscht.[9]

Drei Abkömmlinge Karls des Kahlen folgten rasch aufeinander. Seltsamerweise erstreckte sich die Serie früher Todesfälle auch auf den deutschen Zweig der Dynastie. Ludwig der Deutsche hatte drei Söhne hinterlassen, die das territoriale Erbe unter sich aufteilten. Doch sein Sohn Karlmann starb schon im Jahre 880; Ludwig der Jüngere, der seinen ländergierigen Oheim, Karl den Kahlen, bei Andernach besiegt hatte (876), verschied zu Beginn des Jahres 882, und nur Karl ›der Dicke‹ blieb übrig. Es mutet wie eine Ironie der Geschichte an, daß das Ziel, das alle Abkömmlinge Ludwigs des Frommen vergeblich angestrebt hatten: die Vereinigung des karolingischen Imperiums in einer Hand, zu einem Zeitpunkt erreicht wurde, in dem die Dynastie gänzlich machtlos geworden war. Karl der Dicke herrschte in den Jahren 885–887 über das gesamte fränkische Imperium.

Aber kann man in diesem Fall von ›herrschen‹ sprechen? Karl der Dicke, in seiner Jugend kein untüchtiger Mensch, versagte als Monarch — möglicherweise infolge einer schweren Krankheit — so sehr, daß die Großen in Deutschland sich gegen ihn erhoben und ihn im November des Jahres 887 absetzten. Zum deutschen König wählten sie sogleich Arnulf von Kärnten. Arnulf, der ein außerehelicher Sohn Karlmanns und Enkel Ludwigs des Deutschen war, wurde also trotz seiner illegitimen Geburt Herrscher über das ostfränkische Gebiet.

Aber auch die französischen Großen erhoben sich gegen Karl den Dicken, stießen ihn vom Thron und wählten einen anderen Herrscher. Ihre Wahl fiel auf den Grafen Odo von Paris, der

kein Karolinger war (888). Odo hatte sich als unerschrockener Kämpfer gegen die Normannen große Achtung erworben.
Karl der Dicke starb bald nach seiner Absetzung in beiden Teilen des Imperiums, und der Verfasser der Annalen von Saint-Vaast (bei Arras) erklärt, daß Karl von Leuten aus seinem Gefolge erdrosselt worden sei.[10]

III. DIE ENTSTEHUNG NEUER KÖNIGREICHE

Zu jener Zeit bildeten sich in dem großen Gebiet des einstigen Imperiums schon Ansatzpunkte für die Bildung neuer Königreiche. Die zeitgenössischen Chronisten sprechen ausführlich von ihnen. In den Annalen von Fulda für das Jahr 888 finden sich die Worte: »In der Zeit König Arnulfs von Kärnten erhoben sich zahlreiche kleine Könige. Berengar, der Sohn Eberhards von Friaul, erklärte sich selbst zum König von Italien. Rudolf, Sohn Konrads, begann seine Herrschaft als König von Hochburgund. Ludwig, der Sohn des Boso, regierte in der Provence, und Guido [Wido], Sohn des Herzogs Lambert von Spoleto, strebte nach der Königsherrschaft über das ›belgische Gallien‹. Odo, der Sohn Roberts des Tapferen, riß die Königsmacht über das nördlich der Loire gelegene Gebiet an sich, und Ramnulf erklärte sich zum König [in einem Teil von Aquitanien].«
Was bedeuteten die Vorgänge, von denen hier die Rede ist?
Man darf nicht außer acht lassen, daß das 9. Jahrhundert, aber auch noch das erste Drittel des 10. Jahrhunderts eine Zeit des Vordringens fremder Völker (Araber, Normannen, Ungarn) waren. Damals zeigte sich die Unfähigkeit der Dynastie, ihre Untertanen wirksam zu schützen. Das Bedürfnis nach Sicherheit und Schutz führte dahin, daß die zuvor der Dynastie gezollte Ergebenheit nunmehr jenen ›Großen‹ galt, die die *regionale Verteidigung* übernahmen. Die Dynastie verlor ihre wesentliche Bedeutung.
Die Struktur und auch die Institutionen der Politik änderten sich nun; denn die psychologische Kehrtwendung, von der wir soeben sprachen, verlängerte und vertiefte noch den Prozeß des Übergangs der materiellen Macht in die Hände regionaler Großer.[11]
Von Anfang an waren den großen Grundherren hohe Verwaltungsfunktionen anvertraut[12] und viele *beneficia* (Ländereien, die mit Nießbrauchsrecht verliehen wurden) gewährt worden. Zunächst waren den einzelnen Begünstigten diese Funktionen und Besitztümer so übertragen worden, daß ein regionaler Zusammenhang und also eine Machtkonzentration in einem einzigen Gebiet vermieden wurde. Doch in zunehmendem Maße haben sich manche von den mächtigen Geschlechtern bestimmte, klar um-

grenzte Regionen (einzelne Grafschaften) als Sitz oder persönliches Wirkungsfeld gewählt. So kam es, daß in manchen Grafschaften immer häufiger Mitglieder ein und derselben aristokratischen Familie hervortraten. Allem Anschein nach entsprach diese Entwicklung einem Anwachsen des Grundbesitzes, über den die Familie in der betreffenden Region verfügte. Dieser Prozeß schritt natürlich fort, als die konkrete Macht des Monarchen zu sehr geschwächt war, als daß er einen Grafen aus einer bestimmten Region hätte entfernen, das heißt ihn hätte versetzen können.

Für das zweite Stadium des Machtzuwachses der Großen ist das Phänomen der Anhäufung vieler Grafschaften in einer Hand charakteristisch. Nach einem Text aus dem 9. Jahrhundert hat Karl der Große jedem Grafen immer nur die Verwaltung einer einzigen Grafschaft anvertraut. Auch hier handelte es sich um ein ausgezeichnetes Prinzip, dessen Durchführung aber unmöglich wurde, als die Monarchie an Macht verlor. Unter Karl dem Kahlen tauchte ein sehr folgenschweres Phänomen auf; damals waren ganze Komplexe ausgedehnter Grafschaften in den Händen von jeweils einer einzigen Familie, was ebenfalls mit der bereits erwähnten Schwerpunktbildung zusammenhing, zuweilen auch aus Eheschließungen sich verbindender Geschlechter resultierte.

All diese verschiedenen machtvollen, ja geradezu dynastischen Geschlechter gingen immer mehr dazu über, ihre Häuser zu vereinigen und ihre Grafschaften zu einem Gesamtblock in der Region ihres neuen Hauptsitzes zusammenzufügen. Als diese Gruppen von Grafschaften zu Machtfaktoren wurden, handelten ihre Besitzer — in einer Zeit, in der die Monarchie ständig schwächer wurde — wie unabhängige Herrscher. Damit war für manche unter den Großen eine weitere Steigerung ihrer Macht erreicht. Zum erstenmal zeigte sich das deutlich nach dem Tode Karls des Kahlen (877). Damals weigerte sich Bernhard, der Markgraf von Gotien (dem Gebiet zwischen der Spanischen Mark und der Provence), Ludwig den Stammler als Nachfolger des verstorbenen Herrschers anzuerkennen, und »trat«, wie ein zeitgenössischer Chronist sich ausdrückte, »als König auf«.

Dies Verhalten des Markgrafen von Gotien hatte aber keinen Erfolg, und der Grund dafür ist nicht uninteressant. Gotien, das alte Septimanien, wurde von ›Goten‹ bewohnt, und der Markgraf geriet in Konflikt mit der Bevölkerung.

Viel besser durchdacht war der Plan des Franken Boso, des ›Herzogs der Provence‹. Er wollte Burgund unter seinem Zepter vereinigen und verband seine Sache mit den Interessen der Bevölkerung. Daraus erklärt sich auch, daß dieser Machtblock, als es darauf ankam, stark genug war, einer gegen ihn gerichteten Koalition aller karolingischen Fürsten standzuhalten. Aus Bosos Gründung (sie erfolgte im Jahre 879) entwickelte sich ein Staat, dem eine lange Dauer beschieden war: das Königreich Provence.

Ein dritter Versuch, ein von den Karolingern unabhängiges dynastisches Gebilde zu schaffen, ging auf Bernhard Plantevelue zurück. Diese Unternehmung ist aus besonderen Gründen bemerkenswert. Bernhard von Gotien und Boso von der Provence strebten nach Unabhängigkeit, um ›Könige‹ zu werden. Sie stießen dabei auf Widerstände und offene Feindseligkeit. Bernhard Plantevelue, schlauer manövrierend als die beiden, sah, daß die äußeren Formen der Macht nichts, ihr wirklicher Grad alles bedeutete. Er hat denn auch niemals den Königstitel erstrebt, sondern sich damit begnügt, in Aquitanien einen gewaltigen Länderblock zu schaffen, in dem er faktisch unbeschränkt herrschte.

Die drei genannten, um das Jahr 880 vollzogenen Gründungen größerer Ländereinheiten erfolgten sehr frühzeitig, weisen aber schon auf die beiden Richtungen hin, die die mit der Zerbröckelung des Karolingerreiches zusammenhängende Entwicklung nahm. Zugleich zeigen sich die Grundelemente der künftigen neuen Formen der Territorialherrschaften: Einerseits entstanden Königreiche, andererseits Territorialfürstentümer, und der Unterschied zwischen beiden bestand darin, daß die Königreiche auch formell unabhängig waren, während die Besitzer von Territorialfürstentümern sich mit der faktischen Unabhängigkeit zufriedengaben und ihre Gebiete formell Bestandteile der Königreiche blieben, auf deren Areal sie lagen.

Die Grundelemente der neuen politischen Herrschaftsformen findet man teilweise im Staate Bosos, der bestrebt war, seiner Schöpfung eine volksmäßige Grundlage zu geben, andererseits in dem Machtblock Bernhard Plantevelues, der keine formelle Unabhängigkeit erstrebte, sondern sich mit der wirklichen Macht begnügte, also die normative Oberherrschaft des Monarchen nicht gänzlich zurückwies.

Eine ähnliche Tendenz wie in Frankreich zeigte sich in Italien, das durch Ausschaltung des Königreiches der Langobarden nach dem Jahre 781 in die Hände der Franken gefallen war. Der Norden wurde der Herrschaft der Karolinger, die nun Könige der Langobarden geworden waren, unmittelbar untergeordnet. Der Mittelteil stellte den Kirchenstaat dar, während der Süden das Herzogtum Benevent und das östlich von Rom gelegene Herzogtum Spoleto umfaßte.

Süditalien und Mittelitalien wurden während des größten Teils des 9. Jahrhunderts fast unablässig von den Mohammedanern (Sarazenen) bedroht. Rom befand sich damals beinahe ständig in der Gefahr, von den Moslems bestürmt zu werden, so, wie es im 8. Jahrhundert von den Langobarden bedroht worden war.

Faktisch überlebten, abgesehen von Frankreich und Deutschland, nur drei Königreiche die Zeit der vielen Gründungen: Italien, die Provence und Burgund.

IV. DIE PÄPSTE UND DIE KÖNIGE DES KAROLINGERHAUSES

Bis zur Mitte des 8. Jahrhunderts hatten die von den Langobarden bedrohten Päpste auf die Unterstützung der Byzantiner gegen das Vordringen der Langobarden zählen können, so daß ein Appell des Papsttums an die Franken überflüssig gewesen wäre.[13] Seitdem sich kurz nach dem Tode Karl Martells (741) eine nähere Verbindung zwischen dem Papsttum und den Pippiniden — den späteren Karolingern — abzeichnete, haben die Päpste ihre Autorität eingesetzt, um die Unterstützung durch die Franken zu belohnen. Ein Papst, Stephan II., hatte Pippin den Kleinen und seine Söhne im Jahre 754 gesalbt, und so verlieh Rom dieser durch Usurpation zu Königen gewordenen Dynastie einen geistlichen Nimbus, der ihr den Aufstieg erleichterte. Diese Technik nahm noch eindrucksvollere und vollkommenere Formen an, als Papst Leo III. am ersten Weihnachtstage des Jahres 800 Karl den Großen in Rom überraschend zum Kaiser krönte. Auf dieses Ereignis werden wir noch zurückkommen.

Es entspann sich seitdem ein seltsames Ringen. Die Päpste haben sich auf weltlichem Gebiet — das heißt als Herren des Kirchenstaates — und erst recht auf geistlichem Gebiet niemals irgendeiner weltlichen Macht unterwerfen wollen. Als sie aber von den Langobarden, später von den Arabern und schließlich in Rom selbst durch innerpolitische Zwistigkeiten zwischen der militärischen Aristokratie und den geistlichen Behörden bedroht waren, haben die Päpste notgedrungen die fränkischen Monarchen um Hilfe gebeten. Doch haben sie zugleich verzweifelt darum gekämpft, ihre Oberhoheit über die weltliche Gewalt aufrechtzuerhalten. Zuweilen haben sie diese Gedankengänge auf die Spitze getrieben und die höchste Autorität über die Christenheit für sich beansprucht. Die Haltung Nikolaus' I., der eine von den lothringischen Bischöfen ausgesprochene Nichtigkeitserklärung der Ehe Lothars II. (eines Enkels Ludwigs des Frommen) im Jahre 863 einfach aufhob, bildet einen Markstein für diese gesteigerten Ansprüche.

Zu Anfang des Jahres 754 begab sich Papst Stephan II., den die Langobarden wieder einmal bedrohten, zu Pippin dem Kleinen nach Frankreich. Dort salbte er ihn nicht nur, sondern schuf auch bei einer Zusammenkunft in der früheren Merowingerpfalz Ponthion (unweit der Marne) zusammen mit dem Herrscher die Grundlagen für ein echtes und dauerhaftes Bündnis zwischen der päpstlichen Gewalt und der fränkischen Macht.

Bei dieser Zusammenkunft hat sich Rom wahrscheinlich zum erstenmal auf das berühmte, später recht oft herangezogene Dokument der *Donatio Constantini* berufen: eine von der päpstlichen Kanzlei erst kurz zuvor gefälschte Urkunde, nach der einst Kaiser Konstantin der Große dem Papst Silvester I. (314 bis 335) zum Dank für den Empfang der Taufe und für die Heilung vom Aussatz die Herrschergewalt über Rom, Italien und das Abendland geschenkt habe. Vermutlich entsprach diese Urkundenfälschung inhaltlich bestimmten Legenden, deren Ausstrahlung von der Kurie gefördert wurde. Wahrscheinlich hat Pippin der Kleine, von dem wir nicht wissen, inwieweit er durch die ihm vorgelegte Urkunde der *Donatio Constantini* beeindruckt war, bei der Zusammenkunft in Ponthion versprochen, dem Papst einen Teil von Italien ›zurückzugeben‹.
Seitdem haben sich die Päpste immer wieder an die fränkischen Könige gewandt, wenn es galt, die territorialen Interessen Roms zu verteidigen. Die Päpste brachten ihre Forderungen sogar so vor, als meinten sie, die Hauptaufgabe des fränkischen Staates bestehe darin, das Staatsgebiet Roms zu erweitern. Durch die Anwendung dieser Methode gelang es Papst Stephan II., von Pippin das Exarchat Ravenna zu erlangen (756).
Nicht lange danach kamen die fränkischen Könige zu der Einsicht, daß die Politik der Päpste sich mit ihrem Interesse nicht in einem so hohen Maße deckte, wie sie gedacht hatten. Die Franken wollten Italien beherrschen, aber die Kurie wollte dies ebenfalls und übernahm gewissermaßen die Ziele der Langobarden. Karl der Große mußte, als er den Staat der Langobarden zerstörte (774), feststellen, daß der Papst von sich aus versuchte, die Oberherrschaft über das Herzogtum Spoleto, einen langobardischen Teilstaat, zu erlangen und das Herzogtum Benevent, einen anderen Teilstaat der Langobarden, in seinen Besitz zu bringen. Obwohl Karl der Große sehr fromm war, erfüllte er diese Wünsche des Papstes nicht. Die Päpste mußten sich mit der weltlichen Herrschaft über ein Territorium begnügen, das im wesentlichen aus dem Gebiet von Rom und dem Exarchat Ravenna bestand. Der Versuch weiterer Ausdehnung war um so mehr zum Scheitern verurteilt, als die päpstliche Herrschaft in Rom durch Streitigkeiten zwischen den mächtigen Cliquen des Stadtgebietes gefährdet war. In unmittelbarem Zusammenhang mit diesen inneren Kämpfen hat Papst Leo III., dessen Leben von seinen Gegnern in Rom bedroht war, sich die uneingeschränkte Unterstützung durch Karl den Großen sichern wollen und ihn daher am Weihnachtstage des Jahres 800 zum Kaiser gekrönt. Diese Krönung machte Karl zum Herrn über Rom, das ja nach der antiken Tradition die Residenz der Kaiser war.
Faktisch leitete die Kaiserkrönung des Jahres 800 eine Zeit ein, in der die weltliche Gewalt des Papstes zur Bedeutungslosigkeit

herabsank.¹⁴ Karl der Große übte seine Macht aus, ohne sie zu teilen, und sie war so groß, daß der Papst ihm untergeordnet war.
Die Lage änderte sich etwas,¹⁵ als nach dem Tode Kaiser Lothars I. (855) die Kämpfe zwischen den Söhnen beziehungsweise den Enkeln Ludwigs des Frommen äußerst hart wurden. In diesen endlosen Kämpfen konnte die Unterstützung eines der an dem Ringen beteiligten Karolingerfürsten durch den Papst machtpolitisch bedeutend sein. Dies war in besonders hohem Maße der Fall nach der Wahl Nikolaus' I., eines der hervorragendsten Päpste, im Jahre 858.¹⁶
Doch der Glanz, den dieser Papst dem Heiligen Stuhl verlieh, währte nicht lange. Die Moslems ergriffen wieder die Offensive gegen Italien, und Papst Nikolaus I., dessen Staat bedroht war, sah sich gezwungen, die Hilfe der weltlichen Macht zu erflehen. Ohne zu murren, mußte er die Befehle Kaiser Ludwigs II. ausführen. Der Nachfolger dieses Papstes war Hadrian II. (867 bis 872), ein willfähriger Diener des Kaisers.¹⁷ Er war dem weltlichen Element stärker verbunden als sein Vorgänger, da er vor seiner Priesterweihe geheiratet hatte und nun mit seiner Frau und seiner Tochter im Lateranspalast wohnte. Dies bewirkte keine Ausschaltung der Welt und ihres Treibens: Die Tochter des Papstes wurde von einem Sohn des Bischofs von Orte gegen ihren Willen entführt. Der Entführer, der Eleutherius hieß, tötete schließlich, als der Frevel mit Hilfe des Kaisers gesühnt werden sollte, das geraubte Mädchen und dessen Mutter. Niemand weiß, welche Gewalttaten der Frevler noch ausgeführt hätte, wenn er nicht auf Befehl Kaiser Ludwigs II. hingerichtet worden wäre. Natürlich haben diese Vorgänge nicht gerade dazu beigetragen, das Prestige Roms zu erhöhen. Doch im Vordergrund der Geschehnisse stand ja die arabische Gefahr, die, für Rom immer akuter geworden, sich noch verstärkte, als Kaiser Ludwig II. im Jahre 875 starb. Er war gegenüber dem Papst sehr hochmütig aufgetreten, hatte aber unermüdlich gegen die Moslems gekämpft, die in Italien eingedrungen waren. Sein Tod bedeutete für das Papsttum das Ende jeder Hilfe.
Nunmehr begann eine erbärmliche Komödie. Die Päpste suchten verzweifelt nach einem Machthaber, der die Kaiserkrone akzeptieren würde. Dies bedeutete allerdings, daß der Papst in Zukunft über die Vergebung der Kaiserwürde nach eigenem Ermessen verfügen konnte. Das war ein neues Element der Entwicklung. Doch es hing damit zusammen, daß die Kaiserwürde nunmehr kein sehr begehrenswertes Ziel mehr war und daß die Päpste sie gleichsam versteigerten, um irgendeinen König dazu zu bringen, sie anzunehmen und Italien gegen die Moslems zu verteidigen.
Karl der Kahle akzeptierte im Jahre 875 die Kaiserwürde. Als er

im Jahre 877 starb, suchte Papst Johannes VIII. von neuem nach einem mächtigen Beschützer. Die Notwendigkeit ihn zu finden, war groß, da neben der Gefahr eines weiteren Vordringens der Araber eine zusätzliche, akute Gefahr aufgetaucht war.

V. DIE PÄPSTE UND DIE FÜRSTEN ITALIENS

Wie in Frankreich, strebten auch in Italien die Fürsten nach der Unabhängigkeit.
Der Tod Kaiser Ludwigs II., des letzten Karolingers, dem an der Verteidigung Italiens ernsthaft gelegen war, im Jahre 875 und der zwei Jahre danach erfolgende Tod Karls des Kahlen beseitigten bei Herzog Lambert von Spoleto die letzten Hemmungen, den Weg zur vollen Souveränität zu beschreiten. Er dachte nur daran, so unabhängig wie möglich zu werden. Im März des Jahres 878 drang er, militärisch von Markgraf Adalbert von Toskana unterstützt, in Rom ein und bemächtigte sich der Stadt. Papst Johannes VIII., der kein anderes Mittel gegen den Herzog anwenden konnte als den Kirchenbann, flüchtete schleunigst nach Frankreich. Mehr denn je hielt der Papst nun Ausschau nach einem Bewerber um die Kaiserkrone.
Endlich ergab sich im Sommer des Jahres 879 eine Möglichkeit. Karl der Dicke, einer der Söhne Ludwigs des Deutschen, geruhte, die Kaiserwürde anzunehmen. Doch er kümmerte sich so wenig um den Papst, daß er ihn weder von seiner Ankunft in Italien noch von seiner Abreise benachrichtigte.
Trotz aller Wechselfälle hat Papst Johannes VIII. den bis zum Untergang der Staufer nicht mehr preisgegebenen Grundsatz formuliert, daß die Kaiserwürde an die Krönung ihres Trägers in Rom gebunden sei. Der Papst, der durch den Aufbruch Karls des Dicken, von dem er Schutz erwartet hatte, völlig ratlos wurde, schrieb an den Herrscher in verzweifeltem Ton. Karl der Dicke antwortete damit, daß er zum Wächter des Kirchenstaates Guido (Wido) von Spoleto bestimmte, den Sohn und Nachfolger jenes Herzogs Lambert, der der schlimmste Feind der päpstlichen Souveränität gewesen war!
Papst Johannes, den Verwandte vergiftet und zur Beschleunigung des Todes mit Hammerschlägen mißhandelt hatten, starb vor dem Ende des Jahres 882.
Die ehrgeizigen Ziele Guidos von Spoleto traten immer deutlicher hervor. Seit dem Jahre 888 folgte er tatsächlich dem Beispiel König Bosos. Nach der Ausschaltung Karls des Dicken, der bald nach seiner Absetzung starb, wollte Guido von Spoleto sich in Italien ein Königreich schaffen. Er hatte dabei einen Rivalen, den Markgrafen Berengar, der, der Familie der Herzöge und Markgrafen von Friaul angehörend, Mitglied eines erlauchten

Geschlechtes war, das schon unter Eberhard von Friaul, dem Schwiegersohn Ludwigs des Frommen, viel Macht besessen hatte. Guido von Spoleto ließ sich nicht einschüchtern, und es kam zwischen beiden Gegnern am Anfang des Jahres 889 zu einer Entscheidungsschlacht an der Trebbia. Da Guido von Spoleto siegte, beeilten sich die Großen, ihm als König von Italien zu huldigen.

Ein paar Monate später starb Boso, und sein Sohn Ludwig ließ sich im Jahre 890 zum König der Provence wählen. Diesem Ereignis war ein ähnlicher Fall vorausgegangen. Graf Rudolf, der dem mächtigen Geschlecht der Welfen angehörte, hatte sich im Jahre 888 zum ›König von Burgund‹ proklamieren lassen.

Wir haben im Hinblick auf die neuen Königreiche schon den Hinweis der Annalen von Fulda für das Jahr 888 zitiert. Regino von Prüm, ein zeitgenössischer Chronist, verzeichnete ebenfalls die Entstehung neuer Staaten und äußerte: »Nach dem Tode Karls des Dicken brachen seine Königreiche in Einzelteile auseinander, und jeder versuchte, aus den Eingeweiden des Imperiums ein Königreich herauszuholen.«

In Wirklichkeit aber war der Glanz, der die alte Dynastie umgeben hatte, nicht völlig ausgelöscht. Arnulf von Kärnten, den die Großen in Frankfurt zum König gewählt hatten (887), war zwar außerehelich geboren, besaß aber viel größere Macht als all diese neuen Kleinkönige, die über ihren eigenen Erfolg zu staunen schienen. Einer nach dem andern beugte sich denn auch vor dem neuen Herrscher und erkannte seine Oberhoheit an. Arnulf von Kärnten begnügte sich damit und verlangte von ihnen nicht viel mehr. Nur Guido von Spoleto, seit dem Jahre 889 König von Italien, brachte ihn in Harnisch. Guido war in seinem Hochmut so weit gegangen, im Jahre 891 sich selbst und ein Jahr später seinen Sohn durch Papst Formosus zum Kaiser krönen zu lassen.[18] Guido starb zwar bald danach, aber sein Sohn, Lambert II., blieb Kaiser.

Das hinzunehmen war Arnulf von Kärnten nicht bereit. Er ging mehrmals über die Alpen und ließ sich von dem Papst, der Lambert II. gekrönt hatte, ebenfalls zum Kaiser krönen (896). Somit schien es zwei Kaiser zu geben. Arnulf wollte das Problem nunmehr lösen. Doch er erlitt eine Gehirnblutung und kehrte todkrank nach Deutschland zurück.

Lambert II. von Spoleto, der sich als Kaiser betrachtete, nahm jetzt furchtbare Rache. Er ließ seine Feinde blenden und besetzte Rom, wo Papst Stephan VI., einer der Nachfolger des kurz zuvor gestorbenen Papstes Formosus, Lamberts Herrschergewalt sogleich anerkannte. Damals, im Jahre 897, spielte sich eine düstere Szene ab. Bekanntlich hatte Papst Formosus zuerst Guido von Spoleto und dessen Sohn, dann aber Arnulf von Kärnten zum Kaiser gekrönt. Für diesen ›Verrat‹ wurde Papst Formosus nach dem Tode noch der Prozeß gemacht. Seine Leiche wurde aus dem Grabe gerissen, auf den päpstlichen Stuhl gesetzt und durch eine Synode ›verhört‹. Dann wurde die Leiche verurteilt und nackt in den Tiber geworfen. Doch Papst Stephan VI., der das furchtbare Schauspiel erdacht und inszeniert hatte, wurde bald nach diesem Prozeß von seinen zahlreichen Feinden gestürzt und im Kerker erdrosselt. Lambert II. von Spoleto starb im Jahre 898 an den Folgen eines Jagdunfalls, und sein alter Gegner, Herzog Berengar von Friaul, konnte, ohne auf Widerstand zu stoßen, ›König‹ von Italien werden.

Kurz danach verschied Kaiser Arnulf von Kärnten (899). Sein Nachfolger wurde sein Sohn, Ludwig das Kind, doch Ludwig starb schon im Jahre 911.

Im gleichen Jahr wählten die Großen einen der deutschen Herzöge, den Franken Konrad I., zum König. Etwa dreißig Jahre nach dem Tode Karls des Kahlen gab es nirgendwo mehr Karolinger. Die Vertreter der Fürstenfamilien bemächtigten sich der Königreiche, die sich in erheblicher Anzahl auf dem Boden des einstigen Imperiums der Karolinger gebildet hatten.

Diese Königreiche bedeuteten innerhalb der Geschichte jener Zeit nur eines von vielen Elementen, und die meisten hatten für die Zukunft keine Aussichten. Doch ein anderes Phänomen als diese totgeborenen Königreiche entwickelte sich damals und blieb in veränderter Form bis in die Gegenwart hinein bestehen. Die wirkliche Aufgliederung des Karolingerreiches erfolgte nicht nach Königreichen, sondern nach Territorialfürstentümern, Herzogtümern und Grafschaften, die, lange nach ihrem Aufgehen in größeren Staatengebilden, noch heute in Form von Landschaften oder Provinzen weiterleben und bei deren Menschen, beispielsweise den Bewohnern der Bourgogne und bei den Bayern, ein Gemeinschaftsgefühl erhalten geblieben ist.

VI. ENTSTEHUNG UND ENTWICKLUNG VON FÜRSTENTÜMERN

Mit der Entstehung der Fürstentümer[19] müssen wir uns näher befassen, denn diese traten tatsächlich an die Stelle des karolingischen Imperiums. Verschiedene Faktoren wirkten bei ihrer Entstehung mit. Der bedeutendste war die schon von vornherein vorhandene stammesmäßige und traditionelle Eigenart; als zweiter Faktor tritt noch die Einwirkung durch eine Dynastie hinzu.

Diese den Staatsbildungen der Fürstentümer zeitlich vorausgehenden Bindungen trugen also volksmäßigen beziehungsweise stammesmäßigen Charakter (beispielsweise in Bayern, Aquitanien und Burgund) oder waren von der gemeinsamen Verwaltung der betreffenden Region geprägt. Beide Arten von Bindun-

gen konnten zusammengehen, doch war manchmal auch nur eine von ihnen wirksam. So war Bayern nicht nur stammesmäßig, sondern zugleich auch institutionell einheitlich, hatte doch schon Ludwig der Fromme seinen Sohn Ludwig den Deutschen zum König von Bayern gemacht. Die Marken, die ja mehrere Grafschaften umfaßten und die von einem Markgrafen regiert wurden, sowie die großen Grafschaften (beispielsweise Autun, Toulouse und Maine) waren im wesentlichen administrative Einheiten, aus denen in vielen Fällen Fürstentümer hervorgingen.
Natürlich handelt es sich bei diesen Entwicklungen nicht um zwangsläufig eingetretene Vorgänge, sondern um genutzte oder nicht genutzte Möglichkeiten. Nicht jeder Stamm gelangte zur Bildung eines besonderen Fürstentums, und nicht jeder Große gründete notwendigerweise für sein Geschlecht ein besonderes Herrschaftsgebiet. Die Frage, ob diese Gebilde entstanden oder nicht, hing von der Fähigkeit der einzelnen Persönlichkeiten und von den vielen Zufällen ab, die in dem Ringen um Erfolg eine entscheidende Rolle spielen.
Im allgemeinen betrachtet, bewegte sich der geschichtliche Schwerpunkt des Prozesses, der zur Entstehung mehr oder weniger abgesonderter Fürstentümer führte, von Westen nach Osten. Dies lag daran, daß die Angriffe der Normannen in Frankreich viel furchtbarer waren und das Ansehen der bei der Abwehr sich als unfähig erweisenden Zentralgewalt dort weit mehr untergraben wurde als in Deutschland. Dazu kam noch, daß Deutschland in Arnulf von Kärnten gegen Ende des 9. Jahrhunderts eine Persönlichkeit besaß, deren Autorität von niemandem bestritten wurde, während Graf Odo von Paris als König von Frankreich unablässig mit Leuten zu kämpfen hatte, die sich aus verschiedenartigen Motiven heraus gegen ihn wandten. Arnulf von Kärnten hat den Zusammenbruch der Karolingerherrschaft in Deutschland für zwanzig Jahre aufhalten können. Andererseits war aber das auf die Volksart bezogene Zusammengehörigkeitsgefühl in den großen Teilgebieten Deutschlands weitaus stärker entwickelt als in den französischen Territorien. Daraus erklärt es sich, daß die Entwicklung des Stammesherzogtums, als sie sich einmal auf deutschem Gebiet angebahnt hatte, hier radikaler verlief als in Westeuropa.
Es wurde bereits erwähnt, daß manche späteren Dynastien sich anfänglich innerhalb eines stammesmäßig oder auch geographisch einheitlichen Gebietes hervortaten und eine Anzahl von Grafschaften in ihren Besitz brachten. Bevor solche Einheiten sich in Fürstentümer umwandeln ließen, mußte noch ein weiteres Stadium erreicht werden. In vielen Fällen gab es mehrere in einem solchen geschlossenen Gebiet verwurzelte Geschlechter. Es kam dann zwischen diesen zwangsläufig zu erbitterten Kämpfen, die zur Ausschaltung aller bis auf ein einziges großes Für-

stengeschlecht führten oder aber die Zerstückelung des betreffenden Gebietes in mehrere Fürstentümer zur Folge hatten.
Franken ist ein augenfälliges Beispiel für den Kampf zwischen zwei mächtigen Geschlechtern, den Babenbergern und den Konradinern. Der Kampf wurde mit großer Härte geführt; es kam zu wirklichen Schlachten, Belagerungen befestigter Stützpunkte und sogar zu Hinrichtungen von Gegnern durch Enthauptung. Drei Söhne des Grafen Heinrich von Babenberg, eines im Kampf gegen die Normannen geradezu an Robert den Tapferen erinnernden Kriegshelden, gingen zu Anfang des 10. Jahrhunderts durch die Konradiner zugrunde. Zwei dieser drei Söhne Heinrichs wurden auf Befehl der Konradiner sogar hingerichtet. Die Kämpfe zwischen den beiden großen Geschlechtern Frankens haben Spuren in der deutschen Volkssage hinterlassen. Das Volk war auf der Seite der besiegten Babenberger.
In Sachsen gelangte ein dort verwurzeltes Geschlecht, das Haus der Liudolfinger, schon früh zu unbestrittener Macht. In Bayern verdankte die mächtige Familie der Luitpoldinger ihrem tapferen Widerstand gegen die Ungarn den Aufstieg zu fürstlichem Rang.
In Aquitanien gab es drei regionale Geschlechter, deren jedes aus dem Gebiet ein von einer einzigen Familie regiertes Herzogtum machen wollte: das Geschlecht der Markgrafen von Gotien (zwischen den Pyrenäen und der Provence), die Grafen von Toulouse und die Grafen von Poitiers (die Poitou und die Auvergne beherrschten). In Burgund hat ein Graf des großen Territoriums Autun die anderen Grafen unter seine Macht gebeugt. Wenn sie ihm Widerstand leisteten, ging er mit furchtbarer Härte vor und ließ manche Gegner, beispielsweise den Bischof von Langres, sogar blenden. Dieser Graf von Autun war Richard ›der Gerechte‹ (gest. 921).

Die Vorgänge in den einzelnen Gebieten, die Machtzentren wurden, hatten zur Folge, daß die politischen Verhältnisse des einstigen Imperiums schon im 10. Jahrhundert vollkommen verändert waren. Die großen Königreiche — Frankreich und Deutschland — bestanden allerdings weiter, und daneben gab es sogar neue Herrschaftsgebilde, die von Königen regiert wurden, wie das Königreich Italien und das der Provence. Aber es handelt sich hier mehr um scheinbare als um wirkliche Schwerpunkte der Macht. Tatsache war vielmehr, daß es in Frankreich und Deutschland eine Anzahl von Territorialfürstentümern gab. In Deutschland waren dies Sachsen, Bayern, Franken und Schwaben; in Frankreich waren die Territorialfürstentümer noch zahlreicher vertreten: Burgund, Aquitanien, Gotien, das Gebiet von Toulouse und Umgebung, die Spanische Mark, die Normandie, die Grafschaft Flandern und die Mark Bretagne. All diese deutschen und französischen Territorialfürstentümer erkannten zwar die

Oberherrschaft ihres Monarchen an, doch sie waren dem Zugriff des Königs, das heißt der in Deutschland wie in Frankreich herrschenden monarchischen Zentralgewalt, innerpolitisch *de facto* entzogen. Die Regale (Königsrechte), die Kronvasallen, die Domänen des Staatsgebietes, die Grafen (soweit überhaupt noch Grafschaften erhalten blieben), der Besitz der Abteien, oft auch das Recht zur Ernennung der Bischöfe – all diese konkreten oder normativen Machtmittel standen jetzt dem Territorialfürsten zur Verfügung.

VII. TERRITORIALFÜRSTEN ALS KÖNIGE

Im 8. Jahrhundert hatte die Aristokratie, die stärker geworden war als das Merowingerhaus, unter Karl Martell und Pippin dem Kleinen die karolingische Monarchie aufgebaut. Eine ähnliche Entwicklung vollzog sich seit dem Ende des 9. Jahrhunderts in Frankreich und Deutschland. In beiden Ländern haben sich Träger territorialer Macht zum König wählen lassen und eine neue Monarchie gegründet.
Wir wollen zuerst die Verhältnisse in Deutschland betrachten. Nach der Absetzung Karls des Dicken (887) beschlossen die Großen dort über die Nachfolge und wählten Herzog Arnulf von Kärnten, den außerehelichen Sohn Karlmanns und Enkel Ludwigs des Deutschen, zum deutschen König. Nach Arnulfs Tode waren sie damit einverstanden, daß sein Sohn, Ludwig das Kind, im Jahre 900 sein Nachfolger wurde. Er war den Großen in Deutschland um so willkommener, als er bei der Thronbesteigung erst sechs Jahre alt war und daher ihrer Unabhängigkeit nicht zu nahe treten konnte. Faktisch wurde in seinem Namen durch die Kirche regiert. Damals aber stießen die ungarischen Horden nach Westen vor, und als Ludwig das Kind im Jahre 911 starb, befand sich Deutschland in einer schweren Krise. Jedes Gebiet versuchte sich selbst zu schützen, und diese nicht koordinierten Verteidigungsmaßnahmen waren Ausgangspunkte für die Bildung der Stammesherzogtümer. Die Kirche wandte sich sofort gegen diese Neugründungen und war bemüht, das Prinzip einer die deutschen Länder zentral regierenden Königsherrschaft zu retten. Die Kirche fürchtete mit Recht, daß die Stammesherzöge den gewaltigen, von ihr angesammelten Reichtum an sich reißen würden.
Nach dem Tode Ludwigs des Kindes traten die deutschen Fürsten zusammen und wählten einen der Ihren, Herzog Konrad von Franken, zum König.[20]
Höchstwahrscheinlich hat man den Schwächsten unter den deutschen Stammesherzögen gewählt, weil man glaubte, er werde die Unabhängigkeit der Mächtigen nicht antasten können. Diese

Rechnung ging aber insofern nicht auf, als Konrad I., nun nicht mehr Stammesherzog, sondern König, die monarchische Gewalt im eigenen Interesse wiederherzustellen versuchte. Er stützte sich dabei auf die Kirche, die er dafür gegen die Übergriffe der Stammesherzöge verteidigte.

Zudem zeigte Konrad I., als er sein Ende nahen fühlte, staatsmännische Uneigennützigkeit. Er, der die Stammesherzöge erbittert bekämpft hatte, bestimmte zu seinem Nachfolger den sächsischen Herzog Heinrich ›den Vogler‹, den furchtbarsten seiner Feinde. Nur dieser Stammesherzog besaß, wie Konrad I. erkannt hatte, die Macht, ein festgefügtes deutsches Königreich zu schaffen.

Mit der Thronbesteigung Heinrichs I.[21] wurde Sachsen, das noch ein Jahrhundert zuvor ein heidnisches Land gewesen war, zur führenden Macht in Deutschland. Die zweite Gemahlin Heinrichs I., deren Schönheit ihn zur Trennung von seiner ersten Frau veranlaßt hatte — diese erste Ehe war von der Kirche aus formalen Gründen nicht anerkannt worden —, stammte von dem großen Sachsenherzog Widukind ab, dem einstigen Führer des Kampfes gegen Karl den Großen. Heinrich I. mußte, bevor er sich in ganz Deutschland durchsetzen konnte, starke Widerstände überwinden. Zwar fügten sich die Sachsen und Franken ohne weiteres seiner Herrschaft, aber die Schwaben erkannten ihn nicht an, und die Bayern wählten sogar einen anderen König. Heinrich I. mußte zwei Jahre kämpfen, bis er diese Gegner unterworfen hatte. Eine vordringliche Aufgabe stellte zudem die Abwendung der Gefahr dar, die in den Angriffen der Ungarn lag. Die Heftigkeit der Vorstöße der Ungarn war so groß, daß der König sich über die Unmöglichkeit klarwurde, die Ungarn mit Waffengewalt zurückzudrängen. Er traf daher eine Vereinbarung mit ihnen und schloß im Jahre 926 einen Waffenstillstand auf neun Jahre. Um diesen Waffenstillstand zu erreichen, erklärte er sich mit der Zahlung eines drückenden, Jahr für Jahr zu entrichtenden Tributes bereit. Heinrich I. nahm diese Demütigung nur auf sich, um Zeit für die Festigung seines Staates zu gewinnen. Er gestaltete die militärische Verfassung nunmehr gründlich um, vor allem in Sachsen selbst.

Seine Maßnahmen waren teils defensiver, teils offensiver Art. Die defensiven Anordnungen liefen auf das hinaus, was man ziemlich ungenau als ›Gründung von Städten‹ bezeichnet hat. Es handelte sich in Wirklichkeit um eine systematische Militärpolitik, die in der Befestigung der bestehenden Wohnzentren, das heißt der Abteien und der Herrensitze, bestand. Diese Zentren mußten auf Befehl des Königs mit Wall und Graben umgeben werden, und die ganze Bevölkerung des betreffenden Ortes mußte unablässig dafür arbeiten. Die Klöster Corvey und Gandersheim sowie Goslar, Quedlinburg und zahlreiche andere Orte wurden befestigt. Die Militärpolitik der Befestigungen wurde von Heinrich I. konsequent durchgeführt und beschränkte sich nicht auf Sachsen. Regensburg in Bayern und Augsburg in Schwaben wurden ebenfalls befestigt.

Was die Besatzung betraf, so ordnete Heinrich I. an, daß von neun *agrarii milites* (unfreien, für den Kriegsdienst ausgebildeten Reisigen, die ihre Bauernwirtschaft bestellten) je einer in einem befestigten Ort weilen und dort für acht Standesgenossen Wohnungen errichten solle. Es handelte sich bei diesen *agrarii milites* also um bäuerliche Ministerialen.

Um die befestigten Orte stärker zu bevölkern und zu beleben, verlegte der König unter anderem Gerichtstage, Märkte und Volksversammlungen dorthin und verlieh diesen Zentren damit tatsächlich einen städtischen Anstrich. Unter den Volksversammlungen, die in die befestigten Zentren verlegt wurden, sind, genaugenommen, die zu kultischen Zwecken veranstalteten gemeinsamen Mahlzeiten zu verstehen: jene bei den germanischen Stämmen von jeher üblichen, von Verbänden oder Gilden veranstalteten rituellen Gelage, die im nächsten Kapitel ausführlicher behandelt werden sollen.

In die befestigten Zentren wurden auch Berufskrieger verlegt. Heinrich I. traf zur Stärkung der Wehrkraft sogar eine ganz außergewöhnliche Maßnahme. Er stellte verurteilte Verbrecher vor die Wahl, entweder die Vollstreckung des Urteils hinzunehmen oder sich für das königliche Heer zu verpflichten.

Die offensiven Maßnahmen bestanden besonders darin, daß der König die Entwicklung der schwergepanzerten Kavallerie stark förderte. Diese Truppen erhielten Gelegenheit, in den Kämpfen Erfahrungen zu sammeln, die der König gegen die Slawen führte. Die Macht der Wilzen wurde vernichtet, Brandenburg erobert und das kurz zuvor zum Christentum bekehrte Böhmen nach der Belagerung Prags tributpflichtig gemacht.

Vor allem aber hat Heinrich I. daran gearbeitet, der Gefahr zu begegnen, die in den Vorstößen der Magyaren lag. Er brachte 933 den Ungarn an einem nicht sicher zu ermittelnden Ort an der Unstrut eine Niederlage bei und rettete durch diese blutige Schlacht das deutsche Gebiet für die ganze Dauer seiner Regierungszeit.

Im Herbst 935 verschlechterte sich der gesundheitliche Zustand des Königs, der nunmehr die Erbfolge regeln wollte. Dies war um so dringlicher, als Heinrich I. aus seinen beiden Ehen Söhne hatte. Für den Herrscher selbst kam nur Otto, ein Sohn aus seiner zweiten Ehe, in Betracht. Doch der König stieß dabei auf Widerstand, da manche Große lieber einen jüngeren Bruder Ottos als zukünftigen deutschen König gesehen hätten. Dieser junge Sohn, der wie sein Vater Heinrich hieß, hatte viele Anhänger, aber nach dem Tode des Königs (2. Juli 936) wurde die

Erbfolge so geregelt, wie der Herrscher es gewünscht hatte. Bezeichnend ist, daß Otto I. in Aachen, der Residenz Karls des Großen, gewählt wurde — von den Herzögen Sachsens, Frankens, Bayerns, Schwabens und Lothringens (das damals Deutschland angegliedert war). Man kann diesem Wahlvorgang entnehmen, daß sich gegen Ende der Regierungszeit Heinrichs I. schon die Idee einer Kaiserkrönung abzeichnete.

Otto I., der Große [22], wurde zum Gründer eines deutschen Kaisertums. Dieser Sohn Heinrichs I. war, ebenso wie Karl der Große, sehr hoch gewachsen und von kräftigem Körperbau. Er trug — im Unterschied zu Karl, der sich trotz anderslautender Legenden keinen Bart hatte wachsen lassen — einen üppigen roten Bart. Otto sprach, im Gegensatz zu Karl dem Großen, nicht Latein, wohl aber neben dem sächsischen und einem slawischen Idiom noch Französisch. Er hat nur langsam lesen gelernt; allerdings kann man bei ihm nicht von einer allgemeinen Spätreife sprechen, hatte er doch bereits als Siebzehnjähriger von einer schönen Gefangenen, die einem slawischen Lande entstammte, einen außerehelichen Sohn. Otto war sehr fromm, und erwies den Reliquien von Heiligen hohe Ehrerbietung.

Otto I. war Herzog von Sachsen, ergriff aber die Macht auch in den anderen deutschen Stammesherzogtümern: Bayern, Franken und Schwaben. Er ließ die einstigen Stammesherzogtümer bestehen, unterwarf sie aber völlig der Zentralgewalt, die er als König ausübte.

Wir wenden uns nun kurz der Entwicklung in Frankreich[23] zu, wo die Großen ihre Vorherrschaft nach der Absetzung Karls des Dicken im Jahre 887 dadurch gesichert hatten, daß sie einen der Ihren, den Grafen Odo von Paris, zum König gemacht hatten. Allerdings haben die Großen später noch zweimal Karolinger auf den Thron von Frankreich erhoben. Doch das Motiv war in beiden Fällen weder Ehrfurcht vor der alten Dynastie noch Treue zu ihr. Die beiden Karolinger waren wie die anderen Herrscher auch außerstande, die Grundlage der damaligen geschichtlichen Situation zu ändern: die Existenz der Territorialfürstentümer, in denen die betreffenden Fürsten — etwa seit dem Beginn des 10. Jahrhunderts, manchmal indes auch später — die wirkliche Macht ausübten. Nur die Region zwischen der Loire und Flandern blieb vorläufig noch von dieser Entwicklung frei. Im Laufe der Geschichte haben sich später die Robertiner dort festgesetzt. Die Robertiner, deren Oberhaupt um die Mitte des 10. Jahrhunderts der von Ludwig IV. zum Herzog von Franzien gemachte Hugo der Große war, verkörperten damals die stärkste Gewalt zwischen der Loire und Flandern. Der unerwartete Tod Hugos des Großen hat zwar die Konsequenz aus dieser Machtposition

insofern verzögert, als die Robertiner erst im Jahre 987 endgültig den Königsthron von Frankreich besetzten, aber spätestens seit der Mitte des 10. Jahrhunderts haben sie die konkrete Macht innegehabt.
Zusammenfassend kann man sagen, daß in Frankreich wie in Deutschland neue, aus Territorialfürstentümern emporgestiegene Dynastien die Königswürde übernahmen. Die Kapetinger (Robertiner) haben im frühen Mittelalter keine über ihr Territorialfürstentum hinausreichende Macht aufzubauen vermocht und haben sogar, wie wir noch sehen werden, einen Teil dieses Territorialfürstentums verloren. Umgekehrt war die Lage in Deutschland, wo die Ottonen, die selber Herzöge gewesen waren, die übrigen Herzöge bezwingen, eine starke Königsmacht begründen und schließlich sogar im Jahre 962 die Kaiserwürde gewinnen konnten. Wir haben bisher von der Entwicklung gesprochen, die in Frankreich und Deutschland die Entstehung von Territorialfürstentümern begünstigte. Wir wollen nunmehr kurz darstellen, daß eine ähnliche Tendenz für Italien[24] festzustellen ist und daß sie sich auch im angelsächsischen England abzeichnete.

Der bedeutsamste und dauerhafteste Aufbau von Territorialfürstentümern vollzog sich in Norditalien. Angesichts der Einfälle der Ungarn und der Schwäche der Zentralgewalt haben sich dort viele Bischöfe staatlichen Aufgaben gewidmet. Diese Bischöfe haben die Stadtbefestigungen von neuem aufbauen lassen und unter Zustimmung der Bürger die Verwaltung der Städte übernommen. Sie beaufsichtigten auch das Steuer- und Zollwesen, und sie gliederten dem aufgrund ihrer Initiative entstehenden, von der Residenz des betreffenden Bischofs aus geleiteten Territorialfürstentum noch große ländliche Gebiete aus der näheren Umgebung der Residenzstadt an. Dort, wo der formalen Rechtsordnung nach die Gewalt bei Grafen aus dem Laienstande lag, wurden diese Vertreter der Zentralgewalt einfach verjagt. Die großen Grundbesitzer eines solchen Gebietes wurden danach gezwungen, dem Bischof den Vasalleneid zu leisten, und das bischöfliche Gericht sprach sich für die höhere Justiz eine für das ganze Gebiet des Fürstentums geltende Kompetenz zu.
Auf diese Weise entstanden zahlreiche kirchliche Fürstentümer, von denen wir nur Bergamo, Modena, Cremona, Parma und Piacenza nennen wollen. Doch auch die üblichen, von Laien beherrschten Territorialfürstentümer fehlten in Italien nicht. Die Markgrafschaft Friaul (Aquileja) im Osten und die Markgrafschaft Ivrea westlich der Lombardei sind Beispiele hierfür. Südlich von dieser Region lag die Markgrafschaft Toscana, deren Machthaber die nach Rom führenden Wege beherrschten.

In Rom selbst gab es — wie schon erwähnt — unablässig Zwistigkeiten und Kämpfe zwischen den militärisch mächtigen Adelscliquen und der vom Papst geleiteten Verwaltung. Solange die Macht der Karolinger ungebrochen war, wurde die Aristokratie zum Gehorsam gezwungen. Doch der Zusammenbruch der Macht, die die Karolinger ausgeübt hatten, führte selbstverständlich einen Umschwung herbei.

Die Aristokratie Roms beherrschte nunmehr nicht nur die Stadt, sondern auch die Papstwahlen. Ihr mächtigster Vertreter war Theophylakt, der im Anfang des 10. Jahrhunderts als *dux, magister militum, consul* und *senator Romanus* die Ämter innehatte, deren Gesamtheit ihm die höchste Gewalt über die Stadt Rom und die zu ihr gehörenden ländlichen Gebiete sicherte. Er stand sehr stark unter dem Einfluß seiner Frau Theodora sowie seiner Tochter Marozia, die von dem französischen Historiker Augustin Fliche als »eine der schamlosesten Frauengestalten der Geschichte« bezeichnet wird. Zwischen König Hugo von Vienne, einem der Gatten Marozias, und dem Markgrafen Alberich von Spoleto, einem Sohn Marozias aus einer früheren Ehe, entbrannte ein Kampf um die Herrschaft über Rom. Alberich von Spoleto siegte und regierte das Herzogtum Rom bis zu seinem Tode (954) mit Mäßigung und diplomatischer Klugheit.

Östlich und südlich von Rom lag das Herzogtum Spoleto. Noch weiter südlich, in Apulien und im Gebiet von Otranto, hielt sich der Einfluß des Byzantinischen Kaiserreiches in vollem Umfang. Neapel und Amalfi erkannten das Protektorat, das Konstantinopel über sie beanspruchte, formell an, besaßen aber eine weitgehende Selbständigkeit. Von Gebieten unter byzantinischer Oberhoheit nicht nur im Süden, sondern auch im Westen und Osten umgeben waren in Unteritalien das Herzogtum Benevent, das Fürstentum Salerno und die Grafschaft Capua. Diese drei Gebiete waren von der Langobardenherrschaft allein noch übriggeblieben. In ihren Territorien, die von langobardischen Fürsten regiert wurden, war die Anarchie nicht so stark und so andauernd wie in den übrigen Teilen der Halbinsel, die zeitweilig einem Chaos anheimfielen. Im Süden schloß sich Sizilien an, die große Insel, die in den Jahren zwischen 831 und 902 allmählich von den Sarazenen erobert worden war und ihnen erst zwischen 1061 und 1088 von den Normannen entrissen wurde.

In England veränderte sich nach dem Tode Alfreds des Großen (899) die geschichtliche Lage. Der Kampf Alfreds mit den Normannen war — wie bereits erwähnt — auf eine Teilung der Macht hinausgelaufen. Die einstigen Königreiche Northumbrien und Ostanglien sowie ein Teil von Mercia wurden den Normannen überlassen und bildeten das Gebiet des dänischen Rechts (*Dane-

law) in England. Wessex, der bedeutendste Staat, der in angelsächsischer Hand blieb, wurde nach dem Tode Alfreds des Großen von dessen Sohn, König Eduard dem Älteren, regiert. Eduards Schwager, Herzog Ethelred, herrschte in dem den Angelsachsen verbliebenen Teil von Mercia. Die Gemahlin Ethelreds, eine Schwester Eduards des Älteren, spielte für die Befreiung des Landes von den Normannen eine große Rolle. Diese Frau, Ethelfleda, *lady of the Mercians*, war eine wahre Kriegerin. Die beiden von ihr stark beeinflußten Schwäger waren entschlossen, die Normannen aus dem Lande zu jagen, und trafen hierfür wirksame Maßnahmen.

Zunächst ließen die beiden Herrscher — unmittelbar oder unter Einschaltung der Großen des Landes — zahllose kleine Festungen (Burgen) errichten, die, von Besatzungen verteidigt, die Wohnorte schützten[25] und zusammen eine für die Normannen unüberwindbare Barriere bildeten. Als diese Barriere gebaut war, begann die Rückeroberung Englands, die an die *reconquista* der Spanier denken läßt. Eduard der Ältere unterwarf nicht nur alle Dänen, die südlich des Humber lebten, sondern gewann auch das ganze Gebiet von Mercia mit den befestigten Plätzen Lincoln, Nottingham, Leicester und Stamford sowie Ostanglien zurück. Nach dem Tode König Eduards des Älteren (924) regierte sein Sohn Aethelstan (924—939). Er vollendete das Werk seines Vaters, indem er Northumbrien zurückeroberte und sich zum Herrn von ganz England machte.

Die Schotten, über die Entwicklung dieser neuen Macht an ihrer Südgrenze beunruhigt, griffen König Aethelstan an, erlitten aber im Jahre 937 eine vernichtende Niederlage bei Brunanburh, dessen geographische Lage unbekannt ist. König Aethelstan nannte sich auf den Münzen, die er schlagen ließ, mit Recht *Rex totius Britanniae*. Eine Schwester dieses Herrschers heiratete König Karl den Einfältigen, eine zweite Schwester den wahren Herrn Frankreichs, Hugo den Großen, Herzog von Franzien, und eine dritte Schwester König Aethelstans war mit dem deutschen König Otto I. verheiratet.

Aethelstan starb zu früh, um sein Lebenswerk ganz sichern zu können. Unter der Regierung seiner Nachfolger kam es zu einer Krise, als die Dänen zu einer Gegenoffensive übergingen und Wulfstan, der Erzbischof von York, in einer sehr kritischen Predigt seine Landsleute zur Buße aufrief (1014).

Doch die Krise blieb ohne schwere Folgen. Die Dänen wurden geschlagen, der Erzbischof verjagt, und England erlebte eine lange Zeit der Ruhe. Die Epoche, in der auch England sich in Fürstentümer aufgliederte, zeichnete sich damals erst in unscharfen Linien ab. Seit der Regierungszeit König Aethelstans war jeder Freie gezwungen, sich einem *thane,* das heißt einem Grundbesitzer, zuzuordnen, dem militärische Pflichten auferlegt waren.²⁶ König Eduard der Ältere (899—924) und sein Sohn Aethelstan (924—939) schufen große Bezirke, die mehrere *shires* (Grafschaften) umfaßten. Jeder dieser Bezirke war einem *earldorman* (einer Art von Unterkönig) anvertraut. In dem von uns beschriebenen Zeitraum haben sich aus diesen Bezirken noch keine Territorialfürstentümer kontinentaler Art gebildet, doch später verlief die Entwicklung in dieser Richtung.

Der König besaß keineswegs die volle Gewalt über die Territorien, denn jede Grafschaft (*shire*) wurde gleichzeitig von dem zuständigen Bischof, von dem *sheriff* (dem für die Rechtspflege und die Steuern zuständigen, allerdings vom König ernannten Beamten) und von dem *ealdorman*, dem militärischen Befehlshaber, regiert, dessen Zuständigkeit sich auf mehrere Grafschaften erstreckte und dessen Amt erblich war. Daraus ergaben sich zwangsläufig Konflikte zwischen *sheriff* und *ealdorman*. Faktisch hat zuletzt die Aristokratie der *ealdormen* gesiegt und nahezu die ganze Regierungsgewalt an sich gerissen. Doch gehört diese Entwicklung erst dem 11. Jahrhundert an, dessen Geschichte in diesem Kapitel noch nicht behandelt wird.

5. Alltag und Technik

I. DIE GRUPPE DER BAUERN[1]

Im frühen Mittelalter war, wenn man die relativ geringe Anzahl von Bewohnern der Städte einmal außer Betracht läßt, das tägliche Leben der Menschen von ihrer Zugehörigkeit zu der Gruppe der Bauern geprägt.

Man konnte diese Zugehörigkeit zur Gruppe auf jeder großen Domäne wahrnehmen, denn dort lebten die Bewohner aller zur Domäne gehörenden Hufen (grundsätzlich Land für je eine Familie) zusammen. Das, was diese Bauern in einem Zusammengehörigkeitsgefühl verband, waren die gewohnheitsrechtlich festgelegten Leistungen für den Domänenherrn, die Nutzungsrechte der Bauern am Gemeineigentum und daneben natürlich auch die lange Dauer des engen Zusammenlebens. Neben den Domänen gab es noch Dörfer, da es ja auch freie Bauern gab; aber selbst diese Bauern wohnten nur in ganz seltenen Ausnahmefällen isoliert.

Man darf keinen Augenblick vergessen, daß diese Gemeinschaften auf den Domänen oder in den Dörfern gewissermaßen nur Enklaven innerhalb von Wäldern waren. Tatsächlich beherrschte der Wald damals noch die Landschaft, und er förderte die Zusammengehörigkeit auf dem Lande, denn er machte sie — durch sein bloßes Dasein — den Menschen bewußter, führte zu stärkerem Zusammenschluß und verwies die ländlichen Menschen deutlich auf ihre eigene kleine Welt. Wir werden darauf sehr bald zurückkommen, müssen aber zuvor noch einen Hinweis allgemeiner Art geben: Der Mensch der Karolingerzeit war stets von Hungersnot bedroht. Der Ertrag des Bodens war gering, hätte aber die Menschen normalerweise ernähren können, wenn nicht — in ungünstigen Jahren — immer wieder Hungersnöte ausgebrochen wären; damals bedeutete ja eine Mißernte Hungersnot und vielleicht den Tod, da es — infolge der schwachen Produktivität des Bodens auch in normalen Jahren — keine sehr erheblichen Lebensmittelreserven gab. Die schlecht ernährten Menschen fielen schnell Krankheiten zum Opfer, und tatsächlich gesellten sich zu den Hungersnöten Epidemien. Die karolingischen Annalen zählen die Hungersnöte, die Epidemien und die Viehseuchen sorgfältig auf und sprechen von diesen Übeln öfter als von den Schlachten.

a) Inmitten von Wäldern

Inmitten von Wäldern lebend und stets vom Hunger bedroht, sicherten sich die damaligen Menschen, indem sie sich der Gemeinschaft fest eingliederten. Andererseits hatten sie auch einen Zufluchtsort individueller Art: ihr Heim. Wenn man von den am Mittelmeer gelegenen Gebieten absieht, in denen man die Häuser aus Stein errichtete, lebten die Bauern der Karolingerzeit in Hütten aus Lehm oder aus geflochtenen Reisern, wovon noch ein Text aus dem Beginn des 12. Jahrhunderts handelt. Doch dies alles bezieht sich nur auf die Wohnstätte selbst. Für den Bauern war damals — und für den heutigen Bauern gilt das gleiche — die Wohnung nur eine von mehreren Stätten, in denen er sich als Herr und Meister fühlte. G. Duby hat in seinem Buch über die mittelalterliche Landwirtschaft in Westeuropa[2] meisterhaft über dieses Thema geschrieben: »Wir finden umschlossene Örtlichkeiten, geschützt durch eine aus Pfahlwerk oder dichten Hecken bestehende, fest in der Erde verwurzelte Umwallung, die sorgfältig unterhalten wurde; als beschirmte und verteidigte Schutzorte, deren Verletzung mit den schwersten Strafen geahndet wurde, bildeten diese Örtlichkeiten gleichsam kleine Inseln, über die jene Leute, die sich in ihren Besitz gesetzt hatten, die uneingeschränkte Herrschaft behaupteten. In diesen geschützten Stätten gab es keine Dienstbarkeiten und keine Ansprüche des Gebieters und Grundherrn. Die umschlossenen Ortschaften bargen angehäuften Besitz, Vorratsreserven und auch Leute, schützten alles und alle gegen naturbedingte oder sonstige Gefahren und bildeten als Einheiten jeweils den Dorfkern. Sie waren der Ausdruck für das Seßhaftwerden einer von der Familie her bestimmten Gesellschaft im ländlichen Gebiet [...] Die den Wohnungen und Ställen benachbarten Landgebiete waren besonders wertvoll und fruchtbar; schon durch die Nähe zu ihnen war die hier betriebene Bauernwirtschaft landwirdschaftlich produktiv [...]
Durch Bemistung und häufiges Umgraben entstand dort ein faktisch vom Menschen geschaffener Boden, dem eine — vom sonstigen Pflanzenwuchs unterschiedene — Vegetation entsproß. Jede dieser umschlossenen Stätten schützte somit die ›Gärtchen‹ [courtils] sowie die beim Haus gelegenen Landstückchen für Obstanlagen und dergleichen [verchières] und die umzäunten Flächen [clos]. Bei diesen drei Arten von Parzellen blieb der Boden niemals unbearbeitet. Geschützt und unter besonders günstigen Umständen gezüchtet, gediehen da selbst empfindliche Pflanzen, sodann die Kräuter und Wurzeln für die tägliche Nahrung, und auch der Hanf und die Rebe wuchsen dort.
Man sieht also, daß es für den damaligen Menschen einen Flekken gab, der niemandem als ihm gehörte. Dieses Gebiet war ein

Zentrum der Welt, in dem sich der Mensch jener Zeit bewegte, und er war dort ein kleiner König.

b) Dorf und Domäne. Der Landbau[3]

Die ganz persönliche Welt des Menschen aber war von der Außenwelt umgeben, in der er nicht mehr der Herr war; dort war er gewohnheitsrechtlich festgelegten Pflichten, der Autorität seines Gebieters oder Grundherrn und kollektivem Zwang unterworfen und zudem den Naturkräften ausgeliefert. Die Felder der kleinen freien Landeigentümer lagen — miteinander verbunden oder auch zwischen die Felder anderer Bauern des gleichen Dorfes gemischt — rund um das Dorf. War eine Domäne vorhanden oder wenigstens in der Nähe (eine Domäne umfaßte nicht immer eine ganze Dorfgemeinschaft, und die Ländereien freier Bauern konnten denen der Domäne benachbart sein), so gab es neben den Besitzungen jener Bauern auch die *coutures* (Kulturen) des Domänenherrn: die umfangreichen, von Hunderten von Hektaren bebauten Bodens ausgefüllten Flächen des Herrenlandes, das bekanntlich von den Sklavenscharen des Gebieters und von Kolonen (die für die im Landbau bedeutsamen Zeiten leistungspflichtig waren) bearbeitet wurde. Jedem war ein von vornherein gegebener Teil dieses dem Ertrage nach nur dem Herrn der Domäne gehörenden Landes zur Arbeit zugewiesen.

Die Ländereien der Domänen waren oft in drei lange Flächen (Felder) eingeteilt, die in jedem Jahr verschiedenen Zwecken dienten. Ein Feld war der Wintersaat vorbehalten (Weizen, Roggen und Dinkel); das andere Feld behielt man der Frühjahrssaat (Hafer, Gerste und Hülsenfrüchte) vor; das dritte Feld endlich ließ man brachliegen.

Man darf annehmen, daß es, entsprechend der Beschaffenheit des Bodens, viele Unterschiede bei der Wahl dessen gab, was man produzierte: Zweifellos bestanden auch noch andere Besonderheiten, die bei der Gesamtbetrachtung berücksichtigt werden müssen. So findet man einen Landbau, der auf der Buschverbrennung aufgebaut war: man verbrannte am Waldrand die Büsche, um auf diese Weise Land für den Anbau und damit für ein paar Ernten zu gewinnen; war dann der Boden erschöpft, gab man ihn auf. Man darf sich die rund um die Dörfer gelegenen Felder nicht als homogen bebaut vorstellen. Vom Augenblick der ersten Aussaat an bis zur Ernte umgab man sie mit einer hölzernen Einfriedigung, die man nachher entfernte. Es gab ja nicht nur das bebaute Feld, sondern auch die Viehzucht und die brachliegenden Flächen. Die Felder wurden außerhalb der Zeiten, in denen sie dem Landbau dienten, als Viehweiden verwendet. In den feuchtesten Gegenden hatte man auch Graswiesen zur Gewinnung von Heu, das zusammen mit den Schößlingen des bei den Sümpfen wachsenden Schilfes im Winter als Viehfutter verwendet wurde. Das in diesem Abschnitt beschriebene Landbausystem herrschte nördlich der Loire, in Norditalien und in Westdeutschland. Doch weite Gebiete hatten ein ganz anderes Wirtschaftssystem: in ganz England, besonders in den hügeligen und gebirgigen Gegenden des Landes — im Hügelgebiet von Dorset und Somerset sowie in dem der Cotswolds —, war das Vieh der wirkliche Reichtum der Bauern. Im nordwestlichen Deutschland bestand eine Wirtschaft, die auf der Nutzung der Viehweide und des Waldes beruhte; der eigentliche Landbau spielte dort nur eine untergeordnete Rolle.

c) Der Wald als Wohltäter[4]

Der letzte Hinweis führt uns von selbst zu der Bedeutung, die der Wald für die Menschen der Karolingerzeit hatte. Daß die Dörfer von Wäldern umgeben waren, wurde schon erwähnt; doch der Wald hatte für den Menschen keineswegs nur einen negativen Aspekt. Die damaligen Wälder waren — vom Menschen her gesehen — recht wesensverschieden von denen der Gegenwart. Die Kiefern beispielsweise galten — für uns ist das nicht ganz leicht verständlich — als Fruchtbäume; der Kienapfel war hervorragend zum Anmachen des Feuers geeignet, und der körnige Samen wurde — jedenfalls in der Provence und in den Alpengebieten — zum Verzehr getrocknet.

Bäume mit weichem Holz hielt man damals kaum für nützlich, da dieses Holz nicht für Bauten verwendet werden konnte. Dies galt also für Erlen, Kiefern (deren Nutzung in anderer Hinsicht wir schon erwähnt haben) und Birken sowie für die Weißbuchen und die Ahornbäume. Es gab in den Wäldern auch Eschen und außerdem die Rotbuchen, die wegen der von den Schweinen sehr bevorzugten Bucheckern besonders geschätzt wurden. Am wertvollsten erschien den Menschen jener Zeit die Eiche, die ein ausgezeichnetes Bauholz lieferte und deren Früchte als Schweinefutter dienten. Die Kastanie lieferte ein gesuchtes Holz, und ihre Früchte gehörten in vielen ländlichen Gegenden zur Grundlage der Ernährung. Das Buchsbaumholz schließlich gebrauchte man zur Anfertigung zahlreicher Gegenstände für den Haushalt.

Die Wälder waren nicht nur das Gebiet wilder Tiere, die den Menschen und den Ernten in einem gewissen Grade gefährlich wurden; der Wald war vielmehr auch damals schon wohltätig und trug zur Ernährung der Menschen bei. Er war nicht überall dicht und stufte sich vom Hochwald über Busch und Gesträuch bis zu Grasflächen ab. Man konnte im Wald Früchte pflücken, sich Wild verschaffen und in den Teichen fischen. Auch fand man in den Wäldern Honig, den einzigen Stoff, der in einer Zeit, in der der Zucker unbekannt war, die Mahlzeiten versüßte. Hauptsächlich diente das Waldgebiet aber als Viehweide, und zwar in erster Linie für die Schweine. Das Schweinefleisch — vor allem der Speck — bildete im Mittelalter einen wesentlichen Bestandteil der Ernährung, und die Schweine nährten sich damals hauptsächlich im Wald, wo es Eicheln und Bucheckern gab. Außerdem lieferte der Wald das Holz, den Grundstoff des frühen Mittelalters für Behausungen, Geräte und Waffen. Dazu kam noch, daß das Holz das Material für die Erzeugung von Wärme darstellte: jener Wärme, die notwendig für die Zubereitung der Speisen war, notwendig auch für den Schutz vor der harten Winterkälte, die die Menschen in den (oft aus geflochtenen Reisern errichteten) Hütten bedrohte.

II. DIE PFLANZENWELT[5]

Welche Flora und Fauna umgab die Menschen der karolingischen Epoche?

a) Getreide

Das Getreide bildete damals die Grundlage der Ernährung. Viele Gelehrte betonen die Bedeutung, die die Breie damals hatten, wie man sie etwa für den Porridge feststellen kann, der für das gegenwärtige Schottland keineswegs nur historisch wichtig ist. Wir müssen im Zusammenhang damit erwähnen, daß schon das salische Recht — die *Lex Salica*, die zuerst zwischen 508 und 511 redigiert worden ist — den Haferbrei ausführlich erwähnt.
Dennoch müssen wir mehr noch an das Brot denken, wenn wir von Getreidenahrung sprechen.
Ein Kapitulare, das im Jahre 794 in Frankfurt erlassen wurde, ist besonders aufschlußreich: Die Verordnung setzte die Preise für vier Getreidearten fest, und die Preisunterschiede verzeichneten natürlich auch den unterschiedlichen Rang, den man diesen Getreidearten damals zuerkannte. Den Weizen schätzte man am meisten und setzte den Höchstpreis auf vier Denare pro Malter fest. Hinter dieser teuersten Getreideart kam der Roggen (drei Denare pro Malter), danach erst kam Gerste (zwei Denare pro Malter) und schließlich der Hafer (ein Denar pro Malter). Aber am aufschlußreichsten ist der Text dort, wo er die Brotpreise je nach der Getreideart, aus deren Mehl das Brot gebacken wurde, bestimmt: Für einen Denar bekam man entweder 12 Weizenbrote (à zwei Pfund) oder 15 Roggenbrote oder 20 Gerstenbrote oder 25 Brote aus Hafermehl. Wir können diese Aufzählung noch durch den Hinweis auf ein Kapitulare aus dem Jahre 806 ergänzen. Dort wurde noch der Dinkel erwähnt. Seit

der Zeit der Frankfurter Verordnung war der Preis gestiegen; für den Dinkel war in dem Kapitulare aus dem Jahre 806 jedenfalls der gleiche Preis festgesetzt wie für die Gerste.

Interessant an den Texten ist, daß sie Maßnahmen melden, die in Zeiten von Hungersnöten angewendet wurden. Es steht also außer Zweifel, daß es sich hauptsächlich um den Verkauf von Lebensmitteln an die Armen handelte, also um Nahrung, die keinen Luxus für reiche Leute darstellte. Man kann somit sagen, daß fünf Getreidearten allgemein konsumiert wurden: Weizen, Roggen, Gerste, Dinkel und Hafer. Die ziemlich große Menge des verkauften Brotes läßt den Schluß zu, daß es den Bäckerberuf gab, was auch aus zahlreichen Urkunden ganz verschiedenen Inhalts hervorgeht. Das *Capitulare de villis* nennt die Bäcker bei der Aufzählung der Handwerker, die man für die Domänen brauchte. Das Kapitulare von Pîtres aus dem Jahre 864 beschäftigt sich ebenfalls mit denen, die in den *bourgs* (Marktflecken) und auf den Märkten ihr »gebranntes Brot« (*pain cuit*) verkauften. Die Bäcker bildeten unter den fachlich spezialisierten Handwerkern wahrscheinlich die am frühesten entstandene und zahlenmäßig stärkste Gruppe.

Es gibt noch mehr Texthinweise: Eine Frau hatte, wie die Fuldaer Annalen berichten, am Tage des Sankt-Laurentius-Festes (10. August) — statt sich der Verehrung dieses Heiligen zu widmen — aus Gewinnsucht Brote zum Verkauf gebacken. Die Herstellung von Broten war also in manchen Fällen ein gewerblicher Nebenverdienst (die sündige Frau wurde — dem Text nach — dadurch bestraft, daß ihre Brote sich ganz dunkel färbten: sie nahmen die schwärzeste Schwärze an).

Der Hafer war damals auch die Grundlage der Bereitung von Bier, das mit Hopfen aromatisch gemacht wurde. Der erste Hopfenacker wird schon im Jahre 763 — in einer Urkunde Pippins des Kleinen — erwähnt. Schließlich wäre bei den Getreidearten, die im Mittelalter eine Rolle spielten, noch die Hirse zu nennen, die im *Capitulare de villis* angeführt wird.

Gleich nach den Getreidearten müssen wir die Hülsenfrüchte behandeln, die eine bedeutende Rolle für die Ernährung der damaligen Menschen spielten. Im wesentlichen handelte es sich um die Saubohne (*vicia flava*) und um die Erbse.[6] Diese Hülsenfrüchte wurden damals nicht, wie jetzt, im Gartenbau gezüchtet, sondern auf offenem Feld, und man zählte sie sogar oft zum Frühjahrsgetreide; das Mehl geschälter Hülsenfrüchte scheint manchmal bei der Brotbereitung mit dem Mehl des wirklichen Getreides gemischt worden zu sein.

Die vielfach angebauten Wicken dienten als Viehfutter. Dagegen waren der Klee, die Luzerne und die Esparsette (Süßklee) dem frühen Mittelalter unbekannt.

Das Elend der Bauern wird anschaulich, wenn man die ganz

geringen Erträge des Anbaus beachtet. Zahlen (die sich allerdings vielleicht auf eine schlechte Ernte beziehen) zeigen, daß das Produkt von Dinkel nur um 40 %, von Weizen ebenfalls nur um 40 % und von Gerste nur um 38 % über die Aussaat hinausging. Nirgends findet sich eine Angabe, daß bei der Saat einer Getreideart der doppelte Ertrag pro Korn erzielt worden wäre! Die genannten Zahlen entsprechen den Verhältnissen im ganzen Karolingerreich.

Teilweise läßt sich diese Kargheit der Erträge mit dem Mangel an Düngung erklären. Nur die Exkremente der Haustiere, die auf den Feldern (während der Zeit, in denen sie brachlagen) weideten, bedeuteten eine Düngung. Ein Kapitulare Karls des Kahlen — es stammt aus dem Jahre 864 — läßt darauf schließen, daß die Felder mit Mergel verbessert wurden und daß dieser Brauch erst kurz vor seiner Erwähnung eingeführt worden ist (obwohl er schon den Römern bekannt war).

b) Kräuter und Wurzeln

Gehen wir nunmehr zu den eigentlichen Küchenpflanzen über. Im Mittelalter unterschied man hierbei — je nach dem verzehrbaren, über oder unter dem Boden gewachsenen Teil der Pflanzen — zwischen ›Kräutern‹ und ›Wurzeln‹.

Das *Capitulare de villis* erwähnt den Kohl und die Kohlrabis. Mit dem Kohl kann nicht Blumenkohl gemeint sein, der erst viel später angebaut wurde. Die Kohlrübe spielte in der damaligen Zeit für die Ernährung eine Rolle von ähnlicher Bedeutung, wie sie lange Zeit danach die Kartoffel hatte. Auch die Mohrrübe wird im *Capitulare de villis* genannt; doch ihre weite Verbreitung begann erst in der Renaissancezeit. Wir erwähnen noch einige ganz sicher im 9. Jahrhundert verbreitete Nutzpflanzen: Porree, Schalotten, Sellerie, Koriander, Zwiebel, Knoblauch, Kerbel, Dill, Lattich, Gartenmohn und Pfefferkraut; außerdem die Pastinake, die Zuckerrübe sowie die Rapunzelchen. Dagegen wurden Spinat und Sauerampfer damals nicht gegessen. Die Steinpilze kommen in den zeitgenössischen Quellen zwar vor, doch werden in ihnen Pilze überhaupt nur selten erwähnt, und von den Trüffeln hören wir nirgends etwas.

Der Zwiebelgenuß scheint den Festtagen vorbehalten gewesen zu sein. Dies wurde jedenfalls auf dem Konzil von Aix für die Kanoniker festgesetzt.

Die Petersilie wird in den frühmittelalterlichen Texten genannt; dagegen hat man wohl die Schwarzwurzeln nicht als Nahrungsmittel gekannt, ebensowenig die Tomate, die erst später aus Amerika eingeführt wurde. Die Artischocke wurde in der Karolingerzeit nicht gegessen, und das gleiche gilt für den Spargel (der in der Antike als Speise genossen wurde). Auch die Melone war eine dem frühen Mittelalter unbekannte Speise, während sie in der Antike geschätzt worden war.

Nach diesem kurzen Abriß über die pflanzliche Nahrung wenden wir uns den spinnbaren Faserpflanzen zu. Der Hanf, dessen Anbau hohe Ansprüche stellte, wird im *Capitulare de villis* erwähnt. Er wurde höchstwahrscheinlich vor allem in Gärten gepflanzt.

Vielleicht dienten die Hanfpflanzen — oder, genauer gesagt, ihre Samenkörner — als Speise. Der Flachs, auf den in vielen Texten aus dem 9. Jahrhundert hingewiesen wird, wurde gewiß im Garten angebaut.

Das Öl gewann man in den Mittelmeerländern natürlich vom Ölbaum und alle wirtschaftlich betriebenen Ländereien in der Provence besaßen solche Bäume. Dennoch war das Öl selten und teuer, und ein Konzil zu Narbonne verbot im Jahre 1054 das Fällen von Ölbäumen. Zahlreich waren die Ölbäume in Spanien. In Frankreich dagegen gelangten die Ölbaumkulturen nicht über die Dauphiné und das von ihr durch die Rhone getrennte Vivarais hinaus. Auch aus Mandeln, Bucheckern sowie aus der Hanfsaat gewann man Öl. Dort, wo der Ölbaum nicht gedieh, entnahm man es hauptsächlich den Nußkernen, und der Nußbaum war denn auch im Mittelalter ein hochgeschätzter, weit mehr als in der Gegenwart verbreiteter Baum. Der Ertrag an Nüssen war (ebenso wie der an Getreide und Hülsenfrüchten) der Abgabe des Zehnten unterworfen.

Im folgenden noch ein paar Worte über die Pflanzen, deren man sich zum Färben bediente. Bekanntlich verfügte das Mittelalter nur über pflanzliche Farbstoffe. Da gab es den Wau für das Gelb, den Waid für das Blau und den Krapp für das Rot. Der Wau wurde vor allem im Nordwesten — in Flandern und im Artois — angebaut, und er wird auch im *Capitulare de villis* erwähnt. Der Waid dagegen wurde in ganz Frankreich gezüchtet, und das *Capitulare de villis* spricht von ihm sowie vom Krapp, der in erheblichen Mengen gehandelt wurde. Eine Urkunde aus der Mitte des 9. Jahrhunderts zählt den Krapp unter den Waren auf, die angelsächsische Kaufleute auf dem Markt von Saint-Denis erwarben.

In diesem Zusammenhang müssen wir noch die Distel nennen. Zwar war aus ihr kein Farbstoff zu gewinnen, aber sie diente doch der Herstellung von Geweben, denn ihr borstenartiger Kopf mit den stachligen Blättern wurde beim Kämmen der Schafwolle verwendet.

Zum Schluß wollen wir nun noch einen kurzen Blick auf die Heilpflanzen werfen. Ein uns erhaltener Bauplan der Abtei von St. Gallen wies eine vom Küchengarten getrennte und in der Nähe der Räume für die Kranken gelegene Stelle an, die nur für die Heilpflanzen bestimmt war: vor allem für die Lilien, die Rosen, die Salbei und die Raute (*ruta graveolens*) sowie für Iris und Minze, für Fenchel und Polei (Wasserminze), für Kresse und Kümmel, für Bitterwurz (*costo*) und Bockshornklee (*nigellum foenum graecum*). Ferner findet sich in der Aufzählung ein Pflanzenname »sfarategia« sowie die Bezeichnung »vosmarunt« (bei der sich die Frage nach der Identität mit dem Rosmarin stellt). Doch am Schluß dieser Liste von Heilpflanzen ist — was uns merkwürdig berührt — die gemeine Bohne (*faseolus vulgaris*) verzeichnet.

In dem kurzen Lehrgedicht, das Walafrid Strabo, der spätere Abt der Reichenau, in der ersten Hälfte des 9. Jahrhunderts über seinen eigenen, für Heilpflanzen bestimmten Garten verfaßte, nannte er noch andere Gewächse: Zitronenkraut, Kürbis, Wermut, Andorn, Betonie, Leberklette, Beifuß, Katzenminze und Meerrettich.

c) Früchte

Im *Capitulare de villis* werden ziemlich viele Arten von Fruchtbäumen erwähnt: Apfelbäume und Birnbäume, Pflaumenbäume und Mispelbäume, Ebereschen und Pfirsichbäume, Quittenbäume und Haselnußsträucher, Mandelbäume und Maulbeerbäume, Feigenbäume und Kirschbäume sowie natürlich — wie bereits erwähnt — auch die Nußbäume. Der Aprikosenbaum wird dagegen im *Capitulare de villis* nicht genannt, obwohl die Antike von seinem Wert wußte.

Von den Erdbeeren kannte man nur die wilde Walderdbeere. Die Äpfel dienten offensichtlich zur Bereitung von Apfelwein. Aber dieser Wein, zweifellos aus wilden Äpfeln hergestellt, wurde im frühen Mittelalter nicht besonders hoch geschätzt. Erst im 12. Jahrhundert wurde er in weiten Kreisen beliebt. Da wir nun bei den Getränken angelangt sind, wollen wir darauf hinweisen, daß der Genuß von Kräuterbier am stärksten verbreitet war; doch kam der Weingenuß hinzu.

Die Weinrebe hatte ein Verbreitungsgebiet, das sich zu jener Zeit viel weiter nach Norden hin erstreckte als gegenwärtig. Man trieb damals Weinbau bei Bonn und auch bei Gent. Laon war sogar ein großes Weinbauzentrum, und ein Abt bepflanzte im 9. Jahrhundert im Gebiet von Saint-Germain-des-Prés 94 Arpents (ein Arpent entspricht etwa 42—51 Ar) mit Reben. Damals gab es schon sehr bekannte regionale Weinsorten, und der Burgunderwein war bereits berühmt.[7]

III. DIE TIERWELT

Wir wenden uns nunmehr der Tierwelt zu, die für die Menschen des frühen Mittelalters große Bedeutung hatte, und behandeln zunächst die Haustiere.

a) Die Säugetiere

Zweifellos bildeten Ochse und Kuh ein ganz wesentliches Element im Leben des Menschen der Karolingerzeit, freilich nicht in erster Linie wegen des Fleisches. Man aß zwar auch Ochsenfleisch, doch man schlachtete das Tier anscheinend nur, wenn es mißgestaltet, alt oder von vornherein steril war. Der wesentliche Nutzen des Ochsen (manchmal sogar auch der Kuh) lag damals in der Eignung des Rindes, Pflüge, Karren, Wagen usw. zu ziehen. Der Hauptnutzen der Kuh bestand darin, daß sie Milch gab; diese diente als Grundlage für die Bereitung von Käse, der damals ein wesentlicher Bestandteil der Ernährung war.

Den Käse hätte man durch ein anderes Nahrungsmittel ersetzen können; unentbehrlich aber war der Ochse wegen seiner Wichtigkeit für die Landarbeit und für den Transport.

Das Pferd wurde in der Karolingerzeit für den Krieg und für Reisen als Lasttier verwendet, doch man benutzte es nicht als eigentliches Arbeitstier. Das Pferd war das übliche Verkehrsmittel für Menschen in mehr oder weniger gehobener Stellung.

Aldrich, der Bischof von Le Mans, hatte in seinen Stallungen mindestens zehn gute Pferde; aber die Anzahl seiner Pferde war im ganzen wesentlich höher. Bei Beginn seiner Amtszeit gehörten ihm mindestens zwanzig Stuten, und als er ging, hinterließ er sieben Herden mit ihren Hengsten.

Zu diesem Zeitpunkt hat es vielleicht ganz frühe Beispiele der Verwendung von Pferden als Zugtiere gegeben; doch müssen diese Fälle, auf die wir in einem anderen Kapitel noch zurückkommen werden, selten gewesen sein. Zwar hat auch der Esel bisweilen als Zugtier gedient, und er wurde sogar vor den Pflug gespannt, doch beschränkte sich das auf das Mittelmeergebiet, wo auch das Maultier hin und wieder solche Funktionen erfüllte. Esel und Maultier wurden allerdings nie als dem Ochsen gleichwertige Zugtiere angesehen. In Italien wurde der Ochse oft durch den domestizierten kurzhörnigen Büffel ersetzt.

Die Bedeutung des Schweines war für das frühe Mittelalter sehr groß, und das Rind ist hier nur wegen der grundlegenden Wichtigkeit des Ochsen für die Landarbeit an erster Stelle genannt worden. Das Schwein brauchte wenig Pflege und war doch die wesentliche Grundlage der Fleischnahrung im frühen Mittelalter. Die Schweine lebten ja meistens in den Wäldern, wo sie sich von Eicheln und Bucheckern ernährten: Der Eichelfall im Herbst machte sie für die Einpökelung im Winter geeignet, und sie wurden im November oder im Dezember geschlachtet. Bemerkenswert ist vielleicht, daß die Schweine, die das Mittelalter kannte, sich von den heutigen unterschieden: Die Ohren der Tiere waren damals kurz und standen aufrecht, der Kopf war umfangreicher und viel länger als bei den heutigen Schweinen und endete in einer zugespitzten (weniger pfropfenförmigen) Schnauze, aus der die Eckzähne oft sichtbar herausragten; das Haar war auf dem Rücken aufgerichtet, die Beine waren hoch und dünn, die Farbe der Tiere oft schwarz. Im ganzen standen die damaligen Schweine den Wildschweinen näher als die heutigen Schweine; dies geht sicher darauf zurück, daß es in den Wäldern, in denen die Säue sich herumtrieben, zahlreiche Keiler gab.

In der Karolingerzeit spielte das Schaf eine bedeutende Rolle, doch wurden die Schafe nicht wegen ihres Fleisches gezüchtet, das im Mittelalter wenig geschätzt wurde. Man züchtete die Tiere der Wolle wegen. Da man die Baumwolle ja nicht kannte — sie wurde allerdings unter dem Islam in manchen Gegenden Spaniens angebaut — und da die Seide dem Prunk der Reichen vorbehalten war, war man für die Kleidung im allgemeinen auf die Wolle und den Flachs angewiesen. Zusätzlich wurde die Milch der Schafe zu Speisezwecken genutzt: Ebenso wie die Kuhmilch diente sie der Zubereitung von Käse. Das Fett der Schafe wurde für Kerzen verwendet. Eine weitere Nutzanwendung bestand darin, daß die Haut des Schafes zur Herstellung des Pergamentes diente, das in der Karolingerzeit an die Stelle des Papyrus trat.

Weniger bedeutsam waren damals die Ziegen. Ziege und Ziegenbock gehörten wohl zum Viehbestand jener Zeit; doch waren sie vorwiegend in den ärmeren Gebirgsgebieten verbreitet, und zwar im Norden weit weniger als in Südeuropa. In Italien gab es eine große Anzahl von Ziegen. Aber auch hier machte man sich aus dem Fleisch recht wenig. Man hielt Ziegen, weil sie viel Milch lieferten.

b) Geflügel

Nach den Säugetieren wollen wir das Geflügel behandeln, soweit es für den Menschen des frühen Mittelalters von Bedeutung war. Die Geflügelarten mit der weitesten Verbreitung waren vom achten bis zum neunten Jahrhundert: Hahn und Henne, Gans, Ente, Schwan und Kranich. Am wichtigsten war davon natürlich das Huhn. Es gab überall im Karolingerreich zahlreiche Hühner. Oft wurden sie bei Aufzählungen dessen erwähnt, was die Pächter den Grundherren als Abgabe schuldeten, und in vielen Fällen wurde zu dieser Erwähnung noch die Anzahl der geschuldeten Eier hinzugefügt. Die Hähne wurden oft kastriert, und die Lieferung von Kapaunen gehörte zu den sehr häufig genannten Abgabepflichten. Die Eier mußten gewöhnlich zu Ostern — also in der Zeit der stärksten Produktion — geliefert werden, und man konservierte sie als hartgekochte Eier. Zuweilen wird die Meinung vertreten, daß diese harten Eier, die vom

Priester am Karfreitag gesegnet wurden, die Vorläufer dessen waren, was wir gegenwärtig als ›Ostereier‹ bezeichnen. — Nach dem Huhn war die Gans das am meisten verbreitete Geflügel. Die Gänsemast war ein Nebengewerbe der Mühlen, die dadurch ihre Abfälle verwerten konnten.
Dagegen wurde die Ente als Nutztier wenig geschätzt. Im *Capitulare de villis* werden die Enten — zusammen mit den Pfauen und Fasanen — als Schmuckvögel erwähnt. Dagegen galt das Fleisch der Kraniche und der Schwäne als erlesene Speise. Es ist eigenartig, daß Karl der Große die Pfauen als Prunkvögel ansah, während in späteren Epochen ihr Fleisch eine äußerst gesuchte Luxusspeise darstellte. Die Truthenne war vor dem 14. Jahrhundert unbekannt, und das Perlhuhn diente erst im 16. Jahrhundert kulinarischen Genüssen.

c) Fische

Die Fische spielten in der Zeit der Karolinger schon eine erhebliche Rolle für die Ernährung: Die Süßwasserfische waren damals bedeutsamer als die Seefische, was auf die Schwierigkeit des Transportes vom Ort des Fischfangs und der Jagd auf Fische bis zu den Gegenden, die von den Küsten entfernt lagen, zurückzuführen ist. Dieser weite Transportweg war nur bei eingesalzenen Fischen möglich.
Umgekehrt war das Fleisch von Meerestieren wie den Walen und von ›fettem Meeresgut‹ wie den Delphinen und Braunfischen in großen Mengen im Handel, ebenso der Ertrag des Heringsfangs. Die Küstenbewohner, vor allem die Bewohner Englands, verkauften das, was sie im Meer erjagt oder in Netzen gefangen hatten.
Jede Domäne hatte einen Kunstteich für Süßwasserfische, und Karl der Große schrieb den Unterhalt dieser Teiche ausdrücklich vor. Doch die Süßwasserfische aus den Kunstteichen waren zweifellos für den Herrn der Domäne bestimmt, und dies war der Grund, weshalb Karl vorsorglich anordnete, daß man den Überschuß verkaufen solle. Aber die Naturteiche in den Landschaften, die Flüsse und Pfuhle, waren jedem zugänglich, und die damaligen Menschen konnten daher zweifellos ihre Ernährung durch Fischgenuß ergänzen.
Der Aal, der im Salischen Gesetz (Anfang des 6. Jahrhunderts) ausdrücklich erwähnt wird, war augenscheinlich der am weitesten verbreitete Fisch. Wir entnehmen dies den Listen der Produkte, die geliefert werden mußten. So waren im 9. Jahrhundert an die Mönche der Abtei Saint-Germain-des-Prés von jeder Mühle 100 Aale abzuführen.
Wir haben hiermit den Bereich der Haustiere bereits verlassen und gehen nunmehr zu dem der wilden Tiere über.

d) Wilde Tiere

Die Könige aus dem Karolingerhause behielten sich ganze Wälder oder ausgedehnte Teile von Wäldern für die Jagd vor. Das Wort ›Forst‹ (*forêt*) bedeutete damals: Wald, der für die Jagd des Herrn reserviert war. Doch wenn auch der Zugriff auf die wild lebenden Tiere im Forst dem Herrn vorbehalten blieb, bildeten sie doch eine Gefahr auch für diejenigen, denen die Jagd verboten war. Man kann hier wirklich von *wilden* Tieren sprechen, die den Menschen oder seine Ernährungsgrundlage bedrohten.

Von den jagdbaren Tieren nennen wir zuerst den Auerochsen: das gewaltige Rind, auf das sich möglicherweise eine Schilderung von Notker dem Stammler (Balbulus) vom Ende des 9. Jahrhunderts bezieht. Er erzählt in seinem — unter dem Namen *monachus sangallensis* (Mönch von St. Gallen) geschriebenen — Werk *Gesta Karoli*, II, 8 eine Anekdote von Karl dem Großen, der auf der Jagd einen Auerochsen erlegen wollte. Falls wirklich ein Auerochse (nicht ein Wisent) gemeint war, muß er einer der letzten seiner Gattung gewesen sein, die in Westeuropa schon während des 9. Jahrhunderts ausstarb.

Der Bär kam in der Zeit der Karolinger noch sehr häufig vor, und sein Wohngebiet beschränkte sich damals nicht auf Gebirgsgegenden. Man fand auch Bären in den Wäldern der Normandie. Daneben gab es (in noch weit größerer Anzahl) fast überall Wildschweine. Das Raubtier, das für den Menschen während des ganzen Mittelalters eine entscheidende Bedeutung hatte, war der Wolf, der ja die Herden bedrohte. Er wird in der *Lex Burgundionum* (im Jahre 501 redigiert) und in der *Lex Alamannorum* (zwischen 710 und 720 redigiert) erwähnt. Karl der Große ordnete im *Capitulare de villis* an, daß ihm über die Anzahl der getöteten Wölfe Rechnung gelegt werde und daß man die Jungtiere im Mai mit Wolfshaken töten, sie vergiften oder in Wolfsgruben fallen lassen solle.

Aber es gab keine großen Wolfsjagden. In dem berühmten *Colloquium*, einer Art Fibel, die der angelsächsische Gelehrte Aelfryc (Aelfric Grammaticus) zur Vervollkommnung im Lateinischen um das Jahr 1000 niederschrieb, erklärt der ›Jäger‹ sein Verfahren. Hierbei handelte es sich, wie betont werden muß, um einen Berufsjäger: einen im Dienste des Königs stehenden Mann, der den Herrscher — anderswo den Territorialfürsten — den Jagdertrag ablieferte. Der ›Jäger‹ ging demnach, von seinen Hunden begleitet, fast täglich auf die Jagd. An dem von ihm beschriebenen Tag hatte er »zwei Hirsche und einen Keiler« erlegt. Er jagte mittels der Jagdnetze, die ihm zur Verfügung standen. Die Hunde trieben die Beute in den Bereich der Jagdnetze, wo der ›Jäger‹ sie niedermachte. Für den Keiler hatte er ein anderes

Verfahren. Die Hunde jagten das Tier zu ihm hin, er erwartete es, ohne einen Fußbreit zu weichen, und stieß ihm seine Waffe in die Kehle. Der ›Jäger‹ jagte nicht immer mit Netzen. Manchmal verfolgte er die Tiere auch mit seinen schnellen Hunden.
Überall setzte er Leute gegen die Wölfe ein. Zweifellos hat die Furcht vor den Wölfen die Bauern in den Dörfern während der Karolingerzeit schwer bedrückt.
In diesem Zusammenhang müssen wir noch die Füchse erwähnen, von denen es im Mittelalter wimmelte, sowie die Dachse, deren Fleisch gelegentlich als Speise diente. Aber es gab auch jagdbare Tiere, die keineswegs schädlich waren: Rehe, Hirsche und Damwild waren im Überfluß vorhanden. Hinzu kam das Kleinwild: wilde Kaninchen und Hasen. Die Vögel, die damals jagdbar waren, sind es zum großen Teil noch heute: rote oder graue Rebhühner sowie die (in Italien reichlich vorkommenden) Wachteln, ferner Wildtauben, Ringeltauben und Reiher. Merkwürdigerweise war der Fasan, der als Schmucktier gezüchtet wurde, zu jener Zeit in den Wäldern ein seltener Vogel.
Die Großjagd auf Hirsche war den Mächtigen vorbehalten und hatte ihren Höhepunkt im Herbst.
Wir müssen darauf hinweisen, daß die frühmittelalterlichen Menschen zu allen Speisen Brot aßen (soweit welches vorhanden war), und diese Sitte hat sich — wenn auch in vermindertem Maße — vor allem in Frankreich erhalten. Daraus erklärt sich der stolze und selbstgefällige Ton, in dem der ›Bäcker‹ im *Colloquium* von Aelfryc sagt: »Ohne meine Kunst wirkt der Tisch leer, und ohne Brot wird jede andere Nahrung fade. Ich bin es, der dem Menschen Kraft verleiht.«

IV. TAG UND JAHR

Nach unserem Blick auf das Milieu der Bauern in der Karolingerzeit ist es angebracht, das bäuerliche Leben noch etwas nach dem Ablauf der Zeitabschnitte zu betrachten. Der Tag bietet hierbei kein Problem. Die meisten Menschen des frühen Mittelalters richteten sich nach der Sonne. Die Mittel, den Tag durch Kunstlicht zu verlängern, waren wenig wirksam. Wachskerzen waren den Kirchen sowie den weltlichen Machthabern vorbehalten. Die Bauern hatten nur Kerzen aus dem Fett der Schafe oder Fackeln aus Kienholz (insbesondere aus Kienspänen).
Das Jahr begann im Karolingerreich zu Weihnachten, aber der Ablauf des Jahres wurde von den Höhepunkten der Landarbeit, die man gewiß mit den religiösen Festen in eine kalendermäßige Verbindung brachte, markiert.
Daß die Aussaaten im März einsetzten, kann man z. B. dem Namen ›Märzgetreide‹ für das Frühjahrsgetreide entnehmen.

Abb. 3: Monatsarbeiten; aus dem Sammelband chronologischer und astronomischer Handschriften (Salzburg, 1. Viertel des 9. Jh.)

Natürlich variierte der Beginn der Landarbeit entsprechend den Gebieten, um die es sich handelte: In Italien fing der Weinbauer schon im Februar damit an, die Weinstöcke zu beschneiden, während diese Arbeit in Frankreich erst im März vorgenommen wurde. Auch wurden im Frühling (*vernum tempus*) die im Winter abgemagerten Rinder aus dem Stall herausgelassen, und zu diesem Zeitpunkt war, wie ein für die Sachsen bestimmtes Kapitulare sagte, ihr Verkaufswert am niedrigsten.

Im Juni (nach dem Kalender Karls des Großen erst im Juli) begannen die Heuernte und die Schafschur. In Italien lag der Ernteanfang schon im Juni, weiter nördlich im Juli und August, und

im Kalender Karls des Großen hieß der August ›Aranmanoth‹ (Ährenmonat).
Im Herbst wurden die Rinder wieder in die Ställe getrieben. September und Oktober — je nach dem Gebiet, das man betrachtet — war die Zeit der Weinlese (›Windumanoth‹ war im Kalender Karls des Großen die Bezeichnung für Oktober). Das Kapitulare von Pîtres aus dem Jahre 864 setzte die Weinlese auf den September und den Oktoberanfang an.
Die Winteraussaat erfolgte im September und Oktober, zu der Zeit also, in der das Großvieh in die Ställe zurückkehrte; aber dies war auch der Zeitpunkt, an dem die Schweine in den Wäldern die meisten Eicheln fanden; die Zeit der Weinbereitung und die des Sammelns von Wintervorräten aus allem, was der Wald lieferte, fielen zusammen.
Vom Dezember bis zum Februar lag die Arbeit still, wenn auch gewisse Tätigkeiten wie das Dreschen andauerten.
Wir müssen noch darauf hinweisen, daß die Höhepunkte der Arbeit mit Festen zusammenfielen. Wir nennen neben dem Osterfest das Erntefest, das Fest der Feldarbeit und das Fest nach dem Aufbau der Heuschober, ferner das Fest des Holzsammelns, das Fest nach dem Aufbau der Getreideschober und das Weihnachtsfest. Wir sehen, daß die einfachen und armen Leute die Zeiten angestrengter Arbeit durch kurze Stunden gemeinsamer Heiterkeit und Entspannung zu erleichtern suchten.

a) Geräte für Feldarbeit und Handwerk

Auf vielen Domänen mußten sich die Kolonen mit ihrer eigenen Ausrüstung an der Landarbeit beteiligen, also mit ihren eigenen Pflügen und Gespannen.
Man hat in der Wissenschaft viel darüber diskutiert, ob die Pflüge in der Zeit Karls des Großen die *aratra* (Hakenpflüge) der Antike oder schon echte Holzpflüge waren.[8] Das *aratrum* war im wesentlichen ein langer, von zwei Ochsen gezogener Stock, der, hinten mit einem spitzen, im Feuer gehärteten Haken versehen, über den Boden gezogen wurde. Dieses Gerät zum Aufwühlen und Lockern des Bodens war einfach und hatte den großen Vorzug, daß jeder Bauer es selbst herstellen konnte. Ein wesentlicher Nachteil lag darin, daß das Gerät die Erde nur oberflächlich ankratzte und daß es nur bei leichter Erde wirklich nützlich war. Man mußte denn auch den Boden alle paar Jahre wieder mit der Schaufel bearbeiten.
Anders als das *aratrum* war der eigentliche Pflug gebaut, der sich durch eine nicht symmetrische Schar (Pflugeisen) und ein Streichbrett auszeichnete, den Boden tief aufwühlte und die Nachhilfe durch die Schaufel überflüssig machte. Der Pflug konnte auch schwere Erde auflockern, verlangte aber stärkere

Gespanne, die ihn bewegten, und konnte nur von einem Fachmann angefertigt werden.
Die Geschichte des Pfluges ist bei den Forschern leidenschaftlich umstritten und bis heute nicht gänzlich geklärt. Wahrscheinlich hat es seit der Römerzeit ein auf Rädern vorwärts zu bewegendes *aratrum* (von variabler Beweglichkeit) gegeben: ein Gerät, das die Möglichkeit bot, die Tiefe zu bestimmen, in der der Boden aufgewühlt werden sollte. Das Gerät selbst war aber auf jeden Fall ein *aratrum*, kein eigentlicher Pflug.
Der Pflug mit Streichbrett tauchte — im 6. Jahrhundert — bei den slawischen Völkern auf, von denen aus er zu den Skandinaviern gelangt zu sein scheint. Man hat aus diesem frühen Gebrauch des Pfluges die Begründung für die Vorstöße der skandinavischen Völker nach Süden abgeleitet, die in den Einfällen der Normannen sichtbar wurden: Der Pflug soll die Produktivität des Bodens und damit die Zahl der skandinavischen Menschen gesteigert haben — eine Vermehrung, die dann in unvermindertem Tempo weiterging, bis der Nahrungsspielraum schließlich überschritten war und Scharen von Wikingern Skandinavien verließen, um anderswo ihr Glück zu versuchen.
Manchmal wurde aufgrund sehr mittelbarer Indizien die Ansicht vertreten, daß Deutschland bis zum Rheinland hin schon vorher echte Pflüge gehabt habe. Das ist nicht ausgeschlossen, aber ganz ungewiß. Nach kritischer und tiefschürfender Nachprüfung dieser These meint G. Duby, daß der Gebrauch des echten Pfluges in der Karolingerzeit nicht zu beweisen sei. Umgekehrt neigt Lynn White zu der Ansicht, daß solche Pflüge schon damals im Gebrauch waren. Tatsächlich sprechen eine Stelle bei dem Dichter Ermoldus Nigellus und gewisse angelsächsische Texte dafür, daß es im Lauf des 9. Jahrhunderts schon Pflüge mit eiserner Schar und eisernem Streichbrett gab.[9]
Man kann aus den Quellen schließen, daß die Bauern bis zum 11. Jahrhundert wohl nur in verhältnismäßig seltenen Fällen über Geräte aus Eisen verfügt haben. Dies geht auch aus dem berühmten *Dialog zwischen dem Rhein und den Vogesen* hervor, den der Dichter Ermoldus Nigellus im 9. Jahrhundert verfaßt hat.
Zusammenfassend kann man sagen, daß — abgesehen vielleicht von den Verhältnissen in Norditalien — das zivile Leben im damaligen Europa und damit auch die Kultur selbst noch stark von der Bearbeitung des Holzes abhing. Trotz der Verwendung von Eisen war es wohl fast wirklich so, wie der *lignarius* (Holzarbeiter) im *Colloquium* Aelfrycs sagt: »Ich bin es, der die Häuser und Schiffe baut, ich verfertige die Geräte.« Seine Darstellung bezieht sich auf die Verhältnisse um das Jahr 1000; doch kann man daraus mit einem *argumentum e fortiori* schließen, daß eine der wirtschaftlichen Grundlagen für die Karolingerzeit darin be-

stand, daß sie Gerätschaften aus Holz besaß. Diese Grundlage war auch noch im 11. Jahrhundert vorhanden und galt auch für den Kontinent; denn nicht nur die eben zitierten Worte aus Aelfrycs *Colloquium*, sondern auch die (auf die am Markt verkauften Waren gelegten) Abgaben in Arras, das damals zu Flandern gehörte, bezogen sich – um das Jahr 1030 – auf die Gerätschaften aus Holz; sie wurden dort in so großer Menge verkauft, daß diese Abgabe (*tonlieu, teloneum*) nach dem Maß der Holzgefäße gestaffelt war.[10]

Das Abgabenverzeichnis für die am Markt von Arras verkauften Waren zeigt uns aber auch sehr deutlich die Ausbreitung des Gebrauchs von Eisen zwischen dem 9. Jahrhundert und dem Anfang des 11. Jahrhunderts. Man verkaufte dort neben den zahlreichen Holzgeräten auch Messer, Sensen und Lanzen aus Eisen. In Aelfrycs *Colloquium* wird die Aktivität der ›Schmiede‹ sehr ausführlich beschrieben; im *Colloquium* rühmt sich der Schmied, wichtiger zu sein als die Vertreter anderer Handwerkszweige. Er begründet dies damit, daß er Pflugeisen und Pflugschar für den Feldarbeiter, Pfrieme für den Schuhmacher, Nadeln für den Schneider und Haken für die Leute herstelle, die Fische erbeuten wollten.

b) Die Mühlen

Wir haben bisher den Müller nicht erwähnt, dessen Bedeutung immer groß gewesen ist. Es gab schon früh Mühlen. Das *Capitulare de villis* spielt bereits auf ihr Bestehen an, und zweifellos bezieht sich diese Anspielung auf Wassermühlen.

Die Wassermühlen haben sich nach dem Ende der Antike sehr langsam verbreitet. Doch ist erwiesen, daß es im 9. Jahrhundert schon ziemlich viele Mühlen gab. Die Liste des königlichen Fiskus (Krongutsverwaltung) von Annapes unweit Roubaix zählte fünf in den ihm unterstellten Domänen auf, und die Abtei von Saint-Germain-des-Prés besaß auf ihren Domänen sogar neunundfünfzig Wassermühlen. Das bedeutet nicht, daß diese Mühlen ganz allgemein in Gebrauch waren, denn die Abtei von Saint-Germain-des-Prés hatte auf ihren Domänen neben den Wassermühlen auch Mühlsteine, die mit der Hand bedient wurden. Alles spricht aber dafür, daß die Einsetzung der Wasserkraft zu motorischen Zwecken – diese großartige Erfindung, die den Menschen von quälender Arbeit befreite – sich schon im 9. Jahrhundert einzubürgern begann. Natürlich war der Bau einer Mühle damals ein bedeutsames und kostspieliges Unternehmen, das nur von reichen Eigentümern durchgeführt werden konnte; aber gerade diese Eigentümer hatten ein starkes Interesse daran, die wassergetriebene Mühle den Pächtern und sogar den Bauern der näheren Umgebung zur Verfügung zu stellen. So wurde die Benut-

zung der Mühle gegen Entgelt üblich, und die Mühle brachte ihrem Eigentümer dadurch sicherlich erhebliche Erträge ein.
Mit diesen Erläuterungen konnten wir — wir hoffen es wenigstens — den Lebensrhythmus und die verschiedenen Tätigkeitsbereiche der Menschen als Zugehörige von beruflich geprägten Gruppen im 9. Jahrhundert skizzieren.

V. DAS GEISTIGE LEBEN

a) Anarchie in der religiösen Verehrung

Die Menschen waren damals Christen oder doch zum Christentum bekehrt. Doch selbst wenn wir die gewaltsam bekehrten Friesen und Sachsen hier außer Betracht lassen, drängt sich der Eindruck auf, daß die ganze Gesellschaft der Karolingerzeit unter einem dünnen christlichen Firnis eine geistige Substanz besaß, die dem Heidentum, ja dem magischen Denken nahestand.[11]
Das führte sogar zu einer Umgestaltung des Christentums. Gewohnt, viele verschiedene Götter anzubeten, war den Menschen jener Zeit der Gedanke an eine einzige dreieinige Gottheit nicht wirklich vertraut. Sie strebten deshalb fieberhaft danach, die Anzahl jener Wesen, die sie religiös verehren durften, zu vergrößern. Wir finden denn auch mehrfach in den Kapitularien das auf uns recht eigentümlich wirkende Verbot, unbekannte Engel zu erfinden, da nur die Erzengel Gabriel, Raphael und Michael erlaubt seien.
Im gleichen Sinne muß das Verbot gedeutet werden, neue Heilige zu verehren. Dieses Verbot bezog sich stillschweigend auf materielle Phänomene, die die damaligen Christen mit ihrem Glauben eng verknüpfen wollten. Da die Abstraktion ihrem Denken fremd war, wollten sie ihre Religion auf irgendeine Weise konkreter unterbauen, und daraus erklärt sich der eindrucksvolle Aufschwung des damaligen Reliquienkultes. Jeder wollte seinen Schutzheiligen haben und ihn in der eindeutigen Form seiner sterblichen Hülle oder seiner Überbleibsel verehren. Darin suchten die damaligen Menschen eine Zuflucht vor allen Schrecken und allem Elend. All das entsprach nahezu der Mentalität des Heidentums. Dieses war ja keineswegs tot. So stellten die Kapitularien ausdrücklich fest, daß das Heidentum oder heidnische Gebräuche fortdauerten, und schrieben den Kampf gegen Opfer für die Toten, gegen Zauberei, Beschwörungen und Prophezeiungen vor, die »unvernünftige Leute ganz nahe den Gotteshäusern unter dem Vorwand vollziehen oder aussprechen, daß sie die Märtyrer verehren«.
Man kämpfte in den Kapitularien und in den Kirchen gegen Zauberer und Hexen und befahl, der Anbetung von Bäumen, Steinen und Quellen ein Ende zu setzen.

Die Neigung zur Magie — freilich in einer vom Christentum beeinflußten Form — zeigte sich damals auch in einer Gewohnheit, die wiederholt verboten wurde, was auf ihr häufiges Auftreten hinweist. Man untersagte den Priestern streng, das Salböl zu verkaufen, ganz gleich, ob es zu medizinischen Zwecken oder zur Zauberei verwendet werden sollte. Ein fanatisch zugespitztes Christentum und heidnische Mentalität — beides Phänomene jener Zeit — kamen aus der gleichen Geistesrichtung: der jähen Hinwendung zum Übernatürlichen. Diese starke Tendenz drückte sich in den radikalsten Formen aus, und gegen sie richtete sich seltsamerweise die Obrigkeit auch dort, wo das Heidentum fehlte. Die Obrigkeit begünstigte keineswegs diejenigen, die als Klausner leben wollten, und wandte sich gegen die vielfachen Kirchengründungen. Man kann diese Haltung der weltlichen Macht besser verstehen, wenn man sie im Zusammenhang mit deren Kampf dagegen sieht, daß zu viele Unfreie einen kirchlichen Rang erlangten. Die Obrigkeit wollte dies nicht, »damit es den Domänen nicht an Armkraft [Arbeitern] fehle«.

b) Ketzereien und Unruhe im Volk

Die wild wuchernde Leidenschaft für das Übernatürliche in allen seinen Formen — von gedanklichen Spekulationen bis zu primitiven Vorstellungen herab — drückte sich auch in allen möglichen Abweichungen von den damals herrschenden Normen aus. Wir meinen damit nicht die Ketzereien.[12] Diese hat es allerdings auch gegeben, beispielsweise den gegen Ende des 8. Jahrhunderts in Spanien entstandenen Adoptionismus (*hispanicus error*). Seine Lehre, die offensichtlich dem im 5. Jahrhundert aufgekommenen nestorianischen Christentum geistig verbunden war, besagte: Christus als Mensch sei nur der Adoptivsohn Gottes. Diese Auffassung, die von Elipand, einem Erzbischof von Toledo, vertreten wurde, wurde bald von Felix, dem Bischof von Urgel, unterstützt. Die Lehre wurde aber von Papst Hadrian I. (772—795) sowie von Alkuin bekämpft, und der Streit verlor nach dem Tode Elipands im Jahre 802 fast jede Bedeutung. Bald aber entstand eine neue Ketzerei, die von dem auf der Prädestination beharrenden sächsischen Mönch Gottschalk ausging. Seine Lehre vom partiellen göttlichen Heilswillen führte zu der Konsequenz, daß Christus nur für die zum Heil Vorherbestimmten gestorben sei.
Schließlich sei noch an eine andere Kontroverse, den Streit um die Dreifaltigkeit, erinnert: einen Streit, bei dem es sich um die Beziehungen zwischen dem Heiligen Geist, Gottvater und Christus handelte. Der Kampf, der um diese Fragen vor allem in den Jahren 796 und 808 auf zwei Synoden geführt wurde, war jedoch nicht nur ein auf den fränkischen Staat beschränkter

dogmatischer Streit. Hier zeichnete sich vielmehr schon ein (später immer schärfer werdender) Gegensatz zwischen der lateinischen und der griechischen Kirche ab, deren Schonung Papst Leo III. (795—816) durch eine gewisse Nachgiebigkeit zunächst noch erstrebte. Doch blieben all diese theologischen Kämpfe hauptsächlich Sache der Theologen, und das Volk wurde von ihnen nicht tief berührt. Im Volke tauchten aber häufig Propheten und Prophetinnen auf, beeindruckten es für einige Zeit und verschwanden — oft nach Unterdrückung ihres Auftretens durch die geistlichen und weltlichen Machthaber — wieder aus der Öffentlichkeit.[13] Zu anderen Zeiten wiederum nahmen die Abweichungen von der Kirchenlehre einfachere Formen an. Beispielsweise wandte sich ein Kapitulare gegen diejenigen, die sich auf die Autorität eines angeblich vom Himmel gefallenen Briefes beriefen, eines Schreibens, das starken Eindruck gemacht zu haben scheint. Ferner hielt man bei Lyon drei Männer und eine Frau fest, die gerade Früchte auf den von einem Sturm verwüsteten Feldern sammeln wollten. Man glaubte, die vier seien von Luftschiffen aus auf die Erde gefallen. Die vier Menschen wurden gesteinigt, aber der Volkszorn richtete sich eigentlich gegen die angeblichen Auftraggeber: Zauberer aus ›Magonia‹, die die Leute in Luftschiffen abgesandt hätten, damit sie die Früchte aufläsen und ihnen — den Zauberern — verkauften. Zuweilen äußerte sich die Leichtgläubigkeit des Volkes sogar noch primitiver. So glaubte man, daß der Herzog von Benevent Leute ausgeschickt habe, damit sie Giftpulver auf die Viehweiden streuten. Landfremde wurden eingefangen und zu ›Geständnissen‹ gezwungen. Sobald man diese ›Geständnisse‹ hatte, band man die Leute auf Bretter und ließ sie die Flüsse hinabtreiben, bis sie ertranken.

Die mit Aberglauben gepaarte Leichtgläubigkeit des Volkes ist um so verständlicher, als das geistige Niveau und die religiöse Bildung der Priester ganz unzulänglich waren, kannten doch viele Geistliche nicht einmal das Vaterunser.

VI. GEMEINSAMES TRINKEN. VEREINIGUNGEN
ZUR GEGENSEITIGEN HILFE

Zuletzt wollen wir noch einen Faktor erwähnen, der im Leben der damaligen Menschen eine Rolle spielte: Man trank gern und viel. Das Getränk war Wein oder Kräuterbier (da die Alkoholdestillierung, die in den arabischen Quellen schon um das Jahr 800 erwähnt wird, in Westeuropa erst zu Beginn des 14. Jahrhunderts bekannt wurde). Augenscheinlich trank damals fast jeder. Geht man nämlich die darauf bezüglichen Stellen der Kapitularien durch, so erfährt man, daß die Grundherren tranken;

man liest ohne große Verwunderung, daß auf dem Lande viel getrunken wurde und daß man in vielen Fällen gemeinsam trank und sich gegenseitig einlud, ein Glas miteinander zu leeren. Aber während des Heeresdienstes mußte jeder aufpassen, sich nicht im betrunkenen Zustand überraschen zu lassen, denn man ließ ihn dann Wasser trinken, bis er bußfertig war (und danach gewiß von neuem am Wein sündigte). Alles dies ist nicht weiter überraschend.

Merkwürdiger ist schon, daß viele Geistliche anscheinend die Gewohnheit hatten, ihre gläubige Umgebung zum Trinken zu zwingen, und zwar bis zum Rausch. Doch das gehört in einen größeren Zusammenhang, den wir, obgleich wir ihn später noch einmal behandeln müssen, schon hier zu erwähnen haben. Im allgemeinen sieht man die Menschen des frühen Mittelalters in ihrer gleichsam vertikalen gesellschaftlichen Beziehung, im Sinne eines Verhältnisses von Herrschaft und Unterordnung also: der Gebieter stand über dem Sklaven, der oberste Lehensherr über dem Vasallen, der König beziehungsweise sein Vertreter über dem Untertanen. Dieses Verhältnis, das von oben nach unten, aber auch umgekehrt einen Aspekt des damaligen Lebens darstellte, war jedoch nicht die einzige soziale Beziehung. Es gab, wie betont werden muß, noch ein anderes gesellschaftliches Verhältnis, eine horizontale Zuordnung: die beschworene Vereinigung, die aus Männern Brüder machte.[14]

Die Behauptung, daß diese Beziehung überall bestanden habe, wäre allerdings gewagt; denn die beschworene Vereinigung war anscheinend — jedenfalls so lange, bis im 12. und 13. Jahrhundert neue Bindungen horizontaler Art auftauchten — auf die germanische Welt beschränkt.

Seit langem gab es die *libatio*, den gemeinsamen rituellen Trunk. Gemeinsames Trinken nach einem die Trinkenden verbindenden Ritual — ursprünglich bildete ein kultischer Opfertrunk den Höhepunkt — war eine Grundlage für die Bildung sozialer Gruppen in Skandinavien und in Germanien. Dieses Zeremoniell und seine bindende Kraft bei der Gründung einer Gruppe war durch das Christentum nicht beseitigt worden und behielt auch später noch einen gewissen heidnischen Anstrich. Man darf denn auch annehmen, daß ein im Jahre 785 erlassenes Kapitulare, in dem die Gewohnheit, bei Quellen, Bäumen oder im Walde Gelübde abzulegen »und zu Ehren der Dämonen Gastmähler abzuhalten«, bekämpft wurde, sich auf die brüderschaftlichen Gründungen bezog. Alkuin, der Berater Karls des Großen, meinte gewiß sie, als er um das Jahr 800 in seinen Briefen an den Erzbischof von Canterbury und an den Erzbischof von York die »Schwurvereinigungen« erwähnte. Ein Kapitulare Karls des Großen drückte sich sogar noch genauer aus: es verbot — unter der Rubrik »beschworene Vereinigung beim Trunk« — jene

»Trinkereien, die zu Ehren des heiligen Stephanus veranstaltet« wurden.
Noch eindeutiger sprach es der Erzbischof Hincmar von Reims im Jahre 852 aus, als er den Geistlichen die Gefahr der »Vereinigungen, die man in der Volkssprache Gilden oder Brüderschaften nennt«, vor Augen führte. Die eben zitierte Formulierung läßt tief blicken; Erzbischof Hincmar deutete anläßlich seiner Warnungen auch an, daß es sich um Zusammenkünfte handelte, die, Priester und Laien umfassend, zum großen Teil frommen Übungen dienten: Übungen, bei denen sich die Mitglieder miteinander »brüderlich versöhnten und — einzeln oder insgesamt — der Kirche eine Kerze opferten«. Weshalb aber wandte sich der Erzbischof von Reims so scharf gegen diese Zusammenkünfte? Die Gründe waren anscheinend zweifacher Art. Zunächst deshalb, weil die Vereinigungen, wie schon aus ihrem Namen ›Gilden‹ hervorgeht,[15] augenscheinlich nichts anderes waren als die alten, lange vor der Christianisierung entstandenen Brüderschaften, die sich unter einem dünnen christlichen Firnis erhalten hatten. Außerdem aber gab es bei den Zusammenkünften — und dies deutet klar darauf hin, daß es sich um eine Fortsetzung der alten heidnischen Gilden handelte — neben den religiösen und spirituellen Übungen auch Eßgelage und Trinkereien.
Zwei Gesichtspunkte nun sind bei jeder Gilde klar erkennbar, gleichgültig, ob sie im 9. oder aber erst im 12. Jahrhundert existierte: die Gilde verpflichtete stets die Mitglieder zu gegenseitiger Hilfe, und das Zeremoniell, das ihr eigen war, wurde stets festlich mit gemeinsamem Trunk vollzogen. Aus verschiedenen Gründen, von denen wir später noch reden werden, gab es bei den Gilden auch Besonderheiten, die Nuancen innerhalb dieses kollektiven Phänomens schufen; vor allem gewannen die Gilden der Kaufleute, die sich — hauptsächlich in England — seit dem 9. Jahrhundert bildeten, solche Bedeutung, daß eine Verwechslung des Begriffs der Gilde überhaupt mit dem spezifischen Begriff der Kaufmannsgilde üblich wurde.
Diese Verwechslung kam vielleicht schon im Anfang des 9. Jahrhunderts vor, und tatsächlich gab es damals schon vereinzelte Kaufmannsgilden. So erwähnen die Kapitularien Gilden, die ihren Mitgliedern — im Wege gegenseitiger Hilfe — eine Art Versicherung gegen Schiffbruch verbürgten. Man muß wohl daraus schließen, daß es sich bei diesen Gilden um Kaufmannsgilden gehandelt hat. Aber die gegenseitige Hilfe wurde keineswegs nur in diesen spezifischen Gilden gewährt.
Offensichtlich handelte es sich um eine Form der Vereinigung, bei der — in jenen Jahrhunderten, in denen das Individuum sich gegenüber allen Machthabern allein fand — sich der einzelne jenen anderen näherte, die ebenso schwach wie er selbst und ihm darin gleich waren; durch engen brüderlichen Zusammenschluß

konnten sich die geringen Kräfte der einzelnen zu gegenseitiger Hilfe verbinden und verstärken. Man fühlte sich eins — vielleicht gerade dadurch, daß man sich betrank; denn Trunkenheit war für die Menschen jener Zeit der einzige Weg, um für einige Stunden die mitleidlose Welt zu vergessen, in der sie lebten.

6. Die wirtschaftliche Entwicklung zwischen dem 8. und 10. Jahrhundert

Im 9. Jahrhundert wirkte sich schon ein beständiger Handelsstrom auf Europa aus. Wir wollen sein Entstehen und seine Bedeutung zunächst im Hinblick auf die einzelnen Länder untersuchen.

I. ITALIEN

Hier müssen wir drei Zonen unterscheiden.
Die erste umfaßt das Gebiet an der Westküste des Adriatischen Meeres — vereinfachend gesagt: die von Ravenna bis Venedig reichende Region des vom Po und den ihm zuströmenden Flüssen gebildeten Wassernetzes.
Die zweite Zone ist das Küstengebiet von Campanien: Neapel, Amalfi und Salerno.
Die dritte — nur teilweise italienisch — ist die Küstenregion, die von der Tibermündung, bzw. von Rom, im Bogen bis zur Mündung des Ebro, das heißt bis Barcelona reicht.
Zunächst etwas über die erste Zone, das Küstengebiet am Adriatischen Meer.

a) Venedig

Sobald sich im Jahre 680 zeitweilig ein Gleichgewicht zwischen der Macht der Langobarden und dem byzantinischen Einfluß im nordwestlichen Küstengebiet des Adriatischen Meeres hergestellt hatte, begannen sich die Häfen von Comacchio und Venedig zu entwickeln[1], und der Impuls, der von beiden Hafenstädten ausging, wirkte sich auf die am Po gelegenen Städte aus. Der Langobardenkönig Liutprand gewährte den *milites Comacienses* im Jahre 715 Handelsprivilegien, die es ihnen ermöglichten, den Po und alle seine Nebenflüsse mit Schiffen zu befahren und die Städte dieses Flußgebietes vor allem mit Salz zu versorgen.
Das Salz wurde danach zum Ausgangspunkt des Handels, den die Bewohner von Comacchio trieben, so wie aus dem Verkauf dieser Ware auch der Handel von Venedig die ersten Antriebe erhielt, das schließlich Comacchio von seinem führenden Platz verdrängte. Die Rückfracht der Schiffe scheint zunächst in Ölladungen bestanden zu haben.

Der Langobardenkönig Aistulf erließ im Jahre 754 ein Gesetz, in dem drei Arten von Kaufleuten erwähnt wurden, deren Vermögen »keine Immobilien« aufwies. Die erste der drei Gruppen, die in dem Gesetz aufgeführt waren, wurde unter dem Gesichtspunkt der militärischen Pflichten den reichsten Grundbesitzern gleichgestellt.[2] Somit gab es in der Mitte des 8. Jahrhunderts in Norditalien Berufskaufleute, unter denen manche schon zu großem Vermögen gelangt waren.

Wir wenden uns nunmehr der Entwicklung Venedigs zu. Comacchio war lange Zeit hindurch eine Rivalin dieser Stadt. Da aber Venedig endgültig siegte, ist es angebracht, vor allem auf diese zukunftsreiche Stadt einzugehen.

Venedig war nach der Eroberung Ravennas durch die Langobarden im Jahre 751 das einzige Territorium, das den Byzantinern in Norditalien noch blieb. Seit dem Ende des 7. Jahrhunderts wurde die Stadt von einem *dux* (Dogen) verwaltet, der von Byzanz ernannt wurde.

Doch dann änderte sich die Ernennungsform. Der Doge wurde seit dem Jahre 726 von der Geistlichkeit und den Vertretern der alteingesessenen Geschlechter Venedigs gewählt. Die Wahl mußte vom Kaiser bestätigt werden, doch auch diese Bestätigung kam später außer Gebrauch.

Trotz aller Schwierigkeiten entwickelte sich die Institution der Dogenherrschaft schnell. Die Macht des *dux* wuchs, und seit dem Jahre 778 war es üblich, daß der auf Lebenszeit gewählte Doge einen zweiten als Mitregenten (*condux*) ernannte, der automatisch sein Nachfolger wurde. Natürlich pflegte der regierende Doge, falls er einen Sohn hatte, diesen zum zweiten Dogen zu machen, so daß sich eine tatsächliche, wenn auch nicht rechtlich festgelegte Erblichkeit dieser mächtigen Funktion und die Grundzüge einer dynastischen Entwicklung abzeichneten.

Abgesehen von innerpolitischen Kämpfen, in die der Doge verwickelt werden konnte, gab es für ihn vier wesentliche Probleme. Zunächst mußten seine Beziehungen zu Byzanz geregelt werden. Noch spät — im 9. Jahrhundert — haben die Dogen die Oberhoheit der byzantinischen Kaiser über Venedig anerkannt und es niemals zu einem deutlichen oder gar öffentlichen Bruch kommen lassen. Für dieses Verhalten gab es, ganz abgesehen von politischen oder militärischen Erwägungen, einen triftigen Grund: die Venezianer lebten weitgehend von ihrem Handel mit Byzanz und wollten nicht die Henne schlachten, die die goldenen Eier legte. Die Venezianer berücksichtigten die objektiven Interessen des Oströmischen Reiches zwar nur wenig und lieferten den Mohammedanern, die sich im Kriege mit Byzanz befanden, sogar Waffen, doch hielten sie die Fiktion der byzantinischen Oberhoheit weiterhin aufrecht.

Das zweite Problem, das sich den Dogen stellte, lag in der Gestaltung der Beziehungen Venedigs zu der jeweils in Italien herrschenden Macht.

Italien hat im Laufe des 8., des 9. und des 10. Jahrhunderts seine Herren oft gewechselt. Langobarden, Franken und Deutsche haben das Land nacheinander beherrscht, und es gab dort auch noch andere, weniger bedeutsame Machthaber. Venedig hing in starkem Maße von den Verhältnissen auf dem Festland ab, nicht nur wegen seiner unverkennbaren militärischen Unterlegenheit, sondern auch deshalb, weil die Lebensmittel für die Stadtbewohner aus Venedigs Nachbargebieten eingeführt werden mußten. Der Doge mußte sich zuweilen sehr diplomatischer Mittel bedienen, um den Anschein ausgezeichneter Beziehungen zu Fürsten aufrechtzuerhalten, die manchmal nicht gerade davon entzückt waren, daß es einen republikanischen Zipfel gab, der fast wie eine Enklave in ihrem eigenen Staat wirkte.

Das dritte Problem für den Dogen bildeten die ›Leute von gegenüber‹. An der östlichen Küste des Adriatischen Meeres saßen südslawische Völkerschaften: Slowenen, Kroaten und Serben. Sie waren zwar für Venedig nicht allzu gefährlich, konnten aber seine Schiffahrt behindern und schädigen. Die Seeräuber des bei der Narenta liegenden Gebietes (im südlichen Dalmatien) bedrohten den Handel Venedigs sehr ernsthaft, und aus dieser Gefahr erklärt sich das immer wieder zutage tretende Bestreben der venezianischen Machthaber, sich in den Besitz der Ostküsten des Adriatischen Meeres zu setzen.

Das vierte Problem, das für die venezianischen Politiker in Erscheinung trat, war das Verhältnis zu den Arabern.

Die Byzantiner beherrschten das Mittelmeer, bis die Araber sich im Jahre 827 Kretas bemächtigten.[3] Je mehr Gebiete von den Moslems im Laufe des 9. Jahrhunderts erobert wurden, desto leichter hätten die Probleme, die sich hieraus ergaben, für Venedig politische Züge annehmen können. Doch trat in Wirklichkeit keine Änderung ein. Wenn Venedig auch manchmal den Byzantinern zu Hilfe kam, blieb es doch dem Prinzip treu, gute Beziehungen zu den Herrschern der arabischen Welt zu unterhalten und aufgrund dieser Beziehungen Handel mit den Moslems zu treiben.

Nach diesen einleitenden Bemerkungen ist es an der Zeit, daß wir uns dem eigentlichen Thema zuwenden: den Handelsbeziehungen Venedigs zum östlichen Mittelmeer.

Venedig nahm anfangs byzantinische Schiffe und ihre Waren im Hafen auf, holte sich aber die Waren nicht selbst, woraus hervorgeht, daß die Stadt noch keine große Handelsflotte besaß. Wenn man von Transportdiensten absieht, beschränkte sich damals die eigentliche Handelstätigkeit, wie früher erwähnt, auf die Ausfuhr des auf den Lagunen gewonnenen Salzes nach den Städten am Po.

Die Lage änderte sich aber, als die Seemacht des Oströmischen Reiches in der ersten Hälfte des 9. Jahrhunderts zurückging und Venedig dadurch gezwungen wurde, sich selbst gegen die Seeräuber des Narentagebietes zu verteidigen. Die wachsende maritime Übermacht der Araber erschwerte den byzantinischen Schiffen die Fahrt nach dem Westen. Andererseits machten es die guten Beziehungen, die die Dogen zu den Moslems angeknüpft hatten, den Venezianern möglich, das östliche Mittelmeer ohne schwere Gefahr zu benutzen und die kostbaren Erzeugnisse des Orients nach Italien zu bringen. Der venezianische Seefahrer galt ja den Byzantinern als Landsmann, den Arabern als Freund.
Venedig, dessen Regierung und Patriziat sich seit dem Anfang des 9. Jahrhunderts auf dem Rialto niedergelassen hatten, besaß schon früh besondere Beziehungen zum Osten. Hierauf wollen wir mit ein paar Worten eingehen. Der byzantinische Kaiser Leo V. erließ für die Venezianer zwischen den Jahren 813 und 820 ein Verbot, sich nach Syrien und Ägypten, zwei Hauptgebieten des Islams, zu begeben. Doch gerade ein solches Verbot beweist, daß die Venezianer mit diesen Ländern der Moslems in Verbindung standen. Dies wurde im Jahre 829 deutlich, als die Venezianer den Leichnam des heiligen Markus (San Marco) nach Venedig brachten. Der Besitz der kostbaren Reliquien eines Evangelisten ließ Venedigs Frömmigkeit mit einem Schlage vor der Welt aufleuchten – aber sie kamen aus Alexandria, einer Stadt des Islams!
Man könnte aus dem, was wir bisher erwähnten, vielleicht schließen, daß die Handelstätigkeit der Venezianer sich zunächst auf die Wareneinfuhr aus dem mohammedanischen Orient beschränkt habe. Doch in jener Zeit – etwa bis zum Jahre 820 – wurden in venezianischen Testamenten auch Seidenmäntel erwähnt, die in Konstantinopel eingekauft worden waren.[4] Es stellt sich hier die wichtige Frage, welche Waren Gegenstand des venezianischen Handels mit dem Nahen Osten waren.
Gewiß handelt es sich dabei zum Teil um den von vielen Historikern besonders betonten Sklavenhandel sowie um die Einfuhr von Seidenwaren und Gewürzen. Hierfür gibt es Beweismaterial im Überfluß, und wir werden dazu auch ein paar zeitgenössische Zeugnisse anführen. Andererseits muß betont werden, daß diese Waren, die hohe Luxusbedürfnisse befriedigen sollten, gewichtsmäßig nur einen unbedeutenden Teil der Schiffsladungen ausgemacht haben. Man weiß ganz sicher, daß Venedig Holz sowie Waffen in die Länder des Islams ausgeführt hat, nach Byzanz wurde unter anderem Getreide exportiert.
Wir geben im folgenden ein paar Hinweise auf die Handelstätigkeit der Venezianer. Es wurde schon erwähnt, daß die Venezianer im Anfang des 9. Jahrhunderts Seidenwaren in Konstantinopel kauften und daß sie zwischen den Jahren 810 und 830

aktive Wirtschaftsbeziehungen zu Alexandria und zu Syrien unterhielten. Notker Balbulus (der Stammler) berichtete um das Jahr 880, daß die Gefolgsleute Karls des Großen Kleider aus orientalischer, über Venedig eingeführter Seide gekauft hätten. Wenn dieser Bericht auf Wahrheit beruht, bezieht er sich auf einen Kauf, der gegen Ende des 8. Jahrhunderts stattgefunden hat; falls er aber nicht zutrifft, müssen solche Kaufmöglichkeiten zumindest in der Zeit der Abfassung von Notkers Bericht, also um das Jahr 880, bestanden haben. Notker sagt, daß jene Gefolgsleute Karls des Großen die seidene Kleidung in Pavia erworben hätten. Pavia war auch der Ort, an dem Graf Gerald von Aurillac, der Gründer des gleichnamigen Klosters, einem venezianischen Kaufmann begegnete, der über die Preise von Seidenstoffen in den byzantinischen Städten genau orientiert war.

In der Mitte des 10. Jahrhunderts wurde Bischof Liutprand von Cremona von Kaiser Otto dem Großen nach Byzanz gesandt. Dort bemerkte er, daß die von ihm gekauften Seidenwaren die »gleichen Zollsiegel« trugen wie die venezianischen. Er sagte zu den byzantinischen Zöllnern, in Italien gingen sogar Dirnen in Seide gekleidet, und erklärte ihnen, *daß die Seidenwaren von Kaufleuten aus Venedig und Amalfi im Austausch für Lebensmittel*, die sie nach Byzanz exportierten, von dort aus nach Italien gebracht würden. Liutprand sah im Hafen ein venezianisches Handelsschiff, das im Begriff war, auszulaufen

Wir wollen nur noch zwei bedeutsame Tatsachen anführen. Der byzantinische Kaiser Nikephoros Phokas sandte im Jahre 972 zwei Beauftragte nach Venedig. Sie sollten dort Erkundigungen über die Lieferung von Holz und Waffen an die Araber einziehen. Ein zweites wichtiges Datum ist das Jahr 992, in dem zwischen Byzanz und Venedig ein Handelsvertrag geschlossen wurde, der die Zollgebühren für die auf venezianischen Schiffen nach Byzanz gebrachten venezianischen Waren herabsetzte.

Als letzter Punkt[5] muß die Entwicklung der Städte im Gebiet des Po erwähnt werden. Comacchio, die einstige Konkurrentin Venedigs, wurde weitgehend ausgeschaltet, und von ihrem Gewürzhandel war wohl nichts mehr übriggeblieben. Bald machte sich statt dessen Venedig im Pogebiet geltend. Beispielsweise werden venezianische Schiffe in Mantua für das Jahr 862 erwähnt. Eine aus dem Jahre 968 stammende Urkunde vermerkt, daß Venedig, Comacchio und Ferrara im Pogebiet Handel trieben, ohne daß in dem Schriftstück ein Bedeutungsunterschied hervorgehoben würde. Aus einer anderen Urkunde, die im Jahre 996 ausgestellt wurde, geht hervor, daß Cremona damals schon eine Stadt von einiger Bedeutung war.

Pavia, über das noch zu sprechen sein wird, war bekanntlich schon lange eine Hauptstadt und ein beachtliches Handelszentrum.

b) Süditalien

Wir kommen nunmehr zu der zweiten von uns genannten Zone. Sie umfaßt Amalfi und die anderen Städte Campaniens: Neapel, Salerno, Gaeta und Capua.[6]

Diese Städte lagen an der Grenze zwischen dem fränkischen und dem byzantinischen Machtbereich, und dies ermöglichte ihnen ein leichtes Manövrieren zwischen den Monarchien in diesen Gebieten.

Amalfi, damals die weitaus bedeutendste der eben genannten Handelsstädte, war lange Zeit hindurch ein Ableger des Herzogtums Neapel, eines byzantinischen Gebietes, gewesen. Die Stadt hatte sich aber, nicht anders als Venedig, schließlich in einen kleinen unabhängigen Staat verwandelt.

Die wirtschaftliche Energie all dieser süditalienischen Städte richtete sich ganz unverhohlen auf das Gebiet des Islams. Ihre Kaufleute und Seefahrer konnten aufgrund der Wirtschaftsbeziehungen zu den Moslems ungehindert das Mittelmeer befahren, selbst wenn ihr Ziel Byzanz war.

Um diese Entwicklung zu verstehen, muß man beachten, daß der wirtschaftliche Aufschwung von Städten wie Amalfi erst in der Mitte des 9. Jahrhunderts deutlich wurde, zu einem Zeitpunkt also, da die Seemacht des Byzantinischen Kaiserreiches stark zurückgegangen war und die Moslems das westliche Becken des Mittelmeeres und in zunehmendem Maße auch das östliche Becken beherrschten. Der größte Teil des 9. Jahrhunderts stand im Zeichen der allmählichen Eroberung Siziliens durch die Araber. Palermo fiel ihnen schon im Jahre 831 in die Hände, und die vier Jahre später erfolgende Einnahme Pantellerias festigte ihre Position im Süden. Bedenkt man, daß Spanien und Nordafrika von den Moslems beherrscht wurden und daß die Balearen von den spanischen Herrschern aus dem Omaijadenhause kontrolliert wurden, so begreift man das Verhalten der süditalienischen Seestädte, die nur die Wahl hatten, sich mit den Machthabern der Moslems zu verständigen oder sich in unablässigen Kämpfen zu verbrauchen. Die Städte Campaniens, Amalfi nicht ausgenommen, entschieden sich für ein Zusammengehen mit den Arabern und verfolgten diesen Weg mit einer gelegentlich befremdenden Konsequenz. So schlossen Neapel und die anderen Städte Campaniens im Jahre 836 ein Bündnis mit den in Palermo ansässigen Arabern.[7]

Dieses Verhalten war sehr lohnend. Amalfi wurde zum Ausgangspunkt eines ausgebreiteten Handels mit den mohammedanischen Ländern des Orients wie auch mit den byzantinischen Gebieten; die anderen Städte Campaniens wandten sich einem mehr begrenzten Seehandel zwischen Italien, Nordafrika und Spanien zu.

Amalfi widmete sich seit dem Jahre 836 dem Seehandel. Jedenfalls gab es seit dem Beginn des 10. Jahrhunderts in Konstantinopel eine ziemlich große Kolonie von aus Amalfi stammenden Leuten. Wir haben schon erwähnt, daß Bischof Liutprand von Cremona in dem Bericht über seine Reise nach Konstantinopel anläßlich seines Erlebnisses mit den dortigen Zollstellen Venedig und Amalfi ohne Rangunterschied als die Städte bezeichnete, die Seidenwaren aus Byzanz nach dem Westen exportierten und zum Austausch Getreide nach Byzanz brächten. In dem Handelsvertrag, den Venedig und Byzanz im Jahre 992 miteinander schlossen, wurden die Kaufleute aus Amalfi ausdrücklich erwähnt; aber die Beziehungen Amalfis zu den Ländern des Islams waren von mindestens gleicher Bedeutung. Man kann dies aus einem späten, aber charakteristischen Vorgang ersehen, der sich im Jahre 996 abgespielt hat. In Kairo, das damals nicht einmal ein sehr bedeutender Hafen war, wurden mehr als hundert aus Amalfi stammende Menschen von Feinden der Süditaliener niedergemacht.
Die Spezialisierung Amalfis auf den Handel mit den Moslems zeigt sich auch in der erstaunlichen Tatsache, daß in dieser Stadt und auch in Salerno Münzen mit kufischen (altarabischen) Inschriften geprägt wurden.

c) Vom Tiber bis zum Ebro

Während Venedig sich auf seine Bindungen an Byzanz berief, um mit diesem Kaiserreich Handel zu treiben, andererseits aber gute, freilich etwas verborgene Beziehungen zu den Arabern unterhielt, um seine Schiffahrt zu sichern, und während Amalfi sowie die Städte Campaniens ihre wirtschaftliche Tätigkeit offen mit dem Handel der islamischen Welt verbanden, lagen die Verhältnisse innerhalb des Fränkischen Reiches gerade umgekehrt.
Das Karolingerreich, dessen Versuche, den Normannen mit einer Flotte auf dem Meer entgegenzutreten, im Keim erstickt worden waren,[8] mußte, da es nur Landmacht war, seit dem Jahre 838 eine von den Moslems systematisch durchgeführte Verwüstung seiner Mittelmeerküsten erleben. Marseille wurde im Jahre 838, Arles vier Jahre später angegriffen. Danach kam es im Jahre 846 zu einem zweiten Angriff auf Marseille, und im Jahre 850 stürmten die Araber auch wieder gegen Arles vor. Bald danach nahmen die Moslems einen Stützpunkt in der Camargue in Besitz, rissen die Herrschaft über die Balearen an sich und nisteten sich im Jahre 888 auch in La Garde-Fraînet (an der Küste der Provence) ein, wo sie sich vierundachtzig Jahre hindurch hielten.[9]
Dieses Vordringen der Araber führte zur völligen Zerstörung des Handels und zum Ruin der Städte zwischen Barcelona und

der Tibermündung. Die Katastrophe erfolgte nicht plötzlich. Arles erhielt noch im Jahre 912 ein Privileg, das sich auf das »von Griechen und den anderen ausländischen Händlern« zu erhebende Marktgeld (Marktzoll) bezog, und der Hafen von Avignon wurde noch im Jahre 907 erwähnt; aber dies alles hörte auf. Marseille ließ sich im 10. Jahrhundert nicht ein einziges Mal seine städtischen Privilegien bestätigen und vegetierte wirtschaftlich hinter seinen Wällen dahin. Fréjus, Toulon und Antibes erloschen als Städte für lange Zeit, Cimiez und Venasque für immer.
Narbonne und Carcassonne hielten sich zwar besser, doch auch sie blieben von dem allgemeinen Niedergang nicht verschont.[10]
Die italienischen Städte Genua und Pisa blieben wirtschaftlich auf eine gefährliche Küstenschiffahrt beschränkt oder waren vom Großhandel gänzlich ausgeschlossen.

II. BYZANZ ALS WIRTSCHAFTSZENTRUM

Die italienischen Kaufleute waren nicht die einzigen, die im Nahen Osten Handel trieben. Der in Persien als hoher Beamter wirkende arabische Geograph Ibn Khurradadebh[11] erwähnt auch »rahdanitische« Juden, die sich, ähnlich den Italienern, wirtschaftlich nach dem Osten wandten. Doch läßt sich nicht feststellen, welche Juden der bedeutende Geograph in seinem um das Jahr 850 geschriebenen Text gemeint hat, da die Bedeutung des Wortes *ar-rahdaniya* unbekannt ist. Diese Juden legten, wie man dem arabischen Text entnehmen kann, größere Entfernungen zurück als die Italiener. Sie schifften sich in Frankreich (vielleicht in Marseille, Arles oder Narbonne) mit Gefolge und Waren ein: mit jungen Sklaven, Sklavinnen, mit Brokat, der vielleicht aus Spanien stammte, mit Biberfellen, Marderfellen und Schwertern. Sie fuhren nach Suez, durchquerten die Landenge auf Kamelen und gelangten nach Medina und Mekka. Von dort begaben sie sich nach Indien und China, wo sie Moschus, Aloeholz, Kampfer und Zimt einkauften. Sie kehrten dann auf dem gleichen Wege nach Suez zurück, von wo aus die einen sich nach Konstantinopel einschifften, die anderen den Weg nach Aachen antraten.
Der Aufenthalt und die Handelstätigkeit in Byzanz waren streng reglementiert. Die Kaufleute durften sich nicht länger als drei Monate im Byzantinischen Kaiserreich aufhalten, und ihre Handelstätigkeit wurde scharf überwacht. Diese Reglementierung ist uns durch das um das Jahr 912 von Kaiser Leo VI. herausgegebene *Buch des Präfekten* bekannt.[12]

III. VON BYZANZ NACH KIEW

Wir müssen nun von einem anderen Handelsweg sprechen, dessen Strecke vom Schwarzen Meer zur Ostsee führte.
Man muß hierbei verschiedene geschichtliche Verhältnisse berücksichtigen.
Der Handelsweg zwischen Kiew und Konstantinopel ist uns aufgrund von Verträgen zwischen den Fürsten von Kiew und den byzantinischen Kaisern ziemlich genau bekannt. Zudem hat der byzantinische Kaiser Konstantin VII. (Porphyrogennetos) bis ins einzelne beschrieben, wie der Fürst von Kiew jedes Jahr im Herbst durch sein weites Herrschergebiet reiste, um bei den tributpflichtigen Stämmen die Schatzung (Felle, Honig usw.) einzuziehen und diese Waren, die in Byzanz Absatz fanden, in großen Mengen zu sammeln. Kaiser Konstantin stellte auch anschaulich dar, wie dann im Frühjahr die befrachteten Ruderschiffe den Dnjepr hinabfuhren, dessen Stromschnellen man durch zeitweiliges Tragen der Schiffe umging, und schließlich das Schwarze Meer erreichten. An der Dnjeprmündung, auf der St.-Gregors-Insel, wurden die Schiffe aufgetakelt und segelten dann zur Donaumündung. Von dort aus war der Weg nach Konstantinopel gefahrlos.[13]
Die Byzantiner hatten zwei Kontaktzentren für den Handelsverkehr mit Asien. Trapezunt war das Zentrum für den Handel mit Persien und Bagdad; Cherson (im Südwesten der Halbinsel Krim) war die Stelle des Kontaktes mit den östlich des Kaspischen Meeres wohnenden Völkern, deren bedeutendstes die Chazaren waren. Die Chazaren, zwischen dem Unterlauf der Wolga und dem Schwarzen Meer seßhaft geworden, kontrollierten uneingeschränkt die Verbindungswege, die von den Gebieten der weiter nördlich lebenden Völker zu Byzanz einerseits und zum Irak andererseits führten.
Die Chazaren, die zu den Turkvölkern gehörten, aber vermutlich aufgrund der Konversion eines ihrer Fürsten während des 9. Jahrhunderts in Mengen zum Judentum übergegangen waren, hatten einen gut organisierten Staat aufgebaut, der Aserbeidschan, einen Teil der Küsten des Kaspischen Meeres, die Kaukasusregion und Küstengebiete am Asowschen Meer umfaßte. Sie haben schließlich glanzvolle Städte wie Balandjar und Dagestan sowie Itil (an der unteren Wolga) und Samandar am Kaspischen Meer gegründet.
Die Chazaren selbst trieben keinen Handel, erhoben aber auf Waren, die im Transitverkehr ihr Land berührten, eine erhebliche prozentuale Abgabe. Dadurch, daß sie nach Norden vordrangen, spaltete sich das bis dahin die Steppengebiete Südrußlands bewohnende Volk der Bulgaren in zwei Gruppen: die Westbulgaren, die zum Balkan wanderten, und die Ostbulgaren, die sich

östlich der Wolga und des Kaspischen Meeres hielten und dadurch die Möglichkeit hatten, sich durch Waren, die sie von den Stämmen an der mittleren Wolga als Tribut einzogen, einen Anteil am Transithandel nach den von den Moslems bewohnten Gebieten Asiens zu verschaffen.[14] Zeitweilig waren diese Bulgaren wieder den Chazaren gegenüber tributpflichtig.
Die Bulgaren machten eine Entwicklung durch, die der des Chazarenvolkes bis zu einem gewissen Grade ähnelte. Zwar hatten sie aus ihrer Vergangenheit, in der sie Nomaden gewesen waren, die Gewohnheit behalten, während der warmen Jahreszeit als Viehzüchter in Zelten zu leben, aber im Winter zogen sie sich in ihre großen Städte, Bolgar und Suwar, zurück. Schon waren sie so weit, ebenso wie die Chazaren Münzen zu prägen; nicht anders als die Chazaren, drangen sie langsam nach Norden vor und unterwarfen sich dort slawische Stämme. Doch daneben gab es auch eine Bewegung in umgekehrter Richtung: die der Waräger (bewaffneter Händler aus Schweden), die von Norden nach Süden vorstießen.

IV. DIE EXPANSION DER SCHWEDEN NACH SÜDEN

Die Historiker, die sich der Darstellung der europäischen Geschichte widmen, waren lange Zeit hindurch gewohnt, sich mit Völkerbewegungen von Südosten nach Nordwesten oder mit einer Expansion von Westen nach Osten hin zu befassen. Fast widerstrebend beschäftigen sich diese Historiker mit Bewegungen, die sich im äußersten Osten Europas vollzogen und, von der Ostsee ausgehend, sich auf die Gebiete am Schwarzen Meer richteten.
Vor allem waren die Schweden Träger dieser Bewegungen. Es kam sehr früh zu einer Expansion in südlicher Richtung.
Auf Helgö (Lillö), einer Insel im Mälarsee — westlich von Stockholm —, sowie auf der Insel Gotland hat man Reste orientalischer Erzeugnisse (Elfenbeinarbeiten und zum Schmuck dienende Muscheln) gefunden, die aus dem Gebiet des Indischen Ozeans stammten. Hieraus ergibt sich, daß schon im 7. Jahrhundert Handelsverbindungen zwischen den skandinavischen Ländern und dem Orient bestanden haben.
Man muß also eine von außenpolitischen Ereignissen unabhängige schwedische Expansion als gegeben annehmen, deren Richtung sich schon in der frühen Vergangenheit des Landes abgezeichnet hat. Grobin (unweit der lettischen Stadt Libau) war eine in der Mitte des 7. Jahrhunderts entstandene Kolonie von Gotländern und Schweden des Festlandes.[15] Dort fand man Spuren einer für jene Zeit zahlreichen Bevölkerung, die Handel trieb. Grobin erlosch als bewohnter Handelsplatz wohl im Laufe des

9. Jahrhunderts, war aber bis dahin wahrscheinlich einer der Stützpunkte für das Vordringen der schwedischen und gotländischen Kaufleute zunächst an der Ostseeküste entlang und danach ins Landesinnere hinein.[16] In Schweden gab es damals, im 9. Jahrhundert, den bedeutenden Handelsplatz Birka, wo man viele Reste von orientalischen Produkten, wie chinesische und byzantinische Seidenwaren und Bronzen aus Persien, gefunden hat. Man kann ohne weiteres einen in Birka beginnenden Weg des Handels erkennen, der über verschiedene schwedische Siedlungen in Osteuropa fortgesetzt wurde. Zu diesen Siedlungen gehörten unter anderem Grobin (bei Libau) und Truso bei Elbing.
Das Vordringen skandinavischer Kaufleute nach Osteuropa war das Werk der Waräger und der Kylfinger.

V. DIE ›RUSSEN‹

Die Rolle, die die Slawen und die Skandinavier bei dem Vordringen der Waräger und Kylfinger gespielt haben, ist schwer zu ermitteln, zumal da die Historiker Schwedens und diejenigen Rußlands hierbei ganz verschiedene Standpunkte vertreten.[17]
Ein Teil der Historiker behauptet, daß die Bildung eines russischen Staatswesens nur den Schweden zuzuschreiben sei, ein anderer Teil behält diese Rolle ausschließlich den Slawen vor und glaubt, daß die Schweden hierzu nur einen zufälligen und vorübergehenden Beitrag geleistet haben.
Über diesen umfangreichen Fragenkomplex kann man sich nur schwer ein persönliches Urteil bilden, doch scheint uns die folgende Entwicklung möglich und erwägenswert.
Die Schweden haben sich, wie erwähnt, zunächst in den südlichen Küstengebieten der Ostsee und in den von finnischen Stämmen bewohnten Territorien im nördlichen Rußland angesiedelt. Von dort aus stießen sie nach Süden vor, beauftragten aber zugleich ihre Kaufleute, Produkte der slawischen Gebiete zu kaufen. Byzanz war der große Abnehmer dieser Erzeugnisse, die ihren Weg über das Gebiet der Chazaren und Ostbulgaren nahmen. Die Slawen sahen also, daß für ihre Naturprodukte — Leder und Wachs, Honig und Sklaven — eine immer stärkere Nachfrage bestand. Natürlich zogen im wesentlichen die lokalen Machthaber aus dieser steigenden Nachfrage ihren Nutzen. Sie wurden ständig reicher und mächtiger. Diese Machthaber bekämpften zuweilen einander, schlossen sich aber andererseits, wenn es ihnen erforderlich erschien, auch zusammen — zur Wahrung ihrer Interessen gegenüber all den Ausländern, die die Produkte der slawischen Territorien erwerben wollten.
Damals entstanden die *gorod*, befestigte Zentren, die gleichzeitig

Sammelmagazine für Waren bildeten, welche zur Ausfuhr bestimmt waren, wie auch für jene Handwerksprodukte und Vorräte, die der Ernährung der Bewohner dienten. Es handelte sich um umwallte Ortschaften halb städtischen Charakters, die Konzentrationspunkte auch für die kommerziell verwertbaren Erzeugnisse des umliegenden ländlichen Gebietes darstellten.
Das Datum, zu dem diese Entwicklung einsetzte, ist heftig umstritten, doch steht fest, daß sie im 9. Jahrhundert stark an Umfang gewann. Zu den bedeutsamsten dieser *gorod* gehörten Nowgorod, Perejaslawl, Tschernigow, Smolensk, Polotsk, Wladimir und Kiew. Die Skandinavier haben sich selbstverständlich in diesen Zentren niedergelassen. Vielleicht haben dort auch Gruppen von Chazaren und Bulgaren gelebt, aber diese sind höchstwahrscheinlich durch die Waräger verdrängt worden, die sich der Städte bemächtigten und schließlich eine Dynastie gründeten. Das erfolgte vermutlich zu der Zeit, in der die slawischen Stämme seßhaft wurden, das heißt auf Betreiben ihrer Machthaber je nach der örtlichen Situation ein fest umgrenztes Gebiet für dauernd in Besitz nahmen.
Gerade deswegen, weil die Slawen sich politisch zu entwickeln begannen, also einen Ansatz zu staatlicher Organisation zustande brachten, konnten die Ausländer die nunmehr veränderten Verhältnisse nutzen. Sie stützten zur Festigung ihrer wirtschaftlichen Positionen jene Machthaber, die ihnen günstig gesinnt waren, oder bekämpften die, die es nicht waren. Diese Haltung verhalf den Skandinaviern dazu, in Kiew an die Macht zu gelangen.
Natürlich war die Anzahl dieser Schweden niemals sehr bedeutend, und schon deshalb war auch der staatspolitische Einfluß, den sie in Rußland geltend machten, zwangsläufig auf bestimmte, von ihnen gewählte Zentren wie etwa Kiew beschränkt. Ihr kultureller Einfluß beschränkte sich, wenn man von einzelnen bevorzugten Sektoren wie dem Handel einmal absieht, nur auf eine ziemlich dünne slawische Oberschicht. Wir glauben aber, daß der Name ›Rus‹ (Russen) sich ursprünglich auf die Waräger bezog. Diese Auffassung ist freilich umstritten.
Wir wollen nun unsere Interpretation der Tatsachen kurz zusammenfassen. Die Schweden haben sich an den südlichen Ostseeküsten und, dem Lauf der Düna folgend, in den von finnischen Stämmen bewohnten Regionen Rußlands niedergelassen: Gebiete, die dann als an Schweden angeschlossen betrachtet wurden.[18] Die Skandinavier sind danach in südlicher Richtung vorgedrungen. Es scheint uns glaubhaft, daß sie, wie zwei zeitgenössische Texte besagen, ein »Khaganat«, das heißt einen Warägerstaat, gegründet haben. Weiter nach Süden hin haben sie bald bewaffnete Aktionen, manchmal durch das Chazarenreich marschierend, unternommen. Manche Warägergruppen

haben sich in Kaufmannskolonien innerhalb der befestigten *gorod* (halbstädtischer Zentren) niedergelassen oder als bewaffnete Scharen von Reisenden mit ihren Waren die für ihren Handel bedeutsamen Zentren aufgesucht. Einen solchen Besuch durch skandinavische Kaufleute hat der arabische Geograph Ibn Fadhlan im 10. Jahrhundert beschrieben.[19]
Die Kolonien der Skandinavier in den halbstädtischen Zentren und die von *bewaffneten* schwedischen Scharen durchgeführten Expeditionen, von denen Ibn Fadhlan spricht, wurden zwangsläufig zu einem politischen Faktor, der kurz vor dem Jahre 860 in Kiew die Machtergreifung durch zwei Skandinavier, Askold und Dir, bewirkte. Auf ihr Betreiben wurde ein Kriegszug gegen Konstantinopel unternommen.[20]
Da die Anzahl der Skandinavier in Rußland gering war, muß es bei ihnen zu einer von Generation zu Generation stärker werdenden Slawisierung gekommen sein. Es gab zwar Zuzug aus Schweden, und er wirkte der Slawisierung etwas entgegen; doch war sie schließlich nicht zu verhindern.
Ein Skandinavier namens Oleg (Helge), der aus Nowgorod gekommen war, ergriff im Jahre 882 die Macht in Kiew und gründete damit die Dynastie der Rurikiden, die, schon um die Mitte des 10. Jahrhunderts ganz slawisiert, bis zum Jahre 1584 regierte. Wir wissen nicht, ob Oleg schon die Anfänge eines Zusammenschlusses ostslawischer Stämme — der Polanen, Severjanen, Drevljanen, Dregowitschen, Polotschanen und ›Slowenen‹ — vorgefunden hat oder ob eine Föderation kleiner ostslawischer Staaten auf seine Initiative hin zustande kam. Auf jeden Fall war Oleg der erste Warägerfürst, der einen großen, von Nowgorod bis Kiew reichenden russischen Staat beherrscht hat. Die ersten Rurikiden pflegten an Mitglieder ihrer Familie die Regierungsmacht in den bedeutendsten Städten wie Tschernigow, Smolensk und Perejaslawl zu delegieren. Hinsichtlich des Namens Rußland neigen wir zu der Auffassung, daß seine erste und lokale Bezeichnung sich auf den Staat von Kiew bezog, einen Staat, der insofern spezifisch ›russisch‹ war, als er, von einem ›russischen‹ Fürsten beherrscht, schließlich das ganze den Rurikiden unterworfene Gebiet umfaßte.

VI. VON KIEW BIS ZUR OSTSEE

Kiew war für den byzantinischen Handel eine nicht zu übergehende Zwischenstation im Verkehr mit den Ostseegebieten.
Die Existenz eines entsprechenden Handelsweges ist vor allem deshalb wahrscheinlich, weil es einen vom Dnjepr und seinem Oberlauf und dann weiter nördlich von der Lowat und dem Wolchow bis zum Ladogasee führenden Wasserweg gab. Dieser

war allerdings nicht ohne Unterbrechung befahrbar. Man mußte die Barken an manchen Stellen tragen. Doch die Tatsache, daß man Waren zwischen dem Schwarzen Meer und der Ostsee mit einem Minimum von Umwegen zu Wasser befördern konnte — also auf dem für den Transport von Gütern und Menschen weitaus bequemsten Wege —, spricht dafür, daß diese Möglichkeit auch genutzt wurde.

Die Bedeutung dieses Wasserweges ergibt sich unter anderem aus der Tatsache, daß an ihm die Mehrzahl der hervorragendsten *gorod* lag: Kiew und Nowgorod, aber auch Perejaslawl, Tschernigow, Polotsk und Smolensk.

Die Benutzung des erwähnten Wasserweges erhellt auch daraus, daß die Familienbeziehungen zwischen den skandinavischen Fürsten von Kiew und ihren schwedischen Verwandten nicht abbrachen und umgekehrt auch in Skandinavien ein Bewußtsein naher Verwandtschaft mit den russischen Machthabern bestehen blieb.[21]

Nicht nur in politischer, sondern auch in wirtschaftlicher Hinsicht zeigte sich die Bedeutung der Skandinavier. Von fünfundzwanzig uns dem Namen nach bekannten russischen Kaufleuten, die in den Jahren 911 bis 945 Handel mit Byzanz trieben, trug die Mehrzahl skandinavische Namen.[22]

Aus alledem geht hervor, daß die weite Region zwischen dem Mündungsgebiet des Dnjepr und der Ostsee als ein zusammenhängendes, von den Fürsten von Kiew beherrschtes Gebiet zu betrachten ist. Der Handel zwischen Konstantinopel und der Ostsee war für die Länder der Fürsten von Kiew nicht einmal das wirtschaftlich wichtigste Element. Wesentlicher noch war der Handel zwischen den Ostseeländern und den von Moslems bewohnten Ländern Asiens.

Dieser Handel vollzog sich jedoch nicht auf dem erwähnten Wasserweg zwischen dem Dnjepr und dem Ladogasee, sondern längs einer Route, die von der Wolga über den Wolchow und den Ladogasee zur Newa führte: ein Handelsweg, der wahrscheinlich früher benutzt worden ist als die Dnjepr-Wolchow-Route. Wenn, wie erwähnt, schon Byzanz einen Anziehungspunkt für die Handel treibenden Bewohner der Städte Italiens und zugleich für die skandinavischen Kaufleute bildete, so mußten die fabelhaften Reichtümer der von Moslems bewohnten Gebiete Vorderasiens sie noch viel mehr locken. Seit dem 7. Jahrhundert bildeten der Unterlauf und der Mittellauf der Wolga eine Wasserstraße, auf der die aus Persien eingeführten Waren transportiert wurden. Doch dieser Weg endete wie eine Sackgasse am Mittellauf der Wolga, bis die Skandinavier auf der Suche nach Pelzwerk und Sklaven das Becken der Wolga und das des Wolchow miteinander in Verkehrsverbindung brachten und so dem Handel einen neuen Weg erschlossen. Auf dieser Route — weit östlich von dem mit dem Dnjepr beginnenden, über den Wolchow zum Ladogasee führenden Wasserweg — vollzog sich der Handelsverkehr zwischen dem Asien der Moslems und dem Ostseegebiet. Man darf nicht außer acht lassen, daß weder die aus Schweden gekommenen, im östlichen Ostseegebiet und um den Ladogasee seßhaft gewordenen Waräger noch die vor allem längs der Linie Dnjepr—Lowat—Wolchow wohnhaften Russen über einen direkten Zugang zu den von Mohammedanern bewohnten Gebieten Asiens verfügten. Die Bulgaren, die nördlich des Kaspischen Meeres und an der Wolga saßen, sowie die Chazaren, deren Niederlassungen sich zwischen dem Schwarzen Meer und der Wolga befanden, versperrten faktisch diesen Zugang und kontrollierten auch die Warentransporte. Die mehrmals gegen diese Völker unternommenen Kriegszüge der Russen konnten zunächst nichts an dieser Lage ändern. Zwar gelang es den Russen, im Jahre 966 den Staat der Chazaren zu zerschlagen; aber damit wurde auch das Hindernis beseitigt, das sich bis dahin dem Vormarsch der Petschenegen und der Kumanen (Polovzer) entgegengestellt hatte. Diese Völker drangen in den von den Chazaren verlassenen Raum ein, so daß die Waräger und Russen mehr denn je zuvor von dem direkten Zugang zu den reichen asiatischen Fürstentümern der Moslems abgeschnitten waren.

VII. GEGENSTÄNDE DES HANDELS

Man muß die Frage stellen, welche Waren auf all diesen Verkehrswegen transportiert wurden.
Ein Text, der allerdings spät zu datieren ist, gibt uns einige Anhaltspunkte. Die älteste, wohl auf Aufzeichnungen aus dem 10. Jahrhundert zurückgreifende russische Chronik berichtet: »Im Jahre 6744 [969] wollte Swjatoslaw [Fürst von Kiew] seine Hauptstadt [zur dauernden Abwehr der Bulgaren] von Kiew nach [dem bulgarischen] Perejaslawec [an der Donau] verlegen. In dieser Stadt häufte sich alles: das Gold der Griechen, kostbare Stoffe, Wein und verschiedene Früchte. Silber und Pferde aus Böhmen und Ungarn. Leder und Wachs, Honig und Sklaven aus Rußland.«
Die ersten vier genannten Werte kamen offenbar aus Byzanz. Zugleich mit den Seidenwaren, von denen sich Reste erhalten haben, wurden wohl auch Gewürze erworben. Wenn für die Gewürze auch keine Spuren nachzuweisen sind, so haben wir doch Anlaß zu glauben, daß es eine Gewürzeinfuhr in die nördlichen Gebiete gegeben hat. Ein arabischer Reisender[23] stellte um das Jahr 968 in Mainz fest, daß dort viele aus dem Orient stammende Gewürze und Pflanzenprodukte zu kaufen waren: Pfeffer, Ingwer, Gewürznelke, indische Narde, *costum* (ein indischer

Strauch, dessen Wurzel vor allem zur Herstellung einer Salbe verwendet wurde) und die als Gewürz wie auch für medizinische Zwecke verwendete *galanga* (Wurzelstöcke der ostindischen Galgantpflanze). Der Reisende sah in Mainz auch Dirhems (Drachmen), die in dem von der Samanidendynastie beherrschten Westturkestan geprägt worden waren. Wenn der Araber in Mainz nur die pflanzlichen Genußmittel vorgefunden hätte, könnte man daraus vielleicht schließen, daß sie auf dem Seeweg über das Mittelmeer nach dort gekommen seien; aber schon das Vorhandensein von Denaren des Samanidenreiches in Mainz deutet darauf hin, daß die Gewürze auf nördlicher gelegenen Wegen dorthin gebracht worden sind.

Die in der oben zitierten russischen Chronik angedeutete Produktion würde uns vielleicht nicht glaubwürdig erscheinen, wenn nicht noch eine andere Quelle von dieser Handelstätigkeit spräche. Der Araber Ibn Jakub erwähnte um das Jahr 968 in seiner berühmten Beschreibung von Prag die Ankunft von »türkischen« Händlern, die nach Prag gereist waren. Es steht fest, daß mit diesen »Türken« Ungarn gemeint waren. Dies wird unter anderem dadurch belegt, daß man in den ungarischen Gräbern aus dem 10. Jahrhundert eine ziemlich große Anzahl von Denaren aus dem Herrschaftsgebiet der Samaniden gefunden hat. Für den Handel zwischen den Russen und den Moslems bildete Ungarn, wie Professor Szekely hervorgehoben hat, einen Teil des großen Hinterlandes; oft haben sich in Ungarn auch Waräger als Söldner verdingt.

Das Verzeichnis der Zollstelle von Raffelstetten (an der Mündung der Enns in die Donau) zeigt, daß die böhmischen und russischen Kaufleute Sklaven in die deutschen Gebiete exportierten. Der gehandelte Honig und das Wachs waren Erzeugnisse von Schwärmen wilder Bienen. Ibn Fadhlan weist auf den Honigreichtum bei den Chazaren, Ibn Jakub auf den Honigreichtum Polens hin, und das Verzeichnis der Zollstelle von Raffelstetten erwähnt die Einfuhr von Wachs durch russische oder böhmische Händler in das Gebiet des Fränkischen Reiches.

Einen bedeutenden Bestandteil der Warenarten und Warenmengen, die von den Skandinaviern gehandelt wurden, machten unbestreitbar die Felle von Pelztieren aus.

Die Waräger, von denen Ibn Fadhlan spricht, haben in erster Linie weibliche Sklaven und Pelzwerk verkauft. Weniger als ein Jahrhundert vor dem Bericht Ibn Fadhlans schreibt um das Jahr 850 Ibn Khurradadhebh, daß die russischen Kaufleute mit Biberfellen handelten. Der Geograph Ibn Rusta erwähnt im gleichen Zusammenhang Verkäufe von Zobelfellen, Fellen des grauen Eichhörnchens und Hermelinfellen (neben den Verkäufen von Honig), die die Russen bei den Bulgaren vornahmen.

In Prag, wo russische (skandinavische), slawische, ungarische und böhmische Kaufleute einander begegneten, gab es, wie Ibn Jakub berichtet[24], einen bedeutenden Pelzhandel.

Über die Herkunft des Pelzwerkes geben die Quellen nur geringen Aufschluß, doch deuten die Texte an, daß es wahrscheinlich aus Skandinavien stammte.[25] Der deutsche Historiker Adam von Bremen erwähnt um das Jahr 1070 die Pelze vom Fell der Schwarzfüchse, Hasen, weißen Marder (Hermeline) und Eisbären, die man, wie er meint, »nur in Norwegen« findet.*

Doch ein Text des arabischen Gelehrten Masudi, der im 10. Jahrhundert lebte, lokalisiert die Jagd auf Schwarzfüchse, Polarfüchse und Rotfüchse auf das Gebiet des Irtisch und des Ob, also auf Sibirien. Masudi gibt sogar an, daß die Felle dieser Tiere in das Gebiet des Fränkischen Reiches, nach Spanien und bis nach Nordafrika ausgeführt wurden. Dieser Text ist nicht zu ignorieren. Man muß aus ihm schließen, daß das Pelzwerk teils aus Skandinavien, teils aus Sibirien kam und daß die sibirischen Tierfelle hauptsächlich nach Westeuropa, Spanien und Nordafrika ausgeführt wurden. Die skandinavischen Felle dagegen wurden, wie ein berühmter Bericht des norwegischen Bauern und Kaufmanns Ottar beweist, durch die Schweden in die Gegenden gebracht, die später rein russisch wurden.

Es ist wahrscheinlich, daß auch die Bulgaren mit Marderfellen gehandelt haben, da ihr Fürst den schuldigen Tribut an die Chazaren in Form von Marderfellen entrichtete und in den bulgarischen Gebieten des Ostens solche Felle als Zahlungsmittel verwendet wurden.[26] Doch ist diese These nicht gesichert, da ja die skandinavischen Kaufleute aus Rußland in die von Bulgaren bewohnten Gebiete kamen, um dort Pelze zu veräußern.

Zu dem Handel mit Pelzwerk kam noch der Waffenhandel. Ibn Khurradadhebh, der von der Tätigkeit der russischen (vorwiegend skandinavischen) Kaufleute spricht, erwähnt ausdrücklich ihren Handel mit Schwertern, die die ›Rus‹ in der Stadt Bolgar mit sich führten und die »den Schwertern der Franken ähnlich« waren. Ibn al Nadim, der in der zweiten Hälfte des 10. Jahrhunderts in Bagdad lebte, sprach von Schwertern, an denen er selber Eingravierungen in fränkischer Schreibweise gesehen habe. Natürlich konnten diese Waffen auf dem Seewege über das Mittelländische Meer nach Bagdad gelangt sein; doch es ist bekannt, daß die skandinavischen Kaufleute sich für diese Waffen interessiert haben, und der Text des Ibn Khurradadhebh enthält detaillierte Angaben darüber. Auch hat man solche Schwerter in Rußland wiedergefunden.[27]

---

* Vgl. Adam v. Bremen (Domscholaster, † 1081), *Gesta Hammaburgensis ecclesiae pontificum*, hg. 1917 in 3 Bdn. v. B. Schmeidler. [Anm. d. Red.]

VIII. VON SCHWEDEN NACH ENGLAND

Wir finden an der Ostsee mehrere bedeutende Handelsplätze, die alle mit Westeuropa in Verbindung standen. Es handelt sich dabei zunächst um das schwedische Birka (auf einer Insel im Mälarsee) und um Hedeby (Haithabu) in Jütland, beide an der großen Handelsstraße gelegen, die Schweden einerseits über Dorestad (Duurstede am Lek) mit dem Rheingebiet und mit den an der Maas und der Schelde gelegenen Gegenden, andererseits mit England verband. Ferner gab es den Handelsplatz Truso unweit von Elbing. Ein angelsächsischer Reisender, dessen um das Jahr 900 abgefaßter Bericht[28] auf uns überkommen ist, hat seine Reise von Hedeby nach Truso beschrieben.

Die zeitgenössischen Quellen sprechen auch noch von einer anderen, außerordentlich mächtigen und bedeutenden Handelsstadt im Ostseegebiet. Die Hauptbelege hierfür finden wir bei Ibn Jakub, der diese Stadt um das Jahr 968 erwähnte [29], sowie bei dem Historiker Adam von Bremen, der ein Jahrhundert später von ihr sprach. Ibn Jakub weckt allerdings durch einige seltsame geographische Erläuterungen zunächst unseren Argwohn. Er beschreibt anfangs das Wohngebiet der Polen und erklärt, daß östlich von diesem Gebiet die Russen leben. Westlich von den Ansiedlungen der Russen gibt es, wie er sagt, die »Stadt der Frauen« (Amazonen).[30] Westlich von dieser Stadt wiederum lebt, wie Ibn Jakub sagt, ein Volk, das er als »Ubabas« (Waba) bezeichnet: ein Volk, das die Sümpfe im Nordwesten von Polen bewohne und am Meer eine große Stadt mit zwölf Toren und einem mächtigen Hafen besitze. Die »Ubabas« seien Feinde der Polen und würden nicht von Königen, sondern von den Ältesten regiert.

Adam von Bremen erwähnt eine Stadt namens ›Jumne‹, die von Slawen, Griechen und Barbaren bewohnt sei und an der Mündung der Oder liege. Er bezeichnet diese Stadt als die größte Europas; sie sei zu Lande von Hamburg aus in sieben Tagen zu erreichen, über das Meer gelange man von Schleswig aus zu ihr.

Die Zeugnisse Ibn Jakubs und Adams von Bremen können bei richtiger Deutung manches enthüllen. Zweifellos ergibt sich aus den Texten, daß es im 10. und 11. Jahrhundert eine bedeutende Stadt gegeben hat, die an der Odermündung lag.

Schwierigkeiten bereitet die Ermittlung des Namens dieser Stadt. Man hat den Namen ›Jumne‹ auf Jomsburg bezogen, einen in den Sagas seit dem 12. Jahrhundert häufig genannten Seeräubersitz.[31] Der Historiker Walter Vogel hat dieser Frage eine tiefschürfende Studie gewidmet, gelangt aber nicht zu eindeutigen Folgerungen.[32] Anscheinend neigt er zu der Ansicht, daß die Stadt, von der Ibn Jakub sprach, Wollin (auch ›Julin‹ genannt)

war und daß dort noch im 11. Jahrhundert der Hauptsitz der Seeräuber im Ostseegebiet gelegen hat, bis die Stadt im 12. Jahrhundert zugrunde ging.
W. Vogel leugnet in seiner Studie, daß die Wikingsaga, die viel von Jomsburg redet, irgendeine historische Grundlage habe; er meint, daß von einer besonderen und demokratischen Verfassung Jomsburgs keine Rede sein könne, da die Wikinger, die Träger einer solchen Verfassung hätten sein können, den Texten nach erst gegen Ende des 12. Jahrhunderts dort auftauchten, während von der Stadt schon in den Quellen aus dem 10. Jahrhundert die Rede ist.
Ich kann mir diese extreme und, wie mir scheint, übersteigerte Skepsis nicht zu eigen machen und halte es für durchaus möglich, daß die Seestadt, die Ibn Jakub und Adam von Bremen erwähnen, von Wikingern — wahrscheinlich von Verbannten — beherrscht wurde. Tatsächlich sprechen ja nicht nur die Wikingersagen von der Stadt, sondern auch der aufrichtige Ibn Jakub, der von ihren Bewohnern sagt: »Sie haben keinen König. Die ältesten unter ihnen regieren dort.« Handelte es sich bei der Stadt, die Adam von Bremen als ›Jumne‹ bezeichnet, nicht vielleicht um eine Republik von Kaufleuten, die gelegentlich Seeräuberei trieben?

Über Birka und Hedeby[33] sind wir weit besser unterrichtet.
Beide waren im frühen Mittelalter echte Handelszentren. Wenn auch gegenwärtig nichts mehr von ihnen übrig ist, so hat man doch an ihren Stätten aufschlußreiche Ausgrabungen gemacht, und außerdem gibt es, was als exzeptionell glückliches Zusammentreffen bezeichnet werden muß, auch noch verhältnismäßig stark ins einzelne gehendes Quellenmaterial über die beiden Ortschaften.
Birka lag auf einer Insel im Mälarsee, westlich von Stockholm. Wir wissen, daß die von einem Wall umgebene Stadt einen Raum von 12 Hektar umfaßte. Die zahlreichen Gräber sind auf die Jahre zwischen 800 und 970 zu datieren und reichen somit bis zu dem Zeitpunkt, an dem Birka verlassen wurde. Erst spät, das heißt gegen Ende des 9. Jahrhunderts, wurde der Wall erbaut; in der Zeit, in der die *Vita Anskarii* geschrieben wurde, bestand er also noch nicht.
Birka war das Zentrum eines dichtbevölkerten Gebietes, und die Gegenstände, die man gefunden hat, lagen nicht nur an der einstigen Stätte von Birka, sondern auch in dem Gebiet der näheren und weiteren Umgebung der Stadt. In unserem Zusammenhang genügt der Hinweis darauf, daß sich aus den Funden in Birka auf Importe aus dem Orient — beispielsweise Seidenwaren — schließen läßt, daß aber auch zahlreiche Importe aus Westeuropa

stattgefunden haben müssen. Birka hatte also zu Asien wie auch zu Westeuropa Handelsbeziehungen. Die Beziehungen zum Westen sind auch durch schriftliche Quellen belegt, vor allem durch die *Vita Anskarii*. Es handelt sich bei diesem Werk um einen Bericht über die Bekehrungsversuche, die ein aus dem Karolingerreich stammender Missionar unternommen hatte. Die Versuche scheiterten zwar gänzlich, aber der Bericht, der in der Mitte des 9. Jahrhunderts verfaßt wurde, enthält eine Fülle wertvoller Hinweise über Birka und seine Beziehungen zum Gebiet des Fränkischen Reiches. Birka war demnach ein Hafen und ein *vicus* (*wik*, das heißt ein an einem günstigen Handelsweg gelegener Stützpunkt, der für die Zwecke der Fernkaufleute geeignet war und in dem sie sich ansiedelten). In Birka wohnten sehr reiche Kaufleute, deren Gemeinschaft von einem *praefectus vici* verwaltet wurde. Dieser Präfekt war ein Freund des Königs, wurde also vermutlich vom Herrscher zum Verwalter der Hafenstadt ernannt und mit Macht ausgestattet. Der Reichtum der Kaufleute, die sich in Birka niedergelassen hatten, findet einen Beweis in der Tatsache, daß diese Kaufleute jederzeit ohne Schwierigkeit eine über sie verhängte Buße oder ein Lösegeld von hundert Pfund (in Silber) aufzubringen vermochten. Neben den reichen Kaufleuten gab es in Birka noch Sklaven, unter ihnen auch solche, die Christen waren. Birka war also eine Gemeinschaft von Heiden, deren Lebensformen von jenen, die gleichzeitig im christlichen Westeuropa bestanden, sehr verschieden waren.
Man hat ganz allgemein den Eindruck, daß die Schiffahrt in der Ostsee und Nordsee ebenso wie die Seefahrt im Mittelmeer und der Handel quer durch Rußland eine Art von Monopol bestimmter Nationen war. So hatten im Mittelmeergebiet die Italiener den Handel zwischen Europa und dem Nahen Osten in Händen, während die Byzantiner und die Moslems kaum versuchten, einen Anteil daran zu erlangen. Im nördlichen und östlichen Teil des Kontinents haben die ›Russen‹, im wesentlichen also die in Rußland herrschenden Skandinavier, die Waren von Kiew bis zum Gebiet des Schwarzen Meeres (und in umgekehrter Richtung) transportiert. Die Byzantiner benutzten diesen Handelsweg nicht, und jenseits von Kiew haben die Schweden die Waren nach den weiter nördlich gelegenen Gebieten gebracht. Andererseits ist unverkennbar, daß die Schweden des Ostseegebietes nicht in westlicher Richtung fuhren, nicht einmal die verhältnismäßig kurze Strecke zwischen Birka und dem dänischen Hedeby (Haithabu).
Alles spricht dafür, daß die Schweden sich auf die Gründung von Kolonien im Bereich der Ostseeküsten — von Wollin im Gebiet der Odermündung über die baltischen Länder bis nach Finnland — konzentrierten. Von den in diesen Gebieten liegenden Stützpunkten ging denn auch der Handel der Waräger (in Richtung

auf das Innere des Kontinents) aus. Nur in Ausnahmefällen ließen sich Schweden dazu herbei, sich nach Westen zu begeben.
Die Erzeugnisse und Waren Westeuropas wurden somit durch Kaufleute, die von dort stammten, nach Schweden transportiert. Als Rückfracht beförderten diese Kaufleute dann Waren östlichen Ursprungs, die von den Warägern nach Birka gebracht worden waren, nach Westeuropa. Man darf hierbei allerdings nicht außer acht lassen, daß eine direkte Schiffahrt zwischen Birka und Westeuropa nahezu unmöglich war, da die zwischen der Ostsee und der Nordsee gelegenen Meerengen für die im 9. Jahrhundert gebauten Schiffe so gefährlich waren, daß man den Landweg über Jütland vorzog. Der Transport der Waren ging so vor sich, daß die Schiffe von Birka nach Jütland steuerten, dort die Schlei bis zu der Stelle herauffuhren, an der sie aufhörte, schiffbar zu sein, und bei Hedeby (Haithabu) vor Anker gingen. Dann wurden die Waren einige Kilometer über Land zum Treenefluß geschafft, auf dem man sie dann weiter nach Westeuropa, in erster Linie nach Dorestad, einschiffen konnte.
Der König von Dänemark hat im Jahre 808 Reric, einen Hafen der Abodriten, mit Gewalt vernichtet und die dort ansässigen Händler gezwungen, sich Hedebys als Hafen zu bedienen. Hiermit nahm dieser bedeutende Handelsplatz seinen Eintritt in die geschichtliche Welt.
Hedeby wurde im 11. Jahrhundert während innerskandinavischer Kriege zerstört, war aber zu dieser Zeit schon bedeutungslos geworden, weil die Schiffahrt seit dem Anfang des 11. Jahrhunderts die Meerengen zwischen Ostsee und Nordsee zu bewältigen wußte und der Weg, der durch Jütland hindurchführte, immer weniger benutzt wurde. Dagegen war Hedeby im 9. und 10. Jahrhundert (danach wurde es auch mit dem Namen Schleswig oder Sliesthorp bezeichnet) ein für die Schiffahrt sehr bedeutender Ort. Wir sind über Hedeby teils durch die Ausgrabungen, teils durch zwei zeitgenössische Texte sogar bis in Einzelheiten hinein unterrichtet. Die Texte lassen sich gegeneinander abstimmen, obwohl der eine, die *Vita Anskarii*, mehr als ein Jahrhundert vor dem zweiten geschrieben wurde, der ein um das Jahr 968 entstandener Bericht des schon mehrfach genannten arabisch-jüdischen Kaufmanns Ibn Jakub ist. Bevor wir über diese Quellen Näheres sagen, müssen wir erwähnen, daß Hedeby, das auf dänischem Gebiet lag, mehrmals den Herrn gewechselt hat. Im Jahre 900 wurde diese dänische Stadt der schwedischen Oberhoheit unterstellt, aber die Deutschen eroberten sie schon im Jahre 934 unter Heinrich dem Vogler. Um das Jahr 980 kam Hedeby wieder zum dänischen Reich und wurde siebzig Jahre später von dem norwegischen König Harald Hardraade zerstört. Das, was von Hedeby übriggeblieben war, wurde im Jahre 1066 von Wenden geplündert.

Was uns hier aber vornehmlich beschäftigt, ist die Rolle, die Hedeby im internationalen Handel gespielt hat. Die *Vita Anskarii* beschreibt Hedeby zu der Zeit, in der es zum dänischen Reich gehörte. Der Verfasser nennt Hedeby einen Platz, dem »Kaufleute von allen Seiten zuströmten [...] Viele von ihnen waren Christen, die in Hamburg oder Dorestad getauft worden waren [...]« Die *Vita Anskarii* sagt, daß die Kaufleute »Dänen oder Leute aus Dorestad« gewesen seien. Auch erwähnt es eine Gruppe von Handelsschiffen, die nach Schweden fuhren. Wir wollen aus den wenigen Sätzen zwar keine schwerwiegenden Folgerungen ziehen, doch ist auffällig, daß die *Vita Anskarii* um das Jahr 850 nirgends eine Anwesenheit schwedischer Kaufleute in Hedeby vermeldet.

Die Ostseeschiffahrt war alles andere als sicher. Die *Vita Anskarii* erwähnt mehrmals Seeräuber, die die Schiffe der Kaufleute angriffen, und es gab zwischen den Ostseefahrern und den Piraten regelrechte Schlachten. Diese Seeräuber richteten ihre Angriffe auch auf die kurländischen Städte.

Aus alledem können wir auf zwei Aspekte schließen, die die damalige Zeit kennzeichnen. Einerseits gab es in den Ostseegebieten blühende Handelsstädte; auf der anderen Seite aber bestand eine fortwährende Auseinandersetzung zwischen Handel und Seeräuberei. Die Grenze war fließend: Handeltreiben bedeutete damals nicht nur den Abschluß von Käufen und Verkäufen, sondern auch die Notwendigkeit, eventuell mit der Waffe in der Hand zu kämpfen. Es ist keineswegs ausgeschlossen, daß die Beziehung zwischen Handel und Seeräuberei in manchen Fällen sogar so eng war, daß der gleiche Mensch, der friedliche Handelsabschlüsse tätigte, ein anderes Mal nicht davor zurückschreckte, sich aktiv an Piratenstreichen zu beteiligen.

IX. ISLAND, GRÖNLAND UND WINLAND

In der Epoche, die hier behandelt wird, gelangten die Skandinavier nach Island und Grönland. Sie kamen sogar nach ›Winland‹ (Labrador, dessen skandinavischer Name nicht von einem Wort für Wein, sondern von der Bezeichnung eines bestimmten Grases abzuleiten ist, das die Wikinger dort vorfanden). Diese »erste Entdeckung Amerikas« hat keine merkbare Erschütterung des frühmittelalterlichen Geistes hervorgerufen. Dennoch erscheint uns das Betreten amerikanischen Bodens durch die Skandinavier erwähnenswert, denn die Entdeckung gab Menschen des 10. Jahrhunderts eine größere Weite der Erkenntnis jener Welt, die ihnen zugänglich war.[34]

Auch den irischen Mönchen wurde in vielen Legenden die Entdeckung unbekannter Gebiete zugeschrieben. Sie sollen Reisen in

ferne Gegenden unternommen haben, die am Nordatlantik lagen. Fest steht jedenfalls, daß sich auf den Hebriden, den Orkneyinseln, den Shetlandinseln und schließlich auf Island immer mehr Mönche ansiedelten.
Die Norweger gelangten um das Jahr 870 nach Island, und die Bevölkerung dort wuchs infolge des Zuzuges von Skandinaviern, die sich vor der Tyrannei ihrer Könige dorthin flüchteten, schnell an.
Eine Hauptstadt, Reykiavik, wurde gegründet, und um das Jahr 930 wohnten schätzungsweise 20 000 bis 30 000 Menschen in Island. Diese Skandinavier trieben Handel mit dem europäischen Kontinent und sandten Pelzwerk, Schaffelle und einen rauhen Stoff, der *wadmal* genannt wurde, dorthin.
Aber die Schiffe der Isländer fuhren nicht nur nach Westen. Um das Jahr 900 legten die Schiffe in Grönland an, und der Wikinger Erich der Rote gründete dort fünfundachtzig Jahre später eine Kolonie, die ein halbes Jahrtausend bestehenblieb. Da wir auf diese abgelegenen Gebiete nicht mehr zu sprechen kommen werden, begnügen wir uns mit dem Hinweis darauf, daß die Quellen von einem Isländer berichten, der mit einem Eisbären durch Skandinavien gereist sei. Friesische Kaufleute begaben sich um das Jahr 1040 nach Grönland, um dort Handel zu treiben. Die große Insel führte damals viel Elfenbein aus Walroßzähnen nach dem Kontinent aus. Skandinavische Grönländer haben kurz vor dem Jahre 1070 amerikanischen Boden betreten.

X. FRIESEN UND ANGELSACHSEN

Nach dem großen Umweg, der uns sogar bis nach Amerika geführt hat, wollen wir nun unsere Darstellung des Handels dort wiederaufnehmen, wo wir zuletzt verweilt haben: bei der Bedeutung Hedebys. Daß von diesem an der Schlei gelegenen Ort aus ein vielbenutzter Handelsweg nach Westeuropa führte, ergibt sich schon aus einem in der erwähnten *Vita Anskarii* enthaltenen Hinweis, daß Kaufleute aus Dorestad nach Hedeby kamen. Die Kaufleute von Dorestad waren im wesentlichen Friesen. Dieser Ort, an Frieslands damaliger Grenze, dem Lekfluß, gelegen, war das Handelszentrum dieses Gebietes. Die Historiker haben sich mit Dorestad (Duurstede), das uns aus vielen zeitgenössischen Quellentexten genau bekannt ist, wie auch mit seinen Kaufleuten ziemlich viel beschäftigt.[35] Hier sei erwähnt, daß es damals viele friesische Kaufmannskolonien als gesonderte Bevölkerungsbestandteile in vielen deutschen und englischen Städten gab. Eine Urkunde spricht davon, daß Friesen den Markt von Saint-Denis besuchten, wohin sie zu Schiff auf der Seine gelangten. Der Dichter Ermoldus Nigellus sagt um das

Jahr 830 ausdrücklich, daß sie elsässischen Wein und elsässisches Getreide »über das Meer« ausführten und im Vogesengebiet reich gefärbte Stoffe zum Verkauf anböten.
Diese Hinweise genügen, um zu zeigen, daß die friesischen Kaufleute im Rheingebiet und an der Seine Handel trieben, dort Tuche einführten und sich mit dem Export von Getreide und Wein »über das Meer« beschäftigten. Wir kennen somit, zumindest teilweise, die Warenarten, die sie auf dem Wege Dorestad—Hedeby—Birka nach Schweden brachten. Zu ihnen gehörte, wie schon erwähnt, auch der Wein, und man weiß dies auch deshalb, weil in Hedeby und Birka Amphoren gefunden wurden, die aus den rheinischen Töpfereien von Badorf und Pingsdorf hervorgegangen waren und die nur der Aufbewahrung von Wein gedient haben können.[36] Diese Funde entsprechen genau dem, was Ermoldus Nigellus in poetischer Form gesagt hatte.
Den Ausgrabungen können wir entnehmen, daß Glaswaren aus Westeuropa — ganz sicher Gläser aus dem Rheingebiet, vielleicht aber auch solche aus der Maasgegend — sowie Erzeugnisse des fränkischen Waffengewerbes nach Skandinavien exportiert wurden.[37] Wein, Keramik, Glaswaren und Waffen bildeten also einen Teil der Schiffsladungen, die von den Friesen über das Meer gebracht wurden. Die Rückfracht bestand wahrscheinlich in Produkten aus dem Orient. Man weiß von einem friesischen Kaufmann, der mit Stoffen den Rhein hinauffuhr. Die Gewürze, die um das Jahr 970 in Mainz in großer Menge zu kaufen waren und die zu einem nicht genau bekannten Zeitpunkt im 9. oder 10. Jahrhundert auch nach Cambrai gelangten, können in diese Städte eher vom Norden her als auf dem Seeweg über das Mittelmeer gekommen sein.
Wir haben bisher ein westeuropäisches Handelsgebiet nicht berücksichtigt: das England der Angelsachsen.
Faktisch gab es westlich des Rheins nur zwei große Handelsvölker: die Friesen und die Angelsachsen.[38] Die Friesen haben mit den Angelsachsen Handelsgeschäfte abgeschlossen, was man Quellenangaben über englische Tuche entnehmen kann. Der bedeutende, in der zweiten Hälfte des 8. Jahrhunderts regierende angelsächsische König Offa von Mercia hat an Karl den Großen über Handelsangelegenheiten geschrieben. Seine Mitteilungen bezogen sich einerseits auf den Schutz der angelsächsischen Kaufleute im Imperium Karls, andererseits auf konkretere Punkte wie die Frage nach dem Umfang der vom Kontinent kommenden Quadern von Blaustein (sehr hartem Kohlekalkstein, der vor allem im Eifelgebiet und in Wallonien gewonnen und für Bauten verwendet wurde).
Karl der Große antwortete, daß er dem gewünschten Umfang der Quadern zustimme, aber die Aufmerksamkeit König Offas auf die Abmessungen der aus dessen Reich eingeführten Tuchmän-

tel lenken wolle. Karl der Große fügte diesen Worten hinzu, daß er durchaus bereit sei, die aus England kommenden Reisenden zu schützen, doch geschehe es allzuoft, daß angelsächsische Kaufleute sich als Pilger ausgäben, um von den für Wallfahrer geltenden Zollbefreiungen zu profitieren. Die Anspielung Karls des Großen auf die Größe der Tuchmäntel läßt sich dahin interpretieren, daß die englischen Mäntel entsprechend der Mode kürzer geschnitten waren, die friesischen Kaufleute aber weiter den gleichen Preis forderten. Diese Frage interessiert uns thematisch kaum, doch die Texte zeigen eindeutig, daß es auf dem Kontinent eine Einfuhr englischer Mäntel gab und daß dieser Import in den Händen friesischer Kaufleute lag.
Bedenkt man, daß die Friesen, wie Ermoldus Nigellus bezeugt, reich gefärbte Stoffe ins Elsaß brachten und daß sie mit den Leuten jenseits des Meeres Handel trieben, muß man wohl zu der Folgerung gelangen, daß die im Elsaß angebotenen Mäntel aus England kamen.
Der Brief König Offas und die Antwort Karls des Großen mit dem Hinweis auf manche als Pilger verkleidete angelsächsische Kaufleute zeigen, daß diese Kaufleute von der Insel nach dem Kontinent kamen. In einer falsch datierten, in Wirklichkeit um das Jahr 870 geschriebenen Urkunde werden diese Besuche bestätigt. Aus der Urkunde geht hervor, daß ›sächsische‹ Kaufleute auf dem Markt von Saint-Denis Wein, Honig und Krapp (eine zum Rotfärben von Tuchen verwendete Pflanze) einkauften.[39] So kann man sagen, daß die Friesen handelsmäßig Hedeby mit Westeuropa und mit England verbanden und daß darüber hinaus angelsächsische Kaufleute auf den Märkten des Kontinents erschienen.
Es bedarf nur noch eines kurzen Zusatzes über Irland, das im 7. Jahrhundert ziemlich eifrig Handel getrieben hatte, danach aber wohl ökonomisch gesättigt war. Wirtschaftlich abgestorben aber war Irland nicht; es gab noch am Anfang des 10. Jahrhunderts in Cambridge verschiedene irische Kaufleute, und man handelte dort auch mit irischen Tuchen.[40]

XI. SPANIEN

Über Spanien, das wir in unserer Darstellung über Handelswege nicht verschweigen wollen, brauchen wir nicht viel zu sagen.
Die Spanische Mark, das heißt die Grafschaft Barcelona, gehörte zum französischen Königreich, war aber aufgrund ihrer geographischen Lage genötigt, auf die Omaijaden Rücksicht zu nehmen, und diese waren geneigt, ein solches Verhalten zu honorieren. So wurde die Spanische Mark das große Durchgangsgebiet zwi-

schen der Welt des Islams und der Christenheit, geeignet für einen Austausch geistiger und materieller Güter. Über die Spanische Mark fanden tatsächlich Waren aus dem Spanien der Moslems in Frankreich Eingang, was der Theologe und Dichter Theodulf von Orléans um das Jahr 800 in einem berühmten Poem bezeugte.[41] Es ist nahezu sicher, daß Kaufleute aus Verdun das Spanien der Moslems betraten, um dorthin Sklaven und Eunuchen zu bringen, von denen auch Quellentexte sprechen.[42] Wir stellten bereits fest, daß aus Rußland stammendes Pelzwerk vom fränkischen Gebiet aus nach Spanien exportiert wurde. Hat aber zwischen dem *christlichen* Spanien und den anderen christlichen Ländern ebenfalls nur ein auf die genannten beiden Artikel beschränkter Warenaustausch stattgefunden? Das ist unwahrscheinlich, denn in einer aus dem Jahre 886 stammenden Urkunde, die sich auf Katalonien bezieht, wird von den Zöllen für Waren gesprochen, die dort zu Lande oder zu Wasser eintrafen, und in dem christlichen Königreich Leon (Nordspanien) gab es im 10. Jahrhundert Waffen und Stoffe aus Frankreich. Man findet also einen — volumenmäßig allerdings nicht bestimmbaren — zu Lande und zur See sich vollziehenden Handelsaustausch zwischen dem christlichen Frankreich und dem christlichen Spanien.

Es gab aber auch andere Verbindungen zwischen diesen beiden Gebieten. Diplomatische und religiöse (in Form von Reliquienüberführungen und Wallfahrten auftretende) Beziehungen sowie künstlerische und wissenschaftliche Verbindungen kamen im 8., 9. und 10. Jahrhundert zustande.[43]

Die Beziehungen Spaniens zu anderen Ländern beschränkten sich aber nicht auf das Verhältnis zu Frankreich. Es gab Sondergesandtschaften, die nur über das christliche Spanien an ihre Ziele gelangen konnten, beispielsweise solche eines Kaisers zu den Moslems oder arabische Gesandtschaften zu einem der Kaiser. Vor allem aber bestanden zahlreiche Kontakte zwischen den Grafen von Barcelona und den Geistlichen dieser Grafschaft einerseits und Rom andererseits.

Somit waren Kontakte verschiedenster Art zwischen Spanien und anderen Ländern der Christenheit vorhanden.

XII. ENGLAND UND ITALIEN. DER MANCUS

Das frühe Mittelalter war ganz allgemein eine Zeit der Pilgerfahrten, aber die Angelsachsen neigten anscheinend noch mehr als andere Völker dazu, weite Entfernungen zu überwinden.

Die Erforschung der Gründe stellt uns vor ein Problem, das immerhin erwähnt werden soll. Rom war zwar das Zentrum der ganzen katholischen Christenheit, aber es muß in dieser Eigenschaft für die Angelsachsen unendlich viel mehr bedeutet haben als für die Katholiken des europäischen Kontinents.[44] Wir dürfen nicht vergessen, daß die christliche Kirche in England auf Initiative der Päpste gegründet worden ist und daß sich daraus zwischen Rom und dem Katholizismus der Angelsachsen Bindungen ergaben, die sowohl gefühlsmäßig wie auch institutionell stark betont waren.

Nicht selten begaben sich angelsächsische Geistliche nach Rom, um den Papst zu bitten, er möge bestimmte Streitigkeiten innerhalb des englischen Klerus oder Streitigkeiten zwischen der englischen Geistlichkeit und dem König von England schlichten oder zur Entscheidung des Konfliktes beitragen.

Zahllose angelsächsische Äbte und Mönche sind nach Italien gepilgert, und viele haben ihr Ziel nicht erreicht. Beda Venerabilis (etwa 674–735), der berühmte angelsächsische Theologe und Historiker, sagt beispielsweise, daß Geolfrid, der Abt von Wearmouth und Jarrow, mit vierundsiebzig Jahren seiner Stellung entsagte, um nach Rom zu pilgern, und unterwegs in Langres starb. Mehrere angelsächsische Könige verzichteten auf ihren Thron und begaben sich für immer nach Rom. Die meisten waren allerdings nicht in so extremer Weise an Rom gebunden und rechneten damit, nach England zurückzukehren; jedoch nicht alle Pilger sahen die Insel wieder.

Auch zahlreiche angelsächsische Frauen pilgerten nach Italien. Doch manche beendeten die Pilgerfahrt nicht; sie erlagen vor dem Ziel den Versuchungen und Gefahren, die ihnen auf der Reise begegneten.

Der heilige Bonifatius hat mit rücksichtsloser Offenheit darüber gesagt: »Es gibt in der Lombardei, im fränkischen Gebiet und in Gallien wenige Städte, in denen keine angelsächsische Dirne oder entlaufene Ehebrecherin lebt.« Gegen Ende des 8. Jahrhunderts war die angelsächsische Kolonie in Rom groß genug, um dort, wie die Friesen, eine *schola*, das heißt eine besondere Formation der Stadtmiliz, zu bilden.

Dies alles sagt noch nichts über den Handel zwischen Italien und England.

Die Bedeutung dieses Handels geht aber daraus hervor, daß beide Länder seit dem 8. Jahrhundert den Mancus (*mancusus*), den arabischen Golddinar, als Zahlungsmittel verwendeten. Es gab also eine Art von Währungseinheit zwischen England und Italien.

Im Spanien der Moslems wurde im 10. Jahrhundert eine Goldmünze, ein Dinar also, geprägt, wie er im arabischen Abbasidenreich schon im 8. Jahrhundert geschlagen wurde. Seit dem Ende des 8. Jahrhunderts wurden die Mancusen häufig erwähnt. Man hat daraus den logischen Schluß gezogen, daß der Mancus in England und in Italien seit dem Ende des 8. Jahrhunderts wohl-

bekannt war. Philip Grierson ist jedoch der Meinung, daß der Mancus in Wirklichkeit nicht der arabische Golddinar, sondern der byzantinische Goldsolidus (Bézant) gewesen sei.[45]
Grierson argumentiert hierbei folgendermaßen: Zu einem nicht mehr genau feststellbaren Zeitpunkt, der in die späte Regierungszeit Karls des Großen fiel, haben drei *missi* (Boten) des Monarchen in Istrien, einem vorher von Byzanz beherrschten Gebiet, eine Untersuchung angestellt. Die Bewohner haben damals erklärt, die Städte Istriens hätten in byzantinischer Zeit dem oströmischen Kaiser eine Abgabe von 344 Mancusen gezahlt. Grierson meint nun, die Tatsache einer Zahlung von Mancusen an die Byzantiner bedeute, daß der Mancus eine Münze des Oströmischen Kaiserreiches, das heißt in diesem Falle der byzantinische Goldsolidus, gewesen sein müsse.
Grierson stützt sich bei seiner Argumentation auf zwei Tatsachen. Zunächst betont er, daß man vor dem 10. Jahrhundert nur in den vorderasiatischen Gebieten des Islams Goldmünzen geprägt habe, also weder in Spanien noch in Nordafrika, was nach Griersons Auffassungen eine Verbreitung des arabischen Golddinars in Italien ausschließt. Ferner hebt Grierson hervor, daß man bis zum Jahre 775 in Italien selber Goldmünzen geschlagen hat, die nur am Typus der byzantinischen Goldmünze orientiert sein konnten, hat doch Sizilien den byzantinischen Goldsolidus bis gegen Ende des 9. Jahrhunderts geprägt. So ist Grierson zu der These gekommen, daß die im Italien des 8. Jahrhunderts allgemein bekannten Mancusen die Goldsolidi der Byzantiner, nicht aber die arabischen Golddinare gewesen sind.
Was läßt sich hierauf entgegnen?
Der Hinweis Griersons auf die erwähnte Aussage von Einwohnern Istriens ist kein unwiderleglicher Beweis für die Identität des Mancus mit dem byzantinischen Goldsolidus, obwohl Grierson dies annimmt.[46] Wenn heute jemand über Zahlungen in einer von ihm erlebten Zeit früherer Währungsverhältnisse spricht, kann er sich auf zweierlei Weise ausdrücken; er kann den Betrag entweder in der gegenwärtig gültigen oder aber in der damals gebräuchlichen Währung nennen. Für Grierson kommt nur die zweite Möglichkeit in Frage — woraus sich dann die Identität von Mancus und byzantinischem Goldsolidus ergibt. Grierson setzt also voraus, was er beweisen will, und bewegt sich damit in einem *circulus vitiosus*. Die These, die der Behauptung Griersons entgegengesetzt ist, geht davon aus, daß sich die Bewohner Istriens bei ihrer Aussage nach Wahl auf die frühere oder auf die aktuelle Währung beziehen konnten. Die bloße Möglichkeit eines Zweifels nimmt Griersons einzigem Beweismittel sein Gewicht. Und wie geistvoll er auch seine Meinung zu beweisen versucht, daß der arabische Golddinar in Italien nicht sehr bekannt gewesen sei, so wird diese Meinung doch

durch die Tatsachen selbst widerlegt. Wir kommen in diesem Zusammenhang zu einer anderen Sensation in der Geschichte des Münzwesens.
Der angelsächsische König Offa von Mercia (Mercien) hatte sich dem Papst gegenüber verpflichtet, ihm jährlich 365 Goldmancusen zu zahlen.
Grierson sagt dazu: »Als König Offa eine jährliche Zahlung in Gold zusagte, wollte er dies natürlich auf eine dem Papst verständliche Weise ausdrücken und berechnete die Währung unter Verwendung des Namens der in Rom umlaufenden Goldmünzen.«[47]
Aber diese Münzen König Offas von Mercia, der von 757 bis 796 regierte, waren Nachahmungen *arabischer Münzen*. Dies wird durch die Tatsache belegt, daß ein aus dem Jahre 774 stammender Golddinar König Offas erhalten geblieben ist, dessen Jahreszahl als 157. Jahr (Mondjahr) der Hedschra des Propheten geprägt ist. Viel ist darüber geschrieben worden, und nicht wenige Gelehrte wollen in dem aufgefundenen Dinar eine Fälschung sehen; doch ist das eine sehr unsichere Annahme. Grierson, der auf dem Gebiete der Münzkunde eine große Autorität besitzt, hält die Münze König Offas für echt und diese Meinung hat um so mehr Gewicht, als sie sich im Widerspruch zu Griersons Auffassung befindet, daß die Mancusen nichts anderes seien als byzantinische Goldsolidi.
Wenn aber die Münze König Offas echt ist, so waren die Dinare während des letzten Viertels des 8. Jahrhunderts — genau zu dem Zeitpunkt, an dem die Bezeichnung *mancusus* in italienischen und angelsächsischen Texten auftaucht — in Rom bekannt. Die geistreichen Argumente, die Grierson dagegen anführt, sind dann hinfällig.
Doch es gibt noch andere Schwächen in Griersons Auffassungen. Wenn beispielsweise seine Meinung, der byzantinische Goldsolidus sei eine in Italien allgemein verbreitete Münze gewesen, stimmte, wäre nicht zu verstehen, weshalb man ihm die besondere Bezeichnung *solidus mancusus* gegeben haben sollte. Grierson will diesen Einwand von vornherein ausschalten und sagt, das Wort *mancusus* entspreche dem lateinischen *mancus* (mangelhaft, schwach) und bezeichne hier einen schwachen Goldgehalt des Solidus.
Aber diese Erklärung hat nicht die Zustimmung der Philologen gefunden. Statt dessen hat man vor kurzem bewiesen, daß *mancusus* gerade der arabische Name des Dinars ist.[48]
In nicht geringerem Maße als im Zusammenhang mit der Bezeichnung einer Münze — des Dinars des Königs Offa von Mercia — zeigen andere Quellen, daß das Wort *mancusus* oft auf eine sowohl in England als auch in Italien gültige Rechnungseinheit im Gewicht angewendet wurde. Schon deshalb ist es in hohem

Maße wahrscheinlich, daß diese Rechnungseinheit anfänglich als konkretes Geld bestanden hat. Man muß also annehmen, daß ziemlich viele Mancusen in Form von Münzen im Umlauf gewesen sind.

In England wurden in zeitgenössischen Texten mehrfach Mancusen erwähnt, bei denen es sich zweifellos um klingende Münzen im Metallgewicht – nicht um bloße Rechnungseinheiten für Gewichte – gehandelt hat;[49] in der gleichen Weise wurden auch in Italien die Mancusen als Münzen bezeichnet. Im Ergebnis steht also fest, daß in England und in Italien gleichzeitig dieselbe Münze als Zahlungsmittel im Umlauf war.

Kurz und gut: Die arabischen Golddinare des 8. Jahrhunderts hießen *mancusus* (arab. *manqush*); zum anderen ist *mancusus* der Name eines Goldstücks, das im 8. Jahrhundert in England und in Italien zirkulierte. Die genannte Münze König Offas beweist, daß in Rom die arabischen Dinare gültige Währung waren. Es ist daher sicher, daß die arabischen Münzen in Italien *und* in England im Umlauf waren und daß folglich eine tatsächliche gegenseitige Durchdringung der beiden Wirtschaftsbereiche bestand.

Bemerkenswert ist nur, daß sich dieser Handelsverkehr – bei dem zwangsläufig Menschen und Waren über Frankreich befördert wurden – auf Frankreich selbst so wenig ausgewirkt hat, was aus dem Fehlen der Mancusen in Frankreich klar hervorgeht.

Dies könnte zu interessanten Erwägungen führen, aber für den Augenblick genügt es, festzustellen, daß unsere Reise auf den Wegen des Handels beendet ist. Wir haben durch unsere Betrachtungen erfahren, daß es im 9. Jahrhundert einen ununterbrochenen Handelsverkehr gab, dessen Zentren die europäischen Länder waren: einen Verkehr zwischen Italien und Ägypten, Syrien und Byzanz; zwischen Byzanz und Kiew; zwischen Kiew und den Ostseegebieten; zwischen Birka in Schweden und Hedeby (Haithabu) in Dänemark; zwischen Hedeby und Dorestad (Duurstede) am Rande Frieslands; zwischen Friesland und dem angelsächsischen England. Schließlich gab es den soeben erwähnten, lokal über Frankreich laufenden Handelsverkehr zwischen England und Italien, womit unser Kreis geschlossen ist.[50]

Selbstverständlich bestanden neben diesen größtenteils peripher verlaufenden Handelsstraßen, durch die – zumindest potentiell – alle in unserer Darstellung behandelten Gebiete in Wirtschaftsbeziehungen zueinander gebracht wurden, auch innerhalb des Kontinentes Verbindungswege, die die verschiedenen Teile des damaligen Europa direkter miteinander verknüpften.

Vor allem gab es die großen Flußverbindungen, die vom Süden Galliens nach Nordosten liefen. Die wirtschaftliche Bedeutung der Flußschiffahrt zeigt sich schon daran, daß die Wassertrans-

porte bekanntlich seit dem Ende der römischen Kaiserzeit die Landtransporte verdrängt haben.
Dies änderte sich bis zu einem gewissen Grade im 11. Jahrhundert, doch im 8. bis 10. Jahrhundert waren die Flußtransporte bei weitem vorherrschend.

XIII. VERBRAUCHSGÜTER DES FRÜHEN MITTELALTERS

Die Vertreter der Ansicht, daß der Handel in der Karolingerzeit auf ein Minimum herabgesunken sei, betonen, daß sich dieser Handel damals auf Luxuswaren beschränkt habe. Dies aber würde bedeuten, daß die Anzahl der Käufer ebenso wie die der Kaufleute klein war.
Soweit es sich um Seidenwaren und Pelzwerk, um Schwerter, Sklaven und Gewürze handelte, kann eine solche Auffassung begründet sein.
Sie trifft aber für andere Produkte, die allgemein verbreitete Gebrauchsgüter waren, nicht zu. Ein Beispiel hierfür ist der Wein.

a) Der Wein

Die angelsächsischen Kaufleute erwarben den Wein auf dem jährlichen Markt von Saint-Denis. Die friesischen Kaufleute exportierten den elsässischen Wein nach ›Übersee‹.
Neben den zeitgenössischen Texten sprechen noch andere Faktoren für das Bestehen eines Weinexports. Man hat an vielen Orten mehr oder weniger gut erhaltene Amphoren rheinischen Ursprungs gefunden. Die einzige Erklärung für die Ausfuhr dieser Keramik aus dem nicht weit von Köln gelegenen Ort Badorf und etwas später aus Pingsdorf (ebenfalls in der Nähe von Köln) liegt darin, daß die Amphoren dem Export von Wein gedient haben.
Man hat diese Amphoren oder Reste von ihnen in Skandinavien bis nach Birka und Hedeby hin gefunden. Man fand sie auch in England: in Canterbury, in weit größerer Anzahl in London sowie in Hamwith bei Winchester, der Hauptstadt von Wessex.
Es gab jedoch noch andere weitverbreitete Nahrungs- beziehungsweise Genußmittel.

b) Getreide

Es bestand sowohl auf lokaler Ebene wie auch über weite Entfernungen hin ein Getreidehandel, der zuweilen einen erheblichen Umfang annahm. Das muß für die Vertreter der Ansicht, daß es in der Karolingerzeit nur eine »Domänenwirtschaft ohne Absatzmärkte« gegeben habe, ein wenig überraschend sein.

*Abb. 4: Der Weinberg.
Aus dem Codex Aureus
des Escorial*

Man kann den Kapitularien entnehmen, daß manchmal die ganze Ernte auf dem Felde aufgekauft wurde. Aus den Kapitularien geht ferner hervor, daß die Getreideüberschüsse der kaiserlichen Domänen verkauft wurden, daß Getreide und Brot auf den lokalen Märkten veräußert wurden und daß die Juden mit Getreide, ebenso wie mit Wein, gehandelt haben.

Wir wissen außerdem, daß die Abteien Getreide kauften und verkauften und daß die Venezianer, von denen mit einem Bibelwort gesagt wurde, sie »säten nicht und ernteten nicht«, ihr Getreide in Pavia kauften. Auch ist bekannt, daß die Mainzer Kaufleute ganz allgemein Ernten in Deutschland aufkauften und große Getreidevorräte in Mainz ansammelten.

Ferner erfahren wir aus der von den Vogesen und dem Rhein handelnden Dichtung des Ermoldus Nigellus, daß die friesischen Kaufleute elsässisches Getreide exportierten. Die Venezianer wiederum führten Getreide nach Konstantinopel aus.

All diese Tatsachen sind Quellentexten entnommen, die nicht abgelehnt werden können. Sie erscheinen in den Texten nicht als Einzelfälle, sondern als geläufige Phänomene des Handelsverkehrs. Das Bild, das sich uns bietet, widerspricht also der Theorie, daß die Wirtschaft in der Karolingerzeit von Domänen getragen wurde, die nicht für Absatzmärkte produzierten.

Natürlich ist es richtig, daß ein großer Teil des erzeugten Getreides von den Produzenten selbst verbraucht wurde; dies war in begrenztem Maße sogar bis zum Beginn des 19. Jahrhunderts der Fall. Dennoch läßt sich nicht leugnen, daß erhebliche Mengen von Getreide von einem Gebiet zum anderen gebracht wurden. Der Export erfolgte manchmal in getreidearme Gegenden und zuweilen in Regionen, die eine schlechte Ernte gehabt hatten und Getreide einführen mußten, um die Lücke zu schließen.

c) Salz

Ein anderes Produkt, mit dem in erheblichem Umfange gehandelt wurde, war das Salz.
Ein Quellentext, das Verzeichnis der Zollstelle von Raffelstetten an der Enns, zeigt uns den Umfang des Salzhandels, von dem das Verzeichnis ausführlich spricht. Vorwiegend handelte es sich um die Ausfuhr von Salz aus Bayern nach Österreich und Böhmen. Dem Text entnehmen wir, daß dieser Export sowohl auf dem Wasserwege wie auch auf Karren vor sich ging und daß es auch einen Salzmarkt gab. Wenn ein Export aus Bayern — hauptsächlich aus Reichenhall — nach dem Osten hin bestand, so gab es zweifellos auch einen Export aus Bayern in westlicher Richtung, das heißt ins Innere des Fränkischen Reiches. Sicherlich haben also von Bayern aus Salztransporte auf Schiffen oder Karren auch nach dem Westen stattgefunden.
Die Produktion von Salz und der Salzhandel bildeten, wie bereits erwähnt, die Grundlage für den Wohlstand von Comacchio, Venedig und den Städten in der Ebene des Po.
G. Duby hat die Bedeutung des Salzes, das aus den Salinen von Fos und Istres (nordwestlich von Marseille) kam, mit Recht hervorgehoben und darauf hingewiesen, daß Arles das Handelszentrum für diese Produktion war. Auch Narbonne war ein Zentrum, in dem sich der Salzhandel konzentrierte. Man findet eine starke Beteiligung von Juden gerade an diesem Handelszweig.[51]
Schon damals muß die Bucht von Bourgneuf in der Vendée eine bedeutende Quelle der Salzversorgung gewesen sein. Das Produkt wurde wohl zu Schiff ins Landesinnere gebracht und vorwiegend in Nantes gehandelt. Viele Urkunden, nach denen Abteien für bestimmte mit ihren Schiffen beförderte Waren Zollfreiheit erhielten, nennen ausdrücklich das Salz. Es gab viele Gebiete, in denen Salz gefunden wurde. Zu ihnen gehörte Lothringen. Auf Lothringen bezieht sich ein interessantes, etwa im Jahre 820 abgefaßtes Schriftstück, in dem der Erzbischof von Sens dem Bischof von Toul schreibt, das Salz sei in seiner Diözese sehr teuer, da die Regenfälle *in areis maritimis* (im Küstengebiet), der normalen Produktionsstätte, die Gewinnung erschwert hätten. Der Erzbischof sandte deshalb dem Adressaten

ein Pfund Silber zur Bezahlung einer dem Erzbischof zu liefernden Karrenfracht Salz.
Zu jener Zeit wurde das Salz auch in einem Kapitulare erwähnt, das im Jahre 821 von einer Streitigkeit zwischen Leuten sprach, die das Salz *in litore maris* (an der Meeresküste) gewannen. Ein Satz in den *Miracula Sancti Germani* zeigt uns noch eine ganz andere Seite des merkantilen Vertriebes von Salz. In dieser Beschreibung der Wunder des heiligen Germanus wird von einem Verkäufer gesprochen, dessen ganze für den Transport des Salzes bestimmte Ausrüstung in einer Eselin bestand. Er kaufte das Salz an Orten, wo es billig war, und beförderte es auf seinem Tier bis zu einem Ort, an dem es knapper und teurer war. So erwarb er eine Fracht des Produktes in Orléans mit der Absicht, sie in Paris zu höherem Preise abzusetzen. Wahrscheinlich war dies die übliche Art des Verkaufes von Salz an den Endverbraucher.
Auch manche Steine — beispielsweise Blausteinquadern (Kohlekalkstein) aus der Gegend von Tournai und Basalt aus Mayen in der Eifel — wurden viel exportiert.
Die Nutzung dieser sehr harten Steine, insbesondere ihre Verarbeitung zu Mühlsteinen, geht auf ziemlich frühe Zeiten zurück. Bei Ausgrabungen in Ortschaften aus dem frühen Mittelalter, beispielsweise in Hedeby und in den angelsächsischen Städten Canterbury und Hamwith (bei Winchester), hat man solche Steine gefunden. Die Bedeutung des Handels mit ihnen zeigt sich unter anderem darin, daß König Offa von Mercia sich in dem erwähnten Brief an Karl den Großen darüber beklagt, daß der Umfang der nach England ausgeführten Blausteinquadern kleiner geworden sei.

d) Textilien

Es ist noch ein anderer großer Handelszweig jener Zeit zu erwähnen: der Textilhandel, bei dem wir uns auf die Tuche und Leinenprodukte beschränken wollen.
In der Karolingerzeit hat es zweifellos einen Großhandel für Tuche gegeben, und zwar nicht nur innerhalb des produzierenden Landes, sondern auch auf internationaler Grundlage. Man muß hierbei allerdings verschiedene Gesichtspunkte in Betracht ziehen.
Zunächst ist zu betonen, daß sowohl einfache, für das Volk bestimmte Tuche wie auch Luxustuche in Gebrauch waren. Bei den Luxustuchen muß man die aus fränkischen Gebieten stammenden Tuche von denen unterscheiden, die aus dem angelsächsischen England kamen.
Die Listen der von den Pächtern der großen Domänen zu erbringenden Leistungen genügen zum Beweis dafür, daß die Wollweberei und die Leinenweberei weit verbreitet waren.

Aber es gab Tuche sehr verschiedener Art. Im Karolingerreich wurde neben der üblichen Produktion auf den Domänen auch noch ein Luxustuch, der *pallia fresonica* (friesisches Manteltuch), hergestellt. Zweifellos handelte es sich dabei um eine Ware von hohem Luxuswert, was daraus hervorgeht, daß Karl der Große zum Geschenk an den mächtigen Kalifen Harun al Raschid Stoffe aus Friesland wählte und nach Bagdad sandte. Ludwig der Fromme machte die gleiche Art von Stoffen dem Papst zum Geschenk.
Die friesischen Stoffe waren eine Ware, die, zumindest innerhalb des Karolingerreiches, in großem Umfang gehandelt wurde. Die Friesen waren Träger dieses Handels, und Ermoldus Nigellus läßt in seinem berühmten Gedicht, in dem sich das Vogesengebiet (Wasgau) und der Rhein unterhalten, den Fluß die Worte sprechen: »Kleider schenk' ich den Meinen, gefärbt mit verschiedenen Farben, welche du, Wasgau, wohl nie hättest mit Augen gesehen.«
Obwohl die Bewohner des Fränkischen Reiches sowohl einfache wie auch kostbare Stoffe produzierten, führten sie auch viel Tuche aus dem angelsächsischen England ein.
Diese Einfuhr wird in vielen Schriftstücken erwähnt. Der aufschlußreichste Hinweis ist der schon erwähnte Brief, in dem Karl der Große sich bei König Offa von Mercia darüber beklagt, daß die eingeführten Mäntel kürzer geworden seien. Ein anderer Quellentext besagt, daß die friesischen Importeure dieser englischen Tuche für die kürzer gewordenen Mäntel meistens den gleichen Preis verlangten wie vorher und daß diese Handlungsweise starke Empörung hervorrief.
Um die Vielfältigkeit des Textilhandels im Mittelalter zu erläutern, erwähnen wir noch eine weitere, in einem Schriftstück der Karolingerzeit aufgezeichnete Begebenheit: Ein angelsächsischer Abt ließ im Ternois (dem Gebiet um Thérouanne) und im Boulonnais (mit dem Zentrum Boulogne) für die Ordenskleidung seiner Mönche eine erhebliche Menge von Tuch für die Gewänder und von Leinen für die Hemden sowie Rindleder für die Schuhsohlen einkaufen.

Zu den Handelsobjekten gehörte ferner das aus England importierte Blei. Umgekehrt erwarben angelsächsische Kaufleute unter anderem auf dem jährlich stattfindenden Markt von Saint-Denis Krapp zum Färben von Textilien sowie Honig.
Wachs und Honig waren auch zwei der bedeutendsten Exportartikel des von Skandinaviern beherrschten Rußland, aber auch Böhmen exportierte Wachs. Ferner wurde Öl, das wohl aus Südfrankreich oder Italien stammte, rheinaufwärts befördert. Außerdem wurde Fisch, beispielsweise aus England, in das europäische Binnenland eingeführt.

Wir wollen nun diese Aufzählung beenden, da dies ja kein Buch über den Handel in der Karolingerzeit ist. Uns ging es lediglich darum, zu zeigen, daß die Gesellschaft der Karolingerzeit die gleichen Handelsprobleme kannte wie die Gesellschaft in anderen Zeitepochen und in anderen Regionen und daß sie diese Probleme auch auf die gleiche Weise löste. Wir konnten feststellen, daß es damals einen bedeutenden, weitverbreiteten Handel mit Gütern des täglichen Gebrauchs gegeben hat.

Neben dem Handel mit Produkten für den täglichen Gebrauch gab es noch einen Handel mit Luxuswaren. Wertvolles Waffenwerk wie die berühmten fränkischen Panzerhemden, aus dem Orient eingeführte Seidenwaren, aus Rußland und Skandinavien importierte Pelze und Sklaven slawischer Herkunft, die über Westeuropa im Transithandel an die Moslems veräußert wurden, waren bedeutsame Luxusgüter, mit denen damals gehandelt wurde. Das gleiche gilt für die Pferde, aber auch für die Gewürze, die nicht — wie H. Pirenne meint — aus dem Handel verschwunden waren.[52]

XIV. DIE KAUFLEUTE

Der Schlüssel zum Verständnis des damaligen Handels liegt in der Kenntnis von Herkunft und Verhalten der Kaufleute.

Über sie Näheres zu erfahren ist schwierig, denn nur wenige Quellen geben hier Auskunft, und es handelt sich zudem ja auch um einen ganz speziellen Vorgang: um die Entstehung einer neuen Schicht von Kaufleuten. Bekanntlich war in der Merowingerzeit der Handel noch in den Händen syrischer und jüdischer Kaufleute. Die syrischen Händler verschwanden, als der Islam in den Jahren 634/635 das bis dahin von Byzanz beherrschte Syrien eroberte. Die Juden trieben weiterhin Handel und spielten auf diesem Erwerbsgebiet sogar eine bedeutendere Rolle als in der Zeit, in der auch die Syrer sich dem Handel gewidmet hatten; doch umfaßte die Gruppe der jüdischen Kaufleute während der Karolingerzeit nur einen Teil der Handeltreibenden.

Die nichtjüdischen Kaufleute bildeten somit wahrscheinlich die ›neue‹ Händlerschicht, deren Vertreter Vorfahren mit anderen Berufen gehabt hatten.

Dies gilt für die Großkaufleute, doch in noch höherem Maße trifft es auf die ›kleinen‹ Händler zu, die als eine ganz neue Schicht auftauchten. Ihr Erscheinen in der mittelalterlichen Geschichte kann also nicht auf irgendeine schon vor der Karolingerzeit vorhandene Gruppe zurückgeführt werden.

Die Entwicklung dieser Kaufmannsgruppen war ein europäisches, im 8. und 9. Jahrhundert hervortretendes Phänomen, das regional sehr verschiedene Formen annahm.

Schon im Jahre 754 beschäftigte sich ein von dem Langobardenkönig Aistulf erlassenes Gesetz, das sich hauptsächlich auf die militärischen Pflichten der Untertanen bezog, in einem besonderen Artikel mit »jenen Leuten, die, Männer oder Frauen, sich dem Handel widmen und keinerlei Immobiliarvermögen besitzen«[53]. Diese Leute wurden in dem Gesetz Aistulfs analog drei grundbesitzenden Gruppen behandelt. Die reichsten Kaufleute wurden hinsichtlich der militärischen Pflichten den größten Grundeigentümern, die beiden anderen Gruppen von Kaufleuten zwei weniger bemittelten Klassen von Grundeigentümern gleichgestellt.
Es gab somit schon seit der Mitte des 8. Jahrhunderts Berufskaufleute, die nichts mit dem grundbesitzenden Adel zu tun hatten und sich schon bedeutende Vermögen erwerben konnten.
Die Beförderung auf dem Wasserwege muß ausdrücklich erwähnt werden. Das Schiff war das eigentliche Kapital des Kaufmanns, der es zu etwas gebracht hatte. Dies geht aus einer sich ebenfalls auf Norditalien beziehenden merkwürdigen Urkunde hervor. Die Kaufleute von Cremona[54] verlangten, von der bisher für sie geltenden Zahlung von Zoll freigestellt zu werden, und begründeten ihre Forderung damit, daß sie »früher auf den mit ihrem Salz und anderen Waren befrachteten Schiffen der Ritter dieser Stadt [Comacchio] gereist« seien. Nunmehr aber führen sie »auf eigenen Schiffen«. Man kann den wirtschaftlichen Ansprüchen dieser Kaufleute aus Cremona entnehmen, daß sie ihren Salzhandel mit zunächst geringen Mitteln aufgebaut haben, da sie das Produkt im Anfang nicht auf eigenen Schiffen, sondern auf denen der Ritter von Comacchio beförderten. Erst etwa ein halbes Jahrhundert nach diesem bescheidenen Beginn ermöglichten ihnen ihre Gewinne, eigene Schiffe zu erwerben und dadurch wiederum die Gewinne erheblich zu steigern. Der italienische Historiker C. Violante, der die wirtschaftliche und soziale Entwicklung Mailands in bewunderswerten Arbeiten dargestellt hat, betont freilich, daß die dortigen Kaufleute »zwar Bürger der Stadt waren, Grund und Boden aber nicht vor dem Anfang des 10. Jahrhunderts erwarben«.
Man muß sich also darüber klar sein, daß unternehmende Männer, die nicht zur Gruppe der Grundbesitzer gehörten, im Laufe des 8. Jahrhunderts begonnen haben, das Salz aus den Lagunen des Adriatischen Meeres im Handel zu veräußern, und daß sie ziemlich schnell ein so erhebliches Kapital anzuhäufen vermochten, daß sie hinsichtlich ihrer Verpflichtungen gegenüber dem Staat schon um die Mitte des 8. Jahrhunderts den reichsten Grundeigentümern jener Zeit gleichgestellt wurden.
Andere Kaufleute Italiens konnten in ein paar Jahrzehnten genügend Handelsgewinne in Geld erzielen, um ein eigenes Schiff zu

kaufen, was für die Steigerung des Ertrages entscheidend wurde.
In den hier genannten Fällen liegt ein besonderer Ausgangspunkt vor: das Vorhandensein eines allgemein begehrten Verbrauchsgutes, des Salzes. Diese Ware haben die Kaufleute mit scharfem Blick für die Vertriebsaussichten dorthin befördert, wo sie sie mit Gewinn verkaufen konnten. Es handelt sich hierbei also um eine wirkliche Handelstätigkeit.
Ganz anders lagen die Verhältnisse um das Jahr 830 in Venedig.
Uns ist das Testament des Dogen Giustiniano Partecipazio erhalten.[55] Diese Urkunde zeigt eindeutig, daß der Verstorbene ein sehr reicher Grundbesitzer gewesen war, der *außerdem* erhebliche Beträge in Handelsunternehmungen zur See investierte. In diesem Fall stammte das Geld, das in derartige Unternehmungen gesteckt worden war, nicht aus ursprünglich bescheidenen Handelsgewinnen, sondern aus Grundbesitz.
Wir werden ähnlichen Verhältnissen in einer geographisch und sozial ganz anderen Umgebung wieder begegnen. Wir meinen die wirtschaftlichen Lebensumstände des norwegischen Bauernkaufmanns Ottar, der sein Milieu in einer zwischen 870 und 890 verfaßten Reisebeschreibung geschildert hat. In dieser Reisebeschreibung, die er König Alfred dem Großen übergeben ließ,[56] spricht Ottar von seinem Wohnsitz im Norden Norwegens (Halogaland etwa in Höhe der Lofoten). Weiter nördlich lebten nur noch Lappen, und sein Besitz lag somit an der norwegischen Siedlungsgrenze überhaupt. Ottar hatte aus Wißbegierde eine Reise um das Nordkap bis zum Nördlichen Eismeer unternommen.
Er besaß einen Hof mit zwanzig Kühen, zwanzig Schafen und zwanzig Schweinen. Auch hatte er etwas Ackerland, das er selbst mit Pflug und Pferden bearbeitete. Ottars Vermögen bestand freilich vor allem aus großen Rentierherden (600 Rentiere). Er beteiligte sich aber wohl auch an der Walfischjagd.
Er erhob von den Lappen Tribute in Form von Eiderdaunen, Fischbein sowie Riemen aus Walfischhaut und Seehundshaut. Von Zeit zu Zeit befrachtete Ottar ein Schiff mit all diesen Waren und brachte sie nach Kaupang (im südlichen Norwegen), nach Hedeby (Haithabu) und nach England.
Ebenso wie der Doge Partecipazio trieb auch Ottar nur gelegentlich Handel, wenn seine kaufmännische Tätigkeit auch vielleicht einen erheblichen Teil seiner Zeit beansprucht und einen bedeutenden Teil seiner Einkünfte gebildet hat. Beide unterschieden sich in ihrer Tätigkeit von den weiter oben erwähnten vollberuflichen Kaufleuten Italiens. Ottar gehörte zu einer sozialen Gruppe, die in Skandinavien und Friesland sehr häufig anzutreffen war: den Bauernkaufleuten.

Die starke Verbreitung von Importgütern in einem großen Siedlungsraum außerhalb der bedeutenden Handelsplätze, beispielsweise im südnorwegischen Kaupang[57], läßt auf eine gemischte Berufstätigkeit schließen. Es muß somit Bauern gegeben haben, die einen Teil des Jahres hindurch Landwirtschaft trieben und sich im Verlauf des gleichen Jahres noch kommerziellen Zielen widmeten. Man kann dies insbesondere bei den Friesen vermuten, denn das Gebiet dieser berühmten Kaufleute war beinahe ein Land ohne Städte.[58]
Andererseits scheinen besonders in den italienischen Städten die im Handel investierten Kapitalien häufig den Einkünften aus Grundbesitz entnommen worden zu sein.[59]

Unter den *skandinavischen Kaufleuten* gab es die besondere Gruppe der Waräger (Vaeringer) und Kylfinger. Es handelt sich hier offensichtlich um Kaufmannsgilden, deren Typus man wohl zutreffend als den eines Kaufmann-Piraten oder eines Kaufmann-Militärsöldners bezeichnen könnte. Das ursprüngliche Ziel galt wahrscheinlich dem Handelsgewinn: man wollte an schwer erreichbaren Orten Waren erwerben und diese gegen solche Waren eintauschen, die wieder anderswo gebraucht und abgesetzt wurden. Da diese Unternehmen weite und gefährliche Fahrten notwendig machten, schlossen sich diejenigen, die sie wagten, zu bewaffneten Reisegesellschaften (Karawanen) zusammen. Die militärische Formation, die dadurch von selbst entstand, verwandelte sich durch die Umstände manchmal aus einer Handelsexpedition in eine Gruppe von Leuten, die sich in politische Abenteuer begaben oder halb wirtschaftlichen, halb politischen Zielen nachstrebten.
Die Waräger haben bekanntlich oft die Garde islamischer, slawischer oder byzantinischer Herrscher gebildet. Zu solchen Tätigkeiten kam es infolge des Überwucherns der militärischen Gesichtspunkte, die bei den skandinavischen Kaufmannsgilden grundsätzlich ja nur sekundäre Bedeutung hatten und bloß der Sicherung von weiten Reisen dienen sollten, die zu Handelszwecken unternommen wurden. Andererseits ist es schwer vorstellbar, daß diese Leibgarden von Fürsten Schweden nur verlassen haben sollten, um Kaufleute zu werden. Der Begriff ›Waräger‹ hat also durch die Umstände schon früh seine Eindeutigkeit verloren. Daß diese Männer aber auch Handel trieben, ist nicht zu bezweifeln.
Oft wurden sie ›Rus‹ (Russen) genannt. Ibn Khurradadhebh berichtet, daß diese ›Russen‹ sich aus den abgelegensten slawischen Gebieten zum ›römischen‹ (Mittelländischen) Meer begaben und dort Biberfelle und Fuchsfelle sowie Schwerter verkauften. Andere durchquerten das Chazarengebiet und schifften sich am

Kaspischen Meer nach Bagdad ein. Diese Mitteilungen des arabischen Geographen bezogen sich auf die Verhältnisse um die Mitte des 9. Jahrhunderts.[60]
Ibn Rusta teilte am Anfang des 10. Jahrhunderts über die ›Russen‹ mit, daß sie über ein großes Gebiet verbreitet waren, von ihrem ›Khagan‹ (Khan) beherrscht wurden und gegen die Slawen Krieg führten. Der ›Khagan‹ wurde übrigens schon in einem Quellentext erwähnt, der ein halbes Jahrhundert vor den Mitteilungen Ibn Rustas verfaßt worden ist.
Ibn Rusta sagt ferner, daß die ›Russen‹ ihre Gefangenen an die Chazaren und die Bulgaren verkauft hätten; doch er teilt das gleiche auch von den Magyaren mit, die Slawen zu Gefangenen gemacht und sie als Sklaven veräußert hätten. Wie Ibn Rusta ferner berichtet, lebten die ›Russen‹ vom Handel mit Pelzen und Fellen — Zobel, Hermelin, graues Eichhörnchen (Feh). Nach Ibn Rustas Aussage prägten die ›Russen‹ keine Münzen. Als Wertmesser fungierte bei ihnen das Marderfell zum Kurs von zweieinhalb Dirhems. Jedenfalls waren bei ihnen blanke, rund geformte Dirhems im Umlauf: Silbermünzen, die sie von den Moslems, mit denen sie Handel trieben, als Entgelt empfingen.
Bei Ibn Fadhlan findet man auch eine Beschreibung jener ›Russen‹, die sich zu Zwecken des Handels zu den Bulgaren an der Wolga begaben.
Die ›Russen‹ kleideten sich, wie wir zeitgenössischen Berichten entnehmen können, auf besondere Art. Ihre Waffen — von denen die Säbel den fränkischen Säbeln glichen — legten sie niemals ab. Ibn Rusta sagt, daß sie Armringe aus Gold trugen. Ibn Fadhlan wiederum betont, daß die Frauen der ›Russen‹ Halsbänder aus Gold oder Silber trugen und daß sie jedesmal ein neues Halsband zum Geschenk erhielten, wenn sich das Vermögen des Mannes um 10 000 Dirhems vermehrt hatte. Die ›Russen‹ fuhren zu Schiff und ließen sich zusammen mit ihrem Schiff begraben. Sie pflegten, wie Ibn Fadhlan vermerkt, Marderfelle und junge Sklavinnen an Händler zu verkaufen, die mit Dinaren und Dirhems bezahlten.
Die alten Texte der Araber sprechen für eine starke wechselseitige Durchdringung von Slawen und ›Russen‹ (skandinavischen Warägern). Womit wir es hier zu tun haben, ist jedoch offensichtlich eine vor allem vom Handel lebende Gesellschaft, die von Skandinaviern getragen war, aber vielleicht schon früh slawische Menschen und Kulturelemente in sich aufgenommen hatte.

Die *Juden* bildeten eine andere Gruppe. Man weiß von ihnen im 8. und 9. Jahrhundert nicht viel, während man über ihre Lebensumstände und über ihre Tätigkeit im 11. Jahrhundert bes-

ser unterrichtet ist. Es handelt sich hier um die sogenannten ›aschkenasischen‹ Juden, um jene Gruppe also, deren Idiom seit dem 10. Jahrhundert das weitgehend auf frühen deutschen Sprachelementen beruhende Jiddisch war.[61] Diese Juden lebten hauptsächlich in Deutschland, Italien und Frankreich. Erst später wanderten viele von ihnen in andere Länder aus, vor allem nach Österreich, Böhmen, Polen und Litauen.[62]
Es gab, wie man zusammenfassend feststellen kann, jüdische, friesische, angelsächsische, dänische, schwedische, ›russische‹ und böhmische Kaufleute neben denen, die aus Venedig, dem Pogebiet und Campanien stammten.
Dies alles widerspricht dem Bild von einem stagnierenden Handel. Folgender Sachverhalt illustriert noch die Lage der Kaufleute. Im Jahre 866, dem quellenmäßig am besten belegten Zeitpunkt, wurden auch die Kaufleute zu den Abgaben für die Zahlung der Tribute an die Normannen herangezogen und mußten mit einem Zehntel ihres Vermögens zu der Tributzahlung beitragen. Dies war die Lage im Königreich Karls des Kahlen, einem wirtschaftlich unbedeutenden Staat, der die damals gewiß schon blühenden Handelsgebiete (die wirtschaftlich erstarkenden Regionen am Rhein, an der Maas, an der Schelde und in Italien) nicht umfaßte.
Die Kaufleute — wir sahen es — fehlten nirgends. Sie kamen aus allen Ländern, und es gab sie in allen Provinzen. Ihre Reisen führten sie in die entferntesten Gegenden.
Angesichts der Gefahren, die Reisen mit sich brachten, ist es mehr als wahrscheinlich, daß die Handeltreibenden sich, soweit dies möglich war, für ihre Fahrten zu Gruppen vereinigten und daß sie sogar in ständigen Kaufmannsgilden organisiert waren. Die Textquellen sind für den von uns behandelten Zeitraum karg; doch steht fest, daß es im 9. Jahrhundert in England Kaufmannsgilden gab. Auch waren die schwedischen Waräger und Kylfinger vermutlich Kaufmannsgilden. Ebenso ist anzunehmen, daß auch die friesischen Kaufleute in Gilden organisiert waren.
Fragen wir nun nach der Herkunft der einzelnen Kaufleute, so sind zwei Fakten hervorzuheben. Zunächst einmal die Tatsache, daß die Kaufleute einen festen Wohnsitz hatten. Die Quellentexte sprechen z. B. von einem Kaufmann »aus Bonn«, und die friesischen wie auch die jüdischen Kaufleute gehörten bestimmten »Kolonien« an. Das gleiche gilt auch für die Kaufleute, die von den Abteien beauftragt waren, für sie Handelsgeschäfte abzuwickeln. Einen Beweis dafür liefert die Beschreibung der Dienste in dem Marktflecken bei der Abtei Saint-Riquier. Auch wurden im 10. Jahrhundert wirtschaftliche Privilegien immer nur Kaufleuten aus bestimmten Ortschaften verliehen.
Ein paar aus dem 10. Jahrhundert stammende Verse, die ein Element menschlicher und häuslicher Gebundenheit im Leben der

Kaufleute offenbaren, bestätigen, daß auch der Handeltreibende ein Heim hatte[63]:

> Kommt das Schiff in den Hafen, sieht die Frau des Friesen
> den Gatten wieder.
> Den Mann, der sie ernährt, empfängt sie dann
> Und wäscht seine Kleider, die das Meer befleckte.

Diese Kaufleute waren also keine Vaganten ohne festen Wohnsitz. Andererseits — und dies ist das zweite wichtige Faktum — machte der Beruf des Kaufmanns häufige Reisen notwendig. In einer arabischen Abhandlung aus dem 10. Jahrhundert findet man die Formulierung, daß die Arbeit des Kaufmanns darin bestehe, sich zu einem Ort zu begeben, an dem er ein Produkt billig kaufen könne, und es dorthin zu bringen, wo man es brauche. Tatsächlich beförderte der Kaufmann auf seinem eigenen Rücken oder auf dem eines Esels, in Karren oder mit Schiffen Waren, um sie an einem anderen Ort als dem des Einkaufs mit Gewinn zu veräußern.

Wichtige Handelspartner der Kaufleute waren die Domänen. Die riesigen Domänen waren zweifellos Zentren für den Einkauf von Produkten, deren sie bedurften, aber sie waren auch Zentren für den Verkauf ihrer Überschüsse. Dies gilt nicht nur für die kirchlichen Domänen, sondern auch für die des Herrschers.

Der Historiker E. Lesne, der sich in der Interpretation der von ihm sorgfältig gesammelten Daten faktischer Art äußerst zurückhaltend zeigt,[64] sagt: »Sogar im 8. und 9. Jahrhundert, in späteren Zeiten freilich noch mehr, wurden gewisse Waren oft *gekauft*. Das galt insbesondere für seltene Produkte und exotische Waren wie Weihrauch und Gewürze [...]«

Aber auch Lebensmittel, beispielsweise Speisefische, wurden gekauft. Der Abt Lupus von Ferrières mußte um die Mitte des 9. Jahrhunderts bei einer Verknappung der Lebensmittel Getreide *kaufen*. Der Verfasser der *Vita* des heiligen Maximin von Trier berichtet von einem Friesen, der dem Heiligen folgte und sich übers Meer begab, um Lebensmittel zu kaufen, die die Gemeinschaft brauchte.

Doch waren die Mönche vor allem Kunden der Textilkaufleute. Abt Lupus von Ferrières schlug dem Bischof von Orléans den Verkauf überschüssiger Lebensmittelproduktion (Wein, Getreide, Salz) vor, um dadurch Mittel zum Kauf von Kleidern für die Mönche zu erlangen.

Häufiger als andere Waren wurde Salz gekauft, doch auch Wein, Wachs und Gemüse werden als Gegenstände käuflichen Erwerbs erwähnt. Umgekehrt wurden in der Abtei von Prüm Wein und Salz veräußert.

Der von den Berufskaufleuten gekaufte und exportierte Wein wurde offensichtlich auf den großen kirchlichen und weltlichen Domänen produziert. Dies zeigt sich auch darin, daß Karl der

Große in Artikel 62 des *Capitulare de villis* vorschreibt, die Rechnungsnotizen über die Weinverkäufe müßten auf dem laufenden gehalten werden.
Doch nicht jeder verkaufte Wein wurde exportiert. Aus dem Kapitulare von Pîtres vom Jahre 864 ergibt sich, daß auf den Märkten der Städte und kleinen Ortschaften (*bourgs*) der Wein nach dem Kleinmaß des *setier* (*sextarium* für Flüssigkeiten im Umfang von 7,4 Litern) verkauft wurden. Nicht viel anders war es mit dem Getreideverkauf. (Übrigens steht fest, daß viele Produzenten — offensichtlich die kleinen Landwirte — ihre Ernte auf dem Halm verkauften, ein Notstand, der durch die Kapitularien bekämpft wurde.) Viele Fakten deuten darauf hin, daß die einfachen Leute Verbraucher und Abnehmer von Korn waren. Karl der Große bemühte sich, in Zeiten von Hungersnot die Getreidepreise festzulegen.

XV. STÄDTE UND MÄRKTE[65]

Die städtischen Ortschaften der Karolingerzeit lassen sich zwanglos in zwei Gruppen einteilen. Die erste Gruppe setzte sich aus den Städten zusammen, die die antiken Verwaltungssitze der gallorömischen *civitates* (Bezirke) gewesen waren und ebenfalls *civitates* genannt wurden. Die zweite Gruppe bestand aus den später, das heißt nach dem Untergang der Antike, entstandenen Ortschaften städtischen Gepräges.
Manche der einst gallorömischen Städte, die die erste Gruppe bildeten, spielten im Handel des frühen Mittelalters eine wichtige Rolle; andere aber verloren nach dem Vordringen der Normannen jahrhundertelang oder für immer ihre Bedeutung.
Die zweite Gruppe — eine Menge von Ortschaften, die keine antike Vergangenheit hatten und, Handelszwecken dienend, erst im Mittelalter entstanden — ist höchst interessant. Das gilt für die lange Reihe der Häfen: von Quentovic (unweit von Étaples) über Dorestad bis hin zu den neuen Häfen an der Ostsee. Es gilt ferner für die ebenfalls neuen, im 8. und 9. Jahrhundert entstandenen Hafenstädte an der Schelde sowie für die spätestens im Anfang des 7. Jahrhunderts errichteten Hafenstädte an der Maas und schließlich für die Städte östlich des Rheins.
In alledem drückte sich eine Entwicklung aus, auf die wir im zweiten Teil unserer Darstellung noch einmal zurückkommen müssen; denn dieses Phänomen, die Vermehrung und Ausdehnung städtischer Ortschaften, die in der Antike nicht existierten, geht schon auf das 7. Jahrhundert zurück, gewinnt aber bis zum 11. Jahrhundert eine immer größere Bedeutung und zeigt sich bei dem ständigen Anwachsen der Städte in verschiedenen Formen.

Die Verwüstungen durch die Normannen konnten die Bedeutung der Städte kaum beeinträchtigen. Es gab Städte, die von den Vorstößen der Normannen völlig unberührt blieben; beispielsweise hatten Metz, Toul und Verdun überhaupt nicht unter den Normannen zu leiden. Bei anderen Städten, wie Reims, Paris, Soissons, Châlons-sur-Marne und Laon wurden nur die außerhalb des Stadtkerns entstandenen Siedlungen verwüstet. In diesen Städten haben die Vorstöße der Normannen die eigentliche Entwicklung und Wirtschaftstätigkeit nicht unterbrochen. Jedoch handelt es sich bei den unberührt gebliebenen Ortschaften um Ausnahmen. Die Mehrzahl der Städte wurde überrannt und — mindestens einmal — durch Brand verheert und geplündert.
Andere Städte veränderten zeitweilig ihr ganzes Gepräge. Manche von ihnen — wie Trier — erlitten durch die Verwüstungen, die die Normannen in ihnen anrichteten, einen schweren Entwicklungsrückschlag und schrumpften zusammen. Im Südosten Frankreichs haben, wie G. Duby einleuchtend nachgewiesen hat, die Vorstöße der Moslems Ortschaften wie Arles, Narbonne, Toulouse, Avignon und Nîmes einen weitgehend militärischen Charakter verliehen. Diese Städte wurden hinter ihren alten Mauern zu Elementen eines Festungsgürtels für das ganze Gebiet; doch diese Entwicklung ging zu Lasten der wirtschaftlichen Kräfte und Tätigkeiten. Die Juden in Orten wie Arles und Narbonne beschäftigten sich mit Immobilienverkäufen. Diese Orte verloren viel von ihrem städtischen Grundzug; in Arles und anderen Städten arbeiteten seit dem Ende des 9. Jahrhunderts beispielsweise die Münzprägestätten nicht mehr.
Es gab aber unter den Städten, die durch die Normannen schwer gelitten hatten, nicht nur solche, die verschwanden oder schrumpften. Andere verlegten sogar ihren Standort.[66] Dies geschah in zweierlei Form. Zunächst kam es oft vor, daß sich eine durch die Normannen verwüstete und von den Bewohnern danach wohl geräumte Stadt nach zehn Jahren oder auch nach ein paar Jahrzehnten zwar nicht an genau der gleichen Stelle wie einst, wohl aber in einiger Entfernung von ihr aufs neue erhob. Tournai und Valenciennes, die von ihren Bürgern verlassen worden waren, erstanden nach ein paar Jahrzehnten aufs neue nicht weit entfernt von ihrer alten Stätte. Gent ist ein weiteres, sehr aufschlußreiches Beispiel. Die Stadt, die von den Normannen zweimal verwüstet wurde, lag am Zusammenfluß von Schelde und Lys (Leie). Das neue Gent aber wurde ein gutes Jahrzehnt danach, um das Jahr 900, an der Lys, das heißt oberhalb des erwähnten Zusammenflusses, erbaut. Seine Stätte war nunmehr dort, wo ein starkes Kastell den Übergang über die Lys absicherte.
Wir kommen nun zu der zweiten Form der Verlegung von Städten. Die Funktion der Stadt ging in diesen Fällen nach der Verwüstung durch die Normannen an einen von ihr ziemlich weit

entfernten Ort des gleichen Gebietes über. Dies kam sogar sehr häufig vor.
Quentovic an der Mündung der Canche wurde um das Jahr 900 von den Normannen zerstört. Seine Funktion als Hafen für den Schiffsverkehr mit England wurde von Montreuil-sur-Mer übernommen, das ebenfalls an der Canche, doch weit mehr an deren Oberlauf, lag. Dorestad (Duurstede) am Lek wurde von den Wikingern zwischen 834 und 837 systematisch zerstört und erlosch um das Jahr 850. Seine Aufgaben wurden von drei Städten übernommen: Deventer, Tiel an der Waal und Utrecht. Ungefähr gleichzeitig verlor die auf die Antike zurückgehende Stadt Tongern, die von ihren Bewohnern verlassen worden war, den Rest ihrer städtischen Funktionen an Maastricht.
Doch folgt solcher Verlegung von städtischen Funktionen zuweilen eine Art von reuiger Rückkehr. So wurde Hamburg im Jahre 845 von den Wikingern zerstört. Seine Eigenschaft als Bischofsresidenz ging zwar an Bremen über, doch wurde es wieder eine Handelsstadt und blieb als solche weiterbestehen.

Die enge Verbindung zwischen Stadt, Markt und Handel taucht in den Kapitularien oft auf. Der Zusammenhang der drei Faktoren ergibt sich auch aus zahlreichen Texten, die eine schnelle technische und quantitative Entwicklung des Marktwesens enthüllen.
Die Märkte hatten sich im Jahre 744 noch nicht spontan entwickelt; und doch war dies das Jahr, in dem im Auftrag Pippins des Kleinen den Bischöfen des Fränkischen Reiches vorgeschrieben wurde, dafür zu sorgen, daß in jedem Bistum ein Markt abgehalten werde. G. Waitz und zahlreiche andere Historiker haben diese Bestimmung mit Recht dahin ausgelegt, daß die Anordnung zu dem Zwecke getroffen wurde, Gebiete mit schwacher Produktion von Lebensmitteln mit dem Nötigsten zu versorgen, wenn eine Stockung — insbesondere bei Hungersnöten — eintrat. Die Anordnung konnte nur darauf zurückzuführen sein, daß nicht jedes Bistum einen Markt hatte.
Die Verhältnisse hatten sich also weitgehend geändert, als Karl der Kahle im Jahre 864 den Grafen seines Königreiches befahl, eine Liste aller in ihrem Verwaltungsgebiet vorhandenen Märkte aufzustellen. Hierbei wurde zwischen den Märkten, die schon zur Zeit seines Großvaters (Karls des Großen) bestanden hatten, und denen unterschieden, die sich erst unter Ludwig dem Frommen allmählich entfaltet hatten — sei es, daß sie auf Befehl Ludwigs geschaffen worden oder während seiner Regierungszeit von selber entstanden waren. Schließlich wurde noch summarisch die Gruppe der Märkte genannt, die sich erst in der Regierungszeit Karls des Kahlen entwickelt hatten.

Karl der Kahle wollte auch wissen, welche Märkte von einem Ort an einen anderen verlegt worden waren, und er verbot, daß am Sonntag Markt gehalten werde.
Die starke Vermehrung der Märkte muß schon im Jahre 809 eingesetzt haben, da ein damals erlassenes Kapitulare Karls des Großen das Abhalten von Märkten am Sonntag grundsätzlich verbot und Ausnahmen nur dann zuließ, wenn der betreffende Markt von jeher am Tag des Herrn besucht worden war. Das Verbot von Sonntagsmärkten wurde im Jahre 820 in einem Kapitulare Ludwigs des Frommen wiederholt. Gerade die Häufigkeit dieses Verbotes beweist aber, daß die Märkte trotz aller Widerstände am Sonntag stattfanden und daß sie von den kleinen Leuten besucht wurden, für die jede Woche aus sechs harten Arbeitstagen bestand, denen dann ein Ruhetag folgte. In dem wohl kurz vor dem Jahre 800 formulierten *Capitulare de villis* schrieb Karl der Große den Verwaltern seiner Domänen vor, sie sollten darüber wachen, daß der Sklave arbeite und »seine Zeit nicht auf dem Markt verliere«. Dieser Hinweis ist der allererste, der auf eine Tendenz zur Ausdehnung der Anzahl und des Besuchs der Märkte schließen läßt.
Im Osten des Fränkischen Reiches kann es nicht so zugegangen sein, da Ludwig der Fromme dort die Märkte kraft herrscherlichen Willens ins Leben rief. Im Jahre 833 verfügte er die »Einrichtung eines Marktes in Corvey«, wo auch eine Münzprägestätte gegründet wurde.
Viel spontaner entwickelte sich dies alles in Frankreich, wo auf einmal zahlreiche Märkte entstanden. Doch dieser plötzliche Aufschwung wäre unmöglich gewesen, wenn die Bewohner des Landes nicht die Gewohnheit angenommen hätten, auf dem Markt zu kaufen und zu verkaufen.
Daß sich der Markt als Institution eingebürgert hatte, geht auch aus einigen Lebensbeschreibungen von Heiligen hervor. Die Zeit, in der Familienangehörige oder Nachbarn Produkte tauschten und, da man nicht zu verkaufen pflegte, keine Preisbildung von einiger Dauer zustande kam, war längst vorüber. In der Karolingerzeit vollzog sich die Verteilung der Produktion ganz anders, und durch den Kauf und Verkauf von Waren war die Bedeutung des gemünzten Geldes erheblich gewachsen.
Die Märkte wurden meistens wöchentlich einmal und nur in Ausnahmefällen an allen Wochentagen abgehalten. Ihre Anzahl wurde durch ein anderes Element erheblich vergrößert: durch die Jahrmärkte, die es seit dem 9. Jahrhundert in großer Menge gab und über die wir durch die wertvolle Arbeit der Historikerin T. Endemann orientiert sind.[67] Im 9. Jahrhundert wurden Jahrmärkte in Cambrai und Compiègne[68] sowie an vielen anderen Orten Frankreichs abgehalten. Bedeutsamer noch war es, daß sich im 10. Jahrhundert Jahrmärkte sowohl in Troyes als auch in

Lagny-sur-Marne entwickelten: zwei Städte, die im 12. Jahrhundert neben anderen zu den glänzendsten Schauplätzen jener berühmten Messen der Champagne wurden, auf denen sich die Kaufleute trafen und ihre Transaktionen abschlossen. Ein weiterer Jahrmarkt fand zu Anfang des 10. Jahrhunderts in Châlons-sur-Marne statt. Man findet Jahrmärkte aber nicht nur nördlich der Alpen, sondern sie sind im Jahre 860 auch für Pavia und Bobbio, im Jahre 894 für Mantua bezeugt.
Östlich des Rheins entwickelten sich nach der Meinung von Hans Planitz die Jahrmärkte allerdings erst im 10. Jahrhundert.
Die Bedeutung dieser Jahrmärkte war nicht gering. Der Jahrmarkt von Saint-Denis wurde jedenfalls schon im 9. Jahrhundert von Kaufleuten aus Italien, Spanien und England besucht.

XVI. DAS GELD

Was die Historiker immer wieder beschäftigt und vor neue Fragen gestellt hat, ist die Tatsache, daß um das Jahr 700 in Westeuropa das Goldgeld verschwand. Dieses Phänomen ist von modernen Historikern in verschiedenen Zusammenhängen behandelt und von manchen auf ein Defizit der Handelsbilanz Westeuropas im Mittelmeerhandel zurückgeführt worden. Man hat bei dieser Erklärung folgendermaßen argumentiert: Westeuropa war ein sehr schwacher Goldproduzent. Andererseits importierte es in der Merowingerzeit immer noch unentwegt orientalische Produkte, beispielsweise Papyrus und Gewürze, ohne selbst viele Waren zu produzieren, die den Orient zum Kauf hätten reizen können. So gab es in Westeuropa einen Importüberschuß, der in Gold bezahlt wurde, so daß sich der Vorrat, den Westeuropa von diesem Edelmetall besaß, früher oder später erschöpfte und das Gold als Zahlungsmittel schließlich verschwand.
Faktisch stützt sich die ganze moderne Geschichtsschreibung, soweit sie die wirtschaftlichen Verhältnisse und die Zahlungsmittel betrachtet, auf die günstigen oder ungünstigen Wendungen in der Handelsbilanz. Doch handelt es sich unseres Erachtens dabei höchstens um interessante Vermutungen und viel weniger um brauchbare Neuentdeckungen.
Dennoch bleibt die Frage bedeutsam, aus welchen Gründen um das Jahr 700 in Westeuropa die Goldmünze verschwunden ist.
Um diese Ursachen herauszufinden, bedarf es keiner Kenntnis der Handelsbilanzen in den Jahrhunderten nach dem Untergang der Antike. Ph. Grierson, der hervorragende, oft zitierte Kenner des Münzwesens, hat einen befriedigenderen Weg zur Lösung des Problems gezeigt.[69]

In die zweite Hälfte des 7. Jahrhunderts fiel ein wirtschaftsgeschichtlich bedeutender Vorgang. Der Kalif Abd al Malik (685 bis 705) reformierte kurz vor dem Ende des 7. Jahrhunderts das Geldwesen des Islams. Er schuf den Golddinar im Gewicht von 4,25 Gramm und den Silberdirhem im Gewicht von 2,97 Gramm.
Das Wertverhältnis zwischen Gold und Silber wurde mit 1 zu 14 fixiert. Es handelte sich hier um eine gewaltige, für den Bereich des Islams durchgeführte Reform der Münzprägung und damit der Geldwirtschaft überhaupt.
In Westeuropa war das Wertverhältnis zwischen Gold und Silber nur 1 zu 12. So konnten die westeuropäischen Besitzer von Gold große Vorteile erzielen, wenn sie es den Moslems gegen Silber verkauften. Tatsächlich floß das gemünzte Gold aus Westeuropa freilich nur allmählich in den Orient. Es gab eine Übergangszeit, während welcher die Goldmünzen immer ›blasser‹ wurden, das heißt immer weniger Gold enthielten.
Wir dürfen nicht vergessen, daß das Prägen von Münzen im Gallien der Merowingerzeit das Werk spezialisierter Münzmeister war, die als private, auf Gewinn ausgehende Unternehmer handelten. Es ist ganz unwahrscheinlich, daß diese Leute, zu deren beruflichen Aufgaben ja die Kenntnis des Goldwertes gehörte, von den Nachrichten über die bedeutende Hausse des Goldpreises im Verhältnis zum Silbergeld unberührt geblieben sein sollten. Nachrichten dieser Art kursieren schnell. Die Goldmünzen waren ja auch von vornherein für den internationalen Handelsverkehr bestimmt. Daher waren die Münzmeister gewiß auch mit den Leuten bekannt, die ins Ausland reisten, und insbesondere mit solchen Kaufleuten, die, wie beispielsweise die Juden oder die Syrer, die Länder des Islams besuchten. Ein erheblicher Teil des in Westeuropa befindlichen gemünzten Goldes hat somit unvermeidlich seinen Weg zu den Münzprägestätten der Moslems gefunden, während große Mengen von Silber als Entgelt für dieses Gold nach Westeuropa strömten. Dies Phänomen konnte nur noch gewaltig verstärkt werden durch die Tatsache, daß der oströmische Kaiser, um die byzantinische Goldmünze gegen die Konkurrenz des Dinars zu verteidigen, das Wertverhältnis zwischen Gold und Silber auf 1 zu 18 festsetzte. So kam es, daß in Byzanz plötzlich keine Silbermünzen mehr geprägt wurden und die Währung dort ausschließlich auf die Goldmünze umgestellt wurde.
Dies hatte für Westeuropa gewisse Folgen. Man kann sich fragen, wo Westeuropa bis dahin überhaupt das Gold für seine Münzprägestätten gefunden hatte. Es ist nahezu sicher, daß es sich bei den westeuropäischen Goldmünzen des 7. Jahrhunderts um umgeschmolzene byzantinische Stücke gehandelt hat.[70] Zudem kursierte in Westeuropa während der Merowingerzeit eine

gewisse Anzahl von byzantinischen Goldmünzen, von denen die jüngste ein *Triens* des oströmischen Kaisers Konstans II. war, der in den Jahren zwischen 641 und 668 regierte.
Doch byzantinische Münzen zirkulierten damals in Westeuropa nur dort, wo es, wie beispielsweise in den Gebieten östlich des Rheins, keine merowingischen Prägestätten gab.
Höchstwahrscheinlich war also Westeuropa durch Byzanz mit Gold versehen worden. Es leuchtet ohne weiteres ein, daß von einem Zeitpunkt ab, an dem — gegen Ende des 7. Jahrhunderts — Byzanz zur ausschließlichen Goldwährung überging und durch entschiedene Maßnahmen ein Abströmen seines Goldes ins Ausland verhinderte, dieses Edelmetall vom Oströmischen Reich aus nicht mehr nach Europa gelangte.
So kam es dahin, daß sowohl durch den Abfluß des Goldes aus Westeuropa in die arabischen Länder wie auch durch die Sperrung des Goldzuflusses, der bis dahin von Byzanz nach Westeuropa gelangt war, das gemünzte Gold im Abendland überhaupt verschwand: ein Versiegen, das teils direkt, teils indirekt auf die Geldreformen des Kalifen Abd al Malik im Jahre 696 zurückzuführen ist.
Die Römer, die natürlich ein Münzwesen besaßen, hatten dieses in den von ihnen eroberten Gebieten eingeführt. Den Skandinaviern wie den Germanen überhaupt war dagegen das Geldwesen fremd. Als während der Völkerwanderungszeit im Nordwesten des Römischen Reiches die Germanenreiche gegründet wurden, verschwanden die Münzen zwar nicht völlig, wurden aber nur für ganz bedeutende Transaktionen verwendet und blieben daher als Zahlungsmittel den sehr reichen Bewohnern dieser Königreiche vorbehalten. Daraus erklärt sich, daß die Merowinger kein anderes Geld prägen ließen als Goldmünzen.
Allerdings blieben römische Silbermünzen in den ›Barbarenreichen‹ noch lange im Umlauf, doch sie können nur eine sehr begrenzte Rolle gespielt haben, da die Merowinger diese Münzen nicht nachprägen ließen.
Man muß sich somit darüber klar sein, daß in der Gesellschaft, die in den germanischen Staaten des 6. und 7. Jahrhunderts entstanden war, die Verwendung von Geld stark zurückgegangen war oder sogar gänzlich aufgehört hatte.

Nur die für den Handel großen Stils verwendete Goldmünze hatte überdauert. Nun verschwand auch sie! Man mußte also Silbermünzen schlagen. Das neue, im 8. Jahrhundert geprägte Silbergeld mußte in erster Linie die verschwundenen Goldmünzen ersetzen, hatte aber noch viele andere Funktionen. Diese Funktionen ergaben sich daraus, daß das 8. Jahrhundert eine große wirtschaftliche und zugleich soziale Umwälzung mit sich gebracht hatte. Die Naturalwirtschaft, bis dahin ein erheblicher Bestandteil des ganzen Wirtschaftslebens, wich gerade damals der Geldwirtschaft, bei der sich die Produzenten von dem System des Tausches, der Geschenke und Gaben, der unentgeltlichen Nachbarschaftshilfe und der vordem extrem ausgebildeten Hilfe (in Produkten und Diensten) innerhalb der Familie losmachten. Sie veräußerten nun die Überschüsse auf dem Markt und erwarben mit dem Erlös, ebenfalls auf dem Markt, diejenigen Produkte, die sie selbst nötig hatten oder begehrten.

Abb. 5: Solidus des byzantinischen Kaisers Konstans II. (reg. 641 bis 668); Vorder- und Rückseite

Die Entwicklung der Verwendung von Münzen um das Jahr 700 nahm in allen westeuropäischen Königreichen gleichartige Formen an. Im Fränkischen Reich wie im westgotischen Spanien, in den angelsächsischen Monarchien ebenso wie in Italien wurde das geschwundene Goldgeld durch Silbergeld ersetzt. Die Eroberung Spaniens durch die Moslems im Jahre 711 hat dort diese Entwicklung gehemmt, doch darf man nicht außer acht lassen, daß die Araber als Eroberer Spaniens nicht vor dem 10. Jahrhundert Goldmünzen prägten, was beweist, daß dieses Geld auch aus Spanien verschwunden war. In Italien prägte man allerdings auch nach dem Jahre 700 Goldmünzen, doch wurde ihr Goldgehalt immer schwächer, und die Franken führten dort, nachdem sie im letzten Viertel des 8. Jahrhunderts die Herrschaft im Gebiet des Langobardenreiches ergriffen hatten, das gemünzte Silbergeld ein. Im Herzogtum Benevent schlug man freilich auch weiterhin Goldmünzen, doch dieses Herzogtum war, theoretisch wenigstens, selbständig geblieben.

Die Entwicklung, die sich lokal in verschiedenem Tempo vollzog, war fast überall die gleiche. Eine gemeinsame Ursache mußte hier vorliegen.

Diese Ursache war — wie schon gesagt — das in den Ländern des Islams nach der Geldreform des Kalifen Abd al Malik kurz vor dem Jahre 700 einsetzende Steigen des Goldpreises im Verhältnis zum Silberpreis.

Trotz der Vorbehalte mancher Historiker kann man den Vorgang — den von uns skizzierten Abfluß des gemünzten Goldes aus Westeuropa — nicht leugnen. Man muß annehmen, daß zwischen der Welt des Islams und den Ländern der Christenheit eine für das Wandern der Edelmetalle maßgebende Beziehung bestanden hat, durch die Gold und Silber von einem Gebiet in das andere zu fließen vermochten. Nimmt man eine solche Beziehung für die große Bewegung der Edelmetalle nach der Reform des Abd al Malik (im Jahre 696) an, so muß man die Existenz dieser Beziehung auch für die spätere Zeit vermuten — und damit zwangsläufig auch einen wirtschaftlichen Mechanismus, der den Zufluß von Silber aus den arabischen Ländern nach Westeuropa verbürgte.

Bis zur Mitte des 9. Jahrhunderts sank der Silberpreis in den westeuropäischen Ländern. Das läßt sich aus zwei vielleicht zusammenhängenden Faktoren erklären. Der eine bestand darin, daß natürlich der Weltpreis für Silber ebenfalls sank. Es leuchtet ja ohne weiteres ein, daß ein Sinken des Silberpreises in Westeuropa bei gleichzeitiger Stabilität des Silberpreises in den arabischen Ländern dazu geführt hätte, daß das billige Silber aus Westeuropa in die Länder des Islams geflossen wäre, genau in der gleichen Weise, wie seit etwa dem Jahre 700 das ›billige‹ Gold Westeuropas dorthin gelangt war. Dies geschah aber nicht, da auch in den arabischen Ländern der Silberpreis sank. Der Grund hierfür ist nach Ansicht der Historiker des Orients die Tatsache, daß um das Jahr 750 die reichen Silberminen Transoxaniens (Westturkestans) erschlossen wurden und durch ihre ausgiebige Produktion ein allgemeines Sinken des Silberpreises (infolge des wachsenden Angebots) herbeigeführt wurde.

Dieser Auffassung trat C. Cahen mit dem Hinweis darauf entgegen, daß man den Zeitpunkt, an dem diese starke Produktion Transoxaniens einsetzte, nicht genau kennt. Dies mag zutreffen, aber man kann andererseits nicht übersehen, daß das Absinken des Silberpreises darauf hindeutet, daß Silber in größeren Quantitäten als zuvor zur Verfügung gestanden haben muß.

Der zweite Faktor, auf den das Sinken des Silberpreises in Westeuropa zurückzuführen ist, ist das Vordringen der im Orient produzierten größeren Silbermengen in die christlichen Gebiete Westeuropas, was einen starken Export westlicher Erzeugnisse in die arabische Welt unabweisbar voraussetzt.

Das Absinken des Silberpreises läßt sich durch zwei Tatsachenreihen belegen.[71]

Wir können die Preise für drei Getreidearten in verschiedenen

Jahren vergleichend angeben und dadurch ihr Steigen anschaulich machen. Im Jahre 797 kosteten der Malter Gerste 2, der Malter Roggen 3 und der Malter Weizen 4 Silberdenare, im Jahre 806 war der Preis für den Malter Gerste auf 3, für den Malter Roggen auf 4 und für den Malter Weizen auf 6 Silberdenare gestiegen. Alle diese Beträge waren Höchstpreise, die Karl der Große angeordnet hatte, aber im Jahre 850 kostete der Malter Weizen im ›freien‹, durch Angebot und Nachfrage bestimmten Handel schon 10 Silberdenare.

Doch die zweite Beweiskette, die das Absinken des Silberpreises und damit des Wertes der Silberdenare zeigt, liefern die Maßnahmen, mit denen die Karolinger eine Aufwertung des Silberdenars zu erreichen suchten. Das Gewicht dieser Münze, von Pippin dem Kleinen in den Jahren 754 und 755 auf 1,30 Gramm (22 Schillinge, das heißt 264 Denare gleich einem Pfund) festgelegt, wurde von Karl dem Großen auf 1,70 Gramm erhöht, so daß nunmehr bereits 20 Schillinge, das heißt 240 Denare, einem Pfund Silber entsprachen.

Somit steht fest, daß der Silberpreis im Laufe des 8. Jahrhunderts erheblich gefallen war, und dies bedeutet wiederum, daß der Zustrom von Silber sich verstärkt hatte.

Die angelsächsischen Könige — insbesondere König Offa von Mercia (757–796) — folgten dem Beispiel Karls des Großen und versuchten, einen ›schwereren‹ Silberdenar zu schaffen. Man darf also annehmen, daß damals hinsichtlich des Erwerbs von Silber eine Art von Lebensgemeinschaft zwischen den christlichen Königreichen bestanden hat.

Das schnelle und fortwährende Steigen der Preise für die Waren und das Absinken des Silberpreises lassen sich nur mit einem Überfluß dieses Metalls in ganz Westeuropa erklären.

Der im Feingewicht des Denars zum Ausdruck kommende Silberpreis blieb auch nach der Entwertung, die um das Jahr 780 zur Erhöhung des Denargewichts geführt hatte, fortwährend rückläufig. Der Silberpreis sank nach dem Tode Karls des Großen weiter, und unter Ludwig dem Frommen wog der Denar noch etwas mehr, nämlich 1,75 Gramm.

Schließlich fand die Entwertungstendenz aber ihr Ende. Unter Karl dem Kahlen (843–877) war der Denar im westfränkischen Gebiet bloß noch 1,70 Gramm schwer, und im Herrschaftsbereich von Karls Bruder Lothar I. (840–855) wurde das Gewicht der Münze ebenfalls herabgesetzt. Zu Beginn des 10. Jahrhunderts wog der Denar nur noch zwischen 1,50 und 1,60 Gramm. Dieses Gewicht hielt die Mitte zwischen dem, was die Münze unter Pippin gewogen hatte, und dem schweren Denar, der unter der Regierung Karls des Großen und Ludwigs des Frommen geprägt worden war. Die klassische Erklärung für die Änderung der Tendenz verweist auf ein Sinken des Goldpreises durch die reichliche

Produktion der nubischen Minen, die seit der Mitte des 9. Jahrhunderts von den Arabern ausgebeutet wurden.
C. Cahen verwirft diese Deutung, aber seine Argumente sind alles andere als schlüssig; die klassische Auffassung, die die in der zweiten Hälfte des 9. Jahrhunderts unverkennbar höhere Bewertung des Silberdenars und die entsprechende Senkung seines Metallgewichtes auf ein Absinken des Goldpreises durch Steigerung der Goldproduktion zurückführt, bleibt die einzig stichhaltige Erklärung des Phänomens.
Gegenstand einer erbitterten Diskussion ist die These vom Zufluß arabischer Münzen in den Westen. Schon Marc Bloch, der die historische Forschung in Frankreich durch neue Methoden bereichert hat, äußerte Zweifel an dem völligen Verschwinden des Goldgeldes und vertrat die Auffassung, daß seit dem 8. Jahrhundert der Dinar, die arabische Goldmünze, in Westeuropa kursiert sei. Diese These Blochs wurde von seinem Schüler M. Lombard stark ergänzt und ausgearbeitet.[72] Lombard sah im Goldgeld der Araber, das durch den Handel Westeuropas mit den Moslems massenhaft ins Fränkische Reich geströmt sei — wobei die Handelsbilanz für die Moslems stets ein Defizit aufgewiesen habe —, die treibende Kraft, die die Entwicklung der westeuropäischen Wirtschaft im Hochmittelalter ermöglichte. Lombard meint, daß die Araber, die in den Besitz aller großen Goldquellen der Alten Welt gelangt waren, die Produkte Westeuropas massenhaft gekauft und mit ihren Zahlungen einen Goldzufluß verursacht hätten; dieser Goldzufluß sei die Grundlage von Westeuropas wirtschaftlichem Wiederaufstieg geworden, der dann im 11. Jahrhundert in der Wiedergeburt der städtischen Kultur seinen Ausdruck fand.
Doch schon vor der Veröffentlichung dieser Auffassungen Lombards hatte der schwedische Historiker Sture Bolin die Diskussion in anderer Richtung weitergetrieben.[73]
Eins der merkwürdigsten archäologischen Phänomene besteht darin, daß man in den Ostseegebieten — von Skandinavien und Nordpolen bis hinein nach Rußland — ungeheure Mengen arabischer Münzen gefunden hat. Man schätzt die Zahl der in Rußland vorhandenen Stücke auf 100 000. In Schweden, Norwegen und Dänemark entdeckte man 42 500 arabische Münzen, von denen mehr als die Hälfte auf der schwedischen Insel Gotland gefunden wurden.
Für Sture Bolin steht fest, daß es im 8. und 9. Jahrhundert einen intensiven Handel zwischen Skandinavien bzw. den baltischen Gebieten einerseits und den arabischen Ländern andererseits gegeben hat: einen Handel, bei dem westeuropäische und orientalische Waren (unter Einschaltung der Kaufleute aus Skandinavien und den baltischen Gebieten) zwischen West und Ost ausgetauscht wurden. Bei diesem Handel wurden Güter quer

durch Westeuropa befördert. Im Laufe des 9. Jahrhunderts haben die Normannen durch ihre Vorstöße nach Westeuropa diesen Handel unterbrochen. Bolin meint, daß die Schweden in der Zeit Ruriks nach Rußland aufgebrochen seien, um einen Ersatzweg und damit die Möglichkeit für die Fortführung des Handels zu suchen. Tatsächlich bahnten sie, wie Bolin hervorhebt, dem Handel zwischen dem Ostseegebiet und der Welt des Islams ganz neue Wege.

Die Auffassungen von Bolin und Lombard bewegen sich also trotz gewisser Abweichungen weitgehend in derselben Richtung: ihnen zufolge gab es einen durch den europäischen Kontinent verlaufenden arabischen Handel großen Stils; verbunden damit waren europäische Exportgeschäfte in die mohammedanische Welt, die ihre Einfuhren mit Gold und Silber bezahlte.

Der entscheidende Beleg hierfür wurde in den umfangreichen Funden arabischer Münzen in Skandinavien gesehen. Doch dieses Argument hat seine Beweiskraft zumindest für die Zeit vor dem Ende des 9. Jahrhunderts verloren: die in Skandinavien gefundenen arabischen Münzen sind fast alle *nach* dem Ende des 9. Jahrhunderts zu datieren; sie stammen nicht aus der *gesamten* mohammedanischen Welt, sondern nahezu ausschließlich *aus ihrem östlichen Teil* (Turkestan); und schließlich — das erschüttert die These von Lombard schwer — sind sie *Silber*münzen, keine Goldmünzen.

Bedeutet das, daß man die Vorstellung, zwischen der westlichen und der arabischen Welt hätten wichtige Handelsbeziehungen bestanden, aufgeben muß? Nicht unbedingt. Die Verfechter dieser These glaubten, in den skandinavischen Münzfunden den direkten Beweis für ihre Theorie in Händen zu haben. Darin haben sie sich geirrt; man muß sich, wie so oft beim Mittelalter, mit indirekten, durch Schlußfolgerungen gewonnenen Beweisen begnügen.

Die Meinung, daß eine große Anzahl arabischer Goldmünzen und Silbermünzen in der christlichen Welt des 8. und 9. Jahrhunderts kursiert sei, wird oft mit dem Hinweis darauf bekämpft, daß diese Münzen in Westeuropa nur ganz selten gefunden worden sind. Doch dieser Einwand hat kein großes Gewicht, denn man muß berücksichtigen, daß Münzen aus fremden Ländern im frühen Mittelalter schnell eingeschmolzen und zu eigenen Münzen umgeprägt wurden. Das gilt von Münzen altarabischer Herkunft und Inschrift sogar noch mehr als von anderen Geldstücken. Viele Faktoren trugen dazu bei, daß arabische Münzen, die nach Westeuropa gelangten, schnell aus dem Umlauf verschwanden: Zunächst gab es in den westeuropäischen Ländern keine mohammedanischen Kaufleute, die ein Interesse daran gehabt hätten, diese Münzen zu bewahren und eventuell zwecks Hortung zu vergraben. Die für die Christen unverständ-

lichen altarabischen Buchstaben, das ›ungläubige‹ Element, das
für die Westeuropäer in der arabischen Beschriftung lag — dies
alles führte dazu, daß die kleinen Geldhändler solche Münzen
ablehnten und nicht einwechselten. Umgekehrt waren die arabischen Münzen durch ihren festgelegten Metallgehalt zur Umschmelzung geradezu vorbestimmt und mußten die Kenner von
Metallen, Münzmeister, Juden und große Geldwechsler, locken.
Trotz aller Verbote, die die Könige aus dem Karolingerhause
erließen, muß es im 9. Jahrhundert ein ›privates‹ Prägen von
Münzen in nicht unerheblichem Ausmaß gegeben haben.
Dieses Phänomen erst macht die häufigen Maßnahmen der
Herrscher verständlich, mit denen sie darauf abzielten, ›ihre‹
Münzen als die einzig guten und als ausschließliches Zahlungsmittel innerhalb ihres Machtbereiches durchzusetzen. Aus den
Verboten, die verhindern sollten, daß die Juden zu Hause eine
Prägestätte für Münzen errichteten oder unterhielten, ergibt sich,
daß sie Münzen einschmolzen, das heißt Geldstücke, die im Karolingerreich keine Zahlungsmittel waren, in fränkische Münzen
verwandelten.
Wir erinnern hier daran, daß sich die byzantinischen Münzen
der Merowingerzeit nicht in jenen Teilen des Fränkischen Reiches fanden, in denen es königliche Prägestätten gab, sondern
östlich des Rheins,[74] wo diese Prägestätten fehlten. Daran kann
man erkennen, daß die nichtfränkischen Münzen, die in die westlichen Gebiete des Frankenreiches gelangten, in dem Tiegel der
dortigen Münzpräger verschwanden.
Nördlich der Alpen waren nicht einmal langobardische Münzen
im Umlauf. Die einzigen nichtfränkischen Münzen, von denen
man relativ viele im Gebiet des Fränkischen Reiches gefunden
hat, sind Geldstücke der Angelsachsen. Dies erklärt sich aus dem
ständigen Geldumlauf, der sich aus den engen Beziehungen zwischen den angelsächsischen Ländern und Rom ergab, zwei Gebieten, in denen der arabische Mancus Zahlungsmittel war.
Freilich ist unbestreitbar, daß *direkte* Beweise (reichhaltige
Funde von Dinaren oder ausdrückliche Hinweise in den Quellen)
für einen Zufluß arabischer Goldmünzen nach Westeuropa —
jedenfalls für die Zeit vor 950 — fehlen. Immerhin bleiben
einige Fakten, die von den Vertretern dieser These angeführt
werden, unwiderlegbar. Halten wir uns zunächst vor Augen, daß
nur eine solche Theorie die in beiden Wirtschaftsbereichen parallele Entwicklung des Goldwertes und des Silberwertes ausreichend erklärt. Doch das ist nicht alles: Der Mancus (*mancusus*), das heißt der arabische Dinar, wurde gegen Ende des 8. Jahrhunderts Zahlungsmittel im Geldverkehr zwischen England und
Italien; dies aber wäre unmöglich gewesen, wenn der Mancus
nicht in jedem der beiden Gebiete die Funktion eines mehr oder
weniger regelrecht kursierenden Zahlungsmittels gehabt hätte,

zumindest in der an Umfang begrenzten, aber für die Wahl und Annahme von Geld entscheidenden Welt der Kaufleute beider Regionen.
Daß man nur wenige Mancusen wiedergefunden hat, besagt, wie schon erwähnt, nicht viel, und dies gilt besonders für Italien, wo man im 9. Jahrhundert auch weiterhin Goldmünzen prägte. Diese Goldmünzen waren wahrscheinlich umgeschmolzene arabische Dinare (*mancusi*).
Merkwürdigerweise war aber diese Goldmünze im Nordwesten des Fränkischen Reiches, wo sie überhaupt im ganzen nur zweimal in den zeitgenössischen Quellen erwähnt wird, kein Zahlungsmittel.
Lag dies daran, daß in diesem Gebiet nur Silbermünzen als Zahlungsmittel kursierten?
Zwar ließen die Karolinger wohl in Friesland Goldmünzen prägen,[75] doch die überwiegende Mehrheit der in Dorestad geprägten Geldstücke waren Silbermünzen, und es gab in Friesland nichts, was sich mit den 3000 Goldmünzen hätte vergleichen lassen, die der Herzog von Benevent dem Kaiser des Fränkischen Reiches jährlich sandte, oder was einen Vergleich mit den 365 Goldmünzen aushielte, die König Offa von Mercia in der zweiten Hälfte des 8. Jahrhunderts dem Papst als jährliche Zahlung gelobte (*vovit*). Auch die 2000 Goldmancusen, die der angelsächsische König Eadred (946—955) im Fall seines Todes zu prägen befahl, übersteigen an Menge und Wert alles, was Friesland an Goldmünzen prägte.
Die Goldmünze war also nur dort, wo der Mancus Zahlungsmittel war, eine konkrete Realität. Ebenso steht fest, daß die arabischen Goldmünzen in den Grenzgebieten zwischen der arabischen Welt und dem Karolingerreich — beispielsweise in der von Narbonne beherrschten Region, die nacheinander ›Septimanien‹ und ›Gotien‹ genannt wurde — neben dem fränkischen Silbergeld kursierten: ein Phänomen, das sich aus der geographischen Lage jener Gebiete zwanglos erklärt.
Auch wenn man eine Antithese nicht ganz scharf durchführen kann, darf man sagen, daß es einen Bereich gegeben hat, in dem das Zahlungsmittel fast nur Silbergeld war: die baltischen Gebiete, Skandinavien und der Norden des Fränkischen Reiches. Die Vorliebe für das Silber in diesen Gebieten war die Ursache dafür, daß große Mengen arabischen Silbers dorthin flossen und arabische Goldmünzen und Mancusen dort fehlten. In den nur Silbergeld als Zahlungsmittel verwendenden Gebieten wurden die Beträge geprägten Geldes, aber auch geforderte Werte — beispielsweise die durch die Normannen erhobenen Tribute — ganz allgemein in Silberwährungen ausgedrückt, wobei allerdings diese Währung ausschließlich nach dem Gewicht, das heißt nach dem skandinavischen Pfundgewicht, berechnet wurde.

Doch die große Region des Silberdenars im Norden des Fränkischen Reiches wurde insofern von dem arabischen Einfluß erfaßt, als auch hier der Silberpreis von den Schwankungen des Silberpreises in den arabischen Ländern berührt wurde. Dies aber ist nur mit einem starken Zustrom von arabischem Silbergeld nach Westeuropa und also mit einem Export fränkischer Waren in die Länder der Moslems zu erklären.

Was für Folgerungen ergeben sich aus alldem?
Das bedeutendste Ereignis für die Münzgeschichte des 8. und 9. Jahrhunderts war unbestreitbar das Erscheinen und die Verbreitung des Silberdenars. Doch der Silberdenar konnte nur durch eine Umbildung des Wirtschaftslebens zu einer solchen Bedeutung gelangen. Diese Umbildung bestand darin, daß fast jeder zum Käufer und auch zum Verkäufer wurde.
Manche Historiker haben dagegen eingewandt, daß der Silberdenar seinem Werte nach für durchschnittliche, also kleine Einzelkäufe oder Einzelverkäufe ungeeignet war, da er für so geringfügige Transaktionen doch zu wertvoll gewesen sei. Dazu ist zu sagen:
Der Silberdenar und der Halbdenar (Obolus) waren Münzen, die den Bedürfnissen der Käufer und Verkäufer auf Wochenmärkten genau entsprachen, und der enge zeitliche Zusammenhang zwischen der Vermehrung der Wochenmärkte und der Verbreitung des Silberdenars ist unverkennbar.
Zweifellos setzt aber die Verbreitung des Silberdenars einen gewissen Zustrom von Silber in das Fränkische Reich voraus. Der größte Teil dieses Silbers muß als Zahlungsmittel für Waren aus den arabischen Ländern gekommen sein.
Der arabische Ursprung des ins Karolingerreich einströmenden Silbers geht daraus hervor, daß sich sein im Preis ausgedrückter Wert nach dem Preis richtete, den es jeweils in den arabischen Ländern erzielte.
Da das gleiche Phänomen sich auch in England zeigte, kann man sagen, daß es einen einzigen Silbermarkt gab, der den Preis dieses Metalls sowohl für das christliche Westeuropa als auch für die arabischen Gebiete festlegte und auch den Wert der Silbermünzen bestimmte.
Das Silber hatte eine um so größere Bedeutung gewonnen, als in der jüngeren Welt des Nordens (in Skandinavien und in den baltischen Ländern) im wesentlichen der Monometallismus des Silbers als des einzigen Zahlungsmittels herrschte. Die Goldmünze hat sich in Italien und England besser gehalten, da der byzantinische Goldsolidus und der arabische Golddinar in beiden Ländern weiter kursierten; aber auch dort wurde das Silbergeld zum vorherrschenden Zahlungsmittel, während der Gold-

mancus immer mehr zu einer bloßen Rechnungseinheit herabsank.
Somit erweist sich die Unhaltbarkeit jener Thesen, nach denen das Abendland in der Karolingerzeit durch beschleunigte Rückkehr zu einer agrarischen Struktur und durch eine starre Domänenverfassung einen gewaltigen Rückschritt erlebt habe.
Die hauptsächliche Umwälzung der Wirtschaft während der Karolingerzeit — ein ganz wesentliches Element dieser Epoche — bestand darin, daß sich damals die Geldwirtschaft durchzusetzen begann. Sie konkretisierte sich in den stark besuchten Märkten und in der Verbreitung des Silbergeldes über alle Bevölkerungsschichten hin. Diese Konkretisierung der Geldwirtschaft hat faktisch die Voraussetzungen geschaffen, aufgrund deren die spätere gewerbliche Industrie jene großen Mengen von Verbrauchern vorfand, deren sie für den Absatz bedurfte. Die Reichen — ein naturgemäß kleiner Kreis — besaßen ja in allen Geschichtsepochen die Mittel, sich die Waren zu verschaffen, die von ihnen nicht produziert wurden.
Künftig aber war der gewöhnliche Bauer, der Sklave und der Kolone als Verbraucher und Erzeuger an der Zirkulation der Waren beteiligt. Wenn nun der einfache Mann seine schwachen Überschüsse veräußerte, erhielt er für sie das allgemein gültige Zahlungsmittel: den Silberdenar, dessen Wert auf seine Bedürfnisse zugeschnitten war und der ihm völlig neue Möglichkeiten wirtschaftlicher Art eröffnete.
Hierin zeigt die Wirtschaft der Karolingerzeit eine ganz neue Perspektive, die aus der geschichtlichen Weiterentwicklung nicht mehr verschwand.

7. Die Kaiserzeit

Vergleicht man die beiden Zeiträume, deren Betrachtung die Grundlage dieses Buches sind, so drängen sich sogleich zwei deutliche Wesenszüge der beiden Epochen auf. Zwischen der sogenannten Schlacht bei Tours und Poitiers, in der Karl Martell im Jahre 732 den Arabern eine Niederlage beibrachte, und der Schlacht am Lech, in der Otto I. (der Große) im Jahre 955 die Ungarn schlug, wurde Westeuropa unaufhörlich von fremden, kriegerischen Stämmen bedroht, angegriffen und verwüstet. Aus allen vier Windrichtungen drangen diese Fremden wie die Apokalyptischen Reiter vor und wollten Europa zerfleischen. Dieser Zustand wurde erst nach der Schlacht am Lech gänzlich geändert.

Die Ursache dafür lag hauptsächlich darin, daß es im Osten und Norden Europas zu einer bedeutenden Stabilisierung der Verhältnisse kam. In beiden Gebieten bildeten sich Königreiche, die zwar noch oft mit den alten westeuropäischen Staaten Krieg führten, aber andererseits die furchtbaren Schläge vordringender asiatischer Stämme auffingen.

Von diesen großen Glacis geschützt, begann Europa seine von Karl dem Großen vergeblich erstrebte Einheit zu verwirklichen. Otto der Große schuf für die Einheit weit bessere Grundlagen als Karl. Wir müssen uns in diesem Kapitel denn auch hauptsächlich mit dem von Otto dem Großen gegründeten Deutschen Kaiserreich beschäftigen: mit dem Deutschen Reich und mit Italien. Aber das Kaiserreich, das Otto im Jahre 962 schuf, war nur der Schwerpunkt Europas. An allen Reichsgrenzen bildeten sich neue Staatswesen.

Von der Zeit zwischen den Jahren 751 und 956 kann man sagen, daß die Geschehnisse alles in allem auf einen mißglückten Versuch hinausliefen, Europa zu einer Einheit zusammenzufassen. Die Zeit danach erst brachte den Beginn der Verwirklichung dieses Strebens. Doch muß betont werden, daß es sich tatsächlich nicht um mehr als einen Anfang gehandelt hat. Erst im vollen Hochmittelalter, der Zeit, die in diesem Buch nicht mehr behandelt wird, verbreitete sich eine neue Kultur: jene von der Vernunft beherrschte, konstruktive Denkweise, die die ganze Menschheit wenn auch vielleicht nicht erfaßte, so doch auf fruchtbare Weise beeinflußte. Doch keine Entwicklung kommt aus dem Nichts. In den nunmehr zu behandelnden Jahren zwischen 956 und 1066 wurden allmählich die Voraussetzungen geschaffen, unter denen sich dann im 12. Jahrhundert die Grundlagen für die moderne Welt herausbilden konnten.

I. EINE ÄNDERUNG DER GESICHTSPUNKTE

Stellt man die Geschichte Europas um das Jahr 830 dar, so betrachtet man sie meist unter dem Gesichtspunkt des in Aachen residierenden Herrschers, denn man pflegt darunter ein Imperium zu verstehen, das an allen seinen Grenzen von Fremden umgeben war: Menschen, die man nur in ihrem Verhältnis zu den Franken sieht und darstellt. Doch um das Jahr 1030 waren Skandinavien, Polen, Rußland, Ungarn und Böhmen christliche Länder, wobei die gegenseitige Übereinstimmung im Ausdruck des religiösen Gedankens freilich keine bedeutende Rolle spielte. Faktisch[1] nahm jedes christliche Land, jedenfalls in mancher Hinsicht, an der Kultur der alten Länder Europas teil. Jedes war, wenn man von Rußland absieht, an Rom gebunden; die Geistlichen eines solchen Landes bedienten sich des Lateinischen, seine Fürsten und Aristokraten unterhielten Beziehungen zu den Herrschern der alten christlichen Staaten Europas. Otto II. heiratete im Jahre 972 die byzantinische Prinzessin Theophanu, und Kaiser Otto III. unternahm im Jahre 1000 eine Pilgerfahrt nach Polen. König Heinrich I. von Frankreich nahm um das Jahr 1050 Anna, eine Tochter des Fürsten Jaroslaw des Weisen von Kiew, zur Gemahlin.

Als die dänischen Könige sich Englands bemächtigten und dort zwischen den Jahren 1016 und 1042 regierten, flüchteten Abkömmlinge Alfreds des Großen nach Ungarn. Einer von ihnen heiratete eine ungarische Prinzessin, und durch zwei seiner aus dieser Ehe hervorgegangenen Töchter gelangten deren bis dahin in England unbekannte Namen Margarete und Christine dort zu allgemeiner Beliebtheit und weitester Verbreitung. Der Vorname Philipp wiederum kam durch die russische Gemahlin König Heinrichs I. nach Frankreich, wurde zum Vornamen mehrerer französischer Herrscher und verbreitete sich ganz allgemein.

König Stephan I. von Ungarn empfing seine Krone im Jahre 1000 oder ein Jahr später vom Papst. Ungarn wurde, seitdem es christlich geworden war, in Westeuropa als Station auf dem Wege nach dem Heiligen Lande bald sehr bekannt.

König Knut von Dänemark (gest. 1035), der seit dem Jahre 1016 auch über England herrschte, regierte auch in Norwegen, und sein Machtbereich erstreckte sich zudem auf Handelsplätze, die, wie beispielsweise Jumne, heute zu Polen gehören. Diese geographische Ausdehnung von Knuts Machtbereich erscheint

geradezu unglaublich, wenn man an den regional noch stark begrenzten Horizont der Zeitgenossen Karls des Großen denkt.
Deutsche Kleriker erhielten im 10. Jahrhundert Bischofssitze in Böhmen, Ungarn und Polen. Prag war eine große Handelsstadt.
Auch Pilgerfahrten zum Heiligen Lande waren für den Menschen des 11. Jahrhunderts charakteristisch.
Aimoin de Fleury, ein Mönch aus der ersten Hälfte des 11. Jahrhunderts, berichtet von einem Ritter namens Hugo, der um seiner Sünden willen als einer der ersten eine solche Pilgerfahrt unternahm. Die allgemeine Neigung zu diesen Pilgerfahrten geht auf die zweite Hälfte des 10. Jahrhunderts zurück, und es gab im 11. Jahrhundert eine beachtliche Anzahl von Pilgern nach Palästina. Richard von St. Vannes, der große religiöse Erneuerer aus den ersten Jahren des 11. Jahrhunderts, begab sich in Begleitung einer großen Anzahl von Pilgern aus Trier, Angoulême und anderen Gegenden auf dem Landwege nach Jerusalem: eine Reise, die damals etwa sechs Monate dauerte. Fulko Nerra, Graf von Anjou (987—1040), der Begründer der Machtposition seines Geschlechtes, unternahm drei Pilgerfahrten in das Heilige Land und starb während der Rückkehr von der letzten Fahrt. Sein Zeitgenosse Graf Robert I. von der Normandie pilgerte ebenfalls nach Palästina und ist dort verschollen. In jener Zeit sandten die Mönche vom Sinaiberg in regelmäßigen Abständen einen der Ihrigen nach der Normandie, um dort Almosen zu sammeln.[2]
Man könnte also zu der Folgerung kommen, daß auch die Welt des Islams in Westeuropa bekannt zu werden begann. Doch für die von uns behandelte Epoche gilt dies nur in sehr geringem Maße.[3] Trotz der Nähe des vom Islam beherrschten Spanien, trotz gewisser Handelsbeziehungen zu den Moslems und trotz der erwähnten Pilgerfahrten gibt es keine Anhaltspunkte dafür, daß eine starke Wechselbeziehung zwischen den beiden Welten entstanden wäre. Die weitgehende Trennung ist auch aus dem uns erhalten gebliebenen Bericht einer Gesandtschaft zu ersehen, die Otto der Große im Jahre 953 an den Kalifen von Cordoba geschickt hatte. Diese Gesandtschaft sollte ein Militärbündnis gegen sarazenische Räuber zustande bringen. Sie hatte keinen Erfolg, aber nicht dies ist bemerkenswert, sondern die aus dem Bericht klar ersichtliche Fremdheit — die Unfähigkeit, sich geistig zu verständigen.
Dennoch war man im Anfang des 11. Jahrhunderts dahin gelangt, in den Moslems Nachbarn zu sehen, deren Dasein kaum noch als anormales Phänomen empfunden wurde. Die Westeuropäer spürten keine besondere Abneigung mehr gegen die Araber. Diese Einstellung änderte sich in der zweiten Hälfte des 11. Jahrhunderts in steigendem Maße, doch dies genügt nicht,

um die leidenschaftliche Zustimmung zu erklären, die Papst Urban II. fand, als er im Jahre 1095 die Christen zum Kreuzzug aufrief. Die Kirche des Ostens wurde vom Kreuzzugsgedanken überhaupt nicht erfaßt und verhielt sich ihm gegenüber passiv.
Damit kommen wir zu Byzanz, dessen Beziehungen zu Westeuropa hier nur von Fall zu Fall zu behandeln sind. Das gegenseitige Verhältnis war nicht herzlich. Bekanntlich waren die Byzantiner und die Deutschen in Süditalien Nachbarn; die Galeeren Venedigs fuhren zwischen ihrem italienischen Ausgangspunkt und Konstantinopel hin und her, und zwischen Byzanz und den westeuropäischen Staaten — vor allem Venedig — wurden Handelsverträge geschlossen. Zwischen dem byzantinischen Kaiser und dem Kaiser, der über Westeuropa herrschte, wurden gelegentlich Gesandtschaften von Hof zu Hof ausgetauscht, und Bischof Liutprand von Cremona hat uns von einer Gesandtschaft, die Otto der Große an den Hof von Konstantinopel schickte, einen sehr farbigen und anschaulichen Bericht hinterlassen. Byzantinische Prinzessinnen wurden die Gemahlinnen westeuropäischer Herrscher.
Die Beziehungen zwischen dem Byzantinischen Reich und Westeuropa waren also vielfältig, doch sie waren im wesentlichen von Abneigung und Feindseligkeit geprägt, und dies galt nicht nur für die weltlichen, sondern auch für die religiösen Beziehungen. In den Zeitabschnitt, der hier behandelt wird, fällt der entscheidende, im Jahre 1054 vollzogene Bruch zwischen der lateinischen und der griechischen Kirche. Wir gehen auf dieses Ereignis nicht näher ein, denn der Bruch zwischen beiden Kirchen hatte zwar Folgen, die bis heute fortdauern, wurde aber damals für einen einfachen halb religiösen, halb politischen Zwischenfall gehalten. Niemand schrieb ihm große Bedeutung zu, zumal da schon zahlreiche dogmatische Streitigkeiten zwischen beiden Kirchen in scharfer Form ausgetragen worden waren. Die Zeitgenossen hätten wohl nur gelacht, wenn jemand ihnen vorausgesagt hätte, daß das Schisma zwischen der lateinischen und der griechisch-orthodoxen Kirche noch nach neun Jahrhunderten nicht beendet sein werde.[4]

II. DIE WELT DER SKANDINAVIER

Skandinaviens Eintritt in die Staatengeschichte begann mit dem Reich Gorms des Alten, der am Anfang des 10. Jahrhunderts über Dänemark herrschte. Sein Königreich umfaßte Jütland, Schleswig (bis zur Eider), Fünen, Seeland, Laaland, Falster sowie die gegenwärtig schwedischen Gebiete Skane und Halland. Die Macht König Gorms erstreckte sich sogar über einen Teil Norwegens und über einzelne skandinavische Vorposten, die an der slawisch besiedelten Küste der Ostsee entstanden waren.[5]

Man darf sich ein solches Königreich nicht als stark zentralisierten, einheitlichen Staat vorstellen. Die Skandinavier waren in kleinen isolierten Gemeinschaften zusammengefaßt, von denen jede ihre eigenen Sitten und Gewohnheiten hatte und einem eigenen Führer folgte.

Gorm und seine unmittelbaren Nachfolger waren also höchstens Oberkönige dieser Gemeinschaften und konnten kaum auf unbedingten und dauernden Gehorsam rechnen. Dänemark war von Deutschland durch das Danewerk getrennt, einen quer durch den Süden von Jütland gezogenen Erdwall, dessen Bau man dem dänischen König Godfred zuzuschreiben und auf das Jahr 808 zu datieren pflegt. Doch war aller Wahrscheinlichkeit nach Dänemark dem Karolingerreich tributpflichtig und wurde zuweilen sogar als Bestandteil des Imperiums betrachtet.

König Gorm der Alte nahm die Missionare, die der deutsche Herrscher ihm sandte, freundlich auf, und seine Gemahlin Thyra wurde Christin. Um die Mitte des 10. Jahrhunderts starb Gorm, und sein Sohn und Nachfolger Harald Blauzahn empfing zugleich mit seiner Gemahlin Gunhild die Taufe. Unter seiner Regierung wurden drei Bistümer — Schleswig, Aarhus und Ripen — gegründet und dem Erzbistum Hamburg unterstellt.

Norwegens Einheit kam in der zweiten Hälfte des 9. Jahrhunderts zustande. Sie wurde von Harald Harfagar (Schönhaar) geschaffen, der, ursprünglich ein kleiner Grundherr, schließlich zum Herrscher eines Reiches emporstieg, das Norwegen, Irland und die bei Schottland gelegenen Inseln umfaßte. Nach seinem Tod brach ein Erbfolgestreit aus, den sich der dänische Herrscher Harald Blauzahn zunutze machte. Er eroberte Norwegen, behielt den Süden des Landes für sich und gab den Rest des norwegischen Gebietes einem Jarl namens Hakon, doch dieser versuchte schon bald, die dänische Oberhoheit loszuwerden. Hakon kämpfte gegen Harald Blauzahn und schlug ihn in der Seeschlacht bei Hjörunga. Harald Blauzahn, nach der Niederlage unpopulär geworden, mußte nach Jomsburg fliehen und starb bald danach.

Im Jahre 986 wurde sein Sohn Sven Gabelbart König. Im Jahre 983 — nach der Niederlage, die Kaiser Otto II. im Jahre 982 durch die Sarazenen am Capo Colonne (unweit von Cotrone) erlitten hatte — waren die Dänen nach Süden vorgedrungen, doch sie erzielten keinen entscheidenden Erfolg.

Sven Gabelbart wandte sich dem Norden zu und versuchte die Rückeroberung Norwegens, wo sich gegen Jarl Hakon eine mächtige, von dem Christen Olav Tryggvason geführte Partei erhob. Doch Olav Tryggvason wurde im Jahre 1000 in einer großen Seeschlacht bei der Insel Svold besiegt: einer Schlacht, in der eine Koalition von Dänen unter Sven Gabelbart und von Schweden einer anderen gegenüberstand, die sich aus Norwegern und Wenden zusammensetzte; hierbei spielten dynastische Streitigkeiten insofern eine Rolle, als Sven Gabelbart, der mit der Witwe eines Schwedenkönigs verheiratet war, um ihretwillen die Ehe mit einer slawischen Prinzessin namens Gunhild abgelehnt hatte.

Norwegen wurde damals als Staat aufgeteilt. Sven Gabelbart erhielt die Südküste; sieben Jarltümer des Drontheimer Gebietes wurden dem König von Schweden zugewiesen, und der Rest Norwegens blieb im Besitz von Hakons Sohn Erik.

Der Sieg Sven Gabelbarts führte zur Vorherrschaft Dänemarks in den Ostseeländern und im Nordseegebiet. Dänemark wandte sich nunmehr dem angelsächsischen England zu.

III. ENGLAND

Wir haben schon darüber gesprochen, daß die Dänen Herren über einen Teil von England geworden waren.[6]

Unter den Nachfolgern König Alfreds des Großen, der im Jahre 899 gestorben war, waren die Angelsachsen zur Gegenoffensive übergegangen. König Aethelstan (925—939) war trotz der Gegnerschaft des Königs von Schottland ein mächtiger Herrscher. Er schlug den schottischen König und dessen dänische Verbündete in der Schlacht bei Brunanburh, einem nicht mehr zu identifizierenden Ort, im Jahre 937. Mit Recht hat sich Aethelstan auf seinen Münzen als *Rex totius Britanniae* bezeichnet.

Doch das Glück blieb den Angelsachsen nicht treu. Ihr Heer wurde im Jahre 991 von den Dänen in der Schlacht bei Maldon in Essex geschlagen.

Allerdings wurde das weitere Vordringen der Dänen für kurze Zeit durch einen Aufstand aufgehalten, der in Norwegen ausbrach. Sven Gabelbart unterdrückte ihn aber und kehrte nach England zurück; im Jahre 1014 ergab sich London, das letzte Bollwerk für die Freiheit der Angelsachsen.

England war nun erobert, doch gerade damals starb Sven Gabelbart. Sein Tod und ein zwischen seinen Söhnen ausbrechender Erbfolgestreit verdunkelten den Glanz des aufsteigenden Imperiums der Dänen. Im Zusammenhang mit den Kämpfen, die nach dem Tode Sven Gabelbarts ausbrachen, trat die überragende Persönlichkeit Knuts des Großen, eines seiner Söhne, zum erstenmal hervor. Knut der Große vollbrachte drei entscheidende Taten, die seine Herrschaft festigten. Er machte den Widerstand der Angelsachsen zunichte, die sich zugunsten ihrer angestammten Dynastie gegen ihn erhoben hatten, und wurde im Jahre 1016 König. Zwei Jahre später errang er auch die Königskrone von Dänemark. Nach Niederschlagung eines Aufstandes der Norweger, die er im Jahre 1026 am Helgefluß besiegte, erwarb er seine dritte Krone: er wurde auch König von Norwegen.

Die Herrscher Schottlands und Irlands erklärten sich zu Vasallen Knuts des Großen, und seine Herrschaft erstreckte sich außerdem sogar auf slawische Gebiete am Unterlauf der Oder und der Weichsel.

Das Imperium Knuts des Großen war in jener Zeit das größte Europas, aber es war zu groß für die Kräfte eines einzigen Mannes und löste sich bald nach dem Tode des Herrschers (1035) auf. Norwegen, Dänemark und England gingen schließlich wieder ihren eigenen Weg. In England erlosch die dänische Dynastie im Jahre 1042, und mit Eduard dem Bekenner kam im gleichen Jahr das alte Herrscherhaus von neuem auf den Thron. Doch es behielt die Herrschaft nicht lange, denn schon im Jahre 1066 bemächtigte sich Herzog Wilhelm ›der Bastard‹, später Wilhelm ›der Eroberer‹ genannt, der Insel.

Damit begann die Herrschaft der Herzöge der Normandie über England. Wir wollen hier noch erwähnen, daß die Kraft, die die Gründung des dänischen Imperiums ermöglichte, nach einer weitverbreiteten Meinung auf eine tiefgreifende militärische Reorganisation zurückzuführen ist, die König Sven Gabelbart (986—1014) in Dänemark durchgeführt hatte. Man glaubt den Beweis dafür in den Festungen eines Typus gefunden zu haben, wie man ihn in Trelleborg (auf der dänischen Insel Seeland) entdeckt hat.[7] Während der letzten Zeit ist man auf vier Festungen (das heißt befestigte Militärlager) dieses Typus gestoßen: Aggersborg und Fyrkat in Jütland, Nonnebakken auf Fünen und die eben erwähnte befestigte Anlage von Trelleborg auf der Insel Seeland.

Die genannten Festungen, die einander sehr ähneln, waren nach einem bestimmten Schema gebaut worden, und manche Gelehrte sahen in diesen mit einem Ringwall umgebenen kasernenartigen Hallenbauten den Beweis für eine militärische Reorganisation, die die Erfolge während der dänischen Expansion ermöglicht hat. Demnach hat es unter König Sven Gabelbart ständige, zahlenmäßig starke Heere gegeben, die die Expansion der Wikinger durch neue militärische Formen unterstützten und ihr eine stärkere Schlagkraft verliehen. Man bringt diese veränderte Militärverfassung oft in Verbindung mit dem, was die Saga von den Wikingern Jomsburgs, Seeräubern der Ostsee, über deren sehr strenge Befolgung militärischer Regeln erzählt: Regeln, die die dänischen Könige bei manchen ihrer Feldzüge befolgt haben sollen.

Verschiedene Forscher glauben auch an einen Zusammenhang jener Regeln mit dem *verderlov*, einem oft Knut dem Großen zugeschriebenen dänischen Militärgesetz. Dies alles könnte die plötzliche Wiedererstarkung der Skandinavier und ihre in dem Imperium Knuts des Großen gipfelnde Macht verständlich werden lassen. Nicht wenige Historiker haben sich diese Auffassung zu eigen gemacht, doch wird sie von manchen gegenwärtigen Forschern, beispielsweise von P. H. Sawyer und vor allem von S. L. Cohen, bestritten.

IV. SLAWEN UND MAGYAREN[8]

Bevor wir uns jetzt geschichtlichen Vorgängen zuwenden, deren Träger die Slawen und die Ungarn (Magyaren) waren, bedarf es einer grundsätzlichen Bemerkung. Wir müssen die osteuropäischen Probleme vom slawischen Standpunkt aus sehen. Allzuoft entwarfen europäische Historiker das Bild eines gut organisierten germanischen oder deutschen Staates, der irgendwo an seinen Ostgrenzen in Kämpfe mit barbarischen Scharen verwickelt war. Doch solche Darstellung der Verhältnisse versperrt uns das Verständnis für die christlichen slawischen Staaten und für das christliche Ungarn: Monarchien, die sich im 11. Jahrhundert fast unerwartet bildeten.

Bei all diesen Völkern brauchen wir das bloße Stammesdasein — ihr Leben als Stämme, die ein bestimmtes Territorium besetzt hielten — nicht ausführlich zu behandeln. Wir weisen nur auf die Stämme hin, die schließlich dem Warägerstaat von Kiew eingegliedert wurden, oder auf diejenigen, die in der polnischen Monarchie von Gnesen vereinigt worden sind. Das, was sich im 8. und 9. Jahrhundert in der slawischen Welt abspielte, entspricht genau dem Übergangsstadium vom bloßen Stammesdasein zu einem nationalen Staat. Doch die Vorgänge nahmen, je nach Gebiet, voneinander verschiedene Formen an.

Die Preußen, ein baltisches, nichtslawisches Volk, waren am Ende des 10. Jahrhunderts noch kaum über das Stadium hinausgekommen, das der ständigen Besetzung eines bestimmten, fest abgegrenzten Territoriums voraussetzt. Andererseits hat es seit der Mitte des 9. Jahrhunderts in Böhmen das Großmährische Reich gegeben, eine unter den Moimiriden Rastislaw I. (845 bis 870) und Swatopluk (870—894) mächtige Monarchie, die einen hohen Kulturstand erreicht hatte. Hier entstanden die altslawische (prawoslawische) Schriftsprache und das kyrillische Alphabet — Neuerungen, die für die Liturgie und die frühe slawische Literatur bedeutend wurden.

Dieses Reich wurde durch die vordringenden Ungarn zerstört. Die Ungarn ließen sich schließlich zwischen Theiß und Donau nieder, nahmen aber auch westlich von diesem Gebiet gelegene Territorien in Besitz, so daß das magyarische Land nunmehr die Slawen im Norden (Böhmen, Polen usw.) von den in südlicheren Gegenden seßhaften Slawen für immer trennte. Der schnelle Übergang der nomadischen Ungarn zur Seßhaftigkeit läßt sich nur mit einem Einfluß der Slawen erklären, die dieses Stadium schon erreicht hatten.

Auf jeden Fall führte die Niederlassung der Ungarn dazu, daß das Territorium eines nichtslawischen Staates quer durch die slawische Welt lief. Seitdem konnten die im Süden lebenden Slawen nur ferne und schwache Kontakte mit den nördlicher wohnenden Slawen und mit Westeuropa unterhalten. Indes machten die Serben im 10. Jahrhundert unter Ceslaw (931—960) Fortschritte im Sinne einer Selbständigkeit, durch die sie vorübergehend die Oberhoheit von Byzanz abzuwerfen vermochten. Auch bestieg im Jahre 924 Tomislaw als König den Thron von Kroatien, und schließlich nahm Bulgarien einen bedeutenden, von der historischen Entwicklung im Byzantinischen Reiche sich stark abhebenden Aufschwung.

Zwischen der Saale und Schlesien verschlechterten sich die Aussichten für die slawischen Stämme der Sorben und der Lausitzer immer mehr. Sie waren durch die erdrückende Macht der Deutschen, der Polen und der Tschechen in ihrem Dasein gefährdet.
Umgekehrt waren die an der Niederelbe lebenden Abodriten schon fast so weit, einen Staat zu bilden, und das gleiche ließe sich von den Liutizen sagen. Zwar waren die Liutizen von den Deutschen und den Polen bedroht, aber sie hielten ihre Positionen im Gebiet der Odermündung, und der Einfluß der Deutschen östlich der Elbe nahm seit dem — fast elf Jahre nach dem Tode Ottos I. — im Jahre 983 ausgebrochenen großen Aufstand der Liutizen und der Abodriten einen rückläufigen Charakter an. Die Unterwerfung dieser slawischen Völker unter die deutschen Herrscher wurde dadurch erst zwei Jahrhunderte später verwirklicht.
Polen entwickelte sich unter günstigen Umständen, da es abseits vom Schauplatz der damaligen Machtkämpfe im europäischen Osten lag. Die zwischen Elbe und Oder gelegenen Staaten der Slawen waren nur mit der deutschen Gefahr beschäftigt und konnten Polen nicht bedrohen. Ebenso war Polen gegen Ende des 9. Jahrhunderts in sicherer Deckung vor dem machtvollen Großmährischen Reiche, da Schlesien und das Gebiet um Krakau zwischen beiden Staaten lagen.
Der in der Mitte des 9. Jahrhunderts entstandene russische Staat von Kiew war durch die Probleme, die mit seinem Verhältnis zu Byzanz zusammenhingen, zu sehr in Anspruch genommen, um sich in Differenzen mit Polen einzulassen, und selbst die Ungarn haben sich um Polen nur wenig gekümmert. Die Polen konnten, geschützt vor äußerer Gefahr, einen Staat bilden, und es hat anscheinend schon um die Mitte des 9. Jahrhunderts Ansätze zu dieser Entwicklung gegeben. Damals gab es schon einen von dem Polanenstamm getragenen Staat, dessen Hauptstadt Gnesen (*Gnieszno*) war.

Der andere Kern für eine mögliche Staatsbildung, das Gebiet um Krakau und Wislica, geriet unter die Herrschaft des Großmährischen Reiches.
Doch die völkerrechtliche Lage des Polanenstaates änderte sich grundlegend, als Otto I. seit der Mitte des 10. Jahrhunderts eine Politik führte, die für die Slawen bedrohlich wurde.
Trotz allem, was geschah, waren Polen, Ungarn und Böhmen schon um das Jahr 1000 festgefügte, in ihren Gebieten verwurzelte Staaten.

a) Millionen neuer Christen

Es bedarf noch eines Wortes über die Christianisierung all dieser Länder. In der hier behandelten Epoche hat das Christentum des Westens durch seine Ausdehnung auf die drei neuen Königreiche — Polen, Böhmen und Ungarn — nach Osten hin eine äußerste, auch späterhin nie überschrittene Grenze erreicht.9 Das Christentum ist in einigen dieser Länder erstaunlich schnell heimisch geworden. Ungarn ist ein ausgezeichnetes Beispiel für eine schnelle Anpassung nicht nur an die christliche Religion, sondern auch an das, was man die westliche Welt nennen kann. Diese schnelle Anpassung erscheint besonders bemerkenswert, wenn man bedenkt, wie bedrohlich die Magyaren während der Zeit ihres Heidentums noch im Jahre 972 für Deutschland gewesen waren.
Ebenso wurde Polen sehr schnell zu einem Staat, in dem ein aktives, ja sogar militantes Christentum herrschte. Während der kurzen Regierungszeit Kaiser Ottos III. (995—1002) kam es zu einem regelrechten Bündnis zwischen diesem deutschen Herrscher und dem polnischen König Boleslav Chrobry (dem Tapferen), arbeiteten doch beide Herrscher zusammen, um das Christentum unter den Slawen zu verbreiten.
Ein besonders interessantes Element der Christianisierung Osteuropas ist die dabei angewandte Methode. Der hervorragende polnische Historiker Alexander Gieysztor hat sie für sein Land in einer tiefschürfenden Untersuchung dargestellt.
Polen ging bekanntlich im Jahre 966 zum Christentum über. Was aber bedeutete dies in Wirklichkeit?
Im Jahre 965 wurde ein polnisch-tschechischer Vertrag geschlossen, gemäß dem der polnische Herzog Mieszko I. sich mit Dubrawa, der Tochter Herzog Boleslavs I. von Böhmen, verheiratete. Diese Eheschließung bildete die Grundlage für die Bekehrung des Landes. Dubrawa war katholische Christin, und die polnischen Annalen für das Jahr 966 vermelden lakonisch, daß Herzog Mieszko die Taufe empfing. Es handelte sich dabei zweifellos um einen politischen Vorgang. Polen hatte sich, solange es

heidnisch geblieben war, in einer ungünstigen Position gegenüber dem bereits christlichen Böhmen und auch gegenüber Deutschland, dem mächtigsten Nachbarn des polnischen Volkes, befunden.

Aber auch in den anderen neuen Staaten begann der Übergang zum Christentum fast immer mit der Taufe des herrschenden Fürsten.

Die Fürsten, die einen solchen Staat gründeten, sahen sich vor die Probleme gestellt, die sich aus der Verschiedenheit der in besonderen Gemeinschaften lebenden Stämme ergaben; das Volk, das die Fürsten ihrer Macht verbinden mußten, um dem noch neuen Staate Dauer zu verleihen, gehörte also einer Gemeinschaft an, die noch nicht einheitlich war. Der religiöse Gesichtspunkt, ein Element im Leben des Volkes, war natürlich einer der bedeutsamsten Faktoren, auf die sich die Aufmerksamkeit des Fürsten richten mußte. Das Heidentum war dem geistigen und realen Verschmelzungsprozeß, der die Staatlichkeit der von dem Fürsten beherrschten Gemeinschaft herbeiführen und fördern sollte, nicht dienlich; den Institutionen der Heiden fehlte ja fast immer der zentralisierte und hierarchische Aufbau, der dem neuen Staate entsprochen hätte. So war das Heidentum kaum ein Element, das zur Umwandlung der vom Fürsten beherrschten staatlichen Gemeinschaft in einen wirklichen Territorialstaat geeignet war.

Das Christentum bot ein in jeder Hinsicht entgegengesetztes Bild. Zunächst einmal war es in seiner kirchlichen Gestalt geradezu ein Vorbild für eine zentralisierte und hierarchisch gegliederte Organisation. Wenn das Christentum in einem Lande eingeführt wurde, bildete sich sogleich ein gesellschaftlich von oben nach unten reichendes, über das gesamte Territorium verbreitetes Verbindungsnetz ideeller und administrativer Art. Dieses Netz wirksam zu kontrollieren war für den Fürsten nicht schwer, da die Diener des Kultes — zunächst Ausländer, die anfangs nicht einmal die Landessprache beherrschten — sich beim Auftauchen von Gefahren oder Problemen nur an den Herrscher wenden konnten und von ihm weitgehend abhingen.

Die Einführung des Christentums in einem Lande bedeutet also, daß dem Fürsten ein über das ganze Land gespanntes Netz verwaltungsmäßiger Art zur Verfügung stand und seinen Zentralisierungsbestrebungen eine Unterstützung lieh, die in der damaligen Zeit wie etwas Magisches erscheinen mußte.

Dadurch, daß der Fürst sich zum Christentum bekehrte und kirchliche Missionare ins Land rief, sicherte er sich also den unbedingten Beistand der Kirche. Er ging, jedenfalls vorläufig, dabei nicht einmal das Risiko ein, daß die Veränderung den großen Familien zugute käme, denn diese waren noch nicht imstande, die hohen Kirchenämter an sich zu reißen.

Wenn man von der Person, der Familie und dem Hof des Herrschers absieht, ging der Übertritt des Volkes zum Christentum so vor sich, daß einfach die Autorität des Herrschers den Religionswechsel deckte. Es kam so gut wie niemals vor, daß der Konversion eine individuelle Überredung vorausging und daß eine spezifische Kenntnis der neuen Religion oder gar ein Akt religiöser Kultur beziehungsweise ein mystisches persönliches Erlebnis zu einer Bekehrung führte. Die Auffassung, die man damals vom Glauben hatte, scheint für die Anwendung individueller Überredungsmittel wenig geeignet gewesen zu sein. Die Mission des Bischofs Adalbert von Prag, der wirklich überzeugen wollte, führte zu seiner Ermordung durch die heidnischen Preußen (997), da die mächtigen Herren des Pruzzengebietes sich der Christianisierung widersetzten. Alles spricht dafür, daß die Methode der religiösen Überredung durch Predigt oder auch nur durch gutes Vorbild oder asketische Entsagung in den neuen Staaten zum Scheitern verurteilt war. Eher konnte ein ganz anderes Vorgehen glücken: Man stellte sich den maßgebenden Gruppen mit großem Pomp vor, nachdem man sich der Unterstützung durch einen politisch hervorragenden Machtträger versichert hatte.

Die Taufe der Massen vollzog sich in Form eines unter dem Druck der Inhaber der Lokalgewalt zustande gekommenen Eides. Dieser Eid war seinem Wesen nach rechtlich bindend, und die Bindung wurde bald durch enger werdende Beziehungen zur Kirche verstärkt, die die Erfüllung zahlenmäßig begrenzter, aber unabdingbarer religiöser Pflichten vorschrieb. Der schon genannte bedeutende Historiker A. Gieysztor, dem wir hier weitgehend folgen, sagt mit Recht: »Die kollektive Taufe, wie sie damals gehandhabt wurde, verlangte vom Täufling keine andere Überlegung als die Unterwerfung unter den Willen der weltlichen Machthaber, die diesen Willen an seiner Statt ausgesprochen hatten. Es genügte, daß die politische Autorität namens der Gruppe der Mächtigen sich entschieden hatte und eine Verpflichtung im Namen derer eingegangen war, die der Gewalt dieser Machtträger unterworfen waren.

Der durch die höchste Autorität ausgeübte Druck bestimmte die Haltung der beteiligten Gruppen, und nicht selten hatten die Mittel, die bei diesem Verfahren angewendet wurden, gewalttätigen Charakter (*ad terrorem*). Der Übertritt zu dem neuen Glauben bedeutete die Verwerfung der bis dahin geltenden religiösen Formen des Gottesdienstes, soweit sich ein solcher Gottesdienst in dem betreffenden Gebiet herausgebildet hatte. Man zerstörte die Götterbilder und entfernte die Priester und weissagenden Diener des alten Kultes [...] Man führte neue, sichtbarere und eindrucksvollere Kultformen ein.

Tatsächlich bemühte sich der Staat um den Bau einer beträcht-

lichen Anzahl von steinernen Kirchen, die durch Anwendung der vorher unbekannten Maurertechnik nicht weniger als durch die neuen Riten starken Eindruck auf die Bevölkerung machten. Die zelebrierten, von Gesten begleiteten Riten, die dazugehörenden Worte in einer dem Volke unbekannten Sprache, die Litaneien, das Läuten der Glocken, die Kerzen und der Weihrauch — dies alles erschien den Menschen erstaunlich und zugleich imponierend.«
Die Kirche verlangte von ihren Mitgliedern nur die Erfüllung verhältnismäßig weniger, allerdings grundlegender religiöser Pflichten. Zu ihnen gehörte die allsonntägliche Teilnahme an einer Messe, die Teilnahme am österlichen Abendmahl, die Beobachtung der Feste und die Beachtung bestimmter Regeln, die bei der Geburt, der Eheschließung und im Todesfall eines nahen Angehörigen einzuhalten waren. Gewisse Urkunden, die die gleichsam polizeiliche Haltung des Fürsten bei der Überwachung mancher dieser religiösen Pflichten beweisen, haben sich in Ungarn und in Böhmen erhalten. Der Chronist und Bischof Thietmar von Merseburg spricht in seinem *Chronicon* (VIII, 2) beifällig über furchtbare Quälereien, mit denen in Polen derjenige bestraft wurde, der eine Ehefrau zur Unzucht verleiten wollte. Nach hier nicht wiederzugebenden körperlichen Qualen, die ihm zugefügt wurden, wurde er vor die »harte Wahl« gestellt, zu sterben oder sich mit einem scharfen Messer, das man »in seine Nähe legte«, zu entmannen. Auch die Verletzung kirchlicher Anordnungen wurde schwer geahndet. Bei bloßer Übertretung der Vorschriften für die Fastenzeit wurden dem Delinquenten die Zähne herausgebrochen.

b) Reaktionen des Heidentums

Nach allem, was hier über die Methoden der Christianisierung angeführt wurde, ist es nicht verwunderlich, daß nach einem befohlenen Übergang zum Christentum, wenn er auch zunächst stillschweigend hingenommen wurde, in manchen Fällen — wie etwa bei einem Rückgang der Macht der mit der Annahme des neuen Glaubens verbundenen politischen Gewalten oder in Situationen, in denen diese Machthaber geschwächt waren — starke volkstümliche Reaktionen heidnischer Art vorkamen. Bei solchen Gelegenheiten trat die heidnische Ideologie wieder hervor. Man griff im Volke auf sie zurück, um mit der Wiedergeburt des früheren Kultes auch zugleich die Rückkehr zu den alten Sitten zu verbinden. Man wollte also aufgrund heidnischer Gedankengänge die neue Ordnung wie auch diejenigen vernichten, die sich in ihren Dienst gestellt hatten.
Zuweilen trug die Rückkehr zum Heidentum dauernden Charakter, in dem Sinne jedenfalls, daß das Christentum in dem be-

treffenden Gebiet für mehrere Jahrhunderte ausgeschaltet wurde. So war es bei den Abodriten, die nach dem großen slawischen Aufstand, an dem sie beteiligt waren, vom Kaiserreich unabhängig wurden und den heidnischen Kult bis zum 12. Jahrhundert beibehielten. Nicht anders verlief die Entwicklung im westlichen Pommern. In anderen Gebieten scheiterten die vom Heidentum getragenen Aufstände oder glückten nur für eine begrenzte Zeit, entsprechend der jeweiligen Macht oder Ohnmacht der beteiligten Gruppen. In Ungarn gab es um das Jahr 1040 eine große heidnische Bewegung, die einige Zeit hindurch gewisse Erfolge zu erzielen vermochte. In Polen wurde ein ebenfalls um das Jahr 1040 ausgebrochener Volksaufstand mit heidnischen Tendenzen durch die Hilfe bezwungen, die Kaiser Heinrich III. dem ihm verwandten polnischen Monarchen gewährte. Doch auch die Russen, deren Herrscher mit dem polnischen Haus der Piasten verschwägert war, halfen dem polnischen Fürsten, der gleichzeitig von einem Aufstand der Großen bedroht wurde.
Bischof Adalbert von Prag war gegen Ende des 10. Jahrhunderts der Meinung, daß die Tschechen zum Heidentum zurückgekehrt wären.
König Stenkil von Schweden war zwar Christ, weigerte sich aber im Jahre 1060, die alte heidnische Kultstätte von Uppsala zu zerstören, und König Sweyn begünstigte Ende des 11. Jahrhunderts die (freilich nicht lange währende) Rückkehr Schwedens zu Menschenopfern, wie sie in der Zeit des Heidentums üblich gewesen waren.
Man kann hieran erkennen, daß die Bekehrung zum Christentum in den neuen Staaten ein politischer Vorgang war, ausgelöst durch einen Druck, der aus weltlichen Motiven heraus von den einflußreichen, an der Einführung der neuen Religion interessierten Schichten ausgeübt wurde. Es wäre aber falsch, diese Einschätzung der Motive auf die Missionare selbst zu übertragen, denn diese waren oft von einem tiefen Glauben erfüllt und scheuten sich nicht, für ihn zu sterben. Eine große Anzahl von ihnen erlitt den Märtyrertod.

V. DIE ÄLTEREN KÖNIGREICHE

Wir haben ziemlich ausführlich von den neuen Ländern gesprochen, die dem christlichen Europa eingegliedert worden waren. Doch dürfen wir darüber die älteren Königreiche nicht vergessen.
Es handelt sich um die christlichen Monarchien Spaniens, um das Königreich Burgund und um das Königreich Frankreich.
Bekanntlich hatten die Moslems fast die ganze Iberische Halbinsel in ihre Gewalt gebracht. Nur das an Umfang geradezu

winzige Königreich Galicia hatte sich in Asturien halten können. Außerdem hatten die Franken das zwischen den Pyrenäen und dem Ebro gelegene Gebiet, die Spanische Mark, im Jahre 801 zurückerobert.
Streitigkeiten zwischen den Spanien beherrschenden Moslems hatten die Aussichten der Christen, das Land zurückzugewinnen, vergrößert. Doch im Jahre 929 nahm der Omaijade Abd ar Rahman III. den Kalifentitel an und gründete das Emirat (Fürstentum) von Cordoba. Er machte sein Emirat von jeder Bindung an andere arabische Staaten frei. Cordoba wurde der Ausgangspunkt einer glanzvollen Kultur. Unter Abd ar Rahman III. begann die Gegenoffensive, die sich gegen die christlichen Staaten Spaniens richtete und die nach seinem Tode (961) weitergeführt wurde. Im Jahre 986 erstürmten die Araber unter Al Manszur (Almansor) Barcelona, und zwischen 1017 und 1018 bemächtigten sie sich Ripolls. Zwistigkeiten zwischen den Moslems (Mauren) führten aber danach erneut zu einer Verminderung der arabischen Offensivkraft, so daß das spanische Kalifatsgebiet zerbröckelte, während die christlichen Staaten sich um König Sancho Garcés III. von Navarra (1000—1035) scharten. Dieser Monarch, der nicht nur in Navarra regierte, sondern auch über Aragonien und Kastilien herrschte, war sehr mächtig, doch sein Reich zerfiel nach seinem Tode in getrennte Gebiete, aus denen dann selbständige Staaten hervorgingen: zunächst das mit Leon vereinigte Kastilien, das damals auch noch Asturien, Cantabrien, Galicia und das Gebiet von Burgos umfaßte. Der kastilische König Ferdinand I. (der Große), der zwischen den Jahren 1035 und 1065 regierte, herrschte über das ganze Gebiet zwischen dem Duro und dem Golf von Biscaya. Weiter östlich lag Aragonien, dessen Zentrum Jaca war. Dieses Gebiet wurde von König Ramiro I. (1035—1063) regiert. Im übrigen bestand das Königreich Navarra als Staat weiter, ebenso die einst karolingische Spanische Mark von Barcelona, ein Gebiet, das formell — wenn auch kaum tatsächlich — unter französischer Oberhoheit stand.
Es gab also in Spanien vier christliche Staaten, die nebeneinander in der Pyrenäenzone lagen und eine ziemlich brüchige Trennungslinie zwischen dem großen Arabergebiet und der christlichen Welt bildeten: jener Welt, die auf der anderen Seite der Pyrenäen begann.
Die spanischen Könige standen in einem losen, nicht scharf umschriebenen Unterwürfigkeitsverhältnis zum Kaiserreich; auch waren auf kirchlichem Gebiet enge Beziehungen zu der religiösen Erneuerungsbewegung angebahnt, die im 10. und 11. Jahrhundert von Cluny aus ganz Europa ergriff. Die Verbindungen der christlichen Monarchen Spaniens zum Papst blieben ununterbrochen eng.
Im Jahre 1063, gegen Ende der in diesem Buch behandelten

Epoche, wurde König Ramiro I. von Aragonien durch einen fanatischen Araber ermordet, der in das Zelt des Herrschers eingedrungen war; das führte zu einer heftigen Reaktion der Christen. Das Vordringen der Aragonesen gegen den Islam nahm nach dem gewaltsamen Tode des Königs den Charakter eines Kreuzzuges an und wurde von den Spaniern selbst auch als solcher empfunden.[10]

Begünstigt durch die innerpolitischen Kämpfe, die das Ende der Regierungszeit Karls des Kahlen (840—877) mit sich brachte, hat Graf Boso von Vienne im Jahre 879 das Königreich Provence gegründet, das nicht nur aus der Provence bestand, sondern auch das Viennois und das Lyonnais umfaßte.[11] Im Jahre 888, kurz nach dem Tode des abgesetzten Karolingerherrschers Karls des Dicken, bildete sich, wie bereits früher erwähnt, ein Königreich Burgund, das von Rudolf, einem Sohn des Grafen Konrad von Auxerre, regiert wurde.[12] Der Staat König Rudolfs von Burgund erstreckte sich im Norden bis zur Aare und schloß sowohl die Erzdiözese von Besançon als auch Städte wie Basel und Genf mit ein. Das Königreich Burgund wurde, da seine Herrscher im Jahre 933 das Königreich Provence annektierten, bald noch größer und umfaßte nunmehr die Länder, die zwischen Basel und dem Rhonedelta lagen.

Diese kleinen Königreiche hatten keine nennenswerte Geschichte, wenn auch ihre Herrscher lange Zeit in die Kämpfe eingriffen, bei denen es um die italienische Königskrone ging. Das Königreich Burgund — auch ›Arelat‹ genannt — geriet schließlich in immer stärkerem Maße in die Machtsphäre des Kaiserreiches und wurde diesem im Jahre 1033 unter der Regierung Kaiser Konrads II. angegliedert.

Die Geschichte Frankreichs während der hier behandelten Epoche[13] bietet im wesentlichen das Bild tiefsten Absinkens der monarchischen Macht.

Die Thronbesteigung der Robertiner (der späteren Kapetinger) erfolgte nach dem Aussterben der Karolingerdynastie in einer Atmosphäre politischer Gleichgültigkeit.

Die Geschichte der drei Kapetingerkönige in der hier behandelten Epoche — Hugo Capets (987—996), seines Sohnes Roberts II., des Frommen (996—1031), und dessen Sohnes Heinrichs I. (1031 bis 1060) — ist durch verzweifelte Kämpfe dieser Herrscher gegen die Grafen von Anjou und die Grafen der Champagne gekennzeichnet. Die ersten Kapetinger wollten nicht zulassen, daß diese kriegerischen Persönlichkeiten sich die letzten Territorien aneigneten, die dem Königshause verblieben waren. Heinrich I. von Frankreich kämpfte tapfer, aber vergebens darum, die Herzöge der Normandie an der Ausdehnung ihrer Macht zu hindern. Der König war klug genug, zu erkennen, daß diese Expansion für die Dynastie gefährlich werden würde.

VI. ITALIEN

Italien[14] bildet einen eigenartigen Schauplatz für die Vorgänge innerhalb der frühmittelalterlichen Geschichte. In dem von uns behandelten Zeitraum spielte die Halbinsel eine sehr bedeutende Rolle. Auf ihr hatte sich die antike Kultur stärker erhalten als im übrigen Europa, und dieses Weiterleben der älteren Kulturformen wurde noch durch die über den Untergang des römischen Kaiserreiches hinaus weiterbestehenden Verbindungen Italiens zu Byzanz verstärkt.

Italien verhielt sich stets feindselig gegenüber den Fremden, die dort eindrangen. Da aber alle, die das Land einigen wollten, Ausländer waren, ist es ohne weiteres begreiflich, daß keiner dieser Einigungsversuche glückte. Zudem gab es in Italien noch einen besonderen, sich politisch stark auswirkenden Faktor: die dort schneller als überall sonst fortgeschrittene Entwicklung der Städte.

In den italienischen Städten konnte man eine in jener Zeit ganz neuartige Wechselwirkung zwischen den sozialen Gruppen feststellen, gab es doch dort auf engem Raum schon scharfe, zuweilen hinter religiöse Formen sich verbergende Klassengegensätze. Der Gegensatz zwischen arm und reich oder zwischen den ›Großen‹ und den ›Kleinen‹, damals im übrigen Europa noch wenig folgenreich, bildete sich in Italien schnell zu einem Faktor von großem Gewicht heraus.

Die innerpolitischen Gegensätze zwischen reich und arm, zwischen mächtigem Adel und Kleinadel, zwischen Städten und Fürsten führten jeder Gruppe Anhänger zu. Diese Zustände schlossen dauerhafte Lösungen aus und verhinderten, daß die politische Zerstückelung Italiens ihr Ende fand.

Hinzu kam noch ein zweites wesentliches Element. Rom war ja der Sitz des Papsttums, eines in der Geschichte einzigartigen Phänomens. Das Papsttum hätte, wenn die geschichtliche Entwicklung von rationalen und logischen Gesichtspunkten her bestimmt würde, damals jedes Ansehen verloren haben müssen. Dennoch gelang es der päpstlichen Bürokratie, die utopische Machtziele verfolgte, den Anschein einer geistigen Macht des Papsttums aufrechtzuerhalten. Gerade dadurch aber wurde der Heilige Stuhl ein nicht zu unterschätzender Faktor in der Politik.

Dazu trat noch das Kaisertum, dessen nie aufhörende Neigung, eine Weltmonarchie der Christenheit zu werden, enge Bindungen an Rom schuf und die deutschen Herrscher dadurch immer wieder zu Eingriffen in die italienischen Verhältnisse veranlaßte. In Italien verwickelten sich die Monarchen in unfruchtbare Kämpfe, in denen sie nicht nur Einbuße an Prestige erlitten, sondern auch Kräfte aufbrauchten, die ihnen dann für den

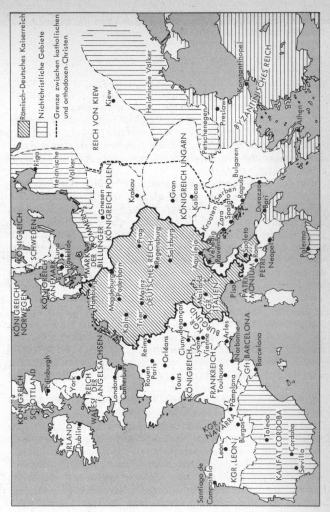

Abb. 6: Europa um das Jahr 1000

Einsatz in den an Dänemark und an die slawischen Länder grenzenden Gebieten fehlten.

VII. DIE GRUNDLAGEN DES OTTONISCHEN KAISERREICHES

Trotzdem war die Geschichte des deutschen Kaiserreiches[15] in den fast hundert Jahren zwischen seiner Gründung und etwa 1060 von zentraler Bedeutung für die politische Entwicklung Europas.
Das Deutschland der Ottonen bestand ja nicht nur aus den von jeher westlich orientierten fränkischen Teilen, sondern auch aus Bayern und vor allem aus Sachsen, das von Karl dem Großen rücksichtslos und mit harter Hand dem fränkischen Staate einverleibt worden war.
Innerhalb eines Jahrhunderts waren heidnische Gebiete zum Herzen Europas geworden, und gleichzeitig hatten die westlich vom Rhein und von den Alpen gelegenen Länder — einst Schwerpunkte des christlichen Westeuropa — fast jede Bedeutung verloren. Diese Gebiete traten so wenig hervor, daß die dortige Entwicklung nur mit Mühe in einer Darstellung der politischen Geschichte unterzubringen ist.
Bei dieser Verlegung des geschichtlichen Schwerpunktes hat Otto I. (der Große) eine entscheidende Rolle gespielt.[16] Er war der Sohn eines wenig gebildeten und keineswegs von tiefer Religiosität erfüllten Herzogs von Sachsen, des späteren deutschen Königs Heinrich I. Die Mutter Ottos war die schöne Westfälin Mathilde, die von Herzog Widukind, dem furchtbaren Gegner Karls des Großen, abstammte.
Otto I. hatte die große militärische Begabung seines Vaters geerbt. Dank dieser Fähigkeit gelang es ihm, etwas zu verwirklichen, was unmöglich geschienen hatte. Innerhalb von zwanzig Jahren bezwang er trotz schlimmster Verrätereien von Mitgliedern seines engsten Familienkreises nicht nur die deutschen Stammesherzöge, sondern auch die Ungarn und die Elbslawen. In den Jahren zwischen 953 und 955 hatte er mit gefährlichen Widersachern zu kämpfen. Nach Niederschlagung des von seinem ältesten Sohn Liudolf angefachten und geleiteten Aufstandes Südbayerns, Frankens und Schwabens im Jahre 954 setzte er dem Vordringen der Ungarn durch die Schlacht am Lech (9. August 955) ein Ende. Im Oktober des gleichen Jahres, in dem er das Schicksal der Magyaren entschied, besiegte er die Abodriten in der Schlacht an der Recknitz (im Osten Mecklenburgs).
Nunmehr waren Otto I. die Hände nicht mehr gebunden. Er konnte sich Italien zuwenden und sein Imperium gründen.
Dieser ausgeglichene und realistische Fürst hat tatsächlich stets vom Kaisertum geträumt; er hat Deutschland in den sinnlosen, Jahrhunderte dauernden Kampf verwickelt, der der Verwirklichung einer universalen Monarchie der Christenheit galt. So

hat Otto I., einer der bedeutendsten Herrscher, die Deutschland hervorgebracht hat, nicht anders als ein Jahrtausend später der große Politiker Bismarck sein Land auf den Weg einer abgründigen, zuletzt unglücklich verlaufenden Weltpolitik geführt.
Andererseits ging auf Otto I. die Errichtung eines deutschen Staates zurück, dessen Grundlagen so fest waren, daß er alle Torheiten von Ottos unmittelbaren Nachfolgern wie auch die Mittelmäßigkeit der späteren deutschen Herrscher zu überdauern vermochte.
Das Imperium Karls des Großen war nach wenigen Jahrzehnten zusammengebrochen; das Ottonische Kaiserreich erwies sich als dauerhaft. Dieser Unterschied geht auf die Verschiedenartigkeit der Methoden zurück, durch die man dem Staat die Lebensgrundlagen zu bewahren versuchte.
Die Lösung der Karolingerzeit, die Vereinigung von Landlehen und Vasallentum — eine Institution, die Dienste als Entgelt für die Überlassung von Besitz und Bindung beider Leistungen aneinander einschloß —, trug schon den Keim des Verderbens in sich. In dem Augenblick, wo das Lehen, das heißt der Landbesitz, das Motiv für die Entscheidung wurde, Vasall zu werden, wurde die Bahn abschüssig; denn bei einer solchen Mentalität ging ja der Gedanke eines exklusiven Treueverhältnisses verloren, weil nunmehr ein hiermit unvereinbares Streben hervortrat, Vasall mehrerer Herren zu werden und dadurch auch mehrere Lehen als Besitz zu erhalten. Dieses Vasallenverhältnis des einzelnen zu mehreren Herren wie auch der damit verbundene Lehensbesitz verschiedener Herkunft kamen schon vor dem Ende des 9. Jahrhunderts vor. Doch später lief diese Änderung der Institution darauf hinaus, daß eine Hierarchie von Vasallenverhältnissen entstand, die ein einzelner Mensch eingegangen war. Im Fall eines Konfliktes zwischen den verschiedenen Herren eines solchen Vasallen mußte dieser vor dem Dienst für einen von ihnen den Vorzug geben, und dieses ›bevorzugte Vasallenverhältnis‹, das als Institution schon in der Mitte des 11. Jahrhunderts auftauchte, nannte man *homagium ligium*, *hommage lige* oder ›ligisches Lehensverhältnis‹: Bezeichnungen, bei denen die etymologische Herkunft des Eigenschaftswortes bisher nicht eindeutig geklärt werden konnte.
Die Gebundenheit eines Vasallen an einen einzigen Herrn wurde immer seltener.
Doch die karolingische Lösung des Problems, den Staat zu erhalten, hatte noch einen weiteren Nachteil. Einem Kronvasallen war sein Lehen, das ja ein Teil des Domäneneigentums des Herrschers blieb, logischerweise nur so lange als Besitz überlassen, wie er dem Herrscher diente; es mußte der Krone also zurückgegeben werden, wenn diese Dienste durch den Tod des Vasallen oder aus anderen Gründen endeten. Doch strebten die

Vasallen selbstverständlich danach, ihr Lehen über den Vasallendienst hinaus so lange wie möglich zu behalten. Wenn ein solcher Vasall einen Sohn hatte, setzte er alles daran, das Lehen auf ihn übergehen zu lassen, sobald sich auch nur eine geringe Möglichkeit dazu bot.
Das Interesse des Kronvasallen lief also darauf hinaus, den Herrscher zu betrügen. Das wäre nicht gefährlich gewesen, wenn es sich um isolierte Fälle gehandelt hätte. Doch die ganz allgemeine Gleichheit der von den Vasallen für ihre Lehen geleisteten Dienste und die ebenfalls generelle Treuepflicht des Lehensmannes führten dazu, daß alle Beamten, Großen und Treuepflichtigen der Karolinger ein gemeinsames Interesse an der Verfälschung des Sinnes der Institution hatten, in der sich Vasallenpflicht und Lehenswesen vereinigten.
Die Lösung, die in der Karolingerzeit die Erhaltung des Staates hatte sichern sollen, hatte also dazu geführt, daß sich eine Gruppe mächtiger Landbesitzer bildete, deren gemeinsames Interesse darin bestand, dem Herrscher die Verfügung über sein wichtigstes Machtmittel zu nehmen: die Domänen.
Anders war die von den Ottonen gefundene Lösung des Problems einer Entlohnung der Staatsdiener zum Zwecke der Erhaltung des Staates. Die Ottonen errichteten eine kaiserliche Kirche (Reichskirche), durch die eine Gruppe von geistlichen Machthabern geschaffen wurde, deren Interessen völlig gleichartig waren und sich auf die Stärkung der monarchischen Gewalt richteten. Diese Institution einer kaiserlichen Kirche verlieh der Monarchie der Ottonen Festigkeit und Dauer.

a) Die Reichskirche

Diese Reichskirche[17] war nicht etwa ein genialer Einfall, zu dem es mit einem Schlage gekommen war und der nachher systematisch verwirklicht wurde.
Ihr Beginn ging offensichtlich darauf zurück, daß die Krone das Recht beanspruchte, die Bischöfe zu ernennen, und dieses Recht auch ausübte. Diese Handlungsweise war nicht neu, und der deutsche König richtete sich hierin nur nach den Karolingern. Diese hatten ja stets nach eigenem Ermessen über die Bischofssitze verfügt.
Ein entscheidender Schritt ist darin zu erblicken, daß Otto I. mehreren Bischöfen die Grafenrechte in ihrer Residenz und in dem von dieser abhängigen Gebiet verlieh. Er tat das gegenüber dem Bischof von Speyer, dem Erzbischof von Magdeburg, dem Erzbischof von Mainz, dem Bischof von Chur und dem Erzbischof von Köln. Auch in solchen Verleihungen ist die Weiterentwicklung einer sehr alten Tradition zu sehen; denn die Bischöfe und Äbte genossen seit Jahrhunderten das Vorrecht der Immunität,

das heißt der Freistellung von der Kontrolle durch die staatlichen Beamten und der Anerkennung ihres Herrschaftsbereiches als rechtlich weitgehend selbständigen, durch die Autorität der Kirche befriedeten Bezirk. Otto der Große erweiterte die Macht der Bischofsgerichte über das die Immunitätsrechte genießende Gebiet des betreffenden Bischofs. Darüber hinaus aber hat Otto mehreren Bischöfen noch Regalien (Königsrechte) übertragen, nämlich das Recht der Münzprägung und das Recht, Zölle (vorwiegend Marktgelder und Binnenzölle an Verkehrsknotenpunkten) zu erheben. Doch den entscheidenden Schritt tat Otto I. schließlich damit, daß er den Bischöfen die gesamten Grafenrechte überließ. Anfänglich gewährte er sie diesen Prälaten nur für ihre Residenz, aber schon bald wurden die örtlich nahen Gebiete — ein geschlossener Bezirk, der in den meisten Fällen um die Bischofsresidenz herum lag — dem zuständigen Bischof unterstellt. Unter Otto III., dem zwischen 983 und 1002 regierenden Enkel Ottos des Großen, erhielten manche Bischöfe sogar ganze Grafschaften.

Der wesentliche Punkt bei all diesen Maßnahmen war die in ihnen liegende enge Bindung des betreffenden Bischofs an die Interessen des Herrschers; denn die Gegner, die zum Schaden des bischöflichen Grafen die diesen verliehenen Rechte, die kirchlichen Domänen und die Befugnis zur Bestimmung der Nachfolger bei der Besetzung hohe Kirchenämter an sich reißen wollten, waren die Aristokraten, die gleichzeitig auch für den Monarchen gefährlich waren: die Herzöge, die Grafenfamilien, die großen Grundherren — kurz, alle diejenigen Gruppen, gegen die sich die Kaiser durch die Reichskirche sichern wollten.

Von diesen weltlichen und regionalen Kräften bedroht, wandten die Bischöfe sich immer wieder dem Kaiser zu, der ja eine Verbindung mit den regionalen Gewalten verhindern wollte und deshalb fast immer sorgfältig darauf achtete, daß er zum Bischof eines Gebietes einen Mann ernannte, der nicht diesem, sondern einem anderen Gebiet entstammte. So kam es dahin, daß die Bischöfe in ihrem eigenen Interesse die Gegner der kaiserlichen Gewalt bekämpften.

Das System der ottonischen Reichskirche lief also darauf hinaus, eine aus mächtigen Männern bestehende Schicht zu schaffen, deren Interesse mit dem der Krone völlig übereinstimmte. Diese Männer, die eigentlich Fremde in der von ihnen verwalteten Region waren, bildeten innerhalb des Staates eine Gruppe, die an den Kaiser, nicht aber an einen Gebietsteil gebunden war und deren meistens im Zölibat lebende Mitglieder auch nicht durch Erblichkeit dort verwurzeln konnten, wo sie herrschten. Nirgends und zu keiner Zeit hat es im frühen Mittelalter ein territoriales Verwaltungssystem gegeben, das die Herrschaft des Monarchen in einem solchen Maße sicherte.

Natürlich wurden Einwendungen religiöser Art gegen dieses System laut. Der von dem Monarchen mit weltlicher Gewalt ausgestattete Bischof erschien aufgrund einer fast unvermeidlichen Verwechslung auch als ein vom Herrscher mit geistlicher Gewalt bekleideter Prälat. Zwei oder drei Bischöfe brachten diese Einwendung im 10. Jahrhundert tatsächlich vor, aber es handelte sich hierbei um sehr seltene Ausnahmefälle. Die übrigen Bischöfe haben im 10. Jahrhundert von der Institution der Reichskirche Vorteile gehabt und sie zu nutzen verstanden; doch darüber hinaus haben nahezu alle Bischöfe und ebenso auch ihre Gläubigen in erster Linie die positiven Seiten der neuen Organisation gesehen, die seit den fünfziger Jahren des 10. Jahrhunderts zielbewußt geschaffen wurde.

Einer der positiven Faktoren bestand auch darin, daß Otto I. bei der Wahl der von ihm ernannten Bischöfe im allgemeinen eine sehr glückliche Hand hatte. Der Klerus seiner Reichskirche zeichnete sich durch Frömmigkeit und geistige Kultur aus.

Ein weiterer positiver Umstand war, daß Otto I. sich zudem als leidenschaftlicher Anhänger und Propagandist einer Kirchenreform zeigte. Otto I. erwarb sich die Gunst des Klerus auch dadurch, daß er die Verbreitung des Christentums unter den Slawen förderte. Daher ist es verständlich, daß seine Kirchenpolitik zu jener Zeit von der Geistlichkeit allgemein akzeptiert wurde.

Da die Bischöfe der von Otto I. geschaffenen Reichskirche den Weg der großen Familien zu einer Art von territorialfürstlicher Hoheit auf regionaler Ebene gleichsam blockierten, erhielt sich in Deutschland eine andere Institution der Zentralverwaltung besser als in Frankreich: die Gaugrafen, das heißt jene Grafen, die nicht als regionale Machthaber auf ihrer Burg saßen, sondern tatsächlich als reisende Richter die Gerichtsstätten des betreffenden *pagus* besuchten.[18] Jedenfalls steht fest, daß in gewissen Herzogtümern — in Sachsen, Franken und Schwaben — die Gaugrafen noch im Auftrage und im Interesse des deutschen Königs handelten. Sie blieben dort die Vermittler zwischen dem Monarchen und den Freien des Landes.

In den eben erwähnten Gebieten hatte die Krone große Domänen weiterhin in uneingeschränktem Eigentum behalten.

Aus der Anwesenheit von Gaugrafen, die die Interessen des Herrschers vertraten, ergab sich auch, daß sich die Umwandlung des Vasallenverhältnisses aus einer hauptsächlich auf der Treuepflicht beruhenden Verbindung in eine Investition von Diensten zur Erreichung eines maximalen Erwerbs von Landbesitz (Lehensland) in Deutschland viel langsamer entwickelte als in Frankreich.

Wenn die Historiker von dieser Entwicklung des Lehenswesens und des Vasallentums sprechen, denken sie an das französische Beispiel.
In Deutschland setzte die Veränderung nicht nur viel später ein; dort kam auch die feudalistische, für die Zentralgewalt gefährliche Verbindung von Treueverhältnissen vasallenmäßiger Art und Besitzverleihung eines Lehens nicht überall zustande. Sachsen und Friesland verharrten im wesentlichen in einer sozialen Gliederung, die man als präfeudalistisch bezeichnen kann. Die Entwicklung in Süddeutschland verlief freilich anders, doch auch dort setzte der Feudalismus später ein als in Frankreich. Vor allem aber kam der Pluralismus von Lehensverhältnissen eines einzelnen Vasallen, dieses untrügliche Indiz für die Entartung der Idee, die dem Lehens- und Vasallenverhältnis zugrunde lag, in Deutschland erst ein Jahrhundert später als in Frankreich auf. Dieser Pluralismus blieb während der von uns behandelten Epoche in Gebieten östlich des Rheins auf Ausnahmefälle beschränkt.
Auch die Erblichkeit des Lehens wurde in Deutschland erst im 12. Jahrhundert allgemein üblich. Ein weiterer archaischer Zug der sozialen Verhältnisse in Deutschland lag in der bedeutenden Anzahl von Vasallen, die von ihrem Herrn überhaupt keinen Grundbesitz als Lehen erhalten hatten. Solche Vasallen gab es in Deutschland das ganze frühe Mittelalter hindurch.
In Frankreich dagegen hatte der Feudalismus die früheren Elemente der öffentlichen Gewalt bis zur Unkenntlichkeit absorbiert, und die Lehensleute der Krone übten sie, fast unbekümmert um die Zentralgewalt, aus. Der Kriegsdienst wurde in Frankreich bekanntlich aufgrund des Heerbanns geleistet, bei dem der Monarch die berittenen Vasallen aufbot, aber auf deren Untervasallen keinen direkten Zugriff hatte.
Anders war es in Deutschland, wo für den Kriegsdienst der Berittenen keineswegs nur die Vasallen des Königs aufgerufen wurden, sondern auch jene reichen Leute, die als unbeschränkte Eigentümer auf freiem, nicht mit einem Lehen identischen Grundbesitz saßen: einem Besitz, der rechtlich ihr uneingeschränktes Eigentum (*Allod*) war. Solche reichen Grundeigentümer gab es in Deutschland immer noch in großer Anzahl.
Charakteristisch für Deutschland war auch eine andere, dort weitverbreitete Institution, die in Frankreich zu einer etwas früheren Zeit eindeutig entwickelte Ministerialität.[19] Es handelte sich dabei um den Aufstieg von Unfreien zum Hofdienst oder zu militärischem Dienst im Gefolge ihres Herrn. In Frankreich hatte dieser Aufstieg schließlich dahin geführt, daß der Ministeriale frei wurde. Dadurch erlosch diese Institution in Frankreich schon frühzeitig, obwohl sie vielleicht ein Gegengewicht gegen das entartende, ausschließlich auf Lehenserwerb gerichtete Vasallentum hätte werden können.

Die ottonische Reichskirche mit ihrer immerhin begrenzten Macht war nicht die einzige Ursache für die kraftvolle Entwicklung der Zentralgewalt in Deutschland. Es gab hierfür auch noch andere Gründe. Einer der bedeutsamsten war die volksmäßige Einheitlichkeit innerhalb der Stammesherzogtümer; denn diese Einheit verbürgte damals den inneren Zusammenhang, der verhinderte, daß sich durch Absplitterung immer neue Fürstentümer bildeten, wie dies in Frankreich und in Italien der Fall war.

b) Französische Fürstentümer und deutsche Herzogtümer

Viele Territorialfürstentümer in Frankreich, Lothringen und in noch stärkerem Maße in Italien sind durch zufällige Erhebungen von einzelnen oder infolge von natürlichen Grenzen entstanden. Sie hatten im allgemeinen einen festen Kern, doch an ihrer Peripherie war der Zusammenhang nur noch schwach. Sie bröckelten dadurch leicht ab, veränderten ihre Gebietslage oder gingen in andere Einheiten auf. Sie waren zu früh und ohne organische Grundlage entstanden und konnten sich erst spät stabilisieren.
Dagegen zeigten die deutschen Herzogtümer einen starken inneren Zusammenhang, der ihnen Dauerhaftigkeit verlieh. Chronologisch ergibt sich durch diese Unterschiedlichkeit ein etwas befremdendes Bild: Die Fürstentümer im Westen (Frankreich, Lothringen, Italien) bildeten sich weit früher als die Herzogtümer im Osten, das heißt östlich des Rheins, und doch haben sich die deutschen Herzogtümer, die später als diejenigen Frankreichs entstanden sind, schneller gefestigt; sie waren stabile Staaten schon zu einem Zeitpunkt, an dem die Zusammensetzung der Fürstentümer in Frankreich noch ganz fließend und unbestimmt war. Ferner lösten sich die Fürstentümer, die auf französischem Territorium entstanden waren, im 10. Jahrhundert in sehr starkem Maße auf.
Diese Labilität der Staatsbildungen auf französischem Boden war die Folge des Kampfes zwischen den Karolingern und den Robertinern, die später Kapetinger genannt wurden. Dieser Kampf — ein Sohn König Roberts des Tapferen war dabei im Jahre 923 gefallen — machte es den Vizegrafen der Robertiner in Anjou, in der Touraine und im Blois möglich, die Grundlagen für neue, eigene Territorialfürstentümer zu schaffen, die sich meist im 10. Jahrhundert herausbildeten und sich ein Jahrhundert später trotz aller Gegenzüge der matter gewordenen Kapetinger voll entfalteten.
Man muß also feststellen, daß die zweite Welle des Zerfalls in Territorialfürstentümer — ein Vorgang, bei dem an die Stelle weniger sehr großer Territorialfürstentümer nunmehr die doppelte oder dreifache Anzahl territorialer Staatsgemeinschaften

trat — in Frankreich weit früher aufbrandete als in Deutschland.
Infolgedessen waren die ›großen Fürstentümer‹ in Frankreich kleiner und dementsprechend zahlreicher als in Deutschland. Daraus ergab sich eine Lage, die für die spätere Entwicklung entscheidend wurde: In Frankreich war der Weg der Monarchie und ihrer Machtstellung ein ganz anderer als bei den Herrschern in Deutschland. In Frankreich gab es kein Territorialfürstentum von solcher Größe und Macht, daß sein Herrscher alle anderen Territorialfürstentümer unter seinen Einfluß hätte bringen können. In Deutschland dagegen bestanden nur vier Herzogtümer, wobei wir von Lothringen absehen können, das nie ein Stammesherzogtum geworden ist. Diese vier deutschen Stammesherzogtümer waren Bayern, Sachsen, Schwaben und Franken. Nachdem der letzte Karolinger, Ludwig das Kind, im Jahre 911 gestorben war, konnte stets ein Stammesherzog in Deutschland König werden. Schon daraus läßt sich ersehen, daß der deutsche Monarch — wenn man sehr vereinfachend formulieren will — stets mindestens über ein Viertel des Landes verfügte.

c) Dynastie und Erbfolge

Wir haben von der Reichskirche und den deutschen Herzogtümern als innerpolitischen Faktoren gesprochen, die sich in dem von Otto I. beherrschten Deutschland entscheidend auswirkten. Zu ihnen trat noch ein dritter Faktor gleichen Ranges: das dynastische Element.
Otto I. hat die Herzogtümer in den Jahren 953—955 ganz unter seine Botmäßigkeit gebracht, und auch die Kirche, aus der er eine feste Stütze seiner Herrschaft machte, seinem Zugriff unterworfen. Für die Kontinuität der Regierung seines Geschlechtes hat er keine dauernde Sicherheit zu erreichen vermocht. Immer wieder hat diejenige der Dynastie zugehörige Gruppe, die ›am Zuge‹ war, die Angriffe anderer, an der Regierung nicht beteiligter Mitglieder des Herrscherhauses zurückschlagen oder ausschalten müssen. Die Anziehungskraft, die die Macht — eine Macht, die natürlich auch Reichtum verbürgt — auf Menschen ausübt, ist ein erstaunliches, stets wiederkehrendes Phänomen. Es bedarf keiner Begründung, daß die höchste Gewalt eine besonders starke Faszination auf Menschen ausübt, die in naher Berührung mit dem Machtzentrum leben, ohne jedoch wirklich am Hebel zu sitzen. Dies gilt beispielsweise für die Brüder oder die Söhne eines Königs und sogar für seine Gemahlin oder für seine Mutter.
Die Dynastien wurden denn auch häufig durch Familienzwiste in feindliche Lager gespalten, und es brachen Aufstände los. Manche Mitglieder des Herrscherhauses konnten es nicht ver-

winden, daß ein anderer die schon nahe geglaubte Königswürde erlangt hatte, und sie scheuten vor keinem Verrat zurück.
Dies alles wurde durch die Schwäche der dynastischen Organisation im frühen Mittelalter erleichtert, wenn auch vielleicht nicht direkt hervorgerufen. Diese Schwäche erklärt sich daraus, daß die Dynastie eben doch nur eine Sippe (*lignage*) war wie andere Familien auch und daß in ihr im Grunde alle Mitglieder rechtlich gleichgestellt waren, was sich bei einer regierenden Dynastie verhängnisvoll auswirken konnte.

VIII. ITALIEN, DAS KAISERREICH UND DAS PAPSTTUM

Die Herzogtümer, die Reichskirche (das heißt die mit weltlicher Macht ausgestatteten Bischöfe und Reichsabteien) und die Einheit der Dynastie waren die Grundprobleme, denen sich die Ottonen gegenübersahen. Diese Probleme waren mit der Struktur ihrer tatsächlichen Macht untrennbar verbunden.
Den Ottonen stellten sich aber auch noch andere große Fragen, deren komplexer Inhalt — ebenso wie die soeben genannten Hauptprobleme — die Politik des Herrscherhauses wesentlich beeinflußte, sich aber aus freien Entscheidungen seitens der Monarchen und nicht aus dem Aufbau ihrer Herrschaft selbst ergab.
Wir sprechen von der Angliederung großer Teile Italiens durch Otto I., von seiner Neugründung des Kaiserreiches und von seinem Streben, sich die Päpste gefügig zu machen und keinen Papst zu dulden, der ihm nicht willfährig war. Heinrich Mitteis, der bedeutende Jurist und Verfassungshistoriker, betont, daß Italien, Rom und die Kaiserwürde unlöslich miteinander verknüpft waren.[20]
Otto I. wollte also das Imperium neu gründen, und das von seiner Lage der Interessen aus verständliche Motiv für dieses Streben lag in dem Wunsch, sich eine sichtbare, den Herzogtümern überlegene Machtposition zu schaffen. Natürlich verbürgte ihm auch seine Eigenschaft als deutscher König eine große Gewalt, aber dieses Herrschertum war durch Ottos frühere Kämpfe gegen die aufständischen Herzogtümer so belastet und verbraucht, daß die absolute Überlegenheit des Monarchen aus seiner Stellung als deutscher König nicht mehr deutlich ersichtlich wurde.
Die totale Macht lag in Ottos Händen, die Kaiserkrone mußte ihr die legitime Grundlage liefern. Auch hatte die Kaiserwürde einen anderen Charakter als das Königtum. Merkwürdigerweise wurde der Herrschergewalt der ersten deutschen Könige weit weniger als etwa der Macht der Könige von Frankreich und Eng-

land ein sakraler, in gewissem Sinne priesterlicher Wesenszug zugeschrieben. Hier lag eine Schwäche in der Position der deutschen Könige gegenüber der Stellung der anderen Herrscher. Doch diese Schwäche wurde selbstverständlich in dem Augenblick behoben, in dem es den deutschen Königen gelang, Kaiser zu werden. Das Kaisertum stand höher als jede andere Herrscherwürde; es war im wesentlichen sakral und konnte nur mit Unterstützung des Papstes erlangt werden, der ja auch die Krönung vornahm.

Dazu kam aber noch eine andere Bedeutung des Kaisertitels. Die Interventionen Ottos I. und seiner Nachfolger in Italien waren die logische Konsequenz aus der reichskirchlichen Politik, die die Bistümer und die Reichsabteien betraf; denn der Papst war das Oberhaupt der katholischen Kirche und damit auch der Kirche Deutschlands.

Wenn Otto I. aber einen Machtträger duldete, der ihm nicht unterworfen war und der der Reichskirche gebieten konnte, bedeutete dies das Risiko einer späteren Ernüchterung, sobald Gefahren heraufzogen. Otto mußte sich also das Papsttum und dessen Autorität botmäßig machen, um jeden Angriff Roms gegen die Reichskirche von vornherein auszuschalten.

Die entscheidende Grundlage für die Politik Ottos I. wurde somit die Dreiheit *Italien*, *Rom* und *Kaisertum*. Alle drei Faktoren waren eng miteinander verknüpft, denn man konnte nur in Rom zum Kaiser gekrönt werden, und der Zugriff auf Rom war nur gewährleistet, wenn man die Hälfte von Norditalien in die Hände bekam.

Der Begriff des Imperiums war rein formell. Einen wirklich materiellen Inhalt besaß er nicht, und seine Form selbst war von symbolischen und historisierenden Elementen bestimmt, die seine Kraft ausmachten.

Das Irrationale war hier stärker als die Vernunft, denn die Logik hätte die Kaiser, falls sie ihre Macht territorial ausdehnen wollten, eher dazu veranlassen müssen, sich französisches Gebiet anzueignen. Frankreich war ja für die Kaiser leichter zugänglich, zeigte größere Schwächen und lag zudem geographisch näher als die Staaten in Norditalien.

Noch mehr Logik hätte man darin erblicken können, wenn die Ottonen und ihre Nachfolger die erstrebte Ausdehnung ihrer Macht in östlicher Richtung gesucht hätten. Sie hätten ohne weiteres eine Verteidigungslinie an den Alpen beziehen und ihre Aktivität auf Osteuropa lenken können.

Die deutschen Herrscher wählten jedoch eine irrationale Politik, und man kann sich sogar die Frage stellen, ob nicht in Ottos sonst so ausgeglichener Persönlichkeit doch schon Ansätze zu jener Neigung zum Absurden zu finden waren, die bei seinem Sohn und bei seinem Enkel so auffällig hervortrat.

IX. OTTO I. UND DAS KAISERTUM

Eine im Jahre 951, nicht lange vor seiner Eheschließung mit Adelheid, der Witwe eines ›Königs von Italien‹, begonnene Intervention Ottos I. in Italien änderte zunächst nicht viel an den dortigen Machtverhältnissen. Wenn die Deutschen sich auch einen Stützpunkt für späteres Eingreifen in Italien erhalten konnten, was durch eine starke Besetzung des Brenners geschah, so gewann doch der Langobardenkönig Berengar II., der Feind Adelheids, die Macht über Norditalien und machte sich an die Verwirklichung einer Idee, von der nicht nur die früheren Langobardenkönige geträumt hatten, sondern von der nunmehr auch Otto I., der deutsche Herrscher, erfüllt war: gleichermaßen strebten Berengar II. *und* Otto I. danach, die Macht über Rom zu erlangen.

So wurde Rom der Einsatz im Spiel der kaiserlichen Politik und ist es seitdem immer geblieben.

Rom und Umgebung bildeten damals einen formell unabhängigen Staat, in dem verschiedene Adelscliquen um die reale Macht stritten. Die Macht Alberichs, in den Jahren zwischen 932 und 954 *Princeps et senator Romanus*, war dort längst gefestigt, als Otto I. in die italienischen Verhältnisse eingriff. Alberich hatte seinen Sohn Octavian zum Papst wählen lassen: Dieser wurde im Jahre 955 der Nachfolger Papst Agapets II. Als Papst nahm Octavian den Namen Johannes XII. an; er verwandelte, wie der Historiker Robert Holtzmann sich ausdrückt, »den Lateran in ein Bordell«.

Als Berengar II. Rom bedrohte, wußte Johannes XII. in seiner Angst keinen anderen Ausweg als den eines Appells an den deutschen König. Otto I. bekam dadurch einen lockenden Vorwand, nach Italien zu ziehen, und er erreichte sein Ziel. Er drang bis Rom vor und wurde dort am 2. Februar 962 zum Kaiser gekrönt.

Diese Krönung, durch die das Kaiserreich im Abendland wiederhergestellt wurde, bedeutete trotz der Feierlichkeit des Aktes nicht mehr als ein einzelnes Ereignis im Zuge des Kampfes um Italien. Otto I. mußte als Kaiser schon bald erfahren, daß die streitenden italienischen Gruppen — insbesondere die Bewohner Roms — zwar die Neigung hatten, die Deutschen gegen Feinde zu Hilfe zu rufen, aber keineswegs dazu bereit waren, sich einer Herrschaft der Deutschen auszuliefern. Diesen aber erschien eine solche Unterwerfung geradezu selbstverständlich.

So kam es dahin, daß Papst Johannes XII. schon während des Kampfes des Kaisers gegen Berengar II. heimlich die Gegner Ottos stützte. Otto schätzte dieses seltsame Verhalten nicht, marschierte nach Rom und verjagte den hinterhältigen Papst.

Jetzt verfiel Otto I. einem Irrtum, dem später auch alle anderen

Kaiser unterlagen. Er glaubte, die Angelegenheit sei nach seinem militärischen Siege erledigt, und löste sein Heer auf.
Sogleich danach aber setzte der Aufstand von neuem ein. Die zahlreichen Mätressen der Papstes Johannes XII., oft einflußreiche Frauen, trieben eine lebhafte Propaganda für ihn und brachten es dahin, daß er kurz nach dem Abzug des Kaisers aus Rom im Januar 963 auf den päpstlichen Stuhl zurückgerufen wurde.
Johannes XII. erfreute sich aber seines Sieges nicht lange. Er wurde, während er einer verheirateten Frau nachstellte, in der Nähe von Rom von einem Gehirnschlag getroffen und starb eine Woche später.
Otto eilte nunmehr herbei und ergriff wieder die Macht über Rom. Natürlich währte auch dieser Erfolg nicht lange. Kaum hatte sich der Kaiser heimwärts gewandt, als neue, gegen den Einfluß des Kaisers in Rom gerichtete Kämpfe entbrannten. Otto kehrte nach einiger Zeit wieder zurück, und man unterwarf sich ihm aufs neue. Als er aber diesmal in Rom einzog (Dezember 966), verhängte er schwere Strafen. Zwölf militärische Führer (Decarconen) der entsprechenden zwölf Regionen Roms endeten am Galgen, und viele Adelige wurden nach Deutschland verbannt. Der Stadtpräfekt, der Petrus hieß und sich dem Aufstand angeschlossen hatte, wurde, nachdem man ihm zunächst den Bart abgeschnitten hatte, an seinem Haupthaar am »Pferd des Konstantin« (das heißt an der Reiterstatue Marc Aurels, die man für ein Reiterstandbild Kaiser Konstantins des Großen hielt) eine Weile aufgehängt. Danach entkleidete man ihn, setzte ihn verkehrt auf einen Esel, der eine Glocke um den Hals trug, und führte ihn durch ganz Rom. Der Stadtpräfekt mußte dabei die Hand unter den Schwanz des Tieres halten und wurde mitleidlos gegeißelt.
Otto I. hatte keine Lust, noch einmal von einer aufständischen Bewegung in Rom überrascht zu werden. Er setzte überall in Norditalien Vertrauensleute ein, die er mit außerordentlichen Vollmachten ausstattete, damit sie in seinem Namen die geistlichen und weltlichen Herren unter Kontrolle zu halten vermochten.
Außerdem trat Otto in enge Beziehungen zu den Fürsten der süditalienischen Gebiete: Capua, Benevent und Salerno. Er gab einem dieser aus langobardischem Geschlecht stammenden Fürsten, der zusammen mit seinem Bruder in Capua und Benevent regierte, sogar die mittelitalienischen Markgrafschaften Spoleto und Camerino. Diese Fürsten waren Nachbarn der zum Byzantinischen Reich gehörenden Gebiete Italiens, und Otto I. knüpfte enge Verbindungen mit ihnen an, um Byzanz unter Druck zu setzen. Nach dem zunächst feindseligen Verhältnis Ottos I. zu Konstantinopel veränderte sich die Lage. Es kam zu einer An-

näherung, und schließlich heiratete der Sohn des Kaisers, Otto II., im Jahre 972 Theophanu, eine Nichte des byzantinischen Kaisers Johannes Tzimiskes. Diese Verbindung bedeutete, daß das Byzantinische Reich von allen Rechten auf Benevent, Capua und Salerno zurücktrat und das westliche Imperium Ottos I. anerkannte. So schien Otto I. mit seiner italienischen Politik, die zur Freundschaft mit den Machthabern Süditaliens geführt hatte, vollen Erfolg gehabt zu haben.

Die Ostgrenze des Imperiums erstreckte sich damals bis zur Oder, und die gewaltige Macht, die Otto I. sich geschaffen hatte, zeigte sich, als er, nicht lange vor seinem Tode, am 23. März 973 in Quedlinburg einen Hoftag hielt. Dort waren Dänemark, Polen, Ungarn, Bulgarien, Rußland, Byzanz, Rom und Benevent durch Gesandte vertreten. Herzog Mieszko von Polen hatte seinen Sohn, den später berühmten Boleslav Chrobry, gesandt, der sich über Ungerechtigkeiten von Ottos Markgraf der östlichen Mark, Hodo, gegenüber Polen beklagte und vom Kaiser recht bekam. Auf diesem Hoftag, dem auch Herzog Boleslav II. von Böhmen beiwohnte, erwog man unter anderem die Gründung eines Bistums in Prag.

Der Hoftag zu Quedlinburg und der Empfang einer sarazenischen Gesandtschaft der in Afrika und Sizilien regierenden Fatimidendynastie am Himmelfahrtstage (1. Mai) 973 bedeuteten die letzten großen Augenblicke von Ottos ruhmvoller Regierung. Schon einige Tage später erkrankte der Herrscher und starb am 7. Mai 973 im Alter von sechzig Jahren. Die Leiche wurde nach Magdeburg übergeführt, in dessen Dom sich der Sarkophag mit den Gebeinen des Kaisers noch heute befindet.

X. OTTO II. – DIE TRAGIK EINES HERRSCHERS[21]

Otto II. war beim Tode seines Vaters erst achtzehn Jahre alt. Er war schon im Alter von sechs Jahren zum König gekrönt worden. Otto II. war nicht nur äußerlich, sondern auch geistig geradezu das Gegenteil seines Vaters und wirkte nicht sehr imponierend. Tatsächlich spielte seine byzantinische Gemahlin Theophanu schon bald nach dem Tode Ottos I. eine ganz entscheidende Rolle am Hofe.

Rom erhob sich wieder einmal gegen die Herrschaft der Deutschen. Ein Jahr nach dem Tode Ottos I. wurde der von ihm eingesetzte Papst Benedikt VI. gestürzt und als Gefangener in einem unterirdischen Gewölbe der Engelsburg erwürgt. Dies alles war das Werk von Anhängern des Crescentius, eines Sohnes der einst berüchtigten ›Senatorin‹ Theodora, die einen verhängnisvollen Einfluß auf das politische Leben Roms ausgeübt hatte. Hinter Crescentius stand also die angestammte Aristokratie von Rom.

Doch der Erfolg des Crescentius war von kurzer Dauer. Der Bevollmächtigte der Ottonen stellte die deutsche Macht über Rom wieder her, und mit Zustimmung Ottos II. wurde Papst Benedikt VII. gewählt (974). Doch auch die Feinde Benedikts VII. ruhten nicht; er sah sich genötigt, im Jahre 979 Rom zu verlassen und Otto II. um Hilfe zu bitten. Der Kaiser brach, nachdem er Deutschland befriedet hatte, im Jahre 980 nach Rom auf. Er kam ohne Armee, war aber in Begleitung der Kaiserin und eines glanzvollen Gefolges von Bischöfen und Fürsten.
Otto stieß unterwegs auf keinen Widerstand und betrat Rom, ohne daß sich die Gegner der Ottonen bemerkbar machten. Dort verweilte der Kaiser monatelang, ohne behelligt zu werden, und beeindruckte mit einer glänzenden, vielbewunderten Hofhaltung viele Zeitgenossen.
Doch Otto II. begnügte sich nicht mit der Macht über Rom. In den Fürstentümern Süditaliens gab es immer wieder Kämpfe, da die Araber stets von neuem von Sizilien aus Beutezüge nach Unteritalien unternahmen.
So kam Otto II. im Sommer des Jahres 981 auf den Gedanken, durch einen kraftvoll geführten Feldzug die Gewalt über ganz Süditalien zu erlangen.
Der Kaiser brachte für diesen Feldzug eine für jene Zeit riesige Armee zusammen — 2100 Panzerreiter — und drang mit ihr in Calabrien ein. Ein Erfolg nach dem andern wurde erzielt, bis der Kaiser mit seiner Armee am 13. Juli 982 auf das Heer des Emirs Abulkasem (Abu al Quasim) stieß. Die Schlacht, die an diesem Tage am Capo Colonne (unweit von Cotrone) stattfand, wurde zur größten Niederlage, die die Deutschen im 10. Jahrhundert erlitten haben. Mit geradezu wildem Schwung brachen die deutschen Reiter durch, und Abulkasem fiel. Schon hielt Otto II. sich für den Sieger, als eine starke Reserve von arabischen Soldaten die deutschen Reiter überfiel und niedermachte. Der Kaiser rettete sein Leben durch die Flucht.
Mehrere Tage hindurch glaubte man, er sei gefallen. Seine Rettung konnte indes die Schwere des Unglücks kaum mildern. Die Pläne einer deutschen Hegemonie über Süditalien waren durch die Schlacht am Capo Colonne für zweihundert Jahre gescheitert.
Diese Niederlage schien einen Umschwung in den Machtverhältnissen des Reiches hervorzubringen. Die Dänen überschritten die Grenze nach Süden, und bald erfolgte ein gewaltiger Aufstand der von den Liutizen und Abodriten geführten Elbslawen gegen die Deutschen. Die Ergebnisse der von Otto I. ausgegangenen, auf Christianisierung gerichteten Politik wurden durch diesen Aufstand weitgehend vernichtet.
Ob Otto II. die ganze Tragweite dieser Vorgänge begriff, ist

fraglich. Er hielt einen Rachefeldzug gegen die Sarazenen in Unteritalien für vordringlich.
Doch der Tod setzte allen Plänen Ottos II. ein Ende. Er starb am 7. Dezember 983 in Rom an der dort wütenden Malaria.

XI. OTTO III. — TRAUM UND ZUSAMMENBRUCH

Ein dreijähriges Kind erbte nunmehr ein Imperium, das an allen Grenzen bedroht war. Vor allem war die Macht der Deutschen in den jenseits der Elbe liegenden Gebieten durch kraftvolle Vorstöße der Slawen aufs äußerste gefährdet,[22] drang doch der Abodritenfürst Mistui wieder in altsächsisches Gebiet ein und verheerte Hamburg.
Der Thron wurde damals durch zwei Frauen gerettet: durch Adelheid, die Witwe Ottos I., und durch Theophanu, die Gemahlin Ottos II. Die beiden Frauen mochten einander nicht, taten sich aber im Interesse des Kindes überraschend zusammen. Beide waren außerordentlich verschieden. Adelheid, eine sehr großzügige Stifterin von Abteien, freigebige Mehrerin auch des Kirchengutes und sehr wohltätig, war fromm bis zum Fanatismus. Sie tat alles, was in ihren Kräften stand, um die Reformideen zu verbreiten, die vom Kloster Cluny ausgingen. Theophanu dagegen hatte sich aus ihrer in Byzanz verbrachten Jugendzeit die Vorstellung erhalten, daß die Kirche im wesentlichen der Macht des Kaisers unterworfen sei.
Adelheid lebte sehr einfach, während ihre Schwiegertochter den Luxus liebte und ihn auch nach außen zeigte. Man beschuldigte sie sogar, dadurch bei den guten deutschen Hausfrauen eine übertriebene Neigung zum Schmuck erweckt zu haben!
Es gereicht Adelheid und Theophanu zu hoher Ehre, daß sie trotz allen zwischen ihnen bestehenden Gegensätzen sich gegenüber einer gemeinsamen Gefahr zusammenfanden. Diese Gefahr lag im Verhalten Heinrichs des Zänkers, des Herzogs von Bayern. Dieser von seinem Vetter Otto II. abgesetzte Herzog benutzte die Zeit, in der die beiden Kaiserinnen noch in Italien weilten, sich das Kind durch den Erzbischof von Köln ausliefern und sich von ein paar Fürsten im Jahre 984 zum König proklamieren zu lassen. Auf Veranlassung Adelheids und Theophanus organisierte nunmehr Erzbischof Williges von Mainz den Widerstand mächtiger deutscher Fürsten, so daß Heinrich der Zänker schließlich eingeschüchtert wurde. Er übergab das Kind den beiden Kaiserinnen, die inzwischen nach Deutschland zurückgekommen waren.
Auch gelang es, den Abodriten eine Niederlage zu bereiten. Wenngleich es Theophanu nicht möglich war, die im Osten verlorene Stellung ganz wiederzugewinnen, so glückte es ihr doch

wenigstens, die nach dem Tode Ottos II. scheinbar unausweichliche Katastrophe zu vermeiden. Die Kaiserin starb aber schon im Jahre 991, als ihr Sohn erst elf Jahre alt war. Selbstverständlich nahm nun die sechzigjährige Adelheid die Ordnung der Reichsangelegenheiten in die Hände.
Als Otto III. im Jahre 995 fünfzehn Jahre alt und damit großjährig wurde, endete der Einfluß Adelheids. Ein romantischer und überschwenglicher Jüngling leitete von nun an das Schicksal des Abendlandes. Er wurde niemals ein reifer Mann, und seine Regierung glich nur einem aufregenden Abenteuer. Trotzdem kann man diesem Herrscher eine gewisse leidgeprägte Vornehmheit nicht absprechen. Er war sehr schön von Antlitz und Haltung und hatte eine Erziehung genossen, die sorgfältiger war als die bei den damaligen Fürsten allgemein übliche. Otto III. sprach Griechisch und Latein und schrieb sogar gelegentlich lateinische Verse. Stark trat seine Geringschätzung für die unbehauene sächsische Wesensart hervor, der er die verfeinerten Lebensformen byzantinischer Provenienz vorzog. Die Religiosität Ottos III. war exaltiert und nahm zuweilen mönchische Züge an. Als Kaiser fühlte er sich dazu berufen, die Welt nach dem Willen Gottes zu lenken, doch sah er in der Kirche kaum mehr als seine Dienerin und im Papst nicht viel mehr als einen seiner Bischöfe.
Otto III. trieb die von seinem Großvater begonnene Politik der Reichskirche auf den Gipfel; er verlieh den Bischöfen nicht nur die weltliche Gewalt in ihren Residenzen und deren Umgebung, sondern in manchen Fällen auch die ausschließliche, allerdings von ihm abhängige Macht über ganze Grafschaften.
Doch Otto III. versank immer mehr in imperiale Träume. Italien zog ihn in wachsendem Maße an. Er ließ seine Markgrafen, so gut es eben ging, mit den immer wieder in das sächsische Gebiet eindringenden Slawen fertig werden und reiste gegen Ende des Jahres 997 nach Italien.
Dort hatte sich der deutsche Papst Gregor V., den der Kaiser einfach eingesetzt hatte, selbstverständlich nicht halten können. Crescentius hatte sich wieder zum Herrn der Stadt gemacht und im Mai 997 die Wahl eines Gegenpapstes betrieben, des Papstes Johannes XVI.
Otto III. marschierte mit langobardischen und deutschen Truppen im Februar 998 in Rom ein. Crescentius zog sich mit seinen Getreuen in die Engelsburg zurück. Der Gegenpapst Johannes XVI. wurde gefangengenommen. Man schnitt ihm die Ohren, die Zunge und die Nase ab, bevor man ihn blendete. In päpstliche Gewänder gekleidet, mußte der furchtbar verstümmelte Mann vor einer Synode erscheinen, die ihn absetzte. Danach wurde er, wie ein Menschenalter zuvor der Stadtpräfekt Petrus, verkehrt auf einen Esel gesetzt, dessen Schwanz er

halten mußte. In dieser Erniedrigung wurde er dann durch die Stadt geführt.
Crescentius wurde erst nach Erstürmung der Engelsburg gefangengenommen. Er wurde auf deren höchsten Turm geführt und vor den Augen der Menge enthauptet. Danach wurde die Leiche die Mauern der Engelsburg hinuntergestürzt. Man knüpfte den Leichnam schließlich auf dem Monte Mario mit den Füßen nach oben an einem Galgen auf. Neben ihm hängte man zwölf Männer auf, die Anhänger des Crescentius gewesen waren.
Der Kaiser war damals achtzehn Jahre alt. Er hätte nach der Befriedung Roms eigentlich nach Deutschland zurückkehren müssen, wo nicht nur die Ostgrenze und die Nordgrenze stark bedroht wurden, sondern wo es auch zu eigenmächtigen Handlungen von Fürsten kam.
Doch Otto III. blieb in Italien. Dieser Kaiser, der nur zweiundzwanzig Jahre alt wurde, ließ sich in immer stärkerem Maße von der großartigen Phantasmagorie einer Weltherrschaft leiten. Die Unabhängigkeit der europäischen Völker wurde von ihm so weit anerkannt, wie sie ihrerseits bereit waren, ihre freilich zu nichts verpflichtende Zugehörigkeit zum universalen Kaiserreich zu akzeptieren. Diese Auffassung des Kaisers kam auch in seiner Religionspolitik deutlich zum Ausdruck.
Ein Beispiel hierfür ist Ungarn, dessen Herzog Waik sich 995 taufen ließ. Einige Jahre später sandte Papst Silvester II. — der besonders auf dem Gebiet der exakten Wissenschaften als Gelehrter hervorgetretene Franzose Gerbert von Aurillac — im Einverständnis mit dem Kaiser dem Herzog eine Königskrone. Waik nahm als König von Ungarn den Namen Stephan I. an. Man schuf nun eine Kirchenprovinz Ungarn. Sie stand unmittelbar unter Rom, das heißt unter der Herrschaft des Papstes und des Kaisers, ohne Einschaltung eines in Deutschland residierenden Erzbischofs.
Im Jahre 1000 unternahm Otto III. eine feierliche Pilgerfahrt nach Polen zum Grabe des heiligen Adalbert von Prag. In Gnesen, wo sich das Grab Adalberts befand, wurde ein Erzbistum gegründet, unter dem künftighin die polnischen Bistümer standen.
Auch Böhmen ging, wenn auch unter größeren Schwierigkeiten als Ungarn und Polen, einen Weg, der zu kirchlicher Autonomie führte.
Auf der Rückkehr von der Pilgerfahrt nach Polen begab sich Otto III. nach Aachen, das die Hauptstadt des Kaiserreiches, vor allem aber auch die Stadt war, in deren Dom sich die Grabstätte Karls des Großen befand. Otto III. ließ das Grab seines großen Vorgängers öffnen und stieg in die Gruft hinab. Bischof Thietmar von Merseburg sagt in seinem *Chronicon*, daß die Leiche Karls des Großen auf einem Thron sitzend gefunden

wurde und daß Otto das am Halse Karls hängende goldene Kreuz als Reliquie mitgenommen habe.

Otto III. entfernte sich auch jetzt nur ein halbes Jahr von Italien, doch begann es während dieser Zeit im Kirchenstaat aufs neue zu gären, und Süditalien fiel vom Kaiser ab. Auch in Deutschland grollte die Aristokratie. Herzöge und Grafen weigerten sich offen, dem Befehl des Kaisers, nach Italien zu kommen, Folge zu leisten.

Während sich die Lage des Imperiums immer mehr verschlechterte, verschied der Kaiser unerwartet in der Burg Paterno am Nordwestabhang des Berges Soracte (23. Januar 1002). Als sich der Leichenzug durch das aufständische Italien zum Brenner bewegte, um die sterbliche Hülle des jung verstorbenen Kaisers nach Aachen zu bringen, erschollen längs des Weges Schmährufe auf den Toten.

XII. HEINRICH II., DER LETZTE KAISER AUS SÄCHSISCHEM STAMM

Man vermied dieses Mal — wenigstens innerhalb der Dynastie — einen Streit um die Thronfolge und einigte sich gütlich. Der nächste Verwandte des verstorbenen Kaisers, allerdings in weiblicher Linie, war Herzog Otto von Kärnten. Er verzichtete zugunsten eines mit Otto III. nicht ganz so nahe, aber in männlicher Linie verwandten Fürsten. So gelangte Herzog Heinrich IV. von Bayern, der als deutscher König sowie als Kaiser Heinrich II. hieß und später, im Jahre 1146, heiliggesprochen wurde, auf den Thron.[23]

Heinrich II., der Sohn Heinrichs des Zänkers, war ein leutseliger und jovialer Mann, der sich gern populär machte. Er hatte Sinn für Pomp und Glanz. In gleicher Weise fand er aber auch Gefallen an Gauklern, fahrenden Sängern, Jagden und Turnieren. So wurde er ein Volksheld, dessen Andenken in zahllosen Anekdoten und Geschichten weiterlebte.

Heinrich II. und sein Vorgänger waren total verschiedene Menschen. Dies war für den Fortbestand des Reiches günstig, denn Otto III. hätte, wäre er länger am Leben geblieben, das Imperium möglicherweise zugrunde gerichtet.

In bewußter Betonung des Gegensatzes zu dem verstorbenen Kaiser, der auf der Rückseite einer Siegelbulle die Inschrift *Renovatio imperii Romanorum* (Erneuerung des römischen Kaiserreiches) hatte anbringen lassen, ließ Heinrich II. auf einer von ihm unterzeichneten Bulle die Worte *Renovatio regni Francorum* (Erneuerung des Reiches der Franken) einzeichnen. Er proklamierte damit gleichsam ein ›Deutschland, Deutschland über alles‹ und handelte auch danach. Ohne Umschweife widmete er schnell entschlossen den größten Teil seiner Regierungszeit dem Kampf

Abb. 7: Die Krönung Heinrichs II. Miniatur aus dem Sakramentar Heinrichs II. (entstanden zwischen 1002 und 1014)

gegen die Böhmen, Polen und Ungarn. Erst elf Jahre nach seiner Wahl zum deutschen König begab er sich nach Italien und wurde im Februar des Jahres 1014 in Rom zum Kaiser gekrönt. Er starb am 13. Juli 1024 in Grone (unweit von Göttingen). Sein Bruder Brun, der mächtige Bischof von Augsburg, überlebte ihn um fünf Jahre. Mit ihm erlosch die ruhmvolle sächsische Dynastie im Mannesstamm.

Nach dem Tode Heinrichs II. wurde, ohne daß sich ein nennenswerter Widerstand dagegen erhob, der Herzog von Franken zum deutschen König gewählt: Konrad II.

XIII. DIE SLAWEN UND DIE KAISER

Otto I. hatte im Oktober 955, wie wir bereits erwähnten, an der Recknitz (im Osten Mecklenburgs) einen großen Sieg über die Slawen errungen. Er hatte zwei seiner Vertrauten damit beauftragt, die Ausdehnungspolitik des deutschen Königreiches in östlicher Richtung weiterzuführen.

Man organisierte auch die Bekehrung der Wenden und erzielte als frühen Erfolg im Jahre 939 den Übergang des Hevellerfürsten Tugumir zum Christentum. Drei Bistümer wurden im Oktober 948 gegründet. Die ersten beiden, Brandenburg und Havelberg, umfaßten die Länder zwischen Elbe, Oder und Ostsee, ressortierten unter dem Erzbistum Mainz und waren auch für die Liutizen und einige Sorbenstämme zuständig.

Das dritte Bistum war Oldenburg, das einstige Stargard in Wagrien (dem Osten der Halbinsel Holstein). Dieses Bistum, das später nach Lübeck verlegt wurde, unterstand dem Erzbistum Hamburg-Bremen.

Die Aufgabe einer Bekehrung der Sorben und Daleminzier war Magdeburg zugeteilt, das im Jahre 967 eine kirchliche Metropole für den Osten wurde. Von dieser ein Jahr danach zum Erzbistum erhobenen Metropole hingen die Bistümer Brandenburg und Havelberg sowie alle anderen Bistümer im Wendengebiet ab. Tatsächlich wurden dem Erzbistum Magdeburg bald das neu errichtete Bistum Meißen und das ebenfalls neue, später nach Naumburg verlegte Bistum Zeitz zugewiesen.

Bessere Missionsergebnisse als von Magdeburg, dessen Erfolg eher dürftig war, gingen vom Erzbistum Hamburg-Bremen aus. Dort gelang es dem Erzbischof Adaldag (937—988), einige Abodritenfürsten zum Christentum zu bekehren; doch blieben dies Einzelfälle, und die Masse der Abodriten verharrte im Heidentum.

Gleichzeitig entwickelte sich eine Aktivität, die auf das jenseits der Oder liegende Gebiet der Polen gerichtet war. Markgraf Gero setzte den Polenherzog Mieszko im Jahre 963 so unter Druck, daß dieser die Oberhoheit Ottos I. über ihn anerkannte und Otto Tribut zahlte. Das Christentum verbreitete sich nun in Polen. Das Bistum Poznan (Posen) wurde gegründet, und Herzog Mieszko trat, nachdem er mit der Tochter des Herzogs Boleslav I. von Böhmen die Ehe geschlossen hatte, zum Christentum über (966).

Im Süden hatte der Sieg Ottos I. über die Ungarn (955) dem Christentum ebenfalls den Weg geebnet. Im Jahre 972 wurde das Bistum Prag eingerichtet, das auch für Mähren zuständig war.

Die Erzbischöfe von Salzburg missionierten in Kärnten, und Bischof Pilgrim (Piligrim) von Passau nahm sich eifrig der Mission in Ungarn an, wodurch sich der deutsche Einfluß bis zur Leitha erstreckte.

Für die Christianisierung Ungarns war schon durch byzantinische Missionare Vorarbeit geleistet worden. In den Jahrzehnten nach 955 wurde die Missionstätigkeit noch intensiver, da der ungarische Großfürst Geza (Geisa), der mit einer christlichen Prinzessin aus Polen verheiratet war, im Jahre 975 Christ wurde. Die Anzahl der Taufen in Ungarn nahm bald immer mehr zu.

Die Anfänge dieser Entwicklung waren eng mit der Macht und dem Prestige Ottos I. verknüpft. Sein Tod im Jahre 973 und die Schwäche seiner Nachfolger führten zu starken Reaktionen, die den deutschen Einfluß auf religiösem und auf politischem Gebiet rückläufig machten.

Im Jahre 983 wurde Voitech (der heilige Adalbert), der einer tschechischen Fürstenfamilie entstammte und also ein Slawe war, Bischof von Prag. Dies war das Zeichen für einen Rückgang des deutschen Einflusses in Böhmen, und darüber hinaus gab es damals dort eine mächtige Gruppe, die sich zum Heidentum bekannte.

Im Elbegebiet wurde das Bistum Merseburg im Jahre 981 zugunsten Magdeburgs aufgehoben. Als sich die Kunde von der schweren Niederlage, die die Araber Otto II. zugefügt hatten, weiterverbreitete, drangen Dänen und Abodriten gleichzeitig in das Gebiet des Kaiserreiches ein. Otto II., der nach wie vor Italien als das Zentrum seiner Politik betrachtete, blieb passiv, und Stämme des Liutizenverbandes (Heveller) erstürmten im Jahre 983 zusammen mit den Abodriten die Bischofssitze Havelberg und Brandenburg. Die Bischöfe mußten fliehen, die Kleriker wurden niedergemacht, die Kirchen in Brand gesteckt.

Damit war das Werk der Missionare östlich der Elbe völlig vernichtet. Doch außerdem fielen auch alle anderen von Otto I. eroberten Gebiete am rechten Elbufer in die Hände der Slawen.

An der Nordgrenze des Imperiums kam es ebenfalls zu Vorstößen der Abodriten.. Sie verheerten schon kurz nach dem am 7. Dezember 983 erfolgten Tode Ottos II. die Stadt Hamburg. Die Abodriten, Wilzen und Liutizen hatten somit jede Einwirkung der deutschen Macht ausgeschaltet.

Herzog Boleslav II. von Böhmen trat immer mehr als unabhängiger Herrscher auf; er stützte sich bei dem Versuch, seine Ziele zu verwirklichen, auf die Partei, die für die Abschaffung des Christentums eintrat. Voitech (der heilige Adalbert) verließ denn auch im Jahre 998 seinen Bischofssitz Prag.

Boleslav II. träumte von einem großen slawischen Imperium, das ein Widerpart des deutschen Imperiums sein könnte. Doch nach dem Tode Boleslavs II. im Jahre 999 geriet Böhmen unter dem unfähigen Nachfolger des Herrschers in schwere Konflikte mit Polen, verlor bedeutende Gebiete und war in seiner Aktionsfähigkeit stark behindert. Polen, das seit dem Jahre 992 von Boleslav Chrobry regiert wurde, war auch für die Deutschen ein gefährlicher Gegner geworden. Zunächst nahm Polen den Böhmen Krakau weg, bemächtigte sich der Orte Bautzen und Strehla (an der Elbe) sowie der Lausitz und des Meißener Gebietes bis hin zur Weißen Elster. Im Jahre 1003 machte sich Boleslav Chrobry, nachdem er den unfähigen Herzog von Böhmen endgültig abgesetzt und schließlich gefangengenommen hatte, sogar zum Herrn von Böhmen und Mähren. Im Friedensvertrag von Bautzen (1018) trat Heinrich II. die Lausitz als Lehen an Polen ab, und außerdem wurde aufgrund dieses Vertrages das gesamte von Boleslav Chrobry eroberte Gebiet bis zur Schwarzen Elster polnischer Besitz.

Boleslav Chrobry war immerhin Christ, und wenn auch der Einfluß des Kaisers östlich der Elbe faktisch aufhörte, so herrschte dort wenigstens der Einfluß des Christentums vor. Doch auch das Christentum war damals östlich der Elbe noch nicht sehr stark verankert. Gegen Ende der Regierungszeit Heinrichs II. kam es zu Kämpfen zwischen heidnischen Liutizen und christlichen Abodriten. Doch gab es auch noch viele andere Anzeichen dafür, daß das Heidentum sich wieder belebte und offensiv wurde. Der Kaiser war außerstande, dies zu verhindern. Die Slawen neigten damals dazu, sich gänzlich unabhängig zu machen und mit zunehmender Schnelligkeit zum Heidentum zurückzukehren.

Die Gründung des Bistums Bamberg im Jahre 1007 wirkte diesen Tendenzen zunächst nicht entscheidend entgegen. Bamberg sollte zwar der Ausgangspunkt für eine Bekehrung der Mainslawen werden, doch vorläufig ließen die Ergebnisse, die man sich von der Gründung erhofft hatte, auf sich warten.

Im großen und ganzen dauerte das in der Regierungszeit Ottos II. (973—983) eingetretene Absinken des deutschen Einflusses auf die Slawen auch weiterhin fort.

Am Anfang des Jahres 1025 konnte Boleslav Chrobry seinen Traum, König von Polen zu werden, verwirklichen; doch starb er schon einige Wochen nach seiner Krönung.

XIV. ITALIEN NACH DEM TODE OTTOS III.

Schon drei Wochen nach dem Tode Ottos III. im Jahre 1002 wurde der Markgraf Arduin von Ivrea in Pavia zum ›König von Italien‹ gekrönt!

In Rom überlebte Silvester II., der Freund der ottonischen Dynastie, den Tod Ottos nur um wenige Monate. Das Ableben dieses Papstes ermöglichte es der römischen Aristokratie, ihren Einfluß hinsichtlich der Besetzung des Heiligen Stuhls wieder geltend zu machen. Johannes, der Sohn des Crescentius, übernahm unter dem Titel eines *Patricius* die Macht im Staate und besetzte bis zu seinem Lebensende (1012) den Heiligen Stuhl mit Leuten, die ihm völlig willfährig waren.

Danach wurde die Papstwahl von den verschiedenen Cliquen beherrscht, die sich innerhalb der römischen Aristokratie gebildet hatten und einander befehdeten. Doch gelang es einem der auf diese Weise erhobenen Päpste, Benedikt VIII., der bei seiner Wahl (1012) noch Laie war, alle seine Gegner auszuschalten und seine persönliche Herrschergewalt auf feste Grundlagen zu stellen.

Zu dieser Zeit hielt sich Arduin von Ivrea trotz mehrerer Feldzüge Heinrichs II. nach Italien als italienischer König. Erst Bischof Leo von Vercelli errang einen Sieg über Arduin, der sich danach in seine Gründung, die Abtei von Fruttuaria, zurückzog, die Herrscherembleme ablegte und Mönch wurde. Er erlegte sich selbst furchtbare Bußen auf und starb schon im Jahre 1015. Da niemand Ansprüche auf den Titel eines ›Königs von Italien‹ erhob, herrschte für einige Zeit wieder Ruhe im Lande.

Nach dem Tode des mächtigen Papstes Benedikt VIII. im Jahre 1024 aber änderte sich die Lage aufs neue. Im Jahre 1026 zog der deutsche König Konrad II. nach Italien, um sich in Rom zum Kaiser krönen zu lassen.[24] Doch überall flammte die Feindschaft zwischen den Italienern und den nach Süden ziehenden Deutschen auf. Erst nach einem Jahre erreichte Konrad II. Rom, wo dem kriegerischen Papst Benedikt VIII. dessen Bruder Johannes XIX. gefolgt war. Auf dem Stuhl Petri saß also noch immer ein Mitglied der mächtigen römischen Aristokratenfamilie der Grafen von Tusculum, zu der Benedikt VIII. gehörte und die mit einem anderen Geschlecht, den Crescentiern, ständig um die Macht in Rom stritt. Johannes XIX. hatte alle Weihen — von der Priesterweihe bis zur Papstweihe — innerhalb eines einzigen Tages empfangen.

Konrad II., der von diesem Papst im Jahre 1027 zum Kaiser gekrönt wurde, beeilte sich nunmehr, die Gewalt Deutschlands über Italien wiederherzustellen. Der Kaiser hörte zwar nicht auf, sich auf die Macht der Bischöfe zu stützen, machte aber den großen weltlichen Aristokraten mit starkem Erfolg Avancen. Doch auch die Massen wollte er für sich gewinnen und kämpfte gegen die kleinen Raubritter, deren berüchtigtsten mit Namen Thesselgart er aufhängen ließ. Auf diese Weise stellte Konrad II. den deutschen Einfluß in Italien mit fester Hand wieder her. Dann kehrte der Kaiser, in dessen Motiven nichts von einer ›Sehnsucht nach dem Süden‹ zu erblicken ist, nach Deutschland zurück, an dessen Grenzen wieder Unruhe herrschte. Nach einem unglücklichen Feldzug gegen die Ungarn, denen der Kaiser das Gebiet zwischen Fischa und Leitha abtreten mußte (1031), wandte er sich erfolgreich gegen die Polen, die schon im Jahre 1030 die Reichsgrenzen überschritten hatten. Schließlich mußte sich der

polnische Herrscher im Jahre 1033 dem Kaiser unterwerfen und auf den Königstitel verzichten.
Konrad II. konnte sich über die Niederlage, die er in Ungarn erlitten hatte, immerhin mit der Angliederung des Königreiches Burgund (Arelat) trösten, dessen Dynastie erloschen war. Dort wurde der Kaiser im Jahre 1033 als Thronerbe anerkannt. Er hatte dabei allerdings noch gegen den Grafen Odo von Blois und Champagne zu kämpfen, besiegte diesen aber schließlich in der Schlacht von Bar-le-Duc (1037).
Nunmehr mußte sich Konrad II. wieder Italien zuwenden. Dort hatte sich ein immer schärferer Gegensatz zwischen den weltlichen Großen (*capitanei*) und den kleineren Lehensleuten (*valvassores*) entwickelt, die bemüht waren, ihre Lehen erblich zu machen, was auf Kosten der Großen, das heißt der Landeigentümer, gegangen wäre. Zu Anfang des 11. Jahrhunderts richtete sich die aufständische Bewegung der *valvassores* zunächst gegen die Bischöfe, und es kam in Turin, in Cremona und Brescia zu Revolten. Gegen den Erzbischof Aribert von Mailand erhob sich sogar eine mächtige Verschwörung, der eine Zeit von Kämpfen folgte. Konrad II., von den beiden einander feindlichen Parteien angerufen, nahm gegen Aribert Stellung. Als der Erzbischof ihm nicht gehorchte und einen Aufstand anzettelte, setzte der Kaiser ihn ab. Konrad II. entfremdete sich durch dieses Verhalten allerdings den hohen Klerus.
Um sich eine Partei zu schaffen, verordnete der Kaiser im Mai des Jahres 1037 durch die berühmte *Constitutio de feudis*, daß die Lehen der kleinen *valvassores* erblich würden. Er sorgte auch für Institutionen, die verhindern mußten, daß die *capitanei* den kleinen Vasallen die Lehen willkürlich wegnahmen. Damit nahm der Kaiser für die *valvassores* gegen die großen geistlichen und weltlichen Herren Partei.
Damals brach in Italien eine Seuche aus, an der auch einige mit nach Italien gekommene Angehörige der kaiserlichen Familie starben. Auch der Kaiser selbst steckte sich an und verschied im Frühling des Jahres 1039 in Utrecht.
Vergleicht man das Verhalten Konrads II. gegenüber der Kirche mit der Haltung Heinrichs II., so fällt ein charakteristischer Unterschied auf. Unter Heinrich II. (1002—1024) konnten die Kirche und die öffentliche Meinung, die damals in religiösen Angelegenheiten empfindlicher als zuvor zu reagieren begann, einen Ausgleich herstellen zwischen dem, was der Kaiser für das Christentum tat, und dem, was er selbst sich an Rechten herausnahm. In der Regierungszeit Konrads II. (1024—1039) gab es dieses Gleichgewicht schon nicht mehr. Die Kirche war nur der gebende, nicht mehr der empfangende Partner. Mehrere Erzbischöfe wurden von Kaiser Konrad II. aus rein politischen Gründen gefangengesetzt. Die kirchlichen Würden wurden nahezu öffent-

lich verkauft, die Bischöfe nicht mehr aufgrund sittlicher oder geistiger Vorzüge gewählt.
Diese Mißstände gingen der großen Bewegung voraus, die dann im letzten Drittel des Jahrhunderts zum offenen Kampf zwischen dem Kaiserreich und den Päpsten führte.

XV. HEINRICH III. — HÖHEPUNKT UND VERFALL[25]

Heinrich III. (1039—1056), der Sohn Konrads II., mußte in den ersten Jahren seiner Regierung gegen Böhmen kämpfen, dessen Herzog Polen erobert hatte. Er besiegte den Herzog und bezwang später auch die Ungarn, die unter einem heidnischen König aufsässig geworden waren und ihren christlichen Herrscher zeitweilig vertrieben hatten.
Seit dem Jahre 1046 konnte sich der Kaiser Italien zuwenden, das sich gerade in einem Bürgerkrieg befand, bei dem Päpste und Gegenpäpste einander bekämpften.
Heinrich III. zog also nach Italien. Er berief im Dezember 1046 eine Synode nach Sutri und ließ den Papst Gregor VI. sowie den Gegenpapst Silvester III. und dessen Vorgänger Benedikt IX. absetzen. Danach ließ er den von ihm protegierten Suitger, bis dahin Bischof von Bamberg, zum Papst wählen. Suitger (Clemens II.) krönte Heinrich III. sofort nach Beendigung der Synode von Sutri, am Weihnachtsfest des Jahres 1046, zum Kaiser.
Niemals zuvor war das Papsttum der kaiserlichen Gewalt so sehr unterworfen gewesen wie in diesem geschichtlichen Augenblick, nie war es bis dahin dem Kaiser so willfährig gewesen. Auch hatte das Kaiserreich jetzt seine größte Ausdehnung erreicht, und an seinen Grenzen herrschte nun Frieden. Das Imperium reichte von der Oder und der Donau bis zur Rhone und Saône. Kaiser Heinrich III. regierte über die Königreiche Deutschland, Italien und Burgund. Die Pommern, Polen, Böhmen und Ungarn erkannten seine Oberhoheit an.
Doch diese Lage wich bald anderen Konstellationen. Rückschläge setzten ein. Nach einem langen, für Heinrich III. unglücklich verlaufenden Krieg mit Ungarn ging die deutsche Oberhoheit über das Land wieder verloren, und Böhmen nahm, nicht lange vor dem Tode des Kaisers, ebenfalls eine feindselige Haltung an. Zur gleichen Zeit bereiteten die Liutizen dem Kaiserreich die schwere Niederlage von Pritzlawa an der Havelmündung.
In Unteritalien entstand durch die Normannen — aus der Normandie gekommene Söldner, deren Sprache und Kultur längst französisch geworden waren — ein schlimmer Gefahrenherd. Unter dem berühmten Robert Guiscard drangen sie in Calabrien ein. Papst Leo IX. (1049—1054), der sich vielleicht seiner Zugehörigkeit zum deutschen Volke bewußt geblieben war, aber, davon ganz abgesehen, auch als Herrscher über Rom nicht wün-

schen konnte, daß die Normannen in Unteritalien allmächtig würden, trat für die Interessen des Kaiserreiches ein. Die Truppen des Papstes wurden jedoch bei Civitate besiegt (1053), und der Papst wurde von den Normannen gefangengenommen. Das bedeutete das ruhmlose Ende der bis dahin verfolgten deutschen Politik, soweit sie darauf abgezielt hatte, Byzanz aus Unteritalien zu verdrängen und seinen Einfluß durch den des deutschen Kaiserreiches abzulösen. Nicht die deutschen Kaiser, sondern die Normannen stürzten die byzantinische Macht in Süditalien und wurden deren Erben.

XVI. NIEDERGANG UND KRISE DER KAISERLICHEN MACHT

Inmitten dieser Wirrnis, in der alle traditionellen Grundlagen der deutschen Machtstellung wankten, ereignete sich eine Katastrophe, die dem Reich verhängnisvoll wurde. Heinrich III. starb, erst neununddreißig Jahre alt, im Jahre 1056 und hinterließ sein Reich einem vierjährigen Kinde. Heinrichs Witwe, die eine Ausländerin war, Agnes von Poitou, führte nunmehr die Regentschaft. Seitdem erlitt die Dynastie ständig Rückschläge. Eine für die Machtposition des Kaiserreiches besonders nachteilige Entscheidung erfolgte in Rom.

Der von Kaiser Heinrich III. eingesetzte Papst Victor II. starb kurz nach dem Kaiser. Sogleich wählte der römische Klerus Friedrich von Lothringen, den Abt des Klosters Monte Cassino, zum Papst.[26] Der neue Papst, als Stephan IX. regierend, war der Bruder Herzog Gottfrieds des Bärtigen von Lothringen, der durch seine Ehe mit der Witwe eines Markgrafen von Toscana der mächtigste Mann in Italien geworden war.

Dieser Papst starb indes, ohne länger als ein paar Monate regiert zu haben, schon im März des Jahres 1058. Sein Pontifikat hatte trotz dieser kurzen Frist große Bedeutung, denn sein Vertrauter, Kardinal Humbert von Moyenmoutier, veröffentlichte damals seine Abhandlung *Adversus simoniacos* (Wider die Simonisten): eine Schrift, die ein echtes Manifest der Bewegung war, welche die Befreiung der Kirche von jedem Einfluß der Laien erstrebte. Die in der Abhandlung des Kardinals formulierten Gedanken und Forderungen wurden unter Papst Nikolaus II., dem Nachfolger Stephans IX., schon teilweise verwirklicht.

Kurz nach dem Tode Stephans IX. (29. März 1058) hatte die Aristokratie Roms noch einmal versucht, einen Papst ihrer Wahl einzusetzen. Doch die Anhänger der Kirchenreform waren unter der Führung des Kardinals Hildebrand, des späteren Papstes Gregor VII., stark genug, um ihre Gegner durch Anwendung konkreter Machtmittel auszuschalten. Nikolaus II. wurde im Dezember des Jahres 1058 zum Papst gewählt[27] und machte sich unverweilt daran, die in der Abhandlung des Humbert von

Moyenmoutier niedergelegten Gedanken in die Wirklichkeit umzusetzen. Er berief im April 1059 eine Synode in den Lateran.[28] Sie verkündete das Papstwahldekret, das die Wahl eines neuen Papstes ausdrücklich sieben Kardinalbischöfen — unter Heranziehung von Kardinalklerikern erst nach der Wahl des Kandidaten — vorbehielt. Die übrigen Geistlichen und das Volk konnten der Wahl nur noch zustimmen. Der deutsche König wurde in dem Dekret zwar nicht übergangen, aber von einem Einfluß des Herrschers war nicht die Rede, und sein Name wurde in einer unbestimmten Klausel mit den Worten erwähnt: »vorbehaltlich der Ehre und Achtung, die unserem lieben Sohne Heinrich zukommen«.

Die geradezu revolutionäre Tragweite des Papstwahldekretes ist deutlich. Entscheidend für die Papstwahl wurden nunmehr die Stimmen jener Kardinalbischöfe, deren Bistümer die sieben alten, um Rom herum gelegenen (suburbikarischen) Diözesen waren. Die Laien — sowohl die Aristokraten als auch die Kaiser — waren von jedem Einfluß auf die Papstwahlen ausgeschlossen.

In Deutschland hat Agnes von Poitou, die aus Aquitanien gebürtige Witwe Heinrichs III., sich als Regentin für ihren noch unmündigen Sohn, den späteren Kaiser Heinrich IV., nicht halten können. Die deutschen Bischöfe strebten nach entscheidendem Einfluß. Der höchste deutsche Geistliche, Erzbischof Anno von Köln, ergriff die Macht und übte sie zusammen mit dem Erzbischof Adalbert von Bremen aus.

Der junge deutsche König Heinrich IV. wurde am 9. März 1065 für volljährig erklärt, erhielt aber damit noch keineswegs eine wirkliche Machtposition. Erzbischof Adalbert von Bremen, der immer stärkeren Einfluß auf Anno gewonnen hatte, herrschte faktisch unumschränkt. Schließlich wurden aber die weltlichen Großen der Priesterherrschaft müde. Sie zwangen den jungen König, den Erzbischof zu entlassen, und vertrieben diesen schließlich sogar aus Bremen.

In England wurden die Ereignisse ebenfalls durch den Tod eines Monarchen bestimmt. Als dort im Jahre 1066 mit Eduard dem Bekenner der letzte König aus dem Geschlecht Alfreds des Großen starb, verlockte dies den Herzog Wilhelm der Normandie — wegen seiner außerehelichen Abkunft damals als ›Wilhelm der Bastard‹ bezeichnet — dazu, durch eine Landung auf der Insel zum eigenen Vorteil in die englischen Verhältnisse einzugreifen. Herzog Wilhelm, der später nicht mehr ›der Bastard‹, sondern nur noch ›der Eroberer‹ genannt wurde, besiegte am 14. Oktober 1066 den zeitweilig regierenden König Harold bei Hastings. Dieser Sieg wurde zum Ausgangspunkt für Herzog Wilhelms im Jahre 1071 beendete Eroberung ganz Englands und führte zugleich zu einer dauerhaften Staatsgründung: der mächtigen anglo-normannischen Monarchie.

8. Unfreie und Adelige

I. VOM KASTELLAN (BURGHAUPTMANN) BIS ZUM UNFREIEN

Je mehr die Zentralgewalt der Monarchen sank und auch die Gewalt der Fürsten, die die territoriale Macht übernommen hatten, sich abschwächte, desto stärker wurde die wirkliche Herrschaft von den Kastellanen ausgeübt: den Burghauptleuten, die über die Festungen der Fürsten geboten.
Der Kastellan, der bis zu einem gewissen Grade vom Grafen oder Fürsten die Ausübung öffentlicher Funktionen übernommen hatte, erhielt auch die mit diesen Funktionen zusammenhängenden Einkünfte oder Vorteile. Als Träger der Rechtspflege konnte er Einkünfte aus Wergeldern (Sühnegelder, die zu einem Teil dem durch die Straftat Verletzten oder seiner Familie, zum andern Teil aber der Obrigkeit zufielen) sowie aus Bußen (Bruchteile von Wergeldern oder vielfache Beträge solcher Bruchteile) und aus beschlagnahmten Vermögenswerten beanspruchen. Der Kastellan sorgte für die Sicherheit und hatte das Recht, mit seinen Leuten dort, wo er sich jeweils aufgrund seiner Funktion befand, einquartiert und beherbergt (verpflegt) zu werden. Auch hatte er Anspruch darauf, daß die Leute, die unter seine Verwaltung fielen, ihn mit Vorräten versorgten und die Burg, in der er saß, instand hielten.
Der Kastellan schützte die Ernten, wachte darüber, daß die Waren vor ungesetzlichen Zugriffen bewahrt wurden, und gewährleistete die Sicherheit der Durchführung von vertraglichen Abmachungen. In seiner Eigenschaft als öffentlicher Garant für alle diese Bedürfnisse hatte er Anspruch auf verschiedene Zahlungen. Diese, ursprünglich dem Monarchen beziehungsweise den Fürsten oder Grafen zustehend, gingen inhaltlich auf frühere Traditionen zurück. Was aber neu war, war die beginnende Neigung der Kastellane, deren Verwaltungsregionen nicht so ausgedehnt waren wie die alten Grafschaften, diese Gebühren weit häufiger und in viel größerem Umfang zu erheben, ohne daß diese Veränderung gesetzlich ausreichend legitimiert oder sachlich wirklich gerechtfertigt war.
Vordem war die Mehrzahl der Rechtsstreitigkeiten unter Ausschaltung von Gerichtsverfahren gütlich geregelt worden. Doch das paßte den Kastellanen nicht, und sie lauerten auf Gelegenheiten, bei denen sie Bußen einziehen konnten, ohne daß eine förmliche Klage vorlag. Aus der gleichen Gewinnsucht heraus verlangten die Kastellane die Leistungen und Lieferungen für die Instandhaltung und Verproviantierung ihrer Burg nicht auf-

grund bestimmter Normen; sie setzten vielmehr die Leistungsgrade und den Umfang der Lieferungen bei den Verpflichteten willkürlich fest. Diese willkürlichen Festsetzungen wurden in den zeitgenössischen Texten und Urkunden häufig als *malae exactiones* bezeichnet, als ungerechte Einschätzungen also. Das französische Wort *exaction*, das sowohl Einforderung der Steuer als auch Erpressung bedeutet, hat noch etwas von diesem negativen Nebensinn behalten.

Gegen die erweiterten Forderungen der Kastellane gab es allerdings einen Einwand, der Rechtscharakter hatte: die herkömmliche Gewohnheit (*consuetudo*). Die Sitte war das Gewohnte, das Überkommene und Traditionelle, kurz, das, was seit Menschengedenken unverändert und unveränderlich üblich gewesen war.

Verlangte der Kastellan übermäßige Leistungen, so setzte man dem die ›althergebrachte Sitte‹ entgegen. Man betonte, daß die Leistungen seit Menschengedenken einen bestimmten Umfang gehabt hätten und daher nicht höher festgesetzt werden dürften.

Diese Argumentation war natürlich nur grundsätzlicher Art. Letzten Endes konnte man die konkrete Macht des Kastellans nicht ignorieren. So wurde als der gewohnheitsrechtlich legitimierten Sitte entsprechend nunmehr diejenige Leistung beziehungsweise Lieferung angesehen, die etwa die Mitte zwischen der vom Kastellan erhobenen Forderung und dem vom passiven Widerstand der Betroffenen erstrebten Ziel hielt. Die ›Sitte‹ entsprach nunmehr einer Art von Gleichgewicht zwischen der Macht des Kastellans und dem Widerstand der von ihm regierten Menschen.

Aus dem Auftauchen des Begriffes ›Sitte‹ (›Gewohnheit‹, *coutume*) ist zu ersehen, daß die Willkür der Kastellane etwa seit der Jahrtausendwende die von ihnen beherrschten Menschen zwangsläufig dahin brachte, ihre Leistungspflicht zu regulieren.

Ein weiterer, in seinen Konsequenzen nicht so sehr politisch wie sozial höchst folgenreicher und bedeutender Faktor war die Ausdehnung der Macht des Kastellans auf alle Einwohner seines Verwaltungsbezirkes, ganz gleichgültig, welchen juristischen Status der einzelne hatte.

Bekanntlich gab es in der Gesellschaft der Karolingerzeit Sklaven und Freie. Zu den Freien gehörten eine zahlenmäßig große und arme Unterschicht, die man im 9. Jahrhundert als Kolonen bezeichnete, sowie verschiedene andere Gruppen mit stark abgestuftem Wohlstand.

Natürlich waren die Sklaven früher dem Zugriff der öffentlichen Gewalt entzogen, soweit nicht von ihnen begangene Verbrechen oder ähnliche Gesetzwidrigkeiten ein Eingreifen erforderten. Die Freien wiederum waren mit der öffentlichen Gewalt nur durch

ihre Bürgerpflichten verbunden, etwa durch ihre Pflicht zur Teilnahme an den Gerichtssitzungen oder am Militärdienst, durch ihre Steuerpflicht und ähnliche Bindungen.
Im wirtschaftlichen Bereich zum Beispiel hatte die öffentliche Gewalt — wenn man von der Pflicht zur Entrichtung von Gebühren oder von der Durchführung der gesetzlichen Bestimmungen über Münzen und Maße einmal absieht — keine Möglichkeit, die individuellen Handlungen stark zu beeinflussen. Die Wirtschaft der Freien war ein Gebiet, auf dem diese sich als Partner, entsprechend ihren Verträgen und Verabredungen, zusammenfanden.
Nunmehr aber änderten sich die Verhältnisse, da der Kastellan seine Macht auf alle Gebiete des Zusammenlebens auszudehnen und auf alle Bewohner seines Bezirkes ganz unmittelbar zu erstrecken begann. »Nach dem Jahre 1000« — so sagt der bedeutende Historiker G. Duby — »wurde es zur Regel, daß der unfreie Bauer die Wacht vor dem Kastell [der Festung] hielt, den berittenen Militärs zu Fuß folgte und einer Rechtsprechung durch Tribunale unterworfen war, die häufig an die Stelle der territorialen [von dem zuständigen Grafen oder seinem Vertreter geleitete] Landgerichte (*iudicia provincialia, vigueries*) traten.«
Der Kastellan konnte alle diese Änderungen nur deshalb durchführen, weil er der einzige wirkliche Machthaber in seiner Region, dem Burgbezirk (*châtellenie*), geworden war. Der Graf, der Fürst und der Monarch hatten nicht mehr die konkreten Mittel, auf die Verhältnisse im Bezirk des Kastellans einzuwirken. Andererseits hatte der Kastellan als einziger die reale Macht, in seinem Burgbezirk den Frieden zu gewährleisten und die Bewohner vor äußeren Angriffen zu schützen.
Diese beiden Funktionen bildeten die Grundlage seiner Gewalt. Vielleicht lag hierin wirklich der Schlüssel zur Sicherheit jener Bauern, die im 11. Jahrhundert im Machtbereich eines Kastellans lebten.
Auf der anderen Seite bedarf es kaum eines Hinweises darauf, daß bei Fehden, in die der Kastellan verwickelt wurde, die Bewohner seines Bezirkes Plünderungen, Brandschatzungen und peinigenden, oft todbringenden Plagen ausgesetzt waren. Doch selbst wenn man diese von Zufällen abhängigen Gefahren und Qualen außer Betracht läßt, muß man im Ergebnis feststellen, daß der Bauer die Sicherheit, die ihm die Institution der Kastellansbezirke (Burgbezirke, *châtellenies*) brachte, sehr hoch bezahlt hat. Dies gilt insbesondere von den freien Bauern, soweit sie arm waren.
Vorher hatte sich der freie Bauer, zwar nicht immer in wirtschaftlicher Hinsicht, wohl aber stets in seinem juristischen Personenstatus, in seinen Rechten und in seiner Geltung sehr

deutlich vom Unfreien, dem Nachfolger des antiken Sklaven, abgehoben.
Nunmehr hörte diese scharfe Abgrenzung auf. Der Unterschied zwischen dem freien Kleinbauern und dem Unfreien wurde in Zukunft immer geringer.
Wir müssen hier noch von den Unfreien sprechen. Ein Unfreier hing von seinem Herrn ab. Er war ein Vermögensbestandteil, ein Einzelteil des Besitzes, ein »Zubehör zur Grundherrschaft«, nicht viel anders als die Felder und die *mansi* (Hufen).
Worin bestand dann aber der Unterschied zwischen dem Status der Unfreien und dem der Sklaven?[1] Vor allem darin, daß der Unfreie als Getaufter unter christlichem Gesichtspunkt keine Sache, sondern ein Mensch war. Seine Ehe war eine kirchlich geschlossene Ehe, und ihm stand daher die hausväterliche Gewalt über seine Familie zu. Auch gebot er über das, was seine Frau besaß. Sein Besitz, soweit er solchen hatte, war von dem seines Herrn getrennt.
Wenn der Unfreie starb, konnte sein Herr bestimmte Nachlaßbestandteile (oft beispielsweise ein Stück Vieh) von den Erben fordern und ihnen bei einem Verzicht auf dieses Recht eine Abgabe abverlangen, aber der Unfreie konnte immerhin Erblasser sein. Der Unfreie konnte Eigentum, soweit er welches besaß, nur mit Zustimmung seines Herrn veräußern, aber er *konnte* es wenigstens veräußern.
Gegen Ende des 10. Jahrhunderts bildeten — zumindest im Mâconnais, dem Gebiet um Mâcon — die Unfreien nur eine Minderheit der Bauern. Dagegen waren sie beispielsweise in Bayern sehr zahlreich. Sie grenzten sich von den Freien, selbst wenn diese arm waren, deutlich ab: nicht in erster Linie durch ihre Abhängigkeit, denn auch die Freien konnten ähnlichen Beschränkungen unterworfen sein wie die Unfreien; der Unterschied zeigte sich vielmehr darin, daß der Freie ein Bürger war oder, wie man damals im französischen Sprachgebiet sagte, *un franc*. Er saß in der Versammlung der Freien, das heißt für die meisten der Fälle, im territorialen Landgericht (*iudicium provinciale*, *viguerie*), das — wenn der Graf den Vorsitz hatte — für die ganze Grafschaft zuständig war. Der Freie erfüllte nicht nur seine Pflicht, an den Gerichtssitzungen teilzunehmen, sondern kam auch seiner militärischen Dienstpflicht nach. Zudem genoß er, falls er durch die Zeremonie der ›Kommendation‹ (bei der er seine Hände in die des Herrn legte) Vasall geworden war, den besonderen Schutz des betreffenden Herrn, der in den meisten Fällen ein Ritter war.
Diese wesentlichen Unterschiede zwischen den Freien und den Unfreien begannen zu verschwinden, als die Kastellane um die Jahrtausendwende vor allem in Frankreich und in Flandern zu immer größerer Macht gelangten. Der Kastellan schaltete alle

konkurrierenden Machtfaktoren auf seinem Gebiet aus, um die alleinige Herrschaft ausüben zu können. Er nahm auch dem Eigentümer die ausschließliche Gewalt über den Unfreien.

Dies ging natürlich nicht so weit, daß der Unfreie von den Pflichten entbunden wurde, die er gegenüber seinem Herrn zu erfüllen hatte. Ihm wurden vielmehr zusätzlich die gleichen Pflichten gegenüber dem Kastellan auferlegt, wie sie dem Freien oblagen, der nunmehr unter der Gerichtshoheit des Kastellans stand; er mußte dem Kastellan, ebenso wie der Freie, in den Kampf folgen.

Damit aber verschwand der charakteristische Unterschied zwischen den armen Freien und den Unfreien, und beide Gruppen zeigten die Tendenz, miteinander zu verschmelzen. Dementsprechend hoben sich die reichen Freien nunmehr immer stärker von den armen Freien ab und bildeten die Schicht der *milites* (Wehrhaften).

Wir müssen allerdings erwähnen, daß die Entwicklung in Deutschland einen abweichenden Verlauf nahm und sich von den hier für Frankreich skizzierten sozialen Veränderungen unterschied. In Deutschland ging die Tendenz dahin, daß der Bauer der Rechtsprechung der öffentlichen Gewalt auf regionaler Grundlage unterworfen wurde. Diese regionale Gewalt, die in Händen der Besitzer von Immunitätsgebieten lag, in denen der Graf keine Hoheitsrechte ausüben durfte, war unbestritten. So kam es, daß in Deutschland oft ein Vogt auf dem immunen Gebiet eines kirchlichen oder weltlichen Grundherrn über die Bauern Recht sprechen konnte. Diese Entwicklung, die im 10. Jahrhundert begann und im 12. Jahrhundert beendet war,[2] blieb im wesentlichen auf Deutschland beschränkt. Man kann indes nicht sagen, daß der Bauer dadurch, daß er unter die grundherrliche, durch Vögte ausgeübte Rechtsprechung fiel, seinen juristischen Status eingebüßt hätte. War der Bauer frei, so blieb er es auch dann, wenn er unter die richterliche Kompetenz des Vogtes geriet.

II. DER ADEL[3]

In der Karolingerzeit wurde der Freie, der einen hohen sozialen Rang besaß, mit dem Eigenschaftswort *nobilis* (adelig) bedacht.

In der zweiten Hälfte des 10. Jahrhunderts bezeichnete man den Adeligen mittels des Substantivs *miles*. G. Duby[4] hebt hervor, daß im Gebiet um Mâcon die Bezeichnung *miles* im Jahre 971 zum erstenmal im Mittellateinischen einen sozialen Sinn erhielt und bald danach die Bedeutung von ›Berittener‹ (›Ritter‹) im Sinne des berufsmäßigen gepanzerten Kämpfers zu Pferde annahm, auch wenn der Betreffende Vasall war. Nach Ansicht des

Historikers P. Guilhiermoz waren die Worte ›Berittener‹ (›Ritter‹) und ›Vasall‹ nur Synonyme. Doch Duby bestreitet diese Auffassung unter Herbeiziehung von Argumenten, die wohlbegründet sind. Auch R. Boutruche lehnt die Behauptung einer Identität der Berittenen mit den Vasallen ab. Wir meinen, daß zwar die meisten Berittenen auch Vasallen waren, aber von einer institutionellen Gleichheit nicht die Rede sein kann. Es gab ziemlich viele kleine Vasallen, die nicht zu den Berittenen (Rittern) im militärischen Sinne gehörten. Aber was war die soziale Bedeutung der Bezeichnung *miles* wirklich? Tatsächlich ersetzte sie das adjektivisch gemeinte Wort *nobilis* und umfaßte somit die sozial hervorragende Schicht der Adeligen. Die wesentliche Bedeutung des Wortes *miles* war weder mit der des Berittenen (Ritters) noch mit der des Vasallen identisch; sie wies vielmehr auf die Zugehörigkeit zum Adel hin. Allerdings kann man aus der Wahl dieses sowohl militärische wie teilweise auch vasallenmäßige Verhältnisse bezeichnenden Ausdrucks für eine gesellschaftliche Schicht klar ersehen, daß die Adeligen im allgemeinen berittene, mit einem Panzer ausgerüstete Krieger und zugleich Vasallen waren.

Das Auftauchen des Ausdrucks *miles* und sein schneller Siegeszug im Vokabular des Mittelalters zeigen, daß die mit ihm bezeichnete Gesellschaftsschicht sich bewußt als besondere, abgegrenzte Gruppe empfand und auch als solche angesehen wurde. Das durch *miles* ersetzte Wort *nobilis* war Adjektiv und wurde oft im Komparativ angewandt: der eine Aristokrat war adeliger als ein anderer. Dies aber bedeutete, daß das Eigenschaftswort *nobilis* nur eine ziemlich verschwommene Bezeichnung war. Anders stand es mit dem Wort *miles*. Man war *miles* oder war es nicht. Die Schicht der *milites* hatte sich also gegenüber anderen Gruppen von Freien abgegrenzt. Die Grenze war nach einer treffenden Formulierung des Historikers G. Duby gleichbedeutend mit der Trennungslinie zwischen den der Gewalt eines Herrn unterworfenen Freien und jenen Freien, die einer solchen Gewalt nicht unterworfen waren. Diese Gewalt eines Herrn aber war, zumindest in Flandern und in Frankreich, die schon erwähnte Macht des Kastellans, dessen Position gerade zu dem Zeitpunkt eine entscheidende Bedeutung erlangte, an dem das Wort *miles* seine gesellschaftliche Prägung erhielt.

Wenn sich also diese *milites* der Gewalt des Herrn unterstellten, so taten sie das aufgrund ihrer militärischen Qualifikation. Da für sie keine allgemein verbindlichen Verpflichtungen gegenüber einem Gebieter bestanden, so hatten sie gegenüber dem Herrn nur die Pflichten, die sich aus einem individuellen Vasallenverhältnis ergaben.

So hatten die drei Bedeutungen des Wortes *miles* — Adeliger, Berittener (Ritter) und Vasall — einen realen Sinn, obwohl nicht jeder, der ein *miles* war, Berittener im militärischen Sinne oder Vasall eines Herrn zu sein brauchte.

Die Tatsache, daß die meisten Ritter berittene und gepanzerte Krieger waren, bestätigt uns, daß es sich bei dieser Schicht um eine Elite gehandelt hat, die sich durch Reichtum von anderen Freien abhob. Die Anschaffung der Ausrüstung, deren Preis nach G. Duby dem Wert eines Bauernhofes entsprach, war nicht bloß kostspielig, sondern hatte überhaupt nur für Berufskrieger einen Sinn.

Da innerhalb der Region, zu der der Berittene gehörte, kaum jemals gekämpft wurde, verließ der Ritter oft seinen Wohnsitz.

Man muß also annehmen, daß seine Existenz auf einer wirtschaftlichen Grundlage aufgebaut war, die ihn materiell sicherte: eine große Domäne mit vielen Leuten, die ihm dienten und das Land, das sein Besitz war, bearbeiteten. Die Schicht der Ritter war also die Gruppe der reichen Grundbesitzer.

Man kann diese Schicht grundsätzlich als eine ›offene‹, das heißt für Adelige (*milites*) und reich gewordene Freie zugängliche soziale Gruppe betrachten. Die reale Bedeutung der Möglichkeit, in diese Gruppe zu gelangen, kann indes nicht groß gewesen sein. G. Duby hat in seinen Ausführungen deutlich nachgewiesen, daß man nach der Jahrtausendwende innerhalb der Grundbesitzerschicht kaum großen Reichtum ansammeln konnte. Die Fälle der Verarmung waren dagegen häufig; die mehr oder weniger pflichtmäßigen Schenkungen an die Kirchen und die Erbteilungen waren weit mehr dazu angetan, die Schicht der *milites* (Adeligen) ärmer zu machen, als dazu, armen Freien zu Reichtum zu verhelfen und ihnen dadurch einen Zugang zur Schicht der berittenen Krieger, das heißt der Ritter, zu eröffnen.

Gerade deshalb aber — der häufigen Verarmung ihrer eigenen Schicht wegen — neigten die *milites* dazu, sich in eine geschlossene Gruppe zu verwandeln; die Ritterlaufbahn, die des berittenen und gepanzerten Kriegers also, sollte den Mitgliedern dieser Schicht sowie Menschen, die von ihnen abstammten, unter Ausschluß aller anderen vorbehalten sein.

So war im Gebiet um Mâcon die Lage um das Jahr 1050, das heißt zu dem Zeitpunkt, mit dem unsere Darstellung schließt. Die *militia* hatte sich in einen erblichen Adel verwandelt.

III. URSPRUNG DES ADELS

Welcher Abkunft waren die Ritter und die Kastellane? Die eine Auffassung läuft darauf hinaus, daß der Adel immer wieder durch neue Mitglieder verstärkt wurde. Die andere geht umge-

kehrt dahin, daß diese Schicht sich wenig änderte und also auch keinen erheblichen Zuwachs aus anderen sozialen Gruppen erhielt.
Es ist schwierig, zwischen den beiden Auffassungen die richtige Wahl zu treffen, zumal da die Aussagen der Quellen einander häufig widersprechen.
Wir haben im zweiten Kapitel unseres Buches darauf hingewiesen, daß Karl der Große in manchen Fällen Sklaven zu Grafen ernannte. Wenn diese Männer Söhne hatten, bestanden für diese und die weiteren Abkömmlinge natürlich große Aussichten, in die Oberschicht zu gelangen. Noch um das Jahr 1000 klagte Bischof Adalbero von Laon — ähnlich wie mehr als anderthalb Jahrhunderte zuvor der Trierer Landbischof Thegan — darüber, daß kleine Leute auf dem Wege über hohe Ämter emporgekommen seien. Doch haben Nachforschungen, mit denen man der Abkunft gewisser hochgestellter Persönlichkeiten der Karolingerzeit nachzugehen versuchte, meistens zu dem Ergebnis geführt, daß viele Mächtige von hoher Geburt waren. G. Duby hat im Mâconnais, E. Werner im Lande zwischen Seine und Loire, Boussard im Gebiet am Mittellauf der Loire und P. Feuchère in Flandern Untersuchungen vorgenommen, und überall stellte sich heraus, daß in diesen Gebieten fast alle Großen des 10. und 11. Jahrhunderts von den Mächtigen des 9. Jahrhunderts abstammten.[5]
Daß manche Mitglieder von Grafenfamilien rangmäßig um einen Grad, etwa bis zum Baron, herabgesunken waren, ging beispielsweise oft darauf zurück, daß mehrere Grafschaften zu einem Fürstentum zusammengelegt worden waren. Andere große Familien aus der Karolingerzeit — die rangmäßig etwas unter den Grafen stehenden *vassi dominici* (begüterte Kronvasallen), die Vizegrafen (*vicomtes*) und vielleicht auch manche berufsmäßigen Landrichter der Territorialgerichte (*iudicia provincialia, vigueries*) — konnten ihren sozialen Rang nicht nur aufrechterhalten, sondern ihn sogar noch um eine Stufe steigern.
Aus diesen etwas unter dem Grafenrang stehenden Familien stammten die Kastellane; die Abkömmlinge der Kastellane waren in vielen Fällen jene *domini* (Herren), die sich im Laufe des 11. Jahrhunderts den Grafentitel zuzulegen begannen. So kam es zu den Titeln der Grafen von Meulan, der Grafen von Beaumont-sur-Oise, der Grafen von Breteuil, der Grafen von Dammartin, der Grafen von Roucy: Titel, deren Entstehung J. F. Lemarignier im einzelnen erforscht und zu deren Ursprüngen J. Richard in Burgund Parallelen gefunden hat.[6]
Nicht viel anders scheint die Entwicklung in Sachsen und im Südwesten Deutschlands verlaufen zu sein. Auch dort bestand damals der kleine Adel anscheinend aus Abkömmlingen der führenden Schichten.

Somit stellt sich die Frage, ob die große Mehrzahl der Ritter des 12. Jahrhunderts tatsächlich aus den Grafengeschlechtern oder wenigstens aus den eben erwähnten, unter den Grafen stehenden, aber mächtigen Familien des 9. Jahrhunderts hervorgegangen ist. Haben sich die sozialen Änderungen vor allem innerhalb dieser beiden Schichten — in Form eines leichten Aufstiegs oder Sinkens rangmäßiger Art — abgespielt?
Die meisten bedeutenden Forscher auf diesem Gebiet scheinen tatsächlich zu dieser Auffassung zu neigen. Doch wir können uns ihr nicht anschließen. In Deutschland und Lothringen gab es die Ministerialen, das heißt unfreie Ritter, und dieses Phänomen muß mit in Betracht gezogen werden.
Diese Institution der unfreien Ritter ist eine bedeutsame Erscheinungsform innerhalb der damaligen Gesellschaft und interessiert uns hier unter dem Gesichtspunkt, daß es in Deutschland ziemlich viele Ritter gab, die Unfreie waren und erst sehr lange nach dem Endpunkt der von uns behandelten Epoche endgültig mit dem Stande der freien Ritter zu einer einheitlichen sozialen Gruppe verschmolzen.
Lange Zeit hindurch hat man bestritten, daß es in Frankreich ein ähnliches Phänomen gegeben habe wie die Ministerialen. Die neuesten Untersuchungen sprechen aber für eine solche Parallele. In Flandern, in der Champagne, in Berry und in der Gegend von Paris gab es zweifellos Unfreie, die als Entgelt für militärische oder amtsähnliche Dienste ein bescheidenes Lehen erhalten hatten. Auch die aus den Quellen zur südbelgischen Geschichte nachweisbaren *pairs de châteaux* (dem Schutz der Kastelle dienende Vasallen der Grafen von Hennegau) gehörten wahrscheinlich zu dieser Gruppe.
Als mit Land belehnte und von ihrem Herrn mit ausreichendem Vermögen versehene Krieger konnten sich die Ministerialen gesellschaftlich den freien Rittern annähern und mit ihnen gelegentlich zu einer Schicht verschmelzen. Dies war ein Vorgang, der zuweilen tragische Aspekte zeigte, da die freien Ritter eine standesgemäß selbstbewußte Gruppe bildeten.
Die Ministerialität trat in Deutschland stärker hervor als in Frankreich; sie muß dort älteren Ursprungs gewesen sein, und die Assimilierung ihrer Mitglieder an die Gruppe der freien Ritter muß somit auch früher beendet worden sein als in Deutschland. Als die Ritter um das Jahr 1100 ein geschlossener einheitlicher Stand geworden waren, hörte der Angleichungsprozeß auf.
Wir sind also weniger als manche Spezialisten der neueren Zeit dazu geneigt, die Ritter des 11. Jahrhunderts, die ja zum Adel des 12. Jahrhunderts wurden, als eine hauptsächlich durch vornehme Abstammung zu einer besonderen Einheit gewordene Gesellschaftsschicht zu betrachten.

IV. DIE REGIONALE VERWURZELUNG DES ADELS

Der Adel interessierte sich sowohl in Frankreich wie auch in Deutschland immer weniger für eine Politik unter nationalen Gesichtspunkten. Diese Entwicklung setzte in Deutschland schon im 10. Jahrhundert ein.

Angesichts der systematischen Ausdehnung der von Otto I. stark ausgestalteten Reichskirche, deren Bischöfe in ihrer politischen Gedankenwelt an die imperialen Ziele gebunden waren, wandte sich der Adel von der Karriere in der Umgebung des Kaisers ab. Der deutsche Adel versuchte nicht mehr, sein Glück im täglichen Dienst bei Hofe zu machen.

Die Aristokraten beschränkten sich auf die Region, in der ihre Domänen lagen. Fast jedes Adelsgeschlecht, das in einer bestimmten Gegend vorherrschend war, versuchte, innerhalb dieses Bezirks immer mehr herauszuholen, und tat deshalb alles, um seine grundherrlichen Rechte über die Bewohner zu intensivieren oder weiter auszudehnen.

In Frankreich verlief die Entwicklung, wenn auch aus anderen Gründen, ähnlich wie in Deutschland. Seit dem 9. Jahrhundert, also seit der Zeit, in der das französische Königreich angesichts der hoffnungslosen Schwäche der königlichen Gewalt in faktisch fast unabhängige Fürstentümer zerfiel, konnte nicht einmal der König selbst daran denken, eine Politik gesamtfranzösischen Charakters zu betreiben oder sie auch nur zu planen.

Jahrhundertelang gab es in Frankreich nur noch einen auf die eigene Region beschränkten politischen Horizont der Fürsten.[7]

Der König von Frankreich hatte sich das Recht der Besetzung von ein paar Bischofssitzen und Abteien vorbehalten. Die französischen Bischöfe nun haben — nicht, wie in Deutschland, aufgrund herrscherlichen Willens, sondern deshalb, weil bei einem Zusammenbruch der Macht nun einmal jeder, der kann, die Gewalt an sich zu reißen pflegt — die Machtbefugnisse der Grafen mehr oder weniger usurpiert. So haben die Bischöfe in Reims, Langres, Noyon, Beauvais und anderswo die Gewalt der Grafen an sich gebracht. Von der Macht der weltlichen Territorialfürsten bedroht, die stärker als der König und daher für die Unabhängigkeit der Bischöfe auch bedrohlicher waren als der Monarch, klammerten sie sich an den Herrscher. In Frankreich gab es somit, freilich in kleinerem Maßstabe, ähnliche Phänomene wie in Deutschland.

9. Das religiöse Leben — Schwurverbände — Entwicklung solidarischer Gruppen

I. EIN ENTWÜRDIGTER KLERUS

Wenn man das Schicksal der Kirche im 10. und 11. Jahrhundert betrachtet,[1] muß man davon ausgehen, daß die mächtigen Laien die Kirchenwürden vergaben.

Auf der Synode zu Sutri im Jahre 1046 hatte der deutsche König Heinrich III. drei Päpste abgesetzt und einem vierten — Clemens II., dem Mann seiner eigenen Wahl — zur Regierung verholfen. Sobald der Papst nicht wirklich herrschte, herrschte die römische Aristokratie, schlimmstenfalls sogar eine sittenlose Frau wie Marozia, die die Geliebte von Papst Sergius III. (904 bis 911) und wahrscheinlich die Mutter von Papst Johannes XI. (931—936) war. Wenn es gerade paßte, empfing — wie dies bei Leo VIII. (963—965) der Fall war — ein Laie die nötigen Weihen an einem einzigen Tage und wurde Papst. Unter manchen Päpsten des 10. Jahrhunderts glich der Vatikan wirklich fast einem riesigen Bordell.

Auf der untersten Stufe der Geistlichkeit stand der einfache Dorfpfarrer: ein Unfreier, den der Grundherr, zu dessen Besitz das betreffende Dorf zählte, für dieses Amt bestimmt hatte und den er körperlich züchtigte, wenn er sich seinen Wünschen widersetzte. Die Dorfpfarrer waren außerordentlich unwissende Leute; sie waren meistens verheiratet oder lebten im Konkubinat.

Dies traf im 11. Jahrhundert sogar für fast alle Pfarrer zu. Sie pflegten ihr Verhalten mit dem Hinweis zu rechtfertigen, daß ihre geringen Mittel sie dazu zwängen, eine Hausfrau zu nehmen, da sie dadurch wohlfeiler lebten. In der Kirche des 10. und 11. Jahrhunderts herrschten geradezu erschreckende Zustände: In Quimper und in Nantes vererbte sich das Bischofsamt einfach vom Vater auf den Sohn; doch wenn man von dem darin liegenden schweren Verstoß gegen die Kirchenzucht einmal absieht, waren diese Bischöfe keine schlechten Seelenhirten.

Papst Johannes XI. (931—936), der der Abtei Cluny ein besonderes, noch näher darzustellendes Privileg verlieh, war nach Meinung des Bischofs Liutprand von Cremona ein Sohn von Papst Sergius III. In Deutschland bemühten sich die Kaiser darum, gebildete und fromme Geistliche zu Bischöfen wählen zu lassen, aber auch diese waren von einem *Laien* — eben vom Herrscher — für ihr Amt bestimmt worden. Es gab also auch hier nur eine graduelle Verschiedenheit im Vergleich zu den Zuständen in Ländern wie Frankreich, wo die Könige die Bischofs-

würden verkauften und König Philipp I. (1060—1108) einem enttäuschten Kandidaten in aller Ruhe auseinandersetzte, daß das von ihm für die Erlangung eines Bischofsamtes gemachte finanzielle Angebot sich als unzulänglich herausgestellt habe.
Graf Wilfred von Cerdagne schanzte vier von seinen fünf Söhnen ein Bistum zu (während der fünfte das Grafenamt des Vaters erbte). Die vier Bistümer waren Urgel, Gerona, Elna (Elne) und das Erzbistum Narbonne, das er gegen Entgelt erwarb!
Wir brauchen uns hier nicht lange über diese Mißbräuche zu verbreiten. Bedeutsam war, daß es neben dieser Entwicklung des Verfalls auch eine entgegengesetzte Strömung gab. Die Zeit, von der wir jetzt sprechen, war auch die Epoche einer fortschreitend verwirklichten Kirchenreform, deren endgültiger Sieg freilich erst später erfolgte.
Wir wollen zum Ausgangspunkt den 11. November 910 nehmen, das Datum, an dem die Abtei Cluny gegründet wurde.[2] Diese Abtei wurde von Herzog Wilhelm (dem Frommen) von Aquitanien, einem der bedeutendsten Fürsten seiner Zeit, gestiftet. Der Herzog hat gewünscht, daß die Abtei nicht der Autorität des Bischofs ihrer Diözese unterworfen, sondern unmittelbar der Befehlsgewalt des Papstes unterstellt werde.

II. ROMA NOBILIS

Wir müssen auf die Verhältnisse der Zeit, in der Herzog Wilhelm der Fromme von Aquitanien diese Entscheidung traf, näher eingehen. Das Papsttum wurde im Jahre 910 von Sergius III. vertreten, der seine beiden Vorgänger, den als Gegenpapst geltenden Christophorus und Leo V., im Kerker hatte erdrosseln lassen. Papst Sergius III. stürzte die Kirche in eine schwere innere Krise, als er, um seinen Groll zu befriedigen, die vor seinem Pontifikat erfolgte Ernennung zahlreicher Bischöfe annullierte. Doch sein Sündenregister war noch größer. Er verdankte seine Erhebung als Papst der berüchtigten, innerhalb der römischen Adelscliquen sehr mächtigen Theodora, der Gemahlin des ›Konsuls der Römer‹ Theophylakt. Nach Meinung des Bischofs Liutprand von Cremona, der freilich ein Feind des Papstes Sergius III. war, war Sergius der Geliebte von Theodoras Tochter Marozia, die ihm einen Sohn, den späteren Papst Johannes XI., gebar. Drei Jahre nach dem Tode des Papstes Sergius III. (911) wurde Johannes X. Papst. Auch er verdankte nach Ansicht Bischof Liutprands von Cremona die Tiara der genannten Theodora, die ihn leidenschaftlich geliebt haben soll. Johannes X. wurde auf Befehl Mariozas ermordet (928), und diese vergab nunmehr fünf Jahre hindurch die Papstwürde nach ihrer Willkür.

Wir lassen es bei diesem Sittengemälde bewenden; denn wir wollten nur darauf hinweisen, daß die Entscheidung Herzog Wilhelms des Frommen von Aquitanien, die Abtei Cluny dem Papst zu unterstellen, etwas über die öffentliche Meinung aussagt. Selbst das durch Sittenlosigkeit erniedrigte Rom muß damals für viele Christen etwas unendlich Großes und Wertvolles gewesen sein, ein geistiges Phänomen, das für sie weit bedeutsamer war als die persönlichen, nur zum vorübergehenden geschichtlichen Augenblick gehörenden Schwächen mancher Nachfolger des Apostels Petrus. Dies hat der Historiker R. W. Southern in einem bedeutenden Buch nachgewiesen, dem wir für das vorliegende Kapitel viele Anregungen verdanken.
In der Zeit, von der hier die Rede ist, war Rom ein Gebiet voll ehrwürdiger Ruinen, die sich über die von den Spuren einer bedeutenden Kultur geprägte Landschaft verteilten.
Gefühlsmäßig wurde Rom noch immer als das Herz Europas empfunden, wirtschaftlich und verwaltungsmäßig aber hatte dieses Herz aufgehört zu schlagen.
Die römische Campagna hatte durch die Unterbrechung der Entwässerungsarbeiten ihre frühere Fruchtbarkeit verloren. Die Stadt Rom wiederum war für den Handel ganz bedeutungslos geworden. Das Land, auf dem sich die sieben Hügel erhoben, bot dem Betrachter nur den Anblick von Gärten, Weinstöcken und Ruinen... ein Land, in dem Einsamkeit herrschte.
Innerhalb der Stadtmauern hatten einst eine Million Menschen gelebt. Jetzt gab es dort ein paar tausend Bewohner, die in der Unterstadt am Flußlauf des Tiber und auf der Flußinsel hausten.
Rom war eine Stadt der Kirchen, von denen es dort gegen Ende des 12. Jahrhunderts dreihundert gab. Doch diese Zahl war in den vorhergehenden Jahrhunderten wohl nicht kleiner. Die Kirchen waren in der Zeit der Antike erbaut worden und oft sehr klein; manche aber waren riesenhaft wie etwa die Basilika Santa Maria Maggiore, und die allergrößte war die Peterskirche.
Diese Kirchen gewährleisteten das materielle Leben der Stadtbewohner. Die Pilgerzüge, deren Ziel Rom war, schufen das Hauptgewerbe, von dem sich die Stadt erhielt. Von ihnen hing die Existenz fast aller Stadtbewohner ab: angefangen bei den Klerikern, die die Kirchen geistlich bedienten, über die Besitzer der Herbergen, die Pfandleiher und die Vermittler verschiedenster Art bis hin zu den Mitgliedern des Kleinadels. Diese kleinen Adeligen, die sich festungsartige Gebäude innerhalb der Trümmer der antiken Bauten errichtet hatten, zogen ihre Einkünfte aus ihrer Macht, Kirchenämter zu vergeben; die Haupteinkünfte flossen ihnen aber aus ihrer Kontrolle und ihrem Einfluß bei der Erhebung zur Papstwürde zu.
Der Papst war, wie der Kirchenhistoriker L. Duchesne sagt, der

»Hohepriester der römischen Pilger, der Spender von Segnungen und päpstlichen Privilegien und der Verhänger von Bannflüchen«.

Die Christen wallfahrten nach Rom, um dort am Grabe des Apostels Petrus zu beten. Ihm vertrauten sie ihre Angelegenheiten an, von ihm erbaten sie den Bannfluch über ihre Feinde.

Der Papst, der nach der Wahl den Bischofssitz in Rom erhielt — jenen Sitz, von dem man glaubte, der heilige Petrus habe ihn innegehabt —, sprach im Namen dieses Apostels. Die Christen betrachteten Rom nicht in erster Linie als den Regierungssitz der von dort aus verwalteten Kirche, sondern als Hauptquelle der geistlichen Gewalt. Nicht der jeweilige Papst hütete diese geistliche Gewalt, sondern der Apostel Petrus selbst beschirmte sie, wie die Christen glaubten, von seinem Grabe aus. Der Apostel, nicht irgendeine möglicherweise unwürdige Persönlichkeit, die Papst geworden war, gab Rom seine Bedeutung.

Doch dies alles änderte sich, als sich die Reformen des Papstes Gregor VII. (1073—1085) in der Kirche durchgesetzt hatten. Wie R. W. Southern scharfsinnig bemerkt, waren vor der Reform viele Menschen trotz aller Mißstände zu der Ewigen Stadt als dem geistigen Herzen der Christenheit gepilgert, blieben aber einem Rom fern, das seit Gregor VII. vor allem zum Sitz der Kirchenregierung wurde. So waren beispielsweise zahlreiche Könige von England nach Rom gekommen, um zu beten, aber nach der Wahl Gregors VII. zum Papst kam keiner mehr.

Man liebte und verehrte Rom. Ein ursprünglich als Kirchenlied zum Peter-und-Paulstag gedachtes Gedicht, das im 10. Jahrhundert, vielleicht in Verona, entstand, drückte diese bewundernde Zuneigung klar aus. Rom war nach seinen Worten die »edle Stadt« (*Roma nobilis*), Herrin des Erdkreises durch die Märtyrer, deren Blut sie durchströmte, sowie durch das Martyrium heiliger Jungfrauen, deren Tugenden ihren Glanz auf die Stadt selbst warfen. Vor allem aber erschien Rom dem Dichter edel durch die Apostel Petrus und Paulus, die dort den Märtyrertod gestorben und die dort begraben worden waren. Petrus war der Hüter der Himmelspforten, Paulus der Seneschall von Gottes Haus und der Apostel, der die Himmelsspeise der Weisheit all jenen brachte, welche am geistigen Gastmahl teilnehmen wollten.

Es scheint fast unmöglich, das, was Rom damals der Christenheit bedeutete, auf edlere und tiefere Weise auszudrücken, als es der Dichter dieses Liedes getan hat. Was waren dem Christen bei dieser Einstellung zu Rom schon Erscheinungen wie Theodora und Marozia, was die Sittenlosigkeit und die Verbrechen einzelner Päpste!

III. DIE KIRCHENREFORM

Unter der Kirchenreform muß man eine begriffliche Zusammenfassung verschiedener Elemente verstehen. Sie lassen sich aber stets auf folgende Grundsätze zurückführen: Verbesserung der Sitten des Klerus; Kampf gegen den ›Nikolaitismus‹, das heißt die Verbindung des Geistlichen mit einer Frau (gleichgültig ob Gattin oder Konkubine) schließlich Kampf gegen die Simonie, das heißt gegen den Verkauf und Kauf geistlicher Würden, sowie gegen die aus diesen Mißbräuchen folgenden Handlungen.

Manche Leute versuchten, die Simonie mit dem Argument zu rechtfertigen, die Weihe sei von Gott mittels seiner Diener verliehen; davon aber müsse man gedanklich die Frage der Bezüge trennen, die mit der betreffenden geistlichen Würde verbunden waren. Man nahm also hierbei an, daß die kirchliche Würde, also das geistliche Amt, einen sakralen und außerdem einen materiellen Aspekt habe, zu dem die Einkünfte und was mit ihnen zusammenhing gehörten. Der Kauf einer kirchlichen Würde beziehe sich nur auf die materielle Seite, von der die sakrale ganz unabhängig sei.[3]

Ein weiterer wesentlicher Punkt der Kirchenreform war die Forderung, daß die kirchliche Gewalt von der weltlichen unabhängig sein müsse. Wir haben bereits ausführlich darauf hingewiesen, wie sehr die Geistlichkeit aller Rangstufen der weltlichen Gewalt unterworfen war. Solche Abhängigkeit konnte, wie es in Deutschland der Fall war, ohne Konsequenzen für die kirchliche Moral bleiben; sie konnte aber diese Moral auch sehr stark gefährden, und dies geschah in Frankreich.

In beiden Fällen war die Kirche zu einem Werkzeug der politischen Machthaber, der Fürsten, geworden und wurde nicht nur ihrem eigentlichen Wesen entfremdet, sondern auch ihrem berechtigten wie ihrem unberechtigten Anspruch auf Macht. Die Anhänger der Kirchenreform wollten erreichen, daß keine anderen Bestimmungen als die kanonischen Normen für die Erlangung kirchlicher Würden maßgebend sein durften. Für die Klöster wünschten die Kirchenreformer eine Rückkehr zur Stiftungsregel und eine strikte Einhaltung der Klostergelübde.

IV. KIRCHENREFORM ODER RESTAURATION.
GUT FUNKTIONIERENDE GEBETSMÜHLEN

Die neueren Historiker, insbesondere Ch. Dereine, sind der Ansicht, daß das Wort ›Kirchenreform‹ unzutreffend sei, da man in vielen Fällen nur von einer *Restauration* der Kirche reden könne. Mit dem Wort ›Restauration‹ wollen die Historiker hier sagen, daß die klösterlichen Reformbewegungen im 10. Jahrhundert

das Bestreben hatten, die auf die Angriffe der Fremdvölker (Normannen, Sarazenen, Magyaren) zurückgehenden Trümmer zu beseitigen und durch die Wiederherstellung der Klostergebäude und der klösterlichen Wirtschaft (der Einkommensverhältnisse) auch das regelgetreue Klosterleben selbst zu gewährleisten.
Die frommen Seelen des 10. Jahrhunderts waren sich des Absinkens des religiösen Lebens bewußt und führten — einfacher, als dies für uns vorstellbar ist — diesen Niedergang auf das materielle Chaos zurück, das in den Klostergemeinschaften herrschte.
Die Klostergemeinschaften waren arm geworden, und diese Armut war kein Segen. Um nach der Klosterregel leben zu können, bedurfte jede Klostergemeinschaft ausreichender Einkünfte. Diese Bedingung mußte erfüllt sein, wenn die Ordensleute sich ihren religiösen Pflichten widmen sollten, ohne sich daneben mit mehr oder weniger einträglichen weltlichen Dingen beschäftigen zu müssen.
Wir dürfen nicht außer acht lassen, daß nach Auffassung der Menschen jener Zeit den Klöstern eine ganz bestimmte Rolle zufiel. Fast jeder weltliche Fürst wollte, daß in seinem Machtbereich gut geordnete, ungestört funktionierende Klostergemeinschaften bestanden, deren Ordensleute für ihn und für seinen Staat beten sollten.
Als der angelsächsische König Edgar von England im Jahre 966 die Abtei von Westminster stiftete, verkündete er: »Aus Furcht, daß ich der ewigen Verdammnis anheimfiele, wenn ich nicht nach dem Willen des Allerhöchsten handeln würde, habe ich die jämmerlichen Chorherren aus den Klöstern meines Staates vertrieben, denn ihre Vermittlung bei Gott war kraftlos. An die Stelle der vertriebenen Chorherren habe ich Klostergemeinschaften gesetzt, damit diese unaufhörlich zu unseren Gunsten wirken.«
R. W. Southern, den wir hierzu zitieren wollen, sagt darüber: »Nichts spricht dafür, daß die vertriebenen Chorherren weniger fromm gewesen wären als die Mönche. Was der König wollte, war eine Art von Gebetsmühle, die unablässig funktionierte.«

V. KLOSTERREFORM UND SOZIALES BEDÜRFNIS

Aus Vorstellungen dieser Art erklärt sich der riesige Widerhall, den das Wirken der Abtei Cluny fand. Was man unter einer Abtei verstand und was sie, wie man erwartete, sein sollte, war: eine vollkommen funktionierende Gebetsgemeinschaft.
Die berühmten Normen von Cluny schrieben für die Mönche sechs bis sieben Gebetsstunden vor. Ein Gleichgewicht zwischen

Arbeit und Gebet — beides war durch die Benediktinerregel vorgeschrieben — gab es somit überhaupt nicht. Die Regel, nach der die Abtei Cluny lebte, war stark auf den sinnlichen Eindruck abgestellt: Eine glanzvolle Liturgie und eine nicht weniger glänzende Architektur erweckten bei den Besuchern Bewunderung.
So kann man sagen, daß Cluny gegenüber der Allgemeinheit die Funktionen erfüllt hat, die man im 10. Jahrhundert von dieser Abtei erwartete. Die historische Bedeutung der Abtei von Cluny besteht darin, daß sie — in einer Zeit, in der die Kirche durch ihre Unterordnung unter die weltliche Macht erniedrigt und ihrer Aureole beraubt war — angesichts einer sich verzweifelt an geistige und sogar übernatürliche Werte klammernden Gesellschaft für ein Leben in reiner Heiligkeit Zeugnis ablegte. Der auf die Neigung des Volkes im 10. Jahrhundert zurückgehende Wunsch nach einem solchen Leben wurde von Cluny in einer Form erfüllt, wie man sich im 10. Jahrhundert eine derartige Lebensweise vorstellte: als eine Gemeinschaft kontemplativer Art. Die Würde, die Ordnung und die glanzvolle Gestaltung dieser Gemeinschaft standen in einem schreienden Gegensatz zu der in der Laienwelt herrschenden Anarchie und Zügellosigkeit, die das Volk ständig um sich herum sah.
Der heutige Betrachter wird an der Frömmigkeit von Cluny vielleicht einen Mangel an religiöser Spontaneität feststellen, aber die Abtei wollte ja nicht die Menschen des 20. Jahrhunderts beeindrucken, sondern richtete sich nach den Idealen des 10. Jahrhunderts.
Cluny hat der weltlichen, von den rohen Sitten des Adels beherrschten Gesellschaft bewußt das Bild einer Gemeinschaft entgegengesetzt, die dem Gebet, dem zuchtvollen Gehorsam und der Kontemplation lebte.
Man darf sich angesichts der Verehrung des Volkes für die Ideale Clunys nicht der Tatsache verschließen, daß diese Abtei hinsichtlich der Gesellschaftsschicht, der ihre Mönche entstammten, wie auch hinsichtlich der Lebensführung dieser Mönche einen aristokratischen Charakter trug. Die Bewohner der Abtei verrichteten keine körperliche Arbeit im eigentlichen Sinne. Die Arbeit bestand vielmehr im Kopieren oder kunstvollen Verzieren von Manuskripten, in der Ausübung der freien Künste und in der Meditation über die Heilige Schrift. Die Askese war vernachlässigt. Als Petrus Damiani im Jahre 1063 die Abtei Cluny besuchte, schien ihm, daß die Mönche zu viel äßen!
Ernsthaftes wissenschaftliches Studium lag diesen Ordensleuten fern. Der heilige Anselm, in den Jahren 1093—1109 Erzbischof von Canterbury und Primas von England, bezeichnete als Grund für seine Weigerung, in diese Abtei einzutreten, seine Befürchtung, daß er dort keine Zeit zum Studium finden würde.
Cluny war keine Stätte des Denkens. Man betete dort unabläs-

sig — aber gerade dies forderten die Menschen des 10. Jahrhunderts, zumindest die meisten unter ihnen.
Doch hat es auch Widerstände gegen die Kirchenreform gegeben, und man kann keineswegs sagen, daß deren Verbreitung auf ganz einfache Weise erfolgt sei.
Das Umgekehrte war der Fall. Die Kanoniker des Weltklerus — die den größten Teil der Klöster bewohnten — haben den Vertretern der Kirchenreform leidenschaftlichen Widerstand entgegengesetzt.
Die zeitgenössischen Berichte verbreiten sich ausführlich über den Kampf, den die Anhänger der Kirchenreform nicht ohne Gefahr für Leib und Leben bestehen mußten.
Es wäre eine naive Vereinfachung, wenn man die Gegnerschaft, auf die sie stießen, etwa mit dem Wunsch des Klerus erklären wollte, sein sittenloses Leben fortzusetzen.
Allerdings war die Regel, nach der die Mönche lebten, härter als die der Kanoniker des Weltklerus, die beispielsweise ihren Besitz behielten; doch in vielen Domkapiteln herrschte, wie der Historiker Ch. Dereine mit Nachdruck festgestellt hat[4], eine wahrhaft religiöse Atmosphäre.
Man könnte sogar sagen, daß sich jene Kanoniker mit einigem Recht gegen eine Auffassung des Gemeinschaftslebens wandten, die von der ihrigen verschieden war. Die Konzeption der Anhänger der Kirchenreform kam von Menschen her, die außerhalb ihrer Reihen standen, und bedeutete für die Kanoniker des Weltklerus eine sehr große Belastung, die zu ihren schon sehr ausgedehnten religiösen Pflichten hinzukam.
Weshalb hätten sie dieser Vermehrung ihrer Pflichten zustimmen sollen? Nicht jeder Mensch und auch nicht jeder Geistliche ist für das geschaffen, was Petrus von Blois, ein in der Normandie und später in England wirkender Theologe, im Jahre 1185 als »Murmeln von Psalmen und deren ungeordnete Wiederholung bis zum Ekel« bezeichnete.
Doch Cluny, die Musterabtei für die Anhänger der Kirchenreform, entsprach, seinen eigenen Regeln lebend, offensichtlich einem Bedürfnis, das mit der gesellschaftlichen, religiösen und geistigen Struktur des 10. und 11. Jahrhunderts im Einklang stand.
Schon diese Tatsache verbürgte den Erfolg, der schnell eintrat und so allgemeinen Charakter hatte, daß er sich bald über verschiedene Länder erstreckte.
Auch einer Negation verdankte Cluny seinen Erfolg. Die Abtei wollte dem Menschen vor allem eine Zuflucht außerhalb des Geschehens seiner Zeit bieten und ergriff bei den großen, damals akuten Streitigkeiten niemals Partei, auch nicht bei religiösen Kontroversen oder beim Investiturstreit, dem Kampf zwischen Papsttum und Kaiserreich.

Cluny war nicht mit den Ideen Papst Gregors VII. (1073—1085) verbunden und hat nichts zur Ausgestaltung des kanonischen Rechts beigetragen. Auch ist von der Abtei keine polemische Schrift im Sinne der Auffassungen dieses Papstes ausgegangen. Das lag daran, daß alle diese Dinge zeitgebunden waren, während Cluny für die eigene Epoche nichts als Verachtung empfand. So läßt sich der Erfolg der Abtei nur mit dem erklären, was sie sowohl der auf die Fürbitte bei Gott hoffenden Gesellschaft der Aristokraten als auch dem nach Zeugnissen heiligen Lebens begierigen Volk zu geben wußte.

VI. DIE VERBREITUNG DER KLOSTERREFORMEN

Die Klosterreform fand auch in England Anhang und verbreitete sich auch dort.[5] Dunstan, Abt von Glastonbury und in den Jahren zwischen 959 und 988 Erzbischof von Canterbury, hatte die Initiative dazu ergriffen. Von Bischof Oswald von Worcester und Bischof Ethelwald von Winchester unterstützt, nahm er den Kampf gegen die Laxheit der Sitten sowohl beim Ordensklerus wie auch bei der Weltgeistlichkeit auf, reorganisierte die Kirche und stellte juristische Normen für das Kirchenvermögen und dessen Verwendung auf.

Die Reformen von Cluny haben während der hier behandelten geschichtlichen Epoche Deutschland noch nicht erfaßt. Die Kaiser hätten sich der Neuerung sicher widersetzt. Obwohl sie tief religiös waren, hätten sie nie daran gedacht, sich die volle Macht über die reichen Abteien des Imperiums auch nur in der Theorie schmälern zu lassen Diese Abteien — die ›drei großen‹ waren die auf der Insel Reichenau, Fulda und Sankt Gallen — hatten Domänen, die für die Herrschaft der Kaiser ein wesentliches Aktivum waren und außerdem noch ein bedeutsames Gegengewicht gegen die Macht der Bischöfe bildeten

Die Kaiser hatten durchaus nicht den Wunsch, daß ihre Abteien nun der Autorität von Cluny unterstellt würden, zumal deren französische Äbte sich selbst nur dem Papst unterordneten.

Östlich des Rheins führten die Kaiser gegebenenfalls selbst Reformen ein.[6] Allein in Lothringen konnte sich, freilich nur in begrenztem Ausmaß, eine Klosterreform entwickeln.[7]

Doch auch deutsche und italienische Bischöfe wandten sich bereits im 10. Jahrhundert gelegentlich gegen die Mißbräuche in der Kirche.

Anfänglich fanden alle diese Bestrebungen wenig Resonanz. Ein Hauptgrund hierfür ist wohl darin zu erblicken, daß gerade im Kaiserreich die starken Mißbräuche innerhalb der Kirche nicht so deutlich hervortraten und daß die Institutionen der kaiserlichen Reichskirche durch die Zuteilung von Gebieten und weltlicher Herrschaftsgewalt an die Bischöfe diesen ganz eindeutig Vorteile brachte. Ihnen schien wohl kein Bedürfnis für Änderungen vorzuliegen.

Das Gleichgewicht zwischen weltlicher Machtbefugnis und dem kirchlichen, rein religiösen Aufgabenbereich wurde erst in der Zeit der Regierung Kaiser Konrads II. (1024—1039) gestört. Damals begannen hohe Geistliche wie Bischof Gerhard von Cambrai (1012—1052), Erzbischof Aribo von Mainz (1021—1031) und der bedeutende Bischof Wazo von Lüttich (1042—1048) die Auffassung zu verkünden, daß die Autorität des Papstes noch höher stünde als die des Kaisers. Wir haben schon gesehen, daß das eigenmächtige Verhalten Heinrichs III. auf der Synode zu Sutri im Jahre 1046 der Tendenz einer Loslösung der Kirche von der weltlichen Macht geradezu Auftrieb gab.

In letzten Drittel des 11. Jahrhunderts kam der Kampf zwischen Kaiser und Papst um die Vorherrschaft über die Kirche zum offenen Austrag.

VII. DIE KIRCHENREFORM UND DIE ZEITSTRÖMUNGEN

Die Kirchenreform tritt für den historischen Betrachter des 10. und 11. Jahrhunderts stark in den Vordergrund, und doch war sie nur ein verhältnismäßig unbedeutendes Element innerhalb der gesamten geistigen Entwicklung jener Zeit. Die Frage der Kirchenreform war zudem kein isoliertes Phänomen und ist nur in ihrem Zusammenhang mit allgemeineren Problemen zu verstehen.

Diesen Zusammenhang wollen wir nunmehr behandeln. Bekanntlich hatte es schon unter den ersten Karolingern (Pippiniden) eine Kirchenreform gegeben. Sie war von den Herrschern gewollt und wurde aufgrund ihrer Wünsche und Befehle auf den großen, von uns bereits erwähnten Konzilen und Synoden beschlossen, die in die Zeit Pippins des Kleinen fielen und vorwiegend in den Jahren 742 und 747 stattfanden. Die Reformbeschlüsse wurden dann entsprechend dem Wunsch des Monarchen durchgeführt. Nichts spricht angesichts der schwachen Ausstrahlung dieser Maßnahmen dafür, daß die sozialen oder lokalen Umstände im 8. Jahrhundert dabei eine erhebliche Rolle gespielt hätten.

Wenn auch die Reform der Klöster im 10. und 11. Jahrhundert manchmal ebenfalls von einem Herrscher, beispielsweise einem König von England, befohlen und durchgeführt wurde, so gab es doch auch noch eine breitere Schicht, die dem zustimmte: eine erhebliche Anzahl von großen Herren, die der Neuerung günstig gesinnt waren, war doch sogar der Stifter der Abtei von Cluny ein mächtiger Herzog.

Natürlich begünstigten viele Fürsten die Reform der Klöster hauptsächlich deshalb, weil diese religiösen Institutionen dadurch besser in gut funktionierende Gebetsgemeinschaften verwandelt werden konnten.
Doch dieses angestrebte Ziel war, wenn es auch einem heutigen Christen nicht eigentlich als der Zweck klösterlichen Wirkens erscheinen mag, immerhin die Konkretisierung eines rein religiösen Ideals.
Die Förderung der Klosterreform durch sehr viele Monarchen, Fürsten und Herren zeigt uns, wie die öffentliche Meinung, die sich bei den Großen jener Zeit herausgebildet hatte, beschaffen war. Aus der Schicht dieser Großen kamen übrigens die meisten Äbte und Mönche, die Anhänger der Klosterreform waren. Bald danach stellte diese Schicht aber auch viele Eremiten und Asketen.
Man darf aus alledem jedoch nicht den Schluß ziehen, daß nur die Großen die Reinigung der Kirche von der Simonie und vom Nikolaitismus (Priesterehe) gewollt haben. Die Kraft und die Ausbreitung der Reformbewegung, die von der lokal zuweilen starken Gegnerschaft nicht wesentlich geschwächt werden konnte, deuten auf eine allgemeinere Zustimmung hin. Es ist denn auch wahrscheinlich, daß die Reformbestrebungen einem tiefen Bedürfnis der breiten Masse entsprachen, die inmitten der Anarchie des 10. Jahrhunderts eine lebenswerte Welt aufbauen wollte.

VIII. DIE HINWENDUNG DER MASSEN ZU GOTT

Die karolingische Welt hatte auf dem Glauben an die weltliche Autorität beruht.
Die Autorität selbst, von keiner Kritik angetastet, hatte den Rahmen des damaligen Denkens bestimmt und, freilich in den Grenzen der rudimentären Staatsorganisation des 7. und 8. Jahrhunderts, für Ruhe, relativ normale Rechtspflege und Frieden gesorgt.
Diese Regierungsformen waren im 10. Jahrhundert auseinandergefallen. Aus vielen, von uns ausführlich behandelten Ursachen war die politische Gewalt damals abgesunken und hatte sich in gewissem Sinne sogar aufgelöst.
Die Historiker, denen diese Tatsache natürlich bekannt war, haben die Vorgänge meist unter dem Gesichtspunkt der Staatsgewalt betrachtet, also unter dem Gesichtspunkt des Blickes von oben. Doch der Schwerpunkt der Auflösung der gefestigten Ordnung lag in der Gestaltung der Verhältnisse für die Menschen, die regiert wurden, und für die ein Schutz wegfiel.
Plötzlich waren sie weder regiert noch beschirmt. Allerdings

haben sich allmählich — durch das Territorialfürstentum und später durch die Macht der Kastellane — schließlich neue Regierungssysteme gebildet, durch die die Verwaltung, der Schutz der Menschen und die Rechtspflege gewährleistet wurden; jedoch zwischen dem Verschwinden der alten Ordnungen und dem Werden dieser neuen Regierungssysteme gab es eine fast anarchische Zeit. Die Menschen, die im letzten Drittel des 9. Jahrhunderts lebten, waren Zeugen des Absinkens der alten Ordnungen und der Aushöhlung der traditionellen Mächte; sie fühlten sich dem Ansturm der Fremdvölker (Normannen, Sarazenen und Ungarn) fast ohne Beistand ausgesetzt und wußten nicht, an wen sie sich mit der Bitte um praktische Hilfe wenden sollten.

Für die Menschen des 10. Jahrhunderts wurde die für sie konkret erkennbare Gewalt durch einen kleinen oder großen Grundherrn ausgeübt, der in einer anarchisch gewordenen, weder wirklich verwalteten noch durch einen sehr mächtigen Herrscher zusammengehaltenen Welt auf seinem Grundgebiet der höchste Machthaber war und dort nach reiner Willkür schaltete und waltete.

Der Kirchenhistoriker A. Fliche[8] sagt: »Charakteristisch für die Welt der Grundherren war vor allem die furchtbare Sittenverwilderung. Allerdings besuchte der Baron die Kirche und ließ sich die Sakramente spenden. In seiner Todesstunde versuchte er, den Zorn des höchsten Richters durch ein paar Schenkungen an die Kirche zu besänftigen. In manchen Fällen war solch ein Grundherr sogar imstande, sich harten Bußen zu unterwerfen. Doch diese Haltung war nur noch das späte Überbleibsel einer Religiosität, die keine neuen geistlichen und sittlichen Impulse mehr empfing. Der Grundherr des 10. Jahrhunderts glaubte noch an das Dasein Gottes und die Unsterblichkeit der Seele, doch die Grundlagen für die Erlangung des Seelenheils ignorierte er bewußt, da er außerstande war, seine Leidenschaft zu zügeln.«

Manchmal erhob sich der einfache Mann gegen die Grundherren und kämpfte mit den Waffen gegen sie. Dies taten nicht nur die normannischen Bauern um das Jahr 990 im Anfang der Regierungszeit Herzog Richards II., sondern auch jene deutschen Leibeigenen, die die Freiheit forderten und gegen die sich Otto III. wandte.

Alle bewaffneten Aufstände aber waren damals vergeblich.

Man muß sich die Menschen als in einem geistigen Vakuum lebend denken, das durch den Wegfall der früher als unantastbar angesehenen Ordnung entstanden war. Der Mensch jener Zeit suchte in seiner Bedrückung eine Welt, die annähernd stabil blieb und in der Normen herrschten, unter denen man leben und das Leben ertragen konnte.

Die weltlichen Ordnungsgewalten sicherten dem gemeinen Mann keineswegs die erträglichen Verhältnisse, die er ersehnte.

Unter diesen Umständen erschien ihm nur die Kirche als ein stabiles, nur Gott als ein ewiges Element. Das Bedürfnis nach Normen, nach erkennbarer Sicherheit für jeden Tag, nach Glauben an eine zugängliche und gerechte Autorität wurde nur metaphysisch — durch die Religion und die Kirche — befriedigt.
So kam es, daß im 10. und 11. Jahrhundert der Kult, der mit Heiligen und mit Reliquien getrieben wurde, einen bis dahin nie dagewesenen Umfang annahm. Das wird von so unterschiedlichen Historikern wie E. Delaruelle[9] und B. Töpfer[10] bestätigt und auch in den detaillierten Untersuchungen von L. Zoepf[11] hervorgehoben. Im 10. und 11. Jahrhundert kam es überall zum ›Wiederauffinden‹ von Reliquien wie beispielsweise dem Kopf des Apostels Johannes in Saint-Jean-l'Angely im Jahre 1010 oder dem Kopf von Maria Magdalena in Vézelay im Jahre 1037. Heilige und Reliquien aber bedeuteten Wunder. M. Manitius hat festgestellt, daß in der Karolingerzeit Heiligenleben auch ohne Berichte von Wundern beschrieben werden konnten und daß solche Biographien auch später noch zuweilen ohne dieses Element formuliert wurden; doch auch Manitius vermerkt ausdrücklich den riesigen Aufschwung, den die Suche nach dem Wunderbaren erlebte.[12] Man muß freilich der von L. Zoepf geäußerten Auffassung zustimmen, daß diese Tendenz in Deutschland weit weniger hervortrat als in den Ländern westlich des Rheins.[13] Auch hierbei erweist sich, daß sich die entscheidende Entwicklung in Frankreich und nicht in Deutschland vollzog.
Der Kult, der den Heiligen und deren Reliquien galt, konzentrierte sich vor allem in den Klöstern und war äußerst populär. Das Volk strömte in die Kirchen, verbrachte dort die Nacht mit Gesängen und Gebeten und stürzte sich geradezu auf den Zug der Mönche, die die Reliquien der Heiligen umhertrugen. Die Beziehungen zwischen den Ordensleuten und dem Volk müssen damals sehr eng gewesen sein. Volkstümlich aber waren keineswegs nur jene Abteien, die Schwerpunkte für die Kirchenreform bildeten. Auch Abteien wie Sainte-Foi und Conques, deren Bewohner der Kirchenreform fernstanden, waren Zentren der im Volke verbreiteten Reliquienverehrung. Dies alles zeigt, wie tief die Religion damals das Alltagsleben der Menschen durchdrang.
Auch bei Konflikten und Prozessen sollte nur der Herr der himmlischen Heerscharen entscheiden: durch das Ergebnis eines gerichtlichen Zweikampfes (eines Duells, dessen Ausgang den Rechtsstreit entschied) oder durch ein Gottesurteil, das im Bestehen oder Nichtbestehen einer Probe offenbar wurde. Zu den Proben beim Gottesurteil gehörte der Kesselfang (Herausholen eines Gegenstandes aus einem Kessel siedenden Wassers); ferner gab es die Eisenprobe (Tragen glühenden Eisens in der bloßen Hand über eine festgelegte Strecke) und andere Feuerproben.

Der Eid auf dem Altar, auf die Evangelien oder auf Reliquien[14] wurde zur Grundlage der Übernahme von Verpflichtungen aller Art. Man erbat, wenn man etwas unternahm, stets den kirchlichen Segen. Bei Krankheiten nahm man seine Zuflucht zum Erflehen von Wunderheilungen durch bestimmte Formeln religiöser Art, und Pilgerfahrten zu dem Heiligen, der für die in Betracht kommende Krankheit zuständig war, waren bei physischen Leiden und körperlichen Störungen üblich.

Im 11. Jahrhundert wurde das Gottesurteil in vielen Fällen angerufen, für die man dies kaum erwarten würde. Es diente zum Beispiel dazu, die Frage nach der Vaterschaft der Kinder eines Herzogs der Normandie zu ›klären‹. Durch Gottesurteil wurde auch entschieden, ob ein bestimmter Bischof von Florenz der Simonie schuldig gewesen sei oder ob der Theologe Berengar von Tours — Leiter der Domschule von Tours und eine der ursprünglichsten Persönlichkeiten des 11. Jahrhunderts — in seiner Lehre vom symbolischen Charakter des Abendmahls nicht die Grenzen der Rechtgläubigkeit überschritten habe.

Somit traten auf vielen Gebieten, die dem politischen und gesellschaftlichen Bereich angehörten, oft religiöse Elemente an die Stelle der überlieferten Handhabung von Institutionen.

Das lag daran, daß die Kirche in einer Zeit, in der die weltlichen Ordnungen zerbröckelt waren, wenigstens äußerlich ihr Wesen bewahrt hatte. Zwar verkündete sie, wie stets, die Unterwerfung unter die bestehende Ordnung und sogar die Ergebung, wenn die Obrigkeit unrecht tat, doch daneben predigte die Kirche auch die Menschenliebe.

Die Menschen des 10. Jahrhunderts, von Furcht erfüllt und in eine Welt gestellt, in der die Stützen für die relative Sicherheit und für eine friedliche Lebensführung zusammengebrochen waren, lebten in ständiger Angst vor dem nächsten Tage. Diese Angst galt der Willkür der Grundherren, den wilden Angriffen der Fremdvölker und den Fehden zwischen den Fürsten, die um ein Stück Land oder um ein größeres Gebiet kämpften, ohne sich um die Folgen für den einfachen Mann zu kümmern. In einer solchen Welt blieb den Menschen nur noch die Zuflucht zu Gott.[15] Aber diesen Gott wollten die Unglücklichen auch wirklich erreichen können, und das konnten nur geistliche Vermittler zustande bringen. Doch die Bischöfe und die Weltpriester führten — wie viele Geistliche überhaupt — offensichtlich ein Leben, das für den einfachen Mann, und vielleicht für ihn mehr als für andere, unvereinbar mit der Reinheit war, in der man sich an Gott wenden muß.

Die verweltlichten Geistlichen konnten den verzweifelten Menschen leicht ihre letzte Zuflucht nehmen. In einer Zeit, in der diese Gefahr groß war, begann Cluny seine entscheidende Rolle zu spielen.

Die Mönche haben durch ihre Reinheit, ihre Frömmigkeit und ihre Würde den Menschen gezeigt, daß es neben der verdorbenen Kirche, die den Menschen Gott zu entfremden drohte, auch eine integre und von aufrichtiger Religiosität erfüllte Kirche gab.
Unter diesen Umständen wird die Bedeutung verständlich, die die Kirchenreform, auch wenn sie sich, wie in Cluny, als Klosterreform in aristokratischen Formen vollzog, für die bedrückten Volksschichten haben mußte.
Es ist denn auch sehr charakteristisch, daß in dem Kampf der einfachen Leute um würdige Vermittler zwischen dem Menschen und Gott die Welt der Romanen, das heißt die Welt grundherrlicher Willkür, deutlich die Vorhut bildete; die germanischen Völker, bei denen es ja eine starke Zentralgewalt gab, traten hierbei zunächst nicht hervor.
Gegen Ende der von uns zu behandelnden Epoche hat die Reform der Cluniazenser fast kein Gebiet des Kaiserreiches berührt. Die Bewegung, die sich dem Klausnertum zuwandte, war für die Vorkämpfer der öffentlichen Meinung das der Reform von Cluny folgende Stadium im Kampf um die Vollkommenheit und Reinheit geistlichen Lebens; aber auch die Bewegung des Eremitentums, die sich in Italien herausbildete, hat sich später vor allem in Frankreich verbreitet.
Nach der Bewegung von Cluny gab es in Frankreich die von Kloster Cîteaux ausgehende Bewegung. Als die Ideen von Cluny ziemlich spät — in den Jahren zwischen 1070 und 1087 — aufgrund des Wirkens des Abtes Wilhelm von der schwäbischen Abtei Hirsau in Deutschland aufgenommen wurden, war in Frankreich schon das nächste Stadium der Reform erreicht: Cîteaux, das unweit Dijon im Jahre 1098 gegründete Kloster, wurde zum Ausgangspunkt des Cisterzienserordens.
Schwaben ahmte die Reformen von Cluny also zu einem späten Zeitpunkt nach — einem Zeitpunkt, an dem Frankreich die Konzeption schon gegen eine ganz anders geartete Reformauffassung eingetauscht hatte.
Es gibt ein eigentümliches Schreiben Udalrichs, des Priors der Abtei Grüningen, an den erwähnten Abt Wilhelm in Hirsau, der ihn um einen zusammenfassenden Bericht über die Regeln von Cluny gebeten hatte. In dem Bericht heißt es: »Merkwürdigerweise muß man von den Franzosen sagen, daß diese leichtsinnigsten aller Leute, diese Räuber ohne Ehrgefühl, trotz allem die einzigen Menschen sind, die den Dienern Gottes ausreichenden Lebensunterhalt gewähren.«
Für den Prior Udalrich gab es also im religiösen Verhalten grundlegende Unterschiede zwischen Franzosen und Deutschen. Wir werden von diesen Unterschieden noch sprechen müssen. Im Augenblick wollen wir uns mit dem Hinweis darauf begnü-

gen, daß bei dem Kampf um würdige Vermittler zwischen Mensch und Gott ein deutlicher Gegensatz zwischen der romanischen Welt und den kontinentalen Völkern germanischer Sprache hervortrat: die Romanen waren an diesem Kampf weit stärker beteiligt als ihre östlichen Nachbarn.

IX. ANDERE GESICHTSPUNKTE DER GEISTIGEN REVOLUTION

Die von Cluny ausgehende Reform entsprach in ihren aristokratischen Formen genau dem Bedürfnis, das sich in der ersten Hälfte des 10. Jahrhunderts auf einen edlen Ausdruck religiösen und reinen Lebens richtete. Dennoch war es fast selbstverständlich, daß bald rigorosere Forderungen laut wurden. Schon ein halbes Jahrhundert nach der Gründung der Abtei Cluny traten deutliche Anzeichen einer geistigen Unruhe auf, die zeigte, daß man es mit dem mechanischen Murmeln von Psalmen inmitten eines angenehmen Milieus nicht mehr genug sein lassen wollte. So entstand die Eremitenbewegung, die die Historiker, vom Glanz Clunys geblendet, erst in jüngster Zeit zu entdecken beginnen.[16] Die ersten Spuren dieser Bewegung zeigen sich in der zweiten Hälfte des 10. Jahrhunderts in Italien.

Nach dem Beispiel des heiligen Nilus (gestorben 1005), dem griechischen Gründer des Klosters Grottaferrata bei Frascati, zogen sich einzelne Menschen in einsame Gegenden zurück. Um dort durch ein asketisches Leben die ewige Seligkeit zu erwerben, setzten sie sich in einsamer Zurückgezogenheit dem Hunger und der Kälte aus und befaßten sich mit erschöpfender Arbeit. Zu diesen Asketen gehörte beispielsweise der Eremit Günther, der aus Thüringen stammte. Sehr reich aufgewachsen, entschloß er sich in jugendlichem Alter dazu, im Böhmerwald ein Eremitenleben zu führen. Er widmete sich dort seit dem Jahre 1008 einem asketischen Leben und der Arbeit. Siebenunddreißig Jahre hindurch lebte er sein Klausnerleben, machte Waldgebiete urbar, legte Wege an und übte andere anstrengende Tätigkeiten aus.

In Italien kam es zu einer etwas anderen Entwicklung der Klausnerbewegung. Dort vereinigte der heilige Romuald, ein Edelmann aus der Umgegend von Ravenna, die Eremiten von Camaldoli organisatorisch mit den Zönobiten (gemeinsam lebenden Ordensbrüdern) von Val Castro zum Camadulenserorden. Kurz danach gründete Johannes Gualbertus das Kloster von Vallombrosa, eine Glaubensstätte, in der die Mönche einer bis zum äußersten getriebenen Askese huldigten.

Unter den gleichen Impulsen entstanden kurz nach der Zeit, die in diesem Buch behandelt wird, der Eremitenorden von Grandmont bei Limoges (1074) und der Orden von Fontrevault, der Doppelklöster hatte (ein Frauenkloster neben einem Männerkloster). Doch in der Zwischenzeit hatte der heilige Bruno von Köln, der Domscholastikus von Reims war, in dem Gebirgstal von Chartreuse (unweit Grenoble) den Kartäuserorden und sein berühmtes Kloster — die *Grande Chartreuse* — gegründet. Kurz vor dem Ende des Jahrhunderts schuf Robert von Molesmes mit der Gründung von Cîteaux (in der Bourgogne) den Cisterzienserorden, dessen Gedankenwelt der Konzeption von Cluny entgegengesetzt war.

Daraus erhellt, daß das religiöse Leben sich auf verschiedenen Ebenen entwickelte: Einerseits floh man aus der eigenen Zeit in eine äußerst weit getriebene Kollektivität, andererseits bildete sich ein leidenschaftlicher Hang zu einem der Heiligkeit in individueller Form nachstrebenden Leben heraus.

Doch es gab auch noch andere religiöse Richtungen, die der offiziellen Seite des kirchlichen Lebens kritisch gegenüberstanden.

Auf den Anfang des 11. Jahrhunderts gehen die Anfänge einer Ketzerei zurück, die später einen sehr großen Aufschwung nahm: die neumanichäische Bewegung, die dem Teufel eine fast göttliche Gewalt zuschrieb. Man findet diese Bewegung um das Jahr 1000 in Châlons-sur-Marne, im Jahre 1012 in Mainz, im Jahre 1018 in Aquitanien, im Jahre 1022 in Orléans, im Jahre 1025 in Arras und im Jahre 1028 im piemontesischen Monforte.

Diese Bewegung breitete sich also sehr schnell über weite Räume aus. Sie erfaßte Bauern, Adelige und selbst Geistliche. Die Anhänger der neumanichäischen Auffassungen verwarfen die kirchliche Hierarchie und glaubten weder an die Wirksamkeit der Taufe noch an die Notwendigkeit äußerer kirchlicher Praktiken. Sie verwarfen nicht nur die außereheliche Sexualität, sondern im Prinzip auch die Ehe selber.

Diese Lehren verbreiteten sich im 11. und 12. Jahrhundert mit großer Geschwindigkeit immer stärker und fanden viel Anhang, obwohl ihre Bekenner mit grausamer Härte bekämpft und bei einem Verharren in der Ketzerei lebendig verbrannt wurden.[17]

Ein anderes Zeichen für ein Heranreifen des Zeitgeistes zu kritischer Betrachtungsweise ist in einem gewissen Skeptizismus zu erblicken, der sich trotz des allgemeinen Ansteigens der Religiosität entwickelte und manchem Beobachter schon früh auffiel.

Ein Chronist verurteilte die religiöse Laxheit der Lothringer mit strengen Worten und meinte, daß sie der Predigt keine Aufmerksamkeit schenkten, Exkommunikationen nicht allzu schwer nähmen und an die wundertätige Macht der Religion nicht glaubten.

Da Lothringen ein schon seit langer Zeit christliches Land war, kann hier keine Rede von einem Rückfall ins Heidentum sein. Man muß vielmehr von einem starken Einschlag von Skepsis gegenüber der Religion sprechen.

Es gab demgegenüber seltsame Gedankengänge von gläubigen

Christen. So spricht der in der ersten Hälfte des 11. Jahrhunderts wirkende Chronist Raoul (Rodulfus) Glaber einmal von einem »Hersteller«, das heißt von einem Fälscher von Reliquien, und behauptet im Ernst, die gefälschten Stücke hätten dennoch Wunder vollbracht!

X. DER GOTTESFRIEDE [18]

Seit den letzten Jahren des 10. Jahrhunderts lösten einander immer wieder Bewegungen ab, deren Ziel eine Verteidigung des friedlichen einzelnen gegen die Plünderungen und Verheerungen war, die sich aus den zwischen den Adeligen ausgetragen Fehden, dieser direkten Folge der Machtlosigkeit von Monarchen und Territorialfürsten, ergaben. In Aquitanien kamen die Bewegungen zur Verteidigung des einzelnen zuerst auf. Dieser Ursprung ist insofern symptomatisch, als gerade in Aquitanien die Zentralgewalt sich schon früher als anderswo abgeschwächt hatte, die Anarchie also auch stärker als in den übrigen Territorien hervortrat.

Im Jahre 989 wurden auf dem Konzil zu Charroux (im Limousin), im Jahre 990 auf dem Konzil zu Narbonne energische Proteste gegen die Friedensstörer laut, mehr noch: Gegen sie wurden Bannflüche ausgesprochen. Die Bewegung begann zunächst in recht primitiven Formen; ganz zu Anfang war nämlich keine organisatorische Maßnahme vorgesehen, die den gegen die Friedensstörer gerichteten Entscheidungen Kraft verleihen konnte und eine Durchführung der Abwehr ermöglichte. Immerhin war es bezeichnend, daß der Schutz, der durch kirchliche Sanktionen gewährt werden sollte, nicht auf Kleriker beschränkt war, sondern auch die Laien einschloß, und daß diese Sanktionen über diejenigen verhängt werden sollten, die den Bauern etwas stahlen (Vieh und Lebensmittel zwecks Verpflegung von kämpfenden Rittern und deren Leuten entwendeten) oder die Armen bedrückten.

Noch im Jahre 990 erfolgte ein weiterer Schritt. Guy (Guido) von Anjou, der Bischof von Le Puy war, berief eine Synode in seine Residenz. Diese Versammlung, an der viele Bischöfe aus den Kirchenprovinzen Embrun, Vienne und Narbonne teilnahmen, befaßte sich bereits viel ausführlicher mit dem erwähnten Problem. In den von der Synode aufgestellten Vorschriften wurde untersagt, in Kirchen einzudringen, Pferde oder Vieh wegzuschleppen, sich fremder Leute zur Errichtung oder Belagerung einer Burg auf dem Lehensbesitz eines Adeligen zu bedienen, den Mönchen oder waffenlosen Reisenden Schaden zu verursachen oder Bauern gefangenzunehmen, um für deren Freilassung Lösegeld zu fordern.

Das neue Element, das auf dieser Synode erkennbar wurde, bestand darin, daß Ritter und Bauern sich eidlich dazu verpflichteten, diese Norm zu achten und einzuhalten. Wir haben es also mit einer Art von Pakt zu tun. So bildete sich zur Verteidigung des Friedens etwas Ähnliches wie eine Miliz, die nicht nur Ritter, sondern auch arme Bauern umfaßte. Hier handelt es sich um eine wahrhafte Umwälzung, da jetzt der einfache Mann zum erstenmal an der Bewegung teilnahm. Sie entwickelte sich nunmehr schnell weiter. Schon im Jahre 994 wurde ein ähnlicher Friedenspakt auf der Synode von Limoges geschlossen.

Das Konzil von Poitiers, das um das Jahr 1000 in Gegenwart des Erzbischofs von Bordeaux und der Bischöfe von Poitiers, Angoulême und Saintes tagte, bedeutete einen weiteren Fortschritt der Bewegung. Man beschloß in Poitiers, daß jeder Streit zwischen Privatleuten, das heißt jede Fehde zwischen Grundherren, durch das Recht entschieden werden sollte. Der zuständige Bischof und der Graf sollten die Befugnis haben, gegen diejenigen, die dennoch Gewalt anwenden würden, die Hilfe der am Konzil teilnehmenden Männer in Anspruch zu nehmen. Alle, die ihren Friedenswillen auf dem Konzil beschworen hatten, erkannten an, für den Fall eines Eidbruches dem Kirchenbann verfallen zu sein.

Auf dieser immer noch primitiven Entwicklungsstufe der Bewegung handelte es sich offenbar um ein spontanes Vorgehen, bei dem die Kirche offenbar die weltliche Gewalt vertrat und sich darin ganz im Einklang mit den friedlichen Volksmassen befand. Die Kirche blieb auch weiterhin grundsätzlich den Grundherren unterworfen, bemühte sich aber um einen Weg, diese Adeligen zur Achtung von Recht und Ordnung zu zwingen. Eine Schwäche der Bewegung bestand freilich darin, daß die Sanktionen, die den Verletzer des Friedens trafen, rein kirchlichen Charakter trugen, was für die Adeligen mit ihrer rohen Mentalität keinen wirklichen Zwang bedeutete. Dennoch war die Institution des beschworenen Friedens sicherlich nicht ganz unwirksam. Sie muß einem tiefen Bedürfnis entsprochen haben, da sie sich von ihrem Ursprungsgebiet Aquitanien aus sehr schnell verbreitete. Der Gottesfriede wurde im Jahre 1010 oder 1011 auf einer Versammlung *de pace componenda* (zur Schaffung eines Friedens) in Gegenwart König Roberts II. (des Frommen) von Frankreich in Orléans verkündet.

Auf einer Friedenssynode in Verdun sur le Doubs (1021 oder 1022) verpflichtete sich eine an ihr teilnehmende sehr zahlreiche Menschenmenge durch feierliche, einzeln geleistete Schwüre auf viele Reliquien bei Strafe der Exkommunikation zum Frieden.

Die Eidesformel, die vierundzwanzig Artikel umfaßte, war sehr detailliert gestaltet. Bedeutsam ist dieser Vorgang vor allem deshalb, weil er das schnelle Heranreifen der neuen Form des

Friedens zeigt, präzisierte man doch bereits sehr sorgfältig die Fälle, in denen ein Kampf schon nicht mehr erlaubt war. Beispielsweise besagte Artikel 6, daß das Zerstören oder Verbrennen von Häusern unzulässig sei, außer, wenn das betreffende Haus einen feindlichen Ritter oder einen Dieb beherberge oder Bestandteil einer Festung sei.
Der beschworene Text diente dem Schutz vieler Kirchen und beschirmte nicht nur die unbewaffneten Geistlichen, sondern auch die Bauern und ihre Habe an Vieh und sonstigen Gütern (Geräte, Ernteerträge, Hütten usw.).
In der Picardie wurde zwischen den Bewohnern von Corbie und denen von Amiens im Jahre 1021 ein Friedensbund geschlossen. Zwei Jahre danach legten die Bischöfe Warin von Beauvais und Berald von Soissons den Grundherren der Kirchenprovinz Reims eine stark ins einzelne gehende Verpflichtungsformel vor, die die Worte enthielt: »Ich werde in keiner Weise in Kirchen eindringen, auch nicht in deren Vorratskeller, es sei denn zu dem Zweck, dort einen verbrecherischen Störer des Friedens oder einen Mörder zu ergreifen. Ich werde weder Bauern noch Bäuerinnen oder Kaufleute festhalten. Weder werde ich ihnen Geld wegnehmen noch sie zwingen, sich durch Lösegeld von meiner Gewalt freizukaufen. Ich will nicht, daß sie ihre Habe durch eine Fehde ihres Herrn verlieren, und werde sie nicht geißeln lassen, um ihnen die Existenzmittel wegzunehmen. Ich werde ihr Haus weder zerstören noch anzünden. Ihre Weinstöcke werde ich auch nicht unter dem Vorwand entwurzeln, daß dies zur Führung einer Fehde erforderlich sei, und ihren Wein nicht unter diesem Vorwand ernten. Ich werde die hier genannten Verpflichtungen gegenüber allen, die sie beschworen haben, zu ihren Gunsten einhalten.«
Auf dem unter Vorsitz des Erzbischofs Aymo tagenden Konzil von Bourges zog man die logische Konsequenz aus dem Gedanken des durch die Kirche zu sichernden inneren Friedens. Jeder Gläubige, der das fünfzehnte Lebensjahr erreicht hatte, mußte schwören, daß er den Frieden bewahren und sich gegebenenfalls einer Miliz anschließen werde, die gegen Friedensbrecher vorzugehen habe.
Doch schon auf dem Konzil von Verdun sur le Doubs kam folgende Verpflichtungsformel vor: »Man wird waffenlose Ritter zwischen dem Anfang der Fastenzeit und dem Ende des Osterfestes weder angreifen noch berauben.«
Hier kann es sich nur um in Fehden verwickelte Ritter handeln. Doch man findet in der Formulierung zugleich eine neue, seitdem ständig stärker hervortretende Konzeption: die Begrenzung der Fehden auf bestimmte Zeitspannen. Seither ersetzte die ›gottgewollte Waffenruhe‹ allmählich immer mehr den ›Gottesfrieden‹. Die Synode von Elna (Elne), im Roussillon gelegen,

verbot im Jahre 1027 jede Gewaltanwendung zwischen Sonnabend abend und Montag früh.

Der Begriff einer gottgewollten Waffenruhe (*trève de Dieu* oder *treuga dei*) erfuhr seine größte Ausdehnung im Jahre 1041, als auf einem Konzil der Kirchenprovinz Arles (es dauerte von 1037 bis 1041) in Zusammenarbeit mit Abt Odilo von Cluny ein Hirtenbrief verfaßt wurde, der die Christen beschwor, von Mittwoch abend bis zum Sonnenaufgang in der Frühe des Montags jeden Waffengebrauch zu unterlassen. Vier Tage sollte also völliger Friede herrschen: am Donnerstag wegen der Himmelfahrt Christi, am Freitag zum Gedenken an seine Leiden, am Sonnabend wegen seines Begräbnisses und am Sonntag wegen seiner Auferstehung.

Diese Forderung und ihre Begründung fand eine starke Resonanz. Noch im gleichen Jahr ordnete eine Synode der Lausanner Diözese in Montriond die gottgewollte Waffenruhe für folgende Zeiten an: zwischen Mittwoch abend und Montag früh, während der ganzen Adventszeit und Weihnachtszeit bis zum ersten Sonntag nach dem Dreikönigstage; ferner für die Zeit vom dritten Sonntag vor der Fastenzeit (Septuagesima) bis zum ersten Sonntag nach Ostern.

Ähnliche Bestimmungen wurden auf dem Konzil zu Thérouanne erlassen. Auf diesem Konzil, das im Jahre 1041 oder 1042 stattfand, wurde seltsamerweise der Graf von Flandern — Thérouanne gehörte damals zur Grafschaft Flandern — von der Verpflichtung zur Einhaltung der gottgewollten Waffenruhe entbunden. Hier handelt es sich um eine bis dahin unbekannte Bestimmung, auf die wir an anderer Stelle noch zurückkommen werden. Der in Thérouanne geschworene Eid auf die gottgewollte Waffenruhe enthielt keine Einzelverbote, wie sie für die einst dem Gottesfrieden zugrunde gelegten Bestimmungen charakteristisch waren. In diesem Eid findet sich keine jener zur Verteidigung der Bauern und der Kaufleute erlassenen Normen, kein Verbot der Brandstiftung und der Plünderung. Dieses Fehlen von Einzelverboten hing wahrscheinlich damit zusammen, daß der Graf von Flandern künftig den Schutz der Schwachen selbst übernahm: eine Neuerung, von deren generellem Charakter wir noch sprechen werden.

Eine ähnliche gottgewollte Waffenruhe, wie sie in Thérouanne beschworen wurde, kam um das Jahr 1047 für die Normandie zustande. Dort wurde die Waffenruhe auch noch auf die Zeit zwischen den drei Tagen vor Himmelfahrt bis zur Oktave (den acht Tagen nach Pfingsten) ausgedehnt, was bedeutete, daß Fehden nur für etwa 100 Tage im Jahr zugestanden waren.

Im Laufe der Zeit vervollkommnete und differenzierte sich das System der Sanktionen gegen diejenigen, die sich an die Vorschrift der gottgewollten Waffenruhe nicht hielten. Exkommunikation oder Bannfluch wurden jetzt nur noch auf die schwersten Fälle angewendet. Je nach der Schwere des Verstoßes konnte eine »Buße von dreißig Jahren« verhängt werden, das heißt die Strafe einer dreißig Jahre währenden Verbannung aus der Diözese. Der Friede von Thérouanne sah vor, daß ein Beschuldigter, der leugnete, die angeordnete Waffenruhe gebrochen zu haben, sich durch einen Eid oder durch das Gottesurteil der Eisenprobe (das Tragen glühenden Eisens über eine bestimmte Strecke) rechtfertigen konnte. Man muß hieraus wohl den Schluß ziehen, daß es ein Gericht gab, das Verletzungen der gottgewollten Waffenruhe aburteilte.

Die Bewegung zur Förderung der Waffenruhe wuchs unaufhörlich. Das Konzil zu Narbonne kodifizierte im Jahre 1054 zusammenfassend all die Normen, die für die Waffenruhe erlassen worden waren, und verkündete grundsätzlich, daß »ein Christ, der einen anderen töte, das Blut Jesu vergieße«. Auf dem Konzil zu Narbonne wurden auch der Festtag von Mariä Geburt und der Tag des Johannesfestes sowie alle Vigilien (die Tage vor den hohen christlichen Festtagen) und die Quatembertage (die drei Fasttage) des Septembermonats in die Zeiten der gottgewollten Waffenruhe einbezogen.

Man muß sich allerdings fragen, zu welchem Ergebnis die ganze Bewegung tatsächlich geführt hat. Eine Antwort hierauf ist schwer. Die Fehden der Adeligen gingen das ganze 11. Jahrhundert hindurch weiter. Es steht fest, daß sie erst verschwanden, als die Fürsten und Könige mächtig genug geworden waren, um private Kämpfe in ihren Gebieten ganz auszuschalten. Selbst wenn man sich nur an diese Tatsache hielte, stünde fest, daß die Fürsten sich zu Vorkämpfern der gottgewollten Waffenruhe gemacht und damit — wie das erwähnte Beispiel Flanderns zeigt — ihre Macht verstärkt haben. Auch wenn nichts als diese Folge eingetreten wäre, hätte die große religiöse Bewegung, die auf Waffenruhe gerichtet war, eine bedeutsame Wirkung gehabt. Doch das Ergebnis dieser Bewegung lief nach unserer Meinung auf mehr hinaus als auf eine bloße Verstärkung der Fürstenmacht. Allerdings gab es manche Niederlagen und Enttäuschungen, die sich zwanglos daraus erklären lassen, daß die Macht, die Verbote und Pflichten wirksam zu machen, in den Händen der Adeligen lag, die man ja gerade durch die Bewegung an Gewaltexzessen hindern wollte; aber die Friedensbewegung hätte die Beständigkeit und die reiche Differenzierung, die wir an ihr gesehen haben, nicht erlangen können, wenn ihr jede praktische Bedeutung abgegangen wäre. Wir kennen zwar Fehden, die Verstöße gegen die gottgewollte Waffenruhe waren, können aber natürlich nicht wissen, wie viele Fehden durch diese Waffenruhe vermieden worden sind.

Im Rahmen unserer Darstellung ist jedoch der praktische Effekt der großen religiösen Friedensbewegung nicht bedeutsam. Wichtig ist hier vielmehr das Phänomen dieser Bewegung selbst sowie ihre Verbreitung und ihre Abwandlungen.

Diese Bewegung, die durch ihren Umfang ebenso bedeutend war wie durch ihre Dauer, läßt sich überhaupt nur damit erklären, daß sie ihre entscheidenden Impulse von den Volksmassen erhielt. Wenn auch die Grundherren und Ritter an ihr teilnahmen, so haben diese ihr bestimmt nicht den eigentlichen Auftrieb gegeben, da sie ja ausschließlich gegen die Gewalt der Mächtigen gerichtet war.

Ganz sicher hat der Episkopat bei der Entfaltung der Bewegung eine sehr wichtige Rolle gespielt, aber wie man feststellen kann, handelt es sich nicht um den reformierten Ordensklerus, sondern um die nicht reformierte weltliche Geistlichkeit. Es ist nicht unbegreiflich, daß dieser Episkopat sich zum Fürsprecher einer grundlegenden Forderung des Volkes aufwarf: es ging ihm darum, sowohl die Unterstützung der öffentlichen Meinung bei seinen eigenen Kämpfen mit den weltlichen Grundherren zu erhalten wie auch seine von den Reformern bedrohte Stellung zu stärken. Tatsächlich läßt sich erkennen, daß es im 11. Jahrhundert außerhalb der Städte nur zwei große von der öffentlichen Meinung getragene Bewegungen gab: die vorgregorianische und gregorianische Reform und den vom Episkopat angeregten Gottesfrieden. Nun war dieser Episkopat den Angriffen der Reformer ausgesetzt. Auf keinem anderen Gebiet traf er auf eine solche Zustimmung der öffentlichen Meinung, entwickelte er seine Aktionen mit so viel Kraft, Schnelligkeit und innerem Zusammenhalt. Die Tätigkeit des Episkopats reicht somit als Erklärung nicht aus; dies alles war nur dadurch möglich, daß außerhalb des hohen Klerus große Massen von dem Wunsch beseelt waren, sich der Bewegung anzuschließen und sie aktiv zu unterstützen.

Wir dürfen nicht außer acht lassen, daß die Friedensbewegung faktisch die Form von beschworenen Bündnissen angenommen hatte und auf der persönlichen Zustimmung großer Menschenmengen beruhte. Allerdings wurde die Zustimmung schließlich obligatorisch, aber dies beweist nur, daß die Anzahl der freiwillig Zustimmenden groß genug war, um die Einführung des obligatorischen Beitritts zu der Bewegung zu ermöglichen.

Die Friedensbewegung entwickelte sich ja nicht von den üblichen Machtzentren her und richtete sich sogar gegen die Träger dieser Macht. Hierin ist ein neues geschichtliches Phänomen zu erblicken, das zwar der Art nach an die von uns schon behandelten beschworenen Vereinigungen genossenschaftlicher Art (Gilden usw.) aus der Karolingerzeit erinnert, aber durch das Element einer sehr starken Massenbeteiligung von allen früheren Erscheinungen abweicht. Die Friedensbewegung hatte einen so allge-

Abb. 8: Der Sturm auf dem Meere (vgl. Matth. 8); Miniatur aus dem Evangeliar der Hilda von Meschede (Köln, 1. Viertel des 11. Jh.)

meinen Charakter, daß keiner der großen weltlichen Machthaber einen offenen Kampf gegen sie hätte wagen können.

Diese Bewegung, die sich im Jahre 1068 auf dem Konzil von Gerona in Spanien durchsetzte und einundzwanzig Jahre danach auch Apulien und Calabrien erfaßte, ist in unseren Augen der beherrschende Faktor einer geschichtlichen Epoche, in der sich die Entwicklung eines allgemeinen Denkens zu konkretisieren begann. Die Bewegung für den Gottesfrieden war somit die erste große Bewegung, die sich auf der Grundlage freiwilliger Verpflichtung von Individuen außerhalb des organisatorischen Rahmens der maßgebenden politischen Mächte bildete. Hier gab diese politische Organisation dem Druck nach, der von den Massen der Unterschicht ausging, ohne daß die Großen sich aktiv widersetzten.

Wir werden einem ähnlichen Vorgang begegnen, wenn wir die Entwicklung der ›Kommunen‹ betrachten.

XI. STADTBEWOHNER UND EPISKOPAT

Eine erhebliche Anzahl von Städten stand unter bischöflicher Gewalt. Diese Herrschaft der Bischöfe ist daraus zu erklären, daß viele frühere *civitates* (antike Bezirke mit einem städtischen Mittelpunkt, der ebenfalls *civitas* genannt wurde) auch nach dem Zusammenbruch des römischen Kaiserreiches Bischofssitze geblieben waren und sich in Handelsstädte oder gewerbliche Zentren verwandelt hatten. In sehr vielen Fällen — vor allem galt dies für Italien, Frankreich und Deutschland — hatten die Bischöfe die weltliche Gewalt über die Stadt, das Verwaltungszentrum der betreffenden *civitas*, und über die Umgebung der Stadt erhalten und bewahrt.

In anderen Fällen wiederum, in denen Städte relativ jung waren, wie beispielsweise die meisten Städte Flanderns, spielte

die geistliche Autorität einer Abtei oder eines Domkapitels der Nachbarschaft eine bedeutende Rolle, zumal die betreffende geistliche Autorität auch das Recht zur Erteilung des Unterrichts besaß.
Das Verhältnis zwischen den Städtern und der Geistlichkeit war stark gestört. Die beiden Welten waren verschieden und standen einander feindselig gegenüber. Viele Kaufleute neigten zu Ansichten, die man heute mehr oder weniger freigeistig nennen würde; die Geistlichen wiederum fürchteten und verachteten die Stadtbewohner.
So stießen zwei getrennte Vorstellungswelten aufeinander. Den Bewohnern der Städte war viel daran gelegen, den gerichtlichen Zweikampf und die Gottesurteile als Rechtsinstitutionen aufzuheben. Die Geistlichen wollten diese beiden Beweismittel aufrechterhalten, was man dem Bericht des Bischofs Alpert von Metz über die Bürger von Tiel an der Waal entnehmen kann.[19]
Ebenso hatte die berühmte Erhebung von Köln im Jahre 1074 einen Anlaß, der für die zwischen den Machthabern der geistlichen Fürstentümer und den Kaufleuten bestehenden Beziehungen bezeichnend war.[20] Die Diener des Erzbischofs von Köln hatten zur Beförderung eines prominenten Gastes, des Bischofs von Münster, ein Schiff nötig. Sie bemächtigten sich nun einfach des Schiffes eines Kaufmanns, warfen dessen Waren in den Rhein und wollten sich des Fahrzeuges nunmehr bedienen. Die durch diese Handlungsweise ausgelöste Erhebung der Bürger endete mit deren Niederlage. Das Verhalten der Diener des Erzbischofs beruhte auf einer Einstellung, die für die Welt der geistlichen Machthaber von damals charakteristisch war. Ein Mönch schrieb über die Kölner Kaufleute: »Vom Kampf wissen sie gar nichts oder höchstens dann, wenn sie ihre Waren verkauft haben. Sie pflegen zwischen seltenen Speisen und Weinen über den Krieg zu reden [...]«[21] Der erwähnte Chronist Raoul Glaber, ebenfalls ein Mönch, beschwerte sich um die Mitte des 11. Jahrhunderts über die »Unverschämtheit« der Einwohner von Sens.[22] Ein Mönch aus Gent beschrieb um das Jahr 1070 Tournai als eine stark bevölkerte, üppig lebende Handelsstadt, fügte aber seiner Beschreibung auch eine negative Charakterisierung der Bewohner hinzu, die er für »leichtsinnige, aufrührerische und zu Unruhen neigende Menschen« hielt.[23]
Nicht so gut ist uns das Bild bekannt, das sich die Städter vom Klerus machten, doch ihre Handlungen sagen genug. Die Geschichte des 11. Jahrhunderts, ja sogar die des 10. Jahrhunderts kennt immer wieder Aufstände der Städte gegen die Bischöfe oder gegen die Mönche der Abteien. Schon im Jahre 927 berichtet eine Urkunde von einem Konflikt zwischen den Bewohnern Cremonas und ihrem Bischof.[24] Ein frühes Beispiel für die Feind-

seligkeit zwischen den Städtern und der Geistlichkeit bietet Cambrai, wo sich im Jahre 958 Einwohner »verschworen«, das heißt einander einen Solidaritätseid leisteten, den Bischof an der Rückkehr in die Stadt zu hindern.[25] In den Jahren zwischen 951 und 971 rebellierten die Lütticher gegen ihre Bischöfe.[26]

Daß sich Städter gegen eine Abtei erhoben, war für Menschen jener Zeit eine so naheliegende Möglichkeit, daß eine um das Jahr 1000 verfaßte, sich auf die Gegend von Loches beziehende Urkunde nach Aufzählung von Zugeständnissen des Grundherrn immerhin ausdrücklich die Möglichkeit behandelt, daß die Bewohner der Marktflecken gegen die Mönche vorgehen würden.[27]

Ein Jahrhundert später wurde eine ähnliche Möglichkeit in einer auf die Stadt Le Mans bezüglichen Urkunde vorsorglich erwogen; dort heißt es: »[...]falls es in der Stadt Le Mans zu Wirren kommen sollte [...]«[28]

XII. KOMMUNEN UND VERSCHWÖRUNGEN[29]

Das erste Beispiel für die Bildung einer Kommune findet man in Unteritalien: die *communitas* (Schwurverband) *prima* von Benevent aus dem Jahre 1015 und bald danach, um das Jahr 1030, die *societas* (Stadtgemeinschaft) von Neapel. In Venedig, das vordem von Dogen auf monarchische Weise regiert worden war, wurde diesen schon vor dem Jahre 1032 untersagt, sich bei ihrem Regierungsantritt nach eigener Wahl mit einem Manne als Mitregenten und späterem Nachfolger zu verbinden. Der Doge wurde seitdem gewählt und unterlag damit der Kontrolle durch das Patriziat der Stadt. Dies bedeutete den Übergang Venedigs von der Monarchie zur aristokratischen Republik. Gleichzeitig bemühten sich Brescia, Cremona und Mailand mit wechselndem Glück darum, das Joch der bischöflichen oder der hohen lehensherrlich-weltlichen Gewalt abzuschütteln. Kaufleute und, als deren Verbündete, kleine Lehensbesitzer brachten dies schließlich zustande. Im Jahre 1068 hatte Lucca schon einen kommunalen Gerichtshof, der die Stadt verwaltete. Mailand hatte sich wahrscheinlich schon im Jahre 1067 von der bischöflichen Gewalt frei gemacht. Piacenza wurde im Jahre 1090 frei, Cremona und Lodi im Jahre 1095. Bald waren Vicenza, Bologna, Pavia und Genua an der Reihe. Die Bewegung griff von Italien aus auf die Provence und das Languedoc über, wo zu Beginn des 12. Jahrhunderts Marseille, Arles, Nîmes und Montpellier von ihr erfaßt wurden.

Der zeitliche Unterschied zu einer parallelen Bewegung in Nordfrankreich ist nicht groß. Der Verfasser der *Gesta Episcoporum Cameracensium* (Taten der Bischöfe von Cambrai) stellte im Jahre 1044 sogar einen schon im 10. Jahrhundert erfolgten Aufstand als ›Kommune‹ dar; in jedem Fall setzte sich die Kommune dort im Jahre 1077 durch. Die Kommune von Le Mans, die tatsächlich eine städtische Bewegung war, kam im Jahre 1070 zustande, geht aber in ihren revolutionären Anfängen auf das Jahr 1063 zurück;[30] der vergebliche Aufstand in Köln datiert aus dem Jahre 1074, die Kommune siegte dort erst im Jahre 1112. In Frankreich brachen bald nach dem Siege der Städter in Le Mans zahlreiche kommunale Aufstände aus. In Saint-Quentin kam es um das Jahr 1080, in Beauvais im Jahre 1099 zur kommunalen Revolte. Die Bewegung breitete sich in den ersten Jahren des 12. Jahrhunderts schnell aus.

Das quellenmäßig bezeugte Beispiel von Cambrai zeigt uns, wer die Träger dieser Aufstände waren, die die Oberherrschaft von Bischöfen oder von weltlichen Feudalen beseitigten beziehungsweise zu beseitigen versuchten: Die Bewegung ging von den reichen Kaufleuten aus, und die Handwerker schlossen sich diesen an. Man leistete einander den Eid, solidarisch zu bleiben, besetzte die Stadttore und verkündete die ›Kommune‹, den Schwurverband, der sich nicht auf das akute Problem beschränken, sondern auch zur Grundlage einer neuen Organisation machtpolitischer Art werden sollte.

Bemerkenswert ist das Motiv oder, genauer gesagt, der Vorwand, aufgrund dessen sich die Bewohner von Cambrai gegen ihren Bischof erhoben. Man beschuldigte ihn, sein Bischofsamt gekauft zu haben. Hieran kann man erkennen, wie damals Vorwände religiöser Art — in diesem Fall der Vorwurf der Simonie — als Parole für einen Aufstand mit rein weltlichen Zielen dienten. Schon damals zeichnete sich etwas ab, was im Investiturstreit zu einer starken, wenn auch dem äußeren Blick verborgenen Realität werden sollte: Man bediente sich religiöser Vorwände, um politische, ja sogar gesellschaftliche Veränderungen gegen den Willen der Machthaber durchzusetzen.

Diese Tendenz machte sich auch bei einer Bewegung bemerkbar, die für die religiös untermauerten Aufstände noch typischer wurde: bei der Pataria.[31]

In der Mitte des 11. Jahrhunderts traten die Patarener hervor, deren Name ursprünglich eine spöttische Bezeichnung ständischer Art war und sich auf Leute bezog, die in Lumpen gekleidet gingen. Die Patarener, dem niederen Klerus und den einfachen Volksschichten zugehörend, waren von dem hohen sittlichen Ideal beseelt, die Kirche in ihrer ursprünglichen Reinheit wiederherzustellen, und sie verbanden sich mit dem reichen Stadtpatriziat gegen den hohen Klerus, der die Obergewalt über die Städte hatte. Jahrelang kämpften diese Revolutionäre leidenschaftlich für ihre Ideale, ohne sich von den furchtbaren Unterdrückungsmaßnahmen und von den Strafen abschrecken zu lassen, die man über sie verhängte.

Man darf nicht außer acht lassen, daß die Kommunen im 11. Jahrhundert nur eine besondere Form des allgemeinen Phänomens des Schwurverbandes darstellten: jener schon in vorchristlichen Zeiten von den Gilden getragenen, später von den Kapitularien der Karolinger immer wieder mißbilligten beschworenen Vereinigungen. Dieses Phänomen nahm im 11. Jahrhundert einen sehr hohen Aufschwung, nicht nur in Form all der städtischen Kommunen, sondern auch in ganz anderen sozialen Milieus. So gab es die ›Verschwörung‹ (den Schwurverband) der Vasallen gegen ihre Herren in Italien (1035).
Über die Vorgänge in Italien schrieb Wipo, der Hofkaplan und Erzieher Heinrichs III., um das Jahr 1046: »Alle Untervasallen und Vasallen Italiens hatten sich gegen ihre obersten Landesherren verschworen, alle Kleinen gegen die Großen.«

XIII. ABLEHNUNG DER BESTEHENDEN VERHÄLTNISSE

All diesen Bewegungen, von denen wir gesprochen haben, ist trotz aller Verschiedenheit eines gemeinsam: die Weigerung, sich zu unterwerfen und die bestehenden Verhältnisse passiv hinzunehmen.
Dies gilt für die Cluniazenser, die sich der Welt nicht fügen wollten, ebenso wie für die Patarener, die zu den Waffen griffen, um eine Ordnung zu stürzen, die sie als schlecht empfanden. Der gleiche Aspekt beherrschte die Anhänger des Gottesfriedens, die den Frieden mit der Waffe verteidigten, und auch die Eremiten, die einsam mit Gott leben wollten. Nicht weniger maßgebend war er für andere Bewegungen und Strömungen: für die Anhänger der städtischen Kommune, die das Joch der traditionellen Machthaber nicht mehr ertragen wollten; für die Ketzer, die ihrer eigenen Wahrheit nachzuleben versuchten; für die Anhänger Gregors VII., die die Kirche von dem Einfluß der weltlichen Gewalt befreien und die für die Religion gefährliche Bindung der Kirche an diese Gewalt beseitigen wollten. Selbst die Kreuzfahrer, die das heilige Jerusalem dem Islam entreißen wollten, weigerten sich, die bestehenden Zustände zu dulden, und richteten ihren Willen darauf, sie durch eine gemeinsame Aktion zu ändern.
Dies alles lief also für Westeuropa auf eine Befestigung der Gedankenfreiheit und des individuellen Willens sowie gleichzeitig auch der freiwilligen Unterordnung unter die Solidarität mit anderen hinaus, die das gleiche Ziel verfolgten. Diese Eigenschaften finden sich in der Zeit des eigentlichen Frühmittelalters noch kaum, sind aber für das kollektive Denken Europas seit dem Ende des 11. Jahrhunderts charakteristisch.

XIV. DAS JAHR 1000

Der Leser wird vielleicht in diesem Kapitel den Hinweis auf ein Phänomen vermißt haben, das die von der Romantik geprägten Historiker besonders betonten: den Schrecken, mit dem das Jahr 1000 die Menschen erfüllte.

In der von Henri Martin verfaßten, im Jahre 1885 erschienenen Geschichte Frankreichs liest man: »Als das verhängnisvolle Datum — der Beginn des Jahres 1000 — näherrückte, strömten die Volksmassen unaufhörlich in die Kirchen, Kapellen und in alle Gott geweihten Stätten. Vor Furcht zitternd, warteten die Menschen darauf, daß die sieben Trompeten der sieben Engel des Jüngsten Gerichts vom Himmel her ertönen würden.«

Man könnte noch zahlreiche andere Werke zitieren, in denen behauptet wurde, daß die Christenheit kurz vor dem Jahre 1000 angstvoll das Ende der Welt erwartet habe. Doch hätten wir über dieses Thema schweigen können, wenn es nicht in vielen älteren Geschichtswerken einen besonderen Platz einnähme.

Die neuere Geschichtsforschung ist sich darüber klargeworden, daß die ›Schrecken des Jahres 1000‹ mindestens zum großen Teil eine bloße Erfindung von Historikern aus viel späteren Zeiten waren. Der niederländische Historiker F. Hugenholtz hat diesem Problem eine eingehende und lichtvolle Darstellung gewidmet.[32] Zunächst wir betonen, daß es eine Furcht vor dem Jahre 1000 im Sinne eines Entsetzens anläßlich des bevorstehenden Endes des ersten Jahrtausends unserer Zeitrechnung nicht gegeben hat. Damals bestanden ja verschiedene Systeme der Zeitrechnung, und nach dem zu jener Zeit üblichen System fiel das tausendste Jahr nach Christi Geburt in die Jahre zwischen 979 und 1033.

So konnte von einer Einstimmigkeit über das Jahr, auf den ein Bibeltext bezogen werden konnte, damals keine Rede sein. Das Jahr 1000 lag, wie gesagt, nach der Vorstellung der damaligen Menschen innerhalb eines Zeitraumes, der selbst genau festgelegt war und der fünfundfünfzig Jahre umfaßte. F. Hugenholtz weist in seiner Studie nach, daß sich innerhalb dieses Zeitraumes eine gewisse Unruhe verbreitete, die freilich die Theologen weit weniger ergriff als die einfachen Leute. Wenn also das Jahr 1000 selber keinen Schrecken auslöste, so hat doch vorher und nachher eine vage Erregung um sich gegriffen, deren wirklicher Umfang für uns allerdings nicht mehr erkennbar ist. In jedem Falle war die Unruhe weitaus geringer, als die romantischen Historiker des 19. Jahrhunderts meinten.

Interessant aber ist, daß diese Spannung sich nur in Frankreich offenbarte. Da es sich um eine volkstümliche Meinung über das Ende der Welt handelte, muß man in ihrer Beschränkung auf Frankreich wohl einen weiteren Zug der schon mehrmals erwähnten Differenzierung zwischen diesem Lande und Deutschland erblicken: eine Entwicklungstendenz, die große Bedeutung gewann.

XV. DEUTSCHLAND GERÄT IN RÜCKSTAND

Deutschland, das Gebiet einer starken Zentralmacht, hat den Kampf um eine würdige Geistlichkeit, die zwischen Mensch und Gott vermitteln konnte, damals nicht gekannt. Ebensowenig gab es in Deutschland in der bisher behandelten Epoche die Schwurverbände für den Gottesfrieden und für die gottgewollte Waffenruhe. Selbst in Lothringen, dem Mittlergebiet zwischen Frankreich und Deutschland, wurde ein Gottesfriede erst spät – im Jahre 1081 zu Lüttich — verkündet. Mehr noch: Der Bischof von Cambrai, der zwar Suffraganbischof des Erzbischofs von Reims, aber kaiserlicher Bischof war, wandte sich leidenschaftlich gegen die Einführung des Gottesfriedens in seiner Kirchenprovinz, weil »dies ausschließlich zur Kompetenz des Kaisers gehöre«.

Die Abneigung gegen die zeitgenössischen Tendenzen ging in Deutschland sehr weit. Das Kaiserreich in seiner riesigen Ausdehnung – von der Schelde bis zu den Alpen — kannte keine städtischen Schwurverbände im Sinne der italienischen und französischen Kommunenbewegung (wenn man von Köln als einziger Ausnahme einmal absieht).

So zeigte sich zwischen zwei großen Teilen Europas ein immer stärkerer Gegensatz.

Wir haben schon ein paar von Udalrich, dem Prior von Grüningen, niedergeschriebene Sätze erwähnt, in denen das Bewußtsein eines erheblichen Gegensatzes zu Frankreich erkennbar wird. Dieser Gegensatz hat sich später noch verschärft. Es kam dahin, daß die Deutschen, als ihr Adel dem Ersten Kreuzzug fernblieb, eine Art von Degradation innerhalb der Christenheit erfuhren, während man die Romanen damals als deren Vorhut zu betrachten begann. In diesem Sinne hat der Chronist Guibert von Nogent zu Beginn des 12. Jahrhunderts in seinen *Gesta dei per Francos* (Taten Gottes mittels Frankreichs) von den Franzosen gesagt, die Welt verdanke ihnen die Rettung vor dem Islam, während die Deutschen friedlich zu Hause gesessen hätten.

Man kann allerdings rationale Gründe dafür anführen, daß sich Deutschland an den Bewegungen, die auf Veränderung abzielten, damals kaum beteiligte. Die Passivität gegenüber der cluniazensischen Bewegung lag daran, daß die Reform, wie erwähnt, mit der Gewalt der Kaiser über die Abteien nicht zu vereinbaren war und daß dadurch eine Verbreitung der Klosterreform in Deutschland unmöglich wurde. Wenn Deutschland an der Bewegung für den Gottesfrieden nicht teilnahm, so läßt sich das ohne weiteres daraus ableiten, daß es die anarchischen Zustände, denen die weltliche Gewalt in Frankreich verfallen war und die das Bedürfnis nach jener Bewegung hervorriefen, in Deutschland mit seiner damals mächtigen kaiserlichen Zentralgewalt einfach nicht gab. Die Kommunenbewegung entwickelte sich im Rheintal — dem einzigen Gebiet in ganz Deutschland, das damals städtische Siedlungen von einer den Städten Italiens und Frankreichs vergleichbaren Bedeutung zuließ — nur langsam; denn die Reichskirche sicherte den Bischöfen, in deren Händen die Verwaltung der rheinischen Städte lag, genügend Macht, um das Ungestüm der städtischen Bevölkerung zu unterdrücken oder zu dämpfen. Die Abwesenheit des deutschen Adels beim Ersten Kreuzzuge wiederum läßt sich auf die damaligen Differenzen zwischen Papst und Kaiser zurückführen.

All diese Erklärungen sind zutreffend, bestätigen aber gleichzeitig, daß Deutschland auf vier religiös-politischen Gebieten, die der Zeit ihr Gepräge gaben, eine von der romanischen Welt getrennte Entwicklung nahm. Diese Sonderentwicklung aber beschränkte sich nicht auf die vier genannten Aspekte und ging zudem zeitlich über die von uns behandelte Epoche hinaus.

In dem von uns dargestellten Zeitraum, in dem sich die Abweichung der Entwicklung Deutschlands von der der romanischen Länder abzeichnete, ging die führende Position in Europa von Deutschland auf Frankreich über.

In der Zeit Ottos I. (936—973) hätte niemand eine solche Verlagerung des Schwergewichtes zugunsten Frankreichs ahnen können. Sie hat dann im 12. Jahrhundert tatsächlich stattgefunden. Wir glauben indes, daß sie gerade auf die ottonische Konzeption des Kaiserreiches zurückgeht: eine Konzeption, die, für den Augenblick bewundernswert gewählt, im ganzen doch eine starre und einseitige Lösung war. Die Vorstellung eines Gleichgewichtes zwischen der kaiserlichen, auf eine dienstbare Kirche gestützten Gewalt und den territorialen wie den feudalen Mächten konnte nicht für sehr lange Zeiträume verwirklicht werden. Sie hatte nicht wenige schwache Stellen, und die Veranlassung zu einem Bruch konnte von vielen Seiten her kommen; ein Bruch aber mußte, wenn er eintrat, verhängnisvoll für das Ganze werden.

Der Investiturstreit, der in der zweiten Hälfte des 11. Jahrhunderts ausbrach, hatte tatsächlich katastrophale Auswirkungen. Die ottonische Reichsidee war ein in sich geschlossenes System, das keine Alternative ermöglichte oder auch nur vorsah. Diese Konzeption ließ keine andere Wahl als die zwischen einer Unterwerfung der Kirche unter das Kaiserreich und einer Sprengung seines ganzen Staatsaufbaus. Ein dritter Machtfaktor konnte sich nicht bilden. Umgekehrt war die Welt der Romanen, am

Anfang des 10. Jahrhunderts fast bis zur Vernichtung aller Ordnung erniedrigt, gerade durch diese Erniedrigung gezwungen, an ihrem Wiederaufstieg zu arbeiten. Die extreme Anarchie rief in Frankreich den Willen der einzelnen wach, ihr Schicksal selbst in die Hand zu nehmen und sich mit anderen, die ebenfalls ein Interesse an einer Änderung hatten, gegen die überkommenen, aber zerstörerisch auftretenden Mächte zusammenzutun.

Aus dieser Entwicklung ging das moderne Europa und zugleich — für mehrere Jahrhunderte — die Vorherrschaft Frankreichs in diesem Europa hervor.

10. Wirtschaft und Gesellschaft im 10. und frühen 11. Jahrhundert

Trotz der zunehmenden Bedeutung des Handels stand der Ackerbau innerhalb der Wirtschaft, die bäuerliche Bevölkerung innerhalb des ganzen Volkes anteilmäßig an weitaus erster Stelle.

I. DIE REICHEN BEREICHERN SICH NOCH MEHR

G. Duby, dem wir für das vorliegende Kapitel viel verdanken,[1] hat besonders darauf hingewiesen, daß die Erträge einer Domäne ihren Herrn nicht reich zu machen vermochten. Dies galt selbst in den Fällen, in denen die Domäne den ›aristokratischen‹ Vorstellungen der Zeit ganz entsprach und also sowohl das von den Unfreien des Herrn bearbeitete, aber ausschließlich in seinem Besitz befindliche Land (*terra indominicata*), als auch die *mansi*, das heißt die von den Kolonen als Erbpächtern bearbeiteten Hufen enthielt.

Das System der Domänen führte also nicht zur Erzielung von großen Überschüssen. Es ermöglichte dem Eigentümer im günstigsten Fall — wenn also abträgliche Faktoren ganz ausblieben — die Erhaltung seines bestehenden Vermögens. Doch solche Faktoren traten oft auf, und zwar in erster Linie deshalb, weil ein Teil des Vermögens nicht Lehensbesitz, sondern echtes Eigentum des Besitzers (*Allod*) war: Vermögen also, für das im Erbgang das Teilungsprinzip bei Erben gleichen Ranges, also beispielsweise bei mehreren Söhnen des Besitzers, galt. Wegen dieses Prinzips aber konnte Vermögen aus Grundbesitz nicht erhalten bleiben.[2] Ein weiteres, der Erhaltung dieses Vermögens abträgliches Element war der immer stärker um sich greifende Brauch, den Kirchen Schenkungen zu machen. Diese Gepflogenheit hat zumindest im Mâconnais, wo man diese Schenkungen wissenschaftlich intensiv erforscht hat, zwischen den Jahren 970 und 1020 ihre stärkste Verbreitung gefunden. Es kam schließlich dahin, daß die Abteien — jedenfalls einige unter ihnen — solche Vermögen anhäuften, daß sie nicht wußten, was sie mit den Ländereien anfangen sollten, und gewaltige Grundbesitzer wurden. Allerdings waren sie genötigt, sich eines Teiles ihres Grundeigentums wieder zu entledigen und ihn mächtigen Nachbarn zur Nutznießung zu überlassen. Wir kommen auf diese Notwendigkeit sogleich zurück. Zunächst aber müssen wir feststellen, daß manche weltlichen Grundbesitzer, die sich einem

immer stärkeren Vermögensschwund ausgesetzt sahen, um das Jahr 1000 gegen diesen anzukämpfen begannen. Einige unter ihnen kauften damals verstreute Parzellen, um zu einer rationelleren Nutzung zu kommen und die ständige Zerbröckelung des Besitzes durch größere Rentabilität wettmachen zu können. Diese Praxis ist, wenigstens für Südfrankreich und Italien, schon während der ersten Hälfte des 11. Jahrhunderts feststellbar, wurde aber erst später in einem größeren Umfang üblich.[3]
Wir wenden uns also wieder der zunehmenden Zersplitterung des Grundbesitzes und seiner Anhäufung in den Händen der Reichen zu.
Es ist logisch und zudem eine von der Erfahrung offensichtlich bestätigte Tatsache, daß die lohnendsten Wege zur Erlangung von Reichtum nur jenen offenstehen, die schon recht wohlhabend sind. In unserem Fall war dieser Weg die Usurpation des dem König zustehenden Rechts auf Abgaben.[4]
Bekanntlich erbaute man im letzten Drittel des 9. Jahrhunderts fast überall, besonders aber in Frankreich und Flandern, befestigte Burgen (Kastelle), um die Bevölkerung vor dem Ansturm der Fremdvölker (Normannen, Magyaren und Slawen) zu sichern. Die Erbauer waren in erster Linie die Territorialfürsten, zuweilen auch reiche Grundherren. Die Bedeutung dieser fast uneinnehmbaren Kastelle ermöglichte es den Kastellanen, die große Grundherren waren, auf einer bloß regionalen Basis eine wirkliche politische und wirtschaftliche Macht zu schaffen.
Aus alledem ergab sich die Herrschaft des Grundherrn, der zugleich Kastellan war. Innerhalb seines Kastellbezirkes und auf seinen Domänen wurde er zum Herrn im öffentlich-rechtlichen Sinne,[5] das heißt zum Usurpator eines erheblichen Teils der öffentlichen Gewalt. Er erhob ferner von allen Bewohnern des von ihm beherrschten Gebietes — nicht nur von den Leuten, die ihrem juristischen Status nach von ihm abhingen — zahlreiche Abgaben und verlangte von ihnen Dienste sehr verschiedener Art.
Während die einfachen Ritter von den Einkünften aus ihrem Grundbesitz leben mußten, strömten den Kastellanen aus zahllosen Quellen immer mehr Reichtümer zu. Wie schon erwähnt, waren die Kirchen froh, die Freundschaft dieser mächtigen Leute dadurch erkaufen zu können, daß sie ihnen die ›Nutzung‹ eines Teils ihrer gewaltigen, durch Schenkungen erworbenen Ländereien überließen. Die Kastellane waren so mächtig, daß sie ihre Gewalt sogar auf die bis dahin noch nicht bebauten Gebietsteile ihres Bezirkes ausdehnten und sie bald urbar machen ließen.
Der Kastellan erhob von den Ernten seiner Untertanen, der Bauern in seinem Burgbezirk (*châtellenie*), einen sogenannten ›Feldanteil‹ (*champart*), das heißt, er verlangte die Abgabe eines Teils der Gesamternte.

Der Zehnte, eine weitere Abgabe, die auf die Ernte erhoben wurde, war zwar grundsätzlich für die zuständige Pfarrkirche bestimmt, wurde aber immer häufiger von dem Grundherrn für seine eigenen Zwecke verwendet. Aufgrund seiner Befehlsgewalt, dem Bannrecht, verlangte der Grundherr von denen, die ihm unterworfen waren, die Benutzung seiner Mühle, seines Backofens und seiner Keltervorrichtungen — gegen eine Gebühr, die er in Form einer steuerrechtlichen Abgabe erhob.

Der Grundherr ernannte Ortschaften zu Marktflecken und beanspruchte für die auf den dortigen Märkten verkauften Waren Marktgelder (Marktzölle), ebenso, wie er auf über bestimmte Stellen in seinem Herrschaftsbereich transportierte Waren für den Transit Abgaben (Binnenzölle) legte.

Die Verhältnisse änderten sich also dahin, daß der Grundherr direkt oder indirekt einen erheblichen Anteil an der Gesamtproduktion in seinem Herrschaftsgebiet als Abgabe forderte und erhielt.

Dies alles bildete das Einkommen, das der Grundherr aus seiner Machtstellung zog. Die verschiedenen Beträge, Waren und Anteile an den Ernten flossen ihm unabhängig von dem zu, was sein Grundbesitz ihm einbrachte. Die große Änderung bestand darin, daß das Einkommen dieser mächtigen Herren nicht, wie früher, in erster Linie der Nutzung ihres Grundbesitzes, sondern zu einem höheren Anteil ihrer Position als Machthaber entstammte.

II. ABGABEN UND TECHNISCHER FORTSCHRITT

Man muß sich allerdings fragen, was damals aus den Domänen wurde, die ja in das von Sklavenscharen bearbeitete Herrenland (*terra indominicata*) und in das Land der *mansi* (Hufen, auf denen Kolonen als Erbpächter und Grundherren saßen) eingeteilt waren. Viele Historiker meinten, daß die große Domäne im 11. Jahrhundert durch umfangreiche Parzellierungen des Herrenlandes zum Zwecke der Ansetzung neuer Pächter ihren Charakter verloren habe. G. Duby dagegen glaubt,[6] daß diese Parzellierungen vor dem Ende des 12. Jahrhunderts nur ausnahmsweise vorkamen. Im allgemeinen sei im 11. Jahrhundert das Herrenland in seiner alten Form bestehengeblieben: Land, das durch den Herrn beziehungsweise seine Sklaven direkt bewirtschaftet wurde und dessen Erträge nur ihm zuflossen.

Das Einkommen des Grundherrn aus den *mansi* aber wuchs; denn der Eigentümer, der die Staatsmacht innerhalb seiner Region usurpiert hatte, verlangte von den Kolonen die bereits erwähnten Abgaben. Er ließ sie aber auch für die Nutzung der Wälder und Viehweiden Gebühren zahlen, und schließlich wur-

Abb. 9: Antikes Gespann

den alle diese Abgaben, die eigentlich zusätzlich waren, bedeutender als die alten, unveränderlichen Pachtsummen der Kolonen. Doch diese Pachtsummen mußten ebenfalls weitergezahlt werden, denn selbst in den Fällen, in denen die große Domäne alten Stils zu bestehen aufhörte oder in ihrer Struktur stark verändert wurde, blieb die Hufe die Nutzungseinheit, die den Bedürfnissen der Einzelfamilien entsprach und ihren Haushalt sichern konnte. Die Hufen blieben also, wenn auch manchmal in stark veränderter Form, auf jeden Fall weiterbestehen.

Es gab somit weiterhin die Nutzungseinheit, die aus einer Parzelle, auf der die Familie des Erbpächters lebte, bestand und zusammen mit bereits urbarem Land und verschiedenen nutzbaren Elementen (Viehweiden und Wald) ein Ganzes bildete. Sie war, freilich unter verschiedenen Bezeichnungen, in Frankreich, Deutschland und England anzutreffen. Sie diente auch als Grundlage für die Abgaben an den Grundherrn, der Eigentümer des Bodens war, und an den regionalen Herrn, der die öffentliche Gewalt in der betreffenden Region an sich gerissen hatte, zuweilen allerdings mit dem Eigentümer des Bodens identisch war.

Diese Abgaben wurden in manchen Fällen — vor allem in England — in Geld gezahlt,[7] doch waren die meisten von ihnen in Naturalien (Weizen, Hafer, Fleisch, Geflügel und, je nach Gebiet, auch in Wein, Hanf und Eisen) zu entrichten.

In der vorhergehenden Zeit mußten, wie an früherer Stelle er-

Abb. 10: ›Modernes‹ Gespann

wähnt, die Pächter dem Grundeigentümer auch Leistungen in Arbeit erbringen: Fronen, bei denen man Pflugdienste, Transportleistungen (vor allem Fuhren) und Arbeit nur mit der Hand (*corvées de bras*) unterschied. Diese Fronen waren, je nach dem betreffenden Gebiet, graduell sehr unterschiedlich abgestuft. Im allgemeinen waren sie während der hier behandelten Epoche in Burgund und südlich der Loire,[8] das heißt in den am Mittelmeer oder in seiner Nähe liegenden Gebieten, am leichtesten. Im Norden waren sie härter.

Doch scheint damals im allgemeinen die Tendenz aufgekommen zu sein, den Frondienst zu vermindern oder, gegen Leistung einer

Zahlung seitens des Verpflichteten, sogar aufzuheben. Die Grundlage dieser Entwicklung ist leicht erkennbar. Da der Grundherr als Usurpator der regionalen öffentlichen Macht seine Gewalt allen Bewohnern seines Herrschaftsbereiches auferlegte — ganz gleich, ob sie auf seinem Landeigentum beschäftigt waren oder nicht —, wuchs die Zahl derer, die er mit Fronen belasten konnte, über das notwendige Maß hinaus an. Dies geschah noch dazu in einer Zeit, in der technische Fortschritte manche Arbeiten von Menschenhand überflüssig machten und sich der Grundbesitz in wenigen Händen — weitgehend in den Händen derer, die die öffentliche Gewalt auf regionaler Grundlage an sich gerissen hatten — konzentrierte.

Welcher Art aber waren die technischen Fortschritte,[9] die in jener Zeit gemacht wurden?

In der Landwirtschaft trat vor allem die Veränderung in der Methode hervor, die Zugtiere einzuspannen. Diese Umwälzung, die sich während des 11. Jahrhunderts vollzog und allgemein durchsetzte, bestand darin, daß für die Ochsen das Stirnjoch aufkam und für die Pferde das Kummet, das über dem Nacken lag und an die Stelle des um den Hals geschlungenen Riemens trat. Ferner wurde der Hufbeschlag für die Ochsen und die Pferde zur allgemeinen Regel.

Die ältesten Beispiele für die Anbringung von Hufeisen fallen in die allerletzten Jahre des 9. Jahrhunderts. Jedoch wurde das Pferd in Westeuropa damals wohl erst in seltenen Fällen vor die Egge oder den Pflug gespannt.

Zwar war die Verwendung des Pferdes als Zugtier vor Egge und Pflug im 11. Jahrhundert noch keineswegs allgemein üblich, doch wird die neue Methode, den Ochsen einzuspannen, im 11. Jahrhundert weitgehend bezeugt. Dies ist insofern bedeutsam, als der Ochse ja das meistverwendete Zugtier vor dem Pfluge war.

Der die Eroberung Englands durch Wilhelm den Eroberer verherrlichende Wandteppich von Bayeux, zwischen den Jahren 1077 und 1082 in Kent gewebt, zeigt unter anderem einen Pflug, der von einem Maultier gezogen wird.

Papst Urban II. bezog auf dem Konzil von Ferrand im Jahre 1096 den Besitz von Ochsen, Arbeitspferden und an Pferden, die die Egge zogen, in den Schutz mit ein, den der Gottesfrieden für das Vermögen gewähren sollte. Die vom Pferde gezogene Egge wurde ebenfalls auf dem Teppich von Bayeux zum erstenmal abgebildet. Die Egge war eine der großen Errungenschaften, die die Technisierung der Landwirtschaft im 11. Jahrhundert brachte.

Der Pflug auf Rädern, die Egge, die verbesserte Anschirrung der Zugtiere, die Verwendung des Pferdes als Zugtier — all diese Änderungen erscheinen uns heute als technisch relativ unbe-

deutende Fortschritte. Doch wir dürfen nicht außer acht lassen, daß das damalige Westeuropa ständig am Rande der Hungersnot lebte und daß die technischen Neuerungen diese Gefahr zu bannen begannen.
Wir sind freilich für jene Zeit nur recht dürftig über die Technik in der landwirtschaftlichen Produktion und über die Bodenerzeugnisse selbst unterrichtet.[10]
Man muß aber vermuten, daß sich damals bis zu einem gewissen Grade die Frühjahrssaaten ausbreiteten: Gerste und vor allem Hafer, für den im Zusammenhang mit der Verwendung des Pferdes im Kriege und in der Landwirtschaft ein größerer Bedarf entstand.
Diese Kulturen kamen zu dem Anbau der Herbstsaaten — Weizen und Roggen — hinzu, wodurch die Rentabilität der Ländereien gesteigert wurde, fördert doch der Fruchtwechsel den Pflanzenwuchs!
Das Säen von vier Getreidearten steigerte auch die Aussicht, Mißernten zu vermeiden. Ein weiteres Aktivum in der Entwicklung der Landwirtschaft während des 11. Jahrhunderts war die deutlich hervortretende Vermehrung des Anbaus von Hülsenfrüchten, vor allem von Erbsen und Saubohnen.
Der normannische Chronist Ordericus Vitalis beklagt bei seiner Darstellung der Folgen einer Trockenheit, die die Normandie im Jahre 1094 zu erleiden hatte, die Vernichtung der Getreidekulturen und der angebauten Hülsenfrüchte. Ein Graf von Flandern, Karl der Gute, ergriff um das Jahr 1120 sogar obrigkeitliche Maßnahmen, um eine Hungersnot zu verhindern: Er schrieb vor, daß die Hälfte der zu bebauenden Ländereien für den Anbau von Erbsen und Saubohnen reserviert werden müsse.
Lynn White hat mit Recht betont, daß die Entwicklung des Anbaus von Hülsenfrüchten nicht nur die Quantität der Nahrungsmittel erhöht hat. Nach seiner Darlegung wurde in der Ernährung durch die Hinzufügung der in den Hülsenfrüchten enthaltenen Proteine (Eiweißstoffe) zu den Kohlehydraten, die den Nährwert des Getreides ausmachen, auch eine qualitative Verbesserung bewirkt.
Zudem hat es durch die technischen Verbesserungen wahrscheinlich auch größere Erträge gegeben.
Wir sind für all diese Fragen im wesentlichen auf Vermutungen oder rein logische Schlüsse aus isolierten Gegebenheiten angewiesen.[11] Doch steht bei alledem fest, daß die Ernteerträge, selbst bei höchst optimistischen Schätzungen, noch immer sehr klein waren.
Der Durchschnittsertrag für Weizen auf dem Lande bei Neufbourg in der Normandie beträgt gegenwärtig das Zwanzigfache der Aussaat, während er dort bis zum Beginn des 15. Jahrhun-

derts im Verhältnis zur Aussaat niemals über 3,2:1 hinauskam.
Nach Schätzungen von G. Duby war dies Verhältnis noch um das Jahr 1300 der Normalzustand, und doch war selbst dieser schwache Ertrag doppelt so groß wie der Durchschnittsertrag im 9. Jahrhundert!
Für die Tatsache, daß die Erträge des Anbaus sich vermehrt haben, gibt es einen nahezu allgemeingültigen Beweis: die Teilung der Hufen (*mansi*). Die Hufe war bekanntlich prinzipiell die Erwerbsquelle, auf deren Nutzung sich ein Familienhaushalt gründete. Doch die Entwicklung zeigte nunmehr eine Tendenz zur Teilung der Hufen[12] in kleinere Einheiten, von denen man trotz der Verminderung des Flächenumfanges annahm, daß ihre Nutzung einen Familienhaushalt tragen konnte.
Es bestanden je nach Region Unterschiede im Tempo der Zerbröckelung der Hufen. In der Normandie gab es schon im 11. Jahrhundert keine Hufen mehr, aber in vielen anderen Gebieten und Orten fand man sie noch im 12. Jahrhundert, und in Bayern erhielten sie sich noch viel länger.
Dieses Phänomen der Teilung von Hufen wurde von M. Perrin für Lothringen eingehend untersucht. Zwischen dem 9. und 12. Jahrhundert wurde dort die Hufe (*mansus*) durch das *quartier* (nur ein Viertel der Hufe umfassend) ersetzt. In England kam es zu der gleichen Entwicklung; dort trat an die Stelle des *hide* (Hufe) der *virgate* (ein Viertel des *hide*) als ländlicher Besitz, der eine Familie zu ernähren vermochte.
Aus dieser Entwicklung kann man aber nicht einfach auf eine Steigerung der landwirtschaftlichen Produktion um das Vierfache schließen. Vermutlich haben die Erbpächter ihr Produktionsgebiet durch Urbarmachung ausgedehnt. Die Produktionssteigerung der Landwirtschaft ist also auf zwei Ursachen zurückzuführen: Verbesserung der Methoden und der Technik einerseits, Urbarmachung von Ödland andererseits.
Wir kehren nunmehr zu unserem Ausgangspunkt zurück, dem Hinweis darauf, daß der technische Fortschritt das Bedürfnis an Handarbeit vermindert haben muß. Zu den bereits erwähnten Faktoren, die sich auf die Landwirtschaft bezogen, kam noch die im 11. Jahrhundert gesteigerte Nutzung der Wasserkraft. Die Wassermühle zum Mahlen des Korns geht natürlich auf viel frühere Epochen zurück, wurde aber erst im 10., 11. und 12. Jahrhundert in größerem Umfang verwendet. Sie ersetzte die alten Handmühlen: eine Entwicklung, deren schnelles Tempo auf das Eingreifen des Grundherrn zurückzuführen ist. Der Bau einer Wassermühle, deren Errichtung schon eine ziemlich starke Ortsgebundenheit der Beteiligten voraussetzte, war eine der frühesten Investitionsmöglichkeiten, die ein Grundherr in dem von uns vorgestellten Abschnitt des Mittelalters wahrneh-

men konnte, um bald zu risikolosen Erträgen zu kommen; er konnte ja kraft des von ihm usurpierten Bannrechtes alle seiner Macht faktisch oder rechtlich unterworfenen Menschen dazu zwingen, ihr Getreide ausschließlich in seiner Mühle mahlen zu lassen. Er erhob dafür natürlich eine Gebühr.

Bedeutsamer für die technische Entwicklung Europas im 11. Jahrhundert war die um das Jahr 1000 einsetzende Nutzung der Wasserkraft zu ganz anderen Zwecken als dem Mahlen von Korn; sie wurde vor allem im Textilgewerbe und bei der Eisenverarbeitung genutzt.

Im Textilgewerbe verwendete man Walkmühlen. Die ersten dieser Mühlen waren wohl diejenigen, die nach einer zeitgenössischen Quelle im Jahre 983 am Serchiofluß in der Toskana standen. Später gab es um das Jahr 1008 Walkmühlen in der Umgebung von Mailand, zwischen den Jahren 1040 und 1060 fanden sich solche Mühlen in Grenoble; im Jahre 1080 ist ihr Vorhandensein für die Umgebung von Rouen durch Zeugnisse belegt.

Bei der Eisenverarbeitung wurde die Wasserkraft, wie bereits angedeutet, ebenfalls genutzt: Hammerwerke und Eisenmühlen erhielten von ihr den Antrieb. Dies geht unter anderem aus dem bereits im Jahre 1010 erwähnten Ortsnamen Schmidmühle in der Oberpfalz hervor. Zweifellos stand dort eine Eisenmühle. Im Jahre 1086 zahlten zwei Mühlen in England ihre Abgaben durch Lieferung von Eisenstäben, woraus man ohne weiteres auf den Zweig ihrer Produktion schließen kann. Weitere Eisenmühlen gab es gegen Ende des 11. Jahrhunderts unweit Bayonne, und im Jahre 1116 werden sie für Issoudun, im Jahre 1138 für Katalonien durch Zeugnisse belegt.

III. SOZIALE DIFFERENZIERUNGEN AUF DEM LANDE

Wir wenden uns nunmehr wieder den großen Domänen zu und kommen damit fast automatisch vom rein wirtschaftlichen Gebiet zum Bereich der sozialen Entwicklungen.

Wir teilen die Ansicht von G. Duby, daß das Herrenland (*terra indominicata*) im 11. Jahrhundert weiterbestand.

Das Herrenland wurde, wie erwähnt, auch weiterhin direkt für den Grundherrn genutzt,[13] dem der Gesamtertrag zufloß. Das Herrenland der Domäne mußten Leute bearbeiten, die zum Hause des Grundherrn gehörten. Zu ihnen zählten die Ochsentreiber (*bouviers*), die in den Quellen des 11. Jahrhunderts schon früh erwähnt werden.[14]

Im wesentlichen bestand das Entgelt der Ochsentreiber in Lohn, in Nahrungsmitteln und in der Berechtigung, an bestimmten Tagen den Pflug ihres Herrn benutzen zu dürfen.

Die zuletzt genannte Entlohnung ist insofern bedeutsam, als

sich eine starke soziale Kluft zwischen dem ›Bearbeiter‹ (*laboureur*) und den Handarbeitern (*gens de bras*), das heißt, jenen Leuten aufzutun begann, die keine Verfügung über Arbeitstiere hatten und deren Gerät die Hacke war.[15] Die Handarbeiter konnten nicht darauf hoffen, auf eine höhere Stufe der sozialen Ordnung zu gelangen. Der Nutzen, den die technischen Verbesserungen brachten, kam nur denen zugute, die ihre Arbeit »mit Ochsen und anderen Arbeitstieren« machten. Diese Unterscheidung war im Norden stärker ausgeprägt als in Südeuropa, wo sich die primitive, von Laien ohne Schwierigkeiten selbst herzustellende Holzpflug – das im fünften Kapitel unseres Buches beschriebene *aratrum* – weiterhin hielt. Aus der Differenzierung aber kann man auf wachsende soziale Unterschiede innerhalb der Dorfgemeinschaft schließen. Wahrscheinlich wurden jene einfachen bäuerlichen Menschen, die, je nach ihrer Tätigkeit verschieden bezeichnet, nur Handarbeit leisteten und sich dabei nicht einmal zeitweilig und leihweise eines Arbeitstieres bedienen konnten, geringer geschätzt als vorher.

Doch das wirtschaftlich-politische System, bei dem der Grundherr auch Kastellan und Usurpator der öffentlichen Hoheitsrechte in seinem Bezirk war, führte auf dem landwirtschaftlichen Sektor nicht nur eine soziale Differenzierung herbei, sondern eröffnete auch Aufstiegsmöglichkeiten. Sie beruhten darauf, daß der große Grundeigentümer, der zugleich Hoheitsträger seiner Region war, in wachsendem Maße Mittelspersonen für seine Tätigkeitsbereiche brauchte. Diese Leute, auf dem Gebiet der landwirtschaftlichen Nutzung des Herrenlandes (*terra indominicata*) schon früher unentbehrlich, blieben es weiterhin; denn der Grundherr hatte wohl kaum Lust, sich persönlich mit der Organisation dieser Nutzung seines Herrenlandes zu befassen.

Er beauftragte damit also irgendeinen seiner Leute. Dieser Beauftragte (*villicus* oder Meier) war höchstwahrscheinlich ein Unfreier. Doch seine Funktionen und bald auch seine Vermögensumstände – die Gelegenheit, sich bei seiner Tätigkeit zu bereichern, war sehr mannigfaltig – hoben ihn von dem durchschnittlichen Unfreien sofort ab. So sehen wir bei dem *villicus* einen hervorstechenden Fall sozialen Aufstiegs über die Anfangsgrundlage der ausgeübten Funktion hinaus. Dieser Aufstieg muß recht oft erfolgt sein; er muß auf den kirchlichen Domänen noch häufiger vorgekommen sein als auf denen der weltlichen Grundherren.

Doch gab es auch noch andere Fälle sozialen Aufstiegs[16] von Unfreien als den oft vorkommenden Aufstieg des *villicus*. In dem neuartigen Machtsystem der Grundherren, die in ihrer Region Hoheitsrechte ausübten, trat überhaupt die Tendenz hervor, immer mehr Mittelsmänner für verschiedene Zwecke zu

verwenden. Ein solcher Grundherr kassierte die oben erwähnten Abgaben natürlich nicht selbst. Mit Ausnahme von England, wo die großen Besitztümer stärker verstreut und also weiter auseinander lagen, gab es in Europa nunmehr zahlreiche *servientes*, das heißt Leute, die dem Grundherrn für verschiedene komplexe Funktionen dienlich waren und dadurch soziale Aufstiegsmöglichkeiten erhielten.
Sie kassierten die Zölle an den Brücken und auf den Märkten, nahmen die Bußezahlungen im Auftrage des Grundherrn ein und bewerkstelligten für ihn die Beschlagnahmungen und die im Zusammenhang mit militärischen Bedürfnissen angeordneten Requisitionen.
Auch gab es im Bereich der Grundherrschaft noch andere Aufgaben, die den mit ihrer Erfüllung Beauftragten Aufstiegsmöglichkeiten verschafften. Die Tätigkeiten des Försters und des Müllers gehörten dazu.
Diejenigen, denen derartige Funktionen übertragen worden waren, erhielten meistens ein Stück Land, ohne etwas dafür zahlen zu müssen; sie bekamen außerdem fast immer einen Prozentsatz dessen, was sie für den Grundherrn einnahmen. Das Amt dieser Männer wurde erblich. So wurden sie reich, erwarben Privateigentum, das sie frei verwenden konnten (Allod), und nahmen nunmehr selber *servientes* in Dienst, die für sie arbeiteten. Es entstand auf diese Weise allmählich eine soziale Gruppe von wohlhabenden Unfreien, die lukrative Funktionen erfüllten und die bis dahin unumstrittene wirtschaftliche Positionen des Grundherrn einfach dadurch bedrohten, daß sie selbst reich geworden waren.
Wir haben im Zusammenhang mit dem System der Grundherrschaft hoheitlichen Charakters auf gewisse von diesem System untrennbare Elemente hingewiesen, die zu einem Aufstieg von manchen Unfreien führten.
Ebenso wie einst unter Karl dem Großen Fälle vorkamen, in denen Unfreie Grafen wurden, gab es jetzt Unfreie, die Ritter wurden und zuweilen zu großem Vermögen gelangten. Sie verdankten den Aufstieg zu Rittern wahrscheinlich gewissen Aufträgen, beispielsweise dem Überbringen von Botschaften zu Pferde oder der Zugehörigkeit zur Gefolgschaft des Herrn im Kampf.
Zwar gehörten diese Funktionen an sich ohnehin zu den Pflichten der Unfreien, jedoch im Kriege und in Fehden konnten diese Männer ihren besonderen Wert beweisen. Ein Beispiel hierfür findet man in den kurz vor dem Jahre 1000 geschriebenen, vielleicht zutreffenden Hinweisen des alten Historikers Richer von Saint-Remi über den Stallknecht Agasio, der möglicherweise der Ahnherr der Grafen von Blois war.
Tatsächlich stiegen Unfreie durchaus nicht selten zu sehr hohem

sozialen Rang auf und verschafften ihren Familien vorübergehend oder dauernd eine starke Position. Ein Beispiel bietet eine zeitweilig sehr mächtige Familie Flanderns: das um das Jahr 1070 emporgekommene, aber nach der (von dieser Familie ausgegangenen) Mordtat an Graf Karl dem Guten von Flandern im Jahre 1127 fast ausgerottete Geschlecht der Erembald.[17] In Frankreich gehörte die Familie Garlande, in England die Familie Rogers von Salisbury zu den einflußreichen, im Dienste eines Machthabers groß gewordenen Geschlechtern unfreien Ursprungs.

IV. DIE HANDWERKER

Für die Unfreien bestand noch eine weitere soziale Aufstiegsmöglichkeit: das Handwerk. In der Gemeinschaft der Domäne und des Dorfes mußte jeder Bauer auch ein wenig Handwerker sein. Es gab dort nur in sehr seltenen Ausnahmefällen spezialisierte Handwerker. Der Bauer mußte sie ersetzen. Unter diesen Umständen war der Übergang zu einem ganz bestimmten Handwerk, das etwas einbrachte, leicht möglich. Die Lage begünstigte solche Umstellungen. Es war ja ganz einfach, wenn man sich ein Brot buk, noch ein paar weitere dazu zu backen und sie zu verkaufen. Auf diese Weise wurde man unmerklich zum Berufsbäcker. Auf ähnliche Art konnte man auch zum Köhler werden, wenn man in den Wäldern Holzkohle erzeugte. Die Quellentexte des 11. Jahrhunderts beschreiben Köhler, die ihre Holzkohle den Schmieden im nächstgelegenen kleinen Marktflecken anboten. Auch werden in diesen Quellentexten Köhler erwähnt, die ihre Holzkohle *per rura et oppida* (in Landgebieten und Städten) verkauften.[18]

Wer von Köhlern spricht, denkt sogleich auch an die Schmiede. Diese Schmiede im weitesten Sinne des Wortes (Hufschmiede, Verfertiger von landwirtschaftlichen Geräten, Pflugeisen, Nadeln und zahllosen Gegenständen des täglichen Gebrauchs) lebten auf dem Lande und in städtischen Ortschaften,[19] wo es auch noch viele Handwerker anderer Art gab, die von der Verarbeitung des Holzes, Leders usw. lebten. Woher kamen aber alle diese Handwerker? Ein Teil, vielleicht sogar alle, waren ehemalige Unfreie oder Abkömmlinge von Unfreien.

Wir erwähnten in diesem Kapitel bereits, daß sich im 10. und noch mehr im 11. Jahrhundert auf dem Lande starke soziale Umschichtungen anbahnten. Die dortige Gesellschaft begann sich zu differenzieren. Neben der herrschenden Schicht der Grundherren und Barone kam auf dem Lande eine Mittelschicht auf, die sich aus den mit Haustieren arbeitenden Bebauern des Landes, den Funktionären des Grundherrn und den Handwerkern zusammensetzte. Diese mittlere Gruppe stand über der Unterschicht: allen Landarbeitern, die kein Arbeitstier zur Verfügung hatten, sowie jenen Unfreien, die sozial auf keine höhere Stufe zu gelangen vermochten.

V. DIE LETZTEN HUNGERSNÖTE

Wir haben oben, bei der Darstellung der Situation, in der sich die Bauern in der Karolingerzeit befanden, gesagt, daß der Mensch des 9. Jahrhunderts fast immer an der Schwelle des Hungers lebte. Wie es scheint, ändert sich das im 11. Jahrhundert: unter der Wirkung der agrarischen Revolution kommen die Produktion auf der einen und die Bedürfnisse auf der andern Seite ins Gleichgewicht. So sollte es zwei Jahrhunderte lang bleiben.

VI. VON VENEDIG NACH VENEDIG

a) Das westliche Mittelmeer

Gegen Ende des 10. Jahrhunderts kam es zu wichtigen Wandlungen im Gebiet des westlichen Mittelmeeres.
Zunächst wurden die sarazenischen Seeräuber, die sich während eines großen Teils des 10. Jahrhunderts in La Garde-Fraînet (unweit Fréjus) gehalten und die Gebiete an der Rhone ungestraft verwüstet hatten,[20] im Jahre 972 endlich verjagt. Viel entscheidender aber war die gegen Ende des 10. Jahrhunderts erfolgte Verlegung des Sitzes der Fatimiden von Kairuan (Tunesien) in das weiter östlich gelegene Kairo, was eine erhebliche Schwächung der Seemacht des Islams im westlichen Mittelmeergebiet bedeutete.
So kam es in Westeuropa zu einer Gegenoffensive gegen die Moslems.[21] Sie ging von jenen norditalienischen Seestädten aus, die bis dahin von der großen Handelsschiffahrt ausgeschlossen waren.
Eine aus byzantinischen und pisanischen Schiffen bestehende Flotte bedrängte schon im Jahre 975 Messina. Pisa und Genua verbündeten sich im Jahre 1016 und griffen die Araber in Sardinien und Korsika erfolgreich an. Der Handel dieser beiden italienischen Städte dehnte sich schnell aus, da ihre Schiffahrt nun kaum mehr behindert wurde. Ein Schriftsteller beschrieb Pisa im Jahre 1063 als eine reiche Stadt, deren Schiffe die Häfen von Sizilien und Afrika anliefen. In Pisa trafen sich laut diesem Bericht Kaufleute aller Nationen, Christen und Ungläubige, um Geschäfte abzuwickeln.
Allerdings haben sich Pisa und Genua zu jener Zeit wohl noch

nicht an den Handel auf sehr weite Entfernungen herangewagt; aber man erkennt doch klar, daß die ligurische Küste damals zu neuem Leben erwachte, und das gleiche läßt sich auch für den Südosten Frankreichs feststellen.

b) Rußland und die Ostseeländer

Jenseits von Byzanz begann bekanntlich der Handelsweg, der das Schwarze Meer und die Ostsee miteinander verband und den europäischen Kontinent in seiner ganzen Ausdehnung durchlief. Auch hier gab es Änderungen; ein Phänomen, das nunmehr zu behandeln ist, macht sie deutlich.
Starken Einfluß auf die historische Betrachtung der Wirtschaft in der Karolingerzeit haben seit dem 19. Jahrhundert die Funde sehr großer Massen von arabischen Münzen in Skandinavien, in Nordrußland und in manchen Teilen Polens ausgeübt. Die gedanklichen Spekulationen, die sich an diese Funde knüpften, haben aber jäh aufgehört, als man erkannte, daß die gefundenen Münzen fast ausnahmslos Geldstücke aus dem Machtbereich der Samanidendynastie, das heißt aus Buchara und Samarkand in Turkestan waren. Die übrigen arabischen Münzen, die zu den Funden gehörten, stammten aus dem Abbasidenreich. Keine aber kam aus den Prägestätten, die zu den weiter westlich gelegenen arabischen oder doch in arabischer Hand befindlichen Ländern gehörten.[22] Die Quellentexte aus dem 10. Jahrhundert betonen besonders, daß die schwedischen Kaufleute (Waräger), die zweifellos mit den Moslems Asiens Handel trieben, am liebsten in gemünztem Geld bezahlt werden wollten.[23] Die Daten der Prägung der arabischen Münzen, die man in Nordrußland, Schweden und Polen fand, erstreckten sich auf die Zeit vom 9. Jahrhundert an bis zum Ende des 10. Jahrhunderts.[24]
Diese Daten auf den gefundenen Münzen klären uns über die Zeit des transkontinentalen Handels mit der Welt der Moslems auf. Das Ende, also die Zeit um das Jahr 1000, ist ein Anhaltspunkt dafür, daß damals eine fundamentale Veränderung vor sich gegangen sein muß. Sie muß um so größer gewesen sein, als seit dem Ende des 10. Jahrhunderts nicht nur der Zufluß der arabischen Münzen nach Skandinavien und Osteuropa aufhörte, sondern auch — wie aus den Funden hervorgeht — deutsche Münzen an die Stelle der arabischen traten.
Man hat für das Aufhören des Zuflusses von arabischen Dirhems Erklärungen vorgebracht, die unterschiedlich sind, einander aber nicht notwendig widersprechen.[25] Einige Historiker wiesen auf eine Krise der arabischen Staaten in Transoxanien hin. Andere betonten die tatsächlich bedeutenden politischen Wandlungen in den Ländern am Kaspischen Meer. Die Russen haben unter dem Rurikiden Swjatoslaw im Jahre 966 das Reich

der Chazaren vernichtet, die die traditionellen Vermittler des Handels mit den in Asien seßhaften Moslems gewesen waren und deren Staat zugleich einen Schutzschild gebildet hatte, der die russische Welt bis dahin vor zwei mächtigen asiatischen Völkern — den Kumanen (Polovzern) und Petschenegen — bewahrt hatte. Diese beiden Stämmen stießen nunmehr vor, und aller Wahrscheinlichkeit nach wurde dadurch der traditionelle Handelsverkehr zwischen den Warägern, die Rußland beherrschten, und den Mohammedanern Asiens unterbrochen. Die Handelsbeziehungen stellten sich nie wieder her, und damit war das mächtige System des Güterverkehrs, der über den ganzen Kontinent ging, eines wesentlichen Elementes beraubt. Vergebens versuchten die Schweden, durch kriegerische Expeditionen nach Rußland die verlorengegangene Verbindung zu Särkland (den von Moslems bewohnten asiatischen Gebieten) wiederherzustellen. Das ungefähre Datum der letzten dieser kriegerischen Expeditionen ist bekannt; denn um das Jahr 1040 wurden an Steinen Runeninschriften angebracht, in denen die Schweden der bei der Expedition nach Rußland gefallenen Krieger gedachten.[26]

Natürlich blieben die Verbindungen Schwedens mit Byzanz weiter bestehen, doch spricht alles dafür, daß der zugrunde gegangene Handel mit den asiatischen Moslems für Schweden viel bedeutender gewesen war. Es trat somit ein erheblicher Rückschlag in der wirtschaftlichen Aktivität Schwedens ein, und dies wirkte sich in den Ostseeländern stark aus.

Die Wohlfahrt Schwedens schwand nach dem Ende des Handels mit den asiatischen Moslems bald dahin. Zu den sehr verschiedenen Wirkungen dieser Verarmung gehörte es auch, daß Birka um das Jahr 970 zu völliger Bedeutungslosigkeit herabsank.

Vor allem aber nahm auch Schwedens geschichtliche Bedeutung ab.[27] Zwar hatte Schweden auch schon vorher im Schatten der europäischen Geschichte gestanden, doch dies lag vor allem daran, daß das von den russischen Angelegenheiten beanspruchte Land eben durch diese Hinwendung zu den ostslawischen Gebieten die Aufmerksamkeit der Historiker des Westens nicht auf sich lenkte. In Wirklichkeit war Schweden im 10. Jahrhundert ein blühendes und wohlhabendes Land; aber die Verborgenheit, in der es seit dem 11. Jahrhundert lebte, rührte von dem politischen und wirtschaftlichen Machtverfall und dem damit verbundenen Verlust an Einfluß her. Der politische Abstieg zeigte sich darin, daß von allen skandinavischen Gebieten allein Schweden im 11. und faktisch sogar im 12. Jahrhundert außerstande war, eine mit nennenswerter zentraler Regierungsgewalt ausgestattete, im ganzen Lande anerkannte Monarchie hervorzubringen.[28]

Diese Monarchie kam erst in der Mitte des 13. Jahrhunderts zustande, obwohl Schweden im 11. Jahrhundert einen bedeu-

tenden König besaß: Olav Schoßkönig[28a], der als erster schwedische Münzen prägen ließ und ein Steuersystem einführte. Das Christentum verbreitete sich, wenngleich Olav Schoßkönig im Jahre 1008 die Taufe empfing, in Schweden langsamer als in den anderen nordischen Ländern. Dies ging teilweise darauf zurück, daß es sich in Schweden nicht, wie in seinen Nachbargebieten, um eine Bekehrung des Königs mit mehr oder weniger automatischer Christianisierung seines Volkes handelte, sondern eher um eine Auswirkung verschiedener Einzelbemühungen ohne zentralen Ausgangspunkt. Die Dynastie wagte denn auch nicht, entschieden Stellung zu nehmen, und lehnte sogar eine Zerstörung der großen heidnischen Kultstätte in Uppsala ab.
Damals hat Schweden, wie man wohl trotz der Dürftigkeit der Quellen für diese Epoche seiner Geschichte annehmen darf, die Kontrolle über die östlichen Gebiete der Ostsee verloren, doch lockerte sich anscheinend auch Schwedens Zugriff auf Gotland, Kurland und das Samland (in Ostpreußen) erheblich.
Die Handelsschiffahrt nach Rußland mied nunmehr Schweden.[29] Alles spricht dafür, daß das Land seit dem 10. Jahrhundert wirtschaftlich hinter der früheren Entwicklung zurückblieb. Von einer Stadtentwicklung, wie sie überall, auch im übrigen Skandinavien, vor sich ging, ist kaum die Rede. Nur Sigtuna am Mälarsee bildete eine Ausnahme und trat die Nachfolge von Birka an. Doch war Sigtuna – auch darin zeigte sich Schwedens wirtschaftlicher Verfall – weit weniger bedeutend, als Birka gewesen war, und ging im Laufe des 11. Jahrhunderts ein.
Die Insel Gotland hat aus dem Rückgang Schwedens Nutzen gezogen. Die Seerouten in der Ostsee wurden nach wie vor benutzt, erhielten aber einen etwas anderen Verlauf. Man ließ das eigentliche Schweden abseits liegen, Gotland aber häufte auch weiterhin Schätze an. In 687 Schatzfunden wurden dort insgesamt 36 000 deutsche, 19 000 angelsächsische, mehr als 1000 dänische, 115 schwedische, 400 byzantinische sowie polnische, böhmische und ungarische Geldmünzen entdeckt.[30] Gleichwohl ist unter den in Gotland gefundenen Münzen aus dem 11. Jahrhundert kein einziges samanidisches Stück mehr; die jüngste dieser Münzen datiert aus dem Jahre 985. Man fand allerdings auch einige Münzen aus mehr westlich gelegenen arabischen Gebieten, doch sie gehören sämtlich einer Epoche an, die mit dem Anfang des 11. Jahrhunderts zu Ende ging. Der Handel mit den Moslems in Asien war seitdem erloschen. Aber Gotland lag an der großen Handelsstraße, die hauptsächlich von deutschen und angelsächsischen Kaufleuten benutzt wird.
Für das Bestehen enger Beziehungen zwischen den östlichen Ostseeländern und den Nordseegebieten gibt es unwiderlegliche Beweise. Ein bedeutender Anhaltspunkt ist das Vorherrschen des

angelsächsischen Münzwesens. Die ältesten schwedischen Münzen waren Nachahmungen des angelsächsischen Geldes; sie wurden wahrscheinlich von aus England stammenden Münzmeistern geprägt.[31] Auch fand man in Schweden sehr viele echte angelsächsische und sogar irische Geldstücke.[32] Außerdem gab es in Sigtuna, der Nachfolgerin von Birka, noch eine Gilde friesischer Kaufleute.
Seit dem Ende des 11. Jahrhunderts veränderten sich die Routen des skandinavischen Handels erheblich. Der alte Handelsweg durch die Halbinsel Jütland von Hedeby nach Ripen (Ribe) an der Nordsee blieb allerdings auch nach dem in innerskandinavischen Kämpfen erfolgten Untergang Hedebys (Haithabus) bestehen; aber die Handelsschiffe mit größerem Fassungsvermögen, wie man sie jetzt zu bauen vermochte, nahmen statt der Jütland-Route den Weg über das Skagerrak und das Kattegatt. Man kann hieraus schließen, daß sich der Handel zwischen den Ostseeländern und den Gebieten an der Nordsee erheblich vergrößerte.[33]

c) Die Nordsee und Westeuropa

Das Vorhandensein vielfältiger Beziehungen zwischen den zum größten Teil bereits zu Christen gewordenen Bewohnern der Ostseeküsten und den Völkern an der Nordsee steht also fest. Daß es solche Beziehungen auch zwischen den skandinavischen Staaten und dem angelsächsischen England gab, bedarf keines Beweises, waren doch Dänemark und England unter Knut dem Großen seit 1016 zu einem Staat zusammengeschlossen: eine Vereinigung, die schließlich sogar Norwegen und Schottland umfaßte, aber den Schöpfer dieses Reiches nur um sieben Jahre überdauerte und im Jahre 1042 ihr Ende fand. Die Skandinavier standen aber auch mit Irland in einem Kontakt, der nicht immer friedlich war, ja sogar zu kriegerischen Auseinandersetzungen führte. Wir weisen hierzu auf die berühmte Niederlage hin, die die Skandinavier bei Clontarf im Jahre 1014 durch die Iren erlitten.
Daneben gab es damals mannigfache Beziehungen zwischen dem angelsächsischen England und den anderen europäischen Ländern. Das Londoner Zollverzeichnis, das unter König Ethelred im Jahre 1000 aufgestellt wurde,[34] vermeldete »Untertanen des Kaisers«, das heißt deutsche Kaufleute, die auf ihren Schiffen Handelsware mitführten; sie kauften in London Wolle sowie Öle oder Fette ein und verkauften dort graue oder braune Tuche, Pfeffer und Essig.
Nach London kamen auch »Leute aus Huy und Lüttich«, das heißt Kaufleute aus den Maasstädten sowie Handeltreibende aus

Nivelles (Brabant). Ferner nannte das Londoner Zollverzeichnis noch Kaufleute aus Flandern, Ponthieu und Frankreich. Die Weinhändler aus Rouen, die in London Wein, Fischbein und sehr fetthaltige Speisefische verkauften, wurden gesondert aufgeführt.

Das Zollverzeichnis von Koblenz[35] enthüllt uns eine bedeutsame Handelsroute der Kaufleute, die Waren zu Schiff beförderten: Es spricht von Kaufleuten, die an der Schelde, an der Maas und am Rhein seßhaft waren.

Dem Londoner Zollverzeichnis kann man noch manches entnehmen. Das angelsächsische England importierte Wein, den die »Leute aus Rouen« zu Schiff nach der Insel brachten.

Aber auch die die Rheinroute wählenden Schiffe aus Flandern und dem Maasgebiet waren mit Wein befrachtet. Wir wissen ferner, daß es einen intensiven Weinhandel zwischen Flandern und Laon gab. Schon im ersten Teil unseres Buches haben wir erwähnt, daß der Wein auch in Kleinmaßen auf den Märkten feilgeboten wurde.

Kurzum, der Wein war eines der wichtigsten Erzeugnisse, von denen sich quellenmäßig belegen läßt, daß sie in relativ großem Umfang gehandelt wurden.

Wir müssen hier allerdings darauf hinweisen, daß die Wasserwege seit der Mitte des 11. Jahrhunderts ihre früher so einzigartige Überlegenheit über die Landwege, jedenfalls als Handelsrouten, einzubüßen begannen. Zum erstenmal seit der Antike gewannen die Landwege für den Handel wieder wirkliche Bedeutung. So kam zwischen Köln und Brügge eine direkte Landverbindung zustande, die teilweise mit der einstigen Römerstraße von Boulogne nach Köln identisch war.[36]

Dieser Landweg verband nun den Handel in den Gebieten von Rhein, Maas und Schelde mit dem Handel der Angelsachsen, was wir dem Londoner Zollverzeichnis entnehmen können.[37]

Die Spanische Mark war die Durchgangszone zwischen der christlichen Welt und der Welt des Islams in Spanien; doch zugleich bestanden auch intensive Beziehungen zwischen der Spanischen Mark und Rom.[38] Überdies lief ein ganzes Bündel von Handelswegen auf Italien zu: die *Honorantiae* (*Honorancie*) *civitatis Paviae*, ein um das Jahr 1030 endgültig redigierter Text, erwähnen die Zollfreiheit für die Waren englischer Kaufleute an den Eingangsstellen Italiens – eine Vergünstigung, die sich auf einen Handelsvertrag gründete, der im Jahre 1027 zwischen König Knut dem Großen von England und Dänemark einerseits und Konrad II., dem deutschen Kaiser und König von Italien, andererseits geschlossen worden war. Der Abschluß eines solchen Vertrages wäre sinnlos gewesen, wenn nicht angelsächsische Kaufleute in häufigen und regelmäßigen Reisen Waren nach Italien gebracht hätten.

Die *Honorantiae civitatis Paviae* erwähnen auch die anderen Kaufleute, denen, — im Gegensatz zu den angelsächsischen Händlern — keine Zollfreiheit gewährt war. Diese Kaufleute betraten Italien an Stellen, die über ein vom Paß von Susa (unweit des Mont Cenis) über den Lago Maggiore und den Comer See bis nach Friaul (Aquileja) reichendes Gebiet verteilt waren. Die Kaufleute, von denen die *Honorantiae civitatis Paviae* hier reden, kamen offensichtlich aus Frankreich und Deutschland mit ihren Gütern nach Italien. Zu den mit dem Zehnten als Zollabgabe belegten Waren gehörten, wie sich aus einer Aufzählung ergibt, Pferde, Sklaven beiderlei Geschlechts, Tuche, Wolle, Leinen, Zinn und Schwerter.

Die Existenz intensiver Handelsbeziehungen zwischen Frankreich und der venezianischen Welt läßt sich eindeutig unter anderem daran erkennen, daß französische Abteien in Pavia und den anderen Zwischenstationen *cellae* (Speicherräume für Waren) erwarben.[39]

VII. DER AUFSTIEG DER STÄDTE

Der hier behandelten Epoche war eine starke städtische Entwicklung eigentümlich, deren Wurzeln allerdings auf viel frühere Zeiten zurückgehen.

Charakteristisch für diesen Aufschwung der städtischen Ortschaften ist die geradezu explosive Entwicklung des *burgus*. Ursprünglich bezeichnete dieser Name eine Befestigung — in der deutschen Sprache hat das Wort diese Bedeutung noch behalten —, und daraus ist das französische *bourg* in der Bedeutung von ›Ortschaft‹ oder ›Marktflecken‹ entstanden.[40]

Es handelt sich, allgemein gesagt, um ein Viertel, das vorwiegend zu wirtschaftlichen Zwecken erbaut wurde. Manchmal wurde der *burgus* innerhalb einer *civitas* (ein auf die römische Kaiserzeit zurückgehender Bezirk, dessen Verwaltungszentrum ebenfalls *civitas* genannt wurde) errichtet, meistens erbaute man den *burgus* aber in unmittelbarer Nähe eines befestigten Kastells, einer *civitas* oder einer Abtei. In wieder anderen, nicht so häufigen Fällen wurde der *burgus* in eine rein ländliche Umgebung hineingebaut.

Wenn der *burgus* sich an eine *civitas*, an ein Kloster oder an ein befestigtes Kastell anlehnte, nannte man ihn *forisburgus* (Außenburgus, *faubourg*).

Die Entwicklung der *burgi*, in den letzten Jahren Gegenstand vieler sorgfältiger Forschungen, ist gegenwärtig klar erkennbar.[41]

Die Historikerin Traute Endemann hat nachgewiesen, daß der älteste *burgus* um das Jahr 700 erwähnt wurde, ein zweiter, strukturell schon recht klar erkennbarer in der Mitte des 8. Jahrhunderts und ein dritter, in dem die wesentlichen und später allgemeinen Merkmale bereits stark ausgebildet waren, im Jahre 816. Seit der Mitte des 9. Jahrhunderts vervielfachte sich die Anzahl der *burgi*. So entstanden damals der *burgus* bei der Abtei Saint-Bénigne in Dijon, ein weiterer bei der Abtei Saint-Martin in Tours sowie die beiden *burgi* in Orléans und der durch die Saône von der *civitas* geschiedene *burgus* von Lyon. Diese *burgi* waren noch auf den Konsumentenkreis der Ortschaft (auf eine *civitas* mit Bischofssitz oder auf ein Kastell des faktischen Trägers der Hoheitsmacht) bezogen, an die sie sich anlehnten. In der zweiten Hälfte des 9. Jahrhunderts aber gab es mehrere selbständige, von jenen Konsumentenkreisen also unabhängige *burgi*. Im Laufe des 10. Jahrhunderts entstanden viele, in den Quellen genannte *burgi*. Auch gab es damals eine gewisse Anzahl von *burgi*, die in ländlicher Umgebung erbaut wurden (*bourgs ruraux*). Im 11. Jahrhundert wurden so viele *burgi* errichtet, daß die Aufzählung den Leser ermüden würde. Praktisch hatte jede *civitas*, jede Abtei, jedes Kastell, jeder *portus* (Handelsplatz) ›seinen‹ *burgus* oder häufiger ›seine‹ *burgi*.

Was aber ist das Wesen des *burgus*? Seit einiger Zeit haben sich verschiedene Historiker um Definitionen bemüht.[42] Sie ermittelten, daß in den *burgi* Beschäftigte der stark entwickelten Gewerbe lebten: sehr spezialisierte Handwerker, die ja für jede nichtagrarische Gesellschaft unentbehrlich sind. Vor allem aber gab es in den *burgi* reisende Kaufleute (*mercatores transeuntes*, *mercatores cursarii*), das heißt Kaufleute, die keinen Wohnsitz im *burgus* hatten; doch fand man im *burgus* auch ›bleibende‹ Kaufleute, die dort ständig wohnten. Häufig beherbergte der *burgus* auch Leute, die berufsmäßig mit Geld und mit wertvollen Metallen zu tun hatten: Goldschmiede, Geldwechsler, Geldverleiher mit hohen Zinssätzen (ihr Gewerbe galt damals als Wucher). Man fand in den *burgi* denn auch Juden, die das kirchliche Zinsverbot nicht, wie die Christen, zu umgehen brauchten, da es auf Nichtchristen unanwendbar war.

Natürlich bestanden zwischen den *burgi* kleine, auf bloße Varianten hinauslaufende, und zuweilen auch sehr große Verschiedenheiten. Doch im wesentlichen unterschied sich die Zusammensetzung der Bevölkerung in den *burgi*, soweit sie zur Entwicklung gelangten, nicht allzu stark von jenen Elementen, die auch in der Bevölkerung der älteren ›Städte‹ (*civitates*) vertreten waren.

Im ganzen gesehen, wenn auch nicht in jedem Einzelfall, war die Bewegung, die sich in der Verbreitung der *burgi* äußerte, nichts anderes als eine Erscheinungsform städtischer Expansion. Tatsächlich kam es zu einer immer stärkeren Angleichung des *burgus* oder *forisburgus* an die Stadt, an die es sich anlehnte.

Man kann sich also auf die bedeutsame Feststellung beschränken, daß die Errichtung vieler *burgi* in der zweiten Hälfte des 10. Jahrhunderts nur einer der vielen Aspekte einer allgemeinen Tendenz zur Ausbreitung und Verbreitung städtisch geprägter Ortschaften war. Selbstverständlich haben wir es bei der in Nordfrankreich damals häufiger werdenden Errichtung von *suburbia*[43] (Vorstädten) mit demselben Vorgang zu tun.

Es gab jedoch noch eine andere Bewegung mit gleicher Tendenz: die der *sauvetés* oder ›neuen Städte‹.[44] Die *sauvetés* sind mit den ›neuen Städten‹ im wesentlichen identisch. Die Unterschiede sind nur geographischer Natur; die *sauvetés* beschränkten sich nämlich auf das Gebiet zwischen den Pyrenäen und der Garonne mit einem Ausläufer nach Norden: ins Bordelais.

Die Gründung der *sauvetés* oder ›neuen Städte‹ entsprach dem Wunsch, ein bestimmtes, genau abgegrenztes Gebiet als Ortschaft mit Menschen zu besiedeln. Man wollte dieses Gebiet wertmäßig erschließen. Das Mittel, Menschen zur Ansiedlung an einer bestimmten Stelle zu bewegen, ist letzten Endes stets das gleiche: eine Zusicherung von Vorteilen. Der Tatsache, daß solche Zusicherungen gegeben wurden, kann man entnehmen, daß es ein Bevölkerungselement gab, das geeignet und geneigt war, gewisse Vorteile auszunutzen. Zu diesen gehörten, was angesichts ihrer häufigen Zusicherung betont werden muß, das Asylrecht und das Recht, im Verhältnis zum Grundeigentümer ein freier Mann zu sein. Das Asylrecht bedeutete, daß Menschen, die vor der Justiz flohen, ausdrücklich das Recht zu dauerndem Aufenthalt an für sie reservierten Ortschaften, eben den *sauvetés*, zugesagt wurde, wodurch sie vor Verfolgungen geschützt waren. Daß man sich um solche Leute bemühte, zeigt, wieviel den Grundeigentümern daran lag, ihren Besitz mit Menschen zu bevölkern. Darüber hinaus aber findet man solche Gesichtspunkte nicht nur in den Zusicherungen für die Besiedlung der ›neuen Städte‹ und der *sauvetés*, sondern auch in den Freibriefen für die älteren Städtebildungen. Ein Beispiel hierfür ist der Freibrief — auch Handfeste genannt —, den der Bischof von Lüttich im Jahre 1066 der Stadt Huy verlieh.

Die ›neuen Städte‹ und die *sauvetés* entstanden fast gleichzeitig in der Mitte des 11. Jahrhunderts. Die *burgi* waren weit älter, doch auch sie waren bewußt zu bestimmten Zwecken gegründet worden.

Der Zweck einer Beschaffung der unentbehrlichen Dienste genügt schon zur Erklärung dafür, daß sehr viele *burgi*, in erster Linie natürlich die *forisburgi* (*faubourgs*), in unmittelbarer Nähe einer Abtei oder einer *civitas* (die Bischofssitz war) gegründet worden sind. Das bekannte Beispiel von Saint-Riquier beweist, daß eine Klostergemeinschaft viele Handwerker und zahlreiche Dienste anderer Art nötig hatte; und — eine interessante Einzelheit —: bei Saint-Riquier ist die überlegte und systematische Gründung dieser kleinen Stadt (das Wort *burgus* taucht nicht auf, aber es handelt sich in jeder Beziehung um einen *forisburgus*) durch die Abtei selber offensichtlich.

Andere Motive für die Gründung eines *burgus*, einer ›neuen Stadt‹ oder einer *sauveté* entsprangen militärischen Überlegungen. Man konnte ein Interesse daran haben, eine befestigte Ortschaft, die an einer Grenze lag, nicht menschenleer zu lassen. Hierin ist der Grund für die Entstehung des Ortes zu sehen, der die allerfrüheste unter den uns bekannten ›neuen Städten‹ ist: die um das Jahr 1070 in der Grafschaft Flandern gegründete Stadt Geerardsbergen (Grammont).

Forisburgi und *suburbia*, *burgi* in sonst ländlichen Gebieten, *sauvetés* und ›neue Städte‹ — sie alle sind letzten Endes aus gleichartigen Motiven der Gründer heraus entstanden, wenn auch Unterschiede in Einzelheiten sogar bei Ortschaften gleicher Art festzustellen sind.

Dies alles wäre nicht möglich gewesen, wenn solche Planungen nicht eine gewisse Resonanz gefunden hätten. Die Gründung einer ›neuen Stadt‹, eines *burgus* oder einer *sauveté* bedeutete ja einen Aufruf, daß ein bestimmter Teil der Bevölkerung sich dort niederlassen sollte. Ohne begründete Aussichten, daß diesem Aufruf Gehör gegeben würde, wäre er gewiß nicht erfolgt. Man darf nicht außer acht lassen, daß sich im Entstehen von manchen der damaligen neuen Ansiedlungen, zumindest im Entstehen der *forisburgi*, eine starke Ausdehnungstendenz der städtischen Lebensform überhaupt ausdrückte. Dies läßt sich an dem Auftrieb erkennen, den in der Zeit der Neugründungen auch die alten, auf die Antike zurückgehenden städtischen Zentren erfuhren und der sich überall beobachten läßt.

VIII. DIE ENTWICKLUNG DER STÄDTE

Die Städte Italiens waren im 11. Jahrhundert so groß, so sehr entwickelt und so stark zu wirklicher Urbanität herangereift, daß man nur Namen wie Mailand, Venedig und Pavia zu nennen braucht, um dies anzudeuten.

In den christlichen Königreichen Nordspaniens lagen durch die Nachbarschaft zum Gebiet des Islams besondere Verhältnisse vor. Die Könige haben dort während der zweiten Hälfte des 10. Jahrhunderts Leon, Tuv und Astorga befestigt und wieder besiedelt.

Vor allem Leon entwickelte sich sehr schnell. Der Historiker C. Sanchez Albornoz hat diesen Aufstieg im einzelnen dargestellt. In Leon wurden byzantinische und sogar persische Gewebe, fränkische Waffen und selbstverständlich auch Produkte

aus dem von Arabern beherrschten Teil Spaniens gehandelt. Barcelona wurde zwar von Al Manszur (Almansor, dem Siegreichen), dem Ministerpräsidenten des Kalifen Hischam, im Jahre 985 dem Erdboden gleichgemacht, erstand aber später aufs neue. An der Pilgerstraße zum Grabmal des Apostels Jakobus des Älteren entstanden neue Städte: Jaca, Pamplona, Estella Logrono, Najera und Burgos sowie Santiago de Compostela selbst.
Das Zollverzeichnis von London — aufgestellt am Anfang des 11. Jahrhunderts — und das aus der zweiten Hälfte des 11. Jahrhunderts stammende Zollverzeichnis von Koblenz erwähnen zahlreiche an Schelde, Maas und Rhein gelegene Städte. Allein das Verzeichnis von Koblenz enthält siebenundzwanzig Städtenamen.
Die Urkunden, denen man die wirtschaftliche Regsamkeit in Würzburg und Magdeburg entnehmen kann, wurden von W. Schlesinger gesammelt. Magdeburg besaß sogar eine »Kaufmannskirche«, die offensichtlich auch als Lagerhaus diente. In seiner Zusammenstellung hat Schlesinger ferner Gandersheim, Merseburg, Halberstadt, Regensburg und Bamberg aufgeführt: Städte, die ebenfalls wirtschaftlich sehr lebendig waren.

IX. BURH UND GOROD

Alles, was in diesem Kapitel erwähnt wurde, zeugt eindeutig von der mit jedem Jahrhundert größeren Verbreitung der Städte und der zugleich sich verstärkenden Herausbildung des städtischen Charakters in den nichtagrarischen Ortschaften. Diese Entwicklung, die, im frühen Mittelalter einsetzend, immer weiter fortschritt, war entscheidend. Sie erfolgte in europäischem Maßstabe; sie war sogar eindeutiger und lag auch zeitlich früher als die Christianisierung des ganzen Erdteils.
In England wurde die Stadtentwicklung nach der Eroberung der Insel durch die Normannen in den Jahren 1066—1071 anscheinend für einige Zeit unterbrochen.[45] Doch bald setzte sie von neuem ein. London war seit dem 7. Jahrhundert ein Zentrum für die Schiffahrt. Zugleich erlangten York und Canterbury eine gewisse wirtschaftliche Bedeutung, und dies galt auch für Carlisle, Leeds und Rochester. Hamwith, die Keimzelle für Southampton, trat seit dem 8. Jahrhundert hervor.
Aus rein militärischen Gründen haben Alfred der Große (871 bis 899) und seine unmittelbaren Nachfolger aus der Dynastie von Wessex angesichts der Gefahren, die aus Skandinavien drohten, geradezu einen Schutzgürtel von befestigten Orten anlegen lassen: die großflächigen und durch Wall und Palisade geschützten *burhs*. Manche von ihnen, allerdings nur eine Minderheit,

waren durch ihre Lage an Verkehrsknotenpunkten besonders dazu geeignet, sich zu Handelszentren zu entwickeln. Diese Orte wurden, wenn sie später zu einiger wirtschaftlicher Bedeutung gelangten, als *boroughs* bezeichnet.

Die *burhs* waren nicht etwa immer aus dem Nichts heraus geschaffen. In vielen Fällen hatte man nur eine schon bestehende Ortschaft, die bereits von einiger Wichtigkeit für den Handelsverkehr gewesen war, mit einer Palisade oder mit einem Wall umgeben.

Daraus erklärt es sich, daß einige *burhs* zuweilen als *portus* (Handelsplätze) bezeichnet wurden, womit man auf ihre Rolle im Handelsverkehr anspielte. In anderen Fällen wurden verlassene antike Städte wieder besetzt, wie dies mit Chester im Jahre 907 geschah. Städtisches Leben entfaltete sich aber vor allem im *Danelaw*, dem den Dänen eingeräumten Bereich östlich einer Linie, die von der Themse beim Mündungsgebiet des Flusses Lea über Bedford und die Watlingstreet nach Chester führte. So hat sich der territoriale Umfang von York unter der Herrschaft von dänischen Königen dadurch verdoppelt, daß dort außerhalb der römischen Umwallung ein Handwerkerviertel entstand. Es handelte sich hier also um eine Ansiedlung, die genau dem kontinentalen *burgus* entsprach. Es gab auch einfache Dörfer, die sich im Laufe des zehnten Jahrhunderts in Städte verwandelten. Zu ihnen gehörte Norwich, das gegen Ende des 9. Jahrhunderts bereits ein großes Dorf, im Jahre 1004 schon eine echte Stadt war und im Jahre 1083 sogar 25 Kirchen besaß. Ähnlich verlief die Entwicklung in Thetford und in Dunwich. London wuchs unter der Normannenherrschaft und vergrößerte sich um das Viertel Southwark am rechten Themseufer.

Eine ähnliche Entwicklung der Städte, wie sie sich im 10. und 11. Jahrhundert in England vollzog, ist auch in Rußland wahrzunehmen. L. Musset schreibt in seinem Buch über die Einfälle der Fremdvölker[46] dazu folgendes: »Jedenfalls entwickelten sich seit dem 9. Jahrhundert die städtischen Ortschaften (*goroda*), und ihre Anzahl wuchs zu der gleichen Zeit außerordentlich schnell. Eine zu der Zeit ihrer Aufstellung bereits überholte Statistik sprach davon, daß es im 10. Jahrhundert vierundzwanzig *goroda* gegeben habe, im 11. Jahrhundert hundert und mehr als zweihundertundzwanzig im 12. Jahrhundert. Wir nennen hier von diesen Städten nur die folgenden: Nowgorod, Perejaslawl, Tschernigow, Smolensk, Polotsk, Wladimir und Kiew [...] alle diese Städte waren von einer Holzpalisade umgeben, und in dem Innern dieser Städte gab es ein Viertel für Kaufleute, Handwerker und Soldaten. Um diesen Kern herum waren seit dem 11. Jahrhundert Vorstädte, die *forisburgi*, entstanden [...], in denen man Landwirtschaftserzeugnisse, Produkte der Jagd [Wild, Tierfelle, Pelze] und solche bloßen Sammelns in Wald und Feld

— u. a. Honig und Wachs — gegen Salz und gegen Eisen eintauschte. Es gab in diesen Vorstädten auch Gewerbebetriebe für Metallbearbeitung sowie für Verarbeitung von anderem Material, beispielsweise Leder und Knochen. Auch wurde dort Öl zubereitet und Stoff hergestellt.«

Man kann die Wesenseinheit der Stadtentwicklung in dem Gebiet zwischen Oder und Don nicht leugnen;[47] doch ist in diesem Punkt eine gewisse Ähnlichkeit zwischen dem Rußland der Rurikiden im Staat von Kiew und dem Khaganat der Chazaren zu beobachten.

Gleichartig verlief auch die Entwicklung in Polen.[48] L. Musset sagt hierzu: »Die befestigten Ortschaften in Polen, die nicht agrarischen Zwecken dienten (*grody*) [...] gelangten im 9. und 10. Jahrhundert tatsächlich zu großer Blüte. Das Zentrum einer solchen Ortschaft war ein befestigter Platz. Doch in der zweiten Hälfte des 10. Jahrhunderts entwickelte sich ein *suburbium*, das, mit dem Zentrum in engster Verbindung stehend, vor allem von Handwerkern und Händlern bewohnt wurde.«

Ähnlich waren die Verhältnisse auch in Böhmen und in Mähren. Neben Prag, einer sehr großen Stadt, gab es noch andere Stadtbildungen. So wurde aufgrund von archäologischen Ausgrabungen deutlich, daß es im mährischen Großreich der Moimiriden gegen Ende des 9. Jahrhunderts mehrere blühende Städte gegeben hat und daß eine von ihnen mit einer gewaltigen Mauer umgeben war.[49]

Als die Schweden (Waräger) nach Rußland kamen, nannten sie das Gebiet, in das sie eindrangen, »das Land der Städte«. Man kann hieraus wohl darauf schließen, daß es in Schweden mit Ausnahme einzelner Handelszentren wie Birka nichts Ähnliches gab.

Tatsächlich entwickelten sich die Städte in Skandinavien spät und in langsamem Tempo. In Dänemark zeichnete sich im 11. Jahrhundert eine gewisse städtische Entwicklung ab. In Lund (heute ein Bestandteil Südschwedens), Ripen, Roskilde, Odense und Aarhus entfaltete sich eine gewisse Handelstätigkeit.

Die Könige von Norwegen förderten die Gründung von Städten, um dadurch größere Einkünfte aus Abgaben zu erhalten. Es existierten dort gegen Ende des 11. Jahrhunderts bereits sechs Städte, zu denen Oslo, Nidaros (Drontheim) und Bergen gehörten.

In Schweden gab es keine entsprechende Entwicklungstendenz. Dagegen gründeten die Norweger, die seit dem 9. Jahrhundert Irland beherrschten, auf der Insel Städte wie Dublin, Wexford, Waterford, Cork und Limerick.[50]

Die bedeutendsten Städte Italiens haben wir schon kurz erwähnt. In Gallien und Spanien, bald danach aber auch am Rhein und

jenseits des großen Stroms entwickelten sich die auf die Antike zurückgehenden *civitates*, und am Anfang des 8. Jahrhunderts traten in Frankreich die ersten *burgi* hervor.
Die *goroda, burhs* und *burgi* vervielfachten ihre Anzahl seit dem Ende des 9. Jahrhunderts, und im 11. Jahrhundert gab es eine große Menge dieser Gründungen.
Alle diese parallelen Entwicklungen lassen nur die Annahme zu, daß sich seit dem 9. Jahrhundert ganz allgemein ein stürmischer Drang zur Konzentration von Bevölkerungsgruppen in städtischen Zentren bemerkbar machte. Dieses Phänomen war nicht auf die Welt der Christen beschränkt. Der spanische Gelehrte J. M. Lacarra hat in seiner sehr bedeutenden Abhandlung *Panorama de la historia urbana en la peninsula iberica desde el siglo V al X* nachgewiesen,[51] daß in dem von den Moslems beherrschten Spanien schon im 9. Jahrhundert die bereits existierenden Städte schnell wuchsen und zugleich zahlreiche Neugründungen von Städten erfolgten.
Aus alledem ergibt sich, daß viele Leute, die auf dem Lande offensichtlich keine Beschäftigung mehr fanden, in die städtischen Ortschaften geströmt sein müssen.[52]
Eine städtische Ortschaft war im 11. Jahrhundert im wesentlichen ein Markt, der für eine bestimmte Gegend ein gesetzliches Monopol auf den Verkauf der aus der Umgebung stammenden Lebensmittel hatte. Ein derartiger Markt diente in erster Linie der Ernährung der Menschen an dem betreffenden Ort und in dessen Umkreis; daneben diente er noch den Bedürfnissen von Leuten, die den Weg über diese Stadt nahmen. Solche Durchreisende gab es immer, denn jede Stadt, so klein sie auch sein mochte, lag an einem wichtigen Verkehrsweg. Im allgemeinen haben also die städtischen Ortschaften ihre Gründung und ihre Entwicklung keineswegs dem überregionalen Großhandel zu verdanken.

X. VERGRÖSSERUNG VON KLEINEN STÄDTEN

Dennoch kam es vor, daß eine kleine städtisch geprägte Ortschaft wegen ihrer Lage an einem bedeutenden Handelsweg oder wegen ihrer Verbindung zu einer lokalen Produktion, deren Erzeugnisse für den Fernhandel geeignet waren, von durchziehenden Kaufleuten aufgesucht wurde, und öfters zog sie solche Kaufleute auch durch Gewinnmöglichkeiten für dauernd an. Die Ortschaft konnte sich auf diese Weise zu einer größeren Stadt entwickeln.
Während der von uns behandelten Epoche wurden die *Wasser-*

wege von den Kaufleuten für Reisen und für den Transport von Waren bevorzugt; erst gegen Ende der Epoche, von der wir sprechen, ließ diese Tendenz nach. Bei der Benutzung der *Land*wege beschränkten sich die Kaufleute auf ein unumgängliches Minimum. Sie luden dabei ihre Waren lieber auf Maultiere als auf Karren, da die Landwege oder die einfach ausgetretenen Pfade schlecht waren. Daher haben sich die städtischen Ortschaften fast nur in der Nähe von Flüssen entwickeln können.

Die Reisen und Warentransporte der Kaufleute gingen nur sehr selten nachts vor sich, und hieraus ergab sich eine neue Funktion der Ortschaften städtischer Prägung: sie wurden zu Stationen der in Etappen erfolgenden Reisen. Tatsächlich hat man festgestellt, daß die Entfernungen zwischen den an Flüssen gelegenen städtisch geprägten Ortschaften eine gewisse Regelmäßigkeit aufwiesen — offenbar entsprechend der Distanz, die man normalerweise an einem Tage zurücklegte.

Tatsächlich sind sehr viele Keimzellen für spätere Städte an Stellen entstanden, an denen ein Fluß aufhörte, schiffbar zu sein, beispielsweise dort, wo er aus dem Gebirge heraustrat und, bevor er sich in die Ebene ergoß, ein Gefälle bildete. Andere Städte entstanden am Ort des tiefsten Einschnittes einer Bucht, noch andere dort, wo ein schiffbarer Fluß von einem Landweg gekreuzt wurde. Vornehmlich Plätze solcher Art aber waren auch befestigt worden. Die Kaufleute mußten an solchen Stellen ihre Reise unterbrechen und nahmen bei einem derartigen Aufenthalt gern Kontakt mit den örtlichen Produzenten oder jedenfalls mit den dort wirtschaftlich tätigen Menschen auf, die etwas zu liefern vermochten.

Ein Motiv dafür, befestigte Plätze aufzusuchen, lag in der großen Unsicherheit, die sich in dem Gebiet, in dem die Karolinger geherrscht hatten, bemerkbar machte. Ein von der regionalen Gewalt errichtetes Kastell verbürgte in der betreffenden Region eine gewisse Ordnung und Ruhe. In solchen Gegenden haben sich vorzugsweise primitive Stadtkerne gebildet, und dort gab es auch die ältesten Märkte.

Der Grad des Aufstiegs solcher Ortschaften zu wirklichen Städten hing freilich noch von einem Zusammentreffen verschiedener günstiger Umstände ab; zu ihnen gehörte auch die lokale Kaufkraft als Folge einer zahlenmäßig großen Bevölkerung oder der Wohlhabenheit einzelner Käufer. Schließlich gehörte zu den fördernden Faktoren auch eine örtliche Produktion (Urproduktion agrarischer Art oder gewerblicher Produktion), die Exportmöglichkeiten für den Handel auf mehr oder weniger weite Entfernung bot.

Alle diese Faktoren konnten Berufskaufleute anziehen, und diese Möglichkeiten entschieden im einzelnen oder in ihrer Gesamtheit über den Grad des Aufstiegs, den der Ort nahm. Der Grad des Aufstiegs wiederum war von größter Bedeutung für die Anziehungskraft, die der Ort auf die Bevölkerung seiner agrarischen Umgebung ausüben konnte. Viele Bauern ließen sich, wenn sie darin bessere Möglichkeiten für sich sahen, in einem solchen Ort nieder. Dieser Vorgang vollzog sich vermutlich stufenweise. Zunächst werden diese Bauern wohl mehr oder weniger häufig ihre Produkte und ihre Arbeitskraft in dem betreffenden Zentrum angeboten haben. Sie ließen sich dann aller Wahrscheinlichkeit nach in der Nähe dieser Ortschaft nieder, um ihre Erzeugnisse in steigendem Maße ausschließlich dort veräußern zu können oder ihre Arbeitskraft zum großen Teil ebenfalls dort zu verwerten. Schließlich zogen sie in die Stadt selbst hinein. Sie stellten sich zur Sicherung ihrer wirtschaftlichen Existenz in manchen Fällen ganz auf die Arbeit innerhalb einer gewerblichen Produktion um, deren Absatz und Export durch die Kaufleute gewährleistet war.

Aber auch andere Aspekte als die soeben genannten spielten eine Rolle. Wir haben bereits davon gesprochen, daß die Befestigung eines Platzes als Sicherheitsfaktor von Bedeutung war. Ein anderer bemerkenswerter Faktor war geistiger Art. Die Menschen der von uns dargestellten Epoche liebten Pilgerfahrten. Die Sehnsucht, zu einer durch besonders ehrwürdige Reliquien geheiligten Stätte zu wallfahren, war für viele ein mächtiger Impuls. Es gab zahllose solcher Stätten, die, nah oder fern, Pilger anzogen. Städte, die, ohne Bedeutung für Gewerbe und Handel zu besitzen, an den wichtigsten, von den Pilgern begangenen Straßen lagen, zogen augenscheinlich Vorteile aus dieser Lage. Natürlich galt dies in noch höherem Maße für die Stätten, die der Zielpunkt der Pilger waren. Die Pilger begaben sich natürlich an dem Tage, der einem Heiligen reserviert war, in besonders großer Anzahl zu dem Ort, an dem seine Reliquien aufbewahrt wurden. Diese Pilgerzüge bilden die Grundlage für die Messen, die, ursprünglich nur religiöse Feste, nicht allein die Pilger anzogen, sondern bald auch Kaufleute, die an der betreffenden Stätte ihre Waren an diese nicht alltägliche Menge von Konsumenten verkaufen wollten.

Schon im 10. und noch viel mehr im 11. Jahrhundert gab es in einigen, durch besondere Eignung begünstigten Regionen echte Stadtgemeinschaften, das heißt Städte, in denen die Kaufleute mehr waren als nur ein Bestandteil neben anderen Elementen der Bevölkerung und eine führende Rolle spielten. Zu diesen bevorzugten Städten gehörten auch solche, in denen sich der Einfluß vieler reicher, dort wohnender Kaufleute auf andere Weise deutlich ausdrückte.

Ein paar Beispiele für eine solche echt städtische Gemeinschaft entnehmen wir der slawischen Welt. Kiew[53] war schon im 11.

Jahrhundert sehr groß. Hauptstadt des mächtigen südrussischen Staates der Rurikiden und ständiges Zentrum für einen sehr weitreichenden Fernhandel, hatte Kiew nicht weniger als acht Märkte und vierzig Kirchen. Manch eine dieser Kirchen, wie die Kirche der heiligen Sophia, gehörte — ebenso wie die Severinskirche von Tschernigow — zu den schönsten religiösen Bauten der Christenheit.
Die Wirtschaftsverfassung von Kiew war alles andere als primitiv. Die Handwerker hatten sich dort im 10. und 11. Jahrhundert in Gilden organisiert.[54]
Die Kaufleute in Kiew waren teilweise Russen (Waräger und slawische Russen), teilweise aber auch Ausländer (Armenier, Byzantiner, Deutsche und Juden). In Smolensk wiederum, das ebenfalls zum Rurikidenreich von Kiew gehörte, stammten die meisten Kaufleute aus Deutschland.
Die Kaufleute von Kiew reisten in bewaffneten Karawanen oder kleinen Schiffsverbänden. Es gab in der Stadt relativ leicht Kredite; der Kaufmann konnte vom Fürsten oder von anderen Kaufleuten Geld leihen, um Einkäufe, eine Geschäftsreise usw. zu finanzieren. Es gab Möglichkeiten, die Waren einzulagern. Ein Handelsrecht fehlte ebenfalls nicht. Man kann all diesen Einzelheiten entnehmen, daß es im Staat von Kiew eine städtische Handelskultur gab, die nicht schwächer entwickelt war als in den meisten fortgeschrittenen Städten Westeuropas. Nowgorod war vielleicht noch bedeutender als Kiew; denn es lag nicht nur an der Route, die Byzanz mit der Ostsee verband, sondern auch an dem Handelsweg zwischen der Ostsee und der Wolga, dem Kaspischen Meer und den von Moslems bewohnten Gebieten Asiens.
Kaufleute aus Nowgorod trieben Handel in fast allen Städten des Rurikidenstaates von Kiew und sogar in manchen Ostseeländern, die nicht zu diesem Staat gehörten. Sie waren in Gilden organisiert, vor allem in der sehr exklusiven St. Georgsgilde, zu der man nur gegen einen erheblichen Betrag zugelassen wurde, welcher in Tuchen aus Ypern (Westflandern) zu entrichten war. Einer von ihnen, Sadko der Reiche, ließ auf eigene Kosten im Jahre 1050 in Nowgorod eine Holzkirche erbauen. Er handelte also ähnlich wie manche seiner Berufsgenossen in Flandern und in Italien.
Eine andere große Stadt nördlich der Alpen war Prag. Ibn Jakub beschrieb die Stadt um das Jahr 970 als eine der größten in den nördlichen Ländern.[55] Er schildert Prag als eine aus Kalk und Quadern erbaute Stadt, die von Russen (Warägern) und Slawen, Ungarn und Juden zu Handelszwecken besucht wurde. Prag war nach Ibn Jakubs Zeugnis auch ein großes gewerbliches Zentrum, in dem man Sättel, Pferdezäume und feste Schilde herstellte. Eine sehr bedeutende Stadt war auch Krakau, das beinahe die

Hauptstadt von Polen geworden wäre. Die polnischen Stämme hatten sich faktisch um zwei territoriale Kerngebiete herum konzentriert[56]: die Polanen (Feldleute) gruppierten sich um Gnesen, die Wislanen (Weichselleute) um Krakau.
Die von dem Mainzer Rabbiner Hacohen verfaßte Schrift *Sefar hadinim* (Buch der Gesetze), deren Entstehungszeit zwischen den Jahren 980 und 1050 liegen muß, informiert uns u. a. über Handelsbeziehungen der Krakauer Juden zu Rußland und zu Mähren, über ihren Sklavenhandel und über das Bestehen einer organisierten jüdischen Gemeinde in Krakau.[57]
So gab es in Osteuropa im 11. Jahrhundert, ja sogar schon im 10. Jahrhundert Städte, die mehr waren als nur umwallte, befestigte Plätze, in denen Vertreter des Staates lebten und Kaufleute für kurze Zeit verweilten. Neben der bebauten Agrarfläche existierte schon ein wirklich städtisches Leben, gab es eine Bevölkerung, die sich zur Erreichung ihrer eigenen Ziele — vornehmlich also, Handel zu treiben und ein Gewerbe auszuüben — organisiert hatte und, entsprechend ihrer besonderen Mentalität, als Kollektiv in allen Fragen reagierte, die für ihre Interessen bedeutsam waren.
Man muß festhalten, daß sich eine solche Entwicklung auch in Westeuropa, am frühesten in Italien beobachten läßt. Das bedeutende Buch des Historikers C. Violante über die Gesellschaft Mailands bis zur Mitte des 11. Jahrhunderts zeigt uns die Bevölkerung der Stadt im Widerstand gegen Erzbischof Aribert, dessen Macht und Verhalten die Interessen aller Bürger berührten.[58]

XI. ANFÄNGE EINES RECHTLICHEN STATUS DER STÄDTE

Welche Rechtsstellung hatten die Bewohner von Orten, die sich von den Gemeinschaften der agrarischen Welt unterschieden?
In der Karolingerzeit besaßen die ständigen Bewohner städtischer Ortschaften kein gemeinschaftliches Statut, das zu der allgemeinen Rechtslage der einzelnen Menschen auf den umliegenden Domänen und Dörfern einen Unterschied hergestellt hätte. Die Bewohner von Ortschaften waren Unfreie, Kolonen oder gänzlich Freie, auch wenn sie in einem *forisburgus*, einem *portus* (Handelsplatz) oder einem anderen nicht agrarischen Ort wohnten. Der Rechtsstatus eines solchen Bewohners war also der gleiche wie der seiner Eltern, wenn man von faktischen Komplikationen, etwa der schwierigen Ermittlung des Status eines geflüchteten Unfreien, einmal absieht.
Der in einer städtischen Ortschaft lebende Mensch hatte also

zunächst keinen von den Bauern abweichenden Rechtsstatus. Er stand, wenn er zu den Freien gehörte, unter der Gewalt des Trägers der öffentlichen Hoheitsrechte. War er ein Unfreier, stand er unter der Gewalt eines Grundbesitzers. Die Macht, unter der er ressortierte, blieb diejenige, unter der er von Geburt an gestanden hatte. Von diesem Prinzip ausgenommen waren nur jene paar Kaufleute, die den persönlichen Schutz des Herrschers genossen. Doch ihr Status hatte keinen kollektiven, sondern einen rein persönlichen Charakter.

Die Bewohner nichtagrarischer Ortschaften des 9. Jahrhunderts waren juristisch von den Landbewohnern nicht unterschieden und waren von ihnen auch nicht durch Umwallungen getrennt. Diese Ortschaften waren im allgemeinen nicht befestigt; die *forisburgi* lagen durchweg außerhalb der befestigten *civitates* oder Abteien.

Eine Ausnahme bildeten die Städte Italiens, und die Ursache dafür ist leicht zu erkennen. Die Kaufleute und Handwerker waren in der *civitas*, dem städtischen, meist vom Bischof beherrschten Zentrum des ebenfalls *civitas* genannten Verwaltungsbezirkes, wohnen geblieben. Die Mauern der *civitas* wurden in Italien gut instand gehalten und behielten Jahrhunderte hindurch eine Bedeutung, die weit über den rein militärischen Zweck hinausging: die Stadt war immer von einem Wall umgeben, der untrennbar vom Stadtbegriff selbst war. Eine städtische Ortschaft, die dieses Kennzeichen nicht aufwies, war ein *vicus* (Wiek). Einer Stadt, die man strafen wollte, nahm man den Wall. Indem man ihn schleifen ließ, degradierte man sie zum *vicus*, wodurch sie aufhörte, eine ›Stadt‹ im eigentlichen Sinne zu sein. Die wirkliche Stadt ist aber auch an einem anderen Merkmal zu erkennen, einer institutionellen Eigenart: ein Verbrechen, das innerhalb ihrer Mauern begangen wurde, wurde in Italien auf besondere Weise – durch eine Zusatzstrafe zu der gewöhnlichen Buße nämlich – bestraft, also anders als eine auf dem Lande begangene Straftat. Im langobardischen Recht wurde diese strafrechtliche Sonderstellung der Stadt durch das Edikt des Königs Rothari aus dem Jahre 643 ausdrücklich festgelegt.[59]

Im Gegensatz zu den ummauerten älteren Städten stand ein viel späterer Stadttypus, wie beispielsweise das niederländische Tiel an der Waal. Dieser Ort bestand in der Mitte des 10. Jahrhunderts aus zwei Elementen, von denen das eine noch agrarischen Charakter hatte. Das eine Element war eine befestigte Abtei (*nova et lapidea* [...]), das zweite ein *burgus*, in dem die zu einer Gilde vereinigten und auf den Handel mit England spezialisierten Kaufleute lebten. Als nun am Anfang des 11. Jahrhunderts Seeräuber erschienen, dachte niemand an Widerstand; die Kaufleute flohen und nahmen nur ihr Geld mit. Ihr *burgus*

war also anscheinend nicht einmal leicht befestigt.[60] Dies muß jedoch eine Ausnahme gewesen sein, denn zur gleichen Zeit war das Kaufmannsviertel von Verdun mit einer starken Mauer aus Stein umgeben.
Das Wort *burgensis* wurde als Bezeichnung für den Stadtbewohner zuerst um das Jahr 1000 verwendet.[61] Dies spricht dafür, daß man das Wesen der Stadt — nämlich, daß es sich bei ihr nicht nur um eine Ortschaft von einiger Bedeutung handelte, sondern um eine Gemeinschaft neuer Art — zu erkennen begann. Es ist aber fraglich, ob diese Änderung damit zusammenhing, daß die betreffende Ortschaft Privilegien erhielt.
Diese Frage bleibt schon deshalb offen, weil sehr bedeutende Städte erst ganz spät und in einzelnen Fällen sogar niemals Privilegien erhielten, durch die sie von ländlichen Ortschaften juristisch getrennt wurden. Ein Beispiel hierfür bilden die Städte der Grafschaft Flandern. Diese Städte, von denen fast alle vor dem 9. Jahrhundert entstanden waren, waren vielleicht die größten und mächtigsten, die es damals nördlich der Alpen gab.
Arras, Saint-Omer, Brügge und Douai gehörten zu diesen älteren Städten, während Lille und Ypern jüngere Gründungen aus dem 11. Jahrhundert waren. Keine dieser Städte — mit Ausnahme von Ypern — besaß ein Privileg, das vor dem Jahre 1127 und damit vor jener Zeit ausgestellt worden war, in der die Städte die Grafschaft Flandern schon faktisch beherrschten. Damals gab es nicht nur ein Solidaritätsbewußtsein *innerhalb* der Stadt, sondern offensichtlich auch das Bewußtsein einer gegenseitigen Solidarität aller zur Grafschaft Flandern gehörenden Städte gegenüber den Territorialgewalten.
Das Privileg Yperns, das durch den frühen Zeitpunkt seiner Gewährung eine Ausnahme gegenüber den anderen großen Städten Flanderns bildete, stammte aus dem Jahre 1116 und bezog sich auf Institutionen des Rechtes: es schaffte den gerichtlichen Zweikampf und das Gottesurteil für Ypern ab.
Es gab allerdings auch inhaltlich bedeutende und umfassendere Privilegien für bestimmte Städte Flanderns. Wir besitzen sie zwar nicht in Originalurkunden, da sie mündlich gewährt worden waren, doch sind sie uns durch Bestätigungen aus dem 12. Jahrhundert bekannt geworden. Diese bestätigenden Urkunden, die sich auf Privilegien aus dem 11. Jahrhundert beziehen, bezeichnen nicht nur den Inhalt (der manchmal in der seit der mündlichen Verkündigung des Privilegs vergangenen Zeit modifiziert worden war), sondern erwähnen auch die Rechtsgültigkeit, das Datum und die allgemeine Tendenz des betreffenden Privilegs. Die vier Privilegien betrafen aber merkwürdigerweise keineswegs die großen älteren Städte Flanderns, sondern Neugründungen: Geerardsbergen (Grammont), dessen Privileg aus

der Zeit zwischen 1063 und 1070 stammt; das in der Nähe von Arras gelegene Hénin-Liétard (Privileg aus der Zeit zwischen 1071 und 1111); Pamele-lez-Audenarde (Privileg aus der Zeit zwischen 1096 und 1110); und das westlich von Armentières gelegene Berquin-Steenwerck, das sein Privileg zwischen 1093 und 1111 erhielt.

Geerardsbergen (Grammont) und Pamele-lez-Audenarde waren ›neue Städte‹, die zu der Zeit der Erteilung des Privilegs gerade gegründet worden waren und später zu keiner großen Entwicklung gelangten. Hénin-Liétard und Berquin-Steenwerck waren ursprünglich ländliche Domänen, und die Gründung von ›neuen Städten‹ gerade an solchen Plätzen erklärt sich daraus, daß man dort Gebiete urbar machen und also Menschen durch Gewährung von Vorteilen anlocken wollte.

Keine Spur von solchen umfassenden Privilegien findet man bei den großen Städten Flanderns, und dennoch hielten sie sich als Städte weit länger und besser! Man kann freilich nicht annehmen, daß mächtige Städte wie Gent, Ypern, Arras oder Saint-Omer bis zum Jahre 1127 – dem Jahr, in dem das erste urkundliche Privileg für eine von ihnen erteilt wurde (wenn man Yperns begrenztes Privileg aus dem Jahre 1116 einmal beiseite läßt) – einfach nach dem Gemeinen Recht der Grafschaft Flandern gelebt haben sollen; denn dieses Gemeine Recht war ja für agrarische Verhältnisse geschaffen worden. Es entsprach in keiner Weise den Bedürfnissen einer Handelsstadt, was sich zum Beispiel darin zeigt, daß schon am Anfang des 11. Jahrhunderts die als Gilde organisierten Kaufleute von Tiel an der Waal ihre Rechtsstreitigkeiten nach einem eigenen, städtisch geprägten Gewohnheitsrecht geregelt hatten.

Wir müssen somit annehmen, daß die großen Städte Flanderns *de facto* als privilegierte Gemeinschaften lebten oder daß ihnen, wie dies in den sehr lange zurückliegenden Epochen stets der Fall gewesen war, ihre ›Freiheiten‹ von einem Träger der Hoheitsrechte mündlich zugesichert wurden: Freiheiten, denen ähnlich, auf die sich die Kaufleute von Tiel an der Waal berufen konnten, obwohl sie keine Urkunde darüber erhalten hatten. Vielleicht ist die Annahme gerechtfertigt, daß die Kaufmannsgilden in jeder der großen Städte Flanderns, ebenso wie die Gilde in Tiel an der Waal, Privilegien besaßen, und daß sich jeweils um die Gilde als Kern eine offiziöse Gemeinschaft bildete: eine Freundschaftsverbindung (*amitié*) oder eine Verbindung, die gegenseitige Hilfe vorsah (*charité*). Verbindungen dieser Art gab es in Aire, in Valenciennes und in London. H. Planitz hat ähnliches auch für die deutschen Städte festgestellt.

Es gibt übrigens einige Erwähnungen von Stadtrechten aus sehr alter Zeit, die später verlorengingen, ohne eine Spur zu hinterlassen. Beispielsweise schwor für Le Mans der Herzog von der

Normandie als Territorialfürst im Jahre 1072, daß er die »alten Gewohnheitsrechte und Gerechtigkeiten der Stadt« achten werde. Doch kennt man für Le Mans kein Stadtprivileg, das vor dem 14. Jahrhundert erteilt worden wäre, ebenso wie auch Chartres, Angers und Tours vor dem 14. Jahrhundert kein urkundliches Privileg (Handfeste) besaßen.

In Lüttich behauptete der Chronist, der sich Anselmus nannte, in seiner zwischen den Jahren 1052 und 1056 geschriebenen Geschichte der Bischöfe von Lüttich, der heilige Hubertus, der erste Bischof von Lüttich (706–727), habe den Bürgern der Stadt ein *ius civile* zugestanden.

Viele Historiker haben diese Behauptung in Zweifel gezogen. Doch selbst wenn alles übrige falsch ist, muß man aus dieser Passage folgern, daß zu der Zeit, in der Anselmus schrieb, die Einwohner von Lüttich unter einer besonderen, städtischen Rechtsordnung standen und daß diese Tatsache für die Menschen, die in der Mitte des 11. Jahrhunderts lebten, auf unvorstellbar alte Zeiten zurückging. Nur daraus läßt es sich erklären, daß man die Sonderstellung, die auf jener Rechtsordnung beruhte, dem ehrwürdigsten und ältesten Bischof von Lüttich zuschrieb. Wir halten es durchaus für möglich, daß die Verhältnisse in den großen Städten Flanderns ähnlich lagen; auch dort können die Vorrechte (Privilegien) den betreffenden Städten sehr früh und als mündliche Zusicherungen seitens des Hoheitsträgers gewährt worden sein.

Es steht aber auch fest, daß sehr viele Städte in den verschiedensten Teilen Europas zwischen dem 10. und 12. Jahrhundert *urkundliche* städtische Privilegien (Handfesten) erhielten.

In Italien gab es spezifisch städtische Verwalter: die Schöffen. Im 10. Jahrhundert wurden dort Stadtprivilegien erteilt. Die ›Könige von Italien‹ Berengar II. und Adelbert stellten das älteste Stadtprivileg, das einer italienischen Stadt überhaupt verliehen wurde, im Jahre 958 für Genua aus.

In diesem Privileg, das ausdrücklich an die Bewohner von Genua gerichtet wurde, erklärten die beiden Könige das Territorium der Stadt und den Besitz der Bürger für immun; die Vertreter der monarchischen Hoheitsrechte erhielten die Anweisung, die Bürger von Genua in Ruhe zu lassen, und dem entsprach das für diese Vertreter geltende Verbot, die Häuser der Einwohner zu betreten oder bei einem amtlichen Aufenthalt in Genua von den Bürgern (in Analogie zu einem einst den Monarchen, später den Grafen und Territorialfürsten zustehenden Recht) Beherbergung, das heißt Quartier nebst Verpflegung, zu verlangen. Eine ähnliche Urkunde, freilich mit allgemeinerem Inhalt, wurde von Kaiser Otto III. im Jahre 996 den Bürgern von Cremona ausgestellt. Die dritte, eine Stadt privilegierende, inhaltlich wiederum begrenzte Urkunde erhielt Savona im Jahre 1059 durch den jungen Heinrich IV., der damals noch nicht Kaiser war. In dem Privileg für Savona wurde der Stadt die Rechtsprechungsgewalt über ihre Bürger zuerkannt, wobei gewisse, freilich nur fiktive Rechte für die Territorialgewalt reserviert blieben. Der Markgraf, der die Staatsgewalt vertrat, sollte in Savona nur drei Tage im Jahr zu Gericht sitzen, der Zweikampf sollte als gerichtliches Beweismittel ausgeschaltet werden. Alles dies war »entsprechend den gewohnheitsrechtlichen Normen der Stadt« zu handhaben.

Wir wollen hier nur noch die städtischen Privilegien für Lucca und für Pisa aus dem Jahre 1081 erwähnen. Auch diese beiden Privilegien sahen die Ausschaltung des Zweikampfes von den gerichtlichen Beweismitteln vor.

Und wie verhielt es sich mit Spanien? Niemand wird die geschichtliche ›Kontinuität‹ von Leon mit derjenigen von altberühmten Städten Italiens vergleichen wollen. Leon war allerdings eine römische Stadt gewesen, doch es war danach zunächst von den Westgoten und später von den Arabern erobert worden. Schließlich wurde es von den Christen zurückerobert und in der Mitte des 9. Jahrhunderts durch Asturier neu besiedelt. Leon wurde eine bedeutende Handelsstadt, ein Durchgangsplatz für orientalische Seide, und war sehr selbständig. Eines der Organe für die Verwaltung der Stadt war die Volksversammlung *(consilium)*, die die Richter ernannte, die Maße festsetzte, die Verträge zu genehmigen hatte und sogar manche Verwalter selbst wählen konnte. Seit dem Jahre 1020 besaß Leon ein eigenes Stadtrecht, das *fuero* der Gemeinde.

Doch gab es noch ältere Privilegien für spanische Städte. Die Einwohner von Zadornin, Berbeja und anderen Städten erhielten im Jahre 955 ein Privileg, dessen Inhalt dem drei Jahre später den Genuesen verliehenen in den wesentlichen Punkten ähnlich war und faktisch auf eine Bestimmung hinauslief, nach der kein Haus eines Einwohners durch Vertreter der staatlichen Hoheitsgewalt gegen den Willen des Besitzers betreten werden durfte, da es unverletzlich sei. Dieses Prinzip gehört auch zu dem Inhalt des Privilegs, das Leon im Jahre 1020 erhielt.

König Sancho Ramirez von Aragonien erkannte, wahrscheinlich im Jahre 1063, der Stadt Jaca sehr weitgehende Privilegien zu. Es handelte sich bei dieser Stadt um eine neue Gründung.

Nördlich der Alpen und der Pyrenäen war die schon erwähnte Handfeste von Huy, von der wir weder das Original noch den vollständigen Text besitzen, das älteste Stadtprivileg. Für die Gewährung dieser Handfeste aus dem Jahre 1066 hatten die Bürger von Huy dem Bischof von Lüttich die Hälfte ihrer gesamten beweglichen Habe als Preis gezahlt. Wie in mehreren italienischen und spanischen Stadtprivilegien wurde auch in der

Handfeste von Huy die Unverletzlichkeit des Heims der Bewohner gewährleistet.
Es ist erstaunlich, wie häufig die sehr alten Stadtprivilegien einander inhaltlich ähneln. Wir haben dies schon bei den Privilegien gesehen, durch die der gerichtliche Zweikampf aus den für die Bewohner der Stadt geltenden Rechtsinstitutionen ausgeschaltet wurde.
Wir erinnern an dieser Stelle noch einmal daran, daß die Stadt Lüttich von alters her eine Art von gesondertem Recht für ihre Bewohner gehabt haben muß, ein *ius civile*, das manche Rechtshistoriker mit einem *droit de marché* (einer frühen Form des Handelsrechts) identifiziert haben.
Für Namur — eine andere Stadt an der Maas — hat sich ebenfalls kein Stadtprivileg aus dem 11. Jahrhundert urkundlich erhalten. Doch weiß man, daß ein solches Privileg existiert haben muß; denn in einer Urkunde, die aus dem Anfang des 12. Jahrhunderts stammt, wird der kleinen Stadt Floreffe »das gleiche Recht wie Namur« zuerkannt.
Wir haben an den Beispielen von Huy, Lüttich und Namur gesehen, daß Städte des Maasgebietes ihre Stadtprivilegien schon im 11. Jahrhundert erhalten hatten. Wir können aus diesen drei quellenmäßig gesicherten Fällen wohl schließen, daß die Lage für die meisten anderen Städte dieses Bereichs ähnlich gewesen ist.
Im Gebiet des Rheins haben sich die Dinge anscheinend anders entwickelt. Zumindest spricht alles dafür, daß den dortigen Stadtgemeinden Straßburg, Mainz und Speyer ihre Privilegien im ersten Drittel des 12. Jahrhunderts erteilt worden sind. In Worms, wo die Bevölkerung im Jahre 1074 ihre Zusammengehörigkeit durch ein kollektives Verhalten bewies, scheint die Entwicklung zu einer von der agrarischen Umgebung gesonderten Einheit schneller verlaufen zu sein. Freiburg im Breisgau erhielt seine Privilegien im Jahre 1120; doch es handelte sich hier um eine ›neue Stadt‹, einen Ort also, für den man zur Urbarmachung einer Region Menschen nötig hatte, die man deshalb durch Gewährung von Vorteilen anzulocken versuchte.
Auf den manchmal sehr unterschiedlichen Inhalt der einzelnen Stadtprivilegien können wir hier nicht näher eingehen und begnügen uns mit dem Hinweis darauf, daß gewisse Themen besonders häufig wiederkehren: die Unverletzlichkeit des Hauses, das so vor den Vertretern staatlicher Hoheitsrechte geschützt wurde; die Abschaffung des gerichtlichen Zweikampfes; das Verbot, die Bürger der betreffenden Stadt einer Rechtsprechung zu unterwerfen, deren Sitz außerhalb dieser Stadt lag; schließlich — allerdings vielfältig abgestuft und in zahllosen Abwandlungen — der Status der Freiheit für die Menschen, die in der betreffenden Stadt ihren Wohnsitz hatten. Diese Gewährung des

Freiheitsstatus trat besonders bei den spanischen Stadtprivilegien hervor, was dort mit dem Bestreben zusammenhing, die betreffenden Ortschaften zu bevölkern. Doch man findet analoge Bestimmungen sogar bei manchen sehr alten Stadtprivilegien wie denen von Dinant und Huy.

Unser kurzer Abriß läßt freilich im Dunkel, welche Impulse dazu geführt haben, daß sich ein Kollektivbewußtsein innerhalb der einzelnen Städte bildete.

Man muß drei Fälle unterscheiden: Der erste Fall bezog sich auf Italien. Dort ging das Gemeinschaftsbewußtsein der Privilegierung der Stadt zeitlich voraus. Der zweite Fall war der der ›neuen Stadt‹, die eben deshalb gegründet wurde, weil man Leute dort anzusiedeln wünschte und ihnen aus diesem Grunde Privilegien versprach. Bei diesen gezielten Stadtgründungen hat sich das Gemeinschaftsbewußtsein eben auf der Grundlage des Privilegs intensiv entwickelt, das allen Einwohnern der ›neuen Stadt‹ den scharf umrissenen Vorzugsstatus gab, der sie von ihrer agrarischen Umgebung unterschied. Der dritte Fall war wahrscheinlich der häufigste. Er war typisch für die Städte der Grafschaft Flandern, doch gibt es noch andere Beispiele für ihn. Bei dieser Kategorie handelt es sich um Städte, deren Bewohner aufgrund gemeinsamer Interessen aus sich selbst heraus ein Kollektivbewußtsein entwickelt haben. Diese Grundeinstellung kann durch die Vorzüge des Privilegs gefördert worden sein, war aber vielleicht häufig auch ohne Bewußtsein von dem Privileg, ja sogar ohne das Privileg selbst vorhanden. Das gemeinsame Interesse kann die Stadtbewohner — unabhängig von dem Privileg — dazu gebracht haben, sich auf mehr oder weniger formelle Art zu jenen ›Freundschaftsverbindungen‹ (*amitiés*) zusammenzuschließen, von denen manche Quellen sprechen. Daß die Gilden für die Entwicklung ein förderndes Element, eine Art von Katalysator, bedeutet haben, ist durchaus wahrscheinlich, wenn dies auch gegenwärtig weitaus mehr als im vorigen Jahrhundert bezweifelt wird. Vielleicht waren sogar, wie das bei der Kaufmannsgilde in Tiel der Fall war, anfangs nur die Gilden im Besitz jener Privilegien, die sich dann allerdings auf die ganze Stadt und alle ihre Bewohner auswirkten.

XII. DIE GILDEN

E. Coornaert[62] hat dargelegt, daß die Gilden nicht, wie manche Historiker meinten, stets mit Kaufmannsgilden identisch waren. Er weist darauf hin, daß die Kaufmannsgilden nur eine Abwandlung der Gilden überhaupt waren: jener Brüderschaften, die auf magische, vorchristliche Vorstellungen über Gemeinschaft zurückgingen und dadurch einen religiösen Charakter erhielten. Am stärksten traten sie, wie wir bereits im ersten Teil unseres Buches ausführten,[63] bei großen Trinkgelagen hervor, die von einem bestimmten, lokal allerdings sehr unterschiedlich entwickelte Ritus beherrscht wurden.

In England findet man mehrere Gilden im 11. Jahrhundert, doch waren sie wahrscheinlich früheren Ursprungs. Es gab sie in Wallingford, Winchester und Lincoln.[64] Die ungefähr auf das Jahr 1070 zu datierenden Statuten einer Gilde in Saint-Omer sind uns erhalten.

Wahrscheinlich hat der Araber At-Tartûschi an einer Stelle seines bekannten, zwischen den Jahren 950 und 960 entstandenen Reiseberichtes auf eine Gilde in Hedeby (Haithabu) angespielt.[65] Es bestand im 11. Jahrhundert eine Gilde friesischer Kaufleute sogar in der schwedischen Handelsstadt Sigtuna.[66]

Man trifft auch noch auf andere Kaufmannsgilden. Wenn man mit E. Coornaert der Ansicht ist, daß auch die angelsächsischen *cniths* sowie die *charités* und *amitiés* in den Städten des französischen Sprachgebietes Gilden gewesen sind, so kommt man auf eine stattliche Anzahl. H. Planitz vertritt ebenfalls die Auffassung, daß es zahlreiche Gilden gegeben habe — auch während der Anfangsentwicklung der Städte innerhalb des deutschen Sprachgebietes.[67]

Faktisch haben die Kaufmannsgilden wohl einen großen Einfluß gehabt und im Rahmen der Entwicklung der Städte viel erreicht. Zumindest kennen wir einen Fall, in dem zu einer Gilde zusammengeschlossene Kaufleute — es handelt sich um die Kaufleute in Tiel an der Waal — vom Kaiser ein eigenes Zivilrecht zugebilligt erhielten.

Wir werden sicher niemals genau erfahren, wie weit sich die Institution der Kaufmannsgilden verbreitet hatte, denn gerade in der Epoche, in der die Quellentexte zahlreicher werden, war die große Zeit der Kaufmannsgilden schon vorbei. Sie hörten auf zu existieren oder änderten ihr ganzes Wesen. Immerhin kennen wir zahlreiche Städte, in denen Kaufmannsgilden eine Rolle gespielt haben: Städte wie Tiel, Saint-Omer und Valenciennes, von deren Gilden wir noch das meiste wissen. Dazu kommen noch die vielen Beispiele von englischen Gilden aus dem 11. Jahrhundert.

Die Kaufmannsgilde war, wie sehr sie im Einzelfall auch von lokalen Verhältnissen und Bedingungen geprägt sein mochte, stets eine Verbindung der in einer Stadt ansässigen oder längere Zeit verweilenden Kaufleute, die an gemeinsamen Zusammenkünften teilnahmen.

Schon dadurch entstand für diese Kaufleute eine besondere Lage, waren sie doch durch sich selber, das heißt ohne Beteiligung einer sonstigen Autorität, organisiert. Damit kristallisierte sich die Form eines Zusammenschlusses auf der Grundlage von gemeinsamen Interessen heraus, die häufig mit denen der Bewohner der betreffenden Städte identisch wurden. Da die Kaufleute innerhalb einer solchen Stadt das reichste und aktivste Bevölkerungselement darstellten und auch als Arbeitgeber sowie als Verbraucher der Erzeugnisse bedeutsamer waren als alle anderen sozialen Gruppen, war die Kaufmannsgilde für das Heranreifen eines Gemeinschaftsbewußtseins der Stadtbewohner ein Faktor ersten Ranges.

In Italien scheint es einen aktiven Faktor ähnlicher Art nicht gegeben zu haben, doch trat dort an seine Stelle ein historisches Element von gleicher Wirkungskraft. Vieles spricht dafür, daß das Gemeinschaftsgefühl der Bewohner der Städte Italiens niemals ganz ausgelöscht worden war. Dort hatte das Kollektivbewußtsein der Stadtbewohner in den Jahrhunderten zwischen der Zeit der römischen *municipia* (Landstädte) und dem Mittelalter keinen entscheidenden Bruch erlitten. Gewiß hatten sich die Äußerungen dieses Kollektivbewußtseins vereinfacht und waren primitiver geworden; dennoch gab es viele Fälle, in denen die Bewohner einer italienischen Stadt im 8. und 9. Jahrhundert gemeinsam handelnd auftraten, wenn die Interessen aller durch Maßnahmen der Hoheitsträger (Bischof, Herzog usw.) empfindlich berührt wurden.[68]

So geschah es in Piacenza, in Rieti und in Cremona. In den meisten Fällen kam es zu einer allgemeinen Versammlung der Stadtbewohner auf dem Platz vor der Kirche.

Kurz gesagt, man erkennt ganz deutlich, daß in vielen werdenden Städten und älteren *civitates* sich Umrisse von Gemeindebildungen — wenn auch noch undifferenzierter Art — abzeichneten und daß dort ein bemerkenswerter Boden für das Wachstum eines intensiveren allgemeinen Zusammengehörigkeitsgefühls vorhanden war.

XIII. DER HANDEL ALS WESENSELEMENT DER STÄDTE

Möglicherweise begannen die Städte damals schon, sich zu Produktionszentren von Gewerben heranzubilden. Auf jeden Fall waren sie Handelszentren, und wir wollen daher von den Kaufleuten sprechen. Die Rolle, die die Juden im damaligen Handel spielten, war anscheinend ziemlich groß.[69]

Der jüdische Kaufmann hatte überall in Europa Glaubensgenossen, die natürlich auf regionaler Ebene in mehr oder weniger bedeutsamen Beziehungen zu den Fürsten und den Großen standen, aber doch in einer Sonderposition innerhalb des sie umgebenden Volkes lebten. Dieser Schwäche der jüdischen Position stand der Vorteil gegenüber, daß sie zu ihren Glaubensgenossen, wo immer sie wohnten, enge Verbindungen nicht nur religiöser und sprachlicher, sondern auch sozialer Art hatten; denn sie lebten von Beschäftigungen, die — im einzelnen voneinander abweichend — einander doch ähnelten. Die Grundlagen ihrer Tätigkeit, die Aufstiegsmöglichkeiten, die sich ihnen boten, und auch die Gefahren waren für die damaligen Juden fast immer die gleichen.

Die jüdischen Gemeinden standen miteinander in vielfältigem Kontakt, der sich zunächst nicht auf wirtschaftlicher, sondern auf geistiger Ebene abspielte: auf der Grundlage der Erörterung und Deutung von Talmudstellen. Zur Aufrechterhaltung der Beziehungen und damit auch der Einheit mußten sich die Juden in den verschiedenen Gemeinden intern eine nach gleichartigen Prinzipien geleitete Verwaltung und Rechtsprechung auf religiöser Grundlage schaffen.

Das Organ für die Entscheidung von Streitigkeiten innerhalb der lokalen jüdischen Gemeinde wandte sich in zweifelhaften Fällen für die Auslegung der Normen an eine Autorität auf dem Gebiet der Talmudinterpretation. Der betreffende Mann entschied dann, und viele solcher Bescheide, wie sie einst das römische Recht als die *responsa prudentium* (Gutachten hervorragender Sachverständiger) kannte, sind uns erhalten.[70] Natürlich gab es nur wenige Männer, die auf dem Gebiet der Talmudinterpretation allgemein anerkannt waren. Dadurch aber bildeten sich Verbindungen zwischen jüdischen Gemeinden einerseits und dem als Autorität angesehenen Mann andererseits, der natürlich auch zu einer bestimmten jüdischen Gemeinde gehörte. Es gab aber in jeder Epoche mehrere solcher Berühmtheiten, und es ist klar, daß die zerstreuten jüdischen Gemeinden einander darüber auf dem laufenden halten mußten, ob und wo solche anerkannten Talmudisten zu finden waren. Daraus erwuchsen wiederum besondere und auch sehr enge Verbindungen zwischen den Gemeinden. Aus dem Inhalt der noch erhaltenen *responsa* gewinnt man den Eindruck, daß Reisen aus den Gebieten des Islams in die Welt der Christenheit und auch auf der umgekehrten Route ziemlich häufig vorkamen. Man findet *responsa*, denen man entnehmen kann, daß jüdische Gemeinden im Rheinland sich an Israel wandten. Ein anderer Bescheid wiederum zeigt, daß sich die jüdische Gemeinde von Mainz von ihren Glaubensgenossen in Jerusalem über verschiedene Angelegenheiten Auskünfte erbat. Man kennt den Rechtsstreit eines in Kairuan (Tunesien) ansässigen Juden, der einen Kompagnon im arabischen Teil von Spanien hatte.

Es gab auch Juden, die nicht Handel trieben, aber insofern eine wirtschaftliche Funktion erfüllten, als sie die Finanzen eines Bistums verwalteten. Ein Beispiel hierfür bot in der zweiten Hälfte des 10. Jahrhunderts das Erzbistum Narbonne. Ein jüdischer Vertrauensmann des Erzbischofs hat damals die Produkte,

deren dieser zur Verwaltung seiner Diözese bedurfte, für ihn eingekauft; derselbe Vertrauensmann veräußerte und erwarb auf Rechnung dieses Prälaten auch Gold und verschaffte ihm gegen Zinsen geliehenes Geld.
Ein anderer Angehöriger der jüdischen Religion schloß sich einem Raubritter an, kaufte ihm und seinen Soldaten die Beute ab und lieferte seinerseits den Soldaten Vorräte. Doch dieser Fall war eine Ausnahme. Der ›übliche‹ Handel wird in den zeitgenössischen Quellen selbstverständlich am häufigsten erwähnt. Man kann aus diesen Berichten ersehen, daß jüdische Kaufleute regelmäßig die Jahrmärkte besuchten. Zu anderen Zeiten betrieben sie die damals ›klassische‹ Transaktion des Handels. Sie kauften *en gros* eine Schiffsladung eines bestimmten Produktes — beispielsweise eingesalzene Fische — und beförderten sie zu einem Hafen, an dem, wie sie wußten, das betreffende Produkt Mangelware war.[71]
Normalerweise lebten die Juden damals in Sicherheit.[72] In manchen Fällen hatte das Verhältnis der Christen zu ihnen sogar freundlichen Charakter. Man kennt mehrere Beispiele, in denen die Grafen für die Juden starke Zuneigung fühlten; Graf Reinard von Sens,[73] ein Graf von Soissons und ein Erzbischof von Reims[74] waren ihnen sehr gewogen.
Im Durchschnitt gab es jedoch neben einer gewissen Neutralität stets auch eine judenfeindliche Strömung. Wir kennen die wuterfüllten Schriften, die Erzbischof Agobard von Lyon zwischen den Jahren 822 und 830 gegen die Juden verfaßt hat. Auch in den Jahren, die etwa von der Mitte des 10. bis zur Mitte des 11. Jahrhunderts reichten, gab es erbitterte Judenfeinde. Die sehr starke Begünstigung der Juden durch einzelne Große rief Neid hervor,[75] und man wandte sich gegen sie. Dies läßt sich auch aus den zeitgenössischen Texten herauslesen, die sich mit Graf Reinard von Sens beschäftigen.[76]
Im Grunde entrichteten die damaligen Juden ihren Zoll dafür, daß ihnen ihre Sonderstellung auch gewisse Vorteile brachte. Als Nichtchristen in den christlichen Ländern des Mittelalters nur geduldet, als einzige Kaufleute, die imstande waren, in die Länder des Islams zu reisen, mußten sie bei der Mentalität jener Zeit mit einer sich fast automatisch ergebenden Feindseligkeit rechnen. Diese Abneigung verstärkte sich in dem Maße, in dem sich die Lage der Christen im Heiligen Lande durch die Moslems verschlechterte, als deren geheime Helfer die Juden leicht erscheinen konnten. Daß diese Argumentation falsch war, spielte für den jeweiligen Grad der wachsenden Abneigung keine Rolle. Aus einer Art von Gleichsetzung der Juden mit den Feinden der Christen im Heiligen Lande erklären sich manche Vorgänge, vor allem die plötzlichen Ausschreitungen der Volksmassen,[77] die besonders dann erfolgten, wenn sich eine Naturkatastrophe ereignete oder

die Kirchen von einem Unglück heimgesucht wurden. So wurden in der Regierungszeit des Papstes Benedikt VIII. (1012—1024) anläßlich eines Erdbebens Juden in Rom hingerichtet. Juden wurden auch gequält, nachdem die Grabeskirche in Jerusalem im Jahre 1009 durch Kalif Hakim zerstört worden war, wofür der fanatische Mönch Raoul (Rodulfus) Glaber in seiner Darstellung der geschichtlichen Vorgänge einfach die Juden verantwortlich machte. Aus der Neigung, den Juden die Schuld an dieser Katastrophe zu geben, gingen Gebräuche hervor, die für sie erniedrigend waren. So mußte sich alljährlich ein Jude in der Kathedrale von Toulouse eine Ohrfeige geben lassen. Auch die Versuche, die Juden durch Androhung von Nachteilen zu bekehren, gehören hierher. So stellte der Bischof von Limoges sie im Jahre 1010 vor die Alternative, Christen zu werden oder die Stadt zu verlassen.[78]

XIV. DIE KAUFLEUTE

Wir müssen jetzt über die Kaufleute als solche sprechen, ganz gleichgültig, ob sie Christen oder Juden waren.
Was wir über sie wissen, ist zunächst, daß sie stets einer bestimmten Stadt zugehörten und zugerechnet wurden. Dies zeigte sich darin, daß das sicher von ihnen am stärksten begehrte Privileg, die Befreiung von Zöllen (vor allem auch von den an Verkehrsknotenpunkten erhobenen Binnenzöllen), üblicherweise den Kaufleuten einer bestimmten, in der betreffenden Urkunde namentlich erwähnten Stadt gewährt wurde. So stand in der Urkunde eines Privilegs aus dem Jahre 1045, daß es »für die Juden und die anderen Kaufleute (*negotiatores*), die in Magdeburg wohnen«, gelte. Ein anderes Privileg, das aus dem Jahre 975 stammt, wurde für die Magdeburger Kaufleute ausgestellt, die in Deutschland, vornehmlich am Rhein und »in den Ländern der Heiden« Handel trieben. Wieder ein anderes Privileg erhielten die *negotiatores*, die in Bremen wohnten. Noch ein anderes, das im Jahre 990 erlassen wurde, galt für die *negotiatores* von Gandersheim.
Die Kaufleute von Tiel hatten ein besonderes Statut, das ihnen sehr weitgehende Privilegien verbürgte.[79]
In den Zollverzeichnissen, beispielsweise in denen von Koblenz und von London, richteten sich die festgesetzten Pflichten und Rechte der Kaufleute stets nach der Stadt, zu der sie gehörten. Ebenso waren die Kaufmannsgilden immer Verbände einer bestimmten Stadt.
Ein weiteres Band, das den Kaufmann mit seiner Stadt verknüpfte, hatte einen mehr persönlichen Einschlag. Es gab viele Fälle, in denen Kaufleute ihrer Stadt wertvolle Zuwendungen machten.

Die uns erhaltenen Denkmälern eines Stiftungswillens sind natürlich religiöser Art. Der Kaufmann Willihalm und seine Frau Heilrat in Regensburg schenkten ihr Vermögen der Sankt-Emmerams-Kirche.[80] Daß der Kaufmann Sadko der Reiche im Jahre 1050 in Nowgorod auf seine Kosten eine Holzkirche bauen ließ, haben wir schon erwähnt. Fast gleichzeitig ließ auch der Kaufmann Lausus in Gent, ebenfalls auf eigene Kosten, eine Kirche errichten, und der Kaufmann Landbert stiftete eine Kirche in Saint-Omer.[81]

Diese Bindung der Kaufleute an eine Stadt steht in einem gewissen Gegensatz zu ihrer Tätigkeit, die in vielen Fällen alles andere als ortsgebunden war. »Ich lade meine Waren in mein Schiff, reise über das Meer, verkaufe meine Ladung und kaufe Produkte, die man in England nicht findet. Ich bringe sie euch her.« So läßt der Angelsachse Aelfryc (Aelfric Grammaticus) in seinem berühmten, um das Jahr 1000 geschriebenen Werk *Colloquium* den Kaufmann von seinem Berufe reden.[82]

Zahlreiche Texte der Zeit berichten von Kaufleuten, die *itinerantes* waren (wanderten) und die zwischen dem Rheinland, der Elberegion und dem Saalegebiet hin und her reisten; sie »gingen und kamen«, wie eine Quelle sagt; sie »begaben sich um ihrer Geschäfte willen eilig zum Markt«[83].

In sehr vielen zeitgenössischen Texten wird von Handeltreibenden gesprochen, die ein Schiff kauften oder in den Kolonien der friesischen, venezianischen oder aus Amalfi stammenden Kaufleute lebten.

Der Rhythmus der Reisen wurde weitgehend von den Terminen der Jahrmärkte oder anderer Märkte und — seit dem 11. Jahrhundert — auch von denen einiger Messen bestimmt.[84] In einem in zweiter Version um das Jahr 1060 geschriebenen Heiligenleben — der von einem Mönch aus Gent verfaßten *Vita Sancti Macharii*[85] — heißt es: »Entsprechend der Gewohnheit der ›Besitzenden‹ belud [der Kaufmann] Othelard, als die Zeit des Jahrmarkts von St.-Bavo näherrückte, sein Schiff und schloß sich einem Verband von Handelsschiffen an, die von überall hergekommen waren und ebenfalls Waren geladen hatten. Mit ihnen schlug er die Richtung nach Gent ein.«

Der Kaufmann Othelard hatte also ein Schiff. Durch diesen Besitz gehörte er gleichsam zur Aristokratie der Kaufleute, ebenso wie die »auf eigenen Schiffen reisenden Untertanen des Kaisers«, von denen viele Zollverzeichnisse — auch das Zollverzeichnis von London — sprechen. Natürlich besaßen nur wenige Kaufleute ein eigenes Schiff. Die Zollverzeichnisse besagen, daß es neben diesen reichen Kaufleuten andere gab, die ihre Waren nicht zu Schiff, sondern auf Wagen und Karren, auf den Rücken von Maultieren oder Eseln oder sogar auf dem eigenen Rücken transportierten.

Andererseits standen die Kaufleute, die Seehandel trieben, im Rang wahrscheinlich noch höher als diejenigen, die nur ein eigenes Schiff zum Warentransport besaßen. Ein angelsächsisches Pamphlet aus dem Anfang des 11. Jahrhunderts behauptet, daß ein Kaufmann, der drei Reisen über das Meer beendet habe, ein *thane* werde, das heißt, gesellschaftlich zum Dienstadel aufsteige.

Es gab somit bei den Kaufleuten zahlreiche Rangstufen und daher eine tatsächliche soziale »Beweglichkeit«, die in einer Erhöhung oder in einem Absinken des Ranges bestand.

Godric van Finchal, der später der Welt entsagte und heiliggesprochen wurde, stieg im 11. Jahrhundert vom Hausierer zum reichen Kaufmann und Schiffseigentümer auf.[86] Es gab aber noch andere Beispiele von ›Emporkömmlingen‹ unter den Kaufleuten. *De nudo paupere dives* (aus bloßer Armut gekommen und reich geworden), hieß es von einem solchen Mann.[87]

Die soziale Entwicklung innerhalb des Kaufmannsstandes im 10. und 11. Jahrhundert ist schwer zu verfolgen. Jedenfalls gab es im 11. Jahrhundert schon Vertreter eines wirklichen Handelskapitalismus, beispielsweise jenen Mauro und seinen Sohn Pantaleone, die durch ihre weitgespannten Transaktionen den Wohlstand von Amalfi geradezu trugen.[88] Sie standen an der Spitze eines stark entwickelten Handels zwischen Italien und Konstantinopel, spielten aber auch in der Politik eine bedeutende Rolle. Sie konnten sich sogar in das Spannungsfeld der Machtkämpfe zwischen dem Kaiser, dem Papst und den Normannen einschalten.

Beide Männer entfalteten eine vielseitige Tätigkeit, deren Reichweite für jene Zeit außerordentlich groß war. Sie ließen die Paulskirche außerhalb der römischen Stadtmauern (S. Paolo fuori le mura) errichten und stifteten für sie Bronzetüren, die sie in Konstantinopel bestellt hatten; aber sie ließen auch ein Krankenhaus in Antiochia bauen. Mauro unterhielt diese Stätte der Krankenpflege aus seinen eigenen Mitteln. Mauro und Pantaleone ließen ferner in Jerusalem ein Mönchskloster restaurieren und gründeten dort ein Frauenkloster. Auch stifteten sie ein Hospital für die westeuropäischen Pilger, die ins Heilige Land wallfahrteten. Dieses Hospital wurde nach Jahrzehnten, in der Zeit der Kreuzzüge, zum Ausgangspunkt für einen Orden von Rittern, die sich der Krankenpflege widmeten: dem Johanniterorden, der im 16. Jahrhundert nach Malta übergeführt wurde.

In der ganz andersartigen Welt Skandinaviens finden wir um das Jahr 1000 eine so hervorragende Persönlichkeit wie Torolf Kvedulfson, der in Halogaland (im Norden Norwegens, nahe der Grenze des Wohngebietes der Lappen) lebte.

Dieser Norweger, der uns leider nur aus einer erst um das Jahr 1200 niedergeschriebenen Saga bekannt ist und der ein Jahrhundert nach dem von uns früher erwähnten Bauernkaufmann Ottar lebte, hatte vom norwegischen König die Funktion übertragen bekommen, für ihn die Steuern bei den Lappen einzuziehen.[89] Torolf Kvedulfson war Bauer und Kaufmann zugleich; er entsandte seine Leute zum Fang von Kabeljau und Hering und schickte sie auch auf die Robbenjagd. Er ließ von den in seinem Dienst stehenden Männern auch Vogeleier sammeln und Pelze aufkaufen. Von Zeit zu Zeit befrachtete er ein Schiff und sandte es nach England, wo er die Ladung verkaufte und für den Ertrag Tuche, Getreide und Honig einhandelte: Produkte für die Rückfracht.

Im 11. Jahrhundert entwickelten sich in Venedig und auch bei den Transaktionen der Juden Geschäftsformen, die gegenüber dem frühmittelalterlichen Handel einen Fortschritt darstellten;[90] man findet vor allem den der byzantinischen Rechtspraxis entnommenen Kommendavertrag (*commenda*) in einer zunächst freilich noch primitiven Form. In diesem Vertrag stellt ein Kommanditär einem anderen Mann, dem Unternehmer, Kapital zur Verfügung. Der aktive Teil war der Unternehmer; er machte beispielsweise eine Reise, die den Gewinn bringen sollte, und falls dieser Gewinn erzielt wurde, wurde er zwischen dem stillen Teilhaber (Kommanditär) und dem Unternehmer nach einem von Fall zu Fall sowie auch örtlich variierenden Schlüssel — je nach der Vereinbarung im Kommendavertrag — verteilt.

Es gab im 11. Jahrhundert bereits spekulierende Kaufleute, die beispielsweise Getreide aufkauften, wenn nach ihrer Meinung eine Hungersnot zu erwarten war, dieses Getreide einlagerten und es nach Eintreten der Katastrophe mit Gewinn absetzten. Diese Transaktionen werden in Texten aus der Zeit zwischen dem 9. und dem 11. Jahrhundert erwähnt.[91] Auch wurde, oft unter Umgehung des kanonischen Zinsverbotes durch komplizierte Transaktionen, Geld gegen Zinsen verliehen.[92]

Ein aus dem Beginn des 11. Jahrhunderts stammender Text, in dem Bischof Alpert von Metz voller Abneigung, vielleicht aber auch aus einer totalen Verständnislosigkeit heraus von den Kaufleuten zu Tiel an der Waal spricht,[93] ist die einzige, auf unsere Zeit gekommene detaillierte und bildhafte Darstellung einer Kaufmannsgemeinschaft aus dem Anfang des 11. Jahrhunderts.

Alpert glaubt zu wissen, daß nach ihren Sitten Ehebruch nicht als Sünde betrachtet werde. Die Kaufleute veranstalteten große Gelage, bei denen sie einander zum Trinken ermunterten. Zu einem bestimmten Zeitpunkt feierten sie große Feste, bei denen sie um die Wette tränken. Sie seien hartherzige, ihrem Wesen nach zuchtlose Leute, die sich dem Gemeinen Recht nicht unterwürfen, sondern ihre Streitigkeiten nach eigenen Normen schlichteten, was ihnen nach ihrer Behauptung durch kaiserliches Privileg zugestanden sei. Sie scheuten sich nicht davor, Schulden durch Meineid zu leugnen. Selbst wenn sie den Streitgegenstand in der geschlossenen Faust verborgen hätten, würden sie weiterschwören, daß sie ihn nicht besäßen! Sie seien im übrigen Querulanten, die ständig geneigt seien, sich zu beklagen.

Dieser Text, trotz der unverhohlenen Abneigung des Prälaten gegen die Kaufleute für unsere Kenntnis äußerst wertvoll, zeigt, daß die Kaufleute in Tiel an der Waal eine besondere Gemeinschaft mit eigenen Lebensformen und sogar mit eigenen Rechtsnormen bildeten. Diese Kaufleute entzogen sich der öffentlichen Gewalt und der von dieser ausgeübten Justiz. Sie regelten ihre Rechtsstreitigkeiten nach ihren eigenen Normen. Die Trinkgelage, auf die Bischof Alpert von Metz, selber ein geborener Niederländer, mit Abscheu anspielt, hatten eine weit tiefere Bedeutung, als er annahm. Sie beweisen uns untrüglich, daß die Kaufleute von Tiel an der Waal eine Gilde bildeten.

XV. DIE WAREN

Bei den Waren, mit denen die Kaufleute handelten, sind zunächst kurz die Luxusprodukte des Orients zu nennen: die von dort eingeführten Gewürze und Seidenwaren.

Diese Einfuhr läßt sich aus den Geschäften und Transaktionen der Venezianer in Pavia nach dem Jahre 1000 ersehen, [94] ferner aus den in Polen, Rußland und Skandinavien gefundenen Resten von Seidenwaren.[95] Die von At-Tartûschi um das Jahr 970 in Mainz bemerkten Gewürze, die Münzen aus dem von den Samaniden beherrschten Turkestan, die er dort erblickte,[96] und die Tatsache, daß die deutschen Kaufleute Pfeffer auf den Markt von London brachten,[97] zeugen ebenfalls von einer Gewürzeinfuhr nach Europa. Allgemein gesagt, man kann eine weitverbreitete Konsumtion von Gewürzen nicht nur für Italien[98], sondern auch für Cambrai[99], für das Mâconnais [100] und für noch andere Regionen feststellen.

Auch der Sklavenhandel war in der Epoche, die der Schlacht am Lech (955) folgte und bis zur Mitte des 11. Jahrhunderts reichte, nicht verschwunden. Sein Zentrum scheint sich aber nach Mitteleuropa verlagert zu haben. Dem um das Jahr 970 entstandenen Bericht von Ibn Jakub[101] läßt sich entnehmen, daß Prag der große Sklavenmarkt Europas geworden war und daß die Aufkäufer damals vor allem Juden und Ungarn waren. Der Domherr und Missionar Brun von Querfurt, der eine ältere Lebensbeschreibung des heiligen Bischofs Adalbert von Prag umgestaltete, berichtet in dieser Biographie, die Bewohner Böhmens hätten ständig Christen als Sklaven an Ungläubige und Juden verkauft.[102] Brun von Querfurt behauptet sogar, Adalbert habe auf sein Bistum Prag verzichtet, weil die Juden gegen Zahlung von Gold so viele *mancipia christianorum* (Sklaven, die Christen waren und christlichen Eigentümern gehörten) gekauft hätten, daß ihm ein Loskauf dieser Sklaven unmöglich geworden sei. Der Historiker Charles Verlinden[103] weist in seinem Werk über die Sklaverei des Mittelalters auf viele urkundlich festgelegte Transaktionen hin, die die Veräußerung von christlichen Sklaven während des 11. Jahrhunderts belegen. Man kann diesem Material entnehmen, daß die Fürsten ihre unfreien Leute den jüdischen Händlern als Sklaven verkaufen. In vielen Fällen wurden diese Menschen natürlich erworben, um weiterverkauft zu werden. So besuchten die skandinavischen Waräger die Sklavenmärkte an der Wolga, um dort Sklavinnen zu veräußern. Wir erinnern in diesem Zusammenhang an die bereits erwähnte Stelle der altrussischen Chronik (der sogenannten *Geschichte der vergangenen Jahre*). Dort wird berichtet, daß Fürst Swjatoslaw von Kiew im Jahre 969 erwog, seine Residenz in das bulgarische Perejaslawec an der Donau zu verlegen, wo Waren — unter ihnen auch Sklaven aus Rußland — zusammenströmen würden.

Zu dem Handel mit Fellen (Pelzhandel), der in zeitgenössischen Berichten oft erwähnt wird, gibt uns eine aufschlußreiche Stelle bei dem als Geograph bedeutenden, im Jahre 956 gestorbenen Araber Masudi[104] Auskunft; über den Ausgangspunkt dieses Handels heißt es dort: »Aus dem Gebiete der Burta exportiert man die Felle des Schwarzfuchses, das begehrteste und teuerste Pelzwerk. Der Schwarzfuchs ist der Luxuspelz für die Fürsten der nichtarabischen Völker, und sein Export geht in die Regionen von Derbent und Barda [in Aserbeidschan], nach Chorosan und Chwarezm, wo die Felle verarbeitet werden. Sie gehen aber auch nach Norden, in die slawischen Länder, denn die Burta leben nicht weit entfernt von den nördlichen Regionen. Von den slawischen Gebieten aus wird die Ware in alle Länder der Franken [Westeuropäer] und in die westlichen Länder der Moslems gebracht.« Die Burta, ein Stamm der islamistischen Wolgabulgaren, wohnten an der Mündung der Oka in die Wolga.

Unter den Konsumgütern war das unentbehrliche Salz eine wichtige Handelsware,[105] die für die Wirtschaft der Städte im Südwesten Frankreichs eine bedeutende Rolle spielte.[106]

Bekanntlich haben Venedig und Amalfi Getreide, Holz und Waffen nach dem Orient ausgeführt. Die Venezianer kauften in Pavia Getreide und Wein. Der Getreidehandel und sogar die künftige Preisänderungen einkalkulierende Spekulation im Getreidehandel waren gang und gäbe.[107]

Das Zollverzeichnis von Koblenz zeigt, daß es im Rheingebiet einen weitverbreiteten Getreidehandel gegeben hat. Auch weiß man von einem bedeutenden Weinhandel im Gebiet von Laon und von Weinimporten Englands.

Die Wege des Fischhandels kann man an zahlreichen Spuren verfolgen, beispielsweise in England, wo die Fänge der einheimischen Fischer für den Bedarf des Landes nicht ausreichten. Die französischen Normannen brachten denn auch eine Menge Fische auf den Londoner Markt. In Pavia gab es eine Korporation der Fischer. Ein jüdischer Kaufmann brachte in eine Stadt, deren Name uns nicht erhalten geblieben ist, eine ganze Schiffsladung von Fischen. Auch in Arras, damals zur Grafschaft Flandern gehörend, wurden auf dem Markt viele Sorten von Fischen feilgeboten.
Tatsächlich war in den meisten Städten Flanderns der Fischmarkt älter als alle anderen Märkte. Im Zusammenhang mit dem Fischhandel müssen wir noch auf den Handel mit Fischbein hinweisen, der nach den Worten des ›Fischers‹ in dem wiederholt zitierten *Colloquium* von Aelfryc (Aelfric Grammaticus) sehr gewinnbringend war. Der Import von Fischbein seitens der Angelsachsen wird auch durch das Zollverzeichnis von London bestätigt. In Arras wurde Fischbein, wie man aus dem Zollverzeichnis dieser Stadt ersehen kann, auf dem Markt verkauft.
Auf dem Sektor des Handels mit Lebensmitteln ist noch der Handel mit Honig und der mit Wachs zu erwähnen, zwei Produkten, die aus Rußland, Polen und Böhmen in großem Umfange exportiert wurden.
Auch der Pferdehandel ist erwähnenswert. Er war international und hatte ein großes Volumen. Die westeuropäischen Länder importierten Pferde zum Teil aus dem Gebiet der Abodriten und aus Böhmen. Die um das Jahr 1030 redigierten *Honorantiae civitatis Paviae*, ein Text, der zum erheblichen Teil Institutionen und Monopole (Regalien) der Herrscher Italiens behandelt, sprechen von Pferden, die aus den nördlich der Alpen gelegenen Ländern nach Italien eingeführt wurden. Das christliche Spanien importierte Pferde aus dem von den Moslems beherrschten Kastilien, was aus dem Zollverzeichnis von Jaca hervorgeht.
Im folgenden geben wir eine kurze Darstellung des Handels mit Metallprodukten. Der umfangreiche Handel mit fränkischen Waffen und Rüstungsgegenständen wie Panzerhemden ging weiter.[108] Sie wurden nach Italien und nach Spanien ausgeführt. Doch ist die Herkunft von Waffen nicht ganz leicht zu verfolgen, weil sie auch in Skandinavien und in den slawischen Ländern produziert wurden.
Es steht fest, daß es einen beachtlichen Metallhandel gab, bei dem das Zinn anscheinend eine besonders wichtige Rolle spielte. Ein Teil dieses Metalls kam augenscheinlich aus Böhmen. Das von Ibn Jakub um das Jahr 972 erwähnte Zinn, das in großen Mengen auf dem Markt in Prag gehandelt wurde, war sicher böhmischer Herkunft,[109] und die älteste russische Chronik, die *Geschichte der vergangenen Jahre*, die zuletzt im Jahre 1113

redigiert wurde, aber wohl auf sehr alte Aufzeichnungen zurückging, weist an einer Stelle auf das Silber aus Böhmen hin. Das Zollverzeichnis von Koblenz[110] erwähnt Kupfer aus Zürich und Messingprodukte aus den Städten an der Maas. Eine aus dem Jahre 1103 stammende Urkunde[111] spricht von Kaufleuten aus Lüttich und Huy und erwähnt, daß sie in Köln Zinn verkauften und Kupfer einkauften.

Auf dem Markt von Dinant wurden Kupfer, Zinn und Blei gehandelt, auf den Märkten von Arras[112] und von Visé im Jahre 983 Eisen, Sensen und Messer.

In Italien wurde Zinn aus den nördlich der Alpen liegenden Ländern eingeführt,[113] Spanien bezog von dort Eisen und Messer.

Das bedeutendste der großen städtischen Gewerbe war die Textilproduktion. Es steht fest, daß es im 11. Jahrhundert einen großen Handel mit Tuchen und mit Leinenprodukten gegeben hat.

Das Zollverzeichnis von London sagt aus, daß »die Leute des Kaisers«, die man von denen des Maasgebietes unterschied, in England Wolle kauften und bei dieser Gelegenheit braunes sowie graues Tuch nach London brachten. Daraus kann man ersehen, daß es in Deutschland ein für den Export arbeitendes Tuchgewerbe gab. Das wird auch durch einen um das Jahr 1070 verfaßten Text bestätigt, den *Conflictus ovis et lini* (Streit zwischen dem Schaf und dem Flachs). Diesen Text, der die schwarzen Tuche aus dem Rheinland und die rötlichen Tuche aus Schwaben erwähnt, legten die Historiker Ch. Verlinden und A. van de Vijver so aus, daß die Deutschen damals nur die Färberei, nicht aber die Weberei betrieben hätten.[114] Einer solchen Deutung aber widersprechen die erwähnten Wollkäufe der deutschen Kaufleute in London.

Der Text des *Conflictus ovis et lini* ist die wichtigste Quelle für unsere Kenntnis der Verbreitung des Tuchgewerbes im 11. Jahrhundert. Aus diesem Text wird die bedeutende Rolle, die Flandern hierbei spielte, klar ersichtlich; es handelte sich bei dem flandrischen Erzeugnis um einen Luxusstoff: »*has vestes dominis gestandas Flandria mittis*« (diese Kleider, die den Herren anstehen, entsendest du, Flandern). Die flandrischen Stoffe hatten verschiedene Farben: »[...]*qui viret aut glaucus aut quasi ceruleus*« (grün, grau oder tiefblau in der Farbe). Man ist bei dieser Aufzählung allerdings einen Augenblick darüber betroffen, daß in ihr das berühmte scharlachfarbene Tuch, der Stolz von Flanderns Textilgewerbe, unerwähnt bleibt; doch ist dieses Tuch wohl erst später produziert worden.

Der unbekannte Verfasser des *Conflictus ovis et lini*, in dessen Text es freilich einige unklare Stellen gibt, sagt deutlich, daß die Tuche aus Flandern den in Deutschland hergestellten Tuchen

überlegen seien. Man kann hieraus wohl schließen, daß die Tuche aus Deutschland gängige Ware, die Tuche aus Flandern Luxusware darstellten. Jedenfalls zeigt es sich, daß das Textilgewerbe Flanderns schon um das Jahr 1070 in voller Blüte stand.
Einen weiteren Beweis für die äußerst schnelle Entwicklung von Flanderns Tuchgewerbe kann man darin erblicken, daß die Gebühr für den Beitritt zur Bruderschaft der Kaufleute in Nowgorod zum Teil in Tuchen aus Ypern bezahlt werden mußte. Die Stadt Ypern ist nicht vor der Mitte des 11. Jahrhunderts gegründet worden. Wenn also die Tuche dieser Stadt schon um das Jahr 1100 in Nowgorod so hoch geschätzt wurden, muß die Entwicklung ihres Tuchgewerbes geradezu sprunghaft erfolgt sein.
Die Frage, ob es schon damals ein Tuchgewerbe in Frankreich gegeben habe, wurde von Charles Verlinden und von A. van de Vijver verneinend beantwortet. Beide deuten die zwölf sich auf Frankreich beziehenden Verse des *Conflictus ovis et lini* als Anspielungen, die nur die Verarbeitung von Tuchen beträfen, nicht aber die Erzeugung der Stoffe. Tatsächlich wird in den Textstellen, um die es sich hier handelt, die Verschiedenheit der Tuche in Frankreich stark betont; aber diese Akzentuierung braucht doch nicht zu besagen, daß eine Herstellung von Stoffen ausgeschlossen war. Eine solche Interpretation erscheint uns methodisch fragwürdig. In Wirklichkeit weiß man nur wenig über das französische Tuchgewerbe im 11. Jahrhundert, zumindest ist uns über seine Bedeutung nichts Näheres bekannt. Der Historiker H. Ammann hat festgestellt, daß es in mehreren Städten Frankreichs Weber (*textores*) gab.[115] In Châteaudun bestand eine bedeutende Färberei, und gegen Ende des 11. Jahrhunderts gab es eine zweite in Beauvais. Dies würde zu der erwähnten Auffassung von Charles Verlinden und A. van de Vijver zwar passen, aber andererseits findet man schon seit dem Ende des 11. Jahrhunderts ein blühendes und daher gewiß nicht ganz neues Tuchgewerbe auch in Parthenay, und die Bezeichnung ›Tuch aus Parthenay‹ war weithin bekannt.[116]
In Leon gab es schon im 10. Jahrhundert *sayas franciscas* (französische Kleidungsstücke).
Noch schwieriger ist es, die Anfänge des englischen Tuchgewerbes im einzelnen festzustellen. Aus dem Londoner Zollverzeichnis unter König Ethelred um das Jahr 1000 ist, wie erwähnt, ersichtlich, daß England Tuche aus Deutschland einführte und Wolle exportierte. Das spricht nicht gerade dafür, daß es zu dieser Zeit schon ein englisches Tuchgewerbe gab. Andererseits preist der im 11. Jahrhundert geschriebene *Conflictus ovis et lini* die scharlachfarbenen Tuche Englands. Man könnte aus beiden Quellen folgern, daß die Engländer sich damit begnügten, anderswo hergestellte Tuche zu färben. Das ist nicht ganz ausgeschlossen, wenn auch nicht sehr wahrscheinlich; denn es steht

ja fest, daß die Angelsachsen in einer so weit zurückliegenden Zeit wie dem 8. Jahrhundert Tuche für den Export hergestellt hatten.

XVI. DER MANGEL AN GUTEM GELD

Für das 11. Jahrhundert ist ein stark hervortretender Mangel an gutem Geld charakteristisch. Anscheinend war die Entdeckung von neuen Silberminen im 10. Jahrhundert wirkungslos geblieben, weil sich zur gleichen Zeit andere Minen, wie die sehr reichen Gruben am Rammelsberg bei Goslar, erschöpften. So blieb das Bedürfnis nach gutem Geld unbefriedigt, und der Gehalt an Edelmetall in den Münzen sank damals. Das Geld wurde wertloser — ein merkwürdiges Phänomen, das fast überall gleichzeitig[117] auftauchte: in italienischen Städten wie Lucca, Pavia und Mailand[118], in Frankreich ganz allgemein, aber auch im fernen Polen[119]. Gewiß bestand ein Zusammenhang zwischen dem sinkenden Metallwert und der danach in den nordfranzösischen Gebieten aufkommenden Gewohnheit, in Urkunden, die einen Geldbetrag aufführten, die Münze nach der Prägestätte zu benennen: Pariser Geld, Toulouser Geld usw.[120] Das Phänomen einer Verknappung des Silbers trat übrigens auch in der Welt des Islams auf, und zwar sogar etwas früher als im christlichen Westeuropa, nämlich gegen Ende des 10. Jahrhunderts.[121] Auch im Byzantinischen Reich kam es zu einer Entwertung des Metallgeldes. Seit der Herrschaft Kaiser Michaels IV., der von 1034 bis 1041 regierte, sank der Feingoldgehalt des byzantinischen Bézant — auch ›goldener Byzantiner‹ genannt — in einem solchen Maße, daß sich der Metallwert dieser Münze schon vor dem Ende des 11. Jahrhunderts um zwei Drittel vermindert hatte![122] Nicht anders war es mit den byzantinischen Silbermünzen.[123] Auch der Golddinar in den von den Moslems beherrschten Gebieten Spaniens verlor an Goldgehalt.[124]

Die entscheidende Ursache für das Phänomen der Geldentwertung ist bisher nicht ermittelt worden; doch hat sie das Geldwesen erheblich erschüttert, und selbst das Byzantinische Reich wurde stark in Mitleidenschaft gezogen.

Vielleicht beruhte das Sinken des Metallwertes der Zahlungsmittel darauf, daß die Transaktionen sich vervielfacht hatten und daß aus diesem Grunde keine ausreichende Menge guten Geldes mehr vorhanden war und auch nicht — etwa durch eine entsprechende Steigerung des Metallertrages der Minen — hergestellt werden konnte. Sollte dies der Fall gewesen sein, so hätte der Mangel an qualitativ geeigneten Zahlungsmitteln die erste große Hemmung für die wirtschaftliche Expansion dargestellt, deren Umfang während einer Übergangszeit des Mittelalters wir zu schildern versucht haben.

11. Das Geistesleben und die bildenden Künste

Dieses Kapitel behandelt die kulturelle Entwicklung und ihre Zusammenhänge. Viele Leser werden bei diesem Thema sogleich an Kunst und Literatur, an neu aufkommende Ideen oder wissenschaftliche Systeme denken. Wir wollen jedoch von vornherein betonen, daß die Kultur nicht nur von bedeutenden Individuen oder Eliten getragen wird. Sie besteht zum großen Teil aus Tätigkeiten so unscheinbarer Art, daß wir diese Handlungen für selbstverständlich halten. Doch auf kulturellem Gebiet beruht alles, was erreicht wird, auf einem Fortschritt gegenüber einem früheren Zustand. Wir werden zeigen, daß die dauerhaftesten und objektiv bedeutendsten Errungenschaften des Mittelalters gerade auf der Ebene unauffälliger und doch grundlegender Arbeit gewonnen wurden.

I. MEINUNGSVERSCHIEDENHEITEN UND MEINUNGSGLEICHHEIT
BEI DEN WISSENSCHAFTLERN

Eine weitere Vorbemerkung ist unerläßlich. Die allgemein verbreitete Meinung über die Entwicklung des frühen Mittelalters hat besonders stark dazu beigetragen, den Blick auf das Ganze zu trüben. Nach dieser Katastrophentheorie ist im Anfang des Mittelalters eine Sturmflut von Barbarei über die spätrömische Welt hinweggegangen, hat die politischen, wirtschaftlichen und kulturellen Errungenschaften der antiken Welt zerstört und geistig jene Wüste hinterlassen, die wir als das frühe Mittelalter bezeichnen. Die Historiker haben sich mehr und mehr von dieser Auffassung getrennt, aber aus dieser Distanzierung nicht alle Folgerungen gezogen; denn sie halten, jedenfalls für die frühmittelalterliche Kultur, an dem alten Begriff ›Karolingische Renaissance‹ fest, der auf einen von dem französischen Literaturhistoriker J. J. Ampère im Jahre 1839 gezogenen Vergleich zwischen der Karolingerzeit und der Renaissance zurückgeht. Der Begriff einer ›Karolingischen Renaissance‹ setzt voraus, daß es vor den Karolingern einen Verfall gab, der in der Zeit dieser Renaissance jäh und schnell durch einen Aufschwung kultureller und politischer Art abgelöst wurde.

Doch diesen brüsken Wechsel von Verfall und Aufschwung hat es im frühen Mittelalter nicht gegeben, und jedenfalls hat der Aufschwung nicht unter Karl dem Großen begonnen. Das Problem ist von den Historikern Erna Patzelt[1], Henri Pirenne[2] und P. Riché[3] eingehend behandelt worden. Es bestehen zwischen den von ihnen vertretenen Auffassungen Unterschiede, aber auch Berührungspunkte. Bedeutsam ist, mit welchem Nachdruck alle drei hervorheben, daß die Kulturentwicklung in der Zeit Karls des Großen (768—814) keineswegs aus dem Nichts heraus erfolgte, sondern die Entfaltung einer Situation darstellte, die schon vorher gegeben war. Die Unterschiede liegen in der Chronologie der kulturellen Vorgeschichte der Karolingerzeit. Erna Patzelt meint, die Kulturströmung sei ohne scharfe Unterbrechung und ohne starke Niveausenkung von der Antike über die Merowingerzeit zu den Entwicklungen gelangt, die sich unter der Herrschaft Karls des Großen ergaben. Henri Pirenne sieht das 6. Jahrhundert ebenfalls noch in Verbindung mit der Antike, erklärt aber, daß im 7. Jahrhundert ein Absturz erfolgte und daß das Niveau seitdem jahrhundertelang — auch noch zur Zeit der Karolinger — gesunken sei. P. Riché wiederum glaubt, daß um das Jahr 680 ein kultureller Aufschwung eingesetzt habe, der seine Fortsetzung in der Karolingerzeit fand.

Doch diese drei Auffassungen bezogen sich im wesentlichen auf Gallien. In England, das von angelsächsischen Königen beherrscht wurde, verlief die Entwicklung ganz anders; denn dort verschwand die antike Kultur tatsächlich jäh und katastrophenhaft, und eine neue Blüte setzte dann erst im 7. Jahrhundert ein.[4] Nur Irland hatte die Kontinuität zur antiken Kultur behalten.

Für den Kontinent genügt zunächst die Beantwortung der ziemlich einfach zu formulierenden Frage, auf welchem Niveau sich die Kultur in dem Jahrhundert befand, das der Thronbesteigung der Karolinger vorausging; eine weitere Frage, die sich ebenfalls auf den Kontinent bezieht, gilt dem Niveau während der jahrhundertelangen Herrschaft der Karolinger selbst.

Die Antwort auf diese Fragen ist weniger leicht als die Formulierung des Problems. Sie wird für die Kultur der Laien anders lauten müssen als für die des Klerus. Einer der auffälligsten Wesenszüge der von uns behandelten Epoche bestand darin, daß selbst die einfachste kulturelle Betätigung – das Lesen und Schreiben – fast ganz zu einem Monopol des Klerus wurde. Sieht man von Italien und vielleicht von England ab, wo es zu allen Zeiten ziemlich viele Laien mit Schulbildung gab und wo im 11. Jahrhundert die Kunst des Lesens und Schreibens recht verbreitet war, so bestand die Laienwelt Westeuropas im wesentlichen aus Analphabeten.[5]

P. Riché weist dies nach, indem er anhand der zunehmenden Anzahl von Kreuzen im Verhältnis zu den wirklichen Unterschriften unter Urkunden eine Art von Statistik aufstellt. Der tiefgehende Einschnitt fiel in die erste Hälfte des 8. Jahrhunderts. Wie niedrig das Kulturniveau war, auf dem nunmehr sogar die

Menschen standen, die in der damaligen Laiengesellschaft die mächtigsten Positionen einnahmen, geht klar daraus hervor, daß weder Karl der Große (768—814) noch Otto I. (936—973) lesen und schreiben konnten. Beide Herrscher haben als Erwachsene zwar versucht, diese elementaren Künste noch zu erlernen, doch ist der Erfolg zweifelhaft. Karl der Große konnte jedenfalls niemals wirklich schreiben, und daraus muß man seine Rückschlüsse auf die Oberschicht der damaligen Laienwelt ziehen.
Allerdings datiert P. Riché den Beginn der ›Karolingischen Renaissance‹ gerade auf den Zeitpunkt, an dem, wie er selbst nachweist, die übergroße Mehrheit der Laien weder lesen noch schreiben konnte. Doch ist dieser Widerspruch nur scheinbar. Zwar war die Laienwelt einem kulturellen Niedergang verfallen, doch in der Welt des Klerus kam es zu einer Erneuerung, und diese Erneuerung wurde durch die Berührung mit einer außerhalb des europäischen Kontinents bestehenden Kultur — derjenigen Irlands und Englands — ausgelöst.
Das führt uns zu einem anderen Problem. Als die Wissenschaft die Auffassung von einem katastrophalen Ende der antiken Kultur durch den Einbruch der ›Barbaren‹, das heißt durch die Zustände nach der Völkerwanderung, aufgab, mußte sie direkt oder stillschweigend voraussetzen, daß die antike Kultur in den von Germanen besetzten Gebieten des einstigen römischen Kaiserreiches weitergelebt hatte. Diese Tatsache darf uns jedoch nicht blind dafür machen, daß sich die antike Kultur in den einzelnen Regionen in ganz verschiedenem Grade und auch qualitativ sehr unterschiedlich erhalten beziehungsweise weiterentwickelt hat. Trotz des Versuches von Erna Patzelt, nachzuweisen, daß das kulturelle Niveau in den Jahrhunderten zwischen der spätrömischen Antike und der Karolingerzeit nicht wesentlich gesunken sei, ist ein kultureller Absturz im Gallien des 7. Jahrhunderts und des beginnenden 8. Jahrhunderts unleugbar. Dieses starke Absinken der Kultur ist nur damit zu erklären, daß die bis dahin kultivierten Schichten — Laien und Geistlichkeit — sich von ihnen entfernten. Umgekehrt hatte Irland die Schätze der antiken Kultur bewahrt und weiterentwickelt. Diese Pflege der antiken Kultur in Irland, neuerdings von einigen Gelehrten bestritten, war also von Kontinuität geprägt. Die Kenntnis der antiken Kulturgüter wurde von den Iren auch England übermittelt.[6]
England war kulturell besonders begünstigt, weil im Zusammenhang mit dem Übergang der Angelsachsen zum Christentum im 7. Jahrhundert italienische und sogar griechische Missionare auf die Insel gelangten. Es kam damals vielfach zu engen kulturellen Verbindungen zwischen England und Italien.
So hatten sich in Irland und in England bedeutende Elemente der antiken Kultur erhalten und weiterentwickelt, und diese

Kulturelemente wurden schon seit dem Anfang des 7. Jahrhunderts auf das kontinentale Gallien übertragen. Dieser Durchdringungsprozeß nahm in der Folgezeit immer mehr zu. Faktisch fand eine ständige Übertragung der von den Iren und den Angelsachsen weiterentwickelten antiken Kulturelemente auf die geistigen Lebensformen in Gallien statt: zunächst durch den heiligen Columban den Jüngeren, der, gebürtiger Ire, um das Jahr 590 das Kloster Luxueil gründete, sowie durch die irischen Mönche des 7. Jahrhunderts; später dann durch den heiligen Bonifatius und die anderen angelsächsischen Missionare in der ersten Hälfte des 8. Jahrhunderts; in der zweiten Hälfte des 8. Jahrhunderts durch Alkuin und seine angelsächsischen Landsleute, und schließlich im 9. Jahrhundert durch den universalen Gelehrten Johannes Scotus (Eriugena), einen Iren, der, von Karl dem Kahlen nach Frankreich berufen, um das Jahr 845 zeitweilig Leiter der Pariser Hofschule war.

Auch in Italien hatte sich die antike Kultur erhalten.[7] Sie hat, wie erwähnt, von dort aus dem angelsächsischen Geistesleben am Anfang des 7. Jahrhunderts Impulse gegeben und später, in der Zeit Karls des Großen, die Kultur Galliens befruchtet.

Die Bedeutung dieser kulturellen Einwirkungen seitens der Iren, der Angelsachsen und der Italiener war groß; sie lag darin, daß das Absinken der Kultur in einem zur Zeit der Antike blühenden Gebiet dank der Einflüsse aus anderen, stärker begünstigten Regionen nur eine zeitweilige Krise blieb. Es war aber nicht so, daß etwa die gleichen Menschen nunmehr zu Trägern einer neuen Kultur geworden wären, die die ältere einfach ersetzt hätte. Die Laienwelt Galliens blieb vielmehr geistig fast starr, doch eine vom Klerus getragene Kultur kam auf und erfüllte innerhalb der Gesellschaft ähnliche Aufgaben, wie sie die verschwundene Laienkultur wahrgenommen hatte. Durch eine Art von Durchdringungsprozeß hat die neue religiöse Kultur die kulturelle Leere, die entstanden war, mit eigenen Inhalten zu füllen vermocht.

Zwei wichtige Punkte sind also stets zu berücksichtigen: Die Kultur der Karolingerzeit war eine Verlängerung der antiken Kultur, die in Gallien im 7. Jahrhundert eine schwere Krise durchgemacht hatte, sich aber in der Zeit der Karolinger durch Einwirkungen aus anderen Regionen erneuert hatte, in denen die geistigen Werte sich besser hatten erhalten können. Die zweite bedeutsame Tatsache ist darin zu erblicken, daß es sich hier nicht um einen automatischen Entwicklungsprozeß handelte. Kulturelemente können zwar schnell von Land zu Land übertragen werden, doch es bedarf intensiver geistiger Einwirkungen, um eine solche Übertragung so zu konkretisieren, daß sich ihr fruchtbarer Einfluß deutlich zeigt. Eine solche konzentrierte Einwirkung ist an Voraussetzungen geknüpft, wie sie z. B. das

christliche Nordspanien erfüllte; hier war die natürliche Durchgangssphäre, in der die christliche Welt sich mit der des Islams berührte. Manchmal ist eine konzentrierte Kultureinwirkung auch der Ausdruck bewußten Willens. Beispielsweise beriefen die Herrscher aus dem Karolingerhause immer wieder zunächst Missionare, später Gelehrte aus Ländern mit höherem Kulturstand in ihr Gebiet.
Es gab also Wandlungen in der sozialen Zusammensetzung der kulturtragenden Schichten (z. B. die Verlagerung der Kulturzentren aus der weltlichen Gesellschaft in die Welt des Klerus). Man kann für das frühe Mittelalter aber auch schon von der Kulturhöhe nationaler oder regionaler Einheiten sprechen: Einheiten, die bald kultiviert, bald barbarisiert erscheinen. So findet man auf dem Kontinent nördlich der Alpen beispielsweise unter Karl dem Großen und in Frankreich gegen Ende der Regierungszeit Karls des Kahlen (840—877) einen kulturellen Aufstieg. Später dagegen sank die Kultur, bis sie während der Herrschaft Ottos des Großen einen neuen Aufschwung nahm. In England stieg die angelsächsische Kultur bis zur Mitte des 9. Jahrhunderts ständig, doch die Vorstöße der Wikinger schädigten auch das kulturelle Leben. Erst Alfred der Große (871—899), nicht weniger Gelehrter als Feldherr, richtete die Kultur von neuem auf, wobei er bedeutende Ausländer heranzog.
Offenbar kam es um das Jahr 1000 in Europa zu einem neuen geistigen Aufschwung, bei dem sich der Höhepunkt, den die europäische Kultur im 12. Jahrhundert erreichte, schon anzukündigen schien.

II. KIRCHE UND STAAT ALS KONSUMENTEN GEISTIGER WERTE

Wir haben schon erwähnt, daß sich die Laienwelt dem geistigen und wissenschaftlichen Leben entfremdet hatte, daß die kulturellen Güter und deren Entwicklung fast zu einem Monopol der Geistlichkeit geworden waren. Diese Änderung der kulturtragenden Schicht hatte natürlich auch eine Veränderung der kulturellen Ziele zur Folge. Diese Ziele wurden im wesentlichen religiös und entsprachen einer großen, auf den heiligen Augustinus zurückgehenden Tradition. Für diesen Kirchenvater bestand das einzige, aber auch einzigartige Ziel der Wissenschaft darin, daß der Mensch durch sie die Heilige Schrift besser verstehen lerne.
Dieses Prinzip wurde natürlich in erster Linie für die höheren Formen der Wissenschaft, die *Artes liberales*, maßgebend, wurde aber in abgewandelter Form auch auf geistige Arbeit angewandt, die allgemeineren Charakter hatte. So lehrte man die Mönche lesen, weil sie sonst dem von ihren Pflichten untrennbaren Er-

fordernis, den Psalter zu rezitieren, nicht hätten genügen können. Nicht anders war es auf dem Gebiet der Kunst. Hier sollte jede ästhetische Gestaltung den Geist mit dem Gefühl für die Größe der Religion und für die Schönheit aller Andachtsformen erfüllen, die zu ihr gehörten.

Hätte es keine anderen Faktoren gegeben als die Kirche, so hätte sie wohl nahezu die ganze geistige, literarische und künstlerische Arbeit von drei Jahrhunderten an sich gezogen, wie dies in Rom — damals das Zentrum rein religiöser Studien — und in der Abtei Monte Cassino der Fall war.

Doch es gab eine weltliche Institution, die ihre eigenen geistigen, literarischen und bis zu einem gewissen Grade auch künstlerischen Ziele und Probleme hatte und die gegenüber der Kirche eine starke Autorität besaß: die Monarchie. Die Funktionen der Monarchie waren allerdings so sehr mit denen der Kirche verwoben, daß man beide nicht immer trennen kann. Die Monarchie brauchte Ämter und Kanzleien, deren Personal lesen und Texte redigieren konnte. Man mußte dieses Personal also dem Klerus entnehmen. Doch dieses Bedürfnis gehörte nicht einmal zu den allerdringlichsten Notwendigkeiten. Wichtiger noch war beispielsweise für die Karolingerzeit die Lösung derjenigen Probleme, die mit dem Erfordernis zusammenhingen, das gewaltige Imperium möglichst zu vereinheitlichen. Man bedurfte hierfür einer gemeinsamen Verwaltungssprache und einer gemeinsamen Schrift. Zu diesem Zwecke waren aber Schulen erforderlich, an denen solche Sprache und Schrift gelehrt wurden. Man mußte auch dafür sorgen, daß man sich mit sprachlich sehr verschiedenartigen Bevölkerungsgruppen verständigen konnte, und mußte daher die offiziellen Urkunden in die einzelnen Volkssprachen übersetzen. Daneben mußte man noch versuchen, die sehr unterschiedlichen Volkssprachen ebenfalls zu vereinheitlichen.

Die Monarchie hatte auch noch andere Aufgaben. So mußte sie den Untertanen ein Bild der Größe und Majestät des Herrschers einprägen. Sie tat das, indem sie imposante, mit großartiger Ausschmückung versehene Gebäude errichtete. Doch sollte für den Herrscher auch durch Propaganda geworben werden. Dichtungen sowie Biographien des Fürsten und epische Verherrlichungen seiner Taten waren hierfür erforderlich. Dies alles überstieg die geistigen Kräfte einfacher Schreiber. Dazu kam noch, daß auch für den diplomatischen Verkehr und für die Beziehungen zu fremden Herrschern überhaupt zum Teil der schriftliche Weg gewählt werden mußte, was ebenfalls eine geistige Tätigkeit komplizierter Art erforderlich machte.

Die theologischen Diskussionen, in denen die Herrscher infolge ihrer besonderen Beziehung zur Kirche Partei ergreifen mußten, nötigten sie dazu, sich mit Theologen und Kennern des kanonischen Rechtes zu umgeben.

Von alledem abgesehen, kam es damals auch vor, daß Herrscher und sogar solche, die, wie Karl der Große, nicht schreiben konnten, den Wissenschaften Interesse entgegenbrachten. Karl der Große gewährte einer Gruppe von Gelehrten den Unterhalt und zog sie an seinen Hof. Karl der Kahle (840—877) unterhielt wahrhaft freundschaftliche Beziehungen zu Johannes Scotus (Eriugena), dem ursprünglichsten Denker aus der Zeit vor dem eigentlichen Hochmittelalter. Alfred der Große übersetzte im letzten Drittel des 9. Jahrhunderts die *Historiae* des antiken Schriftstellers Orosius und das Werk des Boethius über den Trost durch die Philosophie ins Angelsächsische. Kaiser Otto II. (973—983) fällte die Entscheidung bei großen wissenschaftlichen Diskussionen zu Magdeburg (981), in denen sein Freund Gerbert von Aurillac (der spätere Papst Silvester II.), ein bedeutender Mathematiker und Astronom, glänzte und siegte.

Begreiflicherweise waren die Bedürfnisse der Kirche denen der Monarchie damals formell sehr ähnlich. Die Kirche mußte Bücher schreiben lassen, die für die Liturgie erforderlich waren, zu den Gläubigen in deren Sprache sprechen, Kirchen bauen und mit künstlerischem Schmuck ausstatten; ferner mußte die Kirche, um Propaganda zu machen, Heiligenleben und Berichte von Wundern schreiben und redigieren lassen. Auch mußte sich die Geistlichkeit unter dem Gesichtspunkt einer tieferen Einsicht in die Heilige Schrift und dem der Polemik gegen Ungläubige oder Ketzer den Wissenschaften widmen.

Im großen und ganzen waren also Monarchie und Kirche zwei eng miteinander verknüpfte Institutionen, das heißt die Organe, die der kulturellen Aktivität Möglichkeiten eröffneten und ihr Unterstützung zuteil werden ließen.

III. MITTELLATEIN UND VOLKSSPRACHEN

Pippin der Kleine, der seit dem Jahre 751 König war, und sein Sohn und Nachfolger Karl der Große (768—814) waren Eroberer und Organisatoren. Sie haben die Grenzen ihres Staates erweitert und ihm manche politischen und verwaltungsmäßigen Institutionen gegeben, die noch sein Weiterbestehen ermöglichten, als er schon im Verfall begriffen war. Bei dieser Dauerhaftigkeit spielte auch der kulturelle Aspekt eine bedeutende Rolle, und zwar in erster Linie die Sprache.

Wir müssen hier von einer einfachen, aber grundlegenden Tatsache ausgehen: in dem riesigen Reich Karls des Großen wurden viele, zum Teil stark unterschiedliche Idiome gesprochen. Eine Gruppe dieser Idiome leitete sich aus dem Lateinischen her; in Italien, Spanien und im französischen Sprachgebiet traten die Eigentümlichkeiten, die sich später in den drei romanischen

Sprachen dieser Gebiete zeigten, bereits in Umrissen hervor. Die anderen gesprochenen Idiome waren germanischen Ursprungs.

Karl der Große entschloß sich auf dem sprachlichen Gebiet zu einer bedeutsamen prinzipiellen Entscheidung. Er bestimmte das Lateinische zur Verwaltungssprache. Er wählte also keines der romanischen Idiome, die damals wirklich gesprochen wurden, sondern eine bereits tote Sprache. Immer stärker vulgarisiert und heruntergekommen, hatte sich das Latein in eine Sprache verwandelt, die Cicero nicht verstanden haben würde. P. Riché, der Kulturhistoriker des frühen Mittelalters, betont, daß das in den Urkunden des 8. Jahrhunderts verwendete Latein den gesprochenen Idiomen angepaßt war.

Die Entscheidung Karls des Großen war nicht so einfach durchzuführen, wie man vielleicht denken könnte; denn hierzu mußte man zunächst einmal wieder ein verständliches Latein schaffen. Es gab also eine gewisse Rückkehr zu den antiken Quellen, doch sie war unvollkommen. Diese wiedergeschaffene Sprache — dem Klang nach wohl von Iren geprägt, die die klassische Aussprache hatten bewahren können — war das sogenannte ›Mittellatein‹: eine Gelehrtensprache insofern, als sie von niemandem gesprochen wurde als von den Geistlichen, deren Muttersprache sie freilich nicht war. Die Entscheidung Karls des Großen, daß das Lateinische die Verwaltungssprache werden solle, war nicht selbstverständlich. Im angelsächsischen England wurden beispielsweise die Gesetze in der Volkssprache abgefaßt, während die Kapitularien Karls des Großen ausschließlich in lateinischer Sprache formuliert wurden. Man muß also nach den Motiven von Karls Entscheidung forschen.

Hier müssen wir zunächst einen vergleichbaren Vorgang erwähnen. Fürst Wladimir von Kiew war im Jahre 988 zwar von Byzantinern zum Christentum bekehrt worden, entschied sich aber für das Bulgarische als Kirchensprache. Er wählte ein slawisches Idiom, das von seinen Untertanen besser verstanden wurde als das byzantinische Griechisch.[8] Hinzu kam, daß slawische Worte in der Schreibart der Bulgaren leichter schriftlich zu fixieren waren als nach griechischer Schreibweise. So bekamen die slawischen Russen und die slawisierten Waräger das Evangelium in slawischer Sprache.

Um so dringlicher stellte sich nun die Frage, aus welchen Gründen Karl der Große sich für das nicht mehr als lebende Sprache existierende Latein entschieden haben kann.

Maßgebend muß für den Kaiser die Erwägung gewesen sein, daß das Lateinische überall in seinem Staat die Sprache der Kirche war und daß die Kirche bei der Ausbildung der Geistlichkeit allen Klerikern grundsätzlich eine mindestens elementare Kenntnis des Lateinischen vermittelte.

Die Schaffung einer Verwaltungssprache, des mittelalterlichen Latein, konnte die sprachliche Verständigung, deren die Exekutive des Herrschers bedurfte, nur teilweise regeln. Latein war ausschließlich für den internen Gebrauch — von Verwaltungsorgan zu Verwaltungsorgan — verwendbar. Wie sollte man sich aber den Untertanen verständlich machen? Die einzige Möglichkeit hierzu bot sich in der Verwendung der Volkssprachen, ob sie nun aus dem Lateinischen abgeleitete oder germanische Idiome waren. Auch diese Frage stellte sich zugleich für die kirchliche und die weltliche Verwaltung.

Daß die Kirche sich der Problematik der Sprachfrage bewußt war, ist aus einem Kapitulare ersichtlich, das es im Jahre 813 den Bischöfen zur Pflicht machte, die Predigt in der Volkssprache zu halten. Eine Stelle bei Alkuin (etwa 730—804) beweist, daß nicht alle Mönche des Lateinischen mächtig waren, und dies gilt, wie schon Beda Venerabilis (etwa 673—735), der bedeutende angelsächsische Gelehrte und Mönch, bezeugt, auch für England. Die Ordensregel wurde, wie aus diesen beiden Zeugnissen hervorgeht, den Fratern in den Volkssprachen vorgelesen und erklärt.[9] Karl der Große ließ im Jahre 802 die Gesetze seines Reiches in die verschiedenen Sprachen übertragen, die in seinem Imperium gesprochen wurden. Höchstwahrscheinlich wurden auf den Volksversammlungen (Versammlungen der Großen an den Hoftagen der Reichstagen der Herrscher aus dem Karolingerhause und Versammlungen der Großen unter den Stammesherzögen) die Sätze sowohl auf lateinisch als auch in den betreffenden Volkssprachen verlesen, wie dies ja auch in England der Fall war. Zwar läßt sich diese Mehrsprachigkeit in den Versammlungen, soweit ich weiß, für den Kontinent nicht urkundlich nachweisen, doch vieles spricht dafür, daß die Volkssprachen bei den Versammlungen nicht ausgeschaltet waren. Diese Annahme ist um so wahrscheinlicher, als Karl der Große, der sich mit Vorliebe *more francico* (nach fränkischer Art) kleidete, stark um die Vervollkommnung der fränkischen Volkssprache (*lingua theodisca*) bemüht war. Ihr Gegenstück war die *lingua romana rustica*.

Karl der Große gab den Monaten und den Winden neue fränkische Namen und ließ die epischen Gesänge aufzeichnen, die von den Helden der Vergangenheit handelten und mündlich vorgetragen wurden. Der Quellentext, der davon spricht, kann sich freilich ebenso auf Epen des romanischen wie auf solche des germanischen Sprachgebietes beziehen.[10]

Auf jeden Fall kann man aus dem Verhalten Karls des Großen ersehen, daß er die Notwendigkeit, sich an das Volk in dessen gesprochener Sprache zu wenden, sehr klar erkannte. Der sprachlich oft abgewandelte Ausdruck *theodisca* — eine allgemeine, in den Worten ›deutsch‹ und in den älteren Namen für das Niederländische (*dietsch* und *thiois*) noch erhaltene Bezeichnung für die germanischen Sprachen — kam gerade während der Regierungszeit Karls des Großen auf.

IV. DIE ANDEREN MITTEL ZUR VEREINHEITLICHUNG

Neben dem sprachlichen gab es noch ein weiteres Problem, das, auf den ersten Blick unscheinbar, unbedingt gelöst werden mußte: das der Schaffung einer einheitlichen Schrift.

In den verschiedenen Regionen des von Karl dem Großen beherrschten Imperiums verwendete man besondere Schriftarten, wobei Volksart und Region eine Rolle spielten. Sie waren von der römischen Kursivschrift abgeleitet und schwer zu entziffern. Aber während des 8. Jahrhunderts kam es in der Abtei Corbie (in der Picardie) und in der Abtei Saint-Martin in Tours zur Entwicklung einer klareren Buchstabenform: der karolingischen Minuskel.

Das erste Manuskript, in dem diese Minuskel nach ihrer vollständigen Entwicklung ganz konsequent verwendet wurde,[11] stammt aus dem Jahre 781.

Diese Schriftform hat sich mit gewissen Abwandlungen bis in die Gegenwart erhalten. Sie hatte sich allmählich im ganzen Imperium Karls des Großen durchgesetzt.

Eine einheitliche Schrift, allen zugänglich, die lesen und schreiben konnten, und ein verständliches Latein für diejenigen, die wenigstens die Kunst des Lesens beherrschten, wurden also geschaffen: Ergebnisse, die bescheiden erscheinen und doch grundlegende Bedeutung hatten.

Wir erwähnten schon, daß die weltliche Regierung und die Kirche im Karolingerreich untrennbar miteinander verknüpft waren. Auch auf einem von Sprache und Schrift zu unterscheidenden Gebiet haben Pippin der Kleine (751—768) und vor allem sein Sohn und Nachfolger Karl der Große eine Vereinheitlichung vorgenommen: sie haben die Liturgie im Sinne einer Hinwendung zu Rom unifiziert. Die bisherige, auf dem Boden Galliens entstandene Liturgie wurde durch den römischen Ritus ersetzt. Der Historiker C. Vogel[12] sagt: »Die Entwicklung des Kultus der katholischen Christenheit wurde für die Form der Eucharistie [des Abendmahls] durch das von Alkuin, dem Freund Karls des Großen, ergänzte *Sacramentarium Hadrianum* im wesentlichen vollendet.« Dieses Meßbuch hatte seinen Namen dadurch erhalten, daß Papst Hadrian I. (772—795) es durch einen Mönch aus Ravenna Karl dem Großen hatte überbringen lassen.

Für die liturgischen Formen, die nicht die Eucharistie betrafen, erfolgte später eine weitgehende Fixierung durch ein anderes Buch: das *Pontificale Romano-Germanicum*, das etwa zwischen den Jahren 954 und 964 in Mainz entstanden ist.

Außerdem führte Bischof Chrodegang von Metz (gest. 766), der die Regel für das gemeinsame Leben seiner Kanoniker formuliert hat, in seinem Bistum die römische Liturgie ein, eine Neuerung, die großes Ansehen erlangte und in anderen Bistümern Nachahmung fand.
Die christlichen Königreiche Nordspaniens folgten diesem Beispiele schon bald und ersetzten die westgotische Liturgie durch die römische.[13]
Alkuin, von Karl dem Großen auch darin unterstützt, versuchte anhand vieler Manuskripte, den damals geltenden Bibeltext zu revidieren, um zu einem korrekteren Wortlaut der lateinischen Bibelübersetzung zu gelangen.[14]
Aus allen diesen Bestrebungen, die der Vereinheitlichung galten, ist ersichtlich, daß sie ohne die Grundlage eines je nach den Möglichkeiten mehr oder weniger intensiven Unterrichts nicht hätten verwirklicht werden können.
Die Vereinheitlichungen, von denen wir gesprochen haben, mochten sie weltlicher oder ausschließlich religiöser Art sein, konnten fast nur von den Klerikern durchgeführt werden. Man war also genötigt, ihnen durch Unterricht die hierfür erforderlichen Grundlagen zu geben.

V. DER UNTERRICHT

Zur Schaffung eines solchen Klerus bedurfte es der Schulung der für ihn bestimmten Menschen.
Pippin der Kleine überließ die Ausbildung des Klerus ausschließlich der Kirche und griff nicht ein. Er beschränkte sich auf Bemühungen, die Moral des Klerus zu heben, um das geistige Niveau der Priester kümmerte er sich nicht. Ihm genügte es, daß ein Priester das Vaterunser und das Credo kannte. Die ältesten uns bekannten Initiativen, die ein Herrscher für eine systematische Erteilung von Unterricht ergriff, gingen auch nicht von Karl dem Großen aus; die früheste sich auf diese Frage beziehende Urkunde ist vielmehr der auf einer Synode in Neuching (Bayern) im Jahre 772 verkündete Text, zu dem Herzog Tassilo III. von Bayern den Anstoß gegeben hatte. Dieser synodale Text schrieb dem Bischof vor, mit den Priestern täglich Lektüre zu treiben und eine bischöfliche Schule zu organisieren. Hinsichtlich der bischöflichen Schulen wird oft die Meinung vertreten, daß die von Bischof Chrodegang von Metz aufgestellte Regel für das gemeinsame Leben seiner Kanoniker die Forderung einer Schule für die jungen Kleriker eingeschlossen habe. Doch die Artikel, die diese Forderung aufstellten, sind dem Text des Bischofs in späterer Zeit hinzugesetzt worden. Karl der Große hat sich in dem Kapitulare *De litteris colendis*, das er im Jahre 787 erließ,

zum erstenmal für die geistige Ausbildung interessiert. In mehreren späteren Kapitularien schrieb er die Errichtung von Schulen für die noch im Kindesalter stehenden, für das Kloster bestimmten und dort schon lebenden Jugendlichen vor. Man sollte sie in der Lektüre der Heiligen Schrift unterrichten und ihnen die ersten Elemente des Latein beibringen, ferner ihnen die Bibel und die liturgischen Bücher kurz auslegen.[15]

Der Unterricht wurde in den Schulen der Abteien und Domkapitel erteilt. Man lernte zunächst lesen: erst Buchstaben, dann Silben und zuletzt Wörter.[16] Dann lernte man schreiben — zunächst die Kursivschrift; danach, während eines Aufenthaltes im Scriptorium der Abtei, machte man sich mit der Schriftart vertraut, die für die Manuskripte gewählt wurde: der ›Buchschrift‹. Wenn der Schüler die Buchstaben kannte, gab man ihm ein Buch, den Psalter, den er auswendig lernte, indem er ihn abschrieb. Dies alles nahm manchmal zwei bis drei Jahre in Anspruch. Der Elementarunterricht umfaßte ferner das Singen, wobei der Lehrer die Melodie vorsang und die Schüler sie wiederholten; sie lernten auch die einfachsten Formen der Grundrechnung. Hatte der Schüler diesen Elementarunterricht hinter sich gebracht, so begann er Latein zu lernen. Der Schüler konnte sich hierbei eines Abrisses der Grammatik oder auch eines Glossars (einer Wortliste mit Erklärungen) bedienen. Zur erfolgreichen Beendigung dieser schon etwas gehobenen Unterrichtsstufe mußte der Schüler lateinisch *lesen* lernen, das heißt, die Akzentuierungen und Pausen beherrschen, deren Kenntnis für die korrekte Ausführung der Kirchengesänge unerläßlich war.

Natürlich gab es viele Kleriker, die nicht begabt genug waren, den ganzen Lehrstoff in sich aufzunehmen. Dennoch ist aus den Schulen der Abteien und der Kapitel eine gewisse Anzahl gut ausgebildeter Geistlicher hervorgegangen, die imstande waren, eine Durchführung des Kirchendienstes in korrekter Form zu gewährleisten oder Urkunden der öffentlichen Verwaltung klar zu redigieren und zu schreiben beziehungsweise abzuschreiben. Vielleicht hat es daneben, zumindest in Italien, Schulen zur Heranbildung von Notaren für die Verwaltung der Städte gegeben; doch ist es auch möglich, daß diese Notare ebenfalls in den Schulen der Abteien und Domkapitel ausgebildet worden sind. Alles spricht dafür, daß auch die wenigen Laien, die gebildet waren, ihre Ausbildung in diesen Schulen erhalten haben.

Man darf jedoch nicht außer acht lassen, daß es außerdem einen Unterricht auf höherem Niveau gegeben hat. Auch damals bestanden Klosterschulen und bischöfliche Schulen, die gelehrte Kenntnisse vermittelten. Allerdings muß man sich darüber klar sein, daß diese Schulen keine weltlichen Ziele verfolgten; auch sie dienten dem besseren Verständnis der Heiligen Schrift oder dem Erwerb höherer Erkenntnisse in Fächern, die der Liturgie oder

anderen grundlegenden Formen des religiösen Lebens zugute kommen sollten.
Hohen Wert maß man, insbesondere auf den Schulen in England, dem Unterricht in der Grammatik bei. Sie galt als die bedeutsamste der Wissenschaften, weil man durch sie die Verknüpfung der Worte zum Sinn und damit den ganzen inhaltlichen Reichtum der Bibel zu erfassen vermochte. Unter diesem Gesichtspunkt wurde auch die Lektüre profaner Werke des Altertums empfohlen; durch sie sollte ein besseres Verständnis und zugleich auch eine bessere Kenntnis der Grammatik erreicht werden, was wiederum zu einer vollkommeneren Erfassung des Wortlauts der Heiligen Schrift führen konnte.
Ein anderes Beispiel von Studien im Dienste der Religion ergibt sich aus einer Stelle des *Liber Pontificalis* (Papstgeschichte), wo davon die Rede ist, daß Papst Stephan II. (752–757) alle Kleriker und Priester des Laterans versammelte und ihnen die Erforschung der Heiligen Schrift zur Pflicht machte, damit sie imstande wären, den Gegnern der Kirche zu antworten.[17] Auch in Gallien wurden solche Studien betrieben. Dies läßt sich aus einem Appell ersehen, in dem Papst Stephan III. im Jahre 769 den König der Franken um Entsendung von Bischöfen nach Rom bittet, die »in der Heiligen Schrift und im Kanonischen Recht bewandert« sind. Auf der Synode, die im Jahre 767 zu Gentilly stattfand, waren die fränkischen Bischöfe imstande, den byzantinischen Bischöfen bei der Diskussion über die Dreieinigkeit und den Bilderdienst Rede und Antwort zu stehen, ohne daß sich ein Unterschied im geistigen Niveau bemerkbar machte.[18]
Die Klosterschulen und die Schulen der Domkapitel waren nicht nur Mittelpunkte für wissenschaftliche Studien auf theologischem Gebiet, sondern auch Zentren für eine Kunst, die mit der Religion eng verbunden war.
Zunächst waren da die Manuskripte und Miniaturen; sie wurden in künstlerischer Form hergestellt. Diese Arbeiten entsprachen ganz einfach Bedürfnissen der religiösen Erbauung, und nur selten spielten hierbei künstlerische Absichten eine Rolle. Der Gottesdienst in den Domkapiteln und noch mehr in den Abteien erforderte die Herstellung zahlreicher Manuskripte.
Ihre Fertigstellung diente Gebrauchszwecken, doch man wünschte nicht nur, daß sie schön geschrieben, sondern auch, daß sie mit Initialen und Miniaturen verziert seien. Die Herstellung der geschmückten und verzierten Manuskripte bildete für die Kongregationen eine höchst wichtige Tätigkeit, für die ein in genauer und sorgfältiger Arbeit geschultes kirchliches Personal erforderlich war.
Doch es gab noch andere geistige Arbeiten, die den Mönchen oblagen. So mußten Schilderungen von Heiligenleben, Berichte, Antiphonarien (*Libri antiphonarii*, das heißt Sammlungen von

Abb. 11: Gregor der Große beim musikalischen Diktat. Aus dem Antiphonarium Hartkers (Ende des 10. Jh.)

Wechselgesängen) angefertigt werden. Besonders geschätzt waren jene Mönche, die sich auf Musik spezialisiert hatten.
Dies alles macht den Inhalt dessen aus, was man als ›Karolingische Renaissance‹ bezeichnet hat. Doch gehören hierzu noch zwei andere Phänomene des Kulturlebens, von denen das eine am Anfang, das zweite gegen Ende des 10. Jahrhunderts deutlich hervortrat: die Baukunst nebst anderen bildenden Künsten sowie das logisch-exakte Denken.

VI. DIE BAUKUNST

Die Architektur war während der hier behandelten Epoche die am stärksten hervortretende Kunst. Die Gesellschaft lebte in der Karolingerzeit und in den auf sie folgenden Jahrhunderten im wesentlichen in Gebäuden, die aus Holz errichtet waren.
Doch scheint in der Zeit zwischen der Schlacht am Lech (955) und der Mitte des 11. Jahrhunderts die Anzahl der steinernen Häuser gewachsen zu sein.
Das war nicht nur in Westeuropa der Fall. Der polnische Historiker A. Gieysztor hat darauf hingewiesen,[19] daß fast gleichzeitig, im 10. und 11. Jahrhundert, in Rußland steinerne, stark von der Baukunst der Byzantiner beeinflußte Gebäude errichtet wurden. In Kiew wurde ein bescheidenes, noch in der Mitte des

10. Jahrhunderts erbautes Gotteshaus ein Jahrhundert später durch die Sophienkirche ersetzt: eine von zwölf Kuppeln überwölbte, mit Mosaiken und Malereien reich geschmückte Kathedrale.
In Kiew, Tschernigow und Nowgorod erhoben sich damals ebenfalls mächtige Kathedralen. Die Architektur nahm also in ganz Europa einen starken Aufschwung, und wir wollen ihre Entwicklung im folgenden kurz skizzieren.
Wir müssen vorausschicken, daß wir den Begriff ›Architektur‹ sehr weit fassen und in ihn auch gewisse Aspekte der zivilen ›Ingenieurarbeit‹ einbeziehen müssen. Die Zeitgenossen Karls des Großen blickten voller Bewunderung auf eine während seiner Regierungszeit gebaute großartige Brücke, die unweit von Mainz über den Rhein führte. Karl hat auch, im Hinblick auf seine bevorstehenden Kriege gegen die Sachsen und gegen die Avaren, den Bau eines Kanals geplant, der zwischen der schwäbischen Rezat und der Altmühl verlaufen sollte; der Bau wurde begonnen, aber schließlich abgebrochen. Leider hat man sich in der Forschung mit diesen technischen Bauten und Planungen weit weniger beschäftigt als mit den Kirchenbauten.
Selbstverständlich sind die meisten Kirchen, wie die meisten der damaligen Bauten aus Stein überhaupt, ohne direktes Einwirken des Herrschers auf die Baupläne und deren Durchführung errichtet worden; dennoch hat die Dynastie auf dem Gebiet der Architektur einen starken Einfluß ausgeübt. Dies gilt natürlich in erster Linie für die Königssitze, das heißt die Pfalzen (*palatia*), sowie für manche öffentlichen Bauten. Aber auch im Kirchenbau machte sich der Einfluß der Dynastie geltend.
Die erwähnten Bauten bilden jedoch nur einen Teil der gesamten Bautätigkeit. Daneben gab es noch die von der Mode und der Nachahmung geprägten Bauvorhaben und ihre Verwirklichung. Diejenigen Architekten, denen ein geringerer Spielraum blieb, ahmten die Bauten der großen Auftraggeber in vereinfachten Formen nach. Dazu kam noch ein anderer Impuls, der wieder von den Großen ausging: es gehörte zur Würde der frommen Herrscher und der vornehmsten Männer ihres Hofes, Kirchen zu bauen und Klöster zu gründen oder restaurieren zu lassen.
Saint-Riquier, Corbie (in der Picardie), Sainte-Wandrille (Fontanelle), Sankt Gallen, Hirsau, Fulda, Corvey (in Niedersachsen) und Lorsch waren Abteien, die unter Beteiligung des Herrschers und seiner Umgebung erbaut beziehungsweise wiedererrichtet wurden.
Der Aachener Dom und die kleine, mit bedeutenden Mosaiken geschmückte Kirche von Germigny-des-Prés (bei Orléans) sind Beispiele für religiöse Bauten, die der Kaiser oder einer seiner Mitarbeiter errichten ließ. Zwischen dem Aachener Dom und der Klosterkirche von Saint-Riquier, die Abt Angilbert, ein Freund

Karls des Großen, hatte erbauen lassen, gab es auffallende Übereinstimmungen. Gerade auf dem Gebiet der Baukunst machte sich also ein Einfluß des Hofes in verschiedenen Teilen des Imperiums geltend.

Man weiß zu wenig von der Architektur der Merowingerzeit, um den Ausgangspunkt für die Entwicklung in der Karolingerzeit klar festlegen zu können.[20]

Die Kenntnis der karolingischen Baukunst wird vielleicht zu stark von der Bedeutung bestimmt, die man der Architektur des Aachener Doms beimißt.[21] Das Oktogon — der Kern des Aachener Doms und die eigentliche Pfalzkapelle Karls des Großen — hat die kunsthistorischen Spezialisten zu starken Spekulationen angeregt. Manche von ihnen jagten förmlich nach Vorbildern zu diesem Oktogon, andere erklärten es für etwas Einzigartiges, das ohne Anlehnungen entstanden sei, und eine dritte Gruppe spricht von einem im Orient weitverbreiteten Typus, der häufig die gleiche Struktur aufweise wie der Aachener Dom und die kleine Kirche von Germigny-des-Prés.[22]

Festzuhalten ist jedenfalls, daß damals der weitaus häufigste Kirchentypus die dreischiffige, mit Holz gedeckte Basilika war. Nach Ansicht des Kunsthistorikers Edgar Lehmann ist die Verbreitung dieses Typus der Sakralbauten im wesentlichen auf Karl den Großen zurückzuführen; zwar war er in der Spätantike die normale Form der Gemeindekirche gewesen, doch war der spätantike Sakralbau in der Zeit der Völkerwanderung und in den auf sie folgenden Jahrhunderten weitgehend in Vergessenheit geraten.[23] Ein typisches Element des Kirchenbaus in der Karolingerzeit war der westlich von der Basilika errichtete Anbau (Westwerk oder Westbau), der zu ihr gleichsam eine Vorkirche bildete. Äußerlich war dieses Westwerk ein monumentaler Zentralbau, dessen Fassade von einem mächtigen Turm und zwei kleineren Türmen beherrscht wurde. Innen lag im untersten Geschoß die Krypta mit Reliquien. Im Geschoß darüber befand sich ein Presbyterium (Sanctuar): ein Altarraum mit dem Stuhl für den Bischof und dem Gestühl für den Klerus sowie Nebenräume. Über diesen Nebenräumen, ein Geschoß höher also, waren Emporen angebracht, von denen aus beispielsweise der Herrscher und sein Hof dem Kult zuschauen konnten.

Das vollkommenste Beispiel für einen Sakralbau mit einem solchen Westwerk bildet die Klosterkirche von Saint-Riquier. Andere Beispiele sind die Kirche des Klosters Corvey und die Salvatorkirche von Werden (bei Essen). Der Westbau war vielleicht als Verkörperung der Kirche Christi im Himmlischen Jerusalem gedacht. G. Heitz[24] meint, der Gedanke des Westwerkes habe einer Liturgie entsprochen, nach der das gesamte christliche Volk in das Himmlische Jerusalem einging: ein Jerusalem, das durch die hochgelegenen Teile des Westwerks symbolisiert wurde;

dort ließ das Volk die Gesänge ertönen, die zu Ostern, dem Fest der Auferstehung, gesungen wurden.

Diese Liturgie erlosch aber um die Mitte des 9. Jahrhunderts, und seitdem verschwanden auch die Elemente der Baukunst, die ihr entsprachen. Zumindest verschwanden sie in Gallien, wo Erzbischof Adalbero von Reims das Westwerk seiner Kathedrale niederreißen ließ. In der Ottonenzeit hielt sich das Westwerk, freilich in verkümmerter Form, noch weiter.

Die Kathedralen und Klosterkirchen — manchmal in Form von Basiliken, manchmal in zusammengedrängter Form, zuweilen auch, beispielsweise recht häufig in Sachsen, als einschiffige Kirchen mit rechtwinkligem Chor (Saalkirchen) — sind die häufigsten, uns jedenfalls am besten bekannten Sakralbauten der Karolingerzeit.

Man muß bedenken, daß fast jede dieser Kirchen faktisch eine Häufung mehrerer, durch Mauerwerk voneinander getrennter Sakralbauten darstellte. Der aus der Karolingerzeit stammende, erhalten gebliebene Grundriß für die Hauptkirche von Sankt Gallen zeigt, daß dort zwei Klosterkirchen Funktionen zu erfüllen hatten: ein Baptisterium und eine Pfarrkirche.

Im Laufe des 8. Jahrhunderts trat eine Umwandlung bei den Klosterbauten ein. Bis dahin hatten die Mönche in zerstreuten, voneinander getrennten kleinen Hütten gelebt; es hatte also keinen Grundriß für den Gesamtbau gegeben. Doch dies änderte sich nun, wenn man wohl auch für einen Teil der Bauten weiterhin Holz verwendete.[25] Von den nach einem regelrechten Grundriß entstandenen Klöstern war das im Jahre 763 errichtete Lorsch das älteste.[26]

Die Krypten traten als Behälter für die Reliquien der Heiligen an die Stelle der unterirdische Grüfte. Manchmal ließ man diese Reliquien nun vom Altar umschließen. Doch für die Abtei Saint-Denis wurde im Jahre 775 eine Krypta, das heißt ein Grabraum unter dem Chor, nach dem Vorbild der Peterskirche geschaffen. Weitere Krypten, die früh zu datieren sind, gab es in der südöstlich von Lausanne gelegenen Kirche Saint-Maurice d'Agaune, deren Bau teilweise auf das Jahr 787 zurückging, sowie in der St.-Emmeramskirche in Regensburg. Der Bau von Krypten bedeutete eine erste technisch-organisatorische Maßnahme, die die Verehrung von Heiligenreliquien erleichtern sollte. Seit dem Ende des 10. Jahrhunderts wurden freilich die Menschenmengen, die diese Verehrung zum Ausdruck bringen wollten, so groß, daß man keine Krypten mehr schuf. Schon beim Bau der zweiten, im Jahre 981 geweihten Kirche von Cluny wählte man einen später oft begangenen Weg: man stellte die Reliquien des betreffenden Heiligen in den Kapellen aus, die an dem um den Chor herumführenden Gang (Chorumgang) lagen und nunmehr zu Reliquienkapellen wurden.

Neben den großen Kirchen, von denen viele im Auftrag Karls des Großen oder einzelner zu seinem Hofe gehörender Männer errichtet worden waren, gab es als bedeutende Bauten nur noch die Pfalzen (*palatia*), die die Form großer Vierecke hatten. Im Nordteil der Pfalz lagen die Kaisergemächer. Dort verliefen auch große Säulengänge. Die südlichen und westlichen Teile enthielten die *Aula regia*, den Königshof.[27]

Doch gab es anscheinend schon im 9. Jahrhundert Pfalzen, die im wesentlichen aus einem zweischiffigen Saal mit zwei Stockwerken bestanden. Hier ist der Ausgangspunkt für die mittelalterliche Burg, das befestigte Kastell. Das Kastell war während der ganzen bis zur Mitte des 11. Jahrhunderts reichenden Epoche ein Holzbau und bestand meistens aus drei Hauptelementen: einem Graben, einem aufgeworfenen Erdwall zur Verteidigung und einem Wehrturm an einer vorspringenden Ecke des Burgwalls.

In der Karolingerzeit waren, wie abschließend nochmals betont werden muß, die meisten Gebäude — insbesondere die meisten Kirchen — noch aus Holz.

VII. DIE ARCHITEKTUR UNTER DEN OTTONEN

Die Architektur der Karolingerzeit hat sich im 10. und 11. Jahrhundert weiterentwickelt. Ihre Formen waren im Norden und Nordwesten Europas anders als in Italien, Spanien und Südfrankreich. Im Norden entwickelte sich eine Baukunst,[28] deren vollkommenster Ausdruck die Architektur der Ottonenzeit mit ihren Kathedralen und Klosterkirchen ist. Es handelt sich dabei nicht um eine einfache Fortsetzung der Architektur der Karolingerzeit. Die ottonische Baukunst fügte bei der Entwicklung der Architektur zu der früheren Bauweise byzantinische Elemente, zugleich aber auch ganz eigene Errungenschaften hinzu. Im großen und ganzen ist die Architektur der Ottonenzeit sogar ziemlich frei von anderen zeitgenössischen Einflüssen geblieben; vor allem stand sie der Baukunst des Südens fern. Sie hat die allgemeinen Merkmale der Architektur bewahrt, die unter den Karolingern vorgeherrscht hatten: zuweilen hatten die Kirchen ein gegen das Längsschiff abgegrenztes, manchmal aber auch ein normales, das heißt durchlaufendes Querschiff, und zuweilen besaßen sie gar kein Querschiff. Ferner übernahm die Architektur der Ottonenzeit von ihrer Vorgängerin auch noch andere Elemente, beispielsweise Türme, die, unabhängig von defensiven oder rein dekorativen Zwecken erbaut, die Funktion hatten, die Treppen zu den oberen Geschossen zu umschließen (Treppentürme), sowie die üblichen Formen des Westwerks. Doch diese Vorbilder wurden, wie der Kunsthistoriker L. Grodecki sagt,

»um das Jahr 1000 eingreifend verändert«. Man war damals bestrebt, die einzelnen Bauelemente zu trennen, um sie auf ganz neuartige Weise miteinander zu kombinieren. Der Westbau, auch ›Westwerk‹ genannt, war bald zweitürmig, bald dreitürmig, manchmal gab man ihm sogar nur einen Turm. Der Chor wurde verlängert. Man baute Seitenschiffe und Krypten, die hinter der Chorhaube lagen. Die östlichen Partien der Sakralbauten wurden durch flankierende Seitentürme stark hervorgehoben, was den Kirchen der Ottonenzeit eine besondere Individualität verlieh. Diese Architektur wies außerdem noch Eigenarten regionaler Art auf. So kann man bei der Baukunst der Ottonenzeit eine sächsische, eine die Maasregion umfassende und eine lothringische Gruppe (das Gebiet des Mittelrheins und des Oberrheins mit umschließend) sowie eine besondere niederrheinische Gruppe unterscheiden.

Ähnlich wie in den erwähnten Gebieten verlief die Entwicklung der Architektur in der Region, in der der König von Frankreich regierte; doch die Architektur entfernte sich dort nur langsam und zögernd von den überkommenen Stilelementen. Diese Verzögerung ging so weit, daß die Baukunst in den Ländern der französischen Monarchie sogar um die Mitte des 11. Jahrhunderts noch keine definitiv geprägten Bauten von der Art hervorgebracht hatte, die für die damals in Sachsen und im Maasgebiet blühende Architektur charakteristisch war. Bauten von ebenso bedeutender Profilierung brachte nördlich der Alpen erst die reife romanische Kunst, dann freilich in unerschöpflicher Fülle, wieder hervor.

VIII. DIE ARCHITEKTUR IN DEN SÜDLICHEN LÄNDERN

Anders verlief die Entwicklung in den südlichen Ländern. In diesen Gebieten war der Einfluß der Baukunst der Karolingerzeit schwach. Dort entwickelte sich während der Epoche zwischen der Schlacht auf dem Lechfelde (955) und der Mitte des 11. Jahrhunderts eine eigene Kunst. Sie wurde von dem Kunsthistoriker J. Puig i Cadafalch als die früheste Entfaltung der romanischen Kunst betrachtet.[29] Früher nannte man sie manchmal die ›lombardische Architektur‹. Doch die für sie charakteristischsten Bauten befinden sich in Nordspanien.

Dort nahm der Sakralbau besondere Formen an. Zu seinen Merkmalen gehören kleine Friese von Blendbögen sowie aus den Mauern hervortretende, verhältnismäßig schlanke Pilaster, die Stützfunktionen hatten und manchmal ebenfalls als ›lombardisch‹ bezeichnet wurden. J. Puig i Cadafalch sagt: »Die meisten dieser Kirchen waren Basiliken, die, ausgenommen die Apsiden und der Chor, mit Holz gedeckt waren. Die Kirchen waren mittelgroß, und ihr Querschiff war wenig entwickelt. Ihre Fassade, der Struktur nach nur eine Mauerwand, hatte in den meisten Fällen einen Spitzgiebel. Diese Kirchen haben trotz ihrer Einfachheit der eigentlichen romanischen Baukunst bedeutende Anregungen formaler wie auch technischer Art gegeben: den an der Kreuzungsfläche von Längsschiff und Querschiff angebrachten, über einer Kuppel errichteten Vierungsturm, der durch Trompen (Bögen mit nischenartiger Wölbung) gestützt wurde; ferner die um diesen zentralen Punkt hin gruppierten Stützungsmassen; die Gliederung der Mauern durch Lisenen (senkrechte Mauerstreifen ohne Basis und Kapitell) sowie durch Stützpfeiler; die Herausarbeitung der Stützen, die mit Vorsprüngen zur Unterbrechung vertikaler Flächen versehen wurden; nicht zuletzt aber auch das hartnäckige Streben nach Einwölbung der Kirchenschiffe: ein architektonisches Hauptproblem, dem man alle Fragen unterordnete, die sich auf die Ausstattung des Innenraums bezogen.«

Diese früheste Form der romanischen Baukunst scheint auf den ersten Blick nur eine provinzielle Weiterführung der Architektur aus der Karolingerzeit zu sein. Doch muß sie sich auch anderen Einflüssen geöffnet haben, da sonst die starken Neuerungen, die sie zeigte, nicht zu erklären wären. So findet man bei ihr das Tonnengewölbe auch über den Kirchenschiffen. Diese Neuerung zeigt sich schon bei den aus der zweiten Hälfte des 10. Jahrhunderts stammenden Sakralbauten: bei den Kirchen Santa Maria in Amer (nordwestlich von Gerona) und Santa Cecilia in Montserrat sowie bei der im Jahre 1009 erbauten Kirche Saint-Martin am Felsenmassiv des Canigou.

Bald danach kam es zur Einführung der Kuppel über der Fläche, an der sich Längsschiff und Querschiff kreuzten. Man findet diese neue Errungenschaft in Kirchen wie Santa Maria in Ripoll aus dem Jahre 1032 und San Vicente in Cardona aus dem Jahre 1040. Damit war der späteren großen romanischen Kunst der Weg geebnet.

Doch die gleiche Konzeption, die damals den Kirchenbau Kataloniens bestimmte, war, vielleicht sogar noch intensiver als dort, auch für die sakrale Baukunst Italiens, des Languedoc und Burgunds bedeutsam.

Diese ›Frühform der Romanik‹ blieb allerdings auf den Süden beschränkt; sie gelangte nicht über das Zentralmassiv Frankreichs hinaus und spielte in dem nördlich der Loire gelegenen Gebiet wie auch in den westlichen Küstenregionen Frankreichs keine Rolle. Auch in Spanien drang ihr Stil nicht bis zu den am Atlantischen Ozean gelegenen Regionen vor. Asturien allerdings wurde im Laufe des 10. Jahrhunderts zu einem Gebiet, in dem »sehr glanzvoll und sehr verspätet« der westeuropäische Monumentalbau blühte.

Zwar läßt sich in Katalonien und in Südfrankreich um das Jahr 1000 keine Baukunst nachweisen, die so bedeutend war wie die entsprechende Kunst in den nördlich der Alpen gelegenen Gebieten Europas; doch zeichneten sich im Süden Entwicklungen ab, die der eigentlichen romanischen Kunst Impulse zu geben vermochten. Die Bauten, die im 10. Jahrhundert in Katalonien errichtet wurden, gehörten der Gesamtstruktur ihres Stils nach eigentlich schon zu den Bauwerken des 11. Jahrhunderts. Es sind jene Sakralbauten, die Puig i Cadafalch als »früheste romanische Kunst« bezeichnet hat und deren Einflüssen auf die spätere Zeit er nachgegangen ist.
Im Osten und im Norden des Karolingerreiches gab es bei den Sakralbauten noch lange Zeit hindurch keine Überwölbung der Kirchenschiffe. Man kann dies an der in Norddeutschland vorherrschenden Kunst der Ottonenzeit erkennen. Sie kannte zwar die Bogenfriese und die ›lombardischen‹ Pilaster, die als Stützpfeiler dienten, aber sie hielt bei den wesentlichen Partien der Sakralbauten an der aus der Karolingerzeit überkommenen Bauweise fest. Doch die Kuppelgewölbe, die unter den Karolingern durchaus verwendet wurden, sind über den Kirchenschiffen der ottonischen Sakralbauten — mit einer einzigen Ausnahme, der von byzantinischen Künstlern und Handwerkern geschaffenen Bartholomäuskapelle in Paderborn — nirgends zu finden.
Im 11. Jahrhundert kam die Baukunst Nordfrankreichs und Deutschlands in Bewegung. Im Auftrage Konrads II. wurde der Dom zu Speyer errichtet, dessen erste Form sich um das Jahr 1040 abzeichnete. In diesem Kaiserdom, in dem die Gräber der Herrscher aus dem Salierhause liegen, waren am Mittelschiff Flächen von Querrechtecken, an den Seitenschiffen Flächen von Längsrechtecken bereits überwölbt. Außerdem erreichten dort die Pfeilerbögen dieselbe Höhe wie das Kirchenschiff.
In der Architektur Frankreichs begannen sich für den Sakralbau regionale Bauschulen zu bilden, die besondere Eigenarten des Stils bevorzugten: die Schule von Poitiers und Umgebung errichtete Kirchen ohne Tribünen und schuf Kirchenschiffe, die sich der Höhe nach kaum unterschieden; für die Schule von Auvergne waren Kirchen charakteristisch, an deren um den Chor herumführenden Gang (Chorumgang) strahlenförmig angeordnete Kapellen lagen; die Schule von Burgund versuchte, beim Kirchenbau die Frage des Gewölbes mit der des direkten Lichteinfalls zu kombinieren. In der Kirche Saint-Etienne in Nevers wurde zum erstenmal eine dauerhafte Lösung des Problems erzielt, hohe Fenster unter einem Gewölbebogen anzubringen. Die ersten Spitzbögen tauchten um die Mitte des 11. Jahrhunderts auf.
Doch während der ganzen in unserer Darstellung behandelten Epoche gab es keine Lösung für das Problem, eine Steinwölbung für die großen Schiffe der Basiliken zu schaffen.

IX. BILDENDE KÜNSTE ANDERER ART

Ein wesentlicher Unterschied zwischen den Bauten der romanischen Kunst und denen der hier dargestellten Epoche besteht darin, daß die Baumeister vor der Mitte des 11. Jahrhunderts den Stein noch nicht als schmückendes Element für die Monumentalbauten verwendeten. Der Schmuck dieser Bauten bestand vielmehr in Mosaikarbeiten und in Malereien, die auf die Wände aufgetragen wurden.

Selbstverständlich war der Schmuck durch Wandgemälde häufiger als die Dekoration mit Mosaiken; die Gemälde waren ein wesentlicher Bestandteil eines jeden Sakralbaus.

Wir müssen uns also die Kirchen in der Karolingerzeit und in der darauffolgenden, bis zur Mitte des 11. Jahrhunderts reichenden Epoche als Bauten vorstellen, deren Inneres voll von Gemälden war. Das Auftragen dieser Gemälde auf die Wände von Kirchen oder Pfalzen diente dazu, Laien und Klerikern — sei es, daß diese nicht lesen konnten oder daß sie nicht zu lesen pflegten — die großen Ereignisse, vor allem die biblischen Themen, anschaulich zu machen.

Die Wandgemälde gaben hauptsächlich Vorgänge wieder, die im Alten Testament und im Evangelium beschrieben sind. Man stellte diese Vorgänge zwar nach der griechisch-römischen Tradition der Antike dar, doch ließ man sich dabei auch von orientalischen und, in zunehmendem Maße, von byzantinischen Vorstellungen und Stilelementen beeinflussen.

Daneben gaben die Wandgemälde in der Kirche auch Ereignisse der Weltgeschichte wieder.

Von diesen Malereien ist fast nichts erhalten geblieben, doch die Dichter und Geschichtsschreiber des frühen Mittelalters und der bis zur Mitte des 11. Jahrhunderts reichenden Epoche haben uns diese Wandgemälde beschrieben. Aufgrund ihrer Hinweise kennen wir die Themen dieser Malereien in der Abtei Sankt Gallen: die Wunder Christi und das, was Jesus gelehrt und verkündigt hat. Aber auch andere Themen wurden gewählt: beispielsweise wurden die sieben Weisen Griechenlands oder Heilige und ihre Taten malerisch dargestellt.

Ludwig der Fromme (814–840) ließ auf den Wänden seiner Pfalz zu Ingelheim die Universalgeschichte des Orosius vom frühen Altertum bis zu Konstantin und ferner die Taten Theodosius des Großen, Karl Martells und Karls des Großen in Malereien wiedergeben.[30]

Die Entwicklung der Wandmalerei in der zwischen der Regierungszeit Karls des Großen und dem Ende des 11. Jahrhunderts liegenden Epoche gibt den Kunsthistorikern komplizierte Probleme auf. Doch wir wollen auf diese Fragen in unserem Zusammenhang nicht näher eingehen.[31]

Ganz allgemein kann man sagen, daß die Malerei während der ganzen in unserem Buch behandelten Zeit einheitlich blieb. Erst im 12. Jahrhundert wurde der Einfluß der byzantinischen Malerei so stark, daß ihm die in der Karolingerzeit und in der Zeit der Ottonen entstandene Tradition unterlag.

Eine Plastik, wie sie die romanische Kunst hervorbrachte, finden wir in der Zeit zwischen dem 8. und der Mitte des 11. Jahrhunderts noch nicht. Die menschliche Gestalt wurde in der Skulptur dieser Epoche nicht dargestellt. Der behauene Stein war damals ein ornamentaler Faktor; er wurde auf den Kapitellen angebracht oder kam in Relieffrom vor. Viel häufiger und künstlerisch bedeutend waren zu jener Zeit die in Bronze geschaffenen Reliefs.[32] So gab es unter anderem Bronzetüren von großer Schönheit. Dazu traten die wunderbaren Elfenbeinschnitzereien, die hier nicht unerwähnt bleiben dürfen. In dieser Kunst, das heißt bei den Bronzearbeiten und bei den Elfenbeinskulpturen, wurde auch zum erstenmal seit der Antike wieder die menschliche Gestalt in die Plastik einbezogen. Es gab Bronzestatuen wie beispielsweise eine Reiterstatue, die wahrscheinlich Karl den Großen zu Pferde darstellt: ein wohl um das Jahr 860 entstandenes Werk, das ursprünglich zum Schatz der Kathedrale von Metz gehörte und seit langem im Louvre aufgestellt ist. Die berühmtesten Bronzearbeiten sind aus der Werkstätte hervorgegangen, die Bischof Bernward von Hildesheim — er amtierte von 993 bis 1022 — in seinem Bistum unterhielt.

Goldschmiedearbeiten und Miniaturen sowie auch Elfenbeinskulpturen waren die Kunstäußerungen, die mit dem normalen Leben der Adeligen und Kleriker, der einzigen Träger der damaligen künstlerischen Kultur, relativ eng verbunden waren. Vor allem wurden religiöse und weltliche Vorgänge wiedergegeben. So wurde die Kreuzigung Christi auf den Buchdeckeln der Evangeliare immer wieder abgebildet. Die Thematik für die Illustrationen entnahm man Ereignissen, von denen die Heilige Schrift spricht, oder Geschehnissen aus dem Leben der Heiligen. Die Vorbilder waren antike oder orientalische Abbildungen. Der dem Namen nach nicht ermittelte ›Meister von Echternach‹, der seine Illustrationen, beispielsweise die des gegenwärtig zum Trierer Domschatz gehörenden Evangeliars, im Anfang des 8. Jahrhunderts schuf, war einer der größten Künstler des frühen Mittelalters. Er gehörte zu den wenigen damals wirkenden Illustratoren, die ziemlich umfangreiche, bis heute erhaltene Werke geschaffen haben. Seine Abbildungen tragen naturalistische Züge, die er seinen spätantiken Vorbildern nicht entlehnt haben kann.[33]

Die Goldschmiedearbeit und die Elfenbeinskulptur waren Kunstformen, die man in der von uns behandelten Epoche besonders hoch schätzte. Die Anzahl der aus getriebenem Gold geschaffenen, mit Figuren und kostbaren ungeschliffenen Steinen geschmückten Werke muß sehr groß gewesen sein. Ein besonders schönes Beispiel hierfür ist der sogenannte ›Paliotto‹, der Goldaltar der Mailänder Kirche Sant'Ambrogio, ein auf das zweite Viertel des 9. Jahrhunderts zu datierendes Werk. Ein weiteres bedeutendes Erzeugnis frühmittelalterlicher Goldschmiedekunst ist der um das Jahr 770 entstandene, gegenwärtig in dem österreichischen Stift Kremsmünster aufbewahrte Kelch des Bayernherzogs Tassilo III. Die in der Regierungszeit der Ottonen blühende Kunst, die man manchmal als eine ›Renaissance‹ bezeichnet hat, brachte eine starke Belebung der Goldschmiedearbeiten. Als Beispiel hierfür erwähnen wir das kostbare, jetzt im Pariser Musée de Cluny verwahrte Antependium (Schmuckwerk für die Vorderseite des Altars), das Kaiser Heinrich II. im Jahre 1019 dem Baseler Münster gestiftet hatte.

Ein neues, sehr großes Tätigkeitsfeld eröffnete sich der Goldschmiedekunst, als der aufkommende Kult mit den Heiligenreliquien und der Wunsch, diese für die Gläubigen auszustellen, seit der ersten Hälfte des 10. Jahrhunderts das Bedürfnis hervorrief, Reliquienbehältnisse (Reliquiare) in kostbaren Metallen herzustellen und aus goldblattgedecktem Holz würdige Statuen der Heiligen zu schaffen. Die frühesten dieser Arbeiten wurden in der Auvergne, in Le Rouergue und im Gebiet von Toulouse hergestellt.[34]

Außer der Goldschmiedearbeit muß auch die Miniaturenmalerei erwähnt werden, die vor allem in den Klöstern gepflegt wurde. In Aquitanien und in Südfrankreich lebte die Kunst der Merowingerzeit weiter und brachte Miniaturen hervor, auf denen stilisiertes Blattwerk, langgezogene Gestalten, Vögel und Ungeheuer dargestellt wurden. In dem weiter nördlich gelegenen Gebieten machte sich ein südeuropäisch-spätantiker Einfluß aus Italien geltend und vereinigte sich mit Stilelementen, die manchmal aus Syrien, zuweilen aus Irland oder auch aus dem Bereich der Angelsachsen stammten.[35]

Die bildenden Künste — dies gilt für die Baukunst, die Miniaturenmalerei, die Skulptur unterschiedlicher Art, die Wandmalerei und die Kunst der Edelschmiede — pflegen Einflüsse selbst dann schlecht zu verraten, wenn die Anregungen auf Kunstäußerungen in fernen Gebieten zurückgehen. Die Kunsthistoriker interpretieren Einwirkungen denn auch häufig in die Werke hinein. Für die anderen, gewöhnlich weniger spekulativ denkenden Historiker ist es fast beunruhigend, immer wieder zu lesen, daß die bildenden Künste im frühen Mittelalter von spätantiken, byzantinischen, arabischen, keltischen, syrischen und natürlich auch italienischen Stilelementen oder technischen Darstellungsmitteln beeinflußt worden seien. Wenn es im Frühmittelalter auch nur einen Bruchteil dieser von den Kunsthistorikern vermuteten künstlerischen Beeinflussungen wirklich gegeben haben sollte, wäre dies ein weiterer Beweis dafür, daß die Welt des 8. und 9. Jahrhunderts keineswegs isoliert war. Die Menschen dieser Epoche hätten demnach auf dem Gebiet der Kunst in enger Verbindung mit fast allen Kulturzentren gestanden.

X. DIE GEISTIGE WELT

a) ›Hofschule‹ und ›Akademie‹

Man hat oft von der Hofschule Karls des Großen gesprochen, und viele Legenden haben sich an diese Institution geknüpft.[36] E. Lesne hat im fünften Band seines Werkes über die Geschichte des Kirchenvermögens in Frankreich einmal gesagt: »Die *scola* der Pfalz war keine Schule für Kinder. Ihr gehörten alle Leute aus der Umgebung des Fürsten sowie er selbst und seine Familie an. Diese Schule unterschied sich nicht von der ›Akademie des Hofes‹.« Diese Worte bedürfen einer kurzen Erklärung. E. Lesne erwähnt in seinem Hinweis einerseits eine Schule, andererseits eine Akademie. Unter der ›Akademie‹ ist die Gruppe der zahlreichen Gelehrten zu verstehen, die Karl der Große an seinen Hof berief und um sich sammelte. Diese Gruppe war zwar nicht institutionell, wohl aber tatsächlich eine Akademie. Die von Lesne erwähnte Schule am Hofe Karls des Großen hat höchstwahrscheinlich bestanden, doch wissen wir von ihr sehr wenig. Sie war keine Unterrichtsanstalt, in der Kinder lesen und schreiben lernten. Ihre Besucher waren heranwachsende Menschen, die etwa fünfzehn Jahre alt oder etwas jünger waren und geistig schon reif für den Unterricht in den *Artes liberales* (Grammatik, Rhetorik, Dialektik sowie Arithmetik, Geometrie, Astronomie und Musik). Dies ist fast alles, was man über die Hofschule Karls des Großen sagen kann: eine Schule, die, an die wechselnden Aufenthaltsorte des Kaisers gebunden, keinen festen Sitz gehabt hat, sich aber sonst nicht wesentlich von anderen zeitgenössischen Schulen unterschieden haben kann.

Bedeutsamer als diese Schule war die Gelehrtengruppe, die am Hofe des Herrschers lebte. Die Bedeutung dieser Gruppe lag allerdings nicht in einer eigentlichen Lehrtätigkeit, vielmehr spielten diese Gelehrten am Hofe eine führende Rolle bei der Entwicklung der ›Wissenschaft‹ im Kaiserreich: einer Wissenschaft, die auch solche Ziele wie die Reinigung des Lateins von Elementen aus den romanischen und germanischen Volkssprachen sowie die Festlegung der Schönschrift für die Manuskripte und Urkunden verfolgte. Wir wollen von diesen Gelehrten und ihren Schülern oder Nachfolgern kurz sprechen.

Das geistige Erwachen, das man in den Äußerungen der damaligen Gelehrten spürt, erfolgte bereits lange vor der Zeit Karls des Großen.[37]
Chrodegang, der spätere Bischof von Metz und Erneuerer des liturgischen Gesangs, hatte seinen Aufstieg schon unter Karl Martell (714—741) begonnen. Zwar konnte Karl Martell höchstens seinen Namen schreiben, aber sein Bruder Childebrand, der schon im Jahre 741 als Graf in einem Distrikt von Burgund starb, hatte die sogenannte *Chronik Fredegars*, eine von mehreren Chronisten geschriebene historische Darstellung verfassen lassen, und Childebrands Sohn, Nebelung, setzte das Werk des Vaters fort. Karl Martell sandte seinen Sohn, Pippin den Kleinen, auf die Klosterschule von Saint-Denis. Sie war eine der Bildungsstätten, an denen das Lateinische zwar in der Zeit Karl Martells noch ziemlich verwildert war, sich aber nach Karl Martells Tod innerhalb von dreißig Jahren zu einem geschmeidigen Mittellatein entwickelte.[38] Pippin der Kleine, der als Alleinherrscher zwischen 751 und 768 regierte, förderte die Verbreitung der römischen Liturgie, besonders im Kirchengesang. Er hat Chrodegang aller Wahrscheinlichkeit nach bereits im Jahre 742 zum Bischof von Metz gemacht. Schon unter Pippin dem Kleinen gab es Ausländer am Königshof, beispielsweise den Iren Ferghil, der, von Pippin wegen seiner Kenntnis der theologischen Literatur und seiner Begabung als Prediger bewundert, später Bischof von Salzburg wurde und dort *Virgil* genannt wurde.
Natürlich hat Pippins Sohn Karl der Große seinen Vater in der Pflege der Kultur übertroffen. Karl hat nicht nur viel mehr, sondern auch viel bedeutendere Gelehrte an seinem Hof um sich versammelt: Italiener wie den Grammatiker Petrus von Pisa und den als Historiker, Dichter und Theologen berühmten Langobarden Paulus Diaconus sowie den Patriarchen Paulinus von Aquileja. Karl berief auch Angelsachsen wie Alkuin, der Leiter der Domschule von York gewesen war und seit dem Jahre 782 in der Umgebung des Kaisers lebte. Alkuin war der bedeutendste Gelehrte am Hofe Karls des Großen und für ihn die maßgebende Autorität auf dem Gebiet des Schulwesens und der Pflege der Wissenschaften. Alkuin war um eine Rückkehr zu den im klassischen Latein wurzelnden Bildungsgrundlagen und um eine Erneuerung der wissenschaftlichen Studien bemüht.
Karl der Große zog ferner auch Iren wie Dicuil, der der früheste Geograph des Fränkischen Reiches wurde, und den Grammatiker Clemens von Irland an den Aachener Hof.
Auch ein gebürtiger Spanier gehörte zur Umgebung des Kaisers: Theodulf von Orléans (etwa 760—821), der auch Dichter war und am Hofe Karls ›Pindar‹ genannt wurde. Dieser Bischof gründete in seiner Diözese viele Schulen, nicht nur Kloster-

schulen und Domschulen, sondern auch freie, freilich von Priestern geleitete Unterrichtsstätten.[39]
Alle diese von Karl begünstigten Gelehrten und Dichter bildeten sich Schüler heran. In dem großen Kloster Saint-Martin zu Tours, wohin sich Alkuin im Jahre 796 zurückzog und wo er Abt wurde, war einer seiner Lieblingsschüler der Theologe und Dichter Rabanus (Hrabanus) Maurus. Rabanus wandte die theologischen Lehrmethoden, die er in Tours kennengelernt hatte, später in der Abtei Fulda an, deren Abt er im Jahre 822 wurde. Rabanus Maurus, der erste bedeutende deutsche Theologe, hatte einen hervorragenden Schüler, der ebenfalls Deutscher war: Walafrid (Walahfrid) Strabo (etwa 809—840). Dieser war nicht nur ein hervorragender Theologe, sondern auch ein wahrhaft großer Lyriker. Unter den Dichtern des 9. Jahrhunderts ist er einer der ganz wenigen, die man noch heute mit Genuß lesen kann.
So entwickelte sich im Fränkischen Reich ein eigenes Geistesleben, doch zog man auch weiterhin Ausländer heran. Einer von ihnen war, wie erwähnt, der Ire Johannes Scotus (Eriugena), der, schon vor dem Jahre 845 an den Hof Karls des Kahlen berufen, bald Leiter der Pariser Hofschule wurde. Dieser universale Gelehrte hatte hervorragende, im damaligen Westeuropa sehr seltene Kenntnisse des Griechischen und schrieb ein ausgezeichnetes Latein. Vor allem aber war er ein ursprünglicher Denker, der in seiner Abhandlung *De divisione naturae* (im Jahre 867 verfaßt) für das Daseinsrecht der Vernunft eintrat. Diese Abhandlung, das Hauptwerk von Johannes Scotus (Eriugena), hatte für die Philosophie des Mittelalters grundlegende Bedeutung.

b) Das Programm der Karolinger

Wenn wir Johannes Scotus (Eriugena) besonders erwähnt haben, so lag das daran, daß er fast der einzige ursprüngliche Denker war, der im 9. Jahrhundert gelebt hat. Alle die Gelehrten und Dichter, die in der Umgebung Karls des Großen oder auf seine Initiative hin arbeiteten, waren Männer, die mit der Durchführung eines im wesentlichen praktischen Programms beauftragt waren. Das Programm, das der Kaiser aufgestellt hatte, verfolgte bestimmte Hauptziele: die Reinigung der Sprache, die Revision und Vereinheitlichung der Texte (beispielsweise des Bibeltextes), die Argumentation zur Unterbauung und Verteidigung der katholischen Religion und die Organisation des Unterrichtes auf verschiedenen Ebenen (von der einfachen Ausbildung bis zum wissenschaftlichen Studium). Dies alles setzte voraus, daß Handbücher, Glossare (erklärende Wortlisten) und lehrbuchartige Abhandlungen geschaffen wurden. Auch sollte die Dynastie in historischen Darstellungen verherrlicht werden.

Wir wollen auf die verschiedenen Programmpunkte kurz eingehen. Das gesprochene Latein hatte sich in den Jahrhunderten nach dem Untergang des römischen Kaiserreiches (5. Jahrhundert) stark verändert.[40] Die Aussprache, die in der Antike maßgebend gewesen war, war verlorengegangen. Eine stark akzentuierende Betonung war an die Stelle der eher musikalischen getreten. Deklination und Konjugation gab es höchstens noch in verwilderten Formen.

Man mußte die korrekte Aussprache des Lateins aus Irland auf den Kontinent zurückbringen! Im übrigen stellte man das korrekte Latein auf dem Weg über die Lektüre klassischer Werke wieder her. In erster Linie gehörten zu ihnen die beiden Bücher von Ciceros Schrift *De inventione rhetorica* und die drei Bücher seines Werkes *De oratore* sowie der sogenannte *Auctor ad Herennium*, eine von der Rhetorik handelnde Schrift, die, von einem Unbekannten verfaßt, im frühen Mittelalter Cicero zugeschrieben wurde. Neben diesen Büchern, die das ganze Mittelalter hindurch Vorbilder für den Stil der Schriftsteller bildeten, interessierte man sich für Vergils *Aeneis*. Auch Vergils *Eklogen* erlebten durch die Männer am Hofe des Kaisers ihre glorreiche Auferstehung. Ebenso kannte man dort die *Metamorphosen* von Ovid. Ein großer Name bei den Schriftstellern jener Zeit war Horaz; doch die Kenntnis des Dichters beschränkte sich damals auf seine *Epistula ad Pisones*, jenes Werk, das schon seit Quintilian oft als die *Ars poetica* bezeichnet wurde.

c) Die Menschen

Alkuin (etwa 735—804) hat ein äußerst umfangreiches und vielseitiges Œuvre hinterlassen.[41] Er kann unter diesem Gesichtspunkt tatsächlich als die stärkste enzyklopädische Begabung seiner Zeit gelten. Doch er war vor allem Kompilator; er wollte den Schulen Lehrbücher liefern. Alkuin hat dazu beigetragen, daß manches Werk der Antike, ja sogar ein großer Teil ihrer Kultur, der Vergessenheit entrissen wurde. Alkuin, der große Anreger Karls des Großen auf dem Gebiete des Schulwesens, hat viele Gedichte geschrieben. Seine dauerhafteste Leistung war ein durch Vergleich von Handschriften zustande gekommener lateinischer Bibeltext, der für lange Zeit zur gültigen Grundlage der Vulgata wurde.[42]

Paulus Diaconus (etwa 720—799), ein Langobarde aus Friaul, der lange am Hofe der langobardischen Könige und später in der Abtei von Monte Cassino gelebt hatte, gehörte während der Jahre 782—786 zur näheren Umgebung Karls des Großen. Paulus Diaconus war Dichter und Grammatiker. Er lebte wahrscheinlich in Metz und schrieb eine Geschichte der Bischöfe dieses Bistums: das erste Beispiel einer Bischofsgeschichte aus den Ländern

nördlich der Alpen. Paulus Diaconus verfaßte auch eine Geschichte der Langobarden.
Der Spanier Theodulf von Orléans war wohl nicht nur der bedeutendste Dichter, sondern auch die stärkste Persönlichkeit in der Umgebung Karls des Großen, der ihn um das Jahr 781 nach Aachen berief. Vielleicht war gerade die starke Individualität Theodulfs der Grund dafür, daß das freundschaftliche Verhältnis des Kaisers zu ihm niemals der warmen Sympathie gleichkam, die zwischen Karl und Männern wie Alkuin oder Paulus Diaconus herrschte. Der von Theodulf vorgeschlagene Bibeltext, dem Karl der Große die Version Alkuins vorzog, gilt gegenwärtig für wertvoller als der seines Rivalen. Wir erwähnten schon, daß Theodulf als Bischof von Orléans viele Schulen gründete. Er verpflichtete sogar Geistliche in ländlichen Gebieten dazu, Schulen zu eröffnen und auf ihnen unentgeltlich Unterricht zu erteilen. Nach dem Tode Karls des Großen fiel Theodulf von Orléans um das Jahr 818 bei Ludwig dem Frommen in Ungnade und wurde als Bischof abgesetzt.
Das Streben Karls des Großen, die Kultur in seinem Imperium zu heben, hatte die stärksten Erfolge erst nach seinem Tode (814). Die Gelehrten und Dichter der nächsten Generation waren im allgemeinen bedeutender als ihre Lehrer, die dem Kaiser noch nahegestanden hatten. Dies gilt vor allem für Rabanus (Hrabanus) Maurus, der im Jahre 822 Abt der Abtei Fulda und im Jahre 847 Erzbischof von Mainz wurde. Rabanus Maurus schrieb eine Reihe von Handbüchern für die Schulen; sie sind denen Alkuins durch die Neigung zum Konkreten und durch eine starke Beobachtungsgabe überlegen — zwei Eigenschaften, die zu den besonderen Vorzügen des Rabanus Maurus gehörten. Rabanus war bestrebt, den Inhalt der Heiligen Schrift, die Kenntnis der Liturgie, der Grammatik, der Arithmetik und der Musik klar darzustellen und auf diese Weise zugänglich zu machen. In manchen seiner Werke tritt bereits unverkennbar ein Naturgefühl hervor.
Lupus, der seit dem Jahre 842 Abt von Ferrières war, bemühte sich als leidenschaftlicher Bewunderer der klassischen Schriftsteller um Manuskripte. Er verglich die Handschriften textkritisch und schrieb Manuskripte ab. So stellte Lupus von Ferrières die im Rahmen des 9. Jahrhunderts bedeutendste Sammlung antiker Schriftsteller zusammen. Man hat ihn einen »Vorläufer der Humanisten aus der Renaissancezeit« genannt.[43]
Schließlich muß noch der große, aus Schwaben gebürtige Dichter Walafrid (Walahfrid) Strabo erwähnt werden, der im Jahre 824 zu theologischen Studien nach Fulda, der Wirkungsstätte von Rabanus Maurus, gesandt wurde und nach Beendigung seiner Ausbildung am Hofe Ludwigs des Frommen dessen Sohn, den späteren König Karl den Kahlen, unterrichtete. Wala-

Abb. 12: Alkuin (Mitte) und Rabanus Maurus (links); Miniatur aus einer Handschrift von Rabanus' Werk ›De laudibus Sanctae Crucis‹ (Anfang 9. Jh.)

frid Strabo hat das Werk *De imagine tetrici* geschrieben, das auf dem der Aachener Pfalz vorgelagerten, damals mit der Reiterstatue Theoderichs des Großen geschmückten Platz spielt. In diesem Werk, einem Dialog mit dem eigenen Genius, spricht Walafrid satirisch über die Sitten der Zeit, verschont dabei nicht einmal Karl den Großen und lobt schließlich Ludwig den Frommen, dessen zweite Gemahlin ihn protegierte. In einem anderen Werk, dem *Hortulus*, beschreibt Walafrid Strabo auf sehr anmutige Weise die Reize der Pflanzen im Klostergarten der Reichenauer Abtei, zu deren Abt ihn Ludwig der Fromme gemacht hatte.

d) Die Werke

Alle diese Schriftsteller haben zu Unterrichtszwecken wissenschaftliche Handbücher geschrieben. Auch Propagandazwecke waren, wie erwähnt, den Schriftstellern jener Zeit nicht fremd.

Diese Zielsetzung kam vor allem in Biographien der Herrscher oder in ausführlichen Darstellungen ihrer Taten zum Ausdruck. Allein im 9. Jahrhundert wurden drei große Biographien Karls des Großen geschrieben. Ludwig dem Frommen galten zwei Lebensbeschreibungen, ganz abgesehen von den vielerlei auf ihn bezüglichen Themen des Ermoldus Nigellus, der in der ersten Hälfte des 9. Jahrhunderts wirkte. Dazu gab es die ununterbrochene Tradition der Annalen der Könige. Die Annalen, die unter verschiedenen Titeln und von verschiedenen Schriftstellern abgefaßt wurden, reichen von der Mitte des 8. Jahrhunderts bis zum ersten Viertel des 10. Jahrhunderts. Natürlich waren die meisten Schriftsteller, die die Annalen niederschrieben beziehungsweise redigierten, Geistliche. Es ist also nicht weiter erstaunlich, daß sich gleichzeitig eine geistliche Literatur — Heiligenleben und Berichte von Wundern — entwickelte, die den Ruhm der Kirche verkünden sollte.

Der Text all dieser Schriften war lateinisch und daher für die Volksmassen unverständlich. Die sogenannte ›Karolingische Renaissance‹ hat also die im Gebiet der romanischen Völker gesprochene Sprache, das späte, regional unterschiedliche Vulgärlatein, das im Begriff war, sich zu den romanischen Sprachen zu entwickeln, von der geschriebenen Sprache getrennt. Noch größer war die Entfernung der Volkssprache von der Schriftsprache natürlich in den Ländern germanischer Zunge.

Da auf dem Kontinent — mit alleiniger Ausnahme Italiens — damals fast alle Menschen weltlichen Standes unfähig waren zu lesen, waren die literarischen Werke (Dichtungen und Prosawerke) darauf zugeschnitten, vorgetragen und angehört zu werden. Sie dienten, soweit sie sich an Laien richteten, nicht zur Lektüre.[44] Hieraus ist der große Anteil der Lyrik an der damaligen Literatur sowie ein unverkennbarer Zusammenhang zwischen dem Rezitieren und einer gedachten musikalischen Begleitung zu erklären.

Man findet in der Literatur der Karolingerzeit auch Theaterstücke.[45] Doch wurden selbst die Dramen der Antike in der Karolingerzeit *gelesen* und nicht aufgeführt. Dies gilt nicht weniger für die an Plautus und Terenz orientierten Theaterstücke jener Zeit, deren berühmteste in der zweiten Hälfte des 10. Jahrhunderts von der Nonne Hroswith (Roswitha) von Gandersheim geschrieben wurden.

Daneben entwickelte sich eine frühe Form des sakralen Theaters: die bildliche Darstellung einer liturgischen Formel oder eines von der Bibel berichteten Vorgangs in einer Szene. Das älteste uns erhalten gebliebene Werk dieser Art ist eine *Visitatio sepulchri* aus dem 10. Jahrhundert.

Es handelt sich hier um Werke, deren Texte, ebenso wie die der Lyrik, in lateinischer Sprache abgefaßt waren. Einem größeren

Kreise waren nur die Pantomimen zugänglich, die unabhängig von der Sprache waren. Man hat es dabei mit einer alten Kunstform zu tun, die auf die Antike zurückging und sich in starker Abwandlung, aber ohne Wesensänderung erhalten hatte. Dieses pantomimische Theater, bei dem nur wenige Worte und manchmal gar keine gesprochen wurden, bestand zum Teil aus Werken mit ziemlich obszönem Inhalt, über den die Schriftsteller der Epoche sich denn auch ablehnend geäußert haben. Andere im wesentlichen pantomimische Werke zeigten religiöse Szenen.

Ein berühmtes Beispiel für die spöttische der Erheiterung dienende Dichtung war die *Cena Cypriani*, eine Bibelparodie, die von Rabanus Maurus und später, in der zweiten Hälfte des 9. Jahrhunderts, von einem römischen Diakon namens Johannes umgedichtet wurde. Eine besondere Gruppe dramatischer Werke bestand aus kurzen, in Dialogform gehaltenen Szenen, die beim Begräbnis bedeutender oder jedenfalls bekannter Persönlichkeiten vorgetragen wurden.

Diesen Werken verwandt sind die Konflikte (Streitgespräche), von denen wir schon einige erwähnt haben. Zu diesen Streitgesprächen in Dialogform gehörten der Konflikt zwischen Frühling und Winter sowie der zwischen Rose und Lilie; ferner nennen wir hier den Konflikt zwischen dem Wagengau (Vogesen) und dem Rhein und schließlich den im vorhergehenden Kapitel behandelten *Conflictus ovis et lini*: der Streit zwischen dem Schaf und dem Flachs.

Die Kirche stand dem Theater grundsätzlich feindselig gegenüber, und das Konzil von Aachen verbot im Jahre 816 den Geistlichen, Aufführungen von Schauspielen beizuwohnen. Bischof Atto von Vercelli (885—961) stellte eine gründliche Liste aller Aufführungsformen zusammen und zählte die folgenden auf: Theater, Epithalame (höchstwahrscheinlich in Dialogform gebrachte Hochzeitsgedichte), Kantilenen (Gesangstücke), Tanzvorführungen und Zirkuskunststücke. Diese Aufzählung ist für uns wertvoll, denn sie bildet einen aufschlußreichen Katalog all der Vorführungen, denen man in jener Zeit beiwohnen konnte. Sicher gab es in der Karolingerzeit auch schon eine epische Dichtung in lateinischer Sprache.[46] Es handelte sich bei ihr faktisch um Lobpreisungen, die bald die Handlungen eines Fürsten, bald die Taten Christi oder eines Heiligen rühmten. Zu dieser besonderen Gruppe gehörten auch die *Visiones* von der Hölle: Beschreibungen, die zuweilen schon an die große poetische Darstellung anklingen, die Dante zu Anfang des 14. Jahrhunderts in seiner *Divina Commedia* vom *Inferno* gibt. *Visiones* von der Hölle wurden seit dem Ende des 7. Jahrhunderts verfaßt. Noch im 9. Jahrhundert arbeitete Walafrid Strabo eine (ursprünglich von dem Mönch Heito von Reichenau in Prosa geschriebene) *Visio*

Sancti Wettini zu einem bedeutsamen Gedicht um. Dort findet sich ebenfalls eine Beschreibung der Hölle.
Es gab aber auch eine epische Dichtung in der Volkssprache: jene, die Karl der Große nach der Aussage Einhards aufzeichnen ließ. An die epische Dichtung dieser Gattung schloß sich das Waltharilied an, das gegenwärtig auf das Ende des 9. Jahrhunderts, also verhältnismäßig früh, datiert wird.
Eine andere Dichtungsart, die zum erstenmal im 10. Jahrhundert — und zwar zunächst in lateinischer Sprache — hervortrat, nahm in der auf die hier beschriebene Epoche folgenden Zeit einen großen Aufschwung. Im 10. Jahrhundert war die *Ecbasis captivi*, die wahrscheinlich kurz nach dem Jahre 930 im Kloster Saint-Evre zu Toul abgefaßt worden ist, die erste der später so stark verbreiteten epischen Dichtungen, in denen Tiere — Löwe, Fuchs und Wolf beispielsweise — als sprechende Wesen mit menschlichen Zügen vorkamen.

e) Parallelerscheinungen

Der geistige Aufschwung, der seit dem 7. Jahrhundert in England und auf dem Kontinent eingesetzt hatte und durch das aktive Interesse Karls des Großen und seiner unmittelbaren Nachfolger noch beschleunigt wurde, wurde durch die Einfälle der Normannen natürlich stark gehemmt.
Die gleiche Unterbrechung trat in England ein, wo Alfred der Große (871—899) die Initiative zu Maßnahmen ergriffen hatte, die das Weiterbestehen der geistigen Kultur nach dem Untergang der Antike gewährleisten sollten: jenes kulturelle Minimum, das für das Funktionieren eines christlichen Staates im 10. Jahrhundert unerläßlich war.[47]
Für die Maßnahmen Alfreds des Großen war es charakteristisch, daß die geistige Entwicklung, deren Neubelebung er vor allem im Interesse des Staates erstrebte, sich auf der Grundlage der angelsächsischen Volkssprache vollzog, wie sie im Westen Englands gesprochen wurde. Der König hat in einem an die Bischöfe gerichteten Brief sein Programm auseinandergesetzt und begründet. In diesem Brief sagt er, daß zur Zeit seiner Thronbesteigung im Jahre 871 in England kaum jemand dazu imstande gewesen sei, beim Kirchendienst gesprochene oder gesungene Worte zu verstehen oder einen in lateinischer Sprache abgefaßten Brief ins Angelsächsische zu übersetzen. Daher bestehe die vordringlichste Aufgabe darin, die wichtigsten religiösen Texte in die Volkssprache zu übertragen. Der König macht es allen jungen Leuten, die den Status der Freiheit besitzen, zur Pflicht, das Angelsächsische lesen zu lernen. Die Begabtesten unter diesen Jünglingen könnten dann, wie er hervorhebt, später eine Ausbildung im Lateinischen erhalten und in den Dienst

der Kirche treten. Alfred der Große erwähnt in seinem Brief an die Bischöfe auch, daß die Ausländer, die vom Kontinent aus nach England gekommen waren, ihm bei der Durchführung seiner Zielsetzungen auf kulturellem Gebiet hülfen.

Die Initiative Alfreds des Großen führte in ganz England zu einer intensiven Übersetzungstätigkeit. Die in der Mitte des 10. Jahrhunderts reformierten Benediktinerabteien setzten die von Alfred gewünschte Übersetzungsarbeit fort, und es gab auf der Insel im 10. Jahrhundert ziemlich viele gebildete Laien. Etwa um das Jahr 1000 wurde das Angelsächsische definitiv zur Kultursprache und nahm in England fast den gleichen Rang ein wie das Lateinische. In keinem anderen Lande bestand damals eine ähnliche Kultur auf nationaler Grundlage. Und doch gab es neben diesem England, in dem um die Jahrtausendwende hervorragende Schriftsteller wie Wulfstan (gest. 1023 als Erzbischof von York) und Aelfryc (Aelfric Grammaticus), der Verfasser des *Colloquium*, wirkten, noch ein zweites, ebenso bedeutendes Kulturgebiet: Deutschland.

Deutschland hatte in der zweiten Hälfte des 10. Jahrhunderts einen kulturellen Aufschwung genommen, den man, wie dies für Kulturepochen allerdings oft zu leicht geschieht, als ›Renaissance‹, in diesem Fall als ›Ottonische Renaissance‹ zu bezeichnen pflegt.[48]

In Deutschland und Frankreich hatten die verheerenden Einfälle der Normannen und der Ungarn, vielleicht nicht so sehr durch Vernichtung materieller Werte wie durch die Unterbrechung einer noch im Werden begriffenen, von einer sehr kleinen Oberschicht getragenen Kulturentwicklung,[49] tatsächlich zu einem Verfall geführt. Zumindest kam es zu einem Stillstand in der Verbreitung und Vertiefung jenes kulturellen Wirkens, das in den vorhergehenden Jahrhunderten deutlich hervorgetreten war. Man fiel zwar nicht in die Zustände zurück, die im 7. Jahrhundert geherrscht hatten, aber die Fortschritte hörten auf, das geistige Leben erfuhr eine Stockung. Das anarchische Treiben der von keiner Zentralgewalt gezügelten Grundherren war alles andere als geeignet, die kulturelle Entwicklung zu fördern. Es ist also verständlich, daß diese zuerst wieder in Deutschland einsetzte, wo Otto I. zwischen den Jahren 955 und 968 eine sehr starke Zentralgewalt schuf. Die Kultur trat damals mehr in Leistungen auf dem Gebiet der bildenden Künste — insbesondere auf dem Gebiet der Plastik und der Architektur — hervor als in den Geisteswissenschaften. Das Interesse Ottos I. an den Fragen der Bildung war auch dadurch geweckt worden, daß er — ähnlich wie Karl der Große — erst als Erwachsener lesen gelernt hatte. Er war schon fünfunddreißig Jahre alt, als er diese Elementarkenntnis erwarb. Nicht anders als Karl der Große im 8. Jahrhundert und Alfred der Große im 9. Jahrhundert rief er zur Föderung der

Kultur Ausländer in die nördlichen Gebiete seines Reiches, vor allem — was in seinem Falle ja nahelag — Italiener. Die Kultur mußte von Grund auf wiederaufgebaut werden. Man mußte also Bistumsschulen oder Abteischulen errichten.
Aus den während der Regierungszeit Ottos I. gegründeten Schulen gingen Männer hervor, die zwar auf theologischem und philosophischem Gebiet keine Pioniertaten verrichteten, aber ausgezeichnete geschichtliche Werke und Bücher über das Leben von Heiligen zu schreiben vermochten. Der größte deutsche Schriftsteller jener Zeit war Notker Labeo (>der Dicklippige<), der Mönch in St. Gallen war. Er hat Abhandlungen über Logik und Rhetorik, Musik und Kalenderberechnung hinterlassen. Seine Hauptbedeutung lag aber darin, daß er Werke antiker Schriftsteller — Vergil, Terenz und Martianus Capella gehörten zu ihnen — ins Althochdeutsche übersetzt hat. Von diesen Übertragungen des Notker Labeo ist nur ein kleiner Teil erhalten; aber die kulturfördernde Übersetzungsarbeit, die er leistete, ist bemerkenswert.

f) Das 11. Jahrhundert

Das 8. und 9. Jahrhundert war eine Zeit der Kompilatoren und der Verfasser von wissenschaftlichen Handbüchern gewesen. Diese Schriftsteller gaben nicht eigene Gedanken über die großen Fragen wieder, sondern stellten dar, was andere über ein bestimmtes Problem gesagt hatten. Auch dieses geschah nur unter dem verhältnismäßig engen Gesichtspunkt des heiligen Augustins (354—430). Wie er es gewollt hatte, war ihr einziges Ziel ein besseres Verständnis der Heiligen Schrift.
Diese Mentalität wich um das Jahr 1000 einer anderen Einstellung. Der Ausgangspunkt für diese Änderung war Reims im Herrschaftsgebiet des Königs von Frankreich. Der Umschwung nahm also seinen Anfang in einer Region, die politisch und kulturell stärkere Verfallserscheinungen zeigte als die übrigen Gebiete des einstigen Karolingerreiches. Dies ist aber nur scheinbar paradox. Wir haben schon früher, beispielsweise bei der Betrachtung der Bewegung für den Gottesfrieden, gezeigt, daß dort, wo die Existenzbedingungen sich am meisten verschlechterten, auch die stärkste Reaktion gegen diese Entwicklung eintrat. Wir glauben, daß es unter diesem Gesichtspunkt verständlich wird, weshalb eine geistige Bewegung, die später, im 12. Jahrhundert, Europa geradezu prägte, von dem damals am stärksten abgesunkenen Gebiet, nämlich von Frankreich, ausgehen konnte. Auch bei dieser Bewegung handelte es sich um eine der Formen, in denen der Mensch auf einen Verfall der zeitgenössischen Gesellschaft zu reagieren pflegt.
Die geistige Umwälzung, von der wir nun sprechen, begann im

letzten Drittel des 10. Jahrhunderts und hing vielleicht mit der weitgespannten Tätigkeit Gerberts von Aurillac zusammen,[50] der schließlich im Jahre 999 als Silvester II. Papst wurde und bis zum Jahre 1003 regierte.
Wir erwähnten schon, daß vor dem 11. Jahrhundert während einer langen Epoche die gesamte kulturelle Tätigkeit von der Konzeption des heiligen Augustinus beherrscht wurde, für den das Ziel aller Wissenschaft nur darin bestand, zu einem besseren Verständnis der Heiligen Schrift zu gelangen. Wie achtenswert diese Konzeption auch war, so ungeeignet war sie, eine ursprüngliche wissenschaftliche Forschung zu fördern. Die im Sinne der genannten Konzeption nützlichen Kenntnisse fand man vor allem in einem von Cassiodorus (etwa 490—580) verfaßten Werk: seinem im 6. Jahrhundert niedergeschriebenen *Institutiones divinarum et humanarum litterarum*; ferner in seinem Kommentar zu den Psalmen sowie in seinen *Complexiones*, kurzen erläuternden Bemerkungen zu den Paulusbriefen, zu den *Acta Apostolorum* und zur Apokalypse. Diese Werke des Cassiodorus genügten zwischen dem 7. und 11. Jahrhundert dem wissenschaftlichen Bedürfnis der geistig arbeitenden Menschen. Doch seit der zweiten Hälfte des 11. Jahrhunderts trat eine Veränderung ein, die möglicherweise mit der Verbreitung der Werke von Boethius zusammenhing. Boethius, ein im Jahre 480 geborener römischer Aristokrat, den König Theoderich der Große wegen eines angeblichen Verrates an den Arianern hinrichten ließ (524), hatte sich das Ziel gesetzt, die Hauptwerke von Platon und Aristoteles durch Übersetzung ins Lateinische sowie durch Kommentierung dem Westen näherzubringen und nachzuweisen, daß diese beiden Denker in wesentlichen Fragen übereinstimmten. Boethius, der übrigens Christ war, konnte seinen gigantischen Plan nicht ausführen, denn seine Verhaftung und sein Tod verhinderten die Beendigung seiner Arbeit; aber das, was er von ihr fertiggestellt hatte — eine Arbeit über das *Quadrivium* (Arithmetik, Musik, Geographie und Musik) sowie ein logisches *Organon* aus den übersetzten, zum Teil erläuterten logischen Lehrschriften des Aristoteles —, war im Mittelalter sehr einflußreich. Solange, bis man im 12. Jahrhundert die Originalschriften wiederentdeckte, war das Werk des Boethius die einzige Textquelle, aus der Westeuropa das logische System des Aristoteles kennenlernte und zu übernehmen vermochte.
Dies geschah erst im letzten Drittel des 10. Jahrhunderts. Obwohl die Logik bei den im Geiste des Augustinus betriebenen Studien und auch im Wissenschaftssystem des Cassiodorus ihren Platz hatte, spielte sie dort doch nur eine bescheidene Rolle. Die große geistige Umwälzung, die kurz vor der vollen Entfaltung des Hochmittelalters erfolgte, lag gerade in der Entdeckung der Logik. Man kann den Zeitpunkt dafür auf das Jahr

972 datieren, in dem Gerbert von Aurillac sich in Reims niederließ. Als Leiter der dortigen Domschule hat er sich früher als jeder andere für die wissenschaftlichen Schriften von Boethius stark interessiert. Er verbreitete sie, indem er sie seinen Schülern zugänglich machte. Das nie genug zu schätzende Verdienst Gerberts von Aurillac bestand darin, daß er sich nicht mehr mit dem System von Cassiodorus oder mit dem Inhalt der im 9. Jahrhundert kompilierten Handbücher begnügte. Gerbert von Aurillac galt als der größte Gelehrte seiner Zeit, doch war er nicht etwa ein Genius, der die Gedankenwelt Westeuropas auf dem Weg über eine starke Bewertung der Logik bewußt verändert hätte. Für ihn war die Logik immer noch eine viel geringere Wissenschaft als die Rhetorik, die in dem überzeugenden Vorbringen der Argumente bestand. Gerbert erkannte, wie so viele, die lehren, nicht das Wesentliche, aber um so schneller erkannten es seine Schüler. In dem nicht nur auf politischem, sondern auch auf geistigem Gebiet während des 10. Jahrhunderts herrschenden ungeheuren Chaos erschien die Logik als ein fast unbegreifliches und unerwartetes Phänomen der Klarheit: eine einfache Technik, durch deren Anwendung sich die äußerlich so verschiedenen Erscheinungen ordnen ließen. Die (von Boethius übersetzte) Einführung des Porphyrios in die Kategorienlehre des Aristoteles brachte eben über die Unsicherheit des Menschen und die Wirrnisse des Geistes und der Ereignisse verzweifelten Welt auf einmal gedankliche Ordnungen, die für sie neu waren. Begriffe wie Gattung und Art (*genus* und *species*) sowie Differenzierungen wie die zwischen wesentlichen (substantiellen) und akzidentellen Merkmalen der erkennbaren Phänomene wurden vermittelt. Gerbert von Aurillac erklärte seinen Schülern auch neun Kategorien, die Aristoteles aufgestellt hatte: Quantität, Qualität, Relation (zu etwas anderem, also etwa ›doppelt‹ oder ›größer‹), Ort, Zeit, Lage (›Sitzen‹, ›Liegen‹ usw.), Zustand (z. B. der der Beschuhung), Tätigkeit (Aktivität), Leiden (Passivität, z. B. die des benutzten Papiers).
Die Schüler des Gerbert von Aurillac erlagen der Lockung, diese Begriffe ständig anzuwenden. Mit Staunen sahen sie, wie sich dadurch in ihrem Geiste die Welt, die sie umgab, zu einem klaren Bilde ordnete. Das geistige Chaos, das diese Menschen bedroht hatte, wurde also durch die Begriffe der Logik gebannt. Die Ordnung, deren sie dringend bedurften, zog in ihre Gedankenwelt ein.
Gerbert von Aurillac und die späteren, im 11. Jahrhundert wirkenden Gelehrten kannten nur einen kleinen Teil der Werke von Aristoteles; doch dies genügte, um die Geister zu entflammen. Man diskutierte über die Logik, wie man später über Physik und Astronomie diskutierte. Die bedeutendsten Menschen jener Zeit arbeiteten an der Erforschung einer Welt, deren Ord-

nungsprinzipien sich ihnen durch die logischen Begriffe enthüllt hatten.

Im Zusammenhang mit diesen Entdeckungen des Geistes entbrannte der berühmte Universalienstreit: der Streit darüber, ob die *universalia* (Gattungsbegriffe) nur Worte (*nomina*) seien oder ob sie Wirklichkeiten entsprächen. Die Anhänger der ersten Auffassung, die ›Nominalisten‹, standen im Gegensatz zu den anderen, die ›Realisten‹ genannt wurden. Nach Meinung der Nominalisten gab es in der Natur nur individuelle Phänomene; wenn wir also eine Anzahl von Individuen als Gruppe zusammenfassen und ihr einen Namen geben, so beruht dies nach Ansicht der Nominalisten auf einer Abstraktion, die sich auf keine Realität beziehen kann. Die Realisten vertraten die entgegengesetzte Auffassung. Sie glaubten, daß gerade umgekehrt die unsichtbaren allgemeinen Phänomene, den Gattungsbegriffen entsprechend, wirklich bestünden und daß die individuellen Erscheinungen nur ihr Widerschein seien. Für die Realisten bestand das, was mit dem Gattungsnamen bezeichnet wurde, wirklich, wenn es auch den Sinnesorganen unzugänglich war; für die Nominalisten waren die Namen nichts als Klänge.

Der Streit zwischen den Nominalisten und den Realisten bezog sich unmittelbar auf die logischen Ordnungen, mit denen man durch die Lehrtätigkeit Gerberts von Aurillac an der Domschule von Reims bekannt geworden war. Man fragte sich, ob die Gattungen, zum Beispiel ›Mensch‹ oder ›Baum‹ und die besonderen Ordnungen, etwa ›Römer‹ beziehungsweise ›Buche‹, als Zusammenfassungen individueller Phänomene objektiv und außerhalb der erkennbaren Einzelerscheinungen existierten. Schauplatz dieser geistigen Auseinandersetzungen, die später zu scharfen Gegensätzen und zur Intervention der kirchlichen Autoritäten führten, war vor allem die Domschule von Chartres.

Neben den Begriffselementen der aristotelischen Logik hat Gerbert von Aurillac dem westlichen Europa aber noch ein anderes Ordnungsprinzip zugänglich gemacht: die mathematische Zahlenrechnung. Gerbert hat lange in der Spanischen Mark — wahrscheinlich in der Stadt Ripoll — gelebt. Die Spanische Mark — das Gebiet zwischen den Pyrenäen und dem Ebro — aber war die Übergangszone zwischen der westeuropäischen Christenheit und dem Islam. Die historische Bedeutung Gerberts von Aurillac lag darin, als erster aus dem Grenzgebiet der Moslems jene Wissenschaften nach Westeuropa gebracht zu haben, die bei den Arabern blühten. Gerbert verdankte seine astronomischen und musikalischen, vor allem jedoch seine mathematischen Kenntnisse den Arabern, aber es bleibt *sein* Verdienst, diese Kenntnisse in Westeuropa, in der Welt der Christenheit verbreitet zu haben. Man kann sagen, daß er fast im buchstäblichen Sinne des Wortes Westeuropa wieder gelehrt hat, zu rechnen, verbreitete er doch den Abakus, das antike Rechenbrett, dessen Gebrauch nach dem Untergang des römischen Kaiserreiches in Westeuropa verlorengegangen war. Gerbert von Aurillac verstand es, mittels des Abakus seinen kulturell wenig entwickelten Zeitgenossen den abstrakten Begriff der Zahl sowie die Kunst des Addierens und Subtrahierens größerer Summen zugänglich zu machen. Bald lernte man auch mit Hilfe des Abakus die Multiplikation und die Division. All dies erscheint dem Menschen unserer Zeit recht einfach, und doch kann man erst seit einigen Jahrhunderten Rechnungen vornehmen, bei denen mit Zahlen von der Größenordnung einiger Tausend manipuliert wird, wodurch es möglich geworden ist, große Gesamtheiten zu Gruppen von bestimmter quantitativer und qualitativer Bedeutung exakt zusammenzufassen.

Die große Errungenschaft des 11. Jahrhunderts war also die Vernunft, die dem Denken und dem geistigen Wirken die ordnenden Prinzipien gab. Gleichzeitig verbreitete sich unter den Volksmassen, die Frieden begehrten, der Wille zur solidarischen Gemeinschaft. Dies alles verlieh dem Jahrhundert eine Perspektive der Hoffnung.

L'alba part humet mar
altra sol, poy pasa
bigil, mira clar tenebras.

Morgendämmerung über dem dunklen Meer
Bringt die Sonne herbei. Bald eilt ihr Licht
Über die Hügel und siehe
Schon wird die Düsternis hell.[51]

Zeittafel

Um 700 Erste Erwähnung des *burgus* (in der *Vita Austregisili*)
715 Der Langobardenkönig Liutprand gewährt den Bewohnern von Comacchio Privilegien
732 Niederlage der Araber in der Ebene von Altpoitiers durch Karl Martell
744 Das Kapitulare von Soissons: Pippin der Kleine ordnet an, daß jede *civitas* einen Wochenmarkt haben solle (vgl. unter dem Jahr 864)
751 Pippin der Kleine setzt den letzten Merowinger ab und wird König des Fränkischen Reiches
754 Der Langobardenkönig Aistulf erkennt den Kaufleuten in einem Gesetz einen wichtigen Rang zu
754/755 Pippin der Kleine fixiert das Gewicht des Silberdenars auf 1,30 Gramm
768 Tod Pippins des Kleinen; Thronbesteigung Karls d. Gr.
772 Erster Sachsenfeldzug Karls des Großen
774 Karl der Große wird König der Langobarden. Ende der Unabhängigkeit des Langobardenstaates
778 Die Niederlage Karls des Großen bei Roncevalles. Herzog Widukind von Sachsen erhebt sich gegen die Herrschaft der Franken. In Venedig erhält der Doge das Recht, seinen Nachfolger zu ernennen. Damit beginnt eine Epoche, in der das Dogenamt faktisch erblich wird
782 Alkuin, bis dahin Leiter der Domschule von York, kommt an den Hof Karls des Großen
787 Erster Beutezug von Normannen in Westeuropa (an der Küste von Dorset)
793/794 Das Gewicht des Silberdenars beträgt 1,70 Gramm
795 Norweger erscheinen an der Küste von Dublin (Irland)
800 Kaiserkrönung Karls des Großen
803 Unterwerfung Sachsens durch Karl den Großen
813 Kaiser Leo V. von Byzanz (813–820) verbietet den Venezianern, sich in die Länder der Moslems zu begeben
814 Tod Karls d. Gr. Ludwig der Fromme sein Nachfolger
816 Reform der Domkapitel, der Frauenklöster, der Männerklöster, des Episkopats und der Weltgeistlichkeit
827 Die Araber erobern Kreta. Ende der Seeherrschaft des Byzantinischen Reiches. Die Moslems des Emirats Kairuan beginnen mit der Eroberung Siziliens
829 Die Reliquien des heiligen Markus (San Marco) werden aus Alexandria (Ägypten) nach Venedig übergeführt
836 Neapel und die Städte Campaniens verbinden sich mit den Arabern
838 Systematische Angriffe der Araber auf Südfrankreich

840 Tod Ludwigs des Frommen
840 Die Einfälle der Normannen verwandeln sich in strategische Großangriffe auf den Kontinent und auf England
843 Vertrag von Verdun. Teilung des Imperiums durch die Söhne Ludwigs des Frommen. Auf der Synode von Coulaines kapituliert Karl der Kahle vor den französischen Vasallen. Er verspricht, ihre Lehen nicht ›willkürlich‹ zurückzufordern
um 845 Johannes Scotus (Eriugena), Universalgelehrter und bedeutender Philosoph am Hofe Karls des Kahlen. Rastislaw I. (845–870) aus dem Moimiridenhaus besteigt den Thron des Mährischen Reiches
855 Tod Lothars I. Sein Reich unter seinen Söhnen aufgeteilt
860 Die Schweden unter Askold und Dir in Kiew. Ihr Angriff auf Konstantinopel wird abgeschlagen
864 Karl der Kahle schreibt den Grafen Frankreichs vor, eine Liste der Märkte in den einzelnen Grafschaften aufzustellen (vgl. unter dem Jahr 744)
875 Tod Kaiser Ludwigs II. Karl der Kahle wird Kaiser. Gründung Reykjaviks auf Island
876 Tod König Ludwigs des Deutschen
877 Versammlung zu Quierzy (unweit von Soissons). Starker Fortschritt der Tendenz des Erblichkeitsprinzips für Lehen in Frankreich. Tod Karls des Kahlen
878 Alfred der Große schließt mit dem Normannenherzog Gutrum den Vertrag von Ethandun. Ein Teil Englands wird den Normannen zugeteilt, der Rest bleibt bei Alfred
882 Der Schwede Oleg gelangt in Kiew zur Macht
884 Karl der Dicke wird Kaiser im ganzen Karolingerreich
887 Die Normannen verwandeln die Pfalzkapelle Karls des Großen, das Aachener Münster, in einen Stall für ihre Pferde. Absetzung Karls des Dicken
888 Arnulf von Kärnten, der außereheliche Sohn eines in Bayern herrschenden Karolingers und Enkel Ludwigs des Deutschen, wird zum deutschen König gewählt. Die französischen Großen wählen Graf Odo von Paris zum König von Frankreich. Sieg König Odos über die Normannen bei Montfaucon. Berengar von Friaul (Ivrea) wird König von Italien. Rudolf (aus dem Geschlecht der Welfen) gründet das Königreich Burgund
891 Arnulf von Kärnten erringt einen entscheidenden Sieg bei Löwen an der Dyle. Guido von Spoleto wird Kaiser
894 Der erste große Vorstoß der Ungarn
um 900 Das Hufeisen kommt auf. Auf Grönland erscheinen Skandinavier
910 Gründung von Cluny
911 Vertrag Karls des Einfältigen mit dem (wahrscheinlich dänischen) Normannenführer Rollo in Saint-Clair an der Epte. Rollo wird Lehensmann der französischen Krone, seine Leute werden dort angesiedelt. Dies ist der Ausgangspunkt für das Herzogtum Normandie. Mit dem Tode Ludwigs des Kindes stirbt die deutsche Linie der Karolinger aus.

Zum deutschen König wird Herzog Konrad von Franken gewählt (Konrad I.)
918 Die sächsische Dynastie kommt in Deutschland mit der Wahl Heinrichs I. (des Voglers) zum deutschen König auf den Thron
924 Gründung eines selbständigen kroatischen Königreiches unter Tomislaw
936 Otto I. (der Große), Sohn Heinrichs I. (des Voglers), wird deutscher König. In Frankreich gelangt mit Ludwig IV. (Outremer) wieder ein Karolinger auf den Thron
937 König Aethelstan (924—939) schlägt die Schotten bei Brunanburh, einem nicht mehr zu ermittelnden Ort. Aethelstan macht sich durch siegreiche Feldzüge (seit 927) zum Herrn Englands
955 Otto I. (der Große) setzt den Raubzügen der Ungarn durch seinen Sieg am Lech ein Ende. Im gleichen Jahr erficht er einen großen Sieg über die Wenden an der Recknitz (in Mecklenburg)
955 Die ältesten Stadtprivilegien werden den spanischen Orten Zadornin und Berbeja verliehen
958 Genua erhält sein Stadtprivileg durch die Könige von Italien Berengar II. und Adelbert
962 Otto I. (der Große) wird Kaiser
966 Herzog Mieszko I. von Polen empfängt die Taufe und heiratet die böhmische Prinzessin Dubrawa, eine Christin
972 Gerbert von Aurillac, der spätere Papst Silvester II., unterrichtet an der Kathedralschule von Reims. Sein Wirken wird zum Ausgangspunkt einer neuen Methodik wissenschaftlichen Denkens
972 Der byzantinische Kaiser Nikephoros Phokas befiehlt eine Untersuchung der Holzlieferungen Venedigs an die Moslems. Gründung des Prager Bistums für Böhmen und Mähren
973 Tod Ottos I. Nachfolger wird sein Sohn Otto II.
982 Niederlage der deutschen Truppen unter Otto II. im Kampf gegen die Sarazenen bei Capo Colonne (in Calabrien)
983 Tod Ottos II. Sein dreijähriger Sohn Otto III. wird sein Nachfolger und steht zunächst unter Vormundschaft seiner Mutter und seiner Großmutter. Slawischer Gegenangriff; die Deutschen beginnen zurückzuweichen
983 Erste Erwähnung der Walkmühlen (am Serchiofluß in Toskana). Mit ihnen wird die Wasserkraft für gewerbliche Zwecke genutzt
987 Tod Ludwigs V. von Frankreich. Die Karolinger scheiden aus der Geschichte aus. König von Frankreich wird Hugo Capet
989 Konzil von Charroux mit Protesten gegen Friedensstörer (Tendenz zum Gottesfrieden). Wladimir von Kiew empfängt die Taufe
992 Handelsvertrag zwischen Byzanz und Venedig
995 König Stephan I. von Ungarn bekehrt sich zum Christentum. Ungarn wird katholisch

1000 Otto III. macht eine Pilgerfahrt nach Gnesen (Polen). Er begibt sich nach Aachen und läßt das Grab Karls des Großen öffnen

11. Jh. Technische Umwälzungen für die Anschirrung der Zugtiere: für die Ochsen das Stirnjoch (anstelle der um die Hörner geschlungenen Seile); für die Pferde ersetzt das schon um das Jahr 800 feststellbare Kummet den Halsriemen, der die Atmung erschwerte

1002 Tod Ottos III. Der Vetter Ottos III., Heinrich II., besteigt den Thron

1009 Bau der Kirche Saint-Martin am Abhang des Felsmassivs des Canigou. Sehr frühe Form der romanischen Kunst (Kuppelgewölbe über dem Kirchenschiff)

1010 Älteste Erwähnung der Eisenmühle (Ausdehnung der Nutzung der Wasserkraft auf die Metallerzeugung)

1015 *Communitas prima* in Benevent. Benevent ist der erste städtische Schwurverband

um 1022 Das Konzil von Verdun sur le Doubs bedeutet einen Wendepunkt zugunsten des Gottesfriedens. Verpflichtungsformel in einem Schwur, den Gottesfrieden einzuhalten

1024 Konrad II. aus dem Salierhause wird Nachfolger Heinrichs II.

1025 Herzog Boleslav Chrobry (der Tapfere) von Polen wird König

um 1030 Neapel ist *societas* und verhandelt mit Herzog Sergius II. schon als Gemeinschaft sozial gegliederter, aber rechtsgleicher Einwohner

1033/1034 In der Kirche Santa Maria in Ripoll (Katalonien) wird eine Kuppel über der Fläche gebaut, an der Längsschiff und Querschiff einander treffen.

1035 In der Lombardei erheben sich die kleinen Vasallen (*valvassores*), das heißt Inhaber von Afterlehen, gegen ihre Lehensherren (*capitanei*). Nach Intervention der Kaiser werden die Hauptwünsche der Empörer im wesentlichen befriedigt (Erblichkeit der Lehen)

1038 Im Konzil von Bourges wird allen Machtträgern der Region die Verteidigung des Friedens zur Pflicht gemacht

1039 Tod Konrads II. Sein Nachfolger wird Heinrich III.

um 1040 In Ungarn kommt es zu einer antichristlichen Bewegung; sie kann sich jedoch nicht durchsetzen, da der deutsche König Heinrich III. interveniert (1045)

1042 Das riesige, von König Knut dem Großen geschaffene Imperium bricht auseinander. In England gelangt mit Eduard dem Bekenner wieder die frühere angelsächsische Dynastie auf den Thron

1046 Synode in Sutri. Heinrich III. setzt drei einander bekämpfende Päpste ab und betreibt mit Erfolg die Wahl des Deutschen Suitger (Clemens II.)

1054 Die griechisch-orthodoxe und die römisch-katholische Kirche trennen sich im Dogmenstreit (bleibendes Schisma zwischen Byzanz und Rom)

1056 In Mailand tritt die *Pataria* (eigentlich spöttischer Name im Sinne einer Bezeichnung für ›zerlumpt Gekleidete‹) auf. In ihren Zielen verbinden die Patarener den wirtschaftlich-sozialen Kampf gegen den großen Adel und die bischöflichen Stadtherren mit dem Gedanken der Kirchenreform

1056 Die Liutizen vernichten bei Pritzlava (unweit der Havelmündung) ein sächsisches Heer. Tod Heinrichs III. Die Macht der Kaiser sinkt nunmehr stark ab

1058 Veröffentlichung der von dem Kardinal Humbert von Moyenmoutier verfaßten Schrift *Adversus Simoniacos* (Wider die Simonisten); sie stellt ein Programm der Kirchenreform dar

1059 Wahl des Papstes Nikolaus II. (gest. 1061); dieser schaltet den Einfluß der deutschen Könige auf die Papstwahl durch das *Papstwahldekret* aus

1063 Ein Moslem ermordet König Ramiro I. von Aragonien. Dadurch wird eine scharfe militärische Reaktion bei den spanischen Christen ausgelöst. Sie dringen schließlich zum Ebro vor. Saragossa wird Hauptstadt von Aragonien

1065 Heinrich IV. wird großjährig

1066 Handfeste von Huy, das älteste Stadtprivileg für einen nördlich der Alpen gelegenen Ort

1066 Wilhelm der Eroberer, Herzog der Normandie, bemächtigt sich Englands

1070 Die ›Kommune‹ (Schwurgemeinschaft der Bürger) setzt sich in Le Mans durch

1073 Wahl Gregors VII. zum Papst

1074 Kommunaler Aufstand der Bürger von Köln gegen den Erzbischof. Die Erhebung scheitert

1077 Die ›Kommune‹ gelangt in Cambrai zum Siege

Anmerkungen

KAP. 1 : DIE ZEIT DES ANSTURMS FREMDER VÖLKER

1 In dem Buch von H. R. LOYN, *Anglo-Saxon England and the Norman Conquest*. Oxford 1963, S. 385–407, findet man eine kurze, aber ausgezeichnete Zusammenfassung der Quellen und der Literatur zur englischen Geschichte während der von uns behandelten Epoche.

2 Jede geschichtliche Darstellung des Mittelalters in Westeuropa behandelt den fränkischen Staat ausführlich. Für die hier behandelte Epoche nennen wir F. LOT – CH. PFISTER – F. L. GANSHOF, *Les destinées de l'Empire en Occident jusqu'en 888*. 2. Aufl. Paris 1941. Für die spätere Zeit erwähnen wir den weit schwächeren Fortsetzungsteil von A. FLICHE, *L'Europe Occidentale de 888 à 1125*. Paris 1930. Beide Werke enthalten reiche bibliographische Nachweise.

3 Zur Geschichte Italiens im frühen Mittelalter siehe L. M. HARTMANN, *Geschichte Italiens*. Bde. III, IV. Gotha 1900–1923.

4 Die Bedeutung des Wortes ›Francia‹ hat sich im Laufe der Zeit oft geändert. Vgl. M. LUGGE, *Gallia und Francia im Mittelalter*. Bonner Historische Forschungen 15 (1960).

5 Hinsichtlich der Volkselemente des gegenwärtigen Frankreich siehe J. DHONDT, *Etudes sur la naissance des principautés territoriales en France*. Brügge 1948. Zu den Volksstämmen des heutigen Deutschlands siehe das Sammelwerk *Karl der Große. Persönlichkeit und Geschichte*, hrsg. von H. BEUMANN. Düsseldorf 1965, S. 178–219 (R. WENSKUS, *Die deutschen Stämme im Reiche Karls des Großen*). Für das Frankenland nördlich von Oberbayern siehe die bemerkenswerte Studie von K. BOSL, *Franken um 800*. Schriftenreihe zur bayerischen Landesgeschichte Bd. 58. München 1959.

6 Siehe L. AUZIAS, *L'Aquitaine Carolingienne*. Paris 1937.

7 Siehe das in Anm. 5 genannte Sammelwerk, S. 220–246 (K. REINDL, *Bayern im Karolingerreich*).

8 A.a.O. S. 719–791 (J. DÉER, *Karl der Große und der Untergang des Awarenreiches*).

9 A.a.O., S. 778. J. DÉER verweist hier auf eine Stelle in der *Ordinatio Imperii* aus dem Jahre 817.

10 L. MUSSET, *Les invasions, VIe–XIe siècles*. Paris 1965, S. 27 ff., 147 ff., 273 ff.

11 RAMON D'ABADAL, *La domination carolingienne en Catalogne*, in: Revue historique 1961, S. 319–340; BARRAU DIHIGO, *Les origines du royaume de Navarre*, in: Revue Hispanique 1900.

12 L. MUSSET, a.a.O. (Anm. 10), S. 206 ff.

13 L. MUSSET, a.a.O., S. 210.

14 Das Buch von W. VOGEL, *Die Normannen und das Fränkische Reich*. Heidelberg 1906, S. 166 diskutiert die umstrittene Frage, ob wirklich die Niedermetzelung eines Bauernheeres stattgefunden habe. Die Beantwortung dieser Frage hängt von der Deutung einer Stelle der *Annales Bertiniani* (in der Fortsetzung des Prudentius) ab.

15 Das Werk Vogels ist, wenn auch in manchen Einzelheiten überholt, die vollständige Darstellung der Normanneneinfälle auf dem Kontinent. Vgl. ferner L. MUSSET, a.a.O., S. 18 ff., 107 ff., 206 ff. Bekanntlich haben nach Ansicht der vor etwa einem halben Jahrhundert wirkenden Historiker (auch nach Meinung W. Vogels) die Normanneneinfälle zu Anfang des 10. Jahrhunderts aufgehört, während jüngere Historiker (z. B. L. Musset) zu diesen Einfällen auch alle skandinavischen Expansionsbewegungen im 11. Jahrhundert rechnen. Wir teilen jedoch die frühere Auffassung und sind der Meinung, daß es zwar bis zum 11. Jahrhundert eine skandinavische Expansion gegeben hat, die eigentlichen Normanneneinfälle aber zu dem Zeitpunkt endeten, in dem sie die geschichtliche Entwicklung Westeuropas nicht mehr störten.
Das bedeutsamste Buch, das in den letzten Jahren über das Wikingerproblem erschienen ist, ist P. H. SAWYER, *The Age of the Vikings*. London 1962.

16 FR. GRAUS, *Origines de l'état et de la noblesse en Moravie et en Bohème*, in: Revue des Etudes slaves XXXIX (1961), S. 43–58.

17 Das grundlegende Werk über die Einfälle der Magyaren ist das Buch von GINA FASOLI, *Le incursioni ungare in Europa nel secolo X*. Florenz 1948.

KAP. 2 : GESELLSCHAFTLICHES BEWUSSTSEIN UND SOZIALE GLIEDERUNG IN DER KAROLINGERZEIT

1 Wenige Streitfragen sind so unfruchtbar wie diejenige, die die Unterschiede zwischen Freiheit, Halbfreiheit und Unfreiheit während des frühen Mittelalters betrifft. Eine deutliche und scharfsinnige Darstellung der Problematik enthält das Buch von R. BOUTRUCHE, *Seigneurie et féodalité*. Paris 1959, S. 126 ff. Über die Armen im Karolingerreich findet

man ausgezeichnete Ausführungen in dem Buch von H. Fichtenau, *Das karolingische Imperium*. Zürich 1949, S. 158 ff.

2 Der bedeutende Münchener Historiker Karl Bosl hat dargelegt, daß das Wort *pauper* (arm) im Sprachgebrauch der Karolingerzeit den Sinn von ›abhängig‹ hatte. Trotzdem steht fest, daß es damals auch Freie gab, die im heutigen Sinne des Wortes arm waren.

3 A. Dumas, *La grande et la petite propriété à l'époque carolingienne*, in: Revue de l'histoire du droit 1926, S. 213–279 und 613–672.

4 Natürlich waren die Fälle, in denen Sklaven hohe Staatsämter erhielten, trotz allem seltene Ausnahmen; vgl. dazu G. Tellenbach, *Königtum und Stämme in der Werdezeit des Deutschen Reiches*. Weimar 1939.

5 Dies ist die Auffassung, die R. Boutruche, a.a.O. (Anm. 1) vertritt (vor allem auf S. 130 ff.). Andere Historiker sind der Meinung, daß die *servi* während der Karolingerzeit mehr Leibeigene als Sklaven gewesen sind. In Wirklichkeit vollzog sich der Übergang so langsam, daß der Augenblick der Veränderung sehr schwer erkennbar ist.

6 Gegenwärtig macht sich bei den Historikern eine Reaktion gegenüber den früheren Auffassungen bemerkbar, die das Entstehen der großen Domäne von klassischem Typus sehr früh datiert und diese Form des Landeigentums für ganz allgemein verbreitet gehalten hatten. Vgl. dazu A. Verhulst, *La genèse du régime domanial classique en France au haut moyen âge*. Spoleto, Settimane di Studio XIII, S. 135–160. Nach Verhulst hat sich die Domäne in ihrer klassischen Form während des 7. und 8. Jahrhunderts in Nordfrankreich entwickelt und sich von dort aus langsam, zuweilen erst in weit späterer Zeit und ohne Beibehaltung der klassischen Struktur, über ganz Westeuropa verbreitet.

7 G. Duby, *L'économie rurale et la vie des campagnes dans l'occident médiéval*. Paris 1962, S. 98 ff. R. Boutruche, a.a.O. (Anm. 1), S. 76 ff.

8 Dies ist jedenfalls die vorherrschende Meinung. Neuerdings hat D. Bullough in einer Untersuchung, erschienen in Le Moyen Age 1961, S. 221–245, darauf hingewiesen, daß die Quellen den Anteil der großen Familien an den hohen Ämtern betonen. Er meint, daß eine erhebliche Anzahl einflußreicher Funktionen von Leuten erfüllt wurde, die nicht zu den Grafengeschlechtern gehörten.

9 E. Amann in dem Sammelwerk von A. Fliche und V. Martin, *Histoire de l'église*. Bd VI. Paris 1947, S. 25 ff., Ferner W. Levison, *England and the continent in the eight century*. Oxford 1956, S. 70 ff.

10 W. Levison, a.a.O., S. 98.

11 W. Levison ebd.

12 W. Levison, a.a.O., S. 105.

13 Vgl. zu diesem Thema die ausgezeichneten Ausführungen von H. Fichtenau, *Das karolingische Imperium*. Zürich 1949, S. 128.

14 H. Fichtenau, a.a.O., S. 158 ff. hat darüber hervorragende Bemerkungen gemacht. Charakteristischerweise findet man diese Ausführungen in dem Kapitel, das von den ›armen Leuten‹ handelt.

15 Vgl. E. Amann, a.a.O., (Anm. 9), S. 255 ff. und H. Fichtenau, a.a.O., S. 158 ff.

16 Hinsichtlich des Mangels an Ortsgebundenheit des Hofes bei den Karolingern siehe E. Ewig, *Résidence et Capitale durant le haut Moyen Age*, in: Revue Historique 1963, S. 25–72, vor allem S. 53 ff.

KAP. 3: DER STAAT DER KAROLINGER — KRÄFTE DER ZERSTÖRUNG UND WIDERSTAND DER HERRSCHENDEN

1 F. L. Ganshof, *La fin du règne de Charlemagne*, in: Zeitschrift für schweizerische Geschichte 1948, S. 433–452.

2 Vgl. E. Coornaert, *Les ghildes médiévales*, in: Revue historique 1948, S. 22–55, 208–243.

3 Zum Beispiel im Jahre 882, wie der Chronist Regino von Prüm berichtet.

4 Die Erklärung für diese *coniurationes* ist wahrscheinlich in einer (von den *Annales regni Francorum* für das Jahr 820 erwähnten) Tatsache zu suchen. In dem an dieser Stelle gemeinten flandrischen *pagus*, in dem es nach dem Kapitulare vom Jahre 821 ›Gilden‹ gab, hatten die Normannen einen Vorstoß unternommen. »Durch die Fahrlässigkeit der Grafen haben die Normannen Gehöfte der Armen verbrannt und einige Herden geraubt.«

5 Vgl. R. Wenskus, *Die deutschen Stämme im Reiche Karls des Großen*, in: *Karl der Große. Persönlichkeit und Geschichte*, hrsg. von H. Beumann. Düsseldorf 1965, S. 178–219.

6 Vgl. dazu die hervorragenden Studien von Abadal, vor allem seine Darstellung *La Institutio comtal carolingia in la pre-catalunya del segle IX*, in: Annuario de estudios medievales des Instituto de Historia medieval de Espana 1964, S. 29–75.

7 G. Tellenbach, *Königtum und Stämme in der Werdezeit des Deutschen Reiches*. Weimar 1939. Tellenbach hat eine ganze Schule von Historikern herangebildet, die sich mit den großen Familien des Fränkischen Reiches beschäftigen. Vgl. dazu das von Tellenbach herausgegebene Buch: *Studien und Vorarbeiten zur Geschichte des großfränkischen und frühdeutschen Adels*. Forschungen zur oberrheinischen Landesgeschichte Bd. 4. Freiburg 1957. Vgl. ferner H. Fichtenau, *Das karolingische Imperium*. Zürich 1949, S. 113–153.

8 Die aristokratische Republik wird üblicherweise von den am höchsten gestellten unter den Großen‹ regiert. Doch dieser Begriff, der in den verschiedensten Geschichtsepochen auftaucht, ließ sich bis jetzt noch niemals exakt definieren. Die übrigen ›Großen‹ sammeln

sich von selbst um die ›am höchsten Gestellten‹. Ein Beispiel hierfür bietet die Zeit Ludwigs des Frommen (814–840), dessen Biograph und Hofgeistlicher, der dem Namen nach unbekannte ›Astronom‹, erzählt, daß sich »zunächst die Vornehmsten durch einen Eid zu gemeinsamem Handeln verpflichteten«. Die *minores*, d. h. die Großen zweiten Ranges, schlossen sich den Vornehmsten an. Aus einem anderen Satz des ›Astronom‹ geht deutlich hervor, wie dieser Mechanismus arbeitete. Es handelt sich um die Verurteilung Ludwigs des Frommen durch die Versammlung der Großen. Der ›Astronom‹ schreibt hierzu: »Es gab nur sehr wenige, die sich der Verurteilung widersetzten. Zahlreicher waren diejenigen, die ihr zustimmten. Die Mehrzahl schwieg, um sich nicht die Feindschaft der Mächtigsten zuzuziehen«; vgl. *Monumenta Germaniae Historica*, Reihe Scriptores, II, S. 633 und S. 636.

9 L. HALPHEN, *Charlemagne et l'empire carolingien*. Paris 1947, S. 371 ff.
10 Die gesammelten Kapitularien wurden von BORETIUS und KRAUSE publiziert, Hannover 1883–1887. Vgl. zu den Texten F. L. GANSHOF, *Was waren die Kapitularien?* Weimar 1961.
11 F. L. GANSHOF, *Charlemagne et les institutions de la monarchie franque*, in: *Karl der Große. Persönlichkeit und Geschichte*, hrsg. von H. BEUMANN (Anm. 5), S. 349–393. Vgl. auch L. HALPHEN, a.a.O., (Anm. 9), S. 140–224.
12 Unter Weiterführung von Ideen Marc Blochs hat R. BOUTRUCHE diesen Gedanken in seinem Buch *Seigneurie et féodalité*. Paris 1959, S. 217, 300 entwickelt. Ohne mich in allen Punkten Boutruche anzuschließen, stimme ich der Grundlage seiner Auffassungen zu.
13 F. L. GANSHOF, *Qu'est ce que la féodalité?* 3., verbesserte Aufl. Brüssel 1957. In dieser mehrere frühere Aufsätze Ganshofs über das Lehenswesen zusammenfassenden Schrift findet sich eine vorzügliche Darstellung der ›klassischen‹ Auffassung des Feudalismus.
14 F. L. GANSHOF, *L'immunité dans la monarchie franque*. Recueils de la société Jean Bodin. Les liens de la vasallité et les immunités. Bd. I, S. 171 ff.
15 L. HALPHEN, a.a.O. (Anm. 9), S. 16 ff.
16 F. L. GANSHOF, *L'église et le pouvoir royal dans la monarchie franque sous Pépin et Charlemagne*. Spoleto, Settimane di Studio, VII, 1959, S. 95 ff.
17 Seit der Regierungszeit Pippins des Kleinen wurde die Krone zum Zeichen herrscherlicher Macht. Vgl. dazu P. E. SCHRAMM, *Herrschaftszeichen und Staatssymbolik*. Stuttgart 1954 bis 1956.
18 Vgl. W. METZ, *Das karolingische Reichsgut*. Berlin 1960, sowie K. VERHEIN, *Studien zu den Quellen zum Reichsgut der Karolingerzeit*, in: Deutsches Archiv für Erforschung des Mittelalters. Köln 1954.
19 J. VERBRUGGEN, *L'armee et la stratégie de Charlemagne*, in: *Karl der Große. Persönlichkeit und Geschichte*, hrsg. von H. BEUMANN (Anm. 5), S. 420–466.
20 LYNN WHITE, *Medieval Technology and Social Change*. Oxford 1962.
21 A. DUMAS, *La parole et l'écriture dans les Capitulaires Carolingiens*. Mélanges Louis Halphen. Paris 1951, S. 209–216. Vgl. ferner F. L. GANSHOF, *Charlemagne et l'usage de l'écrit en matière administrative*, in: La Moyen Age 1951.
22 J. DHONDT, *Etudes sur la naissance des principautés territoriales*. Brügge 1948, Kapitel I, und V.
23 E. AMANN, in dem Sammelwerk von A. FLICHE und V. MARTIN, *Histoire de l'église*. Bd. VI. Paris 1947, S. 71 ff.
24 E. AMANN, a.a.O., S. 352 ff. Vgl. ferner L. HALPHEN, a.a.O. (Anm. 9), S. 225 ff.
25 L. HALPHEN, a.a.O., S. 352 ff.
26 L. HALPHEN, a.a.O., S. 263 ff.
27 J. DHONDT, *Etudes sur la naissance des principautés territoriales*. Brügge 1948.
28 H. MITTEIS, *Der Staat des hohen Mittelalters*. 6. Aufl. Weimar 1959. S. 137–149.

KAP. 4: DER KAMPF UM DIE MACHT

1 Die historische Literatur zur politischen Geschichte der Karolingerzeit ist außerordentlich umfangreich. In einigen bibliographischen Werken, z. B. im DAHLMANN-WAITZ, *Quellenkunde zur deutschen Geschichte*, Ausgabe von 1931 (eine Neuauflage ist in Vorbereitung), wird diese Literatur gesammelt. Zur Quellenkunde siehe W. WATTENBACH, *Deutschlands Geschichtsquellen im Mittelalter*, Neuausgabe von W. LEVISON und H. LÖWE Heft II–IV (Karolingerzeit), 1953–1957, und die Neuausgabe (1948) der *Deutschen Kaiserzeit*, hrsg. von R. HOLTZMANN, Heft I–II, zuerst 1938/39.
Für dieses und das vorige Kapitel des vorliegenden Werkes wurde die zweite Auflage des bequem benutzbaren Handbuches von F. LOT–CH. PFISTER–F. L. GANSHOF: *Les destinées de l'Empire en Occident jusqu'en 888*. Paris 1941, an vielen Stellen herangezogen. Das gilt in erheblichem Maße auch von dem Werk L. HALPHEN, *Charlemagne et l'empire carolingien*. Paris 1947.
Für die Institutionen des Fränkischen Reiches siehe u. a. G. WAITZ, *Deutsche Verfassungsgeschichte*. Leipzig 1885 (Bd. 3), 1885 (Bd. 4), 1893 (Bd. 5), 1899 (Bd. 6); ferner H. BRUNNER und CL. VON SCHWERIN, *Deutsche Rechtsgeschichte*. München 1928 (sowie die spätere Fassung dieses Werkes durch H. THIEME).
Über Karl den Großen selbst besteht eine umfangreiche Literatur, ohne daß man eines

dieser zahlreichen Werke als völlig abschließend bezeichnen könnte. Informativ und reichhaltig sind die Beiträge verschiedenen Wertes über stark auseinanderlaufende Themen in dem von H. BEUMANN herausgegebenen Sammelwerk *Karl der Große. Persönlichkeit und Geschichte*. Düsseldorf 1965. Wichtiger noch als die einzelnen Beiträge zu diesem Sammelwerk sind die sich in ihm abzeichnenden Grundelemente einer Bibliographie. Wertvoll und aufschlußreich ist auch das Buch von H. FICHTENAU, *Das karolingische Imperium. Soziale und geistige Problematik eines Großreiches*. Zürich 1949.

2 Ludwig der Fromme, dem der für die karolingische Renaissance charakteristische Aufschwung der literarischen Form zugute kam, wurde von Zeitgenossen in zwei wertvollen Biographien beschrieben. Die *Vita Hludovici imperatoris* wurde anonym veröffentlicht. Ihr Verfasser wird wegen seines von ihm selber erwähnten Interesses für Sternkunde meistens ›der Astronom‹ genannt. Daneben gibt es ein ebenso betiteltes Werk, das der Trierer Landbischof Thegan schrieb. Beide Biographien sind in Band II der *Scriptores* in den *Monumenta Germaniae Historica* (Mon. Germ. Hist.) abgedruckt. Für Einzelheiten siehe auch das Werk SIMSON, *Jahrbücher des Fränkischen Reiches unter Ludwig dem Frommen*. Leipzig 1874–1876, sowie L. HALPHEN, *Charlemagne et l'empire carolingien*. Paris 1947.
Für die religiösen und kirchlich-organisatorischen Fragen siehe E. AMANN in dem Sammelwerk von A. FLICHE und V. MARTIN, *Histoire de l'église*. Bd. VI. Paris o. J.

3 Über Pippin I. von Aquitanien und seinen Sohn, Pippin II. von Aquitanien, findet man Material bei L. AUZIAS, *L'Aquitaine Carolingienne*. Paris 1937.

4 Vgl. R. DION, *A propos du traité de Verdun*. Annales, Paris 1950. Ferner F. L. GANSHOF, *Zur Entstehungsgeschichte und Bedeutung des Vertrages von Verdun*, in: Deutsches Archiv zur Erforschung des Mittelalters 1956.

5 Zur Geschichte Karls des Kahlen siehe L. HALPHEN, *Charlemagne et l'empire carolingien*. Paris 1947. Für Einzelheiten siehe F. LOT und L. HALPHEN, *Le règne de Charles le Chauve, Ière partie, 840–853*. Paris 1910 und F. LOT, *Une année du règne de Charles le Chauve, l'année 866*, in: Le Moyen Age 1902.

6 Über die tatsächlichen Vorgänge unter der Regierung Ludwigs des Deutschen siehe E. DÜMMLER, *Geschichte des Ostfränkischen Reiches (840–918)*. Leipzig 1887/1888.

7 Vgl. J. DHONDT, *Etudes sur la naissance des principautés territoriales en France*. Brügge 1948, Kap. I.

8 J. DHONDT, a.a.O., S. 20 f., sowie P. CLASSEN, *Die Verträge von Verdun und von Coulaines als politische Grundlagen des Westfränkischen Reiches*, in: Historische Zeitschrift 1963.

9 Das ergibt sich aus der Tatsache, daß von nun an der Könige Versprechungen abzugeben hatten, bevor sie gesalbt wurden. Dies geschah in Frankreich, in Deutschland, in England und bei der Kaiserweihe. Das älteste Beispiel dafür stammt aus dem Jahre 869 (Erwerbung Lothringens durch Karl den Kahlen). Ein solches Versprechen – von einem Eid ist noch nicht die Rede – band den Souverän bisweilen gegenüber dem Klerus, in viel mehr Fällen jedoch gegenüber dem *populus*, also der Aristokratie. Zu all diesem vgl. das Buch von M. DAVID, *Le serment du sacre du IXe au XVe siècle*. Straßburg 1951.

10 Über Odo vgl. E. FAVRE, *Eudes, comte de Paris et roi de France*. Paris 1893. Zu Arnulf von Kärnten siehe das in Anm. 6 genannte Werk von E. DÜMMLER.

11 Vgl. das in Anm. 7 zitierte Buch von J. DHONDT. Für Burgund siehe M. CHAUME, *Origines du duché de Bourgogne*. Bd. I. Dijon 1925. Für Aquitanien siehe das in Anm. 3 zitierte Werk von L. AUZIAS. Vgl. ferner R. POUPARDIN, *Le royaume de Bourgogne 899–1038*. Paris 1907; R. POUPARDIN, *Le royaume de Provence sous les Carolingiens*. Paris 1901.

12 Vgl. Kap. 2, Anm. 8.

13 L. LEVILLAIN, *L'avènement de la dynastie carolingienne et les origines de l'état pontifical*. Bibl. de l'école des Chartres 1933, S. 225–295. Ferner G. POCHETTINO, *Pippinidi in Italia*, in: Archivio Storico Lombardo 1927, S. 1–47. Außerdem vgl. L. HALPHEN, a.a.O. (Anm. 5), S. 25–57 und S. 100–119. Vgl. schließlich E. AMANN, a.a.O. (Anm. 2), Kap. I ff.

14 R. FOLZ, *Le couronnement impérial de Charlemagne*. Paris 1964.

15 Vgl. E. AMANN, a.a.O. (Anm. 2), S. 201–229; ferner L. HALPHEN, a.a.O. (Anm. 5), S. 225 ff.

16 Vgl. E. AMANN, a.a.O. (Anm. 2), S. 367–395.

17 Vgl. E. AMANN, a.a.O. (Anm. 2), S. 395 ff.

18 E. AMANN und A. DUMAS, *L'église au pouvoir des laiques, 880–1054*. Paris 1940, S. 15 ff.

19 Über die Fürstentümer in Gebieten, die gegenwärtig zu Frankreich gehören, siehe das in Anm. 7 genannte Buch von J. DHONDT.

20 R. HOLTZMANN, *Geschichte der sächsischen Kaiserzeit*. München 1953, S. 58–67. E. DÜMMLER, *Geschichte des Ostfränkischen Reiches*. Bd. 3. Leipzig 1888.

21 G. WAITZ, *Jahrbücher des Deutschen Reiches unter Heinrich I*. Leipzig 1885. Ferner R. HOLTZMANN, a.a.O., S. 67–109 und H. MITTEIS, *Der Staat des hohen Mittelalters*. Weimar 1959, S. 112 ff.

22 Vgl. E. DÜMMLER, *Otto der Große, Jahrbücher D. G.* Leipzig 1876. Ferner H. MITTEIS, a.a.O., S. 114 ff.

23 Vgl. das in Anm. 7 genannte Buch von J. DHONDT.

24 Vgl. L. M. HARTMANN, *Geschichte Italiens*. Gotha 1900 ff., H. MITTEIS, a.a.O. (Anm. 21), S. 124. G. TELLENBACH, *Der großfränkische Adel und die Regierung Italiens in der Blüte-*

zeit der Karolinger, in: Forschungen zur oberrheinischen Geschichte Bd. 4. Freiburg i. Br. 1957, S. 40–70. J. FISCHER, *Königtum, Adel und Kirche im Königreich Italien 774–962*; E. HLAWITSCHKA, *Franken, Alemannen, Bayern und Burgunder in Oberitalien*. Beide Beiträge in: Forschungen zur oberrheinischen Landesgeschichte, Freiburg i. Br. 1960. A. HOFMEISTER, *Markgrafen und Markgrafschaften im italienischen Königreich*, in: Mitteilungen des Österreichischen Instituts für Geschichtsforschung, Ergänzungsband 1907.
25 Über die *burhs* oder *boroughs* zuletzt H. R. LOYN, *Anglo-Saxon England and the Norman Conquest*. Oxford 1947.
26 H. R. LOYN, a.a.O., S. 312 sowie H. MITTEIS, a.a.O. (Anm. 21), S. 137.

KAP. 5: ALLTAG UND TECHNIK

1 Diese Gesichtspunkte sind von G. DUBY, *L'économie rurale et la vie des campagnes dans l'occident médiéval*. Paris 1962 in den Vordergrund gerückt und ausführlich behandelt worden. Vgl. ferner W. METZ, *Die Agrarwirtschaft im Karolingischen Reiche*, in dem Sammelwerk: Karl der Große. Lebenswerk und Nachleben. Düsseldorf 1965, S. 489–500.
2 G. DUBY, a.a.O., S. 59 ff.
3 Wir folgen bei diesen Ausführungen noch immer den Gesichtspunkten von G. DUBY, a.a.O.
4 Über den Wald zur Zeit der Karolingerherrschaft vgl. R. GRAND, *L'agriculture en moyen âge*. Paris 1950, S. 410–446.
5 Die Hauptquelle für die Flora und Fauna in der Karolingerzeit unter dem Gesichtspunkt von Ackerbau und Viehzucht ist natürlich das allgemein bekannte *Capitulare de villis* (Ausgabe von BORETIUS-KRAUSE, *Capitularia regum Francorum*, I). Diese Quelle hat mehr wissenschaftliche Kontroversen hervorgerufen als jeder andere Text aus der Zeit der Karolinger. Die (zum Zeitpunkt der Niederschrift dieses Buches jedenfalls) neueste Studie dazu ist A. VERHULST, *Karolingische Agrarpolitik. Das Capitulare de villis und die Hungersnöte von 792/793 und 805/806*, in: Zeitschrift für Agrargeschichte und Agrarsoziologie Jahrgang 13, Oktober 1965, S. 175–189 – eine Darstellung, in der wir auch Ansätze zu einer Bibliographie der vorhergehenden Veröffentlichungen zu dem Thema finden. Um die Aufzählung von Haustieren und vor allem von Kulturpflanzen im *Capitulare de villis* zu vervollständigen, bedarf es näherer Orientierung an den (in den Abteien liegenden) zeitgenössischen Verzeichnissen der zum Eigentum der Kirchen gehörenden Pflanzen und Tiere. Einen sehr sorgfältigen Katalog dieser Verzeichnisse enthält das Werk von E. LESNE, *Histoire de la propriété ecclésiastique en France*. Bd. IV. Lille 1943, S. 279–297 (Les animaux domestiques) sowie S. 298–310 (Les plantes).
Unsere Darstellung wurde auch stark von dem (in der vorigen Anm. genannten Buch) von R. GRAND angeregt. Zur älteren wissenschaftlichen Literatur vgl. R. VON FISCHER-BENZON, *Altdeutsche Gartenflora*. Kiel 1894.
6 LYNN WHITE meint in seinem sehr eindrucksvollen Buch *Medieval Technology and Social Change*. Oxford 1962, das entscheidende Element für die Entwicklung der Europäer zu besser ernährten und dadurch zur Lösung der entscheidenden Probleme ihres Zusammenlebens geeigneteren Menschen sei die genau auf das 8. Jh. zurückgehende Verbreitung des Anbaus von Hülsenfrüchten gewesen. Nach dem Buch von LYNN WHITE, a.a.O., S. 76 geht die moderne Welt letzten Endes aus dem Anbau der Bohne hervor.
7 Vgl. R. DION, *Histoire de la vigne et du vin en France des origines au XIXe siècle*. Paris 1959.
8 Soweit mir bekannt, sind die jüngsten Kontroversen über die Frage – die Folgerungen fallen nicht ganz gleich aus – bei G. DUBY, a.a.O. (Anm. 1), S. 74–79 und bei LYNN WHITE, a.a.O. (Anm. 6), S. 41–57 zu finden.
Für England gibt es eine Auseinandersetzung über die Problematik bei H. R. LOYN, *Anglo-Saxon England and the Norman Conquest*. Oxford 1947, S. 153 f.
9 ERMOLDUS NIGELLUS, *Gedicht auf Ludwig den Frommen* (hrsg. v. Faral), S. 178, sowie das *Colloquium* von AELFRYC (AELFRIC GRAMMATICUS) in der Ausgabe von G. N. Garmonsway (nach dem um das Jahr 1000 entstandenen Text), London 1947, S. 39.
10 GUIMAN, *Cartulaire de l'abbaye de St.-Vaast* (hrsg. v. Van Drival). Arras 1875, S. 166 ff. Vgl. auch R. DOEHAERD, *Le tonlieu d'Arras*. Bulletin de l'Académie d'Arras 1943–1946.
11 H. FICHTENAU, *Das karolingische Imperium*. Zürich 1949, S. 178–184.
12 Vgl. E. AMANN, *Histoire de l'Eglise*. Bd. VI, L'époque carolingienne. S. 129–152, 315–332.
13 H. FICHTENAU, a.a.O. (Anm. 11), S. 181 ff.
14 Vgl. die vorzügliche Untersuchung von E. COORNAERT, *Les ghildes médiévales*, in: Revue Historique 1948, S. 22–55, 208–243.
15 Der Verfasser spielt darauf an, daß das Wort ›Gilde‹ nach vorherrschender Meinung etymologisch nicht von dem Begriff des Opfergelages (anläßlich einer rechtlichen Bindung, die ›gilt‹) getrennt werden kann. [Anm. d. Übers.]

KAP. 6: DIE WIRTSCHAFTLICHE ENTWICKLUNG ZWISCHEN DEM 8. UND 10. JAHRHUNDERT

1 Siehe L. M. HARTMANN, *Zur Wirtschaftsgeschichte Italiens im frühen Mittelalter*. Analekten. Gotha 1904. Zur frühen Geschichte Venedigs siehe H. KRETSCHMAYR, *Geschichte von Venedig*. Gotha 1905 (neue Ausgabe Aalen 1964). Mit großem Gewinn habe ich das hervorragende Werk von C. VIOLANTE, *La società milanese nell' età precomunale*. Bari 1953 benutzt.

2 *Monumenta Germaniae Historica*, Reihe Leges, IV, S. 196.
3 Das ist die Auffassung von A. R. LEWIS, *Naval Power and Trade in the Mediterranean A. D. 500–1100*. Princeton 1951.
4 A. PERTUSI, *Bizanzio e l'irradiazione della sua civiltà*. Spoleto, Settimane di Studio 1963, S. 90.
5 Die Grundlagen für das Folgende entnahmen wir dem in Anm. 1 zit. Buch v. C. VIOLANTE, S. 8–17.
6 Siehe A. PERTUSI; a.a.O. (Anm. 4), S. 110–116.
7 Siehe A. R. LEWIS, a.a.O. (Anm. 3), S. 133.
8 A. R. LEWIS, a.a.O., S. 147 ff.
9 A. R. LEWIS, a.a.O., S. 147.
10 Für die Zerstörung Südostfrankreichs siehe neben A. R. LEWIS, a.a.O., auch G. DUBY, *Les villes du sud-est de la Gaule du VIIIème au XIème siècle*. Spoleto, Settimane di Studio VI (1958), S. 231–276 und H. BÜTTNER, *Studien zum frühmittelalterlichen Städtewesen in Frankreich, vornehmlich im Loire- und Rheingebiet*. Studien zu den Anfängen des europäischen Städtewesens. Konstanz 1958.
11 IBN KHORDADHBEH (KHURRADADHEBH) in *Bibliotheca Geographorum arabicorum*. VI. Leiden 1889.
12 R. S. LOPEZ und J. W. RAYMOND, *Medieval Trade in the Mediterranean World*. New York 1955, S. 22 f.
13 G. VERNADSKY, *Kievan Russia*. New Haven 1948, S. 28 f.
14 Über die Chazaren siehe D. M. DUNLOP, *The history of the Jewish Khazars*. Princeton 1954. Viele orientierende Einzelheiten über dieses Volk und über die Bulgaren sind in dem Bericht des Ibn Fadhlan (Fadlan) enthalten, siehe dazu M. CANARD, *La relation du voyage d'Ibn Fadlan chez les Bulgares de la Volga*, in: Annales de l'Institut d'Etudes Orientales d'Alger. XVI (1958), S. 40–146.
15 H. JANKUHN, *Der Handelsplatz von Grobin bei Libau*. Reichenau-Vorträge, Studien zu den Anfängen des europ. Städtewesens, S. 491–495.
16 *Vita Anskarii*, c. 30. Es handelt sich um das Land der »Curi« (Kurländer), ein einstmals den Schweden unterworfenes Gebiet, das sich zu dem Zeitpunkt, an dem der Bericht geschrieben wurde, im Aufstand gegen sie befand. Das Königreich Kurland hatte »fünf Städte«. Eine war »Seeburg« und lag am Meer. Eine andere Stadt war »Apulia«, fünf Tagereisen von Seeburg entfernt, im Landesinneren gelegen. Vielleicht handelt es sich um Pilten, vielleicht aber auch um einen jetzt verschwundenen Ort, welcher »Apuole« hieß.
17 Selbstverständlich gibt es eine riesige Anzahl von Werken über die Entstehung des russischen Staates. Wir erwähnen hier nur einige aktuelle Darstellungen und nennen zunächst L. MUSSET, *Les invasions*. Paris 1965.
Die Diskussion zwischen einem schwedischen und einem russischen Forscher, veröffentlicht in: Relazioni des X Congresso Internazionale di Scienze Storiche. Bd. III. Florenz 1955, S. 165 ff., sei ebenfalls erwähnt. Dazu A. STENDER-PETERSEN, *Das Problem der ältesten byzantinisch-russisch-nordischen Beziehungen*, mit Erwiderung von ARTIKHOVSKY und RYBAKOV, in den Atti des erwähnten Kongresses veröffentlicht (siehe dort auch S. 285 ff.). Die neueste Darstellung STENDER-PETERSENS, in: Histor. Zeitschrift 1960, S. 1–17, läuft darauf hinaus, daß die Schweden, die zum Quellgebiet der Wolga langsam vordrangen, ein Khaganat bildeten: eine Monarchie, die dem gemeinsamen Feind der Skandinavier und der russischen Slawen, den Wolgabulgaren, Widerstand leistete. Die Staatsbildung, bei der eine Interessengemeinschaft zwischen Schweden und Slawen eine entscheidende Rolle spielte, erfolgte demnach spätestens im 9. Jahrhundert. [Vom Übers. ergänzte Anm.]
18 Dies geht sehr deutlich aus der »Seeburg« und »Apulia« erwähnenden Stelle der *Vita Anskarii* hervor.
19 Vgl. die Darstellung von M. CANARD (Anm. 14) und seine Übersetzung von Ibn Fadhlans Werk (Anm. 60).
20 Die Quellen bieten hier keine großen Aufschlüsse. Bald identifizierten sie die Russen mit den Slawen, bald machten sie einen starken Unterschied zwischen beiden. Möglicherweise ist diese Diskrepanz auf die fortschreitende Assimilierung der skandinavischen Russen in ihrer ostslawischen Umwelt zurückzuführen. Das Schwarze Meer wurde zuweilen Meer der Chazaren, manchmal aber auch ›Meer der Russen‹ oder ›Meer der Slawen‹ genannt. Vgl. dazu T. LEWICKI, *L'apport des sources médiévales à la connaissance de l'Europe Centrale et Orientale*. Spoleto, Settimane di Studio 1964, S. 461–485.
21 Vgl. G. VERNADSKY, a.a.O. (Anm. 13), S. 55.
22 A. R. LEWIS, *The Northern Seas. Shipping and Commerce in Northern Europe*. Princeton 1958, S. 380. Die Gelehrten der Sowjetunion bestreiten nicht, daß während eines bestimmten Zeitraumes das skandinavische Element einen wesentlichen Bestandteil der herrschenden Schicht gebildet hat.
23 Bei G. JACOB, *Arabische Berichte von Gesandten an germanische Fürstenhöfe*. Berlin 1927, S. 12.
24 G. JACOB, a.a.O.
25 R. HENNIG, *Der nordeuropäische Pelzhandel in den älteren Perioden*, in: Vierteljahresschrift für Sozial- und Wirtschaftsgeschichte 1930, S. 1–25.

26 Vgl. den in Anm. 14 genannten Beitrag von M. CANARD, S. 115 und S. 119, Anm. 290.
27 A. TOGAN ZEKI VALIDI, *Die Schwerter der Germanen nach arabischen Berichten*, in: Zeitschrift der Morgenländischen Gesellschaft 1936.
28 *King Alfred's Orosius* (hrsg. v. H. Sweet). London 1883, S. 17–21.
29 G. JACOB, a.a.O. (Anm. 23), S. 14 f.
30 Hier liegt der Punkt, der mißtrauisch macht. Es ist aber richtig, wenn man sagt, daß Ibn Jakub selber an der Existenz der Amazonenstadt zweifelte. Er nannte seine Quelle mit der Bemerkung, »Otto [der Große], König der Römer, habe ihm diese Informationen gegeben«. Es ist psychologisch interessant, daß Otto der Große an Fabeln dieser Art glaubte. Doch muß der Objektivität halber gesagt werden, daß die Gebiete, die im östlichen Teil der Ostsee lagen, wie auch Skandinavien im frühen Mittelalter offenbar sehr wenig bekannt waren. Man hat deshalb auch dorthin alles verlegt, was die Antike an Wunderdingen erfunden hatte. Wir treffen auf seltsame Behauptungen dieser Art auch noch bei Adam von Bremen, dem im 11. Jh. lebenden Geschichtsschreiber.
31 Die moderne Geschichtsschreibung bringt ihrerseits die Wikinger von Jumne mit den Fundstätten des Trelleborger Typus und mit der ›neudänischen Kultur‹ aus der Zeit des Königs Knut von Dänemark und England (1016–1035) in Verbindung.
32 W. VOGEL, *Wo lag Vineta?* in: Hansische Geschichtsblätter 1937, S. 181–201.
33 Eine Zusammenfassung der Probleme brachte H. JANKUHN in: Reichenau-Vorträge IV. Studien zur Entwicklung des europäischen Städtewesens, S. 473–480, betr. Hedebys (Haithabus), S. 481–486, betr. Birkas.
34 Vgl. A. R. LEWIS, a.a.O. (Anm. 22), S. 339 ff., 431 ff.
35 Vgl. JELLEMA, *Frisian Trade in the Dark Ages*, in: Speculum 1955, S. 15–36.
36 C. DUNNING, *Trade relations between England and the continent in the late anglo-saxon period*. Dark-age Britain studies, presented to E. Leeds. S. 218–233.
37 H. ARBMAN, *Schweden und das Karolingische Reich*. Stockholm 1937.
38 Hinsichtlich des Handels der Angelsachsen siehe H. R. LOYN, *Anglo-Saxon England and the Norman Conquest*. Oxford 1962, S. 79 f.
39 Zum Datum der Urkunde siehe J. DHONDT, *Les problèmes de Quentovic*, in: Studi in onore di Amintore Fanfani, 1962, S. 204 ff. Dort wird auch von den Handelsbeziehungen Englands gesprochen.
40 Vgl. H. R. LOYN, a.a.O. (Anm. 38), S. 96.
41 *Monumenta Germaniae Historica*, Reihe Poetarum Latinorum I, S. 500 (Contra judices).
42 E. ENNEN, *Frühgeschichte der europäischen Stadt*. Bonn 1953, S. 149, Anm. 292.
43 Vgl. J. M. LACARRA, *La peninsula Iberica de siglo VII al X*. Spoleto, Settimane di Studio 1963, S. 263 ff.
44 Vgl. W. LEVISON, *England and the continent in the eighth century*. Oxford 1956, S. 15 ff.
45 PH. GRIERSON, *The myth of the mancus*, in: Revue Belge de philologie et d'histoire 1954, S. 1059 ff.
46 Spoleto, Settimane di Studio 1965, S. 497.
47 Vgl. PH. GRIERSON, a.a.O. (Anm. 45), S. 1073.
48 Spoleto, Settimane di Studio 1964, S. 418 ff. sowie S. 500 u. 505. »Das Wort *naqasha* und vor allem sein Participium *manqush* wurden auf den Dinar angewendet, der aufgrund der Geldreform des Kalifen Abd al Malik von Damaskus geprägt wurde. Man wollte mit diesem Wort den Gegensatz zwischen dem arabischen Dinar und dem byzantinischen Dinar scharf hervorheben.«
49 Siehe H. R. LOYN, a.a.O. (Anm. 38), S. 128 f.
50 Höchstwahrscheinlich ist eine Veränderung der Beziehungen zwischen den Warägern und dem Byzantinischen Reich erfolgt. Die von den Schweden gegründeten Handelsplätze auf dem Kontinent, beispielsweise Grobin, gehen auf das 7. Jh. zurück, und wir finden Spuren orientalischer Waren aus jener Zeit in Schweden. Um das Jahr 860 hatten die Waräger in Kiew großen Einfluß gewonnen, was ohne eine vorherige Machtentfaltung in dem zwischen dem Ladogasee und dem Dnjepr liegenden Gebiet unmöglich gewesen wäre. Die Ansiedlungen der Skandinavier können nur allmählich (und teilweise auf herrenlosem Gebiet) entstanden sein. Uns kommt es äußerst wahrscheinlich vor, daß die Handelsbeziehungen zwischen den Gebieten am Schwarzen Meer und den Ostseeländern sowie die Handelsbeziehungen zwischen den Ostseegebieten und den Ländern am Indischen Ozean (unter Einschaltung der asiatischen Moslems sowie der Bulgaren und Chazaren) sich spätestens in der zweiten Hälfte des 8. Jahrhunderts entwickelt haben.
51 Vgl. G. DUBY, a.a.O. (Anm. 10), S. 241.
52 Vgl. das in Anm. 1 genannte Buch von C. VIOLANTE, S. 25 ff.
53 *Monumenta Germaniae Historica*, Reihe Leges, IV, S. 197, Art. 6.
54 Siehe C. VIOLANTE, a.a.O. (Anm. 1), S. 43.
55 R. S. LOPEZ und I. W. RAYMOND, *Medieval Trade in the Mediterranean World*. New York 1955, S. 39 ff.
56 *King Alfred's Orosius* (hrsg. v. H. Sweet). London 1883, S. 17–21.
57 H. JANKUHN in: Reichenau-Vorträge IV. Studien zu den Anfängen des europ. Städtewesens, S. 487.
58 Dorestad (Duurstede) war eine Ausnahme. Es ist unbestreitbar, daß in Friesland jene

Reihe von Handelsplätzen (*portus*) fehlte, die den Lauf von Schelde, Maas und Rhein gleichsam begleiteten. Vgl. dazu E. ENNEN, *a.a.O.* (Anm. 42), S. 56 f.

59 Vgl. E. ENNEN, *a.a.O.*, S. 266
60 IBN KHORDADHBEH (KHURRADADHEBH), *Buch der Wege und Königreiche*. Franz. Übersetzung von Ed. M. J. de Goeje. In: Bibliotheca geographorum arabicorum, Leiden 1889; ferner IBN ROSTEH (RUSTA), *Der kostbare Putz der Frauen*. Übers. von Wiet, in der genannten Bibl. geogr. arab. S. 163 ff. Schließlich IBN FADLAN (FADHLAN), übers. von M. Canard, S. 116 ff.
61 Die jiddische Sprache entstand wahrscheinlich im 10. Jahrhundert im Rheingebiet. Ihr ältestes literarisches Produkt ist eine eigentümliche, um das Jahr 1382 geschriebene Variante der Hildesage, die später mit dem Gudrunlied verschmolz. Vgl. zu den sprachlichen Elementen des Jiddischen die bahnbrechenden Werke von L. FUKS, vor allem sein Buch *The oldest literary Documents of Jiddish Literature*. Leiden 1957 [Anm. des Übers.].
62 Siehe die Einleitung zu J. A. AGUS, *Urban Civilization in pre-crusade Europe*, Bd. I. Leiden 1965.
63 L. WITHBREAD, *The ›Frisian Sailor‹ passage in English Gnomic Verses*, in: Review of English Studies 1940, S. 215–219.
64 Vgl. E. LESNE, *Histoire de la propriété ecclésiastique en France*. 8 Bde. Lille 1910–43. Bd. VI. 231–241.
65 Die Ursprünge der bedeutendsten europäischen Städte werden in dem Buch von E. ENNEN, *a.a.O.* (Anm. 42), dargestellt.
66 E. ENNEN, *a.a.O.*, S. 86 ff.
67 T. ENDEMANN, *Markturkunde und Markt in Frankreich und Burgund vom 9. bis 11. Jahrhundert*. Konstanz 1964.
68 Vgl. E. LESNE, *a.a.O.* (Anm. 64), Bd. VI, S. 406–409.
69 PH. GRIERSON, *The monetary reforms of Abd al Malik*, in: Journ. of Economic and Social History of the Orient Bd. III (1960), S. 241 ff. In einer sehr unklaren und außerordentlich negativen Polemik gegen Grierson hat C. CAHEN, *Quelques problèmes concernant l'expansion économique musulmane au haut moyen âge*. Spoleto, Settimane di Studio 1964, S. 391 f., die Auffassungen Griersons scharf angegriffen. Cahens Gesichtspunkte wurden in der Diskussion lebhaft kritisiert. Vgl. Spoleto, Settimane di Studio 1964, S. 487 ff. Grierson hat seine Auffassungen denn auch aufrechterhalten.
70 Vgl. J. LAFAURIE, *Le trésor d'Escharen*, in: Revue numismatique 1959/60, S. 153 ff., vor allem die Bemerkungen auf S. 180.
71 Auch die Vertreter der neueren Literatur äußern sich zu der Problematik nicht einheitlich. Vgl. K. F. MORRISON, *Numismatics and Carolingian Trade, a critique of the evidence*, in: Speculum 1963, S. 403 ff. PH. GRIERSON, *Money and Coinage under Charlemagne*, in dem Sammelwerk *Karl der Große*, Bd. I (hrsg. v. H. Beumann). Düsseldorf 1965, S. 501 ff. Vgl. außerdem PH. GRIERSON, *Cronologia delle reforme monetarie di Carlo Magno*, in: Rivista Ital. di Numismatica 1954. R. DOEHAERD, *Sur les réformes monétaires carolingiennes*, in: Annales de l'histoire économique et sociale 1952, S. 13; sowie die in Anm. 69 genannte Abhandlung von C. CAHEN.
72 M. LOMBARD, *L'or musulman du VIIième au XIième siècle*, in: Annales de l'histoire économique et sociale 1947, S. 143–160. Ferner M. LOMBARD, ebd. 1948, S. 188–198.
73 ST. BOLIN, *Muhammed, Karl den Store och Rurik*. Scandia 1939, S. 181–222; in englischer Sprache: ST. BOLIN, *Mohammed, Charlemagne and Rurik*, in: The Skandinavian Economic Review 1953, S. 5–39.
74 Vgl. J. LAFAURIE, *a.a.O.* (Anm. 70).
75 Davon sind nur zwei Exemplare erhalten. Nach Meinung Ph. Griersons dienten die friesischen Goldmünzen nicht als Zahlungsmittel.

KAP. 7: DIE KAISERZEIT

1 Vgl. R. W. SOUTHERN, *The making of the middle ages*. London 1959, S. 25–36, 51–54.
2 Vgl. R. W. SOUTHERN, *a.a.O.*, sowie L. MUSSET, *Recherches sur les pèlerins et les pèlerinages en Normandie jusqu'à la première croisade*, in: Annales de Normandie 1962, S. 127–150.
3 R. W. SOUTHERN, *a.a.O.*, S. 36 ff.
4 Vgl. dazu die auf den Gegenwartsstand gebrachte und mit Bibliographie versehene Darstellung von F. DÖLGER, *Byzanz und das Abendland vor den Kreuzzügen*, in: Relazioni del X congresso internazionale di scienze storiche, Rom 1953, III, S. 67–112, vor allem 81–86.
5 Vgl. L. MUSSET, *Les invasions. Le second assaut contre l'Europe chrétienne*. Paris 1965, S. 8 ff., 18 ff., 107–146, 206–268.
6 F. M. STENTON, *Anglo-Saxon England*. 2. Aufl. Oxford 1947. Ferner P. H. SAWYER, *The age of the vikings*. London 1962.
7 S. L. COHEN, *Viking fortresses of the Trelleborg type*. Kopenhagen 1965 sowie P. H. SAWYER, *a.a.O.*, S. 129–135.
8 Vgl. A. GIEYSZTOR, *When, where and how the Polish state arose*. Warschau 1960 sowie A. GIEYSZTOR, *En Pologne Médiévale. Problèmes du régime politique et de l'organisation

administrative au XIeme et au XIIIième siècles, in: Annali della fondazione italiana per la storia amministrativa 1964. Beide Arbeiten behandeln neben Polen auch andere slawische Gebiete. Vgl. ferner L. MUSSET, *a.a.O.* (Anm. 5), S. 89 ff.; zur innerpolitischen Organisation der frühen slawischen Staatswesen siehe FR. GRAUS u. a. in: *Les débuts des états du moyen-âge en Europe centrale.* Rapports du XIIième congrès des sciences histor. IV, S. 103—110. A. GIEYSZTOR, *Les territoires de la Pologne au IXième et Xième siècles.* Sarajewo 1966. A. GIEYSZTOR, *La Pologne au Xième et XIième siècles.* Recueil de travaux de la Fac. de Philosophie. Belgrad 1967.

9 Einen kurzen Abriß der äußeren Vorgänge findet man bei K. S. LATOURETTE, *A History of the expansion of Christianity.* o. O. 1938. II. S. 150 ff. Eine konzentrierte Darstellung mit Hinweisen auf alle Aspekte und Fragen gibt A. GIEYSZTOR, *Les paliers de la pénétration du christianisme en Pologne au Xième et XIième siècles.* Studi in onore di Amintore Fanfani, I, 1962, S, 329—367.

10 P. BOISSONADE, *Du nouveau sur la chanson de Roland.* Paris 1923, S. 66 ff.

11 R. POUPARDIN, *Le royaume de Provence.* Paris 1901.

12 R. POUPARDIN, *Le royaume de Bourgogne.* Paris 1907.

13 Vgl. F. LOT, *Les derniers Carolingiens.* Paris 1891. F. LOT, *Etudes sur le regne de Hugo Capet.* Paris 1903. CH. PFISTER, *Etudes sur le règne de Robert le Pieux.* Paris 1885. J. DHONDT, *Le règne de Henri Ier*, in: Mélanges Halphen. Paris 1951, S. 200—208. Das französische Königtum als Institution wird von P. E. SCHRAMM, *Der König von Frankreich.* Weimar 1939 behandelt. Vgl. zu diesem Gesichtspunkt außerdem F. LOT – R. FAWTIER, *Histoire des institutions françaises au moyen âge.* II. Institutions royales. Paris 1958

14 L. M. HARTMANN, *Geschichte Italiens.* Bd. III, 2. Gotha 1911; Band IV, 1. Gotha 1915.

15 Vgl. die Bibliographie in R. HOLTZMANN, *Geschichte der sächsischen Kaiserzeit.* München 1953.

16 Für die rein faktischen Vorgänge vgl. E. DÜMMLER, *Jahrbücher der deutschen Geschichte unter Otto dem Großen.* Leipzig 1876. Ferner R. HOLTZMANN, *Kaiser Otto der Große.* Berlin 1936. Für die Bibliographie siehe Anm. 15.

17 A. HAUCK, *Kirchengeschichte Deutschlands.* 4. Aufl. Bd. III. Leipzig 1906. Ferner A. AMANN und A. DUMAS, *Histoire de l'église.* Bd. VII (L'église au pouvoir des laics, Kap. 2). Paris 1940. H. MITTEIS, *Der Staat des hohen Mittelalters.* Weimar 1955, S. 158.

18 H. MITTEIS, *a.a.O.*, S. 175.

19 H. MITTEIS, *a.a.O.*, S. 174 f.

20 H. MITTEIS, *a.a.O.*, S. 119.

21 Für die Bibliographie siehe Anm. 15. Vgl. ferner K. UHLIRZ, *Jahrbücher des Deutschen Reiches unter Otto II.* Leipzig 1902.

22 Für die Bibliographie siehe Anm. 15. Vgl. ferner M. UHLIRZ, *Jahrbücher des Deutschen Reiches unter Otto III.* 1954.

23 Für die Bibliographie zur Regierung Kaiser Heinrichs II. siehe Anm. 15.

24 H. BRESSLAU, *Jahrbücher des Deutschen Reiches unter Konrad II.* Leipzig 1879—1884.

25 E. STEINDORF, *Jahrbücher des Deutschen Reiches unter Heinrich III.* Leipzig 1874.

26 Vgl. A. FLICHE, *La réforme grégorienne.* Bd. I. Paris 1924, S. 167 ff.

27 A. FLICHE, *a.a.O.*, S. 113 ff.

28 H. G. KRAUSE, *Das Papstwahldekret von 1059.* Rom 1960.

KAP. 8: UNFREIE UND ADELIGE

1 G. DUBY, *La société au Xe et XIIe siècles dans la région mâconnaise.* Paris 1953, S. 1185 ff. CH. E. PERRIN, *Le servage en France.* Congrès Historique. Rom 1955. Bd. III, S. 213. Ferner PH. DOLLINGER, *L'évolution des classes rurales en Bavière.* Paris 1949.

2 Vgl. CH. E. PERRIN *a.a.O.*, S. 229. Ferner H. MITTEIS, *Der Staat des hohen Mittelalters.* Weimar 1959, S. 108.

3 G. DUBY, *La noblesse dans la France médiévale*, in: Revue Historique 1961. Darin referiert G. DUBY auch kritisch die neuesten Forschungen, vor allem die Arbeiten von GÉNICOT, K. BOSL und G. TELLENBACH. Vgl. auch G. DUBYS in Anm. 1 genanntes Werk, S. 230 ff.

4 Vgl. DUBYS in Anm. 1 genanntes Werk.

5 Vgl. auch D. A. BULLOUGH in Le Moyen Age 1961, S. 221—245.

6 J. F. LEMARIGNIER, *Le gouvernement royal aux premiers temps capétiens.* Paris 1965, S. 69 ff. J. RICHARD, *Châteaux, châtelains et vassaux en Bourgogne aux XIe et XIIe siècles*, in: Cahiers de civilisation médiévale, 1960, S. 433—447 — in Ergänzung von Richards früherem Werk *Les ducs de Bourgogne et la formation du duché du XIe au XIVe siècle.* Dijon 1954. (Vom Übers. ergänzt)

7 Die sich dann auch auf die Fürstentümer erstreckende Dezentralisierung, die, wäre sie in ungeordneten Bahnen verlaufen, gefährlich geworden wäre, haben manche Fürsten lieber selber organisiert und Bezirke geschaffen, deren Zentrum jeweils ein Kastell (eine Burg) war. Dies geschah beispielsweise in der Normandie, wo Blutsverwandte des Herzogs an die Spitze dieser Burgbezirke gestellt wurden. Vgl. dazu DOUGLAS, *The Norman Counts*, in: English Historical Review 1946. Für Flandern siehe J. DHONDT, *Note sur les châtelains de Flandre*, in: Mémoires de la Commission départementale des monuments historiques du Pas de Calais. Bd. V. 1947, S. 43—51. Hinsichtlich der Lage in Poitou vgl. M. GARAUD,

L'organisation administrative du comté de Poitou au XIème siècle, in: Bulletin de la Société des Antiquaires de l'Ouest 1953.

KAP. 9: DAS RELIGIÖSE LEBEN – SCHWURVERBÄNDE – ENTWICKLUNG SOLIDARISCHER GRUPPEN

1 E. AMANN und A. DUMAS, *L'église au pouvoir des laiques*. Paris 1940. Ferner A. FLICHE, *La réforme grégorienne*. Bd. I. Paris 1924, S. 1–38 (La crise réligieuse du 10e siècle). R. W. SOUTHERN, *The making of the middle ages*. London 1959. L. DUCHESNE, *Les premiers temps de l'état pontifical*. 3. Aufl. Paris 1911.
2 E. SACKUR, *Die Cluniazenser in ihrer kirchlichen und allgemein-geschichtlichen Wirksamkeit bis zur Mitte des 11. Jahrhunderts*. 2 Bde. Halle 1892, 1894. G. DE VALOUS, *Le monachisme clunisien des origines au XVe siècle*. 1935. Vgl. auch *Neue Forschungen über Cluny und Cluniazenser*, hrsg. von G. TELLENBACH. Freiburg 1959.
3 Vgl. J. LECLERCQ, *Simoniaca haeresis*. Studi Gregoriani I. Rom 1947.
4 CH. DEREINE, *Les chanoines réguliers au diocèse de Liège*. Brüssel 1952.
5 Zur Klosterreform in England vgl. innerhalb des Sammelwerkes *Gérard de Brogne et son oeuvre réformatrice*. Maredsous 1960, den Beitrag von H. DAUPHIN, *Le renouveau monastique en Angleterre*. S. 177–196, sowie den Beitrag von E. JOHN, *The sources of the english monastic reformation*. S. 197–203.
6 R. HOLTZMANN, *Geschichte der sächsischen Kaiserzeit*. München 1953. Kap. VIII, Abschn. 6.
7 Betr. der Klosterreform von Gérard de Brogne (Gerhard von Brogne) in Brogne (bei Namur) siehe das in Anm. 5 genannte Sammelwerk. Ebd. findet man über die Reform von Gorze den Beitrag von J. CHOUX, *Décadence et réforme monastique dans la province de Trèves (855–959)*, S. 204–223. Über Gérard de St.-Vannes vgl. H. DAUPHIN, *Le bienheureux Richard abbé de St.-Vannes*. Löwen 1946.
8 A. FLICHE, *Histoire du moyen âge*. Paris 1930, S. 592–599.
9 E. DELARUELLE, *La piété populaire au XIe siècle*. Relazioni del X Congresso internazionale die scienze storiche. Florenz 1955. Bd. III, S. 309 ff.
10 B. TÖPFER, *Volk und Kirche zur Zeit der beginnenden Gottesfriedensbewegung in Frankreich*. Berlin 1957, S. 38 ff.
11 L. ZOEPF, *Das Heiligen-Leben im 10. Jahrhundert*. Leipzig 1906, S. 200.
12 M. MANITIUS, *Geschichte der lateinischen Literatur des Mittelalters*. Bd. II. München 1923, S. 414.
13 Vgl. L. ZOEPF, a.a.O. (Anm. 11), S. 114, Anm. 1.
14 Der Charakter des Eides wurde vor dem 12. Jahrhundert den Worten des Schwörenden erst dadurch verliehen, daß dieser ein ›geweihtes Ding‹ (Reliquie, Altar, Heilige Schrift) berührte.
15 Vgl. A. BRACKMANN, *Die Ursachen der geistigen und politischen Wandlung Europas im 11. und 12. Jahrhundert*. Histor. Zeitschr. Bd. 149 (1934); vgl. ferner die Quellentexte, die B. TÖPFER, a.a.O. (Anm. 10), S. 31–33, zusammengestellt hat.
16 Vgl. *L'Eremitismo in Occidente nei secoli XI e XII*. Atti della seconda Settimana internazionale di Studio. Mendola 1962.
17 C. VIOLANTE, *La pataria Milanese e la riforma ecclesiastica (1045–1057)*. Bd. I Rom 1955. H. GRUNDMANN, *Eresi e nuovi ordini religiosi*, in: Relazioni del X Congresso internazionale di scienze storiche. Florenz 1955. Bd. III, S. 357 ff., vor allem S. 382. R. MORGHEN, *Movimenti Religiosi popolari*, ebd. Bd. III, S. 333 ff.
18 Das neueste Werk über den Fragenkomplex, die ausgezeichnete Schrift von B. TÖPFER (siehe Anm. 10), bringt auf S. 114–117 eine sehr sorgfältige Bibliographie. Zur Verbreitung der Bewegung über den Gottesfrieden siehe ebenfalls Töpfers Schrift, Kap. III, S. 59 ff.
19 J. B. AKKERMAN, *Het koopmansgilde van Tiel omstreeks het jaar 1000*, in: Revue d'Histoire du Droit Bd. XXX (1962), S. 409–471.
20 *Lamperti Annales* (LAMPERT VON HERSFELD, *Annalen*), Das Jahr 1074; vgl. die Edition der Annalen von O. Holder-Egger, S. 186.
21 Ebd. S. 187.
22 RAOUL (RODULFUS) GLABER, *Historiarum libri quinque* usw., hrsg. von M. Prou. Paris 1886, S. 68 f.
23 F. VERCAUTEREN, *Etudes sur les civitates de la Belgique seconde*. Brüssel 1934, S. 252.
24 C. VIOLANTE, *La società milanese nell'età precomunale*. Bari 1953, S. 17.
25 *Gesta Episcoporum Cameracensium*, c. 81. Mon. Germ. Histor., Reihe Scriptores VIII, S. 431. Man hat oft die Frage diskutiert, ob es sich hier um eine Erhebung der Städter im Sinne einer Kommune oder um einen Aufstand der Vasallen des Bischofs gehandelt hat. Der Autor schreibt die Revolte den *cives* zu. Die Verwendung dieses Ausdrucks an anderen Stellen desselben Textes scheint die Deutung von *cives* als ›Stadtbewohner‹ zu stützen.
26 *Gesta Episcoporum Leodiensium*. Mon. Germ. Histor., Reihe Scriptores VII, S. 102.
27 J. FLACH, *Les origines de l'Ancienne France*. Paris 1893, S. 170.
28 R. LATOUCHE, *La commune du Mans (1070)*. Beitrag für die Mélanges Halphen. Paris 1951, S. 380.
29 Ein kurzer, einfach benutzbarer Abriß der Entwicklung findet sich bei E. ENNEN, *Frühgeschichte der europäischen Stadt*. Bonn 1953, S. 180 ff. und S. 278 ff.
30 Vgl. R. LATOUCHE, a.a.O. (Anm. 28).
31 Siehe C. VIOLANTE, a.a.O. (Anm. 17), Bd. I.

32 F. Hugenholtz, *Les terreurs de l'an mil*, in der Zeitschrift Varia historica, Assen (Niederlande) 1954, S. 107–120. Vgl. ferner die interessanten Quellentexte zum gleichen Thema, abgedruckt in dem Buch von G. Duby, *L'an mil*. Paris 1967.

KAP. 10: WIRTSCHAFT UND GESELLSCHAFT IM 10. UND FRÜHEN 11. JAHRHUNDERT

1 G. Duby, *La société aux XIème et XIIième siècles dans la région mâconnaise*. Paris 1953, S. 38–87 (Les fortunes).
2 G. Duby, *a.a.O.*, S. 61.
3 D. Herlihy, *The agrarian Revolution in Southern France and Italy, 901–1150*, in: Speculum 1958, S. 23–41.
4 Vgl. G. Duby, *a.a.O.* (Anm. 1), S. 41–43.
5 Vgl. G. Duby, *a.a.O.* (Anm. 1), S. 205, ferner G. Duby, *L'économie rurale et la vie des campagnes dans l'occident médiéval*. Bd. II. Paris 1962, S. 205 ff. R. Boutruche, *Seigneurie et féodalité*. Bd. I. Paris 1959, S. 114 ff.
6 G. Duby, *L'économie rurale* etc., Bd. II, S. 416 ff. R. Boutruche, *a.a.O.*, Bd. I, S. 108 ff.
7 Über die Lage des englischen Bauern in der ersten Hälfte des 11. Jhs. unterrichtet der sehr aufschlußreiche Text, der unter der Bezeichnung *Rights and Ranks of people* in dem Buch von C. Douglas, *English Historical Documents*. Bd. II. London 1953, S. 812–816 enthalten ist.
8 Vgl. G. Duby, *a.a.O.* (Anm. 6), Bd. II, S. 424.
9 Vgl. G. Duby, *a.a.O.* (Anm. 6), Bd. I, S. 191–202. Lynn White, *Medieval Technology and Social Change*. Oxford 1962, passim.
10 Vgl. G. Duby, *a.a.O.* (Anm. 6), Bd. I, S. 172–191.
11 Eine ganz andere Meinung als G. Duby vertritt B. H. Slicher van Bath, *Le climat et les récoltes au haut moyen-âge*. Spoleto, Settimane di Studio 1965, S. 399–428. Die Diskussion zwischen beiden Gelehrten ebd. S. 429 ff.
12 Vgl. G. Duby, *a.a.O.* (Anm. 6), Bd. I, S. 208 und G. Duby, *Le problème des techniques agricoles*. Spoleto, Settimane di Studio 1965, S. 267–284.
13 Vgl. G. Duby, *a.a.O.* (Anm. 6), Bd. II, S. 416 ff.
14 Vgl. G. Duby, *a.a.O.* (Anm. 6), Bd. I, S. 206 ff.
15 Vgl. dazu G. Duby, *a.a.O.* (Anm. 6), Bd. I, S. 169 ff.
16 G. Duby, *a.a.O.* (Anm. 1), S. 85 ff. ders., *a.a.O.* (Anm. 6), Bd. II, S. 448, 458 f., 461.
17 Vgl. G. B. Ross, *Rise and fall of a clan. The Erembalds and the murder of count Charles of Flanders*, in: Speculum 1959, S. 367–390.
18 Vgl. G. Duby, *a.a.O.* (Anm. 6), Bd. I, S. 196 f.
19 Im *Colloquium* von Aelfryc (Aelfric Grammaticus), hrsg. v. Garmonsway, S. 39 f. zählt der Schmied alles auf, was er herstellt: Pflugeisen, Angelhaken, Ahle und Nadel.
20 Vgl. H. Büttner, *Frühmittelalterliches Städtewesen in Frankreich im Loire- und Rhônegebiet*. Reichenau-Vorträge IV, 1955–1956, S. 169 ff.
21 A. Lewis, *Naval Power and trade in the mediterranean*. Princeton 1951, S. 198, 220, 222, 232 f.
22 P. H. Sawyer, *The age of the Vikings*. London 1962, Kap. V, Treasure. Der Verfasser spricht eingehend über verschiedene Veröffentlichungen, darunter auch die bekannte Auffassung von Sture Bolin. Eine Bibliographie von Schriften, die sich auf diese Münzen beziehen, findet man bei Ph. Grierson, *Bibliographie numismatique*. Brüssel 1962, S. 119–127.
23 Ibn Jakub macht bei seiner Darstellung des Marktes in Prag anscheinend einen gewissen Unterschied zwischen den Russen (wohl überwiegend Warägern) sowie den Slawen einerseits, die nur Waren, aber kein Geld mitbrachten, und den Ungarn und Moslems andererseits, die Waren und Geld (Münzen) mitbrachten. Vgl. dazu G. Jacob, *Arabische Berichte von Gesandten an deutsche Fürstenhöfe*. Berlin 1927, S. 12. Ibn Fadhlan, zit. nach der französischen Übersetzung von Canard, in: Annales d'Institut des Etudes Orientales, Algier, Bd. XVI, S. 118 und S. 121, hebt hervor, daß die Kaufleute besonders stark daran interessiert waren, Dirhems zu erhalten. Ibn Rusta (Rosteh), *Der kostbare Putz der Frauen*, franz. Übers. von Wiet S. 163, betont, daß die Russen ihre Waren gegen Barzahlung (Münzen) veräußerten.
24 Vgl. P. H. Sawyer, *a.a.O.* (Anm. 22).
25 *A.a.O.*, S. 112 ff.
26 Der Verfasser spricht hier von der Expedition Ingvars des Weitgefahrenen (um das Jahr 1040). Sie endete unglücklich. [Anm. d. Übers.]
27 A. R. Lewis, *The Northern Seas. Shipping and Commerce in Northern Europe*. Princeton 1958, S. 436 ff.
28 L. Musset, *Les invasions, VIe–XIe siècles*. Paris 1965, S. 112 ff.
28a Der Beiname ›Schoßkönig‹ (schötkunga) wird meistens auf eine Zeremonie bezogen, bei der Olafs Herrschaft mit dem Schoß (der schwed. Erde) in Verbindung gesetzt wurde. Das Datum der Konversion Olafs zum Christentum ist nicht sicher [Anm. d. Übers.].
29 Vgl. A. R. Lewis, *a.a.O.* (Anm. 27), S. 356.
30 *A.a.O.*, S. 437.
31 *A.a.O.*, S. 428 f.

32 *A.a.O.*, S. 430.
33 *A.a.O.*, S. 436.
34 F. LIEBERMANN, *Gesetze der Angelsachsen*. Bd. I (1903), S. 233 ff.
35 F. KEUTGEN, *Urkunden zur städtischen Verfassungsgeschichte*. Berlin 1901, S. 48—50.
36 P. BONNENFANT, *L'origine des villes brabançonnes et la route de Bruges à Cologne*, in: Revue Belge de philologie et d'histoire 1953, S. 399—448, will die Anfänge dieser Route auf das 12. Jahrhundert datieren. Ich kann mich seiner Auffassung nicht anschließen.
37 Eine Stelle der *Jocundi Translatio Sancti Servatii* (Mon. Germ. Histor., Reihe Scriptores XII. c. 77, S. 121), die um das Jahr 1088 geschrieben wurde, sagt, ein Flame hätte sich mit einem Schiffsverband von 28 Fahrzeugen nach England begeben. Wir erinnern uns daran, daß auch der Handelsplatz Tiel an der Waal auf den Handel mit England spezialisiert war, vgl. J. B. AKKERMAN, *Het koopmansgilde van Tiel omstreeks het jaar 1000*, in: Revue d'Histoire du Droit Bd. XXX (1962), S. 467.
38 Vgl. J. M. LACARRA, *La peninsula iberica del siglo VII al X*. Spoleto, Settimane di Studio 1963, vor allem S. 265 ff., 268 ff.
39 Spoleto, Settimane di Studio 1958, S. 183.
40 Die Entwicklung in den niederländischen Gebieten vollzog sich in ähnlichen Formen wie in den romanischen Ländern und lehnte sich wahrscheinlich an die dortigen Vorgänge an. Dem Wort *forisburgus* entsprachen denn auch in den germanischen Sprachen Bezeichnungen wie *voorburg, voorgeborchte* und *butenburch*: Bezeichnungen, die, zurückübersetzt ins Lateinische, im 11. Jahrhundert als *castellum forinsecum* auftauchen.
41 Die neueste Studie über das Problem ist die Abhandlung von L. MUSSET, *Peuplement en bourgade et bourgs ruraux en Normandie du Xième au XIIIème siècle*, in: Cahiers de civilisation médiévale 1966, S. 177 ff. (mit Bibliographie). Vgl. auch T. ENDEMANN, *Markturkunde und Markt in Frankreich und Burgund vom 9. bis 11. Jahrhundert*. Konstanz 1964.
42 Vor allem ist hier H. Ammann zu nennen, der sich mit den Berufen der Einwohner der Marktflecken beschäftigt hat; vgl. H. AMMANN, *Vom Städtewesen Spaniens und Westfrankreichs im Mittelalter*. Reichenau-Vorträge 1955—1956, S. 105 ff.
43 F. VERCAUTEREN, *Etudes sur les civitates de la Belgique Seconde*. Brüssel 1934, S. 389 ff. Der Autor unterstreicht, daß das Wort *suburbium* nicht vor dem 8. Jahrhundert erscheint. Es ist also zeitgleich mit *burgus*.
44 H. BÜTTNER, *Frühmittelalterliches Städtewesen in Frankreich*, S. 178—181, mit Bibliographie; in: Reichenau-Vorträge III (1965—1966), S. 151—190.
45 H. R. LOYN, *Anglo-Saxon England and the Norman Conquest*. Oxford 1963, S. 132—145 und 368—384.
46 Vgl. L. MUSSET, *a.a.O.* (Anm. 28), S. 99—101.
47 *A.a.O.*, S. 197.
48 *A.a.O.*, S. 95. Für die slawischen, insbesondere die polnischen Städte vgl. H. LUDAT, *Frühformen des Städtewesens in Osteuropa*. Reichenau-Vorträge IV (1955—1956), S. 527 bis 553; ferner A. GIEYSZTOR, *Les origines de la ville slave*. Spoleto, Settimane di Studio 1958, S. 279—315.
49 F. KAVKA, *Die Städte Böhmens und Mährens zur Zeit des Premyslidenstaates*. Die Städte Mitteleuropas im 12. und 13. Jahrhundert. Linz 1963, S. 137—153.
50 Vgl. L. MUSSET, *a.a.O.* (Anm. 28), S. 142—145.
51 J. M. LACARRA, *Panorama de la historia urbanea en la peninsula iberica desde el sigo V al X*. Spoleto, Settimane di Studio 1958, S. 319—355, vor allem S. 347 ff.
52 G. DUBY, *a.a.O.* (Anm. 6), Bd. I, S. 145 ff., trägt eine von der bisher üblichen Chronologie abweichende Auffassung vor, nach der die Urbarmachungen sehr zaghaft im 10. Jh. begannen. Dann hätten sie sich im 11. Jh. immer noch in langsamem Tempo entwickelt und ihren großen Umfang erst in der Mitte des 12. Jahrhunderts erreicht. Tatsächlich scheint die große Entwicklung der Urbarmachung des Landes viel langsamer vor sich gegangen zu sein als die der *burgi*; vgl. dazu auch *a.a.O.*, Bd. I, S. 224 f.
53 Vgl. A. R. LEWIS, *a.a.O.* (Anm. 27), S. 438.
54 G. VERNADSKY, *Kievan Russia*. New Haven 1948, S. 141.
55 Ibn Jakubs Beschreibung von Prag ist in dem in Anm. 23 genannten Buch von G. JACOB, S. 12, wiedergegeben.
56 A. GIEYSZTOR, *When, where, and how the polish state arose*. Warschau 1960, S. 22.
57 I. A. AGUS, *Urban civilization in pre-crusade Europe*. 2 Bde. Leiden 1965, Bd. I, S. 93.
58 C. VIOLANTE, *La società milanese nell'età precomunale*. Bari 1953.
59 E. ENNEN, *Frühgeschichte der europäischen Stadt*. Bonn 1953, S. 224.
60 Vgl. E. ENNEN, *a.a.O.*, S. 132.
61 *A.a.O.*, S. 182.
62 E. COORNAERT, *Les ghildes médiévales*, in: Revue Historique 1948, S. 22—55 und 208 bis 243.
63 Vgl. Kap. 5 dieses Buches.
64 Vgl. E. COORNAERT, *a.a.O.* (Anm. 62).
65 Vgl. G. JACOB, *a.a.O.* (Anm. 23), S. 29 und H. PLANITZ, *Opferfest in Haithabu als*

Gildeschmaus? Die deutsche Stadt des Mittelalters. Köln – Graz 1954, S. 75 ff. [Vom Übers. ergänzt]
66 Vgl. E. ENNEN, *a.a.O.* (Anm. 59), S. 81.
67 H. PLANITZ, *Frühgeschichte der deutschen Stadt*, in: Zeitschr. der Savigny-Stiftung für Rechtsgesch., Germ. Abt., 1943, S. 64.
68 Vgl. E. ENNEN, *a.a.O.* (Anm. 59), S. 231 ff.
69 Vgl. I. A. AGUS, *a.a.O.* (Anm. 57). Ferner die Bibliographie in R. S. LOPEZ und I. W. RAYMOND, *Medieval Trade in the Mediterranean World*. New York 1955, S. 30, Nr. 52.
70 Diese Unterlagen wurden von I. A. AGUS, *a.a.O.*, Bd. I und II systematisch geordnet und veröffentlicht.
71 Vgl. I. A. AGUS, *a.a.O.*, Bd. I, S. 58 f., 71, 84, 88, 92, 99, 108, 110, 127, 143, 148, 159, 169, 189 usw.
72 Vgl. I. A. AGUS, *a.a.O.*, Bd I, S. 336, 346.
73 Man nannte ihn ›Judenkönig‹; vgl. das Werk des mittelalterlichen Historikers und Mönchs RAOUL GLABER, *Historiarum libri quinque* [...] *usque ad annum MXLIV* (hrsg. v. M. Prou). Paris 1886, III, c. 20, S. 69.
74 Vgl. F. VERCAUTEREN, *a.a.O.* (Anm. 43), S. 132.
75 Dies geht aus den Worten des Erzbischofs von Reims hervor. Vgl. die *Gesta Episcoporum Cameracensium* (Mon. Germ. Histor., Reihe Scriptores VII, I, c. 116, S. 453).
76 Vgl. dazu die judenfeindlichen Worte von RAOUL GLABER, *a.a.O.* (Anm. 73), II, c. 24 und 25, S. 71–74.
77 CH. PFISTER, *Robert le Pieux*. Paris 1885, S. 337 f.
78 Vgl. CH. PFISTER, *a.a.O.*
79 Vgl. J. B. AKKERMAN, *a.a.O.* (Anm. 37), S. 427.
80 Vgl. F. KEUTGEN, *Urkunden zur städt. Verfassungsgeschichte*. Berlin 1901, S. 43 f.
81 Vgl. E. ENNEN, *a.a.O.* (Anm. 59), S. 164.
82 AELFRYC (AELFRIC GRAMMATICUS), *Colloquium*, hrsg. v. Garmonsway, S. 33 f.
83 H. PLANITZ, *a.a.O.* (Anm. 67), S. 40 f.
84 In den *Responsa*, die I. A. AGUS, *a.a.O.* (Anm. 57), veröffentlicht hat, kommt der Jahrmarkt von Köln häufig vor. Auch manche anderen Quellentexte aus dem 11. Jh. erwähnen diesen Jahrmarkt. Nicht anders ist es mit dem Mainzer Jahrmarkt. Der Jahrmarkt von Troyes wird, worauf I. A. AGUS *a.a.O.*, Bd. I, S. 174, hinweist in einem Text aus dem Anfang des 11. Jhs. genannt. Hier wird also eine Vorform der im 12. Jh. so berühmten Messen der Champagne angedeutet. I. A. AGUS, *a.a.O.*, Bd. I, S. 238, weist ferner auf eine Erwähnung des Jahrmarktes von Orléans hin. Vgl. ferner T. ENDEMANN, *Markturkunde und Markt in Frankreich und Burgund vom 9. bis 11. Jahrhundert*. Konstanz 1962, S. 193 ff., sowie E. LESNE, *Histoire de la propriété ecclésiastique en France*. Bd. I–VIII. Lille 1910 bis 1943.
85 *Vita secunda Sancti Macharii*. Mon. Germ. Histor., Reihe Scriptores XV – 2, S. 617.
86 W. VOGEL, *Ein seefahrender Kaufmann um 1100*, in: Hansische Geschichtsblätter 1912, S. 239–248.
87 Y. DOLLINGER-LÉONARD, *De la cité romaine à la ville médiévale dans la région de la Moselle et de la Haute Meuse*. Reichenau-Vorträge IV (1955–1956), S. 195 ff., S. 204.
88 A. DOREN, *Italienische Wirtschaftsgeschichte*. Jena 1934, S. 100 ff.
89 O. A. JOHNSEN, *Norwegische Wirtschaftsgeschichte*. Jena 1939, S. 100 ff.
90 Vgl. R. S. LOPEZ und I. W. RAYMOND, *a.a.O.* (Anm. 69), S. 174, sowie I. A. AGUS, *a.a.O.* (Anm. 57), Bd. I, S. 81, 85.
91 *Gesta Episcoporum Leodiensium*. Mon. Germ. Histor., Reihe Scriptores VII, S. 221.
92 *Chronique de St.-Hubert (Cantatorium)*, hrsg. v. Hanquet, S. 155. Vgl. auch VERCAUTEREN, *Marchands et bourgeois dans le pays mosan*, in: Mélanges Rousseau. Brüssel 1958, S. 665 ff., S. 666 Anm. 45.
93 ALPERTUS, *De diversitate temporum* II, 20; hrsg. v. Hulshof. Amsterdam 1916, S. 49 f.
94 Vgl. die um das Jahr 1030 entstandenen *Honorantiae* [*Honorancie*] *civitatis Paviae* (*Instituta regalia*), hrsg. v. Hofmeister. Mon. Germ. Histor., Reihe Scriptores XXX – 2, S. 1450 ff., vor allem c. 4 und 5. In der von uns behandelten Geschichtsepoche reisten die italienischen Kaufleute wohl noch nicht in die nördlich der Alpen gelegenen Länder.
95 Die Einfuhr von Seidenwaren geht auch daraus hervor, daß die Bezeichnung für Seide, die im Angelsächsischen und im Skandinavischen identisch ist, ein mongolisches, in den slawischen Sprachen etwas verändertes Wort ist (Atti del X congresso internazionale. Rom 1955, S. 284).
96 Vgl. G. JACOB, *a.a.O.* (Anm. 23), S. 31.
97 Vgl. das Zollverzeichnis von London (siehe dazu Anm. 34).
98 Vgl. C. VIOLANTE, *a.a.O.* (Anm. 58), S. 25 ff.
99 Vgl. F. VERCAUTEREN, *a.a.O.* (Anm. 43), S. 211.
100 Vgl. G. DUBY, *a.a.O.* (Anm. 1).
101 Vgl. G. JACOB, *a.a.O.* (Anm. 23), S. 12.
102 Mon. Germ. Histor., Reihe Scriptores IV, S. 600.
103 CH. VERLINDEN, *L'esclavage dans l'Europe médiévale*. Bd. I. Brügge 1955, S. 220 f.
104 Zit. bei M. LOMBARD, *La route de la Meuse*. L'art mosan. Paris 1953, S. 11.

105 Vgl. M. MOLLAT, *Au origines de la précocité économique et sociale de Venise. L'exploitation du sel*. La Venezia del Mille. Florenz o. J., S. 182–202.
106 G. DUBY, *Les villes du sud – est de la Gaule du VIIIe au XIe siècle*. Spoleto, Settimane di Studio 1959, S. 231 ff., 240.
107 Im folgenden zwei Beispiele: Bischof Wolfgang von Regensburg ordnete an, daß zwei Lager Getreide zum halben Preis verkauft werden sollten (*Vita Sancti Wolfgangi*, Mon. Germ. Histor., Reihe Scriptores IV, S. 537). Bischof Wazo von Lüttich (1042–1048) ließ, da eine Hungersnot vorauszusehen war, große Mengen von Getreide aufkaufen, um es an die Bevölkerung unentgeltlich verteilen zu können (*Gesta Episcoporum Leodiensium* [vgl. Anm. 91], VII, S. 221). Er handelte anders als die Kaufleute, die Getreide aufkauften, um es bei Eintritt des Mangels mit großem Gewinn zu veräußern.
108 Gemäß den erwähnten *Honorantiae civitatis Paviae* gehörten die Schwerter zu den bedeutendsten Artikeln, die Kaufleute aus den Ländern nördlich der Alpen nach Italien einführten. Die gleiche Quelle sagt, daß die angelsächsischen Kaufleute in Italien den Zoll mit Luxusschwertern, Schilden und Panzerhemden bezahlen mußten. Kann man daraus schließen, daß es in England damals (um das Jahr 1030) ein hochentwickeltes Waffengewerbe gab? Unmöglich ist dies nicht.
Besonders beweiskräftig für die Existenz eines Handels mit Waffen auf dem Gebiet des Fränkischen Reiches ist das Zollverzeichnis von Jaca (Spanien), das von J. M. Lacarra in einer ausgezeichneten Ausgabe veröffentlicht und sehr gut kommentiert wurde (J. M. LACARRA, *Un arancel de aduana del siglo XI*. Primer congresso internacional de Pirenaistas. Saragossa 1950). Das Zollverzeichnis spricht ausdrücklich von (aus dem Fränkischen Reich kommenden) Schwertern, Lanzen und Panzerhemden. Schon hundert Jahre vor diesem in letzten Viertel des 11. Jhs. angelegten Verzeichnis gab es eine urkundlich belegte Einfuhr von Waffen in Leon; vgl Spoleto, Settimane di Studio 1960, S. 221.
109 Vgl. G. JACOB, a.a.O. (Anm. 23).
110 Vgl. F. KEUTGEN, a.a.O. (Anm. 80), S. 48.
111 E. FAIRON, *Régestes de la cité de Liège*. Lüttich 1933, S. 1.
112 GUIMAN, *Cartulaire de St.-Vaast d'Arras*. Hrsg. v. van Drival. Arras 1875, S, 168 f.
113 Vgl. die *Honorantiae civitatis Paviae*.
114 A. VAN DE VIJVER und CH. VERLINDEN, *L'auteur et la portée du ›Conflictus ovi et lini‹*, in: Revue belge de philologie et d'histoire 1933, S. 59–81. Dort ist auch der Text der Schrift abgedruckt.
115 Vgl. H. AMMANN, *Vom Städtewesen Spaniens und Westfrankreichs im Mittelalter*. Reichenau-Vorträge IV (1955–1956), S. 105–150, dies S. 126 ff.
116 Vgl. H. AMMANN, a.a.O.; von dem gleichen Historiker: *Die Anfänge des Aktivhandels und der Tucheinfuhr aus Nordwesteuropa nach dem Mittelmeergebiet*. Studi in onore di Armando Sapori. I. Mailand 1957, S. 275–308, insbesondere S. 298. Dort ist die Rede von dem zwischen 1076 und 1094 geführten Zollverzeichnis von Jaca. Man findet unter den verzeichneten Waren auch scharlachfarbenes Tuch (*trapo Burgeso*). Man kann nicht mit Bestimmtheit sagen, ob *Burgeso* sich auf Brügge oder auf Bourges bezog. Im letzten Falle hätte man einen bestimmten Beweis dafür, daß es schon im 11. Jh. ein bedeutendes französisches Tuchgewerbe gegeben hat.
117 Vgl. die Texte bei I. A. AGUS, a.a.O. (Anm. 57), Bd. I, vor allem S. 237, 269 ff. Aus diesen Texten geht die Verknappung des (dem Metallgehalt nach) vollwertigen Geldes klar hervor. Vgl. ferner die Darstellung von C. CAHEN, *Quelques problèmes concernant l'expansion économique musulmane au haut moyen âge*. Spoleto, Settimane di Studio 1964, S. 391 ff. und 405, Anm. 37.
118 C. VIOLANTE, *Les prêts sur gage foncier dans la vie économique et sociale de Milan au XIième siècle*. Cahiers de civilisation médiévale 1962, S. 457.
119 A. GIEYSZTOR, *Les structures économiques en pays slaves*. Spoleto, Settimane di Studio 1960, S. 455–484, bes. S. 479.
120 Diesen Hinweis verdanke ich Herrn Prof. Schneider (Univ. Nancy).
121 Vgl. C. CAHEN, a.a.O. (Anm. 117).
122 PH. GRIERSON, *Coinage and money in the byzantine empire*. Spoleto, Settimane di Studio 1961, S. 417 f. Vgl. ferner PH. GRIERSON, *The debasement of the bezant in the eleventh century*, in: Byzantinische Zeitschrift 1954, S. 379–394.
123 PH. GRIERSON, *Coinage and money...*; a.a.O., S. 430. Dort wird die Verminderung des Gold- und Silbergehaltes der byzantinischen Münzen als ein Prozeß dargestellt, der um das Jahr 1000 begann.
124 C. CIPOLLA, *Money, prices and civilization in the Mediterranean world*. 1961, S. 23.

KAP. 11 : DAS GEISTESLEBEN UND DIE BILDENDEN KÜNSTE

1 Vgl. z. B. E. PATZELT, *Die Karolingische Renaissance*. 1. Aufl. Wien 1924 (zuletzt 1965).
2 HENRI PIRENNE konnte sich in *Mahomet et Charlemagne* (deutsch Frankfurt/M. 1963) für die Auffassung, daß die Kontinuität zwischen antiker und mittelalterlicher Kultur noch im 6. Jh. bestanden habe, auf Hinweise zweier großer Historiker des 19. Jhs. berufen: auf N. D. Fustel de Coulanges und, bis zu einem gewissen Grade, auch auf G. Waitz. [Anm. des Übers.]

3 P. RICHÉ, Education et culture dans l'occident barbare. Paris 1962.
4 P. RICHÉ, a.a.O., S. 353 ff.
5 Für die Gebiete außerhalb Englands und Italiens vgl. P. RÍCHE, a.a.O., S. 445 ff., 475 ff. Hinsichtlich Englands siehe H. R. LOYN, Anglo-Saxon England and the Norman Conquest. London 1962, S. 281 f., 285. Hinsichtlich Italiens sei an die Bemerkung eines deutschen Chronisten aus dem 11. Jahrhundert erinnert, der sich darüber wunderte, daß in diesem Lande »alle Kinder zur Schule gingen« und daß man es dort »weder für überflüssig noch für unangebracht hielt, ein Kind auszubilden, das nicht für die Kirche bestimmt« ist; vgl. R. S. LOPEZ, Naissance de l'Europe. Paris 1962, S. 159.
6 Vgl. E. FARAL, Les conditions générales de la production littéraire en Europe occidentale pendant les 9e et 10e siècles. Spoleto, Settimane di Studio 1954, S. 252 ff.; ferner PH. GRIERSON, Les foyers de culture en Angleterre au haut moyen âge. Spoleto, Settimane di Studio 1963, S. 279 ff. Vgl. ferner P. RÍCHE, a.a.O. (Anm. 3), S. 353 ff.
7 P. RICHÉ, a.a.O. (Anm. 3).
8 A. GIEYSZTOR, La strutturazione culturale dei paesi slavi. Spoleto, Settimane di Studio 1963, S. 478 ff.
9 Vgl. P. RICHÉ, a.a.O. (Anm 3).
10 W. BETZ, Karl der Große und die Lingua Theodisca, in dem Sammelwerk Karl der Große. Bd. II. Das geistige Leben. Düsseldorf 1965, S. 300 ff.
11 Vgl. in dem in Anm. 10 gen. Sammelwerk, Bd. II, S. 9 ff., den Aufsatz von W. VON DEN STEINEN, Der Neubeginn. Vgl. ferner B. BISCHOFF, Scriptoria e manoscritti dal sesto secolo alla riforma di Carlo Magno. Spoleto, Settimane di Studio 1963, S. 479 ff. und S. 555.
12 Vgl. C. VOGEL, La réforme liturgique sous Charlemagne, in dem in Anm. 10 gen. Sammelwerk, Bd. II, S. 217–232.
13 Vgl. J. M. LACARRA, La peninsula iberica del siglo VII al X. Spoleto, Settimane di Studio 1963, S. 267.
14 Vgl. B. FISCHER, Bibeltext und Bibelreform unter Karl dem Großen, in dem in Anm. 10 gen. Sammelwerk, Bd. II, S. 156–216.
15 F. LOT – CH. PFISTER – F. L. GANSHOF, Histoire du Moyen-Age. Paris 1928, S. 611.
16 Vgl. P. RICHÉ, a.a.O. (Anm. 3), S. 513 ff.
17 A.a.O., S. 470.
18 A.a.O., S. 498.
19 Vgl. A. GIEYSZTOR, a.a.O. (Anm. 8), S. 387.
20 E. LEHMANN, Die Architektur zur Zeit Karls des Großen, in dem in Anm. 10 gen. Sammelwerk, Bd. III, S. 301–319. MÁY VIEILLARD-TROIEKOUROFF, L'architecture en France au temps de Charlemagne, in demselben Sammelwerk, Bd. III, S. 336–368. J. HUBERT, Les relations artistiques entre les diverses parties de l'ancien empire romain pendant le haut moyen âge. Spoleto, Settimane di Studio 1963, S. 453 ff. und 543 ff.
21 Vgl. J. HUBERT, a.a.O., sowie J. BANDMANN, Die Vorbilder der Aachener Pfalzkapelle, in dem in Anm. 10 gen. Sammelwerk, Bd. III, S. 424–462; vgl. ferner J. RAMACKERS, Das Grab Karls des Großen und die Frage nach dem Ursprung des Aachener Oktogons. Hist. Jahrbuch 1956, S. 123–153. Schließlich J. MERTENS, Quelques édifices, réligieux à plan central découverts récemment en Belgique, in: Genava, N. S. XI (1963), S. 141–151.
22 Vgl. E. PATZELT, a.a.O. (Anm. 1), S. 106.
23 Vgl. E. LEHMANN, a.a.O. (Anm. 20), S. 309.
24 G. HEITZ, Recherches sur les rapports entre architecture et liturgie à l'époque carolingienne. Paris 1963.
25 Vgl. J. HUBERT, a.a.O. (Anm. 20), S. 546.
26 A.a.O., S. 548.
27 W. SAGE, Zur archäologischen Untersuchung karolingischer Pfalzen in Deutschland, in dem in Anm. 10 gen. Sammelwerk, Bd. III, S. 323–335.
28 Wir folgen hier weitgehend dem Kunsthistoriker L. GRODECKI und stimmen auch den allgemeinen Schlüssen zu, die er in seinem Buch L'architecture ottonienne, Paris 1958, gezogen hat.
29 J. PUIG I CADAFALCH, Le premier art roman. Paris 1928. Vgl. aus H. FOCILLON, Le Moyen Age roman. Paris 1938, Kap. I.
30 Vgl. F. LOT – CH. PFISTER – F. L. GANSHOF, a.a.O. (Anm. 15), S. 634–636.
31 GEZA DI FRANCOVITCH, I problemi della pittura e della scultura preromanica. Spoleto, Settimane di Studio 1954, S. 355–522. A. BOECKLER, Die Ottonische Kunst in Deutschland, ebd., S. 330 ff.
32 Vgl. R. HOLTZMANN, Geschichte der sächsischen Kaiserzeit. München 1955, Kap. 10, Abschnitt 6. u. 7. Zu den Bronzearbeiten der Karolingerzeit vgl. die Abhandlung von W. BRAUNFELS, Karls des Großen Bronzewerkstatt, in dem in Anm. 10 gen. Sammelwerk, Bd. III, S. 168–202. Für die Ottonenzeit siehe A. BOECKLER, a.a.O. (Anm. 31), S. 345 ff.
33 A. GOLDSCHMIDT, Die Elfenbeinskulpturen aus der Zeit der karolingischen und sächsischen Kaiser. Berlin 1914. Vgl. ferner A. BOECKLER, a.a.O. (Anm. 31), S. 342 ff.
34 J. SELIGMANN, L'orfèvrerie carolingienne. Paris 1958. Vgl. ferner A. BOECKLER, a.a.O., S. 248 ff.; V. H. ELBERN, Liturgisches Gerät in edlen Materialien zur Zeit Karls des Großen, in dem in Anm. 10 gen. Sammelwerk, Bd. III, S. 115 ff.
35 A. BOINET, La miniature carolingienne. Paris 1913; F. MÜTHERICH, Die Buchmalerei am

Hofe Karls des Großen, in dem in Anm. 10 gen. Sammelwerk, Bd. III, S. 9 ff. Ferner J. PORCHER, *La peinture provinciale*, ebd., S. 54 ff., und K. HOLTER, *Der Buchschmuck in Süddeutschland und Oberitalien*, ebd., S. 74 ff. Vgl. ferner A. BOECKLER, *a.a.O.* (Anm. 31), S. 330 ff.
36 F. BRUNHÖLZL, *Der Bildungsauftrag der Hofschule*, in dem in Anm. 10 gen. Sammelwerk, Bd. II, S. 28 ff.
37 Vgl. P. RICHÉ, *a.a.O.* (Anm. 3), S. 492 ff.
38 *A.a.O.*, S. 496.
39 Vgl. F. LOT — CH. PFISTER — F. L. GANSHOF, *a.a.O.* (Anm. 15), S. 610 ff.
40 E. FARAL, *Les conditions générales de la production littéraire pendant des 9e et 10e siècles.* Spoleto, Settimane di Studio 1954, S. 251 ff.
41 Über Alkuin und die anderen Dichter, die mit Karl dem Großen in Verbindung standen, siehe W. VON DEN STEINEN, *Karl und die Dichter*, in dem in Anm. 10 gen. Sammelwerk, Bd. II, S. 63—94.
42 B. FISCHER, *a.a.O.* (Anm. 14).
43 J. E. SANDYS, *A History of Classical Scholarship*. Bd. I. Cambridge 1920, S. 486. [Anm. des Übers.]
44 Vgl E. FARAL, *a.a.O.* (Anm. 40), S. 266 ff.
45 E. FRANCESCHINI, *Il teatro post-carolingio*. Spoleto, Settimane di Studio 1954, S. 295 ff.
46 Vgl. E. FRANCESCHINI, *a.a.O.*, und — vom gleichen Verfasser — *L'epopea post-carolingia*. Spoleto, Settimane di Studio 1954, S. 313.
47 Wir folgen hier im wesentlichen H. R. LOYN, *Anglo-Saxon England and the Norman Conquest*. London 1962, S. 275—288.
48 R. HOLTZMANN, *a.a.O.* (Anm. 32), S. 228—249, 493—524. Ferner A. BOECKLER, *a.a.O.* (Anm. 31), und L. GRODECKI, *a.a.O.* (Anm. 28).
49 Wir dürfen nicht außer acht lassen, daß die ›Karolingische Renaissance‹ sich im wesentlichen auf die Wirksamkeit der Geistlichen beschränkte und daß nur ganz wenige Laien, die zum Hofe oder zu den großen Familien gehörten, an ihr teilhatten. Selbst bei künstlerischen Leistungen — auf dem Gebiet der Goldschmiedekunst oder dem der Elfenbeinskulpturen — beschränkte sich das Interesse auf einen engen Kreis der Aristokratie und auf eine kleine kultivierte Schicht innerhalb des Klerus. Ein großer Teil der Weltgeistlichen war an der kulturellen Entwicklung nicht interessiert.
50 Vgl. dazu R. W. SOUTHERN, *The making of the middle ages*. London 1959, S. 175 ff.
51 Diese aus dem 10. Jahrhundert stammenden katalanischen Verse werden von R. S. LOPEZ, *Naissance de l'Europe*. Paris 1962, S. 116 angeführt.

Literaturverzeichnis

Staat und Kirche in der Karolingerzeit

D'ABADAL, R., La domination carolingienne en Catalogne, in: Revue Historique, Bd. 225 (1961), S. 319–340
—, Un gran comte de Barcelona preterit: Guifred-Borrell 897–911, in: Miscellanea Barcinonensia, 3. Jg. Nr. VIII (1964), S. 49–90
BAUTIER, R., Le règne d'Eudes (888–898) à la lumière des diplômes expédies par sa Chancellerie, in: C. R. A. I. (Comptes-Rendus de l'Académie des Inscriptions et Belles-Lettres), Paris 1961, S. 140–157
BERG, E., Das Ludwigslied und die Schlacht bei Saucourt, in: Rheinische Vierteljahresblätter XXIX (1964), S. 175–199. 1 Karte und Text von »Rhithmus teutonicus de Piae Memoriae Hluduico Rege, filio Hluduici, Aeque Regis«
CHAUME, M., Les origines du duché de Bourgogne. I. Histoire Politique. Dijon 1925
CLASSEN, P., Karl der Große, das Papsttum und Byzanz, in: Karl der Große, Bd. I, Düsseldorf 1965, S. 537–608
DEER, J., Karl der Große und der Untergang des Awarenreiches, in: Karl der Große, Bd. I, Düsseldorf 1965, S. 719–791
DELARUELLE, E., L'Eglise romaine et ses relations avec l'Eglise franque jusqu'en 800, in: Settimane di Studio, Alto Medioevo, VII, Spoleto 1959, S. 143–184
DHONDT, J., Etudes sur la naissance des principautés territoriales en France (IXe–Xe siècles). Brügge 1948
DUCHESNE L., Les premiers temps de l'état pontifical. 3. Aufl. Paris 1911
ECKEL, A., Charles le Simple. Paris 1899
FASOLI, G., I re d'Italia, 888–962. Florenz 1949
—, Le incursioni ungare in Europa nel secolo X. Florenz 1948
—, Points de vue sur les incursions hongroises en Europe aux Xe siècle, in: Cahiers de Civilisation médiévale, Bd. II (1959), S. 17–36
FAVRE, E., Eudes, Comte de Paris et Roi de France. Paris 1893
FICHTENAU, H., Das karolingische Imperium. Soziale und geistige Problematik eines Großreiches. Zürich 1949
FLICHE, A., Histoire du Moyen âge, 888–1125. Paris 1930
GANSHOF, F. L., L'Eglise et le pouvoir royal dans la Monarchie franque sous Pépin III et Charlemagne, in: Settimane di Studio, Alto Medioevo, VII, Spoleto 1959, S. 95–142
—, L'immunité dans la monarchie Franque, in: Recueils de la Société Jean Bodin I. 2 Bde. Brüssel 1958, S. 171–216
—, Note sur deux capitulaires non datés de Charlemagne, in: Miscellanea L. Van der Essen, o. O. 1947, S. 123–133
—, Note sur les origines de l'union du bénéfice avec la vassalité, in: Etudes d'histoire dédiées à la mémoire de Henri Pirenne. Brüssel 1937, S. 173–189
—, La ›Paix‹ au très haut moyen âge, in: Recueils de la Société Jean Bodin XIV: La Paix. Brüssel 1962, S. 397–413
—, Qu'est-ce que la féodalité. 3. Aufl. Brüssel 1957
—, Les relations féodo-vassaliques aux temps post-carolingiens, in: Settimane di Studio, Alto Medioevo, II, Spoleto 1954, S. 67–114
—, Les traits généraux du système d'institutions de la monarchie Franque, in: Settimane di Studio, Alto Medioevo, Spoleto 1961, S. 91–127
HALPHEN, L., Charlemagne et l'empire Carolingien. Paris 1947
—, A travers l'histoire du moyen âge. Paris 1950
HARTMANN, L. M., Geschichte Italiens im Mittelalter. II, 2 (1903) – IV, 1 (1915)
HELLMANN, M., Karl und die slawische Welt zwischen Ostsee und Böhmerwald, in: Karl der Große, Bd. I, Düsseldorf 1965, S. 708–718
HOLTZMANN, R., Geschichte der sächsischen Kaiserzeit. München 1941; Neuaufl. (teilw. revidiert und ergänzt) 1953 u. 1955
LAUER, PH., Le règne du Louis IV d'Outre-Mer. Paris 1900
LOPEZ, R. S., Naissance de l'Europe. Paris 1962
LOT, F., PFISTER, CH. und GANSHOF, F. L., Histoire du Moyen âge (395–887). Paris 1941
LUGGE, M., ›Gallia‹ und ›Francia‹ im Mittelalter. Bonn 1960
MITTEIS, H., Der Staat des hohen Mittelalters. Grundlinien einer vergleichenden Verfassungsgeschichte des Lehnszeitalters. Weimar 1955
MOR, C. G., L'età feudale. Mailand 1952

MUSSET, L., Influences réciproques du monde Scandinave et de l'occident dans le domaine de la civilisation au moyen âge, in: Cahiers d'histoire mondiale, Bd. I (1953), S. 72—90
—, Les Invasions: Le second assaut contre l'Europe Chrétienne (VIIe—XIe siècles). Paris 1965
POUPARDIN, R., Le royaume de Bourgogne, 888—1038. Paris 1907
—, Le royaume de Provence sous les Carolingiens, 855—933. Paris 1901
PRENTOUT, H., Essai sur les origines et la fondation du duché de Normandie. Paris 1911
REINDEL, K., Bayern im Karolingerreich, in: Karl der Große, Bd. I, Düsseldorf 1965, S. 220—246
SANDER, E., Die Heeresorganisation Heinrichs I., in: Historisches Jahrbuch, Bd. 59 (1939), S. 1—26
SAWYER, P. H., The Age of the Vikings. London 1962
STENTON, F. M., Anglo-Saxon England. 2. Aufl. Oxford 1947
VERBRUGGEN, J. FR., L'armée et la stratégie de Charlemagne, in: Karl der Große, Bd. I, Düsseldorf 1965, S. 420—436
VOGEL, W., Die Normannen und das Fränkische Reich. Heidelberg 1906
WENSKUS, R., Die deutschen Stämme im Reiche Karls des Großen, in: Karl der Große, Bd. I, Düsseldorf 1965, S. 178—219
WERNER, K. F., Untersuchungen zur Frühzeit des französischen Fürstentums (9.—10. Jahrhundert), in: Welt als Geschichte, 1959—60, S. 87—119, 146—193, 256—289
—, Bedeutende Adelsfamilien im Reiche Karls des Großen, in: Karl der Große, Bd. I, Düsseldorf 1965, S. 83—142

Die sozialen Verhältnisse zur Zeit der Karolinger

AMANN, E., und DUMAS, A., L'église au pouvoir des laiques, 888—1057. Paris 1948
BOUTRUCHE, R., Seigneurie et féodalité. I. Paris 1959
DOLLINGER, PH., L'évolution des classes rurales en Bavière, depuis la fin de l'époque carolingienne jusqu'au milieu du XIIIe siècle. Paris 1949
DUBY, G., L'économie rurale et la vie de Campagnes dans l'Occident médiéval. 2 Bde. Paris 1962
DUMAS, A., Quelques observations sur la grande et la petite propriété à l'époque carolingienne, in: Revue d'Histoire du Droit, 1926, S. 213—279 und 613—672
FUKS, L., The oldest literary Documents of Yiddish Literature. 2 Bde. Leiden 1957
GANSHOF, F. L., Manorial organization in the Low Countries in the 7th, 8th and 9th centuries, in: Transactions of the Royal Historical Society, 4. Serie, Bd. XXXI (1949), S. 29—59
LEVISON, W., England and the continent in the eighth century. Oxford 1956
SCHMITZ, PH., Histoire de l'ordre de Saint Benoît. 7 Bde. Maredsous 1948—56
—, L'influence de Saint Benoît d'Aniane dans l'histoire de l'ordre de Saint Benoît, in: Settimane di Studio, Alto Medioevo, IV, Spoleto 1956, S. 401—416
TELLENBACH, G., Vom karolingischen Reichsadel zum deutschen Reichsfürstenstand, in: Adel und Bauern, hrsg. v. Th. Mayer, 1943
VERHULST, A., Agricoltura e mondo rurale in occidente nell'alto medioevo, in: Settimane di Studio, Alto Medioevo, XIII, Spoleto 1965, S. 405—410
—, La genèse du régime domanial classique en France au haut moyen âge, in: Settimane di Studio, Alto Medioevo, XIII, Spoleto 1965, S. 135—160
—, Karolingische Agrarpolitik. Das Capitulare de Villis und die Hungersnöte von 792/793 und 805/806, in: Zeitschrift für Agrargeschichte und Agrarsoziologie, Jg. 13 (1965), S. 175—189
WHITE, L., Medieval Technology and Social change. Oxford 1962

Das tägliche Leben

VON FISCHER-BENZON, R., Die altdeutsche Gartenflora. Kiel 1894
GRAND, R., und DELATOUCHE, R., L'agriculture au moyen âge, de la fin de l'empire romain au XVIe siècle. Paris 1950
HIGOUNET, CH., Les forêts de l'Europe occidentale du Ve au XIe siècle, in: Settimane di Studio, Alto Medioevo, XIII, Spoleto 1965, S. 343—398
METZ, W., Die Agrarwirtschaft im karolingischen Reiche, in: Karl der Große, Bd. I, Düsseldorf 1965, S. 489—500

Die Wirtschaft im Karolingerreich

ARBMAN, H., Influences carolingiennes et ottoniennes en Scandinavie, in: Settimane di Studio, Alto Medioevo, XI, Spoleto 1963, S. 355—370
—, Schweden und das Karolingische Reich. Stockholm 1937
BLOCH, M., Esquisse d'une histoire monétaire de l'europe. Paris 1954
DHONDT, J., Les problèmes de Quentovic, in: Studi in onore die Amintore Fanfani, Mailand 1962
DUBY, G., L'économie rurale et la vie de Campagnes dans l'occident médiéval. 2 Bde. Paris 1962
DUNLOP, D. M., The history of the Jewish Khazars. Princeton 1954

DUNNING, C., Trade relations between England and the continent in the late anglo-saxon period. Dark-age Britain, in: Studies presented to E. Leeds, S. 218–233
FAGNIEZ, G., Documents relatifs à l'histoire de l'industrie et du commerce en France. I. Paris 1898
GANSHOF, F. L., A propos du tonlieu à l'époque carolingienne, in: Settimane di Studio, Alto Medioevo, VI, Spoleto 1958, S. 485–508
—, Note sur l'›Inquisitio de theloneis Raffelstettensis‹, in: Le Moyen Age, Bd. 72 (1966), S. 197 bis 224
—, Note sur le ›Praeceptum Negotiatorum‹ de Louis le Pieux, in: Studi in onore di Armando Sapori. Mailand 1957, S. 103–112
—, Note sur un passage de la vie de Saint Géraud d'Aurillac, in: Mélanges Iorga, Paris 1933, S. 295–307
—, Les bureaux du tonlieu de Marseille et de Fos. Contribution à l'histoire des institutions financières de la monarchie franque, in: Etudes Historiques à la mémoire de Noël Didier, Paris 1960, S. 125–133
GRIERSON, PH., Carolingian Europe and the Arabs: the Myth of the Mancus, in: Revue Belge de Philologie et d'Histoire, Bd. XXXII, Nr. 4 (1954), S. 1059–1074
—, Cronologia delle Riforme Monetarie di Carlo Magno, in: Rivista It. di Numismatica, Bd. II, Serie quinta, LVI (1954)
—, The Monetary reforms of Abd Al-Malik, in: Journal of Economic and Social History of the Orient, Bd. III, Teil 3 (1960), S. 241–264
—, Bibliographie Numismatique. Brüssel 1966
—, La fonction sociale de la monnaie en Angleterre aux VIIe–VIIIe siècles, in: Settimane di Studio, Alto Medioevo, VIII, Spoleto 1960, S. 341–362
—, Monete bizantine in Italia dal VII all' XI secolo, in: Settimane di Studio, Alto Medioevo, VIII, Spoleto 1960, S. 35–56
—, Money and Coinage under Charlemagne, in: Karl der Große, Bd. I, Düsseldorf 1965, S. 501 bis 536
—, Commerce in the Dark Ages: a critique of the evidence, in: Transactions of the Royal Historical Society, 5. Serie, Bd. 9 (1959), S. 123–140
—, La date des monnaies d'or de Louis de Pieux, in: Le Moyen Age, Bd. 69 (1963), S. 67–74
HARTMANN, L. M., Zur Wirtschaftsgeschichte Italiens im frühen Mittelalter, in: Analekten. Gotha 1904
JANKUHN, H., Die frühmittelalterlichen Seehandelsplätze in Nord- und Ostseeraum, in: Studien zu den Anfängen des europäischen Städtewesens, Reichenau-Vorträge 1955–56. Konstanz 1958, S. 451–498
—, Der Handelsplatz von Grobin bei Libau, in: Studien zu den Anfängen des europäischen Städtewesens, S. 491–495
JELLEMA, D., Frisian Trade in the Dark Ages, in: Speculum 30 (1955), S. 15–36
JOHNSEN, O. A., Norwegische Wirtschaftsgeschichte. Jena 1939
KRETSCHMAYR, H., Geschichte von Venedig. Bd. I und II. Neuausgabe Aalen 1964
LAFAURIE, J., Les routes commerciales indiquées par les trésors et trouvailles monétaires mérovingiens, in: Settimane di Studio, Alto Medioevo, VIII, Spoleto 1960, S. 231–278
—, Le trésor d'Escharen, in: Revue numismatique 1959–60, S. 153 ff.
LEROUX, FR., Privilèges commerciaux carolingiens accordés à l'abbaye de Saint-Germain-des-Prés, in: Recueil de Travaux offert à M. Clovis Brunel. II. Paris 1955, S. 123–137
LESNE, E., Histoire de la propriété ecclésiastique en France. 8 Bde. Lille 1910–43
LEWIS, A. R., Naval Power and trade in the Mediterranean. Princeton 1951
—, Le commerce et la navigation sur les côtes atlantiques de la Gaule du Ve au VIIIe siècle, in: Le Moyen Age, 1953, S. 275–277
—, The Northern Seas, Shipping and Commerce in Northern Europe. Princeton 1958
LOPEZ, R. S., East and West in the early Middle Ages: Economic Relations, in: Relazione del X Congresso Internazionale di Scienze Storiche, Bd. III. Florenz o. J., S. 113–164
LOYN, H. R., Anglo-Saxon England and the Norman Conquest. London 1962
LUZZATTO, G., Mutamenti nell'economia agraria italiana dalla caduta dei Carolingi al principio del sec. XI, in: Settimane di Studio, Alto Medioevo, II, Spoleto 1954, S. 601–624
MORRISON, K. F., Numismatics and Carolingian Trade. A critique of the Evidence, in: Speculum, Bd. XXXVIII (1963), S. 403–432
PFISTER, CH., Etudes sur le règne de Robert le Pieux (996–1031). Paris 1885
SABBE, S., L'importation des tissus orientaux en Europe Occidentale au haut moyen âge, in: Revue Belge de Philologie et d'Histoire, 1935, S. 811 ff.
SCHLESINGER, W., Städtische Frühformen zwischen Rhein und Elbe, in: Studien zu den Anfängen des europäischen Städtewesens, Reichenau-Vorträge 1955–1956. Konstanz 1958, S. 297–302
STENDER PETERSEN, A., Das Problem der ältesten byzantinisch-russisch-nordischen Beziehungen, in: Relazioni del X Congresso Internazionale di Scienze Storiche, Bd. III. Florenz o. J., S. 165 bis 188. Zusammenfassung unter neuen Gesichtspunkten in Histor. Zeitschrift, München 1960, S. 1–17
THOMPSON, J. W., Economic and social history of the middle ages (300–1300). New York 1959

VALIDI, A. T. Z., Die Schwerter der Germanen nach arabischen Berichten, in: Zeitschrift der Morgenländischen Gesellschaft, 1936
VERCAUTEREN, F., La vie urbaine entre Meuse et Loire du VIe au IXe siècle, in: Settimane di Studio, Alto Medioevo, VI, Spoleto 1958, S. 453—484
VERLINDEN, CH., L'esclavage dans l'Europe Médiévale. 1. Bd.: Péninsule Ibérique-France. Brügge 1955
VERNADSKY, G., Kievan Russia. New Haven 1948
VOGEL, W., Wo lag Vineta?, in: Hansische Geschichtsblätter, Bd. LXI (1936), S. 181—201
WERNER, J., Fernhandel und Naturalwirtschaft im östlichen Merowingerreich nach archäologischen und numismatischen Zeugnissen, in: Settimane di Studio, Alto Medioevo, VIII, Spoleto 1960, S. 557—618
WHITBREAD, H., The ›Frisian sailor‹ passage in the Old English Gnomic Verses, in: Review of English Studies XXII (1940), S. 215—219

Die Kaiserzeit

BOISSONADE, P., Du nouveau sur la chanson de Roland. Paris 1923
BRESSLAU, H., Jahrbücher des deutschen Reichs unter Konrad II. 2 Bde. Leipzig 1879—84
COHEN, S. L., Viking fortresses of the Trelleborg type. Kopenhagen 1965
DAVID, M., Le serment du sacre du IXe au XVe siècle. Contribution à l'étude des limites juridiques de la souveraineté. Straßburg 1951
DHONDT, J., Henri Ier, l'Empire et l'Anjou (1043—1056), in: Revue belge de phil. et d'hist. XXV (1947), S. 87—109
—, Le règne de Henri Ier, in: Mélanges Halphen, S. 200—208
—, Les relations entre la France et la Normandie sous Henri Ier, in: Normannia, 1939, S. 465 bis 486
DÖLGER, F., Byzanz und das Abendland vor den Kreuzzügen, in: Relazioni del X congresso internazionale di scienze storiche, III, Florenz 1955, S. 67—112
DÜMMLER, E., Kaiser Otto der Große. Leipzig 1876
GIEYSZTOR, A., Les paliers de la pénétration du christianisme en Pologne au Xe et XIe siècles in: Studi in onore di Amintore Fanfani I, Mailand 1962, S. 329—367
—, En Pologne médiévale: problèmes du régime politique et de l'organisation administrative du Xe au XIIIe siècle, in: Annali della Fondazione italiana per la storia amministrativa 1 (1964), S. 135—156
—, When, Where, and How the Polish State Arose? Warschau 1960
GRAUS, FR. u. a., Les débuts des états du moyen âge en Europe Centrale, in: Rapports du XIIe Congrès des sciences hist., IV, S. 103—110
HAUCK, A., Kirchengeschichte Deutschlands. Bd. III. 4. Aufl. Leipzig 1906
JOHNSON, E. N., The Secular Activities of the German Episcopate 919—1024. Lincoln 1932
KIENAST, W., Untertaneneid und Treuvorbehalt in England und Frankreich. Weimar 1952
KRAUSE, H. G., Das Papstwahldekret von 1059. Rom 1960
LATOURETTE, K. S., A History of the expansion of christianity. Bd. II. New York 1938
LEMARIGNIER, J.-Fr., Les fidèles du roi de France (936—987), in: Recueil . . . Clovis Brunel. Bd. II. Paris 1955, S. 138—162
—, Le Gouvernement Royal aux premiers temps capétiens (987—1108). Paris 1965
—, Recherches sur l'hommage en marche et les frontières Féodales. Lille 1945
LOT, F., Les derniers carolingiens. Paris 1891
—, Etudes sur le règne du Hugues Capet. Paris 1903
RICHARD, J., Les ducs de Bourgogne et la formation du duché du XIe au XIVe siècle. Paris 1954
SCHRAMM, P. E., Der König von Frankreich. Das Wesen der Monarchie vom 9. zum 16. Jahrhundert. Ein Kapitel aus der Geschichte des abendländischen Staates. 2 Bde. 2. Aufl. Darmstadt 1960
—, Lo Stato post-carolingio e i suoi simboli del Potere, in: Settimane di Studio, Alto Medioevo, II, Spoleto 1954, S. 149—200
STEINDORF, E., Jahrbücher des Deutschen Reichs unter Heinrich III. Leipzig 1874
TELLENBACH, G., Die Entstehung des Deutschen Reiches. 3. Aufl. O. O. 1947
UHLIRZ, K. und M., Jahrbücher des Deutschen Reichs unter Otto II. und Otto III. 2 Bde. Leipzig 1902—54
UHLIRZ, M., Das Werden des Gedankens der ›Renovatio imperii Romanorum‹ bei Otto III., in: Settimane di Studio, Alto Medioevo, II, Spoleto 1954, S. 201—219

Verfassung und Verwaltung 955—1066

BEHRENDS, FR., Kingship and Feudalism according to Fulbert of Chartres, in: Medieval Studies XXV (1963), S. 94—99
BLOCH, M., La société féodale. 2 Bde. Paris 1939/40
BOSL, K., Frühformen der Gesellschaft im mittelalterlichen Europa. München — Wien 1964.
BOUSSARD, J., L'origine des familles seigneuriales dans la région de la Loire moyenne, in: Cahiers de Civilisation médiévale 1962, S. 303—322

Duby, G., Géographie ou chronologie du servage? Note sur les ›servi‹ en Forez et en Mâconnais du Xe au XIIe siècle, in: Hommage à Lucien Febvre. Paris 1954, S. 147–149
—, La noblesse dans la France médiévale, in: Revue Historique, Fasz. 459, Juli–September 1961, S. 1–22
—, La société aux XIe et XIIe siècles dans la région mâconnaise. Paris 1954
Génicot, L., La noblesse au moyen âge dans l'ancienne ›Francie‹, in: Annales E. S. C., 1962, Nr. 1, S. 1–22
—, La noblesse dans la société médiévale, in: Le Moyen Age, Bd. LXXI, 3–4 (1965), S. 539 bis 560
Guilhiermoz, P., Essai sur l'origine de la noblesse. Paris 1903
Higounet, Ch., Esquisse d'une géographie des Châteaux des Pyrenées Françaises au moyen âge, in: Primer congreso internacional de Pireneistas del Instituto de Estudios Pirenaicos, Saragossa 1950, S. 5–16
Latouche, R., Quelques aperçus sur le manse en Provence au Xe et au XIe siècle, in: Recueil de Travaux offert à M. Clovis Brunel. II. Paris 1955, S. 101–106
Lemarignier, J.-Fr., La dislocation du ›pagus‹ et le problème des ›consuetudines‹ (X^e–XIe siècles), in Mélanges... Louis Halphen. Paris 1951, S. 401–410
—, L'exemption Monastique et les origines de la réforme Grégorienne. A Cluny, congrès scientifique. Dijon 1950, S. 228–340
Perrin, Ch.-E., Le servage en France et en Allemagne au Moyen Age, in: Relazioni del Congresso Internazionale di scienze storiche. Bd. III. Florenz o. J., S. 213–246
Richard, J., Châteaux, châtelains et vassaux en Bourgogne aux XIe et XIIe siècles, in: Cahiers de Civilisation médiévale, III (1960), S. 433–447
Van de Kieft, C., Les ›Colliberti‹ et l'évolution du servage dans la France centrale et occidentale (X^e–XIIe siècle), in: Revue d'Histoire du Droit, Bd. XXXII (1964), S. 363–395
Yver, J., Autour de l'absence d'avouerie en Normandie, in: Bulletin de la Société des Antiquaires de Normandie, Bd. LVII (1963/64), S. 189–283

Geistliche und weltliche Gemeinschaften

Becker, A., Studien zum Investiturproblem in Frankreich. Papsttum, Königtum und Episkopat im Zeitalter der gregorianischen Kirchenreform (1049–1119). Saarbrücken 1955
Brackmann, A., Die Ursachen der geistigen und politischen Wandlung Europas im 11. und 12. Jahrhundert, in: Historische Zeitschrift, Bd. 149 (1934), S. 229–239
Choux, J., Décadence et réforme monastique dans la province de Trèves, 855–959, in: Gérard de Brogne et son oeuvre réformatrice. Maredsous 1960, S. 204–223
Dauphin, H., Le bienheureux Richard, abbé de Saint-Vannes. Löwen 1946
—, Le renouveau monastique en Angleterre, in: Gérard de Brogne et son oeuvre réformatrice. Maredsous 1960, S. 177–196
Delaruelle, E., La piété populaire au XIe siècle. Dixième congrès international des sciences historiques. Bd. III. Florenz 1955, S. 309–332
Duby, G., L'an mil. Paris 1967
Fliche, A., La reforme grégorienne, I. Paris 1924
Génicot, L., L'érémitisme du XIe siècle dans son contexte économique et social, in: L'eremitismo in Occidente nei secoli XI e XII. Atti della seconda Settimana internazionale di Studio, Mendola 1962, S. 45–69
Grundmann, H., Eresie e nuovi ordini religiosi, in: Relazioni del X. Congresso Internazionale di scienze storiche. Bd. III. Florenz 1955
Hourlier, D. J., Saint Odilon, abbé de Cluny. Löwen 1964
Hugenholtz, F., Les terreurs de l'an mil, in: Varia Historica, Assen 1954, S. 107–120
John, E., The sources of the english monastic reformation, in: Gérard de Brogne et son oeuvre réformatrice. Maredsous 1960, S. 197–203
Labande, E. R., Recherches sur les pélerins dans l'Europe des XIe et XIIe siècles, in: Cahiers de Civilisation médiévale, Bd. I (1958), Nr. 2, S. 159–169; Nr. 3, S. 339–348
Latouche, R., La commune du Mans (1070), in: Mélanges Halphen. Paris o. J., S. 377–382
Lemarignier, J.-Fr., Structures monastiques et structures politiques dans la France de la fin du Xe et des débuts du XIe siècle, in: Settimane di Studio, Alto Medioevo, IV, Spoleto 1956, S. 357–400
—, Quelques remarques sur l'organisation ecclésiastique de la Gaule du VIIe à la fin du IXe siècle principalement au nord de la Loire, in: Settimane di Studio, Alto Medioevo, XIII, Spoleto 1965, S. 451–486
Manitius, M., Geschichte der lateinischen Literatur des Mittelalters. 3 Bde. München 1911–31
Metz, W., Kirchenorganisation, Königtum und Adel, in: Blätter für deutsche Landesgeschichte, Jg. 100 (1964), S. 107–121
Morghen, R., Movimenti religiosi popolari nel periodo della riforma della Chiesa, in: Relazioni del X congresso internazionale di scienze storiche. III. Florenz 1955, S. 333–356
Sackur, E., Die Cluniazenser in ihrer kirchlichen und allgemeingeschichtlichen Wirksamkeit bis zur Mitte des 11. Jahrhunderts. 2 Bde. Halle 1892–94
Strubbe, E. I., La paix de dieu dans le nord de la France, in: Recueils de la Société Jean Bodin. Bd. XIV. Brüssel 1962, S. 489–501

TELLENBACH, G. (Hrsg.), Neue Forschungen über Cluny und die Cluniazenser. Freiburg 1959
TÖPFER, B., Volk und Kirche zur Zeit der beginnenden Gottesfriedensbewegung in Frankreich. Berlin 1957
VIOLANTE, C., La Pataria Milanese et la riforma ecclesiastica (1045–1057). Rom 1955
–, La società milanese nell'età precomunale. Bari 1953

Die Entwicklung der Wirtschaft 955–1066

AGUS, I. A., Urban Civilization in Pre-Crusade Europe. A study of organized Town-Life in Northwestern Europe during the Tenth and Eleventh Centuries based on the Responsa Literature. Bd. I, II. Leiden 1965
AKKERMAN, J. B., Het Koopmansgilde van Tiel omstreeks het jaar 1000, in: Revue d'Histoire du Droit, Bd. XXX (1962), S. 409–471
AMMANN, H., Die Anfänge des Aktivhandels und der Tucheinfuhr aus Nordwesteuropa nach dem Mittelmeergebiet, in: Studi in onore di Armando Sapori. I. Mailand 1957, S. 275–308
–, Vom Städtewesen Spaniens und Westfrankreichs im Mittelalter, in: Studien zu den Anfängen des europäischen Städtewesens, Reichenau-Vorträge 1955–56. Konstanz 1958, S. 105 bis 150
BLOCKMANS, FR., Het Gentsche Stadspatriciaat tot omstreeks 1302. Antwerpen 1938
–, De oudste privileges van de groote vlaamse steden, in: Nederlandsche Historiebladen I (1939), S. 421–599
BOLIN, ST., Die Anfänge der Münzprägung in Skandinavien, in: Settimane di Studio, Alto Medioevo, VIII, Spoleto 1960, S. 387–399
–, Muhammed, Karl den Store och Rurik, in: Scandia 1939, S. 181–222
BONENFANT, P., L'origine des villes brabançonnes et la route de Bruges à Cologne, in: Revue Belge de Philologie et d'Histoire, 1953, S. 399–448
BÜTTNER, H., Studien zum frühmittelalterlichen Städtewesen in Frankreich, vornehmlich im Loire- und Rhonegebiet, in: Studien zu den Anfängen des europäischen Städtewesens, Reichenau-Vorträge 1955–56. Konstanz 1958, S. 151–190
CAHEN, C., Quelques problèmes concernant l'expansion économique musulmane au haut moyen âge, in: Settimane di Studio, Alto Medioevo, XII, 1, Spoleto 1964, S. 391–432
CANARD, M., L'expansion arabe: le problème militaire, in: Settimane di Studio, Alto Medioevo, XII, 1, Spoleto 1964, S. 37–64
–, La relation du voyage d'Ibn Fadlan chez les Bulgares de la Volga, in: Annales de l'Institut d'Etudes Orientales d'Alger, XVI (1958), S. 40–146
CIPOLLA, C. M., Appunti per una nuova storia della moneta nell'alto medioevo, in: Settimane di Studio, Alto Medioevo, VIII, Spoleto 1960, S. 619–626
COORNAERT, E., Des confréries carolingiennes aux ghildes marchandes, in: Mélanges d'Histoire Sociale, II (1942), S. 1–17
–, Les ghildes médiévales (Ve–XIVe siècles). Définition – Evolution, in: Revue Historique, Januar–März 1948, S. 22–55; April–Juni 1948, S. 208–243
D'ALVERNY, M. TH., La connaissance de l'Islam en Occident du IXe au milieu du XIIe siècle, in: Settimane di Studio, Alto Medioevo XII, 2, Spoleto 1964, S. 577–602
DHONDT, J. Developpement urbain et initiative comtale en Flandre au XIe siècle, in: Revue du Nord, XX (1948), S. 133–156
DOEHAERD, R., Impôts directs acquittés par des marchands et des artisans pendant le moyen âge, in: Studi in onore di Armando Sapori, Mailand 1957, S. 81–99
–, Le Tonlieu d'Arras, in: Bulletin de l'Académie d'Arras 1943–44 und 1945–46
–, Les réformes monétaires carolingiennes, in: Annales de l'histoire économique et sociale 1952, S. 13 ff.
DOLLINGER-LEONARD, Y., De la cité romaine à la ville médiévale dans la région de la Moselle et la Haute Meuse, in: Studien zu den Anfängen des europäischen Städtewesens, Reichenau-Vorträge 1955–56. Konstanz 1958, S. 195–226
DOREN, A., Italienische Wirtschaftsgeschichte. Jena 1934
DUBY, G., L'économie rurale et la vie des campagnes dans l'Occident médiéval. 2 Bde. Paris 1962
–, Le problème des techniques agricoles, in: Settimane di Studio, Alto Medioevo, XIII, Spoleto 1965, S. 267–284
–, La société aux XIe et XIIe siècles dans la région mâconnaise. Paris 1953
–, Les villes du sud-est de la Gaule du VIIIe au XIe siècle, in: Settimane di Studio, Alto Medioevo, VI, Spoleto 1958, S. 231–258
DUJCEV, I., Bisanzio ed il mondo slavo, in: Settimane di Studio, Alto Medioevo, XI, Spoleto 1963, S. 134–158
ENDEMANN, T., Markturkunde und Markt in Frankreich und Burgund vom 9. bis 11. Jahrhundert. Konstanz 1964
ENNEN, E., Die Entwicklung des Städtewesens an Rhein und Mosel vom 6. bis 9. Jahrhundert, in: Settimane di Studio, Alto Medioevo, VI, Spoleto 1958, S. 419–452
–, Frühgeschichte der europäischen Stadt. Bonn 1953
ERDMANN, C., Die Burgenordnung Heinrichs I., in: Deutsches Archiv für Erforschung des Mittelalters, Bd. 6 (1943), S. 59–101

FEGER, O., Das Städtewesen Südwestdeutschlands vorwiegend im 12. und 13. Jahrhundert, in: Die Städte Mitteleuropas im 12. und 13. Jahrhundert. Linz 1963, S. 41–54
FLACH, J., Les origines de l'Ancienne France. Bd. II. Paris 1893
GIEYSZTOR, A., Les structures économiques en pays slaves à l'aube du moyen âge jusqu'au XIe siècle et l'échange monétaire, in: Settimane di Studio, Alto Medioevo, VIII, Spoleto 1960, S. 455–484
–, Les origines de la ville slave, in: Settimane di Studio, Alto Medioevo, VI, Spoleto 1958, S. 279–303
GRIERSON, PH., Coinage and money in the byzantine empire (498–c. 1090), in: Settimane di Studio, Alto Medioevo, VIII, Spoleto 1960, S. 411–454
–, The Debasement of the Bezant in the 11th century, in: Byzantinische Zeitschrift, Bd. 47 (1954), S. 379–394
GUTKAS, K., Die Entwicklung des Österreichischen Städtewesens im 12. und 13. Jahrhundert, in: Die Städte Mitteleuropas im 12. und 13. Jahrhundert. Linz 1963, S, 77–92
HIMLY, FR. J., Y a-t-il emprise Musulmane sur l'économie des états européens du VIIIe au Xe siècle? in: Revue suisse d'histoire, Bd. 5, Fasz. 1 (1955), S. 31–81
JACOB, G., Arabische Berichte von Gesandten an germanische Fürstenhöfe. Berlin 1927
JORIS, A., Der Handel der Maasstädte im Mittelalter, in: Hansische Geschichtsblätter, 79. Jahrg. (1961), S. 15–33
KAVKA, FR., Die Städte Böhmens und Mährens zur Zeit des Premysliden-Staates, in: Die Städte Mitteleuropas im 12. und 13. Jahrhundert. Linz 1963, S. 137–153
KLEBEL, E., Regensburg, in: Studien zu den Anfängen des europäischen Städtewesens, Reichenau-Vorträge 1955–56. Konstanz 1958, S. 87–104
LACARRA, J. M., Un Arancel del siglo XI, in: Primer Congresso Internacional de Pireneistas del Instituto de Estudios Pirenaicos, Saragossa 1950, S. 5–20
–, Panorama de la historia urbana en la peninsula iberica desde el siglo V al X, in: Settimane di Studio, Alto Medioevo, VI, Spoleto 1958, S. 319–358
LAUFNER, R., Das Rheinische Städtewesen im Hochmittelalter, in: Die Städte Mitteleuropas im 12. und 13. Jahrhundert. Linz 1963, S. 27–40
LEWICKI, T., L'apport des sources arabes médiévales (IXe–Xe siècles) à la connaissance de l'Europe centrale et orientale, in: Settimane di Studio, Alto Medioevo, XII, 1 Spoleto 1964, S. 461–486
LOMBARD, M., Le bois dans la Méditerranée Musulmane (VIIe–XIe siècles), in: Annales E. S. C. 1959, S. 234–254
–, L'évolution urbaine pendant le haut moyen âge, in: Annales E. S. C. 1957, S. 7–28
–, L'or musulman du VIIe au XIe siècle, in: Annales 1947, S. 143–160
–, La route de la Meuse et les relations lointaines des pays mosans entre le VIIIe et le XIe siècle, in: L'art Mosan, 1953, S. 9–28
LOPEZ, R. S., Le città dell'Europa post-carolingia, in: Settimane di Studio, Alto Medioevo, II, Spoleto 1954, S. 547–574
–, Il commercio dell'Europa post-carolingia, in: Settimane di Studio, Alto Medioevo, II, Spoleto 1954, S. 575–600
–, Continuità e Adattamento nel Medio Evo: un Millenio di Storia delle Associazioni di Monetieri nell'Europa Meridionale, in: Studi in onore di Gino Luzatto. Mailand 1949, S. 74–117
–, L'importanza del mondo islamico nella vita economica europea, in: Settimane di Studio, Alto Medioevo, XII, 1, Spoleto 1964, S. 433–460
–, Monete e monetieri nell'Italia barbarica, in: Settimane di Studio, Alto Medioevo, VIII, Spoleto 1960, S. 57–88
LUDAT, H., Frühformen des Städtewesens in Osteuropa, in: Studien zu den Anfängen des europäischen Städtewesens, Reichenau-Vorträge 1955–56. Konstanz 1958, S. 527–553
MOLLAT, M., Aux origines de la précocité économique et sociale de Venise: l'exploitation du sel, in: La Venezia del Mille, Florenz o. J., S. 185–202
MUSSET, L., Peuplement en bourgade et bourgs ruraux en Normandie de X^e au XIIIe siècle, in: Cahiers de Civilisation médiévale, Poitiers 1966
–, Relations et échange d'influences dans l'Europe du Nord-Ouest (X^e–XIe siècles), in: Cahiers de Civilisation médiévale, Poitiers 1958, S. 63–82
PETRI, FR., Die Anfänge des mittelalterlichen Städtewesens in den Niederlanden und dem angrenzenden Frankreich, in: Studien zu den Anfängen des europäischen Städtewesens, Reichenau-Vorträge 1955–56. Konstanz 1958, S. 227–296
PLANITZ, H., Frühgeschichte der deutschen Stadt, in: Zeitschr. d. Savigny-Stift. f. Rechtsgesch., Germ. Abt., 1943
SANCHEZ-ALBORNOZ, C., Despoblacion y Repoblacion del Valle del Duero. Buenos Aires 1966
–, Estampas de la vida en Léon hace mil anos. 3. Aufl. Madrid 1934
–, El gobierno de las ciudades en España del siglo V al X, in Settimane di Studio, Alto Medioevo, VI, Spoleto 1958, S. 359–391
–, El Islam de España y el Occidente, in: Settimane di Studio, Alto Medioevo, XII, 1, Spoleto 1964, S. 149–308
–, Moneda de cambio y de cuenta en el reino astur-léonés, in: Settimane di Studio, Alto Medioevo, VIII, Spoleto 1960, S. 171–202

SCHRÖDER-LEMBKE, G., Nebenformen der alten Dreifelderwirtschaft in Deutschland, in: Settimane di Studio, Alto Medioevo, XIII, Spoleto 1965, S. 285–306

SCHWINEKÖPER, B., Die Anfänge Magdeburgs, in: Studien zu den Anfängen des europäischen Städtewesens. Reichenau-Vorträge 1955–56. Konstanz 1958, S. 389–450

SLICHER VAN BATH, B. H., Le climat et les récoltes en haut moyen âge, in: Settimane di Studio, Alto Medioevo, XIII, Spoleto 1965, S. 399–428

SYDOW, J., Anfänge des Städtewesens in Bayern und Österreich, in: Die Städte Mitteleuropas im 12. und 13. Jahrhundert. Linz 1963, S. 55–76

VACCARI, P., Pavia nell'alto medioevo, in: Settimane di Studio, Alto Medioevo, VI, Spoleto 1958, S. 151–192

VALDEAVELLANO, L. G., La moneda y la economia de cambio en la peninsula iberica desde el siglo VI hasta mediados del siglo XI, in: Settimane di Studio, Alto Medioevo, VIII, Spoleto 1960, S. 203–230

VAN DE VIJVER, A. und VERLINDEN, CH., L'auteur et la portée du ›Conflictus ovis et lini‹, in: Revue belge de Philologie et d'Histoire, 1933, S. 59–81

VAN DRIVAL, E., Cartulaire de l'abbaye de Saint-Vaast d'Arras rédigé au XIIe siècle par Guimann. Arras 1875

VERCAUTEREN, F., Etude sur les Civitates de la Belgique Seconde. Contribution à l'histoire urbaine du Nord de la France de la fin du IIIe à la fin du XIe siècle. Brüssel 1934

—, Die europäischen Städte bis zum 11. Jahrhundert, in: Die Städte Mitteleuropas im 12. und 13. Jahrhundert. Linz 1963, S. 13–26

—, De wordingsgeschiedenis der Maassteden in de hoge middeleeuwen, in: Verslag van de algemene vergadering van het Historisch Genootschap op 3 november 1956, S. 12–28

VIOLANTE, C., Per lo studio dei prestiti dissimulati in territorio Milanese (secoli X–XI), in: Studi in onore di Amintore Fanfani. Bd. I. Mailand 1962, S. 643–735

VOGEL, W., Ein seefahrender Kaufmann um 1100, in: Hansische Geschichtsblätter, 1912, S. 239–248

YANIN, V. L., Les problèmes généraux de l'échange monétaire russe aux IXe–XIIe siècles, in: Settimane di Studio, Alto Medioevo, VIII, S. 485–505

Geistiges und künstlerisches Leben

BANDMANN, G., Die Vorbilder der Aachener Pfalzkapelle, in: Karl der Große. Bd. III: Karolingische Kunst. Düsseldorf 1965, S. 424–462

BETZ, W., Karl der Große und die Lingua Theodisca, in: Karl der Große. Bd. II: Das Geistige Leben. Düsseldorf 1965, S. 300–306

BEZZOLA, R. R., Les origines et la formation de la littérature courtoise en Occident (500–1200). 2. Teil. La société féodale et la transformation de la littérature de cour. 2 Bde. Paris 1960

BISCHOFF, B., Scriptoria e manoscritti mediatori di civiltà des sesto secolo alla riforma di Carlo Magno, in: Settimane di Studio, Alto Medioevo, XI, Spoleto 1963, S. 479–504

BOECKLER, A., Ottonische Kunst in Deutschland, in: Settimane di Studio, Alto Medioevo, II, Spoleto 1954, S. 329–354

BOINET, A., La miniature carolingienne. Paris 1913

BRAUNFELS, W., Karls des Großen Bronzewerkstatt, in: Karl der Große. Bd. III. Düsseldorf 1965, S. 168–202

BRUNHÖLZL, F., Der Bildungsauftrag der Hofschule, in: Karl der Große. Bd. II. Düsseldorf 1965, S. 28–41

ELBERN, V. H., Liturgisches Gerät in edlen Materialien zur Zeit Karls des Großen, in: Karl der Große. Bd. III. Düsseldorf 1965, S. 115–167

FARAL, E., Les conditions générales de la production littéraire en Europe occidentale pendant les IXe et Xe siècles, in: Settimane di Studio, Alto Medioevo II, Spoleto 1954, S. 247–294

FISCHER, B., Bibeltext und Bibelreform unter Karl dem Großen, in: Karl der Große. Bd. II. Düsseldorf 1965, S. 156–216

FOCILLON, H., Le Moyen Age roman. Paris 1938

FRANCESCHINI, E., L'epopea post-carolingia, in: Settimane di Studio, Alto Medioevo, II, Spoleto 1954, S. 313–328

—, Il teatro post-carolingio, in: Settimane di Studio, Alto Medioevo, II, Spoleto 1954, S. 295–312

FRANCOVICH, G. DE, I problemi della pittura e della scultura preromanica (con illustrazioni), in: Settimane di Studio, Alto Medioevo, II, Spoleto 1954, S. 355–522

GIEYSZTOR, A., La strutturazione culturale dei Paesi slavi nell'alto medioevo, in: Settimane di Studio, Alto Medioevo, XI, Spoleto 1963, S. 371–392

GOLDSCHMIDT, A., Die Elfenbeinskulpturen aus der Zeit der karolingischen und sächsischen Kaiser. Bd. I. Berlin 1914

GRIERSON, P., Les foyers de culture en Angleterre au haut moyen âge, in: Settimane di Studio, Alto Medioevo, XI, Spoleto 1963, S. 279–296

GRODECKI, L., L'Architecture ottonienne. Paris 1958

HEITZ, G., Recherches sur les rapports entre architecture et liturgie à l'époque carolingienne. Paris 1963

HOFMANN, H. H., Fossa Carolina, in: Karl der Große. Bd. I: Persönlichkeit und Geschichte. Düsseldorf 1965, S. 437–453

Hubert, J., Les relations artistiques entre les diverses parties de l'ancien Empire romain pendant le haut moyen âge, in: Settimane di Studio, Alto Medioevo, XI, Spoleto 1963, S. 453–478

Lacarra, J. M., La peninsula iberica del siglo VII al X: centros y vias de irradiacion de la civilizacion, in: Settimane di Studio, Alto Medioevo, XI, Spoleto 1963, S. 233–278

Le Goff, J., La civilisation de l'Occident Médiéval. Paris 1964

Lehmann, E., Die Architektur zur Zeit Karls des Großen, in: Karl der Große. Bd. III. Düsseldorf 1965, S. 301–319

Meyer, G., Zur Geschichte der Münzstätte Bardowick, in: Hamburger Beiträge zur Numismatik, 1962, S. 237 ff.

Mohrmann, C., Le latin médiéval, in: Cahiers de Civilisation médiévale, Bd. I, Nr. 3 (1958), S. 265–294

Patzelt, E., Die Karolingische Renaissance. 2. Aufl. Graz 1965

Pertusi, A., Bisanzio e l'irradiazone della sua civiltà in Occidente nell'alto medioevo, in: Settimane di Studio, Alto Medioevo, XI, Spoleto 1963, S. 75–134

Porcher, J., La peinture provinciale, in: Karl der Große. Bd. III. Düsseldorf 1965, S. 54–73

Puig i Cadafalch, J., Le premier art roman. Paris 1928

Riché, P., Education et culture dans l'occident barbare. Paris 1962

–, Les foyers de culture en Gaule franque du VIe au IXe siècle, in: Settimane di Studio, Alto Medioevo, XI, Spoleto 1963, S. 297–322

–, L'instruction des Laïcs en Gaule merovingienne au VIIe siècle, in: Settimane di Studio, Alto Medioevo, V, Spoleto 1957, S. 873–888

–, Recherches sur l'instruction des laïcs du IXe au XIIe siècle, in: Cahiers de Civilisation médiévale, Bd. V, Nr. 2 (1962), S. 175–182

Sage, W., Zur archäologischen Untersuchung karolingischer Pfalzen in Deutschland, in: Karl der Große. Bd. III. Düsseldorf 1965, S. 323–335

Schlunk, H., Die Auseinandersetzung der christlichen und der islamischen Kunst auf dem Gebiete der iberischen Halbinsel bis zum Jahre 1000, in: Settimane di Studio, Alto Medioevo, XII, 2. Aufl., Spoleto 1964, S. 903–932

Seligmann, J., L'Orfèvrerie carolingienne. Paris 1928

Southern, R. W., The making of the Middle Ages. London 1959

Vieillard-Troiekouroff, M., L'architecture en France au temps de Charlemagne, in: Karl der Große. Bd. III. Düsseldorf 1965, S. 336–368

Volbach, W. F., Les ivoires sculptés de l'époque carolingienne au XIIe siècle, in: Cahiers de Civilisation médiévale, Bd. I, Nr. 1 (1958), S. 17–26

Von den Steinen, W., Karl und die Dichter, in: Karl der Große. Bd. II. Düsseldorf 1965, S. 63–94

–, Der Neubeginn, in: Karl der Große. Bd. II. Düsseldorf 1965, S. 9–27

Verzeichnis und Nachweis der Abbildungen

1 *Das Reich Karls des Großen*: nach einer Vorlage des Autors
2 *Der Reiche und der Arme. Darstellung aus dem Codex Aureus des Escorial (Evangeliar Kaiser Heinrichs III.; entstanden um 1039)*: Foto José de Bado, S. L. del Escorial, Madrid
3 *Monatsarbeiten; aus dem Sammelband chronologischer und astronomischer Handschriften (Salzburg, 1. Viertel des 9. Jh.)*: Foto Bildarchiv der Österr. Nationalbibliothek, Wien
4 *Der Weinberg. Aus dem Codex Aureus des Escorial*: Foto José de Bado, S. L. del Escorial, Madrid
5 *Solidus des byzantinischen Kaisers Konstans II. (reg. 641–668); Vorder- und Rückseite*: Foto Geldmuseum der Deutschen Bundesbank, Frankfurt am Main
6 *Europa um das Jahr 1000*: nach Robert S. Lopez, Naissance de l'Europe (Collection ›Destins du Monde‹). Paris (Armand Colin) 1962, S. 122
7 *Die Krönung Heinrichs II. Miniatur aus dem Sakramentar Heinrichs II. (entstanden zwischen 1002 und 1014)*: Foto Bayerische Staatsbibliothek, München
8 *Der Sturm auf dem Meere (vgl. Matth. 8); Miniatur aus dem Evangeliar der Hilda von Meschede (Köln, 1. Viertel des 11. Jh.)*: Foto Bildarchiv Foto Marburg
9 *Antikes Gespann*: Foto Bibliothèque Nationale, Paris
10 *Modernes Gespann*: Foto Bibliothèque Nationale, Paris
11 *Gregor der Große beim musikalischen Diktat. Aus dem Antiphonarium Hartkers (Ende 10. Jh)*: Foto Stiftsbibliothek St. Gallen
12 *Alkuin (Mitte) und Rabanus Maurus (links); Miniatur aus einer Handschrift von Rabanus' Werk ›De laudibus Sanctae Crucis‹ (Anfang 9. Jh.)*: Foto Bildarchiv der Österr. Nationalbibliothek, Wien

Register

Die Bearbeitung des Registers erfolgte durch die Redaktion der Fischer Weltgeschichte.

Aachen 20, 40, 74 f., 78, 93, 129, 181, 214 f., 332 f., 343, 347, 349
Aare 195
Aarhus 184, 291
Abbasiden 18, 148, 280
Abd al Malik, Kalif 169 f., 172
Abd ar Rahman III., Kalif 194
Abendland 9 f., 83, 170, 179, 208, 213
Abodriten 12, 16 f., 20, 142, 188, 193, 198, 211 f., 217 ff., 314
Abulkasem (Abu al Quasim), Emir 211
Acta Apostolorum 353
Adalbero, Bischof v. Laon 232
Adalbero, Erzbischof von Reims 334
Adalbert (Voitech), Bischof v. Prag 191, 193, 214, 218, 312
Adalbert, Erzbischof von Bremen 224
Adalbert, Graf von Toskana 85
Adaldag, Erzbischof von Hamburg-Bremen 217
Adam von Bremen 138 ff.
Adelbert, ›König von Italien‹ 300
Adelheid, Gemahlin Ottos des Großen 208, 212 f.
Adoptionismus 117
Adrevald, Geschichtsschreiber 30
Adriatisches Meer 122, 124, 158
Adversus simoniacos 22
Aelfryc (Aelfric Grammaticus), Gelehrter 110 f., 114 f., 309, 314, 351
Aeneis 345
Aethelbald, König von Mercia 10
Aethelstan, König von England 71, 96 f., 185
Afrika 17, 127, 138, 149, 210, 279
Agapet II., Papst 208
Agasio, Stallknecht 277
Aggersborg 186
Agnes von Poitou, Gemahlin von Kaiser Heinrich III. 223 f.

Agobard, Erzbischof von Lyon 42, 307
agrarii milites 92
Ägypten 125, 151
Aimoin de Fleury, Mönch 182
Aire 299
Aistulf, König der Langobarden 10, 123, 158
Alamannen 11, 23, 52, 74
Alberich, Graf von Spoleto 95
Alberich, Princeps et senator Romanus 208
Aldrich, Bischof von Le Mans 107
Alexandria 125
Alfons II., der Keusche, König von Asturien und Galicien 15
Alfred der Große, König von England 21, 23 f., 72, 95 f., 159, 181, 185, 224, 289, 322, 324, 350 f.
Alkuin, Abt v. St. Martin in Tours und Berater Karls des Großen 38, 40, 117, 119, 321, 326 ff., 343 ff.
Allod 203, 267, 277
Alpen 11, 77 f., 86, 101, 168, 176, 198, 207, 264, 295, 298, 301, 315, 322, 338
Alpert, Bischof von Metz 259, 311 f.
Altes Testament 339
Altmühl 332
Amalfi 95, 122, 126 ff., 309 f., 313
Amerika 20, 104, 143
Ammann, H. 316
Ampère, J. J. 318
Andernach 78
Angelsachsen 38, 71 f., 96, 144 f., 147 f., 176, 185, 284, 309, 317, 320 f., 341, 343
Angers 300
Angilbert, Abt von Saint-Riquier 322
Angoulême 182, 253
Anjou 195, 204
Anna, Gemahlin Heinrichs I. von Frankreich 181

Annalen von Fulda 25, 79, 86, 103
Annales regni Francorum 14
Annapes 115
Anno, Erzbischof v. Köln 224
Anselm, Erzbischof von Canterbury 241
Anselmus, Chronist 300
Antibes 129
Antike 104 ff., 113, 115, 164, 166, 168, 321, 340, 345, 350
Antiochia 310
Apulien 95, 258
Aquitanien/Aquitanier 13, 41, 51 ff., 61, 81, 87, 89, 224, 251 ff.
Araber 15, 17 f., 24 f., 61 f., 79, 82, 124 ff., 137, 161, 171, 174, 180, 194 f., 211, 218, 279, 289, 291, 304, 355
Aragonien/Aragonesen 194 f.
Aranmanoth 113
aratrum 113 f., 276
Arduin, Markgraf von Ivrea 219 f.
Aribert, Erzbischof von Mailand 221, 296
Aribo, Erzbischof von Mainz 244
Aristoteles 353
Arles 128 f., 154, 165, 255, 260
Armenier 295
Armentières 299
Arno, Erzbischof von Salzburg 41
Arnulf von Kärnten, dtsch. König 23, 26, 78 f., 86 ff., 90
Arras 79, 115, 251, 298 f., 314 f.
Ars poetica 345
Artes liberales 322, 342
Artois 79
Aserbeidschan 130, 313
Asien 20, 25, 130 f., 135 f., 141, 280 f., 295
Askold, Skandinavier 134
Asowsches Meer 130
Astorga 288
Asturien 15, 194, 301, 337
Atlantischer Ozean 337
At-Tartûschi, Araber 304, 312

Atto, Bischof von Vercelli 349
Auctor ad Herennium 345
Augsburg 9, 92
Augustinus, Kirchenvater 322, 352 f.
Aula regia 335
Austrasien 53
Autun 88 f.
Auvergne 89, 338, 341
Avaren 14 f., 17 f., 332
Avignon 129, 165
Aymo, Erzbischof von Bourges 254

Babenberger 89
Badorf 145, 152
Bagdad 130, 138, 156, 161
Balandjar 130
Balearen 15, 127 f.
Balkan 130
baltische Länder 177 f.
Bamberg 219, 289
bannus 55
Barcelona 122, 129, 146 f., 194, 289
Barda 313
Bar-le-Duc 221
Bartholomäuskapelle in Paderborn 338
Basel 195, 341
Basileus Albionis 71
Basken (s. a. Gascogner) 13
Bautzen 219
Bayern 13 f., 16, 25 f., 53, 87, 89, 91 ff., 154, 198, 205, 228, 328
Bayonne 275
Beaumont-sur-Oise 232
Beauvais 234, 261, 316
Beda Venerabilis 148, 326
Bedford 23, 290
›belgisches Gallien‹ 79
Benedikt, Abt von Aniane 44
Benedikt VI., Papst 210
Benedikt VII., Papst 211, 308
Benedikt VIII., Papst 220
Benedikt IX., Papst 222
Benediktiner 39, 43
beneficium/beneficia (Lehen) 57 f., 61, 64, 67, 69, 71, 79
Benevent 16, 83, 95, 118, 171, 177, 209 f., 260
Bera, got. Graf 18
Berald, Bischof von Soissons 254
Berbeja 301
Berengar II., König der Langobarden 208, 300
Berengar von Friaul 79, 85, 87
Berengar von Tours 248
Bergamo 94
Bergen 291

Bernhard von Gotien 80 f.
Bernhard v. Italien, Neffe Ludwigs des Frommen 54 f., 73
Bernhard Plantevelue 81
Bernhard v. Septimanien 76
Bernward, Bischof von Hildesheim 340
Berquin-Steenwerck 299
Berry 233
Berta, Tochter Karls des Großen 29
Besançon 195
Béziers 17
Birka 132, 139 ff., 145, 151 f., 281 ff., 291
Bismarck, Otto von 199
Bloch, Marc 174
Blois 204, 277
Bobbio 168
Boethius, Anicius Manlius Severinus 324, 353
Böhmen 17, 25, 92, 136, 154, 156, 162, 181 f., 187, 189 f., 192, 214, 216, 218 f., 222, 291, 314 f.
Böhmerwald 16, 250
Boleslav I., Herzog von Böhmen 189, 217
Boleslav II., Herzog von Böhmen 210, 218
Boleslav Chrobry, der Tapfere, König von Polen 189, 210, 219
Bolgar 131, 138
Bolin, Sture 174 f.
Bologna 260
Bonifatius, Erzbischof von Mainz 37 f., 41, 148, 321
Bonn 106, 162
Bordeaux 253
Bordelais 287
Borel, got. Graf 18
borough 72, 290
Boso, Graf v. Vienne 195
Boso von der Provence, König v. Niederburgund 51, 79 ff., 85 f.
Boulogne 156, 284
Boulonnais 156
Bourges 254
Bourgneuf 152
Bourgogne 11, 87, 251
bourgs 103
Boussard 232
Brandenburg 92, 217 f.
Bremen 166, 217, 224, 308
Brenner 208, 215
Brescia 221, 260
Bretagne/Bretonen 13, 15, 89
Breteuil 232
Britische Inseln (s. a. England, Schottland, Irland) 9
broigne 37
Brügge 284, 298

Brun, Bischof von Augsburg 216
Brun von Querfurt 312
Brunanburh 96, 185
Bruno von Köln 251
Buchara 280
Buch des Präfekten 129
Bulgarien/Bulgaren 131 ff., 136 ff., 161, 188, 210, 325
Burgos 289
Burgred, König v. Mercia 23
Burgund/Burgunder 11, 13, 51, 80, 82, 87, 89, 106, 193, 195, 221 f., 232, 271, 337 f., 343
burgus/burgi 285 ff., 292, 297
burhs 289, 292
Burta 313
Byzantinisches Reich 16, 95, 127, 129, 183, 188, 209 f., 317
Byzanz/Byzantiner (s. a. Konstantinopel) 9, 14, 16, 25, 82, 123 ff., 132, 135 f., 141, 149, 151, 157, 169 f., 183, 188, 196, 209 f., 212, 223, 280 f., 295, 325, 331

Cahen, C. 172, 174
Calabrien 211, 222, 258
Camaldulenser 250
Camaldoli 250
Camargue 128
Cambrai 145, 167, 260 f., 264, 312
Cambridge 146
Camerino 209
Campagna 237
Campanien 122, 127 f., 162
Canche 166
Cantabrien 194
Canterbury 20, 119, 152, 155, 289
Capitulare de villis 65, 103 ff., 109 f., 115, 164, 167
Capitulare Olonnense mundanum 36
Capitulare Saxonicum 12
Capo Colonne 184, 211
Capua 95, 127, 209 f.
Carcassonne 129
Carlisle 289
Cassiodorus, Flavius 353 f.
Cena Cypriani 349
Ceslaw, serb. Herrscher 188
Châlons-sur-Marne 165, 168, 251
Champagne 168, 195, 221, 233
Charroux 252
Chartres 300, 355

389

Chartreuse 251
Châteaudun 316
Chazaren 130 ff., 136 ff., 160 f., 281, 291
Cherson 130
Chester 23, 290
Childebrand, Bruder Karl Martells 343
Chinesisches Reich/China 9, 129
Chlodwig I., Frankenkönig 71
Chorasan 313
Christen/Christenheit/ Christentum 13, 15, 17, 23, 37 ff., 52, 76, 82, 92, 116 f., 119, 141, 143, 147, 172, 175, 183 f., 190 ff., 198, 202, 217 ff., 221
Christianisierung 12, 120, 189, 191 f., 211, 218
Christophorus, Gegenpapst 236
Christus 117
Chrodegang, Bischof von Metz 39, 44, 328, 343
Chronicon 192
Chronik Fredegars 343
Chur 200
Chwarezm 313
Cicero, Marcus Tullius 325, 345
Cimiez 129
Cisterzienser 249, 251
Cîteaux 249, 251
civitas/civitates 258, 285 f., 292, 297, 305
Civitate 223
Clemens II. (Suitger von Bamberg), Papst 222, 235
Clemens von Irland 343
Clontarf 10, 283
Cluniazenser 249, 262
Cluny 194, 212, 235 ff., 240 ff., 248 ff., 334
Cohen, S. L. 187
Colloquium 110 f., 114 f., 309, 314, 351
Columban der Jüngere, Gründer des Klosters Luxueil 321
Comacchio 122 f., 126, 154, 158
Comer See 285
commenda 311
Compiègne 167
Complexiones 353
condux 123
Conflictus ovis et lini 315 f., 349
Conques 247
consilium 301
Constitutio de feudis 221
Coornaert, E. 303 f.
Corbie 43, 254, 327, 332
Cordoba 182, 194
Cork 291

Corteolona 36
Corvey 91, 167, 332 f.
Cotrone 184, 211
Cotswolds 101
Cremona 94, 126, 158, 221, 259 f., 300, 305
Crescentier 220
Crescentius, röm. Adeliger 210 f., 313 f.
Cyrillus, Missionar 25

Dagestan 130
Daleminzier 217
Dalmatien 124
Dammartin 232
Danelaw 24, 95, 290
Dänemark/Dänen (s. a. Skandinavien) 10, 16, 20, 96, 142 f., 151, 174, 183 ff., 198, 210 f., 218, 283 f., 290 f.
Danewerk 184
Dante Alighieri 349
Dauphiné 105
De divisione naturae 344
De imagine tetrici 347
De inventione rhetorica 345
De litteris colendis 328
De oratore 345
De pace componenda 253
Deira 17
Delaruelle, E. 247
Derbent 313
Dereine, Ch. 239, 242
Desiderius, König der Langobarden 10
Deutschland/Deutsche 11, 25 f., 32, 78, 82, 86, 89 ff., 93 f., 101, 114, 124, 142, 153, 162, 183 f., 188 ff., 198 f., 202 ff., 207 ff., 214 f., 219 f., 222, 224, 229, 232 ff., 239, 243, 247, 249, 258, 264 f., 270, 285, 308, 315 f., 338, 344, 351
Deventer 166
Dhuoda, Gemahlin Bernhards v. Septimanien 76
Dialog zwischen dem Rhein und den Vogesen 114
Dicuil, Gelehrter 343
dietsch 327
Dijon 49, 249, 286
Dinant 303, 315
Dir, Skandinavier 134
Divina Commedia 349
Dnjepr 130, 134 ff.
domini 232
Don 291
Donatio Constantini 83
Donau 14, 16, 130, 136 f., 187, 222, 313
Dorestad (Duurstede am Lek) 139, 142 ff., 151, 164, 166, 177

Dorset 20, 101
Douai 298
Drau 15
Dregowitschen 134
Drevljanen 134
Drontheim 185
Dubh-ghaill 10
Dublin 291
Dubrawa, Tochter Boleslavs I. von Böhmen 189
Duby, G. 32, 34, 99, 114, 154, 165, 227, 230 ff., 267, 269, 274 f.
Duchesne, L. 237
Düna 133
Dunstan, Erzbischof von Canterbury 243
Dunwich 290
Duro 194
dux 123
Dyle 23

Eadred, angelsächs. König 177
earldorman 97
Eberhard, Herzog von Friaul 79, 86
Ebo, Erzbischof v. Reims 41
Ebro 15, 18, 122, 194, 355
Ecbasis captivi 350
Echternach 340
Edgar, König von England 240
edhilingi 30
Edikt von Pîtres 32
Edington 23
Edmund, König von Ostanglien 23
Eduard der Ältere, König von England 96 f.
Eduard der Bekenner, König von England 186, 224
Egbert, König von Wessex 10, 20, 71
Eider 183
Eifel 145, 155
Einhard, Geschichtsschreiber 20, 350
Eklogen 345
Elbe 11 f., 15 f., 188, 212, 217 ff., 309
Elbing 132, 139
Elbslawen 198, 211
Elde 16
Eleutherius 84
Elipand, Erzbischof von Toledo 117
Elna 236, 290 f.
Elsaß 146
Embrun 252
Ems 11
Endemann, Traute 167, 285
Engelsburg 210, 213 f.
Engern 12
England/Engländer (s. a. Britische Inseln) 10,

20 f., 23 f., 38, 63, 70 ff.,
94 ff., 101, 109, 120,
139, 145 ff., 150 ff.,
155 f., 159, 162, 166,
168, 178, 181, 185 f.,
206, 224, 238, 241 f.,
244, 270, 272, 274 f.,
277 f., 283 f., 289, 304,
311, 313 ff., 319 f., 326,
330, 350 f.
Enns 16, 137, 154
Epistula ad Pisones 345
Epte 24
Erembald 278
Erich der Rote, Wikinger 144
Erik, Sohn Hakons 185
Ermoldus Nigellus 114, 144 ff., 153, 156, 348
Erster Kreuzzug 264 f.
Erzgebirge 16
Essen 333
Essex 72, 185
Estella 289
Étaples 164
Ethelfleda, Gemahlin Ethelreds 96
Ethelred, König von England 96, 283, 316
Europa/Europäer 9 f., 14, 19 f., 24, 26, 38, 88, 99, 108, 110, 114, 118, 122, 131 f., 138 ff., 144 ff., 151, 157, 168 ff., 172 f., 178, 180 ff., 186, 188 f., 193 f., 196, 198, 207, 237, 262, 264 f., 272 f., 275 ff., 279 f., 295 f., 305, 312 f., 319, 322, 332, 335, 338, 344, 354 ff.

Falster 183
Fatimiden 210, 279
Felix, Bischof von Urgel 117
Ferdinand I., der Große, König von Kastilien 194
Ferrand 272
Ferrara 126
Feuchère, P. 232
Finn-ghaill 10
Finnland 141
Fischa 220
Flandern 21, 89, 93, 105, 115, 228, 230, 232 f., 255 f., 258, 268, 278, 284, 288, 295, 298 ff., 303, 314 ff.
Fliche, Augustin 95, 246
Floreffe 302
Florenz 248
fodrum 75
Fontanelle 332
Fontevrault 250
forisburgus 285, 287 f., 297
Formosus, Papst 86
Fos 154

franci 35
Franken/Frankenreich/ Francia 10, 12 ff., 20 ff., 25 f., 49, 51 ff., 62 ff., 70 ff., 74, 81 ff., 89, 91, 93, 124, 128, 137 f., 141, 154, 156, 166 f., 171, 174, 176 ff., 181, 194, 198, 202, 205, 216, 330
Frankfurt/Main 86, 102 f.
Frankreich 23, 26, 32, 51, 55 f., 63, 70, 77 f., 81 f., 85, 88 ff., 93, 105, 111 f., 129, 147, 151, 156, 162, 165, 167, 174, 195, 202 ff., 228, 230, 233 ff., 239, 247, 249, 253, 258, 260 f., 263 ff., 268, 270, 278, 280, 284 f., 287, 292, 317, 322, 335 ff., 341 f., 351 f.
Franzosen 249
Frascati 250
Freiburg im Breisgau 302
Fréjus 129, 154
Friaul (Aquileja) 94, 285, 345
Friesland/Friesen 13, 20 f., 24, 75, 77, 116, 144 ff., 148, 151, 156, 159 f., 163, 177, 203
frilingi 30
Fruttuaria 220
fuero 301
Fulda 44, 243, 332, 344, 346
Fulko Nerra, Graf von Anjou 182
Fünen 183, 186
fyrd 24
Fyrkat 186

Gabriel, Erzengel 116
Gaeta 127
Galicien 15, 194
Gallien 17, 51, 148, 151, 169, 291, 320 f., 330, 334
Gandersheim 91, 289, 308
Garlande 278
Garonne 21, 287
Gascogne/Gascogner (s. a. Basken) 13, 15
Geerardsbergen (Grammont) 288, 298 f.
Genf 195
Gent 106, 165, 259, 299, 309
Gentilly 330
Genua/Genuesen 129, 279, 300 f.
genus 354
Geolfrid, Abt von Wearmouth und Jarrow 148
Gerald von Aurillac 126
Gerbert von Aurillac (s. a. Silvester II.) 353 ff.
Gerhard, Bischof von Cambrai 244

Germanien/Germanen 20, 51, 56, 119, 170
Germanus, Heiliger 155
Germigny-des-Prés 332 f.
Gero, Markgraf 217
Gerona 236, 258, 337
Geschichte d. vergangenen Jahre 313 f.
Gesta dei per Francos 264
Gesta Episcoporum Cameracensium 260
Gesta Karoli 62, 110
Geza (Geisa), Großfürst von Ungarn 218
Gieysztor, Alexander 189, 191, 331
Giustiniano Partecipazio, Doge 159
Glastonbury 243
Gnesen (Gniezno) 187 f., 214, 296
Godefrid, König v. Dänemark 20, 184
Godric von Finchal 310
Golf von Biscaya 194
Gorm der Alte, König von Dänemark 183 f.
gorod/goroda 132 ff., 290, 292
Goslar 91, 317
Goten 18
Gotien (s. a. Septimanien) 80, 89, 177
Gotland/Gotländer 131, 174, 282
Gottfried der Bärtige, Herzog von Lothringen 223
Göttingen 216
Gottschalk, sächs. Mönch 117
Grabeskirche in Jerusalem 308
Grande Chartreuse 251
Grandmont 250
Gregor V., Papst 213
Gregor VI., Papst 222
Gregor VII. (Hildebrand), Papst 43, 223, 238, 243, 262
Grenoble 251, 275
Griechenland/Griechen 129, 136, 139, 339
Grierson, Philip 149 f.
Grobin 131 f.
Grodecki, L. 335
grody 291
Grone 216
Grönland/Grönländer 143 f.
Großmährisches Reich 25 f., 187 ff.
Guibert von Nogent 264
Guido (Wido II.), König der Langobarden 79, 85 f.
Guilhiermoz, P. 230
Gunhild, Gemahlin von Harald Blauzahn 184

391

Gunhild, slaw. Prinzessin 185
Günther, Eremit 250
Guthrum, Herzog der Normannen 23 f.
Guy (Guido von Anjou), Bischof von Le Puy 252
gynezäe 34

Hacohen, Rabbiner 296
Hadrian I., Papst 38, 117, 327
Hadrian II., Papst 84
Hakim, Kalif 308
Hakon, norweg. Jarl 184
Halberstadt 289
Halland 183
Halogaland 159, 310
Hamburg 139, 143, 166, 184, 217 f.
Hamwith 152, 155, 289
Harald Blauzahn, König von Dänemark 184
Harald Hardraade, König von Norwegen 142
Harald Harfagar (Schönhaar), norweg. König 184
Hardrad, ostfränk. Graf 54, 73
Harold, König von England 224
Harun al Raschid, Kalif 156
Hastings 224
Havel 16, 222
Havelberg 217 f.
Hebriden 224
Hedeby (Haithabu) 139 ff., 151 f., 155, 159, 283, 304
Hedschra 150
Heiden/Heidentum 10, 116 f., 141, 189 f., 192 f., 217 f.
Heilige Schrift 322
Heiliges Land (s. a. Palästina) 181 f.
Heilrat, Gemahlin des Kaufmanns Willihalm 309
Heinrich I., König von Frankreich 181, 195
Heinrich I., der Vogler, dtsch. König 26, 91 ff., 198
Heinrich II., röm. Kaiser 215, 219 ff., 341
Heinrich III., röm. Kaiser 193, 222 ff., 235, 244, 262
Heinrich IV., röm. Kaiser 224, 301
Heinrich, Graf von Babenberg 89
Heinrich, Sohn König Heinrichs I. 92
Heinrich der Zänker, Herzog von Bayern 212, 215
Heito von Reichenau 349

Heitz, G. 333
Helgefluß 185
Helgö (Lillö) 131
Hénin-Liétard 299
Hennegau 233
Heveller 217 f.
Himiltruda, Geliebte Karls des Großen 54
Hincmar, Erzbischof von Reims 120
Hirsau 332
Hischam, Kalif 289
Historiae 324
Hjörunga 184
Holstein 12, 217
Holtzmann, Robert 208
Holy Island 20
homagium ligium 199
Honorantiae civitatis Paviae 284 f.
Horaz (Horatius) Flaccus, Quintus 345
Hortulus 347
Hroswith (Roswitha) von Gandersheim 348
Hubertus, Bischof von Lüttich 300
Huesca 18
Hugenholtz, F. 263
Hugo, Ritter 182
Hugo Capet, König von Frankreich 195
Hugo der Große, Herzog von Franzien 93, 96
Hugo von Vienne, König 95
Humanisten 346
Humber 96
Humbert, Kardinal von Moyenmoutier 223
Huy 283, 287, 301 ff., 315

Iberische Halbinsel 193
Ibn al Nadim 138
Ibn Fadhlan 134, 137, 161
Ibn Jakub 137 ff., 142, 295, 312, 314
Ibn Khurradadebh 129, 137 f., 160
Ibn Rusta 137, 161
Imperator augustus 75
Imperator regiminis 71
Indien 129
Indischer Ozean 131
Ingelheim 339
Institutiones divinarum et humanarum litterarum 353
Investiturstreit 242, 265
Iona 20
Irak 130
Irland/Iren (s. a. Britische Inseln) 9 f., 20, 146, 184, 186, 283, 291, 319 ff., 325, 343 ff.
Irmingard, Gemahlin Ludwigs des Frommen 76
Irminsul 12
Irtisch 138

Islam 15, 18, 25, 61, 108, 125, 127 f., 147, 149, 157, 169, 172, 175, 182, 195, 262, 264, 279, 284, 288, 306 f., 322, 355
Island/Isländer 143 f.
Istres 154
Istrien 17, 149
Italien/Italiener 10, 15 ff., 24 f., 32, 52 ff., 78, 81 ff., 87, 89, 94 f., 101, 107 f., 111 f., 114, 122 ff., 135, 141, 147 f., 150 f., 156, 158 f., 162, 168, 171, 176, 178, 180, 183, 196, 198, 204, 206 ff., 218 ff., 250, 258, 260, 262, 265, 268, 284 f., 288, 291, 295, 297, 300 f., 303, 305, 310, 312, 314 f., 320 f., 324, 335, 337, 341, 343, 352
Itil 130
iudicia provincialia 227 f., 232
ius civile 302
Ivrea 94

Jaca 194, 289, 301
Jakobus d. Ältere, Apostel 289
Jaroslaw der Weise, Großfürst von Kiew 181
Jarrow 20
Jerusalem 182, 262, 306, 333
Jiddisch 162
Johannes, Apostel 247
Johannes, röm. Diakon 349
Johannes, Sohn des Crescentius 219
Johannes VIII., Papst 85
Johannes X., Papst 236
Johannes XI., Papst 235 f.
Johannes XII., Papst 208 f.
Johannes XVI., Gegenpapst 213
Johannes XIX., Papst 220
Johannes Gualbertus von Vallombrosa 250
Johannes Scotus (Eriugena) 321, 324, 344
Johannes Tzimiskes, byzant. Kaiser 210
Johanniterorden 310
Jomsburg 139 f., 184, 186
Juden/Judentum 129 f., 153 f., 157, 161 f., 165, 169, 176, 286, 295 f., 305 ff., 312 f.
Judith, Gemahlin Ludwigs des Frommen 76
Jumne 181
Jütland 139, 142, 183 f., 186, 283

Kairo 128, 279
Kairuan (Tunesien) 24, 279, 306
Kapetinger (s. a. Robertiner) 94, 195, 204
Karl d. Große, röm. Kaiser 10, 12 ff., 30 f., 38 f., 41 ff., 46 f., 50 f., 54, 59, 61 f., 64 ff., 73 ff., 80, 82 ff., 91, 93, 109 f., 112 f., 119, 126, 145 f., 149, 155 f., 163, 166 f., 173, 180, 182, 198 f., 214 f., 232, 277, 318 ff., 324 ff., 332 f., 339 f., 342 ff., 347 f., 350 f.
Karl III., d. Dicke, röm. Kaiser 78 f., 85 f., 90, 93, 195
Karl II., d. Kahle, König v. Frankreich 30, 49, 51, 68, 76 ff., 80, 84 f., 87, 104, 162, 166 f., 173, 195, 321 f., 324, 346
Karl III., d. Einfältige, König v. Frankreich 24, 96
Karl d. Gute, Graf v. Flandern 273, 278
Karl Martell, Hausmeier 17, 51, 54, 61, 66, 82, 90, 180, 339, 343
Karlmann, König v. Frankreich 49, 90
Karlmann, Sohn Ludwigs d. Deutschen 78
Karlmann, Sohn Pippins d. Kleinen 14
Kärnten/Kärntner 14 ff., 217
Karolinger 10 ff., 21 ff., 27, 29 ff., 35 ff., 43 ff., 48 ff., 55 ff., 64 ff., 76 f., 79, 81 f., 84, 87 f., 93, 95, 98 f., 101, 104, 107 ff., 114, 116, 128, 141, 152 f., 155 ff., 164, 167, 173, 176 ff., 184, 195, 199 f., 204 f., 226, 229, 232, 244, 247, 257, 262, 279 f., 293, 296, 318 f., 321 ff., 326 f., 331, 333 ff., 344, 348 f., 352
Karolingische Renaissance 318, 320, 348
Karpaten 25
Kartäuser 251
Kaspisches Meer 130 f., 136, 161, 280, 295
Kastilien 194, 314
Katalonien 18, 32, 53, 147, 275, 337 f.
Katholiken/Katholizismus 148
Kattegatt 283
Kaukasus 130
Kaupang 159 f.
Kent 24, 72, 272

Kiew 130, 133 ff., 141, 151, 187 f., 290 f., 294 f., 331 f.
king's reeve 72
Kirchenstaat 81 f., 85, 215
Knut d. Große, König v. Dänemark, England, Norwegen u. Schottland 181, 185 f., 283 f.
Koblenz 284, 289, 308, 313, 315
Köln 87, 152, 200, 212, 259, 261, 264, 284
Kolone (colonus) 32 ff., 46, 226
Konrad I., dtsch. König 70, 87, 90 f.
Konrad II., röm. Kaiser 195, 216, 220 ff., 244, 284, 338
Konrad, Graf v. Auxerre 79, 195
Konradiner 89
Konstans II., byzant. Kaiser 170
Konstantin d. Große, röm. Kaiser 83, 209, 339
Konstantin VII. (Porphyrogennetos), byzant. Kaiser 130
Konstantinopel (s. a. Byzanz/Byzantiner) 14, 95, 125, 128ff., 134 f., 153, 183, 209, 310
Konzil v. Aix 104
Konzil v. Coulaines 69
Konzil v. Narbonne 105
Korsika 15, 279
Krain 14
Krakau 188 f., 219, 295 f.
Kreta 25
Kreuzzüge 18, 183
Krim 130
Kroaten 15, 124
Kumanen (Polovzer) 136, 281
Kurland 282
Kylfinger 132, 160, 162
kynges tun 72

Laaland 183
Labrador (s. a. Winland) 19, 143
Lacarra, J. M. 292
Ladogasee 134 ff.
laeti 30
La Garde-Frainêt 25, 128, 279
Lagny-sur-Marne 168
Lago Maggiore 285
Lambert II. v. Spoleto, röm. Kaiser 79, 85 ff.
Landbert, Kaufmann 309
Langobarden 15 f., 74, 81 ff., 95, 122 ff., 171, 343, 345 f.
Langres 89, 148, 234
Languedoc 260, 337
Laon 106, 165, 284, 313

Lappen 159, 310 f.
Lateran 84, 208, 224, 330
lathes 72
Lausanne 255, 334
Lausitz 188, 219
Lausus, Kaufmann 309
Lea 23, 290
Lech 9, 26, 180, 198, 312, 331, 336
Leeds 289
Lehmann, Edgar 333
Leicester 96
Leitha 218, 220
Lekfluß 144, 166
Le Mans 260 f., 299 f.
Lemarignier, J. F. 232
Leo III., Papst 82 f., 118
Leo V., Papst 236
Leo VIII., Papst 235
Leo IX., Papst 222
Leo, Bischof v. Vercelli 220
Leo V., byzant. Kaiser 125
Leo VI., byzant. Kaiser 129
Leon 147, 194, 288, 301
Le Rouergue 341
Lesne, E. 163, 342
Lex Alamannorum 110
Lex Burgundionum 110
Lex Salica 102
libatio 119
Libau 131 f.
Liber Pontificalis 330
Liber regulae pastoralis 42
Libri antiphonarii 330
lignarius 114
Lille 298
Limerick 291
Limoges 250, 253, 308
Limousin 252
Lincoln 96, 304
Lindisfarne 20
lingua romana rustica 326
lingua theodisca 326
Linonen 16
Litauen 162
Liudolf, Sohn Ottos d. Großen 198
Liudolfinger 89
Liutizen 188, 211, 217 ff., 222
Liutprand, Bischof v. Cremona 126, 128, 183, 235 f.
Liutprand, König d. Langobarden 122
Loches 260
Lodi 260
Lofoten 159
Logroño 289
Loire 10, 13, 21 f., 79, 93, 101, 232, 271, 337
Lombard, M. 174 f.
Lombardei 25, 94, 148
London 20, 152, 185, 283 f., 289, 299, 308 f., 312, 314 ff.
Lorsch 332, 334

393

Lothar I., röm. Kaiser 30, 75, 77, 84, 173
Lothar II., dtsch. König 82
Lothringen 93, 154, 204 f., 233, 243, 251, 264, 274
Louvre 340
Lowat 134, 136
Löwen 23
Lübeck 217
Lucca 260, 301, 317
Ludwig I., d. Fromme, röm. Kaiser 17, 29 f., 41, 49, 51 f., 54 f., 64 f., 67, 69, 73 ff., 82, 84, 86, 88, 156, 166 f., 173, 339, 346 ff.
Ludwig II., d. Deutsche, röm. Kaiser 77 f., 84 f.
Ludwig d. Deutsche, König 30, 88, 90
Ludwig III., d. Jüngere, dtsch. König 78
Ludwig IV., d. Kind, dtsch. König 87, 90, 205
Ludwig II., d. Stammler, König v. Frankreich 49, 80
Ludwig IV., König v. Frankreich 93
Ludwig III., d. Blinde, König d. Provence 79, 86
Lund 291
Lupus, Abt v. Ferrières 163, 346
Lüttich 260, 264, 283, 287, 300 ff., 315
Luxueil 321
Lyon 118, 286
Lyonnais 195
Lys (Leie) 165

Maas 77, 139, 145, 162, 164, 283 f., 289, 302, 315, 336
Maastricht 166
Mâcon 51, 228 f., 231
Mâconnais 228, 232, 312
Magdeburg 200, 210, 217 f., 289, 308, 324
›Magonia‹ 118
Maguelonne 17
Magyaren (s. a. Ungarn) 25 f., 92, 161, 187, 189, 198, 240, 268
Mähren 25, 217, 219, 291, 296
Mailand 158, 260, 275, 288, 296, 317, 341
Maine 88
Mainz 136 f., 145, 153, 200, 217, 251, 302, 306, 312, 327, 346
Mälarsee 131, 139, 140, 282
Maldon 185
Malta 310
mancusus 148, 150 f., 176
Manitius, M. 247

mansus/mansi 32 ff., 40, 42, 65, 228, 269, 274
Mantua 126, 168
Marc Aurel, röm. Kaiser 209
Maria Magdalena, Heilige 247
Mark v. Barcelona 194
Markus, Heiliger (San Marco) 125
Marne 82
Marozia, Tochter v. Theophylakt 95, 235 f., 238
Marseille 128 f., 154, 260
Martianus Capella 352
Martin, Henri 263
Masudi, arab. Gelehrter 138, 313
Mathilde, Mutter Ottos d. Großen 198
Mauren 194
Maurienne 78
Mauro, Kaufmann 310
Mayen 15
Mecklenburg 16, 198, 217
Medina 129
Meißen 217, 219
Mekka 129
mercatores cursarii 286
mercatores transeuntes 286
Mercia 23 f., 71, 95 f.
Merowinger 13, 60 f., 82, 90, 157, 168 ff., 333, 341
Merseburg 218, 289
Messina 279
Metamorphosen 345
Methodius, Missionar 25
Metz 165, 340, 343, 345
Meulan 232
Michael, Erzengel 116
Michael IV., byzant. Kaiser 317
Mieszko, Herzog d. Polen 189, 210, 217
miles/milites 229 ff.
milites Comacienses 122
Miracula Sancti Germanii 155
Missale Romanum 38
missi dominici 49, 60, 64, 68
Mistui, Abodritenfürst 212
Mitteis, Heinrich 206
Mittelalter 19, 98, 102 ff., 110 f., 119, 140, 147, 155 f., 160, 164, 174 f., 180, 201, 203, 206, 230, 262, 274, 289, 305, 313, 317 f., 325, 339, 341 f., 344, 353
Mittelmeer 99, 105, 107, 124 f., 127 f., 137, 141, 145, 168, 271, 279
Modena 94
Mohammedaner (s. a. Moslems) 81, 123, 136, 281

Moimir v. Mähren 25
Moimiriden 187, 291
Monforte 251
Mont Cenis 78, 285
Monte Cassino 43, 223, 323, 345
Monte Mario 214
Montpellier 260
Montreuil-sur-Mer 166
Montirond 255
more francico 326
Mosel 21
Moslems (s. a. Mohammedaner) 15, 18, 25, 63, 81, 84, 124 f., 127 f., 131, 135 ff., 141, 147 f., 157, 165, 169, 171, 178, 182, 193 f., 279 ff., 292, 295, 307, 314, 355
municipia 305
Münster 259
Musset, L. 290 f.

Naher Osten 125, 129, 141
Najera 289
Namur 302
Nantes 21, 154, 235
Narbonne 17, 129, 154, 165, 177, 236, 252, 256, 306
Narenta 124 f.
Naumburg 217
Navarra 194
Neapel 95, 122, 127, 260
Nebelung, Sohn Childebrands 343
negotiatores 308
nestorianisches Christentum 117
Neuching 328
Newa 135
Nidaros (Drontheim) 291
Niedersachsen 332
Nikephoros Phokas, byzant. Kaiser 126
Nikolaitismus 239, 245
Nikolaus I., Papst 82, 84
Nikolaus II., Papst 223
Nilus v. Grottaferrata 250
Nîmes 17, 165, 260
Nithard, Geschichtsschreiber 30
Nivelles (Brabant) 284
nomina 355
›Nominalisten‹ 355
Nonnebakken 186
Nordalbingien 12, 16
Nordatlantik 144
Nordkap 159
Nördliches Eismeer 159
Nordsee 11, 50, 141 f., 185, 282 f.
Normannen/Normandie (s. a. Wikinger) 9 f., 18 ff., 45, 49, 63, 65, 72, 79, 88 f., 95 f., 110, 114, 128, 162, 164 ff., 175, 177, 182, 186 f., 195,

222 ff., 240, 242, 246,
  268, 273, 289, 299, 310,
  314, 350 f.
Northumberland 72
Northumbrien 71, 95 f.
Norwegen/Norweger
  (s. a. Skandinavien)
  10, 138, 144, 159, 174,
  183 ff., 283, 310
Norwich 290
Notker Labeo
  (d. Dicklippige) 352
Notker d. Stammler
  (Balbulus), Mönch v.
  St. Gallen 62, 110, 126
Nottingham 96
nova et lapidea 297
Nowgorod 133 ff., 290,
  295, 309, 316, 332
Noyon 234

Ob 138
Oberpfalz 275
Odense 291
Oder 139, 141, 186, 188,
  210, 217, 222, 291
Odilo, Abt. v. Cluny 255
Odin 23
Odo, Graf v. Blois 221
Odo v. Paris, König v.
  Frankreich 70, 78 f., 88,
  93
Offa, König v. Mercia 10,
  72, 145 f., 150 f., 155 f.,
  173, 177
Oka 313
Olav Schoßkönig
  (Skötkonung), König v.
  Schweden 282
Olav Tryggvason,
  norweg. Fürst 184
Oldenburg 217
Oleg (Helge),
  Warägerfürst 134
Omaijaden 18, 127, 146,
  194
Ordericus Vitalis 273
Organon 353
Orient 333
Orléans 155, 163, 251,
  253, 286, 332
Orosius, Geschichts-
  schreiber 324, 339
Oslo 291
Ostanglien 23, 95 f.
Österreich 16, 154, 162
Ostfalen 12
Ostpreußen 282
Oströmisches Reich 123,
  125, 149, 170
Ostsee 16, 130 ff., 139 ff.,
  151, 164, 174 f., 183,
  185 f., 217, 280 ff., 295
Oswald, Bischof v.
  Worcester 243
Othelard, Kaufmann 309
Otranto 95
Ottar, Kaufmann
  138, 159, 311

Otto I., d. Große, röm.
  Kaiser 25 f., 92 f., 96,
  126, 180, 182 f., 188 f.,
  198 ff., 205 ff., 217 f.,
  234, 265, 320, 322,
  351 f.
Otto II., röm. Kaiser 181,
  184, 210 ff., 218 f., 324
Otto III., röm. Kaiser
  181, 189, 201, 213 ff.,
  219, 300
Otto, Herzog v. Kärnten
  215
Ottonen 94, 198, 200,
  206 f., 211, 334 ff., 338,
  340 f.
Ottonische Renaissance
  351
Ovid (Publius Ovidius
  Naso) 345

pain cuit 103
Palästina 182
palatia 332, 335
Palermo 127
pallia fresonica 156
Pamele-lez-Audenarde
  299
Pamplona 289
Pannonien 14 f., 25 f.
Panorama de la historia
  urbana en la peninsula
  iberica desde el siglo V
  al X 292
Pantaleone, Kaufmann
  310
Pantelleria 127
Paris 70, 155, 165, 321,
  344
Pariser Musée de Cluny
  341
Parma 94
Parthenay 316
Patarener 261
Pataria 261
Paterno 215
Patzelt, Erna 319 f.
Paulinus, Patriarch v.
  Aquileja 41, 343
Paulus, Apostel 238
Paulus Diaconus
  343, 345 f.
Pavia 10, 62, 126, 153,
  168, 219, 260, 288,
  312 ff., 317
Perejaslawl 133 ff., 290,
  313
Perejaslaw 136
Perrin, M. 274
per rura et oppida 278
Persien 129 f., 132, 135
Peterskirche 237
Petrus, Apostel 237 f.
Petrus, röm. Stadtpräfekt
  209, 213
Petrus v. Blois 242
Petrus v. Pisa 343
Petrus Damiani 241
Petschenegen 25, 136, 281

Philipp I., König v.
  Frankreich 236
Piacenza 94, 260, 305
Piasten 193
Picardie 43, 254, 327, 332
Pilgrim (Piligrim), Bischof
  v. Passau 217
Pingsdorf 145, 152
Pippin d. Kleine, König d.
  Franken 14, 17, 43, 51,
  54, 60 ff., 69, 72, 82 f.,
  90, 103, 166, 173, 244,
  324, 327 f., 343
Pippin v. Aquitanien,
  Sohn Ludwigs d.
  Frommen 76
Pippin d. Bucklige, Sohn
  Karls d. Großen
  30, 54, 73
Pirenne, H. 157, 319
Pisa 129, 279, 301
Pîtres 103, 113, 164
Planitz, Hans 168, 299,
  304
Platon 353
Plautus, Titus Maccius
  348
Po 122, 124, 126, 154, 162
Poitiers 17, 61, 89, 180,
  253, 338
Poitou 89
Polanen 134, 188 f., 296
Polen 25, 137, 139, 162,
  181 f., 184, 187 ff.,
  192 f., 210, 214, 216 ff.,
  222, 280, 291, 296, 312,
  314, 317
Polotschanen 134
Polotsk 133, 135, 290
Pommern 193, 222
Ponthieu 284
Ponthion 82 f.
Pontificale Romano-
  Germanicum 327
Porphyrios, griech.
  Neuplatoniker 354
portus 290
Posen (Poznan) 217
Pournai 155
Prädestinationslehre 117
Prag 92, 137, 182, 210,
  217 f., 291, 295, 312 ff.
Preußen 187, 191
Pritzlawa 222
Provence 25, 80 ff., 89,
  101, 105, 128, 195, 260
Prüm 163
Puig i Cadafalch, J.
  336, 338
Pyrenäen 13, 15, 17 f.,
  24, 89, 194, 287, 301,
  355

Quadrivium 353
Quedlinburg 10, 210
Quentovic 164, 166
Quimper 235
Quintilian(us), Marcus
  Fabius 345

395

Rabanus (Hrabanus) Maurus, Erzbischof v. Mainz 344, 346, 349
Raffelstetten 137, 154
Ramiro I., König v. Aragonien 194 f.
Rammelsberg 317
Ramnulf, König in Aquitanien 79
Raoul (Rodulfus) Glaber 252, 259, 308
rapes 72
Raphael, Erzengel 116
Ratislaw I., König d. Großmähr. Reiches 25, 187
Ravenna 83, 122 f., 250, 327
›Realisten‹ 355
Rechreyn 20
Recknitz 198, 217
Regalien 201
Regensburg 92, 289, 309
Regino v. Prüm 86
Reichenau 243
Reichenhall 154
Reims 120, 165, 234, 251, 254, 264, 307, 352, 354 f.
Reinard, Graf v. Sens 307
Renaissance 104, 346
Reric 142
responsa prudentium 306
Rex totius Britanniae 96
Reykiavik 144
Rezat 332
Rhein 10, 21, 24, 32, 51, 53, 68, 77, 139, 145, 153, 156, 162, 164, 168, 170, 176, 198, 203 f., 243, 247, 265, 284, 289, 291, 302, 306, 308 f., 313, 315, 336, 349
Rheinland 112
Rhone 17, 77, 105, 195, 222, 279
Rialto 125
Richard II., Herzog v. d. Normandie 246
Richard d. Gerechte v. Nordburgund 51, 89
Richard, J. 232
Richard v. St. Vannes 182
Riché, P. 319 f., 325
Richer v. Saint-Remi 277
Riesengebirge 16
Rieti 305
Ripen (Ribe) 184, 283, 291
Ripoll 194, 355
Robert I., König v. Frankreich 204
Robert d. Tapfere, Markgraf 22, 79, 89
Robert II., d. Fromme, König v. Frankreich 195, 253
Robert I., Graf v. d. Normandie 182
Robert Guiscard, Herzog d. Normannen 222, 248

Robertiner (s. a. Kapetinger) 93 f., 195, 204
Rochester 289
Roger v. Salisbury 278
Rolandslied 18
Rollo (Hrolf), Normannenführer 24
Rom 15, 23, 77, 81 ff., 94 f., 104, 114, 122, 147 f., 150 f., 170, 176, 181, 196, 206 ff., 214, 216, 220, 222 f., 237 f., 284, 308, 323, 327, 330
Romanik 337
Römisches Reich 9, 170
Romuald, Heiliger 250
Roskilde 291
Rothari, König d. Langobarden 297
Roubaix 115
Roucy 232
Rouen 21, 24, 275, 284
Roussillon 254
Rudolf I., König v. Hochburgund 79, 86, 195
Rurik, Warägerfürst 175
Rurikiden 134, 291, 295
Rußland/Russen 124, 130, 132 f., 136 ff., 141, 147, 156 f., 160 f., 174 f., 181, 193, 210, 280 ff., 290 f., 295 f., 312, 314, 325, 331

Saale 11, 16, 188, 309
Sachsen 11 ff., 16 f., 20, 24 ff., 30, 53, 62, 75, 89, 91 ff., 112, 116, 198, 202 f., 205, 232, 332, 334, 336
Sacramentarium Gelasianum 42
Sacramentarium Gregorianum 38, 42
Sacramentarium Hadrianum 327
Sadko d. Reiche, Kaufmann 295, 309
Saint-Bénigne 286
Saint-Clair 24
Saint-Denis 105, 144, 146, 152, 156, 168, 334, 343
Saint-Etienne in Nevers 338
Saint-Evre zu Toul 350
Saint-Germain-des-Prés 106, 109, 115
Saint-Jean-l'Angely 247
Saint-Martin am Canigou 337
Saint-Martin in Tours 286, 327, 344
Saint-Maurice d'Agaune 334
Saint-Omer 298 f., 304, 309
Saint-Quentin 261

Saint-Riquier 162, 287 f., 332 f.
Saint-Tropez 25
Saint-Vaast 79
Sainte-Foi 247
Sainte-Wandrille 332
Saintes 253
Salerno 95, 122, 127 f., 209 f.
Salier 338
Salisches Gesetz (s. Lex Salica) 109
Salvatorkirche v. Werden 333
Salzburg 217
Samandar 130
Samaniden 137, 280, 282, 312
Samarkand 280
Samland 282
Sanchez Albornoz, C. 288
Sancho Garcés, König v. Navarra 194
Sancho Ramírez, König v. Aragonien 201
Sankt Bavo 309
Sankt Emmeranskirche in Regensburg 334
Sankt Gallen 105, 243, 332, 339
Sankt-Gregors-Insel 130
Sankt-Laurentius-Fest 103
San Paolo fuori le mura 310
San Vicente in Cardona 337
Santa Cecilia in Montserrat 337
Santa Maria in Amer 337
Santa Maria in Ripoll 337
Santa Maria Maggiore 237
Sant' Ambrogio in Mailand 341
Santiago de Compostela 289
Saône 222, 286
Sarazenen 81, 95, 184, 212, 240, 246
Sardinien 15, 279
Särkland 281
Savona 301
Sawyer, P. H. 187
Schelde 13, 53, 77, 139, 162, 164 f., 264, 284, 289
Schlei 142, 144
Schlesien 188
Schlesinger, W. 289
Schleswig 139, 142, 183 f.
Schmidmühle 275
schola 148
Schottland/Schotten 96, 102, 184 ff., 283
Schwaben 11, 26, 74, 89, 91 ff., 198, 202, 205, 249
Schwarze Elster 219
Schwarzes Meer 19, 130 f., 135 f., 141, 280

396

Schweden (s. a. Skandinavien) 131 ff., 136, 138 f., 141 ff., 145, 151, 160, 174 f., 184 f., 193, 280 ff., 291
scirs 72
scola 342
Seeland 183, 186
Sefar hadinim 296
Seine 21 f., 144 f., 232
Sens 154, 259
Septimanien (s. a. Gotien) 17, 80, 177
Serben 124, 188
Serchiofluß 275
Sergius III., Papst 236
servi casati 31
servientes 277
Severjanen 134
Sheppey 20
sheriff 97
Shetlandinseln 144
shires 72, 97
Sibirien 138
Sigtuna 282 f., 304
Silvester I., Papst 83
Silvester II. (s. a. Gerbert v. Aurillac), Papst 214, 219, 324, 353
Silvester III., Gegenpapst 222
Simonie 239, 245, 248, 261
Sinai 182
Sizilien 19, 25, 95, 127, 149, 210 f., 279
Skagerrak 283
Skandinavien/ Skandinavier (s. a. Norwegen, Schweden, Dänemark) 19, 24 f., 56, 63, 114, 119, 132 ff., 137 f., 141, 143 ff., 152, 156 f., 159, 161, 170, 174 f., 177 f., 181, 183 f., 186, 280, 282 f., 289, 291, 310, 312, 314
Skane 183
Slawen 12, 15 ff., 26, 56, 92, 132 f., 139, 161, 187 f., 202, 212 f., 218 f., 268, 295
Slawisierung 134
Slowakei/Slowaken 16, 25
Slowenen 14 f., 124, 134
Smolensk 133 ff., 290, 295
societas 260
Soissons 165, 307
Somerset 101
Soracte 215
Sorben 16 f., 188, 217
Southampton 289
Southern, R. W. 237 f., 340
Southwark 290
Spanien/Spanier 15, 17 f., 24, 96, 105,108, 117,127, 129, 138, 146 ff., 168, 171, 182, 193 ff., 258, 284, 288 f., 291 f., 301, 306, 314 f., 317, 322, 324, 328, 335 ff., 343, 346
Spanische Mark, 15, 18, 53, 76, 80, 89, 146 f., 194, 284, 355
species 354
Speyer 200, 302, 338
Spoleto 15, 81, 83, 95, 209
Stamford 96
Stargard 217
Staufer 85
Steiermark 14, 16
Stellingaaufstand 30
Stenkil, König v. Schweden 193
Stephan I., König v. Ungarn 181, 214
Stephan II., Papst 82 f., 330
Stephan III., Papst 330
Stephan VI., Papst 86 f.
Stephan IX. (Friedrich v. Lothringen), Papst 223
Stephanus, Heiliger 120
Stockholm 131, 140
Straßburg 302
Strehla 219
suburbium/suburbia 287 f., 291
Suez 129
Susa 285
Sussex 24, 72
Suwar 131
Sven Gabelbart, König v. Dänemark 184 f.
Svold 184
Swatopluk, Herrscher d. Großmähr. Reiches 25, 187
Sweyn, König v. Schweden 193
Swjatoslaw, Fürst v. Kiew 136, 280, 313
Synode v. Coulaines 77
Synode v. Sutri 222, 235, 244
Syrien/Syrer 125, 151, 157, 169, 341
Szekely, Professor 137

Talmud 306
Tassilo III., Herzog v. Bayern 14, 341
teloneum 115
Terenz (Publius Terentius Afer) 348, 352
Ternois 156
terra indominicata 33 f., 269, 275 f.
Terracina 15
thanes 71, 96
Thegan, Bischof v. Trier 30, 232
Theiß 14, 187
Themse 20, 23, 290
Theoderich d. Große, König d. Ostgoten 347
theodisca 326
Theodora, Gemahlin v. Theophylakt 95, 210, 236, 238
Theodosius d. Große, röm. Kaiser 339
Theodulf (Pindar), Bischof v. Orléans 147, 343, 346
Theophanu, Gemahlin Ottos II. 181, 210, 212
Theophylakt, röm. Konsul u. Senator 95, 236
Thérouanne 156, 255 f.
Thessaloniche (Saloniki) 25
Thesselgart, Raubritter 220
Thetford 290
Thietmar, Bischof v. Merseburg 192, 214
thiois 327
Thionville 36
Thüringen/Thüringer 17, 26, 73, 250
Thyra, Gemahlin v. Gorm d. Alten 184
Tiber 122, 128 f., 237
Tiel 166, 259, 299, 304, 308, 311 f.
Tomislaw, König v. Kroatien 188
Tongern 188
Töpfer, B. 247
Torolf Kvedulfson 310 f.
Tortosa 18
Toscana 94, 223, 275
Toul 154, 165
Toulon 129
Toulouse 21, 88 f., 165, 308, 341
Touraine 204
Tournai 165, 259
Tours 17, 180, 248, 286, 300, 327, 344
Transoxanien (s. a. Westturkestan) 172, 280
Trapezunt 130
Trave 16
Treeneflß 142
Trelleborg 186
treuga dei 255
Trier 165, 182, 340
Troyes 167
Truso 132, 139
trustis 49
Tschechen 16 f., 188, 193
Tschernigow 133 ff., 290, 295, 332
Tugumir, Fürst d. Heveller 217
Tunesien 25
Turin 221
Türken 130
Turkestan 175, 312
Turkvölker 130
Tusculum 220
Tuv 288

397

Udalrich, Prior v.
  Grüningen 249, 264
Ungarn (s. a. Magyaren)
  25 f., 79, 89, 91, 94,
  136 f., 180 ff., 187, 189,
  192 f., 198, 210, 214,
  216 ff., 220 ff., 246, 295,
  312, 351
universalia 355
Unstrut 12, 26, 92
Uppsala 193, 282
Urban II., Papst 183, 272
urbaris 65
Urgel 236
Utrecht 166, 221

Val Castro 250
Valenciennes 165, 299,
  304
vassi dominici 61, 232
Vatikan 235
Venasque 129
Vendée 154
Venedig/Venezianer 16,
  122 ff., 153 f., 159, 162,
  183, 260, 279, 288,
  311 ff.
Verdun 147, 165, 298
Verdun sur les Doubs
  253 f.
Vergil (Publius Vergilius
  Maro) 345, 352
Verlinden, Charles
  313, 315 f.
vernum tempus 112
Verona 238
Vertrag v. Verdun 65, 77
Vézelay 247
Vicenza 260
vicomtes 232
Victor II., Papst 223
vicus (wik) 141, 297
Vienne 252
Viennois 195
Vijver, A. van de 315 f.
villicus 276
Violante, C. 158, 296
Virgil (d. Ire Ferghil),
  Bischof v. Salzburg
  343
Visé 315
Visio Sancti Wettini 349
Visiones 349
Visitatio sepulchri 348

Vita Anskarii 140 ff.
Vita Caroli 20
Vita des heiligen Maximin
  v. Trier 163
Vita Sancti Macharii 309
Vivarais 105
Vogel, C. 327
Vogel, Walter 139 f.
Vogesen 145, 153, 156
Völkerwanderung 170
Vorderasien 135
vulgaris populus 47
Vulgata 345

Waal 166, 259, 299, 304,
  311 f.
Wagrien 217
Waitz, G. 166
Walafrid Strabo, Abt v.
  Reichenau 106, 344,
  346, 349
Wallingford 304
Wallonien 145
Waltharilied 350
Wandteppich v. Bayeux
  272
Waräger 131 ff., 136 f.,
  141 f., 160 ff., 187,
  280 f., 291, 295, 313,
  325
Warin, Bischof v.
  Beauvais 254
Warnow 16
Wasgengau (Vogesen) 349
Waterford 291
Watling Street 23, 290
Wazo, Bischof v. Lüttich
  244
Weichsel 186
Weiße Elster 219
Welfen 86
Wenden 142, 184, 217
Werner, E. 232
Werra 11
Weser 12
Wessex 23 f., 72, 96, 152,
  289
Westfalen 12, 198
Westgoten 15, 301
Westminster 240
Westturkestan (s. a.
  Transoxanien) 137, 172
Wexford 291
White, Lynn 114, 273

Widukind, Herzog v.
  Sachsen 12, 91, 198
Wihmuodi 12
Wikinger (s. a.
  Normannen) 18 ff.,
  23 f., 114, 140, 143, 166,
  186, 322
Wikingsaga 140
Wilfred, Graf v. Cerdagne
  236
Wilhelm I., d. Eroberer,
  König v. England 186,
  224, 272
Wilhelm d. Fromme
  Herzog v. Aquitanien
  236 f.
Wilhelm, Abt v. Hirsau
  249
Willibrord, Erzbischof v.
  Utrecht 37 f.
Williges, Erzbischof v.
  Mainz 212
Willihalm, Kaufmann 309
Wilzen 16 f., 92, 218
Winchester 152, 155, 304
Winland (s. a. Labrador)
  143
Wipo, Erzieher Kaiser
  Heinrichs III. 262
Wislanen 296
witan 71 f.
witanagemot 72
Wladimir 133, 290
Wladimir, Fürst v. Kiew
  325
Wolchow 134 ff.
Wolga 130 f., 135 f., 161,
  295, 313
Wolgabulgaren 313
Wollin (Julin) 139, 141
Worms 14, 302
Wulfstan, Erzbischof v.
  York 96, 351
Würzburg 289

York 23, 289 f., 343
Ypern 295, 298 f., 316

Zadornin 301
Zeitz 217
Zoepf, L. 247
Zönobiten 250
Zürich 315

Fischer Weltgeschichte

1 **Vorgeschichte**
2 **Die Altorientalischen Reiche I**
   Vom Paläolithikum bis zur Mitte des 2. Jahrtausends.
3 **Die Altorientalischen Reiche II**
   Das Ende des 2. Jahrtausends.
4 **Die Altorientalischen Reiche III**
   Die erste Hälfte des 1. Jahrtausends.
5 **Griechen und Perser**
   Die Mittelmeerwelt im Altertum
6 **Der Hellenismus und der Aufstieg Roms**
   Die Mittelmeerwelt im Altertum II
7 **Der Aufbau des Römischen Reiches**
   Die Mittelmeerwelt im Altertum III
8 **Das Römische Reich und seine Nachbarn**
   Die Mittelmeerwelt im Altertum IV
9 **Die Verwandlung der Mittelmeerwelt**
10 **Das frühe Mittelalter**
11 **Das Hochmittelalter**
12 **Die Grundlegung der modernen Welt**
   Spätmittelalter, Renaissance, Reformation
13 **Byzanz**
14 **Der Islam I**
   Vom Ursprung bis zu den Anfängen des Osmanenreiches
15 **Der Islam II**
16 **Zentralasien**
17 **Indien**
   Geschichte des Subkontinents von der Induskultur bis zum Beginn der englischen Herrschaft.
18 **Südostasien vor der Kolonialzeit**
19 **Das Chinesische Kaiserreich**
20 **Das Japanische Kaiserreich**
21 **Altamerikanische Kulturen**
22 **Süd- und Mittelamerika I**
   Die Indianerkulturen Amerikas und die spanisch-portugiesische Kolonialherrschaft.
23 **Süd- und Mittelamerika II**
   Von der Unabhängigkeit bis zur Krise der Gegenwart.
25 **Das Zeitalter des Absolutismus und der Aufklärung 1648-1779**
   Der Band schließt eine Lücke in der Fischer Weltgeschichte. Nach ausführlichen Quellenstudien hat der Autor ein gründliches Nachschlagewerk zum Thema Absolutismus und Aufklärung vorgelegt, das die Diskussion neu entfachen wird.
26 **Das Zeitalter der europäischen Revolution**
27 **Das bürgerliche Zeitalter**
28 **Das Zeitalter des Imperialismus**
29 **Die Kolonialreiche seit dem 18. Jahrhundert**
30 **Die Vereinigten Staaten von Amerika**
31 **Rußland**
32 **Afrika**
   Von der Vorgeschichte bis zu den Staaten der Gegenwart.
33 **Das moderne Asien**
34 **Das Zwanzigste Jahrhundert I**
   1918-1945
36 **Weltprobleme zwischen den Machtblöcken – Das Zwanzigste Jahrhundert III**
   Dieser Band ist einer der beiden Abschluß-Bände, die die Fischer Weltgeschichte bis zur Gegenwart „hochziehen". Er enthält Darstellungen der bedeutendsten regionalen Konfliktherde, die zwischen den alten Machtblöcken seit 1945 entstanden sind: Nahost, China, Indochina, Cypern, Korea, Iran, Türkei, Äthiopien, Mozambique, Kuba usw.

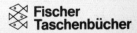

Fischer Taschenbücher

Wanda Kampmann

DEUTSCHE UND JUDEN

Die Geschichte der Juden
in Deutschland
vom Mittelalter bis zum
Beginn des
Ersten Weltkrieges

Fischer

Band 3429

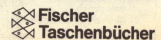